Zeit Bild

Das historische Nachrichten-Magazin

Die »goldenen« zwanziger Jahre

1923

1924

1925

1926

1927

1928

1929

Ueberreuter

CIP-Kurztitelaufnahme der
Deutschen Bibliothek

Zeit-Bild: d. histor. Nachrichten-
Magazin [Hrsg.: Hans Erik Hausner].
Wien, Heidelberg: Ueberreuter.
NE: Hausner, Hans Erik [Hrsg.]
Die »goldenen« zwanziger Jahre:
1923; 1924; 1925; 1926; 1927;
1928; 1929. – 1982
ISBN 3-8000-3207-4

Herausgeber: Hans Erik Hausner
Textredaktion: Thea Leitner
Schlußredaktion: Ilse Walter
Bildredaktion: Ingrid Hänsel
Layout: Herbert Schiefer

Redaktion: Jakub Forst-Battaglia,
Sybille Fritsch, Hans Erik Hausner,
Thea Leitner, Traudl Lessing,
Gunther Martin, Ludwig
Stecewicz, Jens Tschebull

J 1230
Alle Rechte vorbehalten
© 1982 by Verlag Carl Ueberreuter,
Wien · Heidelberg
Papier und Gesamtherstellung:
Salzer - Ueberreuter, Wien
Printed in Austria

Das historische Nachrichten-Magazin

ZeitBild

1923

Das Jahr
der
Katastrophen

Inhalt

Titelbild: Erster Reichsparteitag der NSDAP in
Nürnberg im September dieses Jahres

Brief des Herausgebers

Im Dezember 1923

Endlich Ruhe und Ordnung in Europa!
Was niemand in den chaotischen Katastro-
phenjahren nach dem großen Krieg von
1914–1918 für möglich gehalten hätte,
wurde in den letzten zwölf Monaten zum
Ereignis. Ein Wunder? Wenn man so will –
ja. Aber es darf nicht übersehen werden,
daß, zumindest in den europäischen Rand-
gebieten, die Ruhe des Friedhofs und die
Ordnung der Bajonette herrschen.
Das gilt für Spanien, wo ein ehrgeiziger
General, Primo de Rivera, die Macht an
sich gerissen und das demokratische System
abgeschafft hat.

Das gilt für die Türkei, wo die Verhältnisse
allerdings wesentlich komplizierter liegen.
Auch dort hat ein Offizier – Kemal Pascha
– geputscht. Aber er stürzte ein altes, mor-
sches, längst nicht mehr lebensfähiges Herr-
schafts- und Unterdrückungssystem. Nun
schwebt ihm eine moderne Türkei nach
dem Vorbild westlicher Demokratien vor.
Und er ist anscheinend gewillt, seine Vorstellungen so oder so zu verwirklichen.
Notfalls mit Brachialgewalt. Es ist nun mal
seit Jahrhunderten so Sitte im ehemaligen
Osmanenreich.
Ruhe und Ordnung ist – für wie lange? –
ebenfalls in Irland eingezogen. Die IRA
(Irisch-Republikanische Armee) hat nach
einem, von allen Beteiligten unvorstellbar
grausam geführten Bruderkrieg beschlossen, das Gemetzel vorläufig einzustellen.
Fast ohne schalen Beigeschmack ist hingegen über das Wunder zu berichten, das
sich im Herzen Europas vollzogen hat.
Deutschland stand in diesem Jahr viel näher
am Abgrund als selbst 1918. Alle Gegner,
im Innern wie von außen, schienen es darauf abgesehen zu haben, das einstmals
mächtige Reich für immer zu zerstören.
Frankreich besetzte willkürlich das Ruhrgebiet – und schnitt damit Deutschland von
seinem industriellen Lebensnerv ab: 80 Prozent der Stahl- und Eisenproduktion sind
dort konzentriert.
Frankreichs Handstreich gab den westdeut-
schen Separatisten-Bewegungen neuen Auftrieb. Sie versuchten, sich endlich und für
immer von den ungeliebten Preußen zu
trennen und ihre eigenen Staatsgebilde zu
schaffen.
Nicht genug damit, drohte auch die ohnehin schwächliche Reichswehr auseinanderzubrechen, als Teile von ihr – nach spanischem und türkischem Vorbild – gegen die
reguläre Regierung zu putschen drohten.
Die Kommunisten – von Moskau abgesegnet und tatkräftig unterstützt – machten
sich bereit zum letzten Gefecht. Sie versuchten in diesem Jahr die deutsche Version
der Russischen Oktoberrevolution.
Und gleich darauf trat in München ein
wildgewordener Kleinbürger namens Adolf
Hitler – der nicht einmal Deutscher, sondern eigentlich Österreicher ist – mit seinen
braunen »Sturmabteilungen« (SA) an, den
Staat aus den Angeln zu heben.
Und über all dem schwebte lebensbedro-

hend der Pleitegeier der Inflation.
Doch zu Jahresende ist die Talsohle durchschritten. Nun kann es nur noch aufwärtsgehen.

Zwar ist das Ruhrgebiet noch immer in französischer Hand – doch man beginnt sich zu arrangieren. Die Umstürzler aller Couleurs sitzen hinter Schloß und Riegel. Endgültig gestoppt ist die Geldentwertung. Wenn nicht alle Anzeichen täuschen, steht Deutschland, und mit ihm wohl auch Europa, vor einem bescheidenen wirtschaftlichen Aufschwung.

Die Welt kann aufatmen – wenn sie auch keineswegs überall in Ordnung ist.

Österreich, der armselige, kaum lebensfähige Überrest eines Weltreichs, ist erbarmungswürdig zerrissen und gespalten: bis an die Zähne bewaffnet stehen einander ultrakonservative und radikal-fortschrittliche Kräfte gegenüber. Bislang fanden nur heftige verbale Scharmützel statt. Zu tätlichen Auseinandersetzungen ist es nicht gekommen. Noch nicht.

Die unermeßlich reichen und mächtigen Vereinigten Staaten hingegen werden von peinlichen Korruptionsaffären gebeutelt. Diese sollen letzten Endes auch Schuld am plötzlichen Tod des amtierenden Präsidenten Harding tragen.

Und nicht viel weiter südlich auf dem amerikanischen Doppelkontinent geht es drunter und drüber. Mexiko, das sich seit einem runden dutzend Jahren im Bürgerkrieg zerfleischt, ist zwar seinen zwielichtigen »Freiheitskämpfer« und Räuberhauptmann Pancho Villa losgeworden – zur Ruhe ist das Land noch lange nicht gekommen.

Die wahre heile Welt – sie findet sich in Zeiten wie diesen allein im Kino. Eine Kunstform – eine Kunstform? –, die zusehends an Bedeutung gewinnt. Während Amerika hemmungslos dem neuen Genre des Westerns huldigt, während in Schweden ein hintergründig-grüblerischer Regisseur subtile Stoffe verfilmt und einen neuen Star namens Garbo präsentiert – währenddem hält sich Deutschland auch auf der Leinwand an Altbewährtes. Der Renner des Jahres ist, wieder einmal, der Alte Fritz. Friedrich der Große, der Mann, der in Preußen für Disziplin, Ruhe und Ordnung gesorgt hat.

Das Thema ist – siehe oben – immer aktuell.

IRLAND

IRA gibt auf!

Nach Bürgerkrieg und Revolution – endlich Dauerfrieden?

Rebellenführer Eamon de Valera, 41, hat endlich aufgegeben. Am 23. Mai dieses Jahres fordert er seine radikalen Freunde von der IRA (Irisch-Republikanische Armee) auf, den Bürgerkrieg zu beenden. Vielleicht dürfen die Bewohner der »Grünen Insel«, die eigentlich die blutige Insel heißen sollte, endlich aufatmen, vielleicht dürfen irische Frauen endlich ruhig schlafen, ohne um das Leben von Männern, Söhnen und Brüdern fürchten zu müssen.

Der Krieg der Iren gegen die Engländer dauert nun schon fast 750 Jahre und hat sich in den letzten Jahren noch einmal zu einem blutigen Furioso gesteigert.

Nach dem mißglückten Osteraufstand von 1916, als die katholischen Iren versuchten, die »Home-Rule«, eine weitreichende Autonomie, durchzusetzen, wurden Sir Roger Casement und fünfzehn weitere Rädelsführer hingerichtet.

Einer überlebte: Eamon de Valera, ein in New York geborener Mathematikprofessor, Sohn eines Basken und einer Irin, organisierte den Gegenschlag der IRA. Die Engländer mußten schließlich 40.000 Mann reguläre Truppen und die verhaßten »Black and Tans«, irreguläre Antiterror-Spezialisten, einsetzen.

Der Guerillakrieg auf der einen, die Unterdrückung auf der anderen Seite wurden mit

ZUM LETZTEN MAL BÜRGERKRIEG? Straßenkämpfe in Dublin

MATHEMATIKER UND REVOLUTIONÄR:
Eamon de Valera vor der Verhaftung

unglaublicher Brutalität und einem perversen dramatischen Gespür geführt:

● Eines der ersten Mordopfer der IRA war der englische Polizist, der Sir Roger Casement verhaftet hatte.

● In Cork wurden sechs »Soldaten der Republik« gehenkt – am selben Abend schoß die IRA in derselben Straße sechs britische Soldaten nieder.

● Als General Strickland das Standrecht über Cork verhängte und drohte, jeden, der einem Rebellen Unterschlupf gewährte, zu erschießen, wurden bei Macroon sieben Lastwagen mit Hilfspolizisten aus dem Hinterhalt attackiert und siebzehn Mann getötet.

Hungerstreik »erfunden«

Es blieb den Iren vorbehalten, eine neue Art des selbstmörderischen Freiheitskampfes zu erfinden: Um gegen die englische Unterdrückung zu protestieren, trat der Bürgermeister von Cork, Terence McSwiney, im Gefängnis von Brixton in den Hungerstreik. Er starb sechs Wochen später.

Am »blutigen Sonntag«, dem 21. November 1920, wurden in den frühen Morgenstunden vierzehn britische Offiziere »hingerichtet«. Eine geheime irische Feme hatte sie zum Tod verurteilt.

Sofort nach Bekanntwerden der Morde erschossen die »Black and Tans« zwei Anführer der IRA, die ihnen in die Hände gefallen waren.

Am selben Nachmittag feuerte eine andere Einheit dieser Spezialtruppe bei einem Fuß-

ballspiel in die Zuschauermenge. Siebzehn Personen fanden den Tod, fünfzig wurden zum Teil schwer verletzt.

Der unermüdliche de Valera besorgte Waffen in den Vereinigten Staaten und bearbeitete die amerikanische öffentliche Meinung. Unterstützt wurde er durch die große Gruppe irischer Einwanderer, die seit den Hungersnöten des 19. Jahrhunderts in Amerika eine neue Heimat gefunden haben.

Als der mörderische Kampf schon etwa 1.300 Menschenleben gefordert hatte, lenkte die englische Regierung plötzlich ein. Premierminister Lloyd George forderte de Valera auf, einen Vertrag über den neuen Status Irlands auszuhandeln.

Sein Kriegsminister, Winston Churchill, gab offen zu, daß »keine britische Regierung der Neuzeit je eine so völlige und plötzliche Veränderung ihrer Politik vorgenommen hat. Noch im Mai (1921, Anm. d. Red.) war die gesagte Staatsmacht darauf gerichtet, die ›Mörderbande totzuhetzen‹, im Juni war das Ziel die ›bleibende Versöhnung mit dem irischen Volk‹.«

Im Juli wurde ein Waffenstillstand geschlossen, am 6. Dezember 1921 ein Vertrag unterzeichnet, der

1. die sechsundzwanzig Grafschaften Südirlands als Irischer Freistaat und Dominion des Empire anerkennt,

2. die Mitglieder des neuen Parlaments zu einem Treueid auf die britische Krone verpflichtet, und

3. den sechs protestantischen Grafschaften des Nordens die Wahl läßt, ob sie sich dem neuen Freistaat anschließen oder ein Teil des Vereinigten Königreichs bleiben wollen. (Der Ausgang der Wahl zugunsten Englands war gewiß).

de Valera hatte sich während der Verhandlungen im Hintergrund gehalten und weigerte sich nun, den Treueid auf das verhaßte Königshaus zu akzeptieren.

Als der Dail – das irische Parlament – den Vertrag mit einer knappen Mehrheit von nur sieben Stimmen annahm, trat de Valera als designierter Regierungschef zurück und begann den verhängnisvollen Feldzug für eine völlig unabhängige Republik, der das durch den Freiheitskampf ohnehin verwüstete Land auch noch in einen Bürgerkrieg stürzte.

Eine der ersten Taten der neuen irischen Regierung war es, das Standrecht zu verhängen. In wenigen Monaten füsilierten die Truppen des irischen Freistaats mehr Anhänger der IRA als die Engländer in den vergangenen fünf Jahren.

Wenn de Valera jetzt aufgibt, kann man nur hoffen, daß er und seine IRA-Freunde zur Vernunft gekommen sind. Irland könnte den Frieden brauchen.

KEINE CHANCE FÜR DE VALERA: Gesinnungsfreunde versuchen vergeblich, ihn zu befreien

Präsidententod gibt Rätsel auf

Warren G. Harding starb während einer Wahlreise

Warren Gamaliel Harding, 57, der 29. Präsident der Vereinigten Staaten von Amerika, ist am 2. August plötzlich, nach nur kurzer Krankheit, gestorben. Der ehemalige republikanische Senator und Zeitungsherausgeber ist durch seinen dramatischen, geheimnisumwitterten Tod posthum zum Volkshelden geworden.

Ein Spalier von trauernden Bürgern säumte den Schienenstrang zwischen San Francisco und Washington, um den sterblichen Überresten des Präsidenten die letzte Ehre zu erweisen. Cowboys stiegen aus den Sätteln und zogen die Hüte, ganze Schulklassen winkten dem rasch dahinbrausenden Zug nach. In manchen Bahnhöfen war das Gedränge so dicht, daß der Sonderzug nur im Schrittempo vorwärtskam.

»Einer der erstaunlichsten Beweise von Liebe und Anhänglichkeit, den die amerikanische Geschichte zu verzeichnen hat«, so die *New York Times*.

Der Präsident war während einer ausgedehnten Wahlreise erschöpft und anscheinend an einer Hummervergiftung laborierend in San Francisco angekommen. Drei Tage lang plagten ihn Fieber und Übelkeit, dann besserte sich sein Zustand.

Gegen Abend schien er endgültig auf dem Weg der Genesung. Mrs. Harding und eine Krankenschwester waren bei ihm, seine Frau las laut vor. Plötzlich zuckte der Präsident zusammen und stürzte leblos nieder: Gehirnschlag.

So unerwartet dieser Tod auch kam, fragt man sich doch in politischen Kreisen, ob der Präsident nicht vielleicht rechtzeitig starb, um seinen Namen vor Verdächtigungen zu retten, die allenthalben laut werden. Kenner des Weißen Hauses vermuten sogar, daß die Reise des Präsidenten, die ihn in fünf Wochen über 2.500 Kilometer bis

Alaska und schließlich nach San Francisco geführt hatte, schon als Flucht aus dem Washingtoner Korruptionssumpf geplant war.

So sehr die Massen, die sich drängten, ihm die Hand zu schütteln, Harding zunächst aufzumuntern schienen, so sehr sank die Stimmung des Präsidenten im späteren Verlauf der Reise. Aus seiner nächsten Umgebung verlautet, er habe seine Mitarbeiter immer wieder geradezu ängstlich gefragt, was ein Präsident noch tun könne, den seine Freunde verraten hätten.

Was konnte den offensichtlich so populären Mann glauben machen, er sei »verraten und verkauft« worden? In Washington verdichten sich Gerüchte, wonach
● der Rücktritt eines Harding-Freundes, des Direktors der Veteranenbehörde, und der Selbstmord eines hohen Beamten desselben Amtes mit gewaltigen Unterschlagungen in Verbindung zu bringen seien; daß
● Albert Fall, Hardings Innenminister, einem seiner Kumpane, Harry Sinclair, staatliche Ölfelder zugespielt hätte, und
● der Generalanwalt Harry M. Dougherty größere Summen auf diversen Bankkonten besäße, deren Herkunft aufklärungsbedürftig sei.

Nicht genug damit, kursieren nun auch über den Tod des Präsidenten die unglaublichsten Gerüchte. Selbst Mrs. Harding wird beschuldigt, ihren Mann mit Hilfe und

Wissen des Leibarztes, General Dr. Sawyer, vergiftet zu haben.

Über das Tatmotiv herrschen allerdings geteilte Meinungen: Die einen behaupten, Mrs. Harding habe kürzlich von der Existenz einer langjährigen Freundin ihres Mannes, einer Miß Nan Britton, und ihrer unehelichen Tochter gehört und daraufhin den Präsidenten ermordet. Andere üble Gerüchtemacher sind hingegen sicher, daß Mrs. Harding dem Präsidenten nur die Folgen der Korruptionsaffären ersparen wollte, indem sie seine Ehre durch einen kleinen Giftmord rettete ...

Aber es genügt gewiß, anzunehmen, daß Präsident Harding von den Machinationen seiner politischen Freunde wußte und, überanstrengt von seiner Wahlreise durch den halben Kontinent, einfach den Willen zum Leben verlor. Wodurch eine einfache Lebensmittelvergiftung zum tödlichen Schlaganfall führen konnte.

WARREN G. HARDING

Präsident im Telegrammstil

Neuer Präsident der Vereinigten Staaten wird mit einem Schlag der bisherige Vizepräsident Calvin Coolidge, 51. Er hält den präsidentiellen Weltrekord in kurzen, bündigen Sätzen. Eine sprachwissenschaftliche Statistik ergibt folgende Reihung:

Präsident:	Wörter pro Satz:
Coolidge	18,0
Lincoln	26,6
Wilson	31,8
Th. Roosevelt	41,0
Washington	51,5

Rote Fahne über dem Weißen Haus?

Große Aufregung herrscht in den Vereinigten Staaten über eine im August entdeckte Weisung der kommunistischen »Dritten Internationale« an die amerikanische Arbeiterpartei (»Worker's Party of America«). Die Instruktion schließt mit dem Wunsch, daß »die Partei Schritt für Schritt die proletarischen Kräfte Amerikas einen und in absehbarer Zeit die rote Fahne über dem Weißen Hauses hissen wird«.

Im Senat fragte William Borah, Republikaner aus Idaho, ob man nicht alle derartigen Verschwörer, die mit Amerikas ausländischen Feinden zusammenarbeiten, ohne weiteren geistlichen Beistand auf den elektrischen Stuhl schicken könne.

Erwiderte Henry Cabot Lodge, republikanischer Senator aus Massachusetts: »Sind sie denn alle amerikanische Staatsbürger?«

»Nein«, meinte Borah, »aber man kann die Ausländer deportieren und den Rest aufhängen.«

»Vorzügliche Idee«, meinte Lodge.

Bandit als »Held der Revolution«

Legendenumwobener Pancho Villa ermordet

Dem Volk galt er als Wohltäter und Revolutionsheld. Die Regierung hat ihm eine Staatspension ausgesetzt. Dennoch war Pancho Villa (eigentlich: Doroteo Arango), 45, ein gewöhnlicher, nein: ein außergewöhnlich brutaler Mörder, Räuber und Bandit. Er fiel im Juli dieses Jahres einem Mordanschlag zum Opfer.

Es war ein heißer Abend, als der pensionierte »General« und Großgrundbesitzer Pancho Villa mit seinem Leibwächter und Sekretär Miguel Trillo aus der kleinen Stadt Parral zu seinem schloßähnlichen Gutshof »El Rancho de Canutillo« fuhr. Unter einem Baum an der staubigen Straßenkreuzung stand ein Mann und verkaufte Kürbiskerne. Als er des gewaltigen achtzylindrigen Dodge ansichtig wurde, stieß er den alten Kampfruf »Viva Villa« aus – ein verabredetes Zeichen, auf das sieben in einer Hütte versteckte Männer das Feuer eröffneten. Die beiden Wageninsassen sanken tot auf ihren Sitzen zusammen, Villa allein von sechzehn Kugeln getroffen.

Ob der Anführer der Mörder, Jesus Salas Barrazas, sich wirklich nur für angetane Schmach rächen wollte (Villa soll ihn vor vielen Jahren wegen einer Liebesgeschichte mit seinem Pistolenknauf zusammengeschlagen haben), oder ob politische Motive den Überfall auslösten, konnte nicht geklärt werden. Pancho Villa hat in seinem Leben genügend Feinde gesammelt.

Der Bandit und selbsternannte Freiheitskämpfer Pancho Villa erlitt jedenfalls einen bescheidenen, geradezu sanften Tod, gemessen an den Greueltaten, die er in seinem Leben verübt hat. Aber schon wenige Monate nach seinem Tod wuchern die Legenden, versucht das arme Volk von Mexiko den Räuber und Mörder zum Nationalhelden, zum Freund der Armen und Verfolgten hochzujubeln. Volkstümliche Balladen, die die meisten seiner Taten begleitet haben, werden abends in den dunklen Bars von Juarez, von Parral und Chihuahua gesungen, vor allem aber Villas Lieblingslied »La cucaracha« – die Küchenschabe.

Doroteo Arango war der Sohn eines Landarbeiters, während seiner Kinderjahre selbst Landarbeiter und Leibeigener des Gutsbesitzers Don Arturo López Negrete. Als Doroteos Vater starb, übernahm der Halbwüchsige die Verantwortung für Mutter und Geschwister. Eine jüngere Schwester, Mariana, wurde vom Sohn des Gutsherrn vergewaltigt. Doroteo erschoß den jungen Mann, um die Ehre seiner Schwester zu rächen, und floh in die Wildnis der Sierra Madre.

In den unzugänglichen Tälern schloß er sich der berühmten Räuberbande des Ignacio Parra an und wurde Parras Zweiter Mann und treuer Helfer. Während eines Überfalls auf einen Postwagen fiel Parra im Kugelregen der Gendarmen.

Am Abend nach dem mißglückten Raubzug ritt Doroteo Arango auf dem blauschwarzen Rappen des gefallenen Bandenchefs in die Berge zurück. Er war der neue Hauptmann. Er nannte sich »Pancho Villa«, nach einem Vorfahren und berühmten Banditen.

Das Töten ist ihm von Anfang an leicht geworden. Villa hat viele Morde auf dem Gewissen, vor allem an Mitgliedern des spanischen Landadels und der Gutsbesitzerklasse. Sie alle erinnerten ihn an die Negretes, Vater und Sohn, und dieser tiefe Haß gegen die Reichen hat ihm wahrscheinlich die unkritische Verehrung der Armen eingetragen.

Villa mordete nicht nur aus Klassenhaß: bei seinen Überfällen auf Postwagen, Eisenbahnzüge und Kleinstädte machte er einfach alles nieder, was sich ihm in den Weg stellte. Kinder und Alte eingeschlossen.

Schöne junge Mädchen und Frauen in den Dörfern waren vor ihm und seinen Leuten

FREIHEITSHELD Pancho Villa

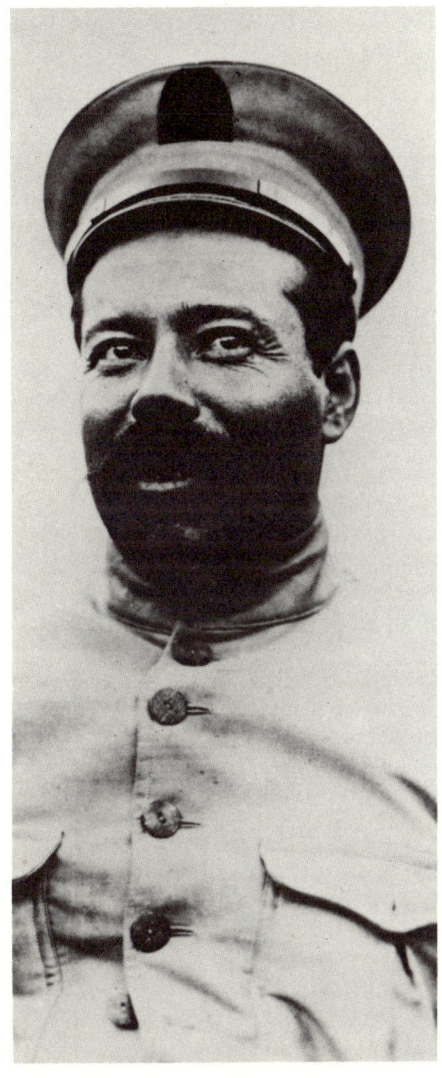

nie sicher. Aber der Ruf des unwiderstehlichen, gitarreklimpernden Don Juan nützte der Legendenbildung. Weniger nützlich waren die ausgeklügelten Grausamkeiten, die sadistischen Torturen, die der »Freund der Armen« oft an seinen wehrlosen Opfern verübte.

Was er raubte, vergrub er in der Sierra Madre. Konnte er die Arbeit nicht allein verrichten, nahm er sich Helfer – und brachte sie nachher kurzerhand um.

Seit dem Sturz des autoritären Präsidenten Porfirio Diaz im Jahr 1911 versucht die mexikanische Revolutionsbewegung das Land aus dem Mittelalter der Feudalherren und Leibeigenen, aus finsterem Klerikalismus und Ausbeutung zu befreien. Hauptsächlich mit Hilfe amerikanischer Gesellschaften. Mexiko befindet sich in einem nun schon zwölf Jahre dauernden Bürgerkrieg, der immer wieder aufflackert.

Aber die jahrelangen Wirren waren Pancho Villas große Chance, vom verfemten Banditen zum Nationalhelden aufzusteigen. Aus seiner Bande wurde eine bedrohliche Armee von 35.000 Mann, die, Villas natürlichen Neigungen folgend, auf seiten der Revolution kämpfte. Allerdings auf ihre eigene Art: ein munteres Rauben und Plündern im Namen des revolutionären Vaterlandes!

Was immer Pancho Villa und seinen Banden für die Führer der Revolution, Francisco Indalecio Madero und Alvaro Obregon, eroberten, galt ihnen als Beute, die Menschen, sofern sie sich nicht gleich mit lautem »Viva Villa«-Geschrei ergaben, als willkommene Opfer.

Nach einem grenzüberschreitenden Angriff auf die amerikanische Stadt Columbus, bei der Villas Banden ihre raffinierte Grausamkeit zeigten, wurde der selbsternannte »General« für anständige Revolutionäre untragbar. Eine mit der mexikanischen Regierung abgesprochene Strafexpedition des amerikanischen Generals Pershing blieb erfolglos. In elf Monaten gelang es dem Expeditionskorps nicht, des flüchtigen Villa habhaft zu werden.

Die mexikanische Regierung ließ sich schließlich auf einen Handel ein: Gegen eine Generalspension und die fabelhafte Ranch »de Canutillo« versprach Pancho Villa ein bürgerlich-friedliches Leben zu führen. Er hat dieses Versprechen bis zu seinem gewaltsamen Tod gehalten.

TÜRKEI

Der Sieg des »Grauen Wolfes«

Umsturz in der Türkei – Sultan verjagt – Mord an Tausenden Griechen und Armeniern – Die abenteuerliche Karriere des wilden Mustafa Kemal

Fünf Jahre nach Kriegsende hat nun auch die Türkei ihren Frieden; nach einem halben Jahrzehnt weiterer erbitterter Kämpfe, des Bürgerkriegs und der ausländischen Intervention. Daß dieser Frieden zugleich einen Sieg bedeutet, dankt sie einem Mann namens Mustafa Kemal, der jetzt vermutlich 43 Jahre alt ist.

Der Friedensvertrag mit den Westmächten wurde am 24. Juli dieses Jahres in der Schweizer Stadt Lausanne unterzeichnet. Er zerstört das alte Osmanische Reich, entreißt ihm endgültig seine Eroberungen in Asien und Afrika und läßt ihm in Europa nur einen kärglichen Rest.

Trotzdem kann die Türkei als geschlossener Nationalstaat weiterbestehen. Die geplante Zerstückelung des Stammlandes Anatolien ist blutig abgewehrt worden. Von Kemal.

Die Macht und die Pracht, mit der die Sultane – zugleich auch Kalifen – als mohammedanische Papst-Kaiser und »Beherrscher der Gläubigen« im Serail zu Konstantinopel regierten, sind endgültig vorbei. Die Türkei ist jetzt Republik, der letzte Sultan, Mehmed VI., geflohen. Vertrieben von Mustafa Kemal Pascha, dem ersten Präsidenten des neuen Staats.

SULTAN Mehmed VI.

Dieser Mustafa wurde (wahrscheinlich) 1880 geboren, angeblich im März, als Sohn eines kleinen türkischen Finanzbeamten in Saloniki, das jetzt zu Griechenland gehört. Seinen genauen Geburtstag kennt nicht einmal er. Die Mutter gab ihm den Kosenamen »Grauer Wolf«, nach jenem Fabeltier, das einst die ersten türkischen Stämme aus Zentralasien nach Anatolien geführt haben soll.

Er war ein unruhiges, ewig greinendes Kleinkind mit aschfarbenem Haar und grauen Augen, in der Schule ein Raufbold, Eigenbrötler und Menschenverächter. Er brannte durch und meldete sich zum Militär. Mit zweiundzwanzig Leutnant, verschlang er verbotene revolutionäre Literatur: Voltaire, Rousseau, Robespierre.

Er verwickelte sich in Verschwörungen, wurde eingesperrt und wieder freigelassen und machte langsam Karriere. Ein vorzüglicher Offizier, ein unverträglicher, jähzorniger, hochmütiger Mann, kaum zu kameradschaftlicher Gesellschaft fähig. Ausschweifungen und Trunkenheitsexzesse folgten Perioden mönchischer Askese.

Aufstand der »Jungtürken«

In Mazedonien schloß er sich 1908 der Revolution der »Jungtürken« an, einer schwärmerischen Reformpartei, die mit Hilfe meuternder Truppen den damaligen Sultan Abdul Hamid gefangensetzte und eine konstitutionelle Verfassung erzwang.

An seinem Landsknechtsleben im Dienst eines auseinanderbrechenden Imperiums änderte das nur wenig. Er kämpfte in Syrien gegen aufständische Drusen, in Libyen gegen die Italiener, in den Balkankriegen (1912 bis 1913) gegen die Bulgaren – und schließlich im Weltkrieg mit den Deutschen gegen die Westmächte, gegen Rußland, Italien und Griechenland.

Seine politische Grundhaltung blieb dabei immer gleich. Er haßte den Sultan, er verabscheute den Islam und die Tyrannei seiner Geistlichkeit – und er mißtraute dem Bündnis mit den Deutschen, denen Reorganisation, Kontrolle und praktisch auch das Oberkommando über die türkische Armee anvertraut worden war.

Das Schicksal brachte Kemal, nun bereits Oberst und Divisionskommandeur, trotzdem unter den direkten Befehl eines Preußen, des Chefs der deutschen Militärmission und »Türkischen« Marschalls General Liman von Sanders. Sie hatten beide die Halbinsel Gallipoli zu verteidigen. Denn diese war im Frühjahr 1915 das Ziel eines britisch-französischen Angriffs, durch den Winston Churchill, Erster Lord der Admiralität, die Dardanellen von See aus nehmen und damit die Türkei von ihren Verbündeten abschneiden wollte.

Briten geschlagen

Die Briten landeten am 25. April. Sie stießen vom Strand bis knapp unter den Berggipfel vor, hinter dem Kemals Division in Reserve lag.

Der Berghang wurde monatelang von Granaten zerpflügt, mit Blut getränkt. Kemal, jetzt schon Kommandeur eines ganzen Armeekorps, schlug jede britische Offensive ab. Bis sich, zu Neujahr 1916, die Engländer auf die Schiffe zurückzogen.

Kemal war nun auch »Pascha«, der türkische Titel für einen General: Mustafa Kemal Pascha, Volksheld und Retter Konstantinopels, doch äußerst unbeliebt bei der Regierung wegen seines Eigensinns.

MUSTAFA KEMAL (rechts): seltenes Privatbild im Familienkreis

VERTRIEBEN! Tausende Griechen müssen ihre türkische Heimat verlassen

Kemal wurde deshalb an die Ostfront versetzt. Er sollte gegen den aus dem Kaukasus vordringenden russischen Erbfeind kämpfen. Dort gab er den Befehl, die Armenier zu »liquidieren«, die von den Russen bewaffnet worden waren.

Kemal an der Südfront: Nach Syrien, zum »Asienkorps« des deutschen Generals von Falkenhayn, der von der Eroberung Indiens träumte – Kemal beleidigte ihn sofort.

Kemal im Frühjahr 1918, in einer Delegation mit dem Thronfolger des Sultans, nach Berlin, wo er den Sieger von Tannenberg, Erich Ludendorff, mit spöttischen Fragen nach dessen (nicht mehr klaren) Operationszielen verärgerte.

Dazwischen Depressionen, in Alkohol ertränkt, eine venerische Krankheit, ein Nierenleiden.

Kemal nochmals an die Front im Süden, hinein in einen wüsten Kampf mit Beduinenstämmen unter der Führung eines geheimnisvollen Engländers, der bald nachher als »Lawrence of Arabia« berühmt wird.

Bis endlich am 30. Oktober 1918 die Nachricht kam: Waffenstillstand!

Die Türkei war geschlagen. In der Hauptstadt standen die Briten. Die Franzosen, Italiener, Griechen waren in Kleinasien gelandet. Der neue Sultan, Mehmed VI., war nur noch eine Marionette der Briten. Das Land sollte – wie Österreich-Ungarn – gänzlich zerstückelt werden, bis auf einen kleinen Rest aufgeteilt. Der Sultan machte mit.

Jedoch, noch immer keine Ruhe. Um nationale Erhebungen zu unterdrücken, schickte die Regierung Kemal als Generalgouverneur der Ostprovinzen nach Anatolien.

Revolutionsheld

Dort aber begann er den nationalen Widerstand selbst zu organisieren. Er verhinderte die Demobilisierung der Armee, er stellte Partisanengruppen auf. Mehmed befahl ihm die Rückkehr, er weigerte sich. Einen telegrafischen Haftbefehl ließ er zerreißen. Und im September 1919 beschloß ein nach Sivas in Anatolien einberufener »Nationalkongreß«, die türkischen Länder des ehemaligen Reiches müßten ein unteilbares Ganzes bleiben – eine Art Unabhängigkeits-

erklärung auch gegenüber der Politik des Sultans.

Aber: Der Kongreß übersiedelte zuerst nach Ankara und dann – gegen Kemals Rat – nach Konstantinopel, wo seine Abgeordneten am 16. März 1920 mit Billigung des Sultans von englischen Truppen verhaftet wurden.

Als Sultan aber war Mehmed VI. auch Kalif, das geistliche Oberhaupt des Islam, und in dieser Rolle erklärte er Kemal zum Ketzer. Machte seine Ermordung zur heiligen Pflicht.

Schlag und Gegenschlag. Kemal in Ankara ließ eine neue, eine »Große Nationalversammlung« zusammentreten, eine provisorische Regierung ausrufen, deren Chef er war.

Mehmed hingegen mobilisierte die Geistlichkeit und die gläubigen Bauern zu Freischaren eines »Heiligen Kriegs« gegen den Abtrünnigen. Beinahe wäre Kemal diesmal unterlegen – seine Feinde standen nur noch wenige Kilometer vor Ankara.

Der Friedensvertrag zwischen dem Sultan und den Westmächten, am 10. August 1920 in Sèvres unterzeichnet, hat ihn gerettet. Dieser Vertrag schlug unter den Türken ein wie ein Todesurteil: Im Osten war eine »Republik Armenien« vorgesehen, im Süden ein »Kurdisches Territorium«, im Südwesten eine italienische Einflußsphäre. Smyrna, die Inseln und die ganze europäische Türkei sollten Griechenland gehören.

Krieg mit Griechenland

Der Sultan hatte sein Land verkauft. Die Stimmung wendete sich schlagartig. Die »Truppen« des Kalifen liefen auseinander. Und Kemal riß abermals die Macht an sich. Er ließ zunächst die Armenier niedermetzeln, wobei ihm diesmal die Sowjets zu Hilfe kamen – auch sie wollten keinen freien armenischen Staat.

Da griffen die Griechen ein. Ihr Regierungschef Eleutherios Venizelos hatte immer schon von einem »großgriechischen Reich« geträumt, und in Smyrna stand eine schlagkräftige, modern gerüstete griechische Armee. Sie drang 300 Kilometer ins Innere Kleinasiens vor, bis ihr die Truppen Kemals bei Inönü Halt geboten.

Sechs Monate später, am 13. Juli 1921, begann dann etwas weiter im Süden, am Sakarya-Fluß, der Entscheidungskampf. Er endete am 26. August 1922 mit einer neuen türkischen Offensive, mit einem Wettlauf der geschlagenen griechischen Divisionen zum Meer, mit einem schaurigen Blutbad unter der Zivilbevölkerung.

Einmarsch der Türken in Smyrna – Menschenjagd, Griechenjagd. Die Stadt brannte drei Tage lang, und Kemal sah von einer Terrasse zu, wie Nero beim Brand von Rom.

Nun stand nur noch der Sultan in Konstantinopel im Weg.

Am 5. November 1922 übernahm, nach einem Staatsstreich unter den Augen der Engländer, einer von Kemals Getreuen auch in der alten Hauptstadt die Macht – und zwei Wochen später floh Mehmed VI. mit seinem Sohn, einem Eunuchen und einem Handkoffer auf ein englisches Schlachtschiff, das ihn nach Malta brachte.

Der endgültige Triumph des Mustafa Kemal Pascha, jetzt Staatspräsident der neuen Türkei, kam am 24. Juli dieses Jahres mit dem Abschluß des Friedensvertrages von Lausanne und am 29. Oktober mit der Ausrufung der Republik.

Das Nebenprodukt des Friedensvertrages ist eine Sondervereinbarung mit Griechenland: die ganze griechische Bevölkerung von Kleinasien muß die Türkei verlassen, im Austausch gegen alle Türken, die in Griechenland wohnen. So werden eine Million Griechen und 400.000 Türken deportiert, auch gegen ihren Willen – eine unfaßbare menschliche Tragödie.

Totale Europäisierung

Doch Kemal hat noch weitere Pläne: die Modernisierung, Europäisierung, »Zivilisierung« seines Landes. Die Befreiung der Frau, die Abschaffung des Schleiers, die Einführung westlichen Rechts, die völlige Trennung des Islam vom Staate.

Und die Abschaffung des Kalifats. Denn das Amt des Kalifen, das früher in Personalunion vom Sultan ausgeübt wurde, das gibt es noch. Es ist, kurz vor der Flucht, von Mehmed seinem Vetter Abdul Medschid übertragen worden.

Doch dieser letzte aller Kalifen, dessen Vorgänger einst als »Beherrscher der Gläubigen« in die Geschichte eingingen, hat nichts mehr zu beherrschen und zu befehlen. Er kann nur noch beten.

Demokratie abgeschafft
Militärputsch verhindert peinliche Fragen

Spanien hat buchstäblich über Nacht eine neue Regierung bekommen. Am 13. September erläßt ein bisher ziemlich unbekannter General, Miguel Primo de Rivera y Orbaneja, zweiter Marqués de Estella, 53, Chef der vierten Militärregion (Barcelona - Katalonien), eine Proklamation an »Land und Armee«. Darin erklärt er seinen Staatsstreich mit dem »Drängen patriotischer Kräfte«, welche die Errettung des Landes von »fünfundzwanzigjähriger Politikerwirtschaft und nationaler Schande« verlangt hätten.

Nach dem üblichen Hurra auf Spanien und den König, Alfonso XIII., gibt Primo de Rivera in seinem Manifest der Regierung Manuel García-Prietos die Mitschuld an Banditentum und Raub im Land, an der Abwertung der spanischen Peseta, an der Verbreitung kommunistischer Propaganda und dem Überhandnehmen von Unglauben und Unmoral. Seine Junta würde Recht und Ordnung wieder einführen und jede eventuelle Opposition erbarmungslos ausrotten.

Am 14. September tritt die Regierung García-Prieto sang- und klanglos zurück. Don Miguel übernimmt die Macht. Das Parlament (die Cortes) wird aufgelöst, Militärs besetzen alle bedeutenderen Verwaltungsposten bis zur Gemeindeebene.

Alfonso XIII. ernennt Primo de Rivera zum »Präsidenten des Nationalen Direktorats«, ein Amt, das er für den General eilfertig aus dem königlichen Ärmel geschüttelt hat.

Das hilfreiche Wohlwollen des Souveräns kommt nicht von ungefähr:

DER KÖNIG UND SEIN GENERAL: Alfonso XII. (links) mit Primo de Rivera

DER DIKTATOR UND SEIN TEAM: Primo de Rivera (zweiter von links, mit Pickelhaube)

Schutzbund gegen Heimwehr

Unter den 13 Sünden, die Primo de Rivera in seinem September-Manifest der Regierung García-Prieto vorwarf, gibt Punkt 6 Aufschluß über die Hintergründe des Putsches. Er lautet: »Stillschweigendes Einverständnis mit der politischen Ausschlachtung der marokkanischen Tragödie.«

Im Klartext bedeutet dieser mysteriöse Satz folgendes: Seit 1909 versucht Spanien in Marokko militärisch Fuß zu fassen, dringt aber nur langsam vor. Besonders seit Emir Abd el-Krim, 43, der Anführer rund einer Million »Rifkabylen« – das sind die Bewohner Nordwest-Marokkos – den Heiligen Krieg ausgerufen hat, geht es mit der spanischen Besatzungsmacht bergab.

Alfonso XIII., der sich für einen glänzenden Strategen hält, verlor ob des Zauderns seiner höchsten Militärs die Geduld. »Kümmere dich nicht um den Kriegsminister, er ist ein Trottel«, ließ er seinen Freund, den General Francisco Silvestre, wissen und schickte ihn nach Marokko, um den wilden Berbern und Kabylen heimzuleuchten.

Die Mission des Generals endete im Juli 1921 mit der vernichtenden Niederlage der Spanier bei Annual. Königsfreund Silvestre beging Selbstmord.

Seither stellt das spanische Parlament peinliche Fragen, deren zögernde Beantwortung die Schuld an dem Desaster immer deutlicher auf den ungeduldigen König und seinen ungestümen General schiebt. Die »politische Ausschlachtung« der Tragödie mußte daher im Sinne des Königs, der militärischen Hofkamarilla und der höchsten Armeeführung verhindert werden.

Zwölf Tage vor einer neuerlichen parlamentarischen Anfrage putschte Primo de Rivera. Beschämende Enthüllungen über Silvestres eigenmächtiges Handeln, über Offiziere, die zum Zeitpunkt der Schlacht von Annual im nahen Melilla der Eröffnung eines Kasinos beiwohnten oder einfach Urlaub machten, und über Piloten, die friedlich in ihren Flugzeugen schnarchten, wird es nun gewiß nicht geben. Für derartige Auswüchse einer bürgerlich-dekadenten Demokratie hat Primo de Rivera kein Verständnis. Herkunft und Charakter des neuen Machthabers garantieren, daß die Ehre der spanischen Armee und ihres Königs unbefleckt bleibt.

»Primo ist ein echtes Produkt des spanischen Landadels«, weiß ein englischer Gutsnachbar des Generals. »Er ist ungebildet, unbeugsam, durch und durch Militarist, adelsstolz und, natürlich, autoritär. Er ist weder böse noch grausam – er ist einfach ein typisches Mitglied seiner Kaste.«

Ob und wann Spanien zu einer demokratischen Regierungsform zurückkehren wird, ist ungewiß. Der General betont, daß es ihm nicht um die Macht, sondern nur um die Ausrottung der Korruption geht. Da er aber eine parlamentarische Regierung mit den von ihm verachteten Berufspolitikern für die Wurzel aller Korruption hält, ist nicht abzusehen, wie lange er und seine Kameraden Spanien zu »säubern« gedenken.

Als »private, nichtmilitärische Einrichtung« wird am 12. April dieses Jahres im Wiener Innenministerium ein neuer Verein angemeldet. Er will »zur körperlichen und geistigen Ertüchtigung seiner Mitglieder« »Sportwettkämpfe und Versammlungen« abhalten. Der »Republikanische Schutzbund« ist aber in Wirklichkeit eine kaum getarnte paramilitärische Organisation der Sozialdemokratischen Partei.

Man braucht die Statuten nur genauer zu lesen. Da heißt es unter anderem: »Sicherung der republikanischen Verfassung« – »Schutz von Personen und Eigentum, welche auf dem Boden der republikanischen Verfassung stehen« – »Sicherung von Veranstaltungen und Kundgebungen.«

Wie ZEIT-BILD aus gut unterrichteter Quelle erfährt, hat sich die SP-Führung das Fernziel gesteckt, aus jedem einzelnen männlichen Parteimitglied einen Schutzbündler zu machen.

Damit reagieren die Sozialdemokraten mit einiger Verspätung auf eine Entwicklung, die unmittelbar nach Kriegsende begann.

Organisierte Plünderungen, Hungerkrawalle und Arbeitslosen-Demonstrationen sowie Versuche der Kommunisten, die Macht an sich zu reißen, erschütterten seit damals das Land.

Im Süden besetzten Serbokroaten vorübergehend halb Kärnten; im Westen schielten die Italiener nach Nordtirol, nachdem sie bereits Südtirol vereinnahmt hatten. An der Ostgrenze, wo aus dem ehemaligen West-Ungarn das »Burgenland« geworden war,

DIESE PRIVATARMEE STEHT SCHON: Heimwehrleute beim Sonntagsaufmarsch

kam es immer wieder zu Zusammenstößen zwischen den Volksgruppen.

Spontan bildeten sich damals »Heimwehren« gegen diese Bedrohungen von innen und außen. Sie waren ursprünglich überparteilich. In den letzten Jahren gerieten sie aber immer stärker ins extrem rechte Fahrwasser.

Politisch ist Österreich in zwei fast gleich große Lager gespalten, in Christlichsoziale und Sozialdemokraten. Regierten sie ursprünglich, der Not gehorchend, gemeinsam (laut *Neue Freie Presse* eine »Strindbergsche Ehe«), so sind die Christlichsozialen seit 1920 allein an der Macht. Was nicht viel besagt.

Tatsächlich standen Österreichs führende Politiker bislang Arbeitslosigkeit, Inflation und Hunger ziemlich ohnmächtig gegenüber. Seit Kriegsende wurden nicht weniger als neun Regierungen mit fünf Kanzlern verschlissen.

Jetzt hält man bei der zehnten unter Bundeskanzler Dr. Ignaz Seipel, 47, einem katholischen Prälaten und Ex-Theologieprofessor, der aus einfachsten Verhältnissen kommt: sein Vater war Kutscher.

Dr. Seipel hat durch eine gigantische Völkerbundanleihe das Land halbwegs aus der Wirtschaftskrise herausmanövriert (siehe Bericht über die Inflation). Zur innenpolitischen Dauerkrise fällt ihm leider nicht viel mehr ein als die Aufrüstung der Heimwehren. Es ist allgemein bekannt, daß sich

Dr. Seipel zu diesem Zweck unter anderem von der ultrakonservativen Regierung Horthy in Ungarn Geld besorgt hat.

Waffen gibt es im Überfluß. Das Kriegsmaterial liegt an allen Ecken und Enden noch immer praktisch zur Selbstbedienung herum. Auch an Männern ist kein Mangel. Manch einer der 120.000 Arbeitslosen ist bereit, für einen Teller warme Suppe seine Seele zu verkaufen.

Befehligt werden die Heimwehren von ehemaligen Berufsoffizieren. Traditionsgemäß stehen sie überwiegend im Lager der Rechten, der Christlichsozialen also.

Die aber wittern Gefahr von links – die Schrecken der Russischen Revolution, die kommunistischen Revolten in Ungarn und Deutschland ständig vor Augen. Da die kommunistische Partei Österreichs verschwindend klein ist, verkörpern die Sozialdemokraten das rote Gespenst – das auch von den Kanzeln beschworen wird. Noch ist jedermann der Hirtenbrief der österreichischen Bischöfe gegen die Linksparteien (1919) in lebhafter Erinnerung.

Solange die Sozialdemokraten in der Regierung saßen, fühlten sie sich einigermaßen sicher vor Rechts-Attacken: der SP-Staatssekretär für das Heerwesen und Ex-Artillerieoffizier Dr. Julius Deutsch, 39, hatte die Volkswehr (das heißt das Militär) fest in der Hand.

Seit sie aus der Regierung ausgeschieden sind, seit es immer wieder zu blutigen Auseinandersetzungen zwischen Heimwehr und Frontkämpferorganisationen auf der einen sowie Arbeitern auf der anderen Seite gekommen ist, bangen die Sozialdemokraten ernstlich um das Überleben der Republik schlechthin.

Heute ist es bereits soweit, daß sich jeder vor jedem fürchtet. Man sieht, je nach Standpunkt, im politischen Gegner den leibhaftigen Gottseibeiuns oder den mordlüsternen Klassenfeind. Und am Horizont wetterleuchtet der Faschismus . . .

Das traurige Beispiel der italienischen Arbeiter vor Augen, die hilflos zusehen müssen, wie bis an die Zähne bewaffnete Schwarzhemden immer dreister nach der Macht greifen, haben sich nun auch die Sozialdemokraten eine Privatarmee zugelegt. Ihr Kommandant heißt Julius Deutsch.

Es ist wohl nur noch eine Frage der Zeit, bis es zum offenen Bürgerkrieg kommt.

ARTILLERIST AN DER SPITZE: Schutzbund-Chef Dr. Julius Deutsch

ZB-Titel: Das Jahr der Katastrophen

Inflation und Aufruhr: Deutsches Reich knapp vor dem Kollaps

Das Jahr 1923 wird vermutlich als das dramatischste und gefährlichste Jahr seiner Existenz in die Geschichte Deutschlands eingehen. Dramatischer und gefährlicher selbst als 1918, da nach einem verlorenen Krieg die Kaiserherrschaft in Revolutionswirren unterging. Diesmal hingegen droht das Reich vollkommen auseinanderzubrechen. Daß es dennoch überlebt, ist vor allem einem Mann zu danken: Reichskanzler Dr. Gustav Stresemann, 45. In nur 100 Tagen Regierungszeit hat er mit Mut, Tatkraft, Schlauheit und Geduld das Land vor dem Abgrund bewahrt. Zum Dank wird er gestürzt.

BERLINER KINDER HUNGERN: Ausspeisung auf offener Straße

Die Wurzeln der heutigen Misere reichen weit in die Vergangenheit zurück. Bis zu jenen Geschehnissen, die zum Ausbruch des Weltkriegs von 1914–1918 geführt haben. Die eigentlichen Ursachen sind in den Ereignissen der letzten fünf Jahre zu suchen. In der Tatsache, daß Deutschland – und mit ihm seine Verbündeten, an der Spitze Österreich – diesen Krieg verloren haben. Und daß die Sieger einen Frieden diktieren, der den Deutschen kaum eine wirtschaftliche Überlebenschance ließ. Ganz zu schweigen von der Demütigung ihrer nationalen Würde.

Ausgerechnet im Spiegelsaal des Schlosses von Versailles, wo 48 Jahre zuvor die Gründung des Deutschen Reiches vollzogen worden war, wurde 1919 das »Friedensdiktat« unterzeichnet. Von Vertretern der eben erst in Weimar – wegen der Revolutionswirren in Berlin – gegründeten ersten Deutschen Republik. Daher der Name »Weimarer Republik«.

Der Friedensvertrag verlangt nicht nur die endgültige Abtrennung von 13 Prozent des Reichsgebiets (Elsaß-Lothringen, Eupen-Malmedy, Nordschleswig, Posen, Westpreußen und Teile Schlesiens) sowie die fünfzehnjährige Besetzung von Rhein- und Saarland; er fordert auch eine weitestgehende Entwaffnung; die Reduzierung des Heeres auf 100.000 Mann; die Neutralisierung breiter Gebietszonen und die Internationalisierung der wichtigsten Flüsse.

Das Schlimmste: Deutschland muß ausdrücklich die gesamte Kriegsschuld auf sich nehmen und ist daher, laut Artikel 231, »als Urheber für alle Verluste und Schäden verantwortlich«. Und wie das Leben so spielt: die Schäden werden, bei näherem Hinsehen, von Tag zu Tag größer und zahlreicher …

So fließt denn nach endlosen Konferenzen, Forderungen, Protesten, Drohungen, Ultimaten und Repressalien ein unaufhörlicher Geldstrom aus dem ohnehin durch den Krieg ruinierten Land. Dazu noch Waren und Güter aller Art – von der Schiene bis zur Maschine, vom Dampfer bis zur Dampflok, von der Kohle bis zum Kabel.

Im Gefolge von Hunger und Arbeitslosigkeit wüten Seuchen. Revolutionen von rechts und links sind an der Tagesordnung, ebenso wie politischer Mord. Prominenteste Opfer: die Kommunisten Rosa Luxemburg und Karl Liebknecht, der liberale Außenminister Walther Rathenau und Finanzminister Matthias Erzberger vom Zentrum. An den Ostgrenzen gibt es ständig blutigen Kleinkrieg zwischen Freischärlern und Polen.

Den Kommunisten gelang es bereits zweimal, vorübergehend sogenannte »Räterepubliken« zu errichten. Und die politisch Rechtsstehenden schüren mit verbissener Wut gegen die Republik. Den Regierenden wird vorgeworfen, 1918 hinter dem Rücken einer noch immer kampfbereiten Truppe einen »Schandfrieden« angestrebt und das Reich in Versailles endgültig »verraten« zu haben. (»Dolchstoß« und »Erfüllungspolitik« lauten die meistgebrauchten Schimpfwörter.)

Kein Wunder, daß sich in diesem Chaos die Regierungen in rasender Abfolge verschleißen. Man hält im Januar 1923 bereits beim siebenten Kabinett seit 1918. Die junge Demokratie, der man die Alleinschuld an all dem Unglück gibt, gerät bei vielen Menschen immer mehr in Mißkredit. Die Nostalgie nach der guten alten Kaiserzeit ist unübersehbar.

Seit Anfang dieses Jahres überstürzen sich die katastrophalen Ereignisse, von denen fast jedes einzelne genügte, die Republik tödlich zu gefährden.

Am 13. August übernimmt Dr. Gustav Stresemann ein sinkendes Staatsschiff. Als er am 23. November, einer vergleichsweisen Lappalie wegen, von den Sozialdemokraten gestürzt wird, ist die ärgste Gefahr gebannt. Deutschland geht (hoffentlich) ruhigeren Zeiten entgegen – immerhin bleibt der clevere Stresemann Außenminister in einem Koalitionskabinett.

Reichspräsident Friedrich Ebert, 52, selbst ein altgedienter Sozialdemokrat, ist ehrlich entsetzt über den Handstreich der Genossen gegen den fähigsten Staatsmann Deutschlands: »Das wird euch noch in zehn Jahren leid tun!«

Aber wer weiß, was in zehn Jahren ist. 1933 ist noch weit . . .

Frankreich besetzt das Ruhrgebiet

»Unser Leben hängt nicht davon ab, ob wir eine Milliarde mehr oder weniger zahlen, ob wir einige Jahre früher oder später wirtschaftlich hochkommen. Davon aber, daß Rhein und Ruhr deutsch bleiben, davon hängt unser Leben ab.«

Mit diesen dramatischen Worten umreißt Reichskanzler Stresemann das Problem, das seit dem 10. Januar unvermindert akut ist. An diesem Tag ist »der Eiserne Vorhang« (Volksmund) zwischen Deutschland und Frankreich scheinbar endgültig niedergegangen.

Am 10. Januar sind 20.000 Mann französischer und belgischer Truppen, bis an die Zähne bewaffnet, ins Herzland von Deutschlands Bergbau und Industrie eingedrungen. Bis zur Jahresmitte waren es dann schon 100.000.

Der Anlaß war fadenscheinig genug: nachdem Deutschland im vergangenen Jahr pünktlich die geforderten Reparationen von rund 1,5 *Milliarden* Goldmark gezahlt hatte, war es mit Holz- und Kohlelieferungen im Wert von 24 *Millionen* in Verzug geraten. Worauf die Franzosen und Belgier losmarschierten – unter ausdrücklicher Mißbilligung Englands und der USA.

Den allgemeinen Wirrwarr benützten die Litauer, um das Memelland zu besetzen, dessen Status seit Versailles noch immer nicht geklärt war.

Politische Beobachter sind sich einig, daß Frankreich schon lange ein Auge auf das Ruhrgebiet geworfen und nur einen Vorwand abgewartet hat:

DIE FRANZOSEN KOMMEN: Einmarsch der Grande Armée im Ruhrgebiet

● Da die Franzosen schon zweimal von Deutschland überrollt wurden (1870 und 1914), ist ihr Sicherheitsbedürfnis extrem gestiegen. Das besetzte Rheinland ist ihnen als Pufferzone zuwenig.

● Die nordfranzösische Schwerindustrie ist weitestgehend abhängig von der Ruhrkohle. Der Gedanke, diese einfach zu beschlagnahmen, erscheint für einen Sieger ziemlich naheliegend.

Passiver Widerstand

Der Überfall löst in ganz Deutschland Empörung und ohnmächtige Wut aus. Die diplomatischen Proteste der Reichsregierung unter dem politisch wenig geübten Wirtschaftsfachmann Wilhelm Cuno, 47, verhallen unbeantwortet. Aber ein Aufruf zum passiven Widerstand gegen die Franzosen wird lückenlos befolgt.

Während die Regierung die Reparationszahlungen an Frankreich und Belgien einstellt, legen sämtliche Beamte im Ruhrgebiet die Arbeit nieder (werden aber selbstverständlich von Berlin aus bezahlt). Die Ämter bleiben geschlossen, der öffentliche Verkehr kommt zum Erliegen. Aber auch die Maschinen stehen still, die Zechen machen dicht.

Die Franzosen reagieren nervös: 180.000 widerspenstige Deutsche werden aus ihrer Heimat ausgewiesen, die Grenzen zum übrigen Reichsgebiet hermetisch geschlossen. Exzentrische Blüten treibt die Zensur: nicht einmal das Freiheitsdrama »Wilhelm Tell« darf im Ruhrgebiet gespielt werden.

Beamte aus Frankreich, hastig angeheuerte Fremdarbeiter aus Polen und der Tschechoslowakei werden herbeigeschafft, Gruben und Fabriken gewaltsam besetzt. Bei Krupp in Essen gibt es dabei dreizehn Tote und zahlreiche Schwerverletzte.

Nun beginnt sich die Spirale der Gewalt zu drehen. Auf die Brechung des passiven Widerstands folgt der aktive Terror. Brücken und Eisenbahnzüge fliegen in die Luft, Besatzungssoldaten werden aus dem Hinterhalt erschossen.

Der Gegenterror läßt nicht auf sich warten: Dutzende Deutsche werden standrechtlich erschossen. Männer, Frauen und selbst Kinder werden Opfer der Zusammenstöße zwischen Demonstranten und Besatzungssoldaten, die beim kleinsten Anlaß wie wild um sich schießen.

EMPÖRUNG IN BERLIN: Demonstration auf dem Königsplatz gegen den Franzosen-Einmarsch

Wieso gerade einer dieser Toten, der achtundzwanzigjährige preußische Ex-Leutnant Albert Leo Schlageter, die leuchtendste Märtyrerkrone trägt, ist nicht recht erklärbar.

Schlageter hat sich nach Kriegsende bei diversen Freikorps im Osten als Haudegen hervorgetan, an einem rechtsextremistischen Staatsstreich (dem sogenannten Kapp-Putsch von 1920) teilgenommen und ist Anfang dieses Jahres in München der Nazi-Partei beigetreten.

Am 15. April jagt Schlageter im Ruhrgebiet, und zwar bei Calkum, eine Eisenbahnbrücke in die Luft. Er wird aufgrund einer Denunziation gefaßt, zum Tod verurteilt und am 26. Mai auf der Golzheimer Heide bei Düsseldorf hingerichtet.

Sein Begräbnis gestaltet sich zu einer eindrucksvollen, stummen Protestdemonstration. Tausende Menschen säumen die Eisenbahnschienen, auf denen der Sarg befördert wird.

Daß die extreme Rechte Schlageter zur Symbolfigur des Widerstands hochstilisiert, versteht sich von selbst. Aber auch die extreme Linke reklamiert ihn für sich.

Karl Radek, 38, Mitglied des Zentralkomitees der KPdSU, widmet ihm vor dem Komintern einen pathetischen Nachruf: die Sowjetunion, vom kapitalistischen Westen isoliert, will sich offensichtlich bei den Deutschen Liebkind machen. Über die Versuche, Deutschland dem Kommunismus

SO MACHT MAN MÄRTYRER: Albert Leo Schlageter wird exekutiert

zuzutreiben, ist an anderer Stelle zu berichten.

Die merkwürdigen Beziehungen zwischen Deutschland und der Sowjetunion – die beiden Staaten haben voriges Jahr in Rapallo einen Pakt geschlossen, der sie wechselweise von Kriegsreparationen entbindet, dafür aber die wirtschaftlichen Beziehungen verstärkt – diese deutsch-russischen Beziehungen verunsichern Frankreich noch mehr: wenn der alte Feind Deutschland den Rücken frei hat, kann er alle Kräfte auf den Westen konzentrieren . . .

Aus dieser Lage mag sich auch die ungebrochen starre Haltung Frankreichs erklären, als Deutschland am 26. September unter seinem neuen Reichskanzler Stresemann den passiven Widerstand aufgibt. Die Kosten dafür haben das Reich an den Rand des finanziellen Ruins getrieben. (Siehe dazu den Beitrag über die Inflation.) Dennoch bleiben die Franzosen an der Ruhr, was für Deutschland einen weiteren schweren wirtschaftlichen Schlag bedeutet.

Es folgt wieder eine nervenzermürbende Kette von Verhandlungen über die Zahlungsbedingungen der Reparationen, wobei immer neue Schwierigkeiten wegen der halb vom Reich abgetrennten Gebiete auftauchen. Gelegentlich geistert der Gedanke durch die Beratungen, den besetzten Gebieten einen Sonderstatus mit eigener Währung zu verleihen.

Während einer solchen hektischen Krisensitzung erleidet der gestreßte Reichskanzler Stresemann, ohnehin durch ein chronisches Schilddrüsenleiden schwer beeinträchtigt, einen Kreislaufzusammenbruch und muß aus dem Sitzungssaal getragen werden.

Ein anderes Mal verliert sogar der sonst unerschütterliche Wortführer der besetzten Gebiete die Nerven. Bebend vor Zorn unterstellt der Oberbürgermeister von Köln, Konrad Adenauer, 47, die Regierung wolle »das Rheinland preisgeben, um dadurch von den Reparationen freizukommen«.

Davon kann selbstverständlich nicht die Rede sein. Stresemann will nur eines: mit Frankreich endlich in Frieden leben. Denn er weiß, was noch sehr wenige Politiker erfaßt haben, schon gar nicht die französischen: »Deutschland ist mit Frankreich in einer Schicksalsgemeinschaft verkettet. Unser Untergang würde auch Frankreich aufs tiefste treffen.«

Katastrophe Nr. 2:

Die Separatisten

Im Oktober dieses Jahres ist Deutschland ernsthaft in Gefahr, das Rheinland für immer zu verlieren. Unter dem Schirm der französischen Besatzer bemächtigen sich Separatisten der Zivilherrschaft – bis sie nach dreißig Tagen wieder verjagt werden.

Derzeit ist nur noch die zu Bayern gehörende Rheinpfalz eine »autonome Republik« und stöhnt unter dem Terrorregime ihres sogenannten Präsidenten Joseph Heinz.

Nach dem Sieg von 1918 hätte sich Frankreich gern das ganze Rheinland einverleibt. Da dies ihre Verbündeten nicht duldeten, beschränkten sich die Franzosen darauf, jede separatistische Regung der einheimischen Bevölkerung mit satten Geldzuwendungen zu unterstützen.

Schon 1918 versuchte der ehemalige preußische Staatsanwalt Dr. Adam Dorten, jetzt 43, durch Umsturz eine »Rheinische Republik« herbeizuführen. Er scheiterte am Widerstand seiner Landsleute.

Im Trubel der Ruhrkrise wittern die Separatisten Morgenluft. Dorten, sein Freund Joseph Mathes, 37, und ein Haufen Gleichgesinnter führen in Düsseldorf, Aachen und anderen Städten des Rheinlandes erfolgreiche Putsche durch. Am 25. Oktober proklamieren sie in Koblenz die »vorläufige Regierung der Rheinrepublik«. Die sofort von den Franzosen anerkannt wird.

Bei blutigen Gegenrevolten spielen, wieder einmal, Frontkämpferverbände und Freischärler eine wesentliche Rolle. Im Siebengebirge findet am 15. und 16. November die verlustreiche Entscheidungsschlacht statt. Zehn Tage später löst sich die Rheinische Republik sang- und klanglos auf.

Reste der Separatisten haben sich schon seit Anfang November in die Rheinpfalz zurückgezogen, jeden Widerstand kurz und klein geschlagen und eine »Autonome Regierung der Pfälzischen Republik« ausgerufen.

Als Präsident spielt sich Joseph Heinz aus Orbis auf. Und auch er genießt die volle Anerkennung der Franzosen. Seine Regierungstätigkeit beschränkt sich vor allem darauf, in Saus und Braus zu leben und die Bevölkerung zu schikanieren.

DIE SEPARATISTEN KOMMEN: Besetzung der Stadt Krefeld

Katastrophe Nr. 3:

»Schwarze Reichswehr«

Zum Glück ohne weitere schwerwiegende Folgen bleibt am 1. Oktober ein Putschversuch des Majors a. D. Bruno Buchrucker, 43. Er will die Reichsregierung stürzen und so der verhaßten »Erfüllungspolitik« ein Ende bereiten. Peinlich an der ganzen Sache: die Reichswehr ist, wenn auch nur am Rande, in die undurchsichtige Angelegenheit verwickelt.

Ohne Wissen der Siegermächte hat Deutschland die strengen Militärklauseln des Versailler Vertrages zweifach umgangen:

● Seit 1920 besteht zwischen dem deutschen Heer und der Roten Armee eine fixe Verbindung. Als Gegenleistung für deutsches Know-how beim Aufbau der russischen Rüstungsindustrie werden Angehörige der Reichswehr in der UdSSR an Waffen ausgebildet, die Deutschland gar nicht besitzen darf. Auch deutsche Militärflieger erhalten in Rußland eine gründliche Schulung.

● Die oberste Heeresleitung unter Generaloberst Hans von Seeckt, 57, hat stillschweigend mit dem Aufbau einer Reservearmee begonnen. Diese wird von den legalen Truppen gedrillt, trägt aber meist Zivil. Es gibt feststehende Kader sowie jederzeit einsatzbereite Freiwillige; sie alle sind als »Arbeiter« und »Angestellte« getarnt.

Der Ausbau der »Schwarzen Reichswehr« wird, mit Billigung des Innenministeriums, seit Februar dieses Jahres verstärkt vorangetrieben. Denn:

● es besteht die Befürchtung, daß Polen, Deutschlands augenblickliche Schwäche nutzend, losschlägt, um weitere Teile Schlesiens zu vereinnahmen;

● möglicherweise bekommt Frankreich nicht nur auf das Ruhrgebiet Appetit. Generaloberst von Seeckt: »Der Weg von Dortmund nach Berlin ist zwar nicht weit. Aber er führt durch Ströme von Blut.«

Die »Schwarze Reichswehr« setzt sich vorwiegend aus ehemaligen Frontsoldaten und Freikorpsleuten zusammen. Gemeinsam ist ihnen ihre ultrakonservative bis extrem republikfeindliche Einstellung.

Die Geheimarmee umfaßt bis zum Sommer schätzungsweise 50.000 bis 80.000 Mann. Einer von ihnen ist Major a. D. Bruno Buchrucker, der vier Bataillone aufgebaut und bestens geschult hat. Sein Tatendurst scheint damit noch nicht gestillt. Er möchte auch in der Politik mitmischen.

Sein Ziel ist es, den Vertrag von Versailles für nichtig zu erklären, eine starke Armee aufzubauen. Und dann von neuem mit den einstigen Kriegsgegnern zu verhandeln.

Buchrucker entwirft einen komplizierten Operationsplan zum Sturz der Regierung. Dieser gipfelt in der phantastischen Idee, daß alle waffentragenden Männer – in der regulären Armee, in der Schwarzen Reichswehr und in den diversen Freikorps – zugleich putschen und die Macht an sich reißen sollen.

Der Major nimmt Verbindung zu den einzelnen Formationen auf. Das Echo ist gedämpft und – vor allem von seiten der Heeresleitung – zweideutig und hinhaltend. Wie man hört, hat Generaloberst von Seeckt eigene Pläne, in welche eine Randfigur wie Buchrucker nicht hineinpaßt. (Mehr darüber im Bericht über den Hitler-Putsch in München.)

Buchrucker will zurückstecken, ist aber mit einem Teil seiner Männer schon so weit vorgeprellt, daß er nicht mehr zurück kann. Sie besetzen die Festung Küstrin, unweit von Berlin, um dort die »nationale Erhebung« auszurufen, werden jedoch von Reichswehreinheiten umstellt und entwaffnet.

Bezeichnenderweise werden die Meuterer nicht zur Verantwortung gezogen, sondern nur diskret in andere Garnisonen verlegt. Lediglich Buchrucker wird am 27. Oktober in einem Geheimverfahren wegen Hochverrats zu milden zehn Jahren Festungshaft verurteilt.

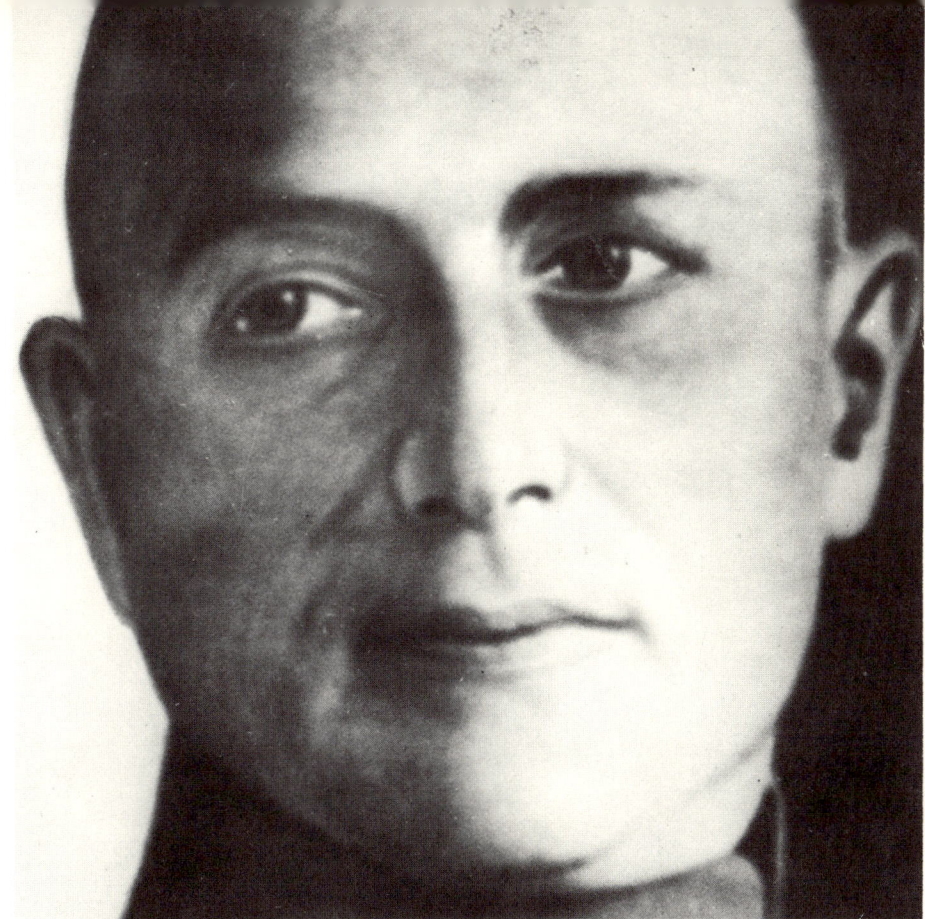

GESCHEITERTER PUTSCHIST: Major a. D. Bruno Buchrucker

KP plant »Deutsche Oktober-revolution«

»Die herannahende Revolution in Deutschland ist das wichtigste Welt-Ereignis in unserer Zeit«, schreibt der neue Generalsekretär der KPdSU, Jossif Wissarionowitsch Stalin, 44, am 10. Oktober im Parteiorgan der deutschen KP. Weiter steht in der *Roten Fahne*: der Sieg dieser Revolution werde noch viel bedeutsamer sein als jener der russischen. Die neue Zentrale der Weltrevolution werde von da an Berlin und nicht länger Moskau heißen.

Wer es bis dahin nicht wahrhaben wollte, daß in Deutschland die Zeichen auf proletarischem Sturm stehen, kann es nun schwarz auf weiß lesen. Ausgangspunkt der deutschen Revolution soll Sachsen werden, wo die Bedingungen, zumindest aus Moskauer Sicht, optimal sind.

In diesem zweitgrößten deutschen Industriegebiet haben die Kommunisten schon 1921 einen vergeblichen Umsturzversuch unternommen. Fazit: 150 Tote, massenweise Parteiaustritte.

Von diesem Schlag konnte sich die KP überraschend schnell erholen. Bei den Landtagswahlen im Herbst 1922 hat sie eindrucksvolle Siege errungen, während der Stimmenanteil der Sozialdemokraten dramatisch zurückging.

Ministerpräsident Dr. Erich Zeigner, 37, von den Linkssozialisten, mußte, um regieren zu können, die KP für eine Koalition gewinnen – zu deren Bedingungen: Mitbestimmung in den Betrieben; Aufstellung bewaffneter Arbeiterwehren; Kommunalreformen, welche praktisch die ganze Macht in den Gemeinden an die Arbeitervertreter delegiert.

Seit Anfang September mehren sich die Hinweise, daß Moskau entschlossen ist, dem Reich, das bereits am Rand des Zusammenbruchs steht, den revolutionären Todesstoß zu versetzen.

Die Führungsspitze der deutschen KP unter Heinrich Brandler, 42, wird zum Befehlsempfang nach Moskau zitiert. Drei russische Bürgerkriegsspezialisten übernehmen in Dresden die Regie. Die sowjetische Botschaft in Berlin sorgt für die finanziellen Mittel. Tag für Tag hetzt die *Rote Fahne*. Die Attacken gipfeln im eingangs erwähnten Stalin-Artikel.

Als gar noch die KP-Zentrale demonstrativ ihren Sitz von Berlin nach Dresden verlegt, als Zeigner seine Koalitionsregierung in eine »Einheitsfront« unter Beteiligung kommunistischer Minister umwandelt, ist es klar: das Startsignal aus Dresden für die proletarische Oktoberrevolution, made in Germany, kann nur noch eine Frage der Zeit sein.

Die Regierung Stresemann baut vor: sie erklärt am 27. September den Ausnahmezustand und bringt am 13. Oktober ein Ermächtigungsgesetz durch. Beide geben sowohl dem Kabinett als auch der Armee weitreichende Vollmachten. So ordnet der Sächsische Wehrkreiskommandant, General Alfred Müller, 57, am 13. Oktober die Auflösung der Arbeiterwehren an.

Die sächsische Regierung lehnt es ab, dieser Weisung zuzustimmen. Vielmehr richtet Dr. Zeigner heftige Angriffe gegen die Armee und fordert die Auflösung der »Schwarzen Reichswehr«. Worauf Müller Polizei- und Heeresverbände in Dresden einmarschieren läßt, um »verfassungsmäßige und geordnete Verhältnisse wiederherzustellen und aufrechtzuerhalten«.

Und nun passiert etwas, worauf man offenbar weder in Dresden noch in Moskau gefaßt ist: ein am 21. Oktober erlassener Auf-

FAST-REVOLUTION IN DRESDEN: Reichswehr marschiert gegen putschende KP

KOMMUNISTEN IM AUFWIND:
Wahlkampagne von Moskau finanziert

ruf zum Generalstreik wird in Sachsen nur wenig, im übrigen Deutschland praktisch überhaupt nicht beachtet. Von einer allgemeinen proletarischen Revolution kann unter diesen Umständen nicht die Rede sein. Lediglich in Hamburg kommt es am 23. Oktober zu einem Putschversuch. Der bricht aber innerhalb eines Tages zusammen.

Stresemann kann nun reinen Tisch machen: er ersucht Zeigner am 27. Oktober aus verfassungsmäßigen Gründen, sich seiner kommunistischen Minister zu entledigen. Zeigner weigert sich. Worauf Stresemann den sächsischen Ministerpräsidenten auf Grund des Artikels 48 der Verfassung absetzt. Ein von Berlin ernannter Generalkommissar übernimmt vorübergehend die Regierungsgeschäfte.

Auch Moskau reagiert: KP-Chef Brandler wird aller seiner Funktionen enthoben. Mit der zentralen Leitung wird die erst achtundzwanzigjährige Journalistin Ruth Fischer (eigentlich: Elfriede Gohlke) betraut.

Die proletarische Revolution ist durch das rasche Eingreifen der Reichsregierung im Keim erstickt worden, kostet aber auch Dr. Stresemann den Sessel des Regierungschefs. (Mehr darüber im Beitrag »Hitler-Putsch in München«.)

Katastrophe Nr. 5:

Hitler-Putsch in München

Eine politische Schmierenkomödie ohnegleichen spielt sich während des Herbstes in München ab. Es wimmelt von Intriganten, Möchtegern-Diktatoren und verratenen Verrätern. Was wie eine Slapstick-Groteske beginnt, endet jedoch in Strömen von Blut. Hauptakteur und Regisseur dieses ebenso gefährlichen wie absurden Stückes deutscher Geschichte: ein Österreicher namens Adolf Hitler, 34, der sich für ein paar Stunden sogar zum Reichskanzler aufschwingt.

»Wenn nicht endlich ein starker Mann kommt, der gründlich aufräumt, dann können wir in Deutschland einpacken«, schreibt im Sommer die *Norddeutsche Handwerkszeitung* manchem Deutschen aus der nationalen Seele.

Die Frage ist nur, wer den Platz des »starken Mannes« einnehmen soll. Anwärter gibt es genug.

Die »starken Männer«

Da ist zunächst Generaloberst Hans von Seeckt, 57, Chef der Heeresleitung und als solcher auf die Republik vereidigt. Doch verhehlt der brennend ehrgeizige Offizier kaum seine Abneigung gegen Demokratie im allgemeinen und Sozialdemokratie im besonderen.

Unmittelbar vor dem Buchrucker-Putsch (siehe Beitrag »Schwarze Reichswehr«) spielt Seeckt mit dem Gedanken, sich selbst zum Kanzler einer strikt rechtsorientierten Regierung zu machen.

ZEIT-BILD wurde ein authentisches Manuskript des Generalobersten zugespielt, in welchem er sein Regierungsprogramm umreißt. Es beginnt mit den Worten: »In ernster und schwerer Stunde ist ein Soldat an die Spitze der Regierung berufen worden, und als Soldat bin ich dem Ruf gefolgt.«

Berufen fühlt sich auch ein anderer Soldat, der preußische General a. D. Erich Luden-

---

dorff, 58, ein hochkarätiger Kriegsheros und fanatischer Durchhaltespezialist; der Miterfinder der »Dolchstoßlegende« ist seit 1919 lautstark in der deutsch-völkischen Anti-Republik-Bewegung tätig, ja ist deren Zentralfigur.

Bayern hat gleich drei starke Männer auf Lager. Der erste ist der ehemalige Ministerpräsident Gustav von Kahr, 61, der maßgeblich an der Zerschlagung der kommunistischen Räterepublik in Bayern beteiligt war.

Dieser Antiterror-Spezialist wird Ende September dieses Jahres, als Bayern ein Übergreifen der roten Gefahr aus dem benachbarten Sachsen befürchtet, zum »Generalstaatskommissar mit besonderen Befugnissen« ernannt. Das heißt, er kann praktisch tun und lassen, was er will.

Eine Gelegenheit, die Kahr sofort ergreift, um eigene Pläne zu schmieden. Bayern soll wieder ein selbständiges Königreich werden, und/oder von Bayern aus soll die Republik als solche zu Fall gebracht werden.

Kahr hat zwei verschworene Mitstreiter: den bayrischen Reichswehrbefehlshaber General Otto von Lossow, 60, der seine Truppen handstreichartig dem Berliner Oberkommando entzieht und durch

REGIERUNGSSTURZ – nur auf dem Papier

Proklamation
an das deutsche Volk!

Die Regierung der November-verbrecher in Berlin ist heute für abgesetzt erklärt worden.

Eine provisorische deutsche National-Regierung ist gebildet worden.

Diese besteht aus

General Ludendorff, Adolf Hitler

General von Lossow, Oberst von Seißer

KLEINER MANN IN GROSSER POSE: Hitler auf der Fahrt zum Reichsparteitag

Treueid an die bayrische Regierung bindet. Und den Chef der Bayrischen Landpolizei, Hans Ritter von Seisser, 39.

Das wackere Triumvirat wartet die günstigste Gelegenheit zum Losschlagen so lange ab, bis ein elender Newcomer die alten Haudegen austrickst: Adolf Hitler, 34.

Wer ist dieser Hitler?

»Adolf – who?« (Adolf – wer?) und »Mister Nobody« (Herr Niemand) nennt die angloamerikanische Presse den schmächtigen jungen Mann, der mit seinem komischen Bärtchen an Charlie Chaplin, mit seinem stechenden Blick jedoch an den Filmbösewicht Dr. Mabuse erinnert.

In München, in Bayern, wie auch in rechtsextremen Kreisen des übrigen Deutschland (und Österreich) hingegen ist Hitler kein Unbekannter mehr. Mit Stolz kann er schon seit Monaten den Spitznamen »König von München« tragen.

Die Schlägertrupps seiner »Sturmabteilung« – kurz SA genannt –, deren ursprünglich aus Reichswehr-Restbeständen stammenden braunen Hemden inzwischen zum drohenden Markenzeichen geworden sind, gehören längst zum Stadtbild der Bayern-Metropole. Die 15.000 wohlgedrillten Männer stehen unter dem Kommando eines leibhaftigen Pour-le-mérite-Trägers und Weltkriegsfliegerhelden, Hauptmann a. D. Hermann Göring, 30.

In die Politik geraten ist Hitler eher durch

Zufall. Der frühverwaiste Sohn eines österreichischen Zollbeamten war lange Zeit ein zielloser Herumtreiber, ein Einzelgänger, der las und grübelte und seinen Lebensunterhalt als Postkartenmaler kümmerlich bestritt. Von der sterbenden österreichisch-ungarischen Monarchie hielt er nichts.

Keine Führungsqualitäten?

Er setzte sich nach München ab, diente während des Krieges als Freiwilliger im Ersten Bayrischen Infanterieregiment, brachte es aber, trotz ordensverbriefter Tapferkeit, nur bis zum Gefreiten. Für den Rang eines Unteroffiziers reichten seine Führungsqualitäten nicht.

Nach dem Krieg kroch er bei einer Münchner Reichswehrdienststelle als V-Mann (Verbindungsmann) unter. Das heißt, als simpler Spitzel, der auskundschaften sollte, welche Richtung die zahlreich sich bildenden politischen Grüppchen nahmen.

So stieß er 1919 in einem Vorstadtbierkeller auf eine Handvoll Eisenbahner. Angeführt von Anton Drexler, 39, ließen sie bei etlichen Maß Bier kleinbürgerlichen Frust ab gegen die jüdische Demokratie, das jüdische Großkapital, die jüdischen Kommunisten, die jüdischen Weltkriegssieger sowie die jüdischen Verräter Deutschlands.

Hitler fand Gefallen an dieser DAP (Deutsche Arbeiterpartei), trat ihr bei und stürzte sich mit Feuereifer in das für ihn gänzlich neue Polit-Geschäft.

Ist er zunächst nur »Werbeobmann«, das heißt Laufbursche, Zettelverteiler und Plakatkleber für Drexler, so bringt bald ein phantastisches Schlüsselerlebnis eine unerwartete Wende.

Hitler hält am 16. Oktober 1919 im Hofbräuhaus seine erste Versammlungsrede. Mit einer seltsam heiseren, brüchigen Stimme beginnt er leise, stockend. Wird langsam von sich selbst mit- und fortgerissen zu explosionsartigen Ausbrüchen und zu hämmerndem Stakkato, das er einer fasziniert lauschenden Zuhörerschaft entgegenschleudert.

Keiner weiß mehr, *was* er gesagt hat. Aber *wie* er es gesagt hat, das schlägt alle in fast hypnotischen Bann.

Einer spontanen Eingebung folgend, läßt Hitler nach seiner Rede Spenden kassieren. Er kann der Parteikasse, in der sich eben noch müde 7,50 Mark gelangweilt haben,

»Gelernt und gekonnt . . .«

Ein genauer Beobachter der Hitlerschen Redetechnik, der junge Schriftsteller Carl Zuckmayer, 27, schildert einem ZB-Mitarbeiter seine Eindrücke:

»Für unsereins ist der Mann ein heulender Derwisch. Aber er versteht es, jene dumpf im Virginia- und Würsteldunst zusammengedrängten Mengen aufzuputschen und mitzureißen. Nicht durch Argumente, die bei Hetzreden ja nicht kontrollierbar sind, sondern durch den Fanatismus seines Auftretens, das Brüllen und Kreischen, mit biedermännischen Brusttönen gepaart, vor allem aber: durch das betäubende Hämmern der Wiederholungen, in einem bestimmten, ansteckenden Rhythmus. Das ist gelernt und gekonnt und hat eine furchterregende, barbarisch-primitive Wirksamkeit . . .«

stolze 300 Mark zuführen. Gespendet von ganzen siebzig Personen!

Nun ist der Mann, der es in den bisherigen drei Jahrzehnten seines Lebens zu nichts gebracht hat, nicht mehr zu halten. Er entwickelt rastlose Aktivitäten, eilt von einer Versammlung zur anderen, agitiert, organisiert, bringt täglich neue Mitglieder.

Ende Februar 1920 erhält die Partei einen neuen Namen, »Nationalsozialistische Deutsche Arbeiterpartei« (NSDAP), und das Sagen hat nicht mehr Drexler, sondern Hitler.

Die Partei hat zwar nur ein höchst verschwommenes Programm und, außer der hysterischen Judenhatz und dem ehernen Willen zum Sturz der Demokratie, kaum eine Ideologie – aber sie hat Hitler. »Unser Programm«, so tönt ein Anhänger, »hat nur zwei Worte: ›Adolf Hitler‹.«

Spenden beginnen zu fließen. Nicht nur von kleinen Leuten, auch von großen Tieren. Die Industrie läßt sich nicht lumpen, nationale Organisationen schließen sich an. Und Frauen, vor allem Frauen sind bereit, tief in die Börse oder in die Schmuckschatulle zu greifen, um ihr Idol zu unterstützen. Seine Ausstrahlung auf das weibliche Geschlecht ist bemerkenswert: ein Drittel aller Parteigenossen sind Frauen. Das hat es bisher noch in keiner Partei gegeben.

So kann sich die NSDAP bald eine eigene Zeitung leisten, den Gift und Galle spukkenden *Völkischen Beobachter*. Die SA wird tadellos uniformiert und mit besten Waffen ausgerüstet – und die Regierenden in Bayern überkommt das große Fürchten.

Am 17. März 1922 diskutiert der bayrische Landtag die Abschiebung Hitlers nach Österreich. Dem stellt sich Vizepräsident Erhard Auer, ein Sozialdemokrat, vehement entgegen: das sei undemokratisch und widerspreche den freiheitlichen Grundsätzen. Hitler, so argumentiert der Sozialdemokrat, sei doch nur eine komische Figur, die nicht wirklich Schaden stiften könne. Man werde ihn schon in den Griff bekommen.

Die »komische Figur« stiftet indes eine Menge Schaden: Hitler baut die Organisation aus. Schon gibt es in ganz Deutschland Zweig- und Nebenstellen. Schon hält er unter Trommelwirbel und Trompetengeschmetter und unter einem Wald von Hakenkreuzfahnen – Hitler hat sie selbst ent-

SA MARSCHIERT – PER LKW: Hitlers braune Stoßtrupps

KLEIN MUSS MAN ANFANGEN: Hauptgeschäftsstelle der NSDAP in der Münchener Schellingstraße

worfen – in München einen »Reichsparteitag« ab. Schon schließt er sich mit anderen
rechtsextremen Wehrorganisationen zu
einem »Kampfbund« zusammen.
Den hochangesehenen General Ludendorff
kann Hitler auf seine Seite ziehen. Und er
verhandelt sogar mit Generaloberst von
Seeckt über einen möglichen Einsatz der
SA gegen die französischen Ruhrbesatzer.
Dies beschert Hitler einen beispiellosen politischen Auftrieb – und der SA eine ansehn-
liche Menge von Waffen.

Putschpläne

Die nun gar nicht mehr komische Figur
kommt ins Gespräch mit Kahr und seinen
Freunden, und man beschließt, gemeinsam
gegen Berlin zu putschen. Wobei offenbar
jeder den anderen für sich einsetzen und für
die eigene Sache ausnützen will, sobald die
Revolution erst einmal gelaufen ist.
Die Pläne sickern auch nach Berlin durch:
der Chef der Heeresleitung, Generaloberst
von Seeckt, wird angewiesen, so wie in
Sachsen auch in Bayern einmarschieren zu
lassen. Doch Seeckt weicht aus: ». . . da wir
dazu nicht in der Lage sind, sowohl nach
Zahl und Stimmung unserer Truppen.« Im
Klartext: Seeckt muß fürchten, daß seine
Soldaten zu den bayrischen Aufrührern
überlaufen.
So nimmt das Schicksal seinen Lauf: weil
Kahr, Lossow und Seisser den entscheiden-
den Schritt immer wieder hinauszögern, beschließt Hitler, allein vorzupreschen. In der
Annahme, daß die anderen ihm dann schon
folgen werden.
Auf einer Versammlung im Zirkus Krone
brüllt er unter ohrenbetäubendem Beifall:
»Für mich ist die deutsche Frage erst gelöst,
wenn die Hakenkreuzfahne vom Berliner
Schloß weht. Tritt gefaßt, deutsches Volk,
und vorwärts marsch.« Dann faßt er Tritt
und marschiert zur Tat.
Am 8. November dieses Jahres hält Kahr im
Hofbräuhaus eine Rede vor 3.000 geladenen
Gästen. Plötzlich fliegen die Eingangs-
türen auf, rund zwei Dutzend waffenstrot-
zende SA-Männer stürmen in den Saal. An
der Spitze Hitler (im berühmten lässigen
Trenchcoat), sein Sekretär und treuester
Vasall, Rudolf Heß, 29, sowie Hauptmann
Göring, die breite Brust ordensgeziert.
Hitler fuchtelt wild mit einem Revolver um
sich, schießt auch gegen die Decke und

Ex-Kronprinz heimgekehrt

»Dies ist nicht die Zeit, Märtyrer zu machen. Die Nation hätte aufgeschrien,
wenn wir einem Familienvater nach fünf
Jahren die Heimkehr untersagt hätten«,
meinte Reichskanzler Stresemann und
gestattete im November dem ehemaligen deutschen Kronprinzen Friedrich
Wilhelm, 41, die Heimkehr aus dem hol-
ländischen Exil auf seine Güter nach
Oels (Schlesien).
Friedrich Wilhelm hat nochmals ausdrücklich auf die Thronansprüche verzichtet und verschiedene Auflagen akzeptiert: die Heimreise mußte per Auto
erfolgen, um jegliches Aufsehen zu vermeiden; der Tag der Rückkunft wurde
streng geheimgehalten.
Was den Prinzen nicht hinderte, sich
bald danach anläßlich eines Konzerts
stürmisch feiern zu lassen.
Sein Vater, Ex-Kaiser Wilhelm II., 64,
auch er seit 1918 in den Niederlanden,
klopft derweil markige Sprüche, die
nicht viel von echter Resignation verraten.
»Ich kann nicht begreifen«, tönte er vor
Besuchern in Schloß Doorn, »daß das
deutsche Volk meine Abdankung akzeptiert hat, nachdem ich so unermeßlich
viel Gutes für das Land getan habe. Das
einzige, was mich aufrechterhält, ist das
ständige Wachsen der monarchistischen
Bewegung in Deutschland.«

FÜR IMMER GETRENNT: Kronprinz Wilhelm und Vater

springt auf einen Tisch. Mit vor Aufregung
kippender Stimme schreit er: »Die nationale
Revolution ist ausgebrochen. Die bayrische
und die Reichsregierung sind abgesetzt,
Reichswehr und Landpolizei rücken bereits
unter der Hakenkreuzfahne heran.«

»Reichskanzler Hitler«

Dann treibt er Kahr, Seisser und Lossow,
die zu Tode erschrocken sind, in ein Extra-
zimmer. Noch immer den Revolver im An-

schlag, erklärt sich Hitler zum Reichskanzler und die drei verdatterten Männer zu
Ministern.
Mittlerweile redet im Saal Göring be-
schwichtigend auf das verstörte Publikum
ein, verspricht, daß nun alles besser – und
Bayern immer genug Bier haben werde.
Nach einer Weile erscheinen die vier Männer wieder; Hitler stellt sich als neuer
Reichskanzler, seine Begleiter als Minister
vor. General Ludendorff, den man eilig her-

beigeholt hat, wird feierlich zum Reichsverweser ernannt.

Während im Saal erst zögernder, dann »donnernder Applaus« (Protokoll im Parteitagebuch der NSDAP) einsetzt und aus 3.000 bierfeuchten Kehlen ein brausendes »Deutschland, Deutschland über alles« erklingt, laufen die Dinge in der Stadt nicht nach Hitlers Plan.

Einige wenige Reichswehreinheiten schließen sich dem Putsch an, die meisten Kasernen verschließen den anstürmenden SA-Leuten die Tore. Hitler wird geholt, nach dem Rechten zu sehen, kann aber auch nichts ausrichten. Während der »Reichskanzler« dem Bürgerbräukeller fern ist, machen sich nicht nur die Gäste auf den Heimweg, sondern auch die »Minister«.

Was der Generalstaatskommissar, Ritter von Kahr, und die beiden Generale, Lossow und Seisser, mit einem Putsch auch immer vorgehabt haben mögen – als Marionetten von Gnaden dieses dahergelaufenen Gefreiten haben sie sich bestimmt nicht gesehen. Kahr setzt sich nach Regensburg ab, versichert die Reichsregierung seiner Loyalität und kündigt scharfe Maßnahmen gegen die Aufständischen an. Die NSDAP wird verboten, Reichswehr und Polizei besetzen die wichtigsten Punkte Münchens und nehmen jeden SA-Mann fest, dessen sie habhaft werden.

Ludendorff und Hitler wollen nicht glauben, daß sie von ihren einstigen Mitverschworenen »verraten« worden sind. Am Morgen des 9. November unternehmen sie einen Demonstrationszug durch die Münchner Innenstadt, in der Annahme, daß die Bevölkerung ihnen spontan folgen wird.

Vor dem Bürgerbräukeller formiert sich ein Zug von etwa 2.000 SA-Leuten, in Achterreihen. An der Spitze marschieren Hitler und Ludendorff.

Zwei Polizeikordone werden überrannt. Vereinzelte Passanten, aber beileibe nicht alle, schließen sich den Marschierenden an. Auf dem Marienplatz gibt es Jubel und Applaus für den General und den Gefreiten.

»Nicht schießen«

Kurz vor zwölf Uhr bewegt sich der Zug zum Odeonsplatz, wo vor der Feldherrnhalle eine Kundgebung abgehalten werden soll. Dazu kommt es nicht: eine Polizeiab-teilung erwartet die Demonstranten und eröffnet sofort das Feuer.

»Nicht schießen, General Ludendorff ist mit uns!«ruft ein SA-Mann. Die Polizisten beachten ihn nicht.

Nun beginnen auch die SA-Leute zu feuern, und es kommt zu einem wilden Handgemenge. Erhobenen Hauptes marschiert General Ludendorff allein weiter, mitten durch den zurückweichenden Polizeikordon. Und entschwindet auf Nimmerwiedersehen.

Die SA-Leute ziehen sich in Richtung Residenzstraße zurück. Sechzehn tote SA-Männer und vier gefallene Polizisten sowie zahlreiche Verletzte bleiben auf der Walstatt zurück. Unter ihnen eine einzige Frau: Eleonore Bauer, 27, eine entlaufene Nonne (Schwester »Pia«). Sie ist eine der ergebensten unter den weiblichen Hitler-Fans und dient der SA als Sanitätshelferin.

Hitler ist hingefallen und hat sich die Schulter ausgerenkt. Er wird wenig später verhaf-tet. Göring kann nach Österreich entfliehen. Der Putsch wird im kommenden Jahr ein gerichtliches Nachspiel haben.

Das Nachspiel im Berliner Reichstag findet viel früher statt: zum zornigen Entsetzen des sozialdemokratischen Reichspräsidenten Ebert stürzt am 23. November die sozialdemokratische Fraktion das Kabinett Stresemann. Begründung: es sei unannehmbar, daß Stresemann im roten Sachsen Truppen einmarschieren, die rechten Putschisten in Bayern aber ungeschoren ließ.

Für die delikate Situation, in welcher Stresemann sich angesichts eines (fast) meutern-den Chefs der Heeresleitung befunden hatte, können oder wollen sie kein Verständnis aufbringen.

Wie dem auch sei – Deutschland hat, wie durch ein Wunder, alle Katastrophen dieses Jahres überlebt. Stresemann übergibt ein einigermaßen wohlbestalltes Haus.

Von der »komischen Figur« aus München ist wohl keine Gefahr mehr zu erwarten.

SA IM KAMPFEINSATZ: mit Stahlhelm und Gewehr gegen die Roten

Lichtblick im Katastrophenjahr:
Das Ende der Inflation

Die rasende Inflation in Österreich und Deutschland ist gestoppt. Aber die National-ökonomen werden wohl noch jahrzehntelang darüber streiten, was denn die wahren Ursachen dieser Finanzkatastrophe waren, durch die Millionen von Sparern um ihr Geld, Arbeiter und weniger gewandte Gewerbetreibende um ihre Existenz gebracht wurden.

Genaugenommen hat die jetzt beendete Inflation schon vor Kriegsbeginn 1914 begonnen, wenn sie auch im Lauf der Jahre verschiedene Hauptursachen hatte, ehe alle gemeinsam im Inflationskessel von 1922/23 mündeten:

● Bereits die Hochkonjunktur vor 1914 hatte mit ihrem Nachfrageüberhang und ihren hohen Kapitalzinsen zu Preissteigerungen geführt.

● Der Bedarf an Rüstungsmaterial und Lebensmitteln führte dann zur kriegsbedingten »Teuerung« auf diesen Sektoren.

● Die Finanzierung des Krieges schließlich bereitete die galoppierende Inflation auch noch von einer anderen Seite her vor, und zwar von jener der Geldmenge: Der durch Bedarfssteigerung und Angebotsverknappung hervorgerufenen Preisinflation wurde durch Ausgabe immer neuen Papiergeldes eine Geldmengeninflation aufgesetzt. Die Regierungen hatten den Krieg – abgesehen von relativ mäßigen Steuererhöhungen – auf zwei Wegen finanziert:

● Durch Geldabschöpfung; Ausgabe von Kriegsanleihen an Leute, die das Geld ver-

NUR NOCH ALTPAPIER: Inflationsmark nach Gewicht verkauft

dient und gespart hatten, wodurch keine Geldvermehrung stattfand, und durch

● Geldschöpfung; direkte Anleihen der Staaten bei ihren Notenbanken, die mit frisch gedrucktem Papiergeld herausrücken mußten und dafür als »Deckung« staatliche Schuldscheine bekamen (in Österreich mit einem Prozent Verzinsung, rückzahlbar am Sankt-Nimmerleins-Tag).

In Österreich-Ungarn, wo rund die Hälfte der Kriegsausgaben durch Geldschöpfung finanziert wurden (in Deutschland etwa ein Drittel), stieg der Banknotenumlauf zwischen 1914 und 1918 auf diese bequeme Art denn auch von drei auf dreiunddreißig Milliarden Kronen, während der Goldschatz der österreichisch-ungarischen Bank in dieser Zeit von einer Milliarde auf 267 Millionen Kronen schrumpfte.

Aber es sollte noch ärger kommen: Die wunderbare Banknotenvermehrung, die den Kriegsministern so gut gefallen hatte, wurde von den Finanzministern der Nachkriegsjahre fortgesetzt; mehr oder weniger notgedrungen, da es weder in Deutschland noch in Österreich gelang, den Staat durch eine einmalige »Vermögensabgabe« oder einen sonstigen fiskalischen Paukenschlag zu sanieren.

Nach dem Krieg belasteten Opferfürsorge, Reparationszahlungen und Arbeitslosenunterstützung das Budget der nunmehr republikanischen Regierungen. Und das noch dazu bei geschwächter Wirtschaftskraft.

Wer Kronen oder Reichsmark frei verfügbar (und nicht etwa in Kriegsanleihen gebunden) hatte, versuchte, sie gegen Dollar oder Schweizer Franken einzutauschen – individuell eine wirtschaftlich vernünftige und gewinnbringende Handelsweise, aber für den Devisenkurs katastrophal.

Ein Dollar, den man im Januar 1919 noch um 9 Mark bzw. 16 Kronen bekam, kostete Mitte 1922 bereits 500 Mark bzw. in Österreich, wo die Inflation schon früher ihrem Höhepunkt zustrebte, 30.000 Kronen.

Die Mark schien sich etwas besser zu halten, bis die Besetzung des Ruhrgebiets durch Frankreich (siehe ZB-Titel) alle Dämme brechen ließ: Während die Kohlelieferungen aus dem Ruhrgebiet ausblieben, zahlte die Regierung der Weimarer Republik in Berlin Unsummen an Gehältern und Arbeitslosenunterstützung für die Betroffenen der Ruhr-Krise.

Sie zahlte mit frischgedruckten Reichsmarkscheinen, die im Spätsommer dieses Jahres bereits in 133 Druckereien hergestellt und waschkorbweise zu den Ausgabestellen transportiert wurden.

Eine Kohlrübe kostete 50 Millionen Mark. In Berlin wurden die Gehälter (mehrmals) täglich ausgezahlt und dann eine halbe Stunde Einkaufszeit freigegeben, denn nach Verlautbarung des nächsten Dollarkurses war der Tageslohn vielleicht nur noch die Hälfte wert. Seit dem Sommer gab es Proteststreiks von Oberschlesien bis Hamburg.

Der Dollarkurs im Oktober: 25 Milliarden Mark; am 15. November: 4,2 Billionen Mark.

Plötzliches Ende

Aber seit wenigen Wochen ist alles anders. Der im Oktober von Kanzler Stresemann eingestellte energische neue Finanzminister Hans Luther, 44, scheint mit dem knausrigen neuen Reichsbankpräsidenten Hjalmar

Inflation in der Welt

Die Inflation hat nicht in allen Ländern gleich schlimm gewütet. Während sie in Deutschland, Rußland und Österreich zur völligen Entwertung des alten Papiergelds führte, blieben die neutrale Schweiz, aber auch Großbritannien verschont.

England erlebte unmittelbar nach dem Krieg einen Industrieboom, leidet aber seit 1920 unter einer Dauerkrise mit Budgetdefizit und Arbeitslosigkeit. Es gibt jedoch im Vergleich zu Kontinentaleuropa keine nennenswerte Inflation und keine politischen Unruhen.

Die konservative Regierung bemüht sich, den Wert des Pfunds stabil zu halten. Das erschwert die Exporte der britischen Industrie, schützt aber die Ersparnisse des Mittelstands.

In Frankreich – obwohl wie England eine Siegermacht – herrschen derzeit weit weniger stabile Verhältnisse. Der Wiederaufbau in den nordöstlichen Grenzgebieten kostet mehr, als an deutschen Reparationszahlungen eingetrieben werden kann. Und auch die Besetzung des Ruhrgebiets hat per Saldo mehr Schaden als Nutzen gebracht: Verwaltungskosten, Ausbleiben von Kohlelieferungen durch die passive Resistenz der Deutschen, Sistierung der deutschen Reparationszulage.

Die Inflation trabt in Frankreich munter dahin, wenn auch bei weitem nicht in dem Tempo, das die jetzt beendete Inflation in Deutschland und Österreich erreicht hatte.

In den Vereinigten Staaten, die sich mehr oder weniger grollend aus Europa zurückgezogen haben, hohe Schutzzölle einführen und weder den Vertrag von Versailles ratifiziert haben noch dem Völkerbund beigetreten sind, folgen die Konjunkturzyklen einem eigenen Rhythmus:

Während die Industrieproduktion in ganz Europa noch deutlich unter dem Vorkriegsniveau liegt, hat der Krieg die amerikanische Wirtschaft gestärkt (nur die Landwirtschaft leidet unter Überproduktion und Preisverfall). Dennoch gab es unmittelbar nach Kriegsende durch den Wegfall von Regierungsaufträgen eine leichte Rezession, die aber schon im Frühjahr 1919 durch einen (kreditfinanzierten) Export-Boom abgelöst wurde, der vor zwei Jahren (1921) in einer Depression mit 4,5 Millionen Arbeitslosen endete.

Seit dem Vorjahr (1922) jedoch erfreuen sich die Amerikaner wieder eines kräftigen Aufschwungs, der unter anderem von neuen Gütern für den Massenkonsum getragen wird (Radio, Telefon, Haushaltsgeräte, Automobile). Nach der letzten verfügbaren Statistik (für 1919) besitzt bereits jeder sechzehnte Amerikaner ein Auto.

Kriegsfinanzierung und Nachkriegsboom führten auch in den USA zu einer Inflation, die allerdings durch Lohnerhöhungen überkompensiert wurde und deren Ausmaß Mitteleuropäern nur ein neiderfüllt-wehmütiges Lächeln entlocken kann:

Zwischen 1914 und dem Höhepunkt der amerikanischen Inflation vor drei Jahren (1920) stieg der Großhandelspreisindex von 100 auf ganze 193. (In Österreich hingegen kletterte der Lebenshaltungskostenindex zwischen 1914 und dem Inflationshöhepunkt im September des Vorjahres von 100 auf 1,415.300.)

Schacht, 46, ein gutes Team zu bilden. Die Preise steigen nicht mehr.

Und seit 15. Dezember gibt es eine neue Währung: eine Rentenmark für eine Billion alte Reichsmark. Die Regierung will sich in Zukunft eher am (ausländischen) Kapitalmarkt als bei der Notenbank verschulden, vor allem aber sparsam wirtschaften.

Eine Schattenseite der Normalisierung durch Sparsamkeit und knappes Geld: die Arbeitslosigkeit in Deutschland wird ärger und dürfte in diesem Winter 1923/24 die 1,5-Millionen-Marke erreichen. (1922 gab's zu Champagner, Massenselbstmorden, Kokain, Epidemien und Spekulationsorgien noch hektische Vollbeschäftigung.)

In Österreich wurde die Inflation schon eher gestoppt. Nachdem die Siegermächte auf einen Teil ihrer Pfandrechte auf österreichische Staatseinnahmen verzichtet hatten (Bundesforste, Salinen, Zölle, Tabakmonopol), übernahm der Völkerbund die Haftung für internationale Kredite bis zu 650 Millionen Goldkronen. Daraufhin hörte der Kursverfall der Krone am 19. November 1922 schlagartig auf.

Die Österreicher unter Bundeskanzler Prälat Ignaz Seipel wurden allerdings unter Kuratel gestellt: Die Völkerbundkommission verbot den Druck von Papiergeld, der zunächst munter fortgesetzt worden war (die Druckmaschinen wurden versiegelt!). Die Mittel der vom Völkerbund garantierten internationalen Anleihen, die im Sommer placiert wurden, dürfen nur mit Zustimmung des Völkerbundkontrollors A. F. Zimmermann (einem Holländer) verwendet werden, und im April mußte ein Schweizer als »Berater« der neuen österreichischen Nationalbank akzeptiert werden.

Österreich wurde auf diese Art zum ersten Land, in dem eine Stabilisierung gelang. Seit dem Frühjahr herrscht zwar eine Börsenhausse, die zu hohen Zinssätzen bis zu 30 Prozent führt. Der Außenwert der österreichischen Krone aber bleibt stabil. (Im nächsten Jahr soll mit der Ausgabe der neuen Währungseinheit, dem Schilling, begonnen werden.)

Allerdings ist die österreichische Wirtschaft – trotz fester Währung – ein schwaches, von Auslandskrediten abhängiges Pflänzchen, das auch als erstes knicken könnte, wenn es vom rauhen Wind einer internationalen Wirtschaftskrise erfaßt würde.

Keynes gegen die »Tyrannei des Goldes«

John Maynard Keynes, 40, eine ebenso brillante wie schillernde Persönlichkeit der Nationalökonomie, hat wieder zugeschlagen. In seinem soeben erschienenen »Traktat über Währungsreform« empfiehlt er der Bank von England, wo man sich gerade anschickt, zum Goldstandard zurückzukehren, unter anderem, der Tyrannei des Goldes, dessen Wert von Amerika aus manipuliert werde, zu entsagen.

Keynes, der schon als junger Mann im Schatzamt Seiner Majestät tätig war, hat der Staatsdienst während der Pariser Friedensverhandlungen unter Protest verlassen, weil er die Reparationsforderungen gegen

JOHN MAYNARD KEYNES

Deutschland und Österreich (»Mord an Wien«) als maßlos und wirtschaftlich unvernünftig empfand.

Zuletzt hat sich der vielseitige – auch an der Landwirtschaft und am Ballett interessierte – Nationalökonom 1920 mit einem Pamphlet »Ökonomische Konsequenzen des Friedens« unbeliebt gemacht, weil die Friedensverhandler der Alliierten darin schlecht wegkommen. (US-Präsident Wilson z. B. wird von Keynes als »blinder und tauber Don Quichotte« charakterisiert.)

Das Schwergewicht seines neuen Buches liegt auf der Bedeutung einer stabilen Währung. Ist sie vorhanden, könne man getrost »das Sparen den Privatanlegern« und »das Produzieren dem Geschäftsmann« überlassen.

Dennoch schienen (mindestens) zwei Seelen in Keynes' Brust zu wohnen: Noch mehr als vor einer Inflation warnt er vor einer Deflation (Geldverknappung), denn es sei »in einer verarmten Welt schlimmer, Arbeitslosigkeit hervorzurufen, als den Rentner zu enttäuschen«. – Bleibt abzuwarten, auf welche nationalökonomische Seite sich Keynes endgültig schlagen wird.

Unfehlbar ist der sprachgewandte Engländer jedenfalls nicht: 1914 meinte er, der Krieg werde höchstens ein Jahr dauern, dann seien die Vorräte erschöpft, denn England könne mit seinen Baumwollspinnereien ebensowenig zusätzliche Waffen erzeugen wie Deutschland mit seinen Spielzeugfabriken ...

Erschlagen und verbrannt

Erdbeben in Japan fordert mindestens 145.000 Tote

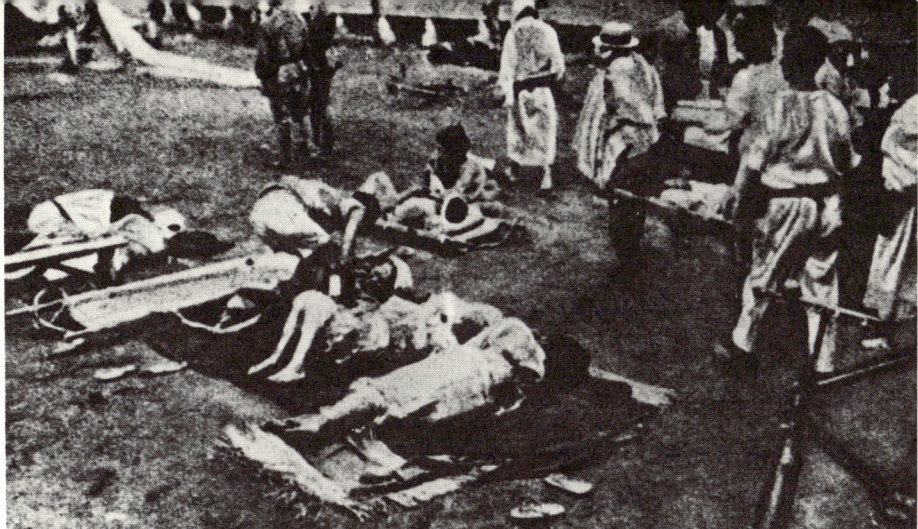

BILDER DES GRAUENS: Tote und Verwundete auf einem Platz in Tokio

Fürchterliche Folgen des Fortschritts: das jüngste Beben in Japan forderte unmittelbar »nur« 1.000 Tote. In der Folge kamen jedoch 145mal mehr Menschen ums Leben, weil die neuen Gasleitungen barsten. So konnten Feuerstürme ausbrechen, und viele Bewohner mußten in den an sich erdbebensicheren Häusern sterben, welche in der altjapanischen Leichtbauweise aus Papier und Pappe errichtet worden sind.

Als am Mittag des 1. September die Erde in Tokio und Yokohama sechs Minuten lang bebte, »daß die Kartoffeln aus dem Boden sprangen« (so ein Augenzeuge), hielten sich die Opfer mit 1.000 Toten in Grenzen – zumindest für japanische Verhältnisse.

Aber kaum waren die Erschütterungen abgeklungen, als auch schon die ersten Brände über den zerstörten Städten aufflammten. Vor dem Feuersturm, der, aus geborstenen Gasleitungen gespeist, bald durch Tokio, Yokohama und ein Dutzend kleinerer Städte jagte, gab es kein Entrinnen. Die endgültige Zahl der Todesopfer – verbrannt, im Rauch erstickt – muß mit rund 145.000 beziffert werden.

Auf einem einzigen Truppenübungsplatz, auf dem viele Menschen Schutz vor den einstürzenden (modernen) Gebäuden gesucht hatten, sengte die Gluthitze 28.000 Bürger von Tokio zu einem Haufen verkohlter Leichen.

Ganz Yokohama stand tagelang in Flammen. In Tokio sind die Nationalbank, das kaiserliche Museum, die Meji-Universität, die Militärakademie, mehrere Theater, der Kamontempel und der Hauptbahnhof zerstört. Unter den Trümmern des Bahnhofs sind etwa 8.000 Menschen begraben. In beiden Großstädten sind alle Wasserleitungs- und Beleuchtungsanlagen zerstört.

Zahlreiche Schiffe, die in Yokohama auf Reede lagen, sind gesunken. Eisenbahnzüge wurden aus den Schienen gerissen und total zertrümmert.

Um den Ausbruch von Seuchen zu verhindern, wirft man die Leichen in die brennenden Häuser. Truppen sind in den Zoologischen Garten von Tokio beordert worden, um die wilden Tiere zu erschießen, die sonst ausbrechen könnten.

Der kaiserliche Palast in Tokio, zu dem bisher kein Außenstehender Zutritt hatte, ist für alle Opfer der Katastrophe geöffnet worden. Tausende drängen sich in den Höfen. Der Prinzregent kümmert sich persönlich um die Ärmsten.

Außer den 145.000 Todesopfern hat das Erdbeben etwa eine halbe Million Verletzte gefordert. Fünf Mitglieder des japanischen Kaiserhauses sind ums Leben gekommen: Prinzessin Joschiko, die verwitweten Prinzessinnen Kayo und Yamaschira sowie die Prinzen Schimatsu und Horokoda. In Tokio, Yokohama und Osaka sind etwa 1.000 Europäer getötet worden, darunter 60 Ordensfrauen des französischen Waisenhauses und der gesamte Stab der Heilsarmee in Tokio. Auch der italienische und der französische Botschafter befinden sich unter den Toten. Der Dichter Paul Claudel konnte sich auf das französische Kriegsschiff »André Lebon« flüchten und wurde gerettet.

Die größten Erdbeben der Geschichte

1348	Villach (Österreich)	5.000 Tote
1509	Istanbul (Türkei)	13.000 Tote
1693	Sizilien (Italien)	60.000 Tote
1730	Jeddo (Japan)	137.000 Tote
1755	Lissabon (Portugal)	32.000 Tote
1783	Kalabrien (Italien)	100.000 Tote
1797	Quito (Ekuador)	40.000 Tote
1891	Mino-Owari (Japan)	7.500 Tote
1905	Kangra (Indien)	20.000 Tote
1906	San Francisco (USA)	1.000 Tote
1908	Messina (Italien)	110.000 Tote
1915	Avezzano (Italien)	30.000 Tote
1920	Kansu (China)	180.000 Tote

Nobelpreis für Insulin

Kaum mehr als vier Jahre betrug bis vor kurzem die Lebenserwartung eines Zucker-kranken. Jetzt kann er – vorerst allerdings nur theoretisch – auf mindestens zweiundzwanzig hoffen; dank einer Wunderdroge namens »Insulin«, die leider noch nicht in großem Ausmaß hergestellt werden kann. Ihr Entdecker und sein Assistent sind dafür in diesem Jahr mit dem Medizin-Nobelpreis ausgezeichnet worden.

DR. F. G. BANTING

Zu der epochalen Entdeckung kam es, weil der junge kanadische Arzt Frederick Grant Banting, jetzt 32, keine Patienten finden konnte. Um nicht zu verhungern, schloß er seine gähnend leere Praxis und verdingte sich als Pauker für Physiologie. Obwohl er kaum eine blasse Ahnung von diesem Fach hatte. Doch gerade Physiologie-Repetito-ren waren gefragt. Also büffelte er fleißig den Stoff, den er den Studenten beizubrin-gen hatte.

Dabei stieß er auf ein Problem, das ihn all-mählich zu faszinieren begann: warum gab es noch immer kein Mittel gegen die Zuk-kerkrankheit? Warum mußten die Men-schen an diesem unheimlichen Leiden so elend zugrunde gehen?

Man wußte zwar, daß das Fehlen eines be-stimmten Stoffes aus der Bauchspeichel-drüse zum gefährlichen Ansteigen des Blut-zuckers führte. Doch alle Versuche, dieses Lebenselexier zu isolieren und herzustellen, waren bislang fehlgeschlagen.

Mit der Unbekümmertheit und dem Schwung des Außenseiters machte Banting sich an die Lösung der Aufgabe. Einer sei-ner Studenten, Charles Herbert Best, jetzt 24, der eine Menge über die Bauchspeichel-drüse wußte, stand ihm hilfreich zur Seite. Und den beiden gelang es auch, den inter-national bekannten Physiologen John Mac-leod, jetzt 47, für ihr Vorhaben zu interes-sieren.

Macleod stellte den beiden jungen For-schern sein Labor zur Verfügung. Bald war es soweit, daß die gesamte Labormann-schaft sich geschlossen an ungezählten Ex-perimenten beteiligte.

Aus den Bauchspeicheldrüsen neugeborener Kälber, das heißt, aus bestimmten »Inseln« dieser Organe, gelang es schließlich, das Wundermittel zu gewinnen, das imstande ist, hoffnungslosen Todeskandidaten das Leben wiederzuschenken. Daher der Name »Insulin«.

Der erste, entscheidende Schritt ist getan. Es ist wohl nur noch eine Frage der Zeit, bis es gelingt, »Insulin« synthetisch und in Massen herzustellen.

»Gold! Überall Gold!«

Sensationeller Mumienfund in Ägypten

Der Sturheit und Zähigkeit des engli-schen Archäologen Howard Carter, 50, ist es zu verdanken, daß ein völlig unbe-schädigtes Pharaonengrab entdeckt wurde. König Tutanchamun liegt in sei-ner goldenen Gruft, als sei er erst vor kurzer Zeit bestattet worden.

Jahrelang hatten sie im heißen Sand und unter der glühenden Sonne vergeblich ge-graben. Vor rund einem Jahr ging die sen-sationelle Entdeckung als Schlagzeile durch die Welt. Aber als die Arbeiter im Tal der Könige, einer Felsenschlucht in der Nähe von Luxor, auf eine geheimnisvolle Treppe und bald danach auf das versiegelte Tor zur Grabkammer eines ägyptischen Pharaos stießen, waren sie vom Ziel nicht weit ent-fernt.

Erst jetzt konnte der Ägyptologe Howard Carter das Geheimnis des Grabes lüften: Am 17. Februar stand er zitternd vor dem Leichnam des Pharaonenkönigs Tutanch-amun – ein knabenhafter Körper, in Tücher gehüllt, Gesicht und Schultern mit einer kostbaren Maske aus getriebenem Gold ab-gedeckt.

Schon in den letzten Wochen vor der end-gültigen Eröffnung der Gruft bot sich rund um die Grabungsstätte ein buntes Bild: Hunderte Schaulustige, Einheimische glei-chermaßen wie Touristen, belagerten die Treppen zum Grab. Außerdem kamen ganze Kohorten von Wissenschaftlern an-gereist: Chemiker errichteten Labors, Tex-tilexperten und Botaniker werkten um die

Wette, alle wurden eingesetzt, um den Schatz, den Carter schrittweise den dunklen, verschütteten Grabräumen entriß, aufzulisten, zu untersuchen, zu überprüfen.

Dabei ist der kolossale Fund nur der zähen Zielstrebigkeit Carters zu verdanken: Als das Archeological Survey, ein US-Unternehmen, seine Untersuchungen im Jahr 1907 für abgeschlossen erklärte, gab Grabungsleiter Carter nicht auf. Er hatte nämlich zufällig im Schutt einen Goldbecher mit einer Inschrift gefunden, die er als »Schön ist das Leben Gottes Amun« entzifferte. Aber sämtliche Pharaonengräber, die er aufgespürt hatte, waren ausgeraubt, und von Tutanchamun gab es keine Spur.

Weshalb er die großzügige Finanzierung weiterer Forschungen durch den englischen Lord Carnarvon dankbar annahm.

Zwar werkten Carters Arbeiter fünf Jahre lang so verbissen wie vergeblich, im vergangenen November jedoch, als der letzte Grabungsversuch gestartet wurde, bekam der Lord auf seinem Landsitz ein Telegramm zugestellt: »Wunderbare Entdeckung gemacht. Komm sofort. Gratuliere.«

Diese »Entdeckung« war nichts anderes als der Eingang mit sechzehn in den Felsen gehauenen Stufen zum Königsgrab. Hinter der versiegelten Tür, die Carter aufbrechen ließ, fand er allerdings vorerst nur einen mit Schutt und Geröll erfüllten Raum. Über eine zweite, ebenfalls mit dem Königswap-

pen versiegelte Tür drang der Archäologe schließlich doch in das Geheimnis der Totenwohnung ein:

Als Carter mit bebenden Händen ins Dunkel leuchtete, sah er schemenhaft »seltsame Tiere, Statuen aus Gold – Gold überall, glänzendes, schimmerndes Gold«, berichtete er später aufgelöst. Über diesen Raum voller Goldschmuck erreichten die Altertumsforscher die eigentliche Grabkammer: »die goldene Halle«.

Im riesigen, die Grabhalle ausfüllenden Schrein, den die Archäologen bestaunten, waren drei weitere Schreine ineinandergeschachtelt: alle mit Gold überzogen, einer kostbarer als der andere geschmückt. Der letzte und eigentliche Sarkophag schließlich war aus einem monumentalen Quarzitblock herausgeschlagen: »Unberührt hat er gewirkt«, so Carter, »als hätten fromme Hände ihn eben erst geschlossen.«

Und als sein Deckel, den vier Totengöttinnen zu bewachen schienen, endlich gehoben wurde, verstummte das Forscherteam vollends vor dem Anblick, der sich ihm bot:

In einem vergoldeten Holzsarg lag eine Maske, gleichsam als Bildnis des Königs; die Augen aus Alabaster, die Brauen aus bläulichem Glas, die Insignien der Herrschaft in Händen. Und inmitten der schmuckreichen Totengaben rührte eine besonders: der schlichte Blumenkranz der jungen Witwe des Knaben-Königs.

DAS WUNDER IN DER GRABKAMMER: Howard Carter und »seine« Mumie

Zum Tod von Jaroslav Hašek:

Antiheld »Schwejk« ist unsterblich!

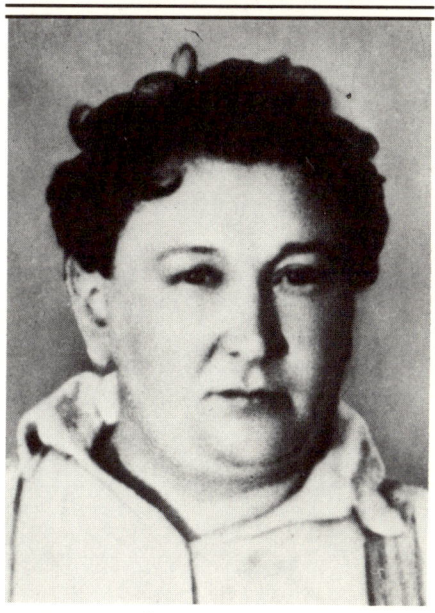

JAROSLAV HAŠEK

Jaroslav Hašek, der am 2. Januar, erst 40 Jahre alt, am Alkohol gestorben ist, hat den tschechischen Urfaust, den »braven Soldaten Schwejk«, nach irgendeiner Zechtour erfunden – um Geld für eine nächste zu verdienen.

Inzwischen zum Buch gediehen, sind die Geschichten vom loyalen Musterbürger Schwejk zu einem Handbuch des unbewaffneten Widerstands geworden. Schwejk ist ein Antiheld, der alle heroisch-vaterländischen Situationen in ihr Gegenteil verkehrt. Seine passive Resistenz ist anstekkend, erzeugt eine Widerstandsbewegung, die, weil nie ganz von bedingungsloser Loyalität zu unterscheiden, um so gefährlicher ist.

Hašek ist tot. Sein Schwejk ist unsterblich.

31

Kinderbuch-Bestseller: Geschichte eines Rehs

FELIX SALTEN mit seinen Kindern

Eigentlich ist er ein erfolgreicher Theaterkritiker, Bühnenautor und Verfasser von gehobenen Liebes- und Gesellschaftsromanen. Seinen ganz großen Coup hat er jetzt allerdings mit einem Kinderbuch gelandet: der aus Budapest stammende und meist in Wien lebende Felix Salten (eigentlich Siegmund Salzmann), 54, hat sich mit »Bambi« in die Herzen aller Kinder geschrieben. Und in die der Erwachsenen auch.

Es ist die Story von einem Rehkitz, das von der Mutter liebevoll in die Geheimnisse des Waldes eingeweiht wird. Der erste Ausflug auf die Wiese, das erste Erschnuppern der Freiheit, die Gefahr, die dem Tier vom Menschen droht – das sind sehr sorgfältig und einfühlsam beschriebene Tiererlebnisse, in denen aber immer der geheimnisvoll-gefährliche Mensch im Mittelpunkt steht.

Salten wird übrigens auch als Autor des nur unter dem Ladentisch verkauften Romans »Josefine Mutzenbacher« gehandelt – doch außer einer gewissen literarischen Qualität des Buches sind keine Beweise dafür zu finden.

Bücherspiegel

Knut Hamsun: Das letzte Kapitel, Roman
In einem Sanatorium, wo »fortschrittliche« Menschen Heilung von zivilisationsbedingten Krankheiten suchen, läßt der Autor seine handelnden Personen dem »letzten Kapitel«, dem Tode, entgegenleben oder es überwinden lernen. Eine Kritik an der industriellen Zivilisation.

Klabund: Das heiße Herz
Der von Alfred Kerr entdeckte Dichter (eigentlicher Name: Alfred Henschke, 33) legt hier einen neuen Band seiner expressionistischen Gedichte vor.

Rainer Maria Rilke: Die Sonette an Orpheus, Gedichtzyklus
In zwei Teilen zu 24 und 29 Sonetten. Nach zehnjährigem Schweigen versucht der Lyriker aus der »leeren Wortwelt« seiner früheren Gedichte auszubrechen und in der Sprache das Sein selbst Gestalt werden zu lassen.

Joachim Ringelnatz: Kuttel Daddeldu oder das schlüpfrige Leid
Diese Seemannsmoritaten, mit denen Ringelnatz auf der Berliner Kleinkunstbühne »Schall und Rauch« und auf seinen Tingeltangel-Tourneen durch die deutschen Lande schon viel Erfolg eingeheimst hat, sind jetzt gegenüber der Ausgabe von 1920 in erweiterter Fassung erschienen. Seine fiktive Gestalt des stets trunkenen Kuttel Daddeldu verkörpert in den grotesken, von Sprachwitz und Unsinn à la Morgenstern lebenden Liedern die junge, ernüchtert aus dem Krieg entlassene Generation.

Franz Werfel: Verdi, Roman
Der aus Prag stammende Autor, bisher als Wortführer der expressionistischen Literaten bekannt, legt hier einen psychologischen Roman vor, in dem Guiseppe Verdi als Sucher und Glaubender dargestellt wird.

»Apostelspiel« von Max Mell

Daß er vornehmlich vom mittelalterlichen Mysterienspiel beeinflußt ist, beweist der österreichische Volksdramatiker Max Mell, 41, einmal mehr. Mit seinem jüngsten Bühnenwerk, »Apostelspiel«, appelliert er in schlichten Knittelversen an Liebe und Gottesglauben.

Ein Volksstück aus dem Bergbauernmilieu: Die glaubensintensive Naivität einer Fünfzehnjährigen rettet ihr und dem Großvater das Leben. Zwei Finsterlinge, die bergbäuerliche Gastfreundschaft mit der Ermordung der Hausbewohner begleichen wollen, gehen vor der innigen Gläubigkeit Magdalens in die Knie und lassen ihre feindlichen Absichten fahren.

Obwohl bereits feststeht, daß die Uraufführung Anfang des kommenden Jahres in Graz stattfinden wird, dürfte dem naiv-religiösen Stück – das sich gut fürs Laientheater eignet – kaum viel Bühnenglück beschieden sein.

MAX MELL

Triumph der Großaufnahme

»Panzerkreuzer Potemkin« – Geniestreich eines jungen Russen

Auf faszinierende Weise demonstriert der sowjetische Filmregisseur Sergej Eisenstein, 25, wie man den Film als Agitationsmittel mit größter Breitenwirkung einsetzen und zugleich höchste künstlerische Qualität erreichen kann. Allerdings mit den Möglichkeiten, die eine Diktatur bietet, ohne nach Kalkulation und Rentabilität zu fragen.

Eisenstein ist zweifellos ein erstklassiger Filmemacher und würde überall Außerordentliches leisten. Doch den Streifen »Panzerkreuzer Potemkin« konnte er nur dort drehen, wo ihm ein Machtwort aus dem Kreml jederzeit half. Es ist das Epos der historischen Matrosenrevolte bei der Schwarzmeerflotte im Revolutionsjahr 1905. (Siehe ZEIT-BILD 1924: »Rußland – Gewaltherrschaft seit 1.500 Jahren«.)

Außerhalb des bolschewistischen Riesenreichs beschert natürlich nicht die politische Tendenz diesem Film den sensationellen Erfolg, sondern sein, wie Fachleute heute schon voraussagen, bleibender Wert als eines der bedeutendsten Kunstwerke des neuen Mediums Film. Eisenstein entwickelt die Handlung aus den dokumentarischen Sachverhalten und steigert sie zu bisher unvorstellbaren cineastischen Höhepunkten. Er arbeitet mit Massenszenen und Großaufnahmen und erzielt starke Wirkungen durch die kontrastreiche Abfolge des Schnitts.

Atemberaubend die Szenen auf einer breiten Treppe im Hafen von Odessa, wo es zu Ausschreitungen des Militärs gegen die mit den Aufständischen sympathisierende Bevölkerung kommt. Stufe um Stufe marschieren die Soldaten herab: Bajonettspitzen und aufstampfende Stiefel; eine unaufhaltsame Maschinerie, die jeden überrollt. Eine verzweifelte Mutter starrt mit weit aufgerissenem Mund in die Kamera. Kein Ton – aber man hört ihren gellenden Aufschrei. Ein Kinderwagen holpert die Treppe hinab. Was passiert mit dem Baby? Und wieder das taktmäßige Vordringen der Truppe ins Gewühl kopflos Flüchtender. Kompaktes Kollektiv und herausgegriffene Einzelvorgänge im Widerspiel – das ist die »Montage« Eisensteins. Damit macht ein Genie des packend lebendigen Bildes Filmgeschichte.

IST ER'S ODER IST ER'S NICHT: Otto (»Friedrich der Große«) Gebühr

Der »Alte Fritz« – persönlich

Die Idee stammte von einem Außenseiter. Er heißt Arzèn von Cserepy (oder nennt sich zumindest so) und hat wenig Ahnung von der praktischen Arbeit beim Film, aber einen guten Riecher für zugkräftige Stoffe. Sein Tip: Friedrich der Große! In den USA ist man ganz versessen auf opulente europäische Kostümfilme, wie sie Ernst Lubitsch in Berlin drehte.

Gut und schön, aber ausgerechnet der Alte Fritz? Jetzt?

Herr von Cserepy bleibt dabei. Ja, gerade der, er imponiert den Amerikanern, und das deutsche Publikum könnte sich in Zeiten wie diesen an jener fast mythischen Figur seelisch aufrichten. Man fragt den grandiosen und auch schon filmprobten Paul Wegener (»Der Student von Prag«, »Der Golem«), ob er die Rolle spielen würde. Wegener schüttelt nur den Kopf. »Sehen Sie mich an. Der König war doch kein Mongole.«

Aber er hat einen Freund am Berliner Deutschen Theater, einen Charakterdarsteller namens Otto Gebühr, 46. Klein, schlank, mit schmaler Nase und großen blauen Augen. Wegener mustert ihn prüfend und sagt: »Also – dir fehlt bloß die Perücke und die Uniform, dann bist du's!«

Probeaufnahmen offenbaren tatsächlich eine frappante Ähnlichkeit. Wie Gebühr geht, steht und reitet, ist er Preußens Gloria in Person, als wäre er einer Zeichnung Adolph von Menzels entstiegen.

Damit beginnt die Reihe deutscher »Fridericus Rex«-Filme, für die entscheidende Phasen und auch Episoden aus dem langen Leben des Herrschers aufbereitet werden. Immer wieder muß Gebühr im schlichten dunkelblauen Rock ins heldische 18. Jahrhundert traben. Das Friderizianische wird sein Schicksal, er ist wohl der erste Filmschauspieler, der de facto auf eine einzige Rolle festgelegt wird. Heute kennt ihn fast jeder Deutsche und identifiziert ihn völlig mit dem Hohenzollern-Heros. Im Atelier und privat.

Sehen ihn die Leute in Zivil auf der Straße, dann ziehen sie die Hüte und sagen: »Guten Morgen, Majestät!« Es passiert auch, daß Vorbild und Abbild miteinander verwechselt werden. Wenn der Lehrer im Geschichtsunterricht ein Porträt des echten Friedrich zeigt, rufen die Schüler spontan: »Otto Gebühr!«

Der Filmgekrönte genießt seine Popularität mit gemischten Gefühlen. »Auf der Bühne wenigstens darf ich mich noch verwandeln und bin nicht immerzu Friedrich der Große – es sei denn, Gerhart Hauptmann oder ein anderer Autor schriebe ein ›Fridericus‹-Stück.«

Was keineswegs ausgeschlossen wäre.

»Gösta Berling«: eine Chance für 18jährige

Spezialisiert auf die Verfilmung zeitgenössischer Literatur ist der bekannte schwedische Regisseur Mauritz Stiller. »Gösta Berling«, nach dem berühmten Roman seiner Landsmännin Selma Lagerlöf, verspricht ein künstlerisches Ereignis zu werden.

Stiller will subtil das Milieu und die Stimmungen des seltsamen, von merkwürdigen Menschen bewohnten Landsitzes im Schweden des beginnenden 19. Jahrhunderts zeichnen, das Abseitige, wie Verschleierte solcher adeligen Existenzen.

Vor allem die junge Hauptdarstellerin muß ein lebendiges, aber dichterisch überhöhtes Wesen verkörpern. Er meint diesen Typus in einer Achtzehnjährigen gefunden zu haben, die aus bescheidenen Verhältnissen kommt und sich in Stockholm das Geld für ihre Schauspielausbildung als Warenhaus-Verkäuferin verdient: Greta Garbo.

Der ganz und gar nicht skandinavische Zuname soll, so hört man, Stillers Einstandsgeschenk an seine Debütantin gewesen sein, das spanische Wort für Anmut, Liebreiz. Nun, Greta Garbo, das klingt jedenfalls einprägsam, und eine kühle, distanzierte, ja geheimnisvolle Schönheit macht dieses Mädchen als edle Aristokratin durchaus glaubhaft.

ACHTZEHNJÄHRIGE SCHÖNHEIT: Fräulein Garbo aus Schweden

Tom Mix – am Fließband

HELD UNSERER TAGE: Tom Mix

In Amerika gewinnt eine schon seit Jahren gängige Filmgattung zusehends an Beliebtheit. Es ist der »Western«, die »Horse Opera« der verwegenen Cowboys. Derlei wird im Akkord heruntergekurbelt.

Stets geht es um prächtige Teufelskerle und ihre schurkischen Gegenspieler: Pferdediebe, Banditen, verschlagene Bosse oder sonstige kriminelle Finsterlinge. Das Genre ist unerschöpflich, Stories sind beliebig auszutauschen, zu variieren, genau wie bei den Abenteuerheftchen, deren Inhalt ja auch aus lauter Klischees und Handlungs-Versatzstücken besteht.

Bessere Regisseure zeigen wenigstens manche Partien der herrlichen Natur des amerikanischen Westens, die übrigen liefern hurtig Konfektioniertes.

Star vieler solcher Revolver-Kurzdramen ist Tom Mix, 43, ein ehemaliger Cowboy, der bei den legendären Texas-Rangers diente. Später trat er im Zirkus auf, bis er 1913 für den Film entdeckt wurde. Solche in den waghalsigsten Situationen sattelfeste Helden, wie er sie perfekt darstellt, hat es auf den Prärien gewiß niemals gegeben. Aber wozu ist Hollywood die »Traumfabrik«? So produziert sie die Wunschbilder des kleinen Mannes eben aus wohlfeilem Hirngespinst.

Skiverband: »Juden raus«

Eine skandalöse Entscheidung trifft am 7. Oktober in Bad Ischl der Österreichische Skiverband, Dachorganisation von 96 Vereinen mit rund 10.000 Mitgliedern. Nach heftigen Diskussionen wird mit 675 gegen 174 Stimmen ein »Arierparagraph« beschlossen. Im Klartext heißt das »Juden raus«.

Aus Protest spalten sich einige Vereine ab und gründen den »Allgemeinen Skiverband«. Diesem obliegt es nun, Kontakte mit dem Vorbereitenden Komitee zur Gründung eines Internationalen Skiverbandes (FIS) aufzunehmen.

Es ist höchste Zeit: bereits im nächsten Jahr soll es in Chamonix zum ersten Mal Olympische Winterspiele geben. Österreich ist dazu eingeladen. Nicht aber Deutschland. Der Deutsche Skiverband geht, mangels anderer ausländischer Beziehungen, eine Interessengemeinschaft mit dem judenreinen Österreichischen Skiverband ein. Meisterschaften werden nun in Zukunft gemeinsam durchgeführt.

RASSENHASS AUCH IM SPORT: Skifahrer nach Juden und Ariern getrennt

Geboren:
Rainier von Monaco (weitere Vornamen Louis, Henri, Maxence, Bertrand), am 31. Mai als Sohn des Prinzen von Monaco, Pierre de Polignac-Grimaldi, und seiner Gemahlin Charlotte. Der kleine Rainier wird noch eine Weile auf seine Thronbesteigung warten müssen: erst im vorigen Jahr hat sein Großvater Louis die Regierung des Zwergfürstentums (1,81 km²) übernommen.

FRANKLIN D. ROOSEVELT

Franklin D. Roosevelt, 41, geschlagener Kandidat für die Wahl des US-Vizepräsidenten des Jahres 1920, vor zwei Jahren lebensgefährlich erkrankt, hat sich soweit erholt, daß er jetzt wenigstens wieder schwimmen kann: Roosevelt bekam damals Kinderlähmung, und seine Beine sind seither fast unbeweglich. Der körperbehinderte Politiker ist zwar noch immer aktiv, doch sieht kaum jemand reelle Chancen, daß er je wieder für eine Spitzenposition kandidieren könnte.

Claude Monet, 83, letzter Vertreter der französischen Stilrichtung des Impressionismus und seit Jahren erblindet, hat sein Augenlicht wiedergewonnen. Während einer überaus schwierigen Operation stand ihm sein ältester Freund, Frankreichs Ex-Premier Georges Clemenceau, mit Trost und Zuspruch treulich zur Seite. Der Meister erblindete, als er an einem seiner bedeutendsten Werke arbeitete: den »Nymphéas«, 50 Einzelbildern vom Seerosenteich im Garten von Monets Haus in Giverny.

Felix Jussupoff, russischer Großfürst, und seine Gemahlin, eine Cousine des ermordeten Zaren, sind Anfang Dezember unter dem Decknamen Graf und Gräfin Sumarokow-Elston in Amerika eingetroffen. Sie wollen, eigenen Angaben zufolge, Juwelen im Wert von rund einer Million Dollar verkaufen, um sich weiterhin über Wasser halten zu können. Der Fürst erlangte 1916 Weltberühmtheit, als er, zusammen mit Fürst Putrischkewitsch, den angeblichen Mönch und Wunderheiler Grigori Rasputin ermordete. Rasputin, der unter dem Vorwand, den kranken Zarewitsch heilen zu können, jahrelang einen dämonischen Einfluß auf den Zaren und seine Frau ausgeübt hatte, wurde im Palast des Fürsten Jussupoff mit vergiftetem Wein und Konfekt bewirtet. Als sich keine Wirkung zeigte, schoß Jussupoff auf den falschen Mönch. Vergeblich. Schließlich schoß Putrischkewitsch auf sein Opfer, bis es zusammenbrach. Nachdem Rasputin ausgiebig mit den Stiefelabsätzen malträtiert worden war, wurde er in einen Sack gesteckt und – angeblich noch röchelnd – in der Newa versenkt.

GROSSFÜRST FELIX JUSSUPOFF

Sigmund Freud, 67, vielumstrittener Begründer der Psychoanalyse, mußte sich im Frühjahr in Wien einer radikalen Krebsoperation am Gaumen unterziehen. Er hat sich von dem schweren Eingriff innerhalb weniger Wochen erstaunlich schnell erholt und kann wieder sprechen. Und sogar rauchen – das wohl einzige Laster, dem der Seelenarzt verfallen ist. Da Professor Freud allen Warnungen zum Trotz von seinen geliebten Zigarren nicht lassen will, hat sogar der Hausarzt den Kampf aufgegeben: er schenkte seinem Freund und Patienten zum Geburtstag am 6. Mai eine – Zigarrenspitze.

BASIL ZAHAROFF

Sir Basil Zaharoff (eigentlich Basileios Zaharoff), 64, einer der reichsten Männer der Welt, hat die Absicht, noch mehr Geld zu scheffeln: mit einer Millionenspritze half er der maroden Spielbank von Monte Carlo wieder auf die Beine und wurde damit zum größten Aktionär des Unternehmens. Dem Aufstieg des Casinos steht nun nichts mehr im Wege. Denn wo Zaharoff hingreift, sprießt das Geld wie Heu. Der Sohn armer Griechen aus Anatolien hat sich seit 1877 systematisch in der britischen Rüstungsindustrie (Vickers) hochgearbeitet und als Waffenhändler Milliardenumsätze gemacht. Das Geschäft seines Lebens war der Weltkrieg 1914–1918, an dessen Zustandekommen Zaharoff aktiv mitgewirkt haben soll. Wie aus wohlinformierten Wirtschaftskreisen verlautet, hat der Multimillionär noch immer nicht genug: er will demnächst groß ins Anleihe- und Ölgeschäft einsteigen.

RICHARD COUDENHOVE-CALERGI

Richard Coudenhove-Calergi, 29, österreichischer Diplomat mit einer japanischen Mutter und einer griechischen Großmutter, hat soeben durch die Friedensschrift »Paneuropa« weltweites Aufsehen erregt und vielfache Zustimmung gefunden. Der Sproß eines uralten flämischen Grafengeschlechts weiß aus Familientradition, daß Menschen unterschiedlicher Herkunft und Denkungsart sehr wohl friedlich zusammenleben können. Er tritt daher vehement für einen zunächst wirtschaftlichen, später politischen Zusammenschluß der europäischen Staaten ein. Nur so, meint Coudenhove-Calergi, könne ein für allemal der Horror eines Kriegs unterbunden werden.

Pola Negri (eigentlich Appolonia Chalupek), 24, von Beruf Kino-Vamp, hat ihre spektakulär angekündigte Verlobung mit Hollywoods Spaßmacher Nr. 1, Charlie Chaplin, 34, gelöst. Die aus Polen stammende Aktrice ist bei Max Reinhardt in Berlin groß geworden, ehe der Film sich des faszinierenden Gesichtes bemächtigte. Obwohl die Negri jetzt auch in Amerika fette Gagen kassieren kann, kühlte ihre Liebe zu Chaplin schlagartig ab, nachdem sie den Klatschspalten der Boulevardpresse entnehmen mußte, daß Chaplin sich (wieder einmal) am Rand des Bankrotts befindet.

Enrico Rastelli, 27, aus dem italienischen Samara gebürtiger Artist, reißt seit dem 1. September ein blasiertes Publikum im Londoner Hippodrom zu Begeisterungsstürmen hin. Der Spätentdeckte, der bisher wenig erfolgreich im väterlichen Wanderzirkus gearbeitet hat, setzt völlig neue Maßstäbe in der alten Kunst des Jonglierens. Er läßt bis zu zwölf Bälle mit unnachahmlicher

Leichtigkeit um sich kreisen; auf den Händen stehend(!) schickt er einen Ball vom Kopf aufwärts zum rechten Fuß auf die Reise, während er mit dem linken Bein einen zugeworfenen Reifen auffängt und kreisen läßt. Rastelli, dem der Vater den Beruf des Jongleurs verboten hatte, weil er ihn für aussichtslos hielt, scheint eine große Karriere vor sich zu haben.

Ernst Lubitsch, 31, Berliner Schauspieler aus dem Kreis Max Reinhardts und einer der fähigsten deutschen Nachwuchs-Filmregisseure (»Sumurum«, »Madame Dubarry«, »Anna Boleyn«), kommt der UFA-Produktion abhanden: Hollywood hat den Top-Mann abgeworben. Von der UFA-Stadt Neu-Babelsberg verabschiedet er sich mit dem Großfilm »Das Weib des Pharao«, in den USA will er künftig vor allem Komödien drehen.

Gestorben:
Wilhelm Conrad Röntgen, 77, erster Nobelpreisträger für Physik (1901) am 10. Februar in München. 1895 entdeckte der gebürtige Rheinländer bei Versuchen über die Gasentladung »eine neue Art von Strahlen« (Röntgen), welche auf zunächst rätselhafte Weise die Knochen seiner Hand durch Haut und Fleisch hindurch sichtbar machten. Er gab ihnen schließlich den Namen »X-Strahlen« – und so werden sie auch heute noch außerhalb des deutschen Sprachraums genannt. Ohne sie ist der rasante Fortschritt der modernen Medizin undenkbar. Derzeit laufen Experimente, die Röntgenstrahlen auch nichtmedizinischen Wissenschaften, wie etwa der Archäologie, nutzbar zu machen.

WILHELM CONRAD RÖNTGEN

IDOL EINES ZEITALTERS: Sarah Bernhardt

Sarah Bernhardt (eigentlich Rosalia Bernard), 78, die bedeutendste französische Tragödin ihrer Epoche, am 26. März in Paris. Die »göttliche Sarah« war die hinreißendste, berühmteste »Kameliendame« in Dumas' romantischem Liebesdrama. An der Comédie Française, in eigenen Pariser Theatern und auf langen Tourneen durch Europa und die USA spielte sie die großen Rollen ihres Fachs und erlebte eine Weltkarriere wie nach ihr nur Eleonora Duse. Um die Jahrhundertwende inspirierte ihre immer etwas rätselhafte, wie aus einem Traumreich aufgetauchte Erscheinung den hochbegabten Graphiker Alphonse Mucha zu dekorativen Theaterplakaten, die heute gesuchte Sammelobjekte sind. Als hohe Fünfzigerin wagte sie mit Erfolg den Versuch, Hamlet (!) darzustellen. Bald darauf verkörperte die reife Dame einen weiteren jungen Mann, den Herzog von Reichstadt in Edmond Rostands »L'Aiglon« (Der junge Adler). Die Bernhardt war zudem die erste prominente Bühnenschauspielerin, die in einem Film mitwirkte (1913 als Königin Elisabeth von England). Ein schwerer Unfall machte sie zur beinamputierten Invaliden. Dennoch eroberte sich »Die Alterslose« neuerlich die Bühne: sie trat bis kurz vor ihrem Tod auf.

Das historische Nachrichten-Magazin

Zeit Bild

1924

Krisenherd
Naher Osten

Inhalt

Titelbild: Araber reiten gegen Juden

Brief des Herausgebers

Im Dezember 1924

Was geht uns Palästina an?

Herzlich wenig, meint der Zeitgenosse. Er hat noch immer getreulich seinen Goethe im Sinn, demnach es hierzulande keinen kratzt, »wenn hinten, weit, in der Türkei, die Völker aufeinander schlagen«.

Wieviel mehr gilt das, wenn noch weiter hinten, in Palästina, Juden und Araber aufeinanderkrachen! Wenn, gelockt von doppelzüngigen Versprechungen, gerade in diesem Jahr Tausende Juden ins Gelobte Land ihrer Vorväter strömen; wenn ungezählte Araberfamilien dadurch plötzlich heimatlos werden – wobei es bei dieser radikalen Aussiedlung durchaus legal zugeht. Doch keiner nimmt sich die Mühe, dies den Palästinensern begreiflich zu machen. Un-

ausrottbaren Haß im Herzen, verlassen sie den Boden, der das Land auch *ihrer* Väter war.

Ist es für uns wirklich gleichgültig, wenn, rund um den Krisenherd Palästina, immer selbstbewußter werdende Araber auf den Trümmern des Türkischen Reichs nationale Sammlung und Einigung anstreben?

Sollen sie doch mit ihrem Wüstensand machen, was sie wollen, lautet die landläufige Meinung. Sollen sie wirklich? Wäre nicht zu bedenken, daß unter dem wertlosen Sand ein Schatz schlummert, der purem Gold gleichkommt?

Nicht interessiert an Erdöl? Nun – Wirtschaftsfachleute und Futurologen sind da ganz anderer Ansicht (und die in Arabien wie besessen nach Petroleum bohrenden Multis übrigens auch). Sie behaupten, daß das »schwarze Gold« ein zunehmend wichtiger Faktor werden wird und daß es eines Tages sehr wohl für Europa Folgen haben kann, wenn die Völker, weit hinten in Palästina, aufeinanderschlagen.

Wie dem auch sei. Das Gerangel um Palästina entlockt derzeit nicht einmal gewiegten Leitartiklern eine müde Zeile. Man ist froh, daß Europa wenigstens einigermaßen konfliktfrei ist, und hofft auf weitere Beruhigung. Vor allem die Kreml-Astrologen verkünden in seltener Einmütigkeit, daß die Gefahr einer kommunistischen Weltrevolution nun so gut wie gebannt sei.

Lenin, der Vater der Russischen Oktoberrevolution und der starke Antriebsmotor für alle Expansionspläne des Weltkommunismus, ist dahingegangen. Seine Erben und Nachfolger sind hoffnungslos zerstritten und in intrigenreiche Diadochenkämpfe verwickelt, die all ihre Kraft verbrauchen. Nein, versichern uns die Experten, vom roten Osten droht keine Gefahr.

Auch nicht vom (politisch) keineswegs so sonnigen Süden, wo Benito Mussolini jetzt an den Schalthebeln der Macht sitzt und offensichtlich keine Mittel scheut – Mord eingeschlossen –, die demokratische Opposition auszuschalten.

Keine Bange, beruhigen die gelernten politischen Beobachter. Dieser Mussolini ist total am Ende. Das weiß doch heute schon jedes Kind. In ein, zwei Monaten – spätestens – wird der ganze Faschisten-Spuk in Italien vorüber sein.

Nicht viel anders urteilen die Fachleute

über Adolf Hitler, der, nach seinem mißglückten Putschversuch vom Vorjahr zu fünf Jahren Festungshaft verurteilt, bereits nach neun Monaten wegen guter Führung entlassen worden ist.

Dieser Möchtegern-Führer hat zwar in Bayern eine große Schar von bedingungslosen Anhängern und wird in der Münchner Society als exotische Kuriosität herumgereicht – aber sein Faschismus, made in Bavaria, ist letzten Endes genauso unerheblich wie der italienische.

Beruhigt über so viele gute Meldungen aus der Welt der großen Politik, wendet sich der brave Bürger den Themen zu, die ihn *wirklich* interessieren und die, in Wort und Bild, die Tagespresse beherrschen:

Reportagen vom aufregenden Zeppelin-Flug über den Atlantik, der in Amerika auf wundersame Weise eine deutschlandfreundliche Stimmung geschaffen hat; Berichte über die blutigen Moritaten, welche diesseits und jenseits des großen Wassers die Gemüter erregen.

In Deutschland konnte endlich ein Massenmörder verhaftet und abgeurteilt werden, der, unter der Maske des Biedermanns, in der schrecklichsten Mordserie der Kriminalgeschichte 27 junge Menschen vom Leben zum Tod befördert hat.

Kann sich der Deutsche Haarmann notfalls noch auf einen unheimlichen Zwang zum Töten berufen, so sind die Motive von Amerikas meistdiskutierten Mördern, Leopold und Loeb, überhaupt unfaßbar: zwei Jungen aus bestem Haus töten einen Freund, »um zu sehen, wie das ist«. Sie kommen, dank eines brillanten Verteidigers, mit lebenslänglichem Gefängnis davon.

Spätestens angesichts dieses Justizskandals, der wohl nichts anderes ist als ein Symptom für die Verderbtheit unserer Zeit, wendet sich der Leser von den Tagesereignissen ab und flüchtet in die Gefilde von Kitsch und Kunst: je nach Geldbeutel, Bildungsgrad und Stimmungslage durchleidet er im Geist noch einmal die romantische Liebesgeschichte der soeben verstorbenen Prinzessin Louise von Coburg oder läßt sich vom Magier unserer Tage, dem Theaterregisseur Max Reinhardt, verzaubern.

Hauptsache, die Realität mit ihren aufeinanderschlagenden Völkern, sei es in der Türkei oder sonstwo, bleibt vor der Tür . . .

Zum Tod von Ex-Präsident Wilson: Ein Mann für Krieg und Friedenszeit

Die einen hielten ihn für ein lebendes Monument, manche zuletzt nur noch für einen lebenden Leichnam. Tatsache ist, daß der am 3. Februar dieses Jahres im Alter von 67 Jahren verstorbene ehemalige Präsident der Vereinigten Staaten, Thomas Woodrow Wilson, während seiner zweimaligen Präsidentschaft von 1913–1921 eine der Zentralfiguren der Weltgeschichte war: als Kriegsmacher wie als Friedensbringer.

Der Professor für Geschichte und Politikwissenschaft verließ die Universität, um als demokratischer Gouverneur von New Jersey sein reichlich erworbenes theoretisches Wissen in die Praxis umzusetzen.

Als Präsident katapultierte er die Vereinigten Staaten durch den Kriegseintritt auf die Seite der Alliierten und damit an die Spitze

THOMAS WOODROW WILSON

der Weltmächte. Im Dezember 1918 kam der amerikanische Präsident nach Paris, um als Staatschef des Landes, das den Krieg entschieden hatte, am Abschluß des Friedensvertrags mitzuwirken.

Wilson war Menschenfreund und Idealist: das Blut der jungen amerikanischen Soldaten sollte nicht umsonst geflossen sein. Er verband seine Vorstellung einer Neuordnung der Erde mit der Gründung eines »Völkerbundes«, der verheerende Kriege in Zukunft verhindern sollte. Der Friedensbund wurde geschlossen, aber der bei seiner Heimkehr aus Europa umjubelte, sehr populäre Präsident war außerstande, im Senat Amerikas Beitritt zum neuen Völkerbund durchzudrücken.

Überanstrengung in Europa, Enttäuschung über die Verständnislosigkeit führender Senatoren brachten schließlich den Zusammenbruch Wilsons. Ein Schlaganfall lähmte den Präsidenten linksseitig. Da sein Arzt und seine engsten Mitarbeiter den Zustand Wilsons zu verschleiern suchten, kursierten die tollsten Gerüchte über seinen Geisteszustand:

Präsident Wilson sei umnachtet, ein tobender Irrer, für den man neue Fenstergitter angebracht hätte (ein Irrtum). Tatsache war, daß die Aufnahmefähigkeit des Präsidenten begrenzt war, so daß nur ein Bruchteil der anfallenden Probleme gelöst werden konnte.

Siebzehn Monate lang schien die Politik der Vereinigten Staaten von der »Präsidentin«, Edith Wilson, nach eher persönlichen Gesichtspunkten geleitet zu werden, während das Kabinett darüber stritt, wer die Amtsunfähigkeit des Präsidenten feststellen sollte.

Nach einer vernichtenden Wahlniederlage von Wilsons Demokratischer Partei und der Wahl des Republikaners Harding (siehe ZEIT-BILD 1923) zog sich der schwer behinderte Wilson ganz ins Privatleben in seiner Villa in Washington zurück.

Seine Frau Edith, immer um ihn, siebte Besucher, ersparte ihm jede Aufregung, nicht aber die Freude, zu erleben, wie das Haus in der S-Straße ein Pilgerziel für die »kleinen Leute« wurde, die sich aus der Korruption der Hardingschen Verwaltung nach dem Idealisten und Friedensbringer Wilson sehnten.

ZB-Titel: Krisenherd Naher Osten

Todfeindschaft zwischen Juden und Arabern – Kampf um Erdöl

Angelockt von vagen britischen Versprechungen strömen derzeit Massen jüdischer Siedler nach Palästina – und Tausende dort ansässige Araber werden buchstäblich über Nacht heimatlos. Währenddessen versuchen rund um Palästina die hoffnungslos zerstrittenen arabischen Wüstenstämme so etwas wie ein Königreich zustande zu bringen – argwöhnisch beobachtet vom gesamten Westen, der auf das Erdöl unter dem Wüstensand aus ist. Man muß kein Hellseher sein, um vorauszusagen, daß vor unseren Augen ein Krisenherd ersten Ranges im Entstehen ist.

Palästina wird von einer bisher noch nicht dagewesenen Einwanderungswelle überschwemmt: Allein in diesem Jahr sind mehr als 14.000 Juden gekommen – in das, wie es im Alten Testament heißt, von Gott seinem Volk versprochene »Gelobte Land . . ., darinnen Milch und Honig fließt«.

Zwar gibt es vorerst keine Ströme von Milch und Honig. Aber den in alle Welt zerstreuten Kindern Israels ist in diesem Land jetzt endlich wieder eine »nationale Heimstätte«, ein Zufluchtsort vor allen Verfolgungen zugesagt worden. Von einem britischen Außenminister.

Die Siedler, die nun nach fast zwei Jahrtausenden zur Scholle ihrer Vorfahren zurückkehren, kommen überwiegend aus Polen und Rußland, wo ihre Gemeinschaften durch Plünderung und blutige Pogrome bedrängt wurden; durch die in Osteuropa beinahe schon zum Brauchtum gehörende Juden-Hatz.

Sie suchen Asyl in der Fremde, die einst ihre Heimat war, so lange, bis sie in alle Winde zerstreut wurden. Nach Nordafrika, Spanien, Italien, Frankreich, Deutschland. Von dort in die Weiten des Ostens. Nur die alte Religion und der Druck, der ihretwegen auf den Juden lastet, hat sie zusammengehalten, das Hebräisch ihrer heiligen Schriften, die Thora (»das Gesetz«) und der Talmud (»die Lehre«), die Gebote und die Verbote und die Ursprache, von der jedes gläubige Judenkind in der Synagogenschule ein paar Brocken mitbekommt, durch Gebet und ritualisiertes Auswendiglernen.

»Nächstes Jahr in Jerusalem«

Und der durch all die Jahrhunderte nie aufgegebene Anspruch auf das Land der Väter, der jedes Jahr feierlich wiederholt wird: »Nächstes Jahr in Jerusalem!«

Nun schließt sich der Kreis, nach endloser Wanderung kommen sie wieder. Die Pioniere und Siedler des Zionismus wollen unabhängig unter ihresgleichen leben, auf eigener Erde, nicht länger bedrückt von Fremden, Feinden, Andersgläubigen.

Palästina aber wird jetzt überwiegend von arabischen Muslims bewohnt, von ackerbauenden Kleinpächtern und Beduinen. Der (selten genug) fruchtbare Boden gehört Großgrundbesitzern. Er kann nicht erobert, er muß gekauft werden. Das geschieht, durch die »Jewish Agency« und ihre Zweig-

CHAIM WEIZMANN

organisationen, in großem Stil und mit reichlich gespendeten Geldmitteln – vor allem aus Amerika.

Araber: land- und brotlos

Unter den Arabern entsteht dadurch Erbitterung und Haß. Schon 1921 und 1922 hat es blutige Unruhen gegeben. Neue schwere Zusammenstöße scheinen unvermeidlich. Palästina gleicht jetzt schon einem Pulverfaß, in dem sich immer mehr Zündstoff anhäuft.

Die elend in ärmlichen Dörfern hausenden Pächter werden plötzlich landlos, arbeitslos, brotlos. Sie erhalten keine Entschädigung. Sie haben auch nicht die Möglichkeit, beim neuen Grundherrn als Lohnarbeiter unterzukommen.

Denn das ist einer der obersten Grundsätze der jüdischen Landnahme: Juden und nur Juden dürfen mit eigenen Händen die Erde bebauen, die jetzt durch Kauf »für ewige Zeiten« zum unveräußerlichen Kollektiveigentum des jüdischen Volkes wird. Dies Volk soll niemals andere Völker ausbeuten, nie Fremde als Lohnsklaven für sich schuften lassen, nie eine Kaste von Schmarotzern werden.

Die Opfer dieser gutgemeinten, von sozialistischen Theorien beeinflußten Prinzipien sind die arabischen Kleinpächter. Nur selten gelingt es ihnen, in den von anderen jü-

dischen Einwanderern in den Städten neuerrichteten Fabriken Beschäftigung zu finden. Auch hier gilt gleiches: Wir Juden bleiben unter uns, wir arbeiten selbst und für uns selbst, wir brauchen niemand anderen.

Die Folge ist die sprunghafte Vermehrung einer praktisch enteigneten und äußerster Not preisgegebenen arabischen Bevölkerungsschicht, die sich betroffen und beraubt fühlt.

»Effendis« bereichern sich

Dazu kommt, daß diese Kleinbauern ursprünglich nicht »Pächter« im europäischen Sinn gewesen sind. Das Land rund um ein Dorf gehörte der Dorfgemeinschaft, und darin jedem, der es bebaute.

Die Einzeleigentümer aber waren dem ständigen Druck erpresserischer Steuereinnehmer ausgesetzt. Das führte dazu, daß die meisten ihren Besitz den »Effendis« überschrieben, den Steuerbütteln des Sultans, die zugleich auch Geldverleiher und Wucherer waren. Man lieferte ihnen den

Großteil der Ernte ab und hatte dafür Ruhe.

Ein weiteres Motiv für solche Überschreibungen war das Grundbuch. Die türkische Militärbehörde konnte diesem Register (und andere gab es kaum) die Namen der Männer entnehmen, die dort als Eigentümer aufschienen.

Dann besser kein Eigentümer sein: war ein reicher »Grundherr« eingetragen, dann blieb der Bauer unerkannt und frei . . .

Auf diese Weise haben Kaufleute, Spekulanten und Paschas im Lauf von Generationen ganze Täler und Landstriche in ihren Besitz gebracht – und jetzt verkaufen die Effendis.

Das haben sie zwar auch schon früher, unter ihresgleichen, getan. Dann hatten die Bauern einen neuen Blutsauger am Hals, doch blieb ihnen ihr Acker und ihre Arbeit.

Jetzt aber, an die Juden, wird das Land ohne die Landleute veräußert. Sie müssen fort.

Ein besonders krasser Fall dieser Art hat

ARABISCHE JUGEND MUCKT AUF: Protestmarsch in Jerusalem

Der Zionismus

Zion: ursprünglich der Südosthügel von Jerusalem, wo eine von König David eroberte Festung stand, dann auch der Name für den Tempelberg und die ganze Stadt – und schließlich Symbol für die ewige Sehnsucht der Juden nach Heimkehr und Gründung eines eigenen Staates.

Bereits 1565 baut der aus Portugal stammende Jude Joseph Nassi, von Sultan Solimans Gnaden Herzog über die ägäische Insel Naxos, die palästinensische Stadt Tiberias wieder auf. Er appelliert an die Juden Europas, ins Land der Vorfahren zurückzukehren.

1799 fordert Napoleon die Juden Asiens und Afrikas auf, sich um seine Fahnen zu scharen, damit das alte Jerusalem wiederhergestellt werde.

1862 verlangt Moses Heß, damals noch ein Freund und Mitstreiter von Marx und Engels, Palästina als »jüdisches Kulturzentrum«.

1881 rufen in Osteuropa die jüdischen Gruppen »Bilu« und »Chowewe Zion« Rückwanderungsbewegungen ins Leben. Sie gründen Siedlungen im Gelobten Land, um dort »den Boden fruchtbar zu machen«. Die Pioniere verzichten auf Jiddisch, Russisch und Polnisch, sie sprechen wieder Hebräisch.

1883 beginnt, mit finanzieller Unterstützung des Barons Edmond de Rothschild, die Reorganisation der Siedlungen.

1896 veröffentlicht der Wiener Journalist und Schriftsteller Theodor Herzl sein Buch »Der Judenstaat«, das die Entwicklung des modernen, politischen Zionismus einleitet.

1897 wird in Basel der erste Zionistenkongreß abgehalten, die zionistische Weltorganisation gegründet.

1898 empfängt Kaiser Wilhelm II. Theodor Herzl bei einem Staatsbesuch in der Türkei zuerst in Konstantinopel und dann in Jerusalem.

1903 bietet England den Zionisten die afrikanische Kolonie Uganda zur Besiedlung an.

1904 stirbt Herzl im Alter von vierundvierzig Jahren in Edlach, Niederösterreich, an einem Herzleiden.

1909 beginnen jüdische Siedler in Palästina mit der Errichtung der Stadt Tel Aviv.

1917 die Balfour-Deklaration. Im selben Jahr vertreibt der britische General Edmund Allenby die Türken aus Palästina.

1920 wird England das Mandat über das Land zugesprochen. Die ersten arabischen Aufstände gegen die jüdische Besiedlung.

1921 wird Dr. Chaim Weizmann Präsident der Zionistenorganisation.

---

sich in der Nähe von Haifa zugetragen. Die »Jewish Agency« erwarb dort den Grundbesitz eines in Beirut ansässigen Christen namens Sursuk; ein ganzes großes Tal, eines der fruchtbarsten Palästinas, zusammen mit allen seinen Dörfern.

Die Juden zahlten ehrlich und gut, die gigantische Summe von 726.000 englischen Pfund. Die Verlierer waren die Einwohner – achttausend Bauern wurden von der Erde vertrieben, die nach ihrer Vorstellung seit Jahrhunderten ihr Eigentum war.

Wohin sie gingen, weiß man nicht.

Die »Diaspora«

Die Ursachen der jüngsten Entwicklung in Palästina (ursprünglich: »Philistinien«, das Land der Philister) liegen weit zurück: im Jahr 70 nach Christus, als der spätere römische Kaiser Titus in einem Vernichtungskrieg gegen jüdische Freiheitskämpfer Jerusalem und seinen Tempel zerstören ließ.

Der Historiker Flavius Josephus, selbst Jude, doch zu den Römern übergegangen, schilderte das so: »Als nun der herrliche Tempel brannte, raubten die Soldaten, was ihnen unter die Hände kam, und hieben die Juden, die sie antrafen, zu Hunderten nieder. Kein Erbarmen hatten sie mit dem Alter, keine Achtung vor dem Rang. Kinder und Greise, Volk und Priester ohne Unterschied erlagen dem Schwert des Feindes. Nichts Grausigeres läßt sich denken als das Geschrei, das die Luft erfüllte . . .«

Drei Jahre später fiel Massada, die letzte Bergfestung der Aufständischen. Die jüdische Besatzung tötete sich selbst, um nicht in Gefangenschaft zu geraten. Und neunzig Jahre später zerschlagen die römischen Legionen eine weitere Volkserhebung unter dem Rebellen Bar Kochba. Das Land ist endgültig besiegt.

Die Überlebenden wurden vertrieben oder in die Sklaverei geführt. Die Zerstreuung (griechisch »Diaspora«) der Juden in alle Teile des Römischen Reichs von Spanien bis zum Schwarzen Meer war die Rache der Sieger. Nur wenige blieben zurück. Palästina wurde eine heidnische Provinz. Auf den Grundmauern des zerstörten Tempels errichteten die Eroberer ein Jupiter-Heiligtum, auf Golgatha einen Venustempel, an Jesu Geburtsstätte in Bethlehem eine Adonis-Statue.

Unter islamischer Herrschaft

Dann folgte, im Lauf der Jahrhunderte, eine Fremdherrschaft der anderen. Die Christianisierung des Landes durch die oströmischen Kaiser. Ein Einfall der Perser. Die Rückeroberung durch Byzanz, noch schärfere christliche Repressalien.

Und schließlich, im Jahr 634, die Einnahme Jerusalems durch die arabischen Reiterheere des Kalifen Omar. Damit für Jahrhunderte die Unterwerfung der jüdischen Urheimat unter die Macht des Islam.

Dieses »Joch« war nicht so drückend für die Juden wie das der Byzantiner und ihrer christlich-orthodoxen Geistlichkeit. Der Islam respektierte das Alte Testament, seine Propheten, ja sogar die jüdische Religion als (wenn auch fehlerhaften) Glauben an denselben Gott, der Mohammed erleuchtet hatte, und Abraham als den gemeinsamen Stammvater.

Er duldete Juden und sogar Christen auch aus praktischen Gründen – solange sie Steuern zahlten: Muslims waren steuerfrei. Dann aber wieder neue Herren und Heimsuchungen. Die Heere der Kreuzritter. Die Banden türkischer Söldner und Plünderer. Mongolische Eroberer. Ägyptische Mameluken. Bis 1517 Sultan Selim »der Strenge« das Land für vier Jahrhunderte dem türkischen Großreich der Osmanen anschloß.

Napoleon als »Mohammedaner«

Ein hartes Regiment steuerlicher Ausplünderung, doch religiöse Toleranz gegenüber Juden, Christen, Orthodoxen, Katholiken, Chaldäern, Drusen, Maroniten; und die Herrschaft eines (vom Sultan fast unabhängigen) Paschas aus Albanien: Das war die Lage in den Städten Palästinas, als im Jahr

1798 der französische Revolutionsgeneral Napoleon Bonaparte in Ägypten landete und die Reiterarmee der Mameluken wie einen Fliegenschwarm zerstreute.

General Bonaparte, der auch Syrien und Palästina erobern wollte, hat damals bereits die Doppelzüngigkeit vorweggenommen, mit der ein gutes Jahrhundert später die Engländer den Arabern und den Juden zugleich Versprechungen machten.

In einer Proklamation an den islamischen Bevölkerungsteil gab sich – ein Treppenwitz der Weltgeschichte – der Korse Bonaparte als »Mohammedaner« aus, und damit als »natürlicher« Verbündeter der arabischen Einwohner Palästinas.

In einer anderen Erklärung versprach er, bevor er sich wieder nach Paris absetzte, das Land den Juden zurückzugeben. Doch fand er da wie dort keine Gegenliebe. Sein Vorstoß nach Norden scheiterte an der Seefestung Akka, vor deren Hafen eine englische Flotte Anker geworfen hatte.

Nun, 120 Jahre später, wird Palästinas Schicksal von zwei weiteren und gleich widersprüchlichen Erklärungen vorbestimmt, die diesmal von Briten stammen.

Die »Balfour-Deklaration«

Die eine ist das von Oberst Thomas Lawrence (»Lawrence von Arabien«) an Wüstenfürsten und Beduinenführer vergebene Offiziers-Ehrenwort, sie könnten nach dem Sieg über die Türken ein großarabisches Reich gründen, zu dem natürlich auch Syrien und Palästina gehören solle.

Die zweite und gewichtigere kommt vom britischen Außenminister Lord Arthur Balfour – die sogenannte »Balfour-Deklaration« vom 2. November 1917.

Ihr Wortlaut: »Die Regierung Seiner Majestät betrachtet die Schaffung einer nationalen Heimstätte in Palästina für das jüdische Volk mit Wohlwollen und wird die größten Anstrengungen machen, um die Erreichung dieses Zieles zu erleichtern ...«

Was dann freilich durch einen Nachsatz eingeschränkt wird: »... wobei Klarheit darüber herrschen soll, daß nichts getan werden darf, was die bürgerlichen und religiösen Rechte bestehender nichtjüdischer Gemeinschaften beeinträchtigen könnte.«

Beim Zustandekommen dieser Erklärung hat auch Dankbarkeit mitgespielt. Die britische Regierung belohnte damit die Dienste des aus Rußland nach England geflohenen jüdischen Gelehrten Dr. Chaim Weizmann, jetzt 50, eines genialen Chemikers, der zugleich einer der prominentesten Zionisten-Führer ist.

Als Leiter der Laboratorien der britischen Admiralität erfand Weizmann ein Verfahren, das die Herstellung von Sprengstoff wesentlich verbilligt, und Ministerpräsident Lloyd George wollte ihn dafür mit Ehrungen überhäufen.

Doch Weizmann lehnte ab. Er bat statt dessen um eine »politische Tat« für sein Volk – für die Sache des Zionismus (siehe Kasten »Der Zionismus«).

Diese Tat war dann das historische, in seiner Formulierung aber äußerst vage Versprechen einer »nationalen Heimstätte«, die

VON EINWANDERERN BEDRÄNGT: Araberviertel in Bethlehem

Balfour-Deklaration. Diese Erklärung war interessanterweise nur an einen einzigen Mann gerichtet, an den Engländer Lord Rothschild. Dennoch wurde sie umgehend in Rußland, Deutschland, Amerika weiterverbreitet. Durch Flugblätter, durch Mund-zu-Mund-Propaganda, durch Zeitungen – nur nicht im Nahen Osten: Dort ist sie, auch noch zwei Jahre nach der Eroberung, bis zum Mai 1919 durch die britische Militärzensur unterdrückt worden.

Die Araber halten auch das für einen Beweis, daß die Engländer ein Doppelspiel treiben.

»Moschaw und Kibbuzim«

Nun strömen die Juden zu Tausenden ins Land, Monat für Monat. Die Einwanderer sind zumeist Hilfsarbeiter, nur wenige Handwerker, kaum Bauern.

Sie finden bereits Siedlungen vor, in deren Organisationsformen sich verschiedene politische Auffassungen widerspiegeln:

Auf der einen Seite die »Moschaw« (Genossenschaftsdörfer), deren Landwirte zumindest ein Haus, eine Kuh, Geflügel und Gartenland besitzen dürfen. Daneben gibt es auch Genossenschaften, von denen die Äcker in Erbpacht vergeben werden.

Auf der anderen Seite aber die »Kibbuzim«, Kollektivbetriebe, in denen es kein Privateigentum gibt. Dem Kibbuz-Bauern wird sogar Essen, Kleidung, Taschengeld zugeteilt. Wer heiratet, bekommt ein Barackenabteil. Die »Kleinbürger«, die einen eigenen Kuhstall oder Gemüsegarten wollen, sind dort der Verachtung preisgegeben. Der Gewinn des Betriebs wird zugunsten der Gemeinwirtschaft investiert. An diesen Dörfern zeigt sich der Gegensatz zwischen der bürgerlichen und der sozialistischen Strömung des Zionismus am deutlichsten.

In den Städten tritt die Gewerkschaft (»Histadrut«) sogar als Unternehmer auf. Sie betreibt Schulen und Kindergärten, sie richtet im ganzen Land ihren eigenen Gesundheitsdienst ein.

Auch eine Selbstschutz-Truppe gibt es schon, eine kleine illegale Armee, die »Haganah«. Sie wird von den Briten manchmal geduldet, manchmal verfolgt. Sie wurde gegründet, als erbitterte, von islamischen Geistlichen aufgehetzte Araber zum erstenmal in Massen gegen die Juden vorgingen.

So zu Ostern 1920 in Jerusalem. Dort fiel, wie ein Augenzeuge beschreibt, eine brüllende, von Derwischen angeführte, mit Schwertern, Knüppeln, Steinen und Messern bewaffnete Menge in der ganzen Stadt über die Juden her – 126 Verletzte, aber keine Toten.

Draußen auf dem Land aber gab es zahlreiche Todesopfer.

Von sporadischen Überfällen abgesehen, herrscht zur Zeit Ruhe. Der Friede aber ist trügerisch, die Stille vor dem Sturm, der jederzeit von neuem ausbrechen kann.

NATIONALBEWUSSTSEIN WÄCHST: jüdische Selbstschutz-Truppe in Tel Aviv

Der Traum vom »Groß-arabischen Reich«

Die Truppen des Wüstenfürsten Ibn Saud haben im Dezember dieses Jahres Mekka eingenommen und die Anhänger des Groß-Scherifen Husain, 71, der sich 1916 zum »König der arabischen Länder« und erst vor wenigen Monaten auch zum Kalifen ausrufen ließ, aus der heiligen Stadt vertrieben.

Das ist der vorläufige Höhe- und Schlußpunkt eines seit fast zwei Jahrhunderten dauernden und nur durch kurze Friedensperioden unterbrochenen Kampfes um die Halbinsel Arabien – um das Kernland des Islam, von dem aus die Reiterheere der Mohammedaner vor mehr als tausend Jahren zur Eroberung der Welt aufgebrochen waren.

Ihr Reich ist längst zerfallen. Das Kalifat war von türkischen Sultanen usurpiert worden, als in den unzugänglichen Oasen-Schlupfwinkeln der Arabischen Wüste Ende des 18. Jahrhunderts ein neuer Mann und eine neue islamische Sekte auftauchten: die Bruderschaft der Wahhabiten und ihr Beduinenführer mit dem Propheten-Namen Mohammed.

Die Wahhabiten sind puritanisch, fanatisch, unduldsam. Ihr Ziel ist die Wiederherstellung des »alten, echten« Glaubens – die Abkehr von Neuerungen wie der inzwischen üblich gewordenen Heiligenverehrung oder des Gräber- und Reliquienkultes. Nur Allah darf angebetet werden, nicht tote Menschen und ihre Überreste. Nicht einmal der Prophet selbst.

Sie nehmen das Alkoholverbot besonders ernst und dehnen es auch auf andere Genußmittel wie Tabak und Kaffee aus. Der »Heilige Krieg« und die Entrichtung der sogenannten Armensteuer – einer schon vom Koran vorgesehenen Sozialabgabe – sind für sie höchste Pflichten des Gläubigen.

An der Spitze dieser Sekte gelang es damals dem kriegerischen Stammesfürsten Mohammed, das arabische Zentralplateau Nedschd in seine Hand zu bringen. Sein Sohn hat dann 1803 Mekka erobert, doch wurde er von den Ägyptern zurückgetrieben.

Nach dem Zerfall des türkischen Osmanen-

VERJAGT UND KALTGESTELLT:
Groß-Scherif Husain

ARABER GEGEN ARABER: verbissene Kämpfe um Mekka

Reiches (siehe ZEIT-BILD 1923) führt nun Abd el-Asis Ibn Abd ar-Rahman Ibn Saud, jetzt 44 Jahre alt, die Wahhabiten zu neuen Siegen. Sein Hauptstützpunkt ist die Oase Riad, wo er sich bemüht, Nomaden seßhaft und zu Ackerbauern zu machen.

Im Weltkrieg erklärte er sich für neutral – und griff trotzdem ein Gebiet der Türken an, die Provinz Hasa am Roten Meer. Die Briten haben ihn 1915 als »Herrscher des Nedschd und von Hasa« anerkannt. Doch war er das noch lange nicht unangefochten.

Er mußte zuerst eine Reihe anderer Stammeshäuptlinge besiegen, deren mächtigster, der Türkenfreund Ibn Raschid, 600 Kilometer westlich von Riad in der Oase Hail regierte.

Inzwischen ließen die Engländer Ibn Saud fallen. Sie hatten sich mit einem angeseheneren und (wie sie glaubten) für sie nützlicheren Araber-Clan verbündet, mit der Familie der Haschemiten – mit dem Scherif von Mekka, Husain, und dessen Sohn Emir Feisal, jetzt 41.

Dieser Husain nämlich war den Türken gegenüber nicht einmal formell neutral geblieben, und Feisal hatte an der Seite des Obersten Lawrence in Syrien und Palästina gegen die zurückweichenden türkischen und deutschen Truppen gekämpft.

Der Haschemiten-Dynastie war, für den Fall einer Niederlage des Feindes, die Schaffung eines »Großarabischen Reiches«

versprochen worden – mit Husain oder Feisal als König.

Der Alte in Mekka scheint darauf Vorschuß genommen zu haben. Als König des Hedschas, des arabischen Landstreifens entlang des Roten Meers, war er seit 1916 von den Alliierten anerkannt. Doch schon im selben Jahr nahm er, wahrscheinlich um spätere Ansprüche zu sichern, auch noch den Titel »König aller arabischen Länder« an, wodurch er den Zorn der anderen Emire auf sich zog.

Und als er sich in diesem Jahr selbstherrlich als »Kalif« ausgab, als geistlicher Führer nicht nur der arabischen, sondern aller Muslims, da schlug Ibn Saud zu.

Er proklamierte den »Heiligen Krieg« und fiel im August mit seinen kampfgewohnten Beduinen in den Hedschas ein.

Der Widerstand des titelsüchtigen Maulhelden war kurz und haltlos. Im Dezember fiel Mekka – Husain dankte ab und flüchtete nach Zypern.

Es stinkt nach Öl

Die Briten hatten auf den falschen Mann gesetzt. Doch waren sie vorsichtig genug gewesen, die Verbindung mit Ibn Saud nie ganz abreißen zu lassen. Jetzt sind sie dabei, sich wieder mit dem Wüsten-Herrscher anzufreunden, der nun fast ganz Zentralarabien regiert. Er ist der einzige, der nicht von ihnen abhängig ist, der ihnen einigermaßen selbständig gegenübertreten kann.

DER NEUE STARKE MANN: König Feisal

Ein gutes Einverständnis mit ihm ist den Engländern jetzt besonders wichtig. Denn die ganze Ostküste Arabiens stinkt nach Öl, und die Saudis, mit der den Türken abgenommenen Provinz Hasa, besitzen davon ein gewaltiges Stück. Die »Eastern and General Syndicate Ltd.« hat sich dort, wie auch in den Scheichtümern Kuwait und Bahrein, in den letzten beiden Jahren bereits Bohrkonzessionen beschafft.

Das Erdöl im arabischen Raum war übrigens im Weltkrieg für sämtliche Kampfparteien eines der wichtigsten Kriegsziele.

Die Deutschen wollten sich mit Hilfe der Türken vor allem die Quellen von Mossul im späteren Irak sichern, im Zweistromland von Euphrat und Tigris, das damals zum türkischen Reich gehörte. Die Engländer griffen nach den Vorkommen um den Persischen Golf. Doch auch in Syrien und Palästina wird »schwarzes Gold« unter der Erde vermutet.

Alle wollen davon haben, die Briten, die Franzosen, die Amerikaner, und um nichts wird so gefeilscht wie um Erstrechte und Beteiligungen: Die frommen Sprüche, der

Krieg sei für die Freiheit der unterdrückten arabischen Völker geführt worden, sind lange schon vergessen.

Von der »Selbständigkeit« der rückeroberten Gebiete ist nur noch am Rand die Rede. Sie wurden sofort aufgeteilt. Zuerst in militärische Besatzungszonen und dann in Mandate, zur »treuhändigen« Verwaltung durch Briten oder Franzosen.

Die Engländer behielten den Löwenanteil, die Franzosen bekamen (zunächst) nur den syrisch-libanesischen Küstenstreifen zwischen Haifa und der neuen türkischen Grenze. Und vorerst war auch dem verdienten Haschemiten-Sproß Feisal ein Brocken zugestanden worden, gewissermaßen als stellvertretendem englischen Besatzungsgeneral: Ost-Syrien auf der Höhe zwischen Damaskus und Aleppo.

Das Los dieses fahrenden Ritters unter den Emiren ist typisch arabisch. Im März 1920 ließ er sich von einem dazu einberufenen Nationalkongreß zum König von Syrien ausrufen. Dann aber wurde auch der Ostteil des Landes den Franzosen als Mandat ausgeliefert – sie kamen schon im Juli und jagten den König fort.

Das Ganze war ein unfeiner Tauschhandel gewesen. Frankreich, das ursprünglich gleichfalls am Mossul-Öl mitnaschen wollte, hatte darauf verzichtet und als Ausgleich ganz Syrien erhalten.

Und England bekam (das war die andere Seite des Tauschgeschäfts) dafür das Recht, sich seinerseits den Irak als Mandat einzuverleiben.

Das aber endete böse. Der zornige, schon nach drei Monaten wieder entthronte König Feisal sammelte Männer, die unter ihm gegen die Türken gekämpft hatten, und griff mit ihnen britische Posten am oberen Euphrat an.

Bald stand das ganze Land in Flammen. Die Irakis, die nicht zum britischen Kolonialvolk werden wollten, erhoben sich in Massen. Die englisch-indische Besatzungsarmee mußte 65.000 Mann aufbieten, um den Aufstand niederzuschlagen. Sie verlor dabei 1.600 Mann. Die rebellierenden Araber beklagten 8.000 Tote.

Trotzdem – die Idee der britischen Mandatherrschaft wurde fallengelassen. Am 17. Oktober verkündete der englische Hochkommissar in Bagdad, daß der Irak durch eine »eigene«, eine nationale Regierung geführt werden solle.

Unter welchem Herrscher? Die Briten entschieden sich, trotz seines (einmaligen) Fehltritts, doch wieder für ihren immer noch verläßlichsten Araber – für Feisal.

Obwohl dieser fremde Beduine unter den Irakis keineswegs sehr beliebt war – oder gerade deshalb.

So wurde dann in einer Volksabstimmung, mit der für Kenner höchst verdächtigen Mehrheit von 96 Prozent, der Mann aus Mekka zum König gewählt.

Er ist es noch heute, jetzt schon zum zweitenmal, obwohl sein Vater inzwischen Land und Thron verlor – ein Herrscher von Englands Gnaden und Wachs in den Händen der britischen Regierung.

SAMMLUNG DER KRIEGER: aufständische Wahabiten

»Große Seele« hungert wieder

Mahatma Gandhi im gewaltlosen Kampf gegen englische Kolonialherren

Im Dezember wird ein kleiner, ausgemergelter Mann, der nur mit einem Fetzen bekleidet ist, aus dem Inquisitenspital der indischen Stadt Poona entlassen: Mohandas Karamtschand Gandhi, 55, genannt »Mahatma« (wörtlich: große Seele), was in der Ursprache Sanskrit soviel wie »Heiliger« heißt, einer der mächtigsten Gegner der britischen Herrschaft. Ein Wort von ihm genügt, und die Massen des 300-Millionen-Volkes folgen ihm.

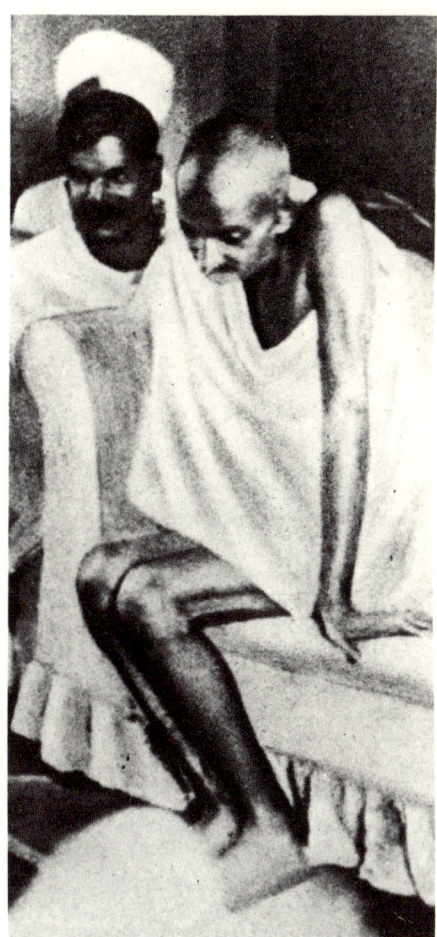

DIE STÄRKE DES SCHWACHEN: Mahatma Gandhi (rechts)

Gandhi wurde als Sohn eines Hindu-Kaufmanns in Porbandar geboren. Von seinem Vater zum Studium nach England geschickt, hat er in London den Doktor der Rechte gemacht. Dann wurde er in Bombay Anwalt.

Mit vierundzwanzig übersiedelte er nach Südafrika. Dort wurde er, als Verteidiger der unterdrückten indischen Einwanderer, Politiker. Kein gewalttätiger Aufrührer, sondern einer der raren Rebellen ohne Gewalt.

Aus dem Hindu-Gebot des »Ahisma«, des »Nichtverletzens« von Mensch und Tier, aus der christlichen Bergpredigt und aus den Lehren des russischen Dichters Tolstoi schuf er sich seine Philosophie des passiven Widerstands und der Gehorsamsverweigerung gegen die Behörden. Schon in Südafrika mußte er dafür mehrmals ins Gefängnis.

Zurück in Indien, begann er 1920 auch hier seinen friedlichen Kampf. Die Engländer hatten den Indern als Dank für die Teilnahme am Weltkrieg eine neue Verfassung versprochen, den Kampfgefährten dann aber nur ein paar belanglose Rechte eingeräumt.

Und als am 13. April desselben Jahres die Briten eine Demonstration in Amritsar zusammenschossen, wobei es 1.500 Tote und Verletzte gab, trat Gandhi mit seinen Ideen an die Spitze der Prostestbewegung: Er predigte die »non-cooperation«, die Nicht-Zusammenarbeit mit britischen Ämtern, Gerichten, Schulen; den »bürgerlichen Un-

gehorsam« (civil disobedience) sowie den Boykott englischer Waren, besonders von Textilien.

Die Stoffe aus England nämlich waren es, die damals die indischen Webereien ruiniert hatten. Mahatma Gandhi erhob deshalb das Spinnrad zum Symbol der Befreiung – die Heimarbeit am Garn sollte die wirtschaftliche Autarkie sichern helfen.

Die schon bestehende antibritische Hindu-Partei, der »Indische Nationalkongreß«, schloß sich diesem Programm an. Sogar die Mohammedaner und ihre »Moslem-Liga« machten mit – vorerst gewaltlos, wie es Gandhi forderte.

Englische Güter wurden auf Scheiterhaufen verbrannt, Menschen warfen sich auf Eisenbahnschienen, um Züge zu stoppen; sie ließen sich von der Polizei verprügeln und einsperren. Bis dann 1922 in Chauri Chaura die Menge Amok lief und mehrere Polizisten zu Tode trampelte.

Sofort brach Gandhi seine Aktion ab. Er fastete fünf Tage lang, um dieses Verbrechen zu sühnen. Die Briten stellten ihn dennoch vor Gericht.

Es war ein seltsamer, vom Richter wie vom Angeklagten mit überströmender Höflichkeit geführter Prozeß. Gandhi bekannte sich schuldig – für die »besinnungslose Wut« seines Volkes: »Ich bin darüber zutiefst traurig, ich unterwerfe mich auch der höchstmöglichen Strafe!«

Richter Broomsfield erwiderte nicht weniger ehrerbietig: »Es ist unmöglich zu verkennen, daß Sie eine ganz andere Art von

Mensch sind als irgend jemand, über den ich bisher zu urteilen hatte . . .«

Trotzdem, sechs Jahre Gefängnis. Zwei Jahre davon hat Gandhi in Einzelhaft verbracht, meditierend, betend, lesend und, wie ihm ein Gelübde befahl, mit täglich vier Stunden Arbeit am Spinnrad, für das ihm von der Direktion eine Sondergenehmigung ausgestellt wurde. Sonst aber lehnte er jede Bevorzugung ab – und fühlte sich dennoch glücklich »wie ein Fisch im Wasser«.

Jetzt ist er, nach einer Operation im Gefängnisspital, begnadigt worden – und fastet abermals. Wieder ist es kein Hungerstreik gegen die Engländer. Gandhi will vielmehr für das Blut büßen, das bei Zusammenstößen zwischen (mittlerweile in Streit geratenen) Hindus und Moslems vergossen worden ist.

Zum Tod von Wladimir Iljitsch Lenin:

Die verratene Revolution

Am 21. Januar, um 18.50 Uhr, stirbt, nach fast zwölfstündigem Todeskampf, auf einem Landgut des Staates bei Nischnij-Nowgorod, Wladimir Iljitsch Uljanow, 54, der sich Lenin nannte. Unmittelbare Todesursache: ein Schlaganfall; der vierte innerhalb von zwanzig Monaten. Aber Lenin war schon lange ein toter Mann. Politisch – und fast auch physisch.

In der letzten Zeit haben sich nur seine Frau Nadeschda Krupskaja, 55, und zahlreiche Ärzte – darunter fünf deutsche und schwedische Kapazitäten – um das sprachlose, gelähmte Bündel Mensch gekümmert. Freunde und Mitarbeiter besuchten den »Vater der großen russischen Oktoberrevolution« längst nicht mehr. Sie waren vollauf damit beschäftigt, um die Nachfolge zu kämpfen.

Lenin, noch immer bei klarem Verstand, war allein mit sich und seinen Gedanken. Und mit den Schatten der Toten (zehn Millionen? fünfzehn Millionen?), die seit 1917 seinen Lebensweg säumen. Seit dem Tag, da Lenin – für seinen Charme, seine Güte, seine Tier- und Kinderfreundlichkeit, seine Naturliebe so hoch gepriesen – mit gezieltem Terror die zarten Ansätze von Freiheit, Selbstbestimmung und Menschenrechten zerstörte, die Rußland in seiner langen Geschichte je erlebt hat.

Dabei begann alles so harmlos und gutbürgerlich. Der Sohn eines adligen »Wirklichen Staatsrates« und Regierungskommissars für das Schulwesen aus Simbirsk und einer deutschstämmigen Mutter wuchs unter denkbar günstigen Bedingungen auf.

Zärtlicher umhegt noch als seine vier Geschwister, weil durch einen monströs großen Kopf und einen abnorm schwächlichen Leib in seiner körperlichen Entwicklung stark behindert.

Ehrgeizig und zielstrebig

Uljanow ist ein brillanter Schüler, erwirbt zum Abitur eine ehrende Goldmedaille – im selben Jahr, da sein Bruder Alexander hingerichtet wird (siehe den Beitrag: »Gewaltherrschaft seit 1.500 Jahren«).

Die Legende will wissen, daß Uljanow damals einen fürchterlichen Eid geleistet und angedroht hat, die bestehende Gesellschaft zu zerstören, koste es, was es wolle.

Tatsache ist, daß er, brennend ehrgeizig und zielstrebig, auch als Jura-Student voll ans herrschende System angepaßt ist. Er beginnt sich erst mit Politik zu beschäftigen, als man ihn nach einer Studenten-Demo von der Uni jagt. Wobei zu bemerken ist, daß diese Demonstration völlig unpolitisch ist; sie richtet sich lediglich gegen einen mißliebigen Fachinspektor.

Einmal in ein anderes Fahrwasser geraten, bleibt Uljanow dabei – seit eh und je stur und beharrlich. Er liest Marx und engagiert sich für das Proletariat. Er beendet zwar sein Studium – als Externist in Petrograd –, kümmert sich aber wenig um seine kleine Rechtsanwaltspraxis. Dafür immer mehr um den Aufbau einer sozialdemokratischen Geheimorganisation.

Prompt wird er verhaftet, abgeurteilt und für drei Jahre nach Sibirien verbannt. Wo er relativ angenehm lebt, jagt, fischt, liest, schreibt und die um ein Jahr ältere Gesinnungsgenossin Nadeschda Krupskaja heiratet. 1900 vollendet er das richtungweisende Werk: »Die Ziele der russischen Sozialdemokratie«. Es ist das erste, das unter dem Namen Lenin – nach dem sibirischen Fluß Lena – erscheint.

Berufsrevolutionär

Seit 1900 lebt Lenin, mit kurzen Unterbrechungen, im Ausland. Er meint, daß die russischen Arbeiter nicht imstande sind, das Joch des Zarismus abzuwerfen; dafür brauche es intellektuell geschulte Berufsrevolutionäre. Er ist einer von ihnen. Und er hält sich für den besten. Je älter er wird, desto weniger Widerspruch duldet er. Er umgibt sich mit Ja-Sagern.

MUSTERSCHÜLER UND REVOLUTIONÄR: Wladimir Iljitsch Lenin als Kind und als junger Mann

ALLE MACHT DEN SOWJETS: Arbeiteraufmarsch in Petrograd

Von Deutschland, später von England und der Schweiz aus organisiert er eine Untergrundzeitung, *Iskra* (der Funke). Sie wird nach Rußland geschmuggelt und über ein dichtmaschiges Netz im ganzen Land verbreitet; so entsteht gleichzeitig ein zuverlässiger Parteiapparat, der seine Befehle aus der *Iskra* erhält.

Das Unternehmen ist teuer, aber Spenden fließen reichlich. Was fehlt, beschaffen ein paar verwegene Genossen in Rußland selbst. Durch ganz gewöhnliche Raubüberfälle. Sie nennen das »Enteignung des Klassenfeindes«. Einer der tüchtigsten Raub-Organisatoren ist ein gewisser Dschugaschwili, parteibekannt unter den Decknamen »Koba«, später »Stalin«.

Innerhalb der russischen Sozialdemokratie wächst das Mißtrauen gegen den allzu tüchtigen, allzu radikalen Genossen Lenin.

1903, auf einem Parteikongreß in London, kommt es zur Spaltung. Lenin hat (diesmal) die Mehrheit (russisch: bolschinstwo) hinter sich. Die Menschewiken (menschinstwo = Minderheit) versuchen zwar mehrmals eine Versöhnung herbeizuführen. Lenin aber bleibt unnachgiebig.

Nach Kriegsausbruch, 1914, lebt er meist in Paris. Isoliert, hungrig, verlassen. Kein Mensch gibt mehr eine Kopeke für die Zukunft der Bolschewiken.

Schon gar nicht im März 1917, als es in Rußland – das durch den Krieg zermürbt und ausgepowert ist – zur Revolution kommt. Arbeiter streiken, Soldaten meutern. Das Zarenregime antwortet mit Massenerschießungen. Petrograd ist das Zentrum des Aufstandes.

Sowjets – Arbeiter- und Soldatenräte –, vorwiegend Menschewiken und Sozialrevo-

lutionäre, treten allerorten zusammen. Als sich letzten Endes sogar die Offiziere und Soldaten des Garderegiments mit den Abgeordneten der Duma (Parlament) verbrüdern, tritt endlich ein, was Rußlands zu jener Zeit populärster Mann fordert. Rechtsanwalt Alexander Kerenski, Jahrgang 1881, verlangt in einer leidenschaftlichen Rede vor der Duma, der Zar müsse zurücktreten, er sei »die Wurzel allen Übels«.

Am 15. März unterzeichnet Zar Nikolaus II. das Abdankungsdekret. Eine provisorische Regierung wird gebildet. Kerenski ist ihr Justizminister, wenige Monate später ihr Premier.

Lenin kehrt am 16. April endgültig heim – Deutschland macht's möglich. Mit Hilfe deutscher Militärs, die sich durch die Revolution im allgemeinen und Lenin im besonderen eine baldige Beendigung des Rußland-Krieges erhoffen, reist Lenin in einem Sonderwagen durch Deutschland nordwärts.

»Wir unterstützen die provisorische Regie-

LENIN IN MOSKAU: Ansprache auf dem Roten Platz vor jungen Rotarmisten

GRAUSAM LIQUIDIERT: der Zar im Kreis seiner Familie

rung unter keinen Umständen«, sind Lenins erste offizielle Worte nach seiner Ankunft auf dem Finnländischen Bahnhof zu Petrograd.

Von da an arbeitet er mit dem vollen Einsatz seiner charismatischen Führerpersönlichkeit für den Sturz der ersten demokratischen Regierung Rußlands.

Nach Lenins Willen gebührt »Alle Macht den Sowjets«, und die sollen, wie sich wohl von selbst versteht, von den Bolschewiken angeführt werden. Die meisten Bolschewiken stimmen anfangs nicht mit den Ansichten ihres Vorsitzenden überein. Selbst das Parteiorgan *Prawda* und ihr Redakteur Jossif Wissarionowitsch Stalin sind zunächst regierungsfreundlich. Das ändert sich bald. Da es der Regierung natürlich nicht sofort gelingt, die katastrophale Lage (Krieg, Hunger, Not) in den Griff zu bekommen, findet Lenins scharfer Anti-Kerenski-Kurs zunehmend willige Ohren. Interessantes Detail am Rande: Kerenskis Vater, Fedor, Vormund, Freund und Schuldirektor Lenins, war es seinerzeit gewesen, der dem jungen Uljanow durch hartnäckige Fürsprache bei den Oberen zum Studium verholfen hatte . . .

Der Bolschewiken-Chef steuerte beinhart auf Kollision: schon im Juni und Juli kommt es zu ernsthaften Versuchen einer bolschewistischen Konterrevolution. Doch erst im November (nach dem alten russischen, mittlerweile abgeschafften Kalender: Oktober) gelingt der präzis vorbereitete Schlag.

Am 7. November (25. Oktober) erstürmen bewaffnete Bolschewiken unter dem Schutz drohend aufgerichteter Geschütze den Winterpalast und nehmen die gesamte Regierung fest. Lediglich Kerenski kann entkommen und einen schwächlichen Widerstand organisieren. Der bricht bald zusammen. Wesentlichen Anteil am Gelingen des Putsches haben – das sei ausdrücklich vermerkt – die Kronstädter Matrosen.

Moskau leistet den Umstürzlern einige Tage lang verzweifelten Widerstand. Dann haben auch dort die Bolschewiken den Sieg errungen.

Noch am Abend des 7. November bildet Lenin eine Sowjetregierung, die ausschließlich aus bolschewistischen und sozialrevolutionären Kommissaren (Ministern) besteht. Das erste Dekret betrifft die Enteignung der Gutsbesitzer. Was die landlosen Bauern und Kriegsheimkehrer zumindest vorübergehend auf die Seite der Bolschewiken bringt.

»Tscheka«-Terror

Lenin kann nun seine Vision verwirklichen – nämlich mit einer Minderheit die Masse des russischen Volks regieren: was der Zar mit 130.000 Aristokraten gekonnt hätte, würden die Bolschewiken mit 230.000 zu allem entschlossenen Mitgliedern noch lange zustande bringen. (So nachzulesen in der vor-revolutionären Lenin-Broschüre »Können die Bolschewiken die Staatsgewalt behalten?«)

Was die 230.000 Mitglieder nicht schaffen, gelingt auf jeden Fall der umgehend ins Leben gerufenen »Allrussischen Kommission zur Bekämpfung der Konterrevolution«, abgekürzt »Tscheka« (später GPU).

Unter der Führung des fanatischen polnischen Aristokraten Felix Dserschinski, damals 40, führt die Tscheka Massenverhaftungen durch. Sie foltert, sie richtet, sie schickt nach Sibirien oder ins Gefängnis. Und sie mordet – häufig ohne Verhandlung und nur nach Check-Listen: Offiziere und Diebe, Beamte und Mörder, Adlige und Säufer, Gewerkschaftler, Bauern, Hamsterer. Und Politiker.

Ehe sie es sich versieht, findet sich die Garde gestandener Revolutionäre genau in denselben Gefängnissen wieder, in denen sie schon zur Zarenzeit geschmachtet hat. Oft unter denselben Wärtern. Nur mit dem Unterschied, daß die gefürchtete zaristische Ochrana wesentlich humaner war als es Lenins Tscheka ist.

Volksvertretung aufgelöst

Die Tscheka ist auch mit von der Partie, als es gilt, das letzte Hindernis vor der totalen Machtübernahme auszuräumen, die demokratisch gewählten Abgeordneten.

Lenin kann die für den 25. November angesetzten allgemeinen Wahlen nicht gut unterbinden, die – so behauptet Lenin – Kerenski abblasen wollte. Das Votum findet daher programmgemäß statt.

Für die Kommunisten ist das Ergebnis niederschmetternd. Die Sozialrevolutionäre erhalten mit 58 Prozent der Stimmen eine solid abgepolsterte Mehrheit, die Bolschewiken weniger als die Hälfte davon.

Unter dem Gegröle schwerbewaffneter, volltrunkener Soldaten auf der Zuschauertribüne findet am 18. Januar 1918 die Konstituierende Versammlung der frei gewählten Volksvertretung statt. Die »Zuschauer« fuchteln wild mit Handgranaten und Pistolen, wenn nicht-bolschewistische Redner auf der Tribüne stehen. Dennoch lehnt die

Mehrheit der Abgeordneten tapfer einen Antrag der Bolschewiken ab, die Versammlung möge sich auflösen und die Staatsgewalt den Sowjets überlassen. Worauf Lenin und die Seinen demonstrativ den Saal verlassen.

Am nächsten Tag wird die Konstituierende Versammlung kurzerhand für aufgelöst er-

HERR UND FRAU LENIN: eines der letzten Bilder, aufgenommen 1922, als noch Hoffnung auf Genesung bestand

DIE ROTE ARMEE MARSCHIERT: von Moskau aus das Land zurückerobert

klärt, die Delegierten verschwinden in den Kerkern der Tscheka. Die März-Revolution der großen Freiheit ist endgültig verraten.

Die Apokalypse

Sechs Wochen später unterzeichnet die Sowjet-Regierung einen überaus harten Friedensvertrag mit Deutschland und Österreich (vorübergehende Abtrennung der Ukraine) – um endlich in Ruhe das Geschäft der Revolution zu Ende führen zu können. Doch von Ruhe ist nicht die Rede. Im Gegenteil. Die Hölle tut sich auf, und Rußland droht jeden Augenblick darin zu versinken.
● Die Kriminalität – Mord, Totschlag und Raubüberfall – nimmt hohe Ausmaße an.
● Die Wirtschaft existiert so gut wie nicht mehr. 1920 beträgt die industrielle Produk-

tion nur noch ein Siebentel der Vorkriegszeit. Die Arbeiter ziehen aufs Land, die Bauern verweigern die Abgabe von Nahrungsmitteln.
● Eine entsetzliche Hungersnot ist die Folge. Nach offiziellen Statistiken fallen ihr fünf Millionen Menschen zum Opfer.
● Als Antwort auf die Massenverhaftungen und Massenmorde durch die Tscheka kommt es zu Massenaufständen in allen Teilen des Landes. Die Bauern stehen auf, die Arbeiter stehen auf. Und schließlich sogar die Treuesten der Treuen, die Matrosen von Kronstadt, ohne deren Hilfe die Oktoberrevolution von 1917 gar nicht möglich gewesen wäre.
»Wir werden sie abknallen wie die Enten«, verspricht Kriegskommissar Leo Trotzki. Er hält Wort. Die proletarischen Matrosen von Kronstadt werden ebenso abgeknallt

wie in Jekaterinburg der Zar, die Zarin, die vier Zarenkinder, der Zaren-Arzt und die Zaren-Köchin.
● Weißrussische Truppen greifen vom Ural aus, Japaner vom äußersten Osten aus an. Das Reich beginnt auseinanderzufallen, Teile machen sich selbständig.
● Engländer, Franzosen, Amerikaner, Kanadier, Italiener, Deutsche, Polen fallen zu Lande, zu Wasser und aus der Luft, vom Norden, vom Westen und vom Süden her in Rußland ein, um dem gefährlichen Kommunisten-Spuk ein Ende zu bereiten.

Der Herrschaftsbereich der Bolschewiken beschränkt sich zeitweise nur auf das Kernland um Moskau. Daß sie dennoch der Apokalypse Herr werden, ist zum einen der Tatsache zu verdanken, daß sowohl die inneren wie auch die äußeren Feinde des neuen Systems hoffnungslos zerstritten sind und sich auf keine gemeinsame Strategie einigen können. Zum anderen haben Lenin, Trotzki und (seit 1922) Generalsekretär Stalin ein Wunderwerk an Schlagkraft und fabelhafter Improvisationsfähigkeit geschaffen: die Rote Armee.

1922 ist das Land soweit konsolidiert, daß »die Säuberung der russischen Erde von allem Ungeziefer« (Lenin) auch auf die Kirche ausgedehnt werden kann. Im selben Jahr wird der Bundesstaat »UdSSR« offiziell gegründet. Jetzt, zwei Jahre später, ist die Sowjetunion von fast allen Großmächten anerkannt.

Die Sowjets sind noch immer die Repräsentanten des Volkes. Zumindest auf dem Papier. Das Sagen haben tatsächlich das Zentralkomitee der kommunistischen Partei sowie das übergeordnete Politbüro mit Lenin an der Spitze.

Der Regierungschef fühlt sich stark genug, die 1919 gegründete »Komintern« (»Kommunistische Internationale« – Dachorganisation aller kommunistischen Parteien) zwecks Durchführung der Weltrevolution zu aktivieren. (Siehe ZB-Titel 1923).

Geldmittel sind genügend vorhanden. Den Besitzenden wurde alles weggenommen, die Banken sind längst verstaatlicht. Außerdem müssen noch ein paar Goldrubel aus der »deutschen Spende« übrig sein. Die Bolschewiken sollen 1917 via Deutsche Botschaft in Stockholm nicht weniger als 50 Millionen erhalten haben.

Wirkung zeigt auch die Zurücknahme allzu

54

drastischer Wirtschaftsmaßnahmen: NEP (Neue ökonomische Politik) bringt eine teilweise Wiedereinführung privatwirtschaftlicher Verhältnisse.

»Stalin ist grob«

Lenin, mitsamt der Regierung nach Moskau übersiedelt, denkt an den weiteren Aufbau des »Arbeiter- und Bauernparadieses«. Da erleidet er, im Mai 1922, den ersten, leichten Schlaganfall.

Noch einmal erholt er sich, noch einmal sitzt er, ein unermüdlicher 18-Stunden-Arbeiter, an seinem Schreibtisch im Kreml. Am 12. Dezember 1922 zum letzten Mal in seinem Leben.

Von da an geht's rapid abwärts. Seine Mitarbeiter und potentiellen Nachfolger schirmen ihn hermetisch ab, schließen ihn von allen Entscheidungen aus. Fünf bis zehn Minuten pro Tag, solange er es noch kann, lallt er einem Sekretär Anweisungen zu.

Einmal, wie ZEIT-BILD aus gutinformierter Quelle erfährt, macht er sich auch Gedanken über Stalin. Wörtlich: »Seit Genosse Stalin Generalsekretär wurde, vereint er eine riesige Macht in seinen Händen ... Stalin ist zu grob. Ich schlage daher den Genossen vor, ein Mittel zu finden, um Stalin aus dieser Stellung zu entfernen.«

Nichts dergleichen geschieht. Stalin hat schon überall seine Vertrauensleute eingeschleust. Lenins Botschaft wird zwar im Zentralkomitee kurz diskutiert, dann aber mit der Bemerkung »Auch ein Lenin kann irren« ad acta gelegt.

Während der pompösen Gedächtniszeremonie für den verstorbenen Parteichef ist es Jossif Wissarionowitsch Stalin, der die phrasentönende Trauerrede hält und sich damit zum ersten Mal auch öffentlich profiliert.

Ein Begräbnis findet nicht statt. Der Leichnam wird einbalsamiert und zur Schau gestellt. Der kahle Kopf des kleinen Mannes mit dem dünnen roten Kinnbart ist übrigens leer. Man hat das Gehirn – es war total verkalkt und auf ein Viertel seiner normalen Größe geschrumpft – herausgenommen, um es zu untersuchen und so vielleicht das Geheimnis dieses Genies zu enträtseln.

Seine Name wird weiterleben: die Geburtsstadt Simbirsk wird in »Uljanow« umbenannt, die ehemalige Hauptstadt Petrograd in »Leningrad«.

Die Vorgeschichte der Oktoberrevolution:

Gewaltherrschaft seit 1.500 Jahren

Die Gewalt, mit der die bolschewistische Oktoberrevolution 1917 explodierte und dann noch jahrelang weiterwütete, läßt sich, wenn überhaupt, nur aus dem Leidensdruck erklären, dem das russische Volk rund anderthalb Jahrtausende lang ausgesetzt war.

Zunächst wurde es von germanischen Warägern – auch »Volk der Rus« genannt – beherrscht. Die im heutigen Kernland Rußlands ansässigen Ostslawen waren so sehr ihrer Identität beraubt, daß sie sogar den Namen ihrer Unterdrücker annahmen.

Später folgten fast drei Jahrhunderte einer erbarmungslosen Niederknebelung durch die Tataren und schließlich drei weitere Jahrhunderte der Romanow-Dynastie, welcher auch der letzte Zar angehörte. Die russischen Kaiser übten eine ebenso uneingeschränkte Fürstengewalt aus wie die asiatischen Tataren. Leitlinie: die breite Masse des Volks in größtmöglicher Abhängigkeit und Unwissenheit zu halten.

Erst Anfang des vorigen Jahrhunderts sickerte im Gefolge der Napoleonischen

LENINS BRUDER: Alexander Uljanow

Kriege freiheitliches, revolutionäres Gedankengut ein. Und fiel, vor allem in Kreisen des Adels und der Intelligenz, auf fruchtbaren Boden.

Nachdem es in den Jahrhunderten zuvor nur einige spontane Bauernaufstände gegeben hatte, erfolgte am 26. Dezember 1825 die erste organisierte Rebellion von Aristokraten und Offizieren. Der kurze Aufstand der »Dekabristen« (Dekabr ist das russische Wort für Dezember) stand am Anfang einer langen Reihe größerer und kleinerer Aktionen von Einzelpersonen, aber auch aus den Lagern verschiedener im Untergrund tätiger politischer Parteien. Erster Höhepunkt war die Ermordung des Zaren Alexander II. im Jahr 1881.

Schon vor Jahrzehnten allerdings zeichneten sich zwei gegensätzliche Formen des politischen Führungsstils der russischen Oppositionskräfte ab. Während sich die einen für eine lückenlose Fortsetzung der in Rußland tief verankerten Gewaltherrschaft stark machten, traten die anderen für demokratische Methoden nach westlichem Muster ein.

Michael Bakunin (1814–1876), Revolutionär und späterer Anarchist, forderte: »Mit Ausnahme einer kleinen, auserwählten Führungsgruppe ... sollen alle Mitglieder blinde Werkzeuge sein ... Man darf die Mitglieder betrügen, sie berauben und, wenn zweckmäßig, sogar ermorden. Sie sind lediglich Kanonenfutter für die Verschwörung.«

Bakunin-Freund Alexander Herzen (1812 bis 1870) hingegen meinte: »Ein Sozialismus, der die politische Freiheit ausschließt, würde in kürzester Zeit zur kommunistischen Despotie entarten.«

1905 geht die Saat auf, die zwei Generationen russischer Revolutionäre unermüdlich ausgestreut haben. Nachdem in Petrograd Soldaten in eine friedliche Demonstration geschossen und siebzig Menschen getötet haben, kommt es zum Generalstreik und zu revolutionären Gewaltakten der aufs äußerste erregten Arbeiter und der Matrosen des Marinestützpunkts Kronstadt. Diese Massenerhebung, in deren Verlauf sich in Petrograd und Moskau zum erstenmal Sowjets (gewählte Räte) großer Fabriken zwecks Koordinierung der Streikaktionen zusammenschließen, wird im Blut erstickt.

Unter dem ständigen Druck von innen und außen (viele Revolutionäre leben im Ausland und leiten von dort ihre Aktionen) hat das Regime gelegentlich Zugeständnisse gemacht. Die meisten wurden aber später verwässert oder ganz zurückgenommen.

1861 war die Leibeigenschaft aufgehoben worden. Da es aber nicht gleichzeitig zu einer Bodenreform kam, waren die befreiten Sklaven ebenso recht- und mittellos wie vorher. Und dementsprechend frustriert. Eine »Duma« (Parlament), die 1905 endlich zustande kam, vegetierte bald saft- und kraftlos dahin.

Im übrigen half das Zarenregime bis zuletzt mit bewährten Mitteln: mit Verboten aller Art und drakonischen Strafen, mit Zensur und Verbannungen nach Sibirien. Hauptstütze der zaristischen Gewalt war die allmächtige und allgegenwärtige Geheimpolizei »Ochrana«.

Wobei nicht nur die Russen selbst scharf an die Leine gelegt wurden, sondern auch all die anderen rund hundert Völker und Volksstämme, welche die Zaren im Lauf der Jahrhunderte unterworfen hatten. Bis Rußland das größte Land, das mächtigste Kolonialreich der Welt wurde; ein Zwölftel der Weltbevölkerung auf einem Siebentel der gesamten Landmasse unserer Erdkugel.

Schon Lenins älterer Bruder Alexander hat gegen das landhungrige und machtgierige Zarenregime gekämpft und dabei sein Leben gelassen. Er wurde 1887, erst 21 Jahre alt, exekutiert. Als Haupt einer gegen den Zaren Alexander III. gerichteten Verschwörung.

Alexander Uljanows letzte Worte im Gerichtssaal: »Der Terror ist unsere Antwort auf die Gewalttätigkeit dieses Staates. Er ist das einzige Mittel, ein despotisches Regime zu zwingen, dem Volk politische Freiheit zu gewähren.«

»Ich bin ein Barbar«

ZB-Gespräch mit dem Vorsitzenden des »Sowjets der Volkskommissare«, Wladimir Iljitsch Lenin

Unmittelbar vor der tödlichen Erkrankung W. I. Lenins führte ein ZB-Mitarbeiter mit ihm das folgende Gespräch:

ZB: Herr Vorsitzender, wie würden Sie den derzeitigen Zustand Ihres Landes bezeichnen?

LENIN: Rußland ist das freieste Land der Welt.

ZB: Konzentrieren sich jetzt all Ihre Kräfte auf Rußland, oder schwebt Ihnen noch immer eine Weltrevolution vor?

LENIN: Ich pfeife auf Rußland. Das ist nur eine Phase, die wir durchmachen müssen auf dem Weg zur Weltrevolution.

ZB: Werden Sie versuchen, diese Weltrevolution durch Überzeugung, durch Argumentation herbeizuführen?

LENIN: Wir brauchen keine Argumente im Stil unserer saftlosen Intellektuellen, sondern wir müssen lernen, proletarische Kinnhaken auszuteilen. Wir müssen Lust zum Kampf haben und ihn zu führen wissen.

ZB: Welche speziellen Methoden schweben Ihnen dabei vor?

LENIN: Glauben Sie wirklich, daß wir siegen können, ohne zum grausamen Terror zu greifen? Von der Abschaffung des Kapitalismus zu reden ohne einen schrecklichen Bürgerkrieg, ist Wahnsinn. Man muß das

ZENTRUM DER ROTEN MACHT: Lenin an seinem Schreibtisch

SPRÜCHE
über Lenin und die Revolution

»Ich bin zum Unglück geboren. Ich bringe Rußland Unglück.«
>> Zar Nikolaus II. vor seiner Abdankung

*

»Wir werden bald an den Laternen hängen. Wir werden eine Revolution bekommen, wie sie die Welt noch nicht gesehen hat.«
>> Hauptmann Nilow, Adjutant des Zaren

*

»Dieser Mann (Lenin, Anm. d. Red.) wird die Revolution zerstören.«
>> Alexander Kerenski

*

»Lenin ist ein Despot und ein Terrorist. Seine Diktatur des Proletariats ist in Wirklichkeit eine Diktatur über das Proletariat.«
»Das ganze Gebäude des Leninismus stützt sich auf Lügen und Fälschungen.«
>> Leo Trotzki – ehe er mit Lenin zusammenarbeitete

*

»Lenin duldet keine Ansicht außer der seinen. Er teilt die Welt ein in die, die für ihn sind, und in die, die gegen ihn sind. Ein Mittelding gibt es für ihn nicht. In Le-

nins Organisation gleicht der Gehorsam beinahe dem beim Militär.«
>> Alexander Potresow, ehemaliger enger Mitarbeiter Lenins

*

»Lenin hält sich für einen Über-Marxisten. In Wirklichkeit ist er ein erstrangiger Abenteurer.«
>> Der französisch-russische Sozialistenführer Karl Rappoport

*

»Lenin (ist) kein allmächtiger Zauberer, sondern ein berechnender Betrüger, der weder für das Leben noch für die Ehre des Proletariats irgendein Gefühl kennt.«
»Lenin und Trotzki und ihre Mitarbeiter sind bereits vom faulenden Gift der Macht verseucht, wovon ihr schändliches Verhalten gegenüber dem freien Wort, gegenüber der Persönlichkeit und im allgemeinen jener Rechte zeugt, für deren Triumph die Demokratie gekämpft hat.«
»Die Geschichte wird einmal feststellen, daß die bolschewistische Revolution gegen die aufrechten Revolutionäre und Sozialisten die gleichen Mittel der Gewalt angewendet hat wie der Zarismus.«
>> Maxim Gorki (seit 1921 im Exil)

*

»Für die Sowjets – gegen die Kommunisten!«
>> Parole der Kronstädter Matrosen bei ihrem Aufstand im Jahr 1921

Proletariat bewaffnen, um die Bourgeoisie zu besiegen.

ZB: Sind das nicht ein wenig barbarische Ansichten?

LENIN: Ich erkläre mich offen für einen Barbaren.

ZB: Was halten Sie von der individuellen Unabhängigkeit in Ihrem Land?

LENIN: Es muß alles der Sowjetmacht unterworfen werden. Es müssen alle Illusionen von Unabhängigkeit, die einzelne Schichten der Bevölkerung oder Arbeitergenossenschaften hegen, so schnell wie möglich zerstört werden.

ZB: Das wird aber sicher für viele Menschen ernsthafte Probleme bringen.

LENIN: Mögen auch Tausende zugrunde gehen – das Land wird gerettet sein.

ZB: Ist das Ihre politische Moral?

LENIN: In der Politik gibt es keine Moral, nur Zweckmäßigkeit.

ZB: Fürchten Sie nicht, daß unter solchen Voraussetzungen unlautere Charaktere in die Führungsgremien einsickern könnten?

LENIN: Manchmal ist ein Schuft der Partei nützlich, gerade weil er ein Schuft ist. Um wirksam zu sein, muß ein Zentralkomitee aus begabten Schriftstellern, tüchtigen Organisatoren und intelligenten Schurken bestehen.

ZB: Herr Vorsitzender, wir danken für dieses Gespräch.

Lernt das Pferd jetzt fliegen?

Parteienhader um Deutschlands ersten Schritt aus der Isolation

»Es ist eine Schande für Deutschland. Ich habe vor zehn Jahren Tannenberg gewonnen. Sie haben heute hier das jüdische Tannenberg gemacht!« schleudert, außer sich vor Wut, der frischgebackene Reichstagsabgeordnete General a. D. Erich Ludendorff dem Reichsaußenminister Dr. Gustav Stresemann ins Gesicht.

Man schreibt den 29. April, und die hitzige Debatte dreht sich um die Unterzeichnung des von Stresemann ausgehandelten »Dawes-Plans«. Dieser stellt die Reparationszahlungen auf eine neue, realistischere Basis. Und – Stresemanns Meisterwerk – macht es Frankreich ein für allemal unmöglich, einfach ein Stück Deutschland zu besetzen, wenn nicht pünktlich gezahlt wird. So geschehen im vergangenen Jahr an der Ruhr (siehe ZEIT-BILD 1923).

Das neue Abkommen ist das Ergebnis langer, zäher Verhandlungen. Sie begannen bereits im September vorigen Jahres. Damals nützte Reichskanzler Stresemann die Verärgerung Englands und der USA über Frankreichs eigenmächtiges Eingreifen an der Ruhr, um die ehemaligen Kriegsgegner für ein neues Reparationsabkommen gesprächsbereit zu machen.

Unter dem Vorsitz des prominenten Wirtschaftsfachmanns Charles Gates Dawes, 59, Direktor des Budget-Büros in Washington,

Deutschlands Reparationsleistungen im 1.Dawesjahr
(in Millionen R.M.) (1.9.1924-31.8.1925)

Zahlungen nach Ausgabengattungen

Sachlieferungen 420,2
Kohle, Koks 295,6
chem. Dünger 19,0
Farb- u. Arzneistoffe 26,2

Exportabgabe für Univ. Löwen 1,09
Verschied. 78,4

Anleihe Besatzung 180,2

Verschied. Rep.- u.Kontr.Kom. 187,4

77,5

26,5

3,7

Verteilung der Zahlungen nach Empfangsländern

Frankreich 396,5
England 189,8
Belgien 93,5
Italien 60,3
Jugoslaw. 30,1
Rumänien 7,4
Portugal 4,7
Japan 3,8
Griechenl. 2,6
Polen 0,04

Gesamtzahlungen: 896,7 Millionen Mark

ZAHLEN AB SEPTEMBER:
Deutschlands Reparationsleistungen auf einen Blick

trat eine Kommission zusammen, welche zum erstenmal genau die wirtschaftliche Leistungsfähigkeit Deutschlands überprüfte. Der von dieser Kommission ausgearbeitete »Dawes-Plan« geht von der schlichten Erkenntnis aus, daß man die Kuh nicht schlachten darf, wenn man sie lange Zeit zu melken gedenkt, sondern daß man sie vielmehr füttern muß.

Demnach erhält Deutschland zunächst einen Kredit in der Höhe von 800 Millionen Goldmark, um seine daniederliegende Wirtschaft zu modernisieren und anzukurbeln. Erst danach sollen jährlich Sach- und Geldleistungen von einer Milliarde (1925) bis 2,5 Milliarden (1929) teils aus Budgetmitteln, teils aus anderen Quellen erbracht werden.

Die Reichsbahn wird eine selbständige Gesellschaft, in deren Aufsichtsrat nun auch Ausländer sitzen; sie wird mit Obligationen belastet, die jährlich 660 Millionen Zinsen tragen. Die Industrie läßt man durch eine 5-Milliarden-Hypothek zur Ader. Auch Zölle und die vier wichtigsten Verbrauchersteuern müssen zur Schuldentilgung dienen.

Die Zahlungsabwicklung wird nicht länger mehr willkürlich von diesem oder jenem Siegerland überwacht, sondern von einem Generalagenten mit Sitz in Berlin.

Die Reparationen sind damit dem Bereich unberechenbarer Emotionen entzogen und zu einem nüchternen, rein wirtschaftlichen Faktor geworden. Deutschland steht nicht länger als düsterer Schurke am Rand der Völkerfamilie, sondern ist »nur« noch bei einigen ihrer Mitglieder verschuldet. Das ist Stresemanns Verdienst.

Sowohl die äußerste Linke wie die extreme Rechte sind anderer Meinung. In schöner Eintracht werfen die Flügelparteien dem Außenminister »Versklavungspolitik« und »ein zweites Versailles« vor. Die Mehrheit der Abgeordneten indes stimmt dem in London vereinbarten Dawes-Plan zu.

Stresemann kann seinen Weg der Normalisierungspolitik weiterverfolgen. Er hat es insofern leichter, als Frankreichs Ministerpräsident Raymond Poincaré, 64, der unnachgiebige Deutschenfresser, gestürzt worden ist. Unter anderem wegen des eher verfahrenen Ruhr-Abenteuers. Poincarés Nachfolger ist Edouard Herriot, 52, ein kompromißbereiter Beethoven- und Kant-Verehrer.

Stresemanns geschickte Außenpolitik schlägt sich auch innenpolitisch zu Buche. Bei den Reichstagswahlen im Dezember bröckeln die Ultrarechten und -linken stark ab; Sozialdemokraten und Bürgerliche verzeichnen erhebliche Stimmengewinne. Ende gut, alles gut für ein Husarenstück, das Stresemann mit galligem Humor so beschreibt:

Der Dawes-Plan sei so etwas Ähnliches gewesen wie die Galgenfrist für einen Todeskandidaten, falls er imstande sei, dem Pferd des Königs das Fliegen beizubringen. »So ein Angebot schlägt man nicht aus. Schließlich kann der König sterben, oder das Pferd kann sterben, oder, wer weiß, vielleicht lernt das Pferd am Ende wirklich fliegen . . .«

Der »Führer« in neuem Glanz

Hitler vorzeitig aus der Festungshaft entlassen

Hocherhobenen Hauptes verläßt am 20. Dezember Adolf Hitler das Gefängnis auf der bayrischen Festung Landsberg am Lech. Nach einem Putschversuch wegen Hochverrats zu fünf Jahren Haft verurteilt, wird er schon nach weniger als neun Monaten entlassen. Hitlers Partei ist zwar noch immer verboten. Aber sein Prestige ist ungemein gestiegen. Man spricht immer seltener von Adolf Hitler. Dafür immer häufiger vom »Führer«.

Zunächst glaubt Hitler nach dem blutigen Debakel bei der Feldherrnhalle (siehe ZEIT-BILD 1923) alles verloren. Er will beim Prozeß die Aussage verweigern, er will in den Hungerstreik treten. Er tut es dann doch nicht – und erlebt einen phantastischen Triumph.

Neben Hitler und General Ludendorff stehen acht weitere prominente Nazi vor Gericht; unter ihnen Münchens Polizeipräsident. Der Prozeß findet zwischen 26. Februar und 1. April vor dem Volksgerichtshof, im Speisesaal der ehemaligen Kriegsschule Blutenburgstraße, statt.

Die Verhandlung wird zum Teil unter Ausschluß der Öffentlichkeit geführt – sobald die Rede auf die dubiose Rolle kommt, welche Reichswehr und Landpolizei im Zusammenhang mit dem Putsch gespielt haben.

Vor Publikum kann Hitler – im adretten Gehrock, das EK I auf dem Rockaufschlag blitzend – die Rolle des umjubelten Stars spielen. Da das taktvolle Gericht General Ludendorff so wenig wie möglich behelligt, wird Hitler zwangsläufig zum hervorstechenden Wort-Führer: unversehens schwingt er sich vom Angeklagten zum Ankläger gegen die Republik auf.

Den Gerichtssaal funktioniert er zum Versammlungslokal um. Unwidersprochen und ungerügt kann er in Haßausbrüchen gegen die »Novemberverbrecher«, die »Judenverräter in den Reihen der Regierung« toben.

Seine Tiraden werden immer wieder von frenetischem Applaus unterbrochen. Selbst der Vorsitzende, der Staatsanwalt, die Anwälte nicken hin und wieder beifällig. Und in die Stille einer Redepause ertönt die hörbar beeindruckte Stimme eines Beisitzers: »Dieser Mann ist kolossal.«

Allerdings: wie die Dinge liegen, kommt das Gericht nicht um einen Schuldspruch herum. Hitler und drei Mitangeklagte werden zu fünf Jahren Festungshaft verurteilt. General Ludendorff geht frei. Die übrigen müssen zwischen drei und achtzehn Monaten einsitzen.

Hitlers ursprüngliche Mitverschwörer und unfreiwillige »Minister« von Kahr, Lossow und Seisser treten nur als Zeugen auf. Die gegen sie geführte Untersuchung wird eingestellt. Es gilt als nicht erwiesen, daß auch sie aufrührerische Pläne gehegt haben.

In einem gesonderten Verfahren werden weitere vierzig Nationalsozialisten abgeurteilt. Sie alle, Adolf Hitler eingeschlossen, werden nach Landsberg, rund sechzig Kilometer westlich von München, verfrachtet.

Wenn die Festung nicht zum fidelen Gefängnis entartet, dann liegt es mitnichten an der Anstaltsleitung. Die ist übereifrig bestrebt, den Häftlingen das Leben so angenehm wie möglich zu machen. Es liegt vielmehr an diesem düsteren, humorlosen Hitler, der im Gefängnis eine Art Parteihochschule einrichtet.

Da gibt es Appelle, Gemeinschaftsabende, politische Bildung und dergleichen mehr. Jeden Morgen punkt zehn müssen die »Unterführer« beim »Führer« zum Vortrag erscheinen.

Es geht zu wie in einem Taubenschlag. Die Besucher geben einander buchstäblich die Türklinke in die Hand. Ströme von Briefen, Telegrammen, Stapel von Geschenkpaketen halten die Aufseher in Trab.

Nach einigen Wochen allerdings zieht sich der »Führer« in die Klausur zurück. Ausdrücklich verbietet er alle Besuche und beginnt, unruhig in seiner großen, geräumigen Zelle auf und ab gehend, sein »großes Buch« zu diktieren.

Hitler in feiner Gesellschaft

ERNST »PUTZI« HANFSTAENGL

Am Rand und zugleich im Zentrum der NSDAP bewegt sich, zwar ohne Parteibuch, aber der nationalen Rechten unentbehrlich, ein kurioser Einzelgänger: Ernst Hanfstaengl, 37, von Verwandten und Freunden »Putzi« genannt, und das trotz der Körpergröße eines Langen Kerls.

Es war seine Villa in Uffing am oberbayrischen Staffelsee, wo der flüchtige Hitler nach dem gescheiterten November-Putsch aufgespürt und verhaftet wurde. Der Besitzer selbst, der nicht zur Feldherrnhalle marschiert war, entwich indessen nach Tirol.

Von der braunen Masse der Nationalsozialisten unterscheidet sich »Putzi«, Junior der vornehmen Münchner Kunstverlegerfamilie, durch die Weltläufigkeit seines Lebens auf zwei Erdteilen. Er studierte in Harvard, leitete die New Yorker Filiale der Firma und kehrte erst 1921 aus den USA zurück.

Für Hitler war der Kontakt mit dem schlaksigen, originellen Großbürger-Bohemien wichtiger als umgekehrt. Wenn auch nicht zutrifft, daß der Parteiführer erst im Haus Hanfstaengl mit Messer und Gabel essen lernte, so fand er doch dank des vielseitigen Freundes, der auch als Pianist glänzt, Zugang zu patrizischen Kreisen und Wirtschaftskapitänen der bayrischen Hauptstadt.

Der NS-Propaganda ist die Mitwirkung »Putzis« unentbehrlich. Er importierte den aufpulvernden »großen Zirkus« amerikanischer Sport- und Wahlveranstaltungen ins NS-Lager, die Umzüge mit Fahnen, Musik und Sprechchören. Außerdem machte er durch kräftige Finanzspritzen aus dem Parteiorgan *Völkischer Beobachter* eine richtige Zeitung.

Und letztlich ist es Hanfstaengl, der die Fäden zu den Korrespondenten führender ausländischer Blätter spann und Hitler ein weltweites Presse-Echo sichert.

IM KREIS SEINER LIEBEN: Hitler, flankiert von General Ludendorff (links) und SA-Häuptling Ernst Röhm

![WIEDER IN FREIHEIT: Hitler unmittelbar nach seiner Entlassung aus der Festungshaft]

WIEDER IN FREIHEIT: Hitler unmittelbar nach seiner Entlassung aus der Festungshaft

Attentat auf Dr. Seipel

Kanzler schwer verletzt

Am späten Nachmittag des 1. Juni verübt der beschäftigungslose Spinnerei-
arbeiter Karl Jaworek, 28, einen Mordanschlag auf den österreichischen Bundeskanzler. Dr. Ignaz Seipel wird
schwer verletzt, der Täter verhaftet.
Vermutungen, daß ein Komplott der
Sozialdemokraten hinter dem Anschlag
stehen könnte, bestätigen sich nicht. Jaworek ist ein Einzeltäter.

Es ist ein schwüler Sonntag, viel zu warm
für die Jahreszeit. Dr. Seipel hat in Begleitung seines Sekretärs und einiger Beamter
im burgenländischen Neudörfel an einer
Fahnenweihe teilgenommen.

ATTENTÄTER Karl Jaworek

Unter einem symbolträchtigen Lorbeer-
kranz sitzend, hämmert der stets dienstbe-
reite Rudolf Heß, der Hitler freiwillig nach
Landsberg gefolgt war, die goldenen Worte
seines »Führers« in die Schreibmaschine.
Das Werk, das den Titel »Mein Kampf«
tragen wird, soll im nächsten Jahr erscheinen.
Teile daraus trägt Hitler an den Gemein-
schaftsabenden den im Kreis um ihn sitzenden Jüngern vor. An den Wänden lehnen,
ganz als ob sie dazugehörten, die Aufseher
und Beamten der Festung. Auch der Direktor wird manchmal dort gesichtet.
Dieser Oberregierungsrat Otto Leybold ist
offenbar so angetan von dem Häftling Hitler, daß er Mitte September ein Gesuch um
dessen Entlassung auf Bewährung an die
Staatsanwaltschaft richtet. Es heißt darin
unter anderem:

»Hitler zeigt sich als ein Mann der Ordnung und der Disziplin . . . Er ist genügsam,
bescheiden, gefällig. Macht keinerlei Ansprüche, ist ruhig und verständig . . . Er ist
reifer und ruhiger geworden . . . Hitler wird
die nationale Bewegung in seinem Sinne
neu zu entfachen suchen, aber nicht mehr,
wie früher, mit gewalttätigen, im Notfall
gegen die Regierung gerichteten Mitteln,
sondern in Fühlung mit den berufenen Re-
gierungsstellen . . .«
Die Staatsanwaltschaft kann sich nicht sofort entschließen, diesem Antrag stattzuge-
ben. Doch knapp vor Weihnachten ist Hitler frei.
Und die jungen Männer aus der NSDAP
und der SA, in diversen Tarnorganisationen
untergeschlüpft, singen wieder: »Hitler treu
ergeben, treu bis in den Tod, Hitler wird
uns führen bald aus dieser Not . . .«

Am späten Nachmittag treffen der Kanzler und seine Begleiter in einem Salonwagen auf dem Wiener Südbahnhof ein. Sie begeben sich langsam in Richtung Ausgang, wo bereits der Dienstwagen des Kanzlers wartet.

Dr. Seipel bleibt einige Male stehen, um ein paar Worte mit Passanten und Reisenden zu wechseln, die ihm zuwinken, ihn grüßen. Ein junger Mann, der sich an das Ende der kleinen Personengruppe gesetzt hatte, überholt diese plötzlich mit eiligen Schritten.

Unmittelbar vor dem Kanzler hält der Mann inne, dreht sich um, zieht einen Revolver aus der Tasche und gibt einen Schuß auf den Regierungschef ab.

Dr. Seipel, der in diesem Augenblick in eine andere Richtung sieht, hat nicht einmal bemerkt, daß auf ihn geschossen wurde. Später erinnert er sich an die Detonation, sagt aber, er habe geglaubt, daß an der Lokomotive etwas nicht in Ordnung sei.

Bahnhofsvorstand Stöckl, der knapp neben dem Kanzler ging, packt den Attentäter, kann aber nicht verhindern, daß der Mann noch zweimal schießt – und zwar auf sich selbst. Er schießt jedoch daneben.

Einige Männer stürzen auf den Mann mit dem Revolver zu, machen Anstalten, ihn zu lynchen. Dr. Seipel, der noch immer nicht begriffen hat, was eigentlich vorgeht, schreit entsetzt: »Nicht schlagen, nicht schlagen!« Dann beginnt er zu taumeln und bricht zusammen. Auf seiner Brust zeichnet sich ein großer roter Fleck ab.

Man bringt Dr. Seipel ins nahegelegene Wiedner Krankenhaus. Zum Glück ist auch Wiens Star-Chirurg, Prof. Dr. Anton Eiselsberg, bald zur Stelle. Er stellt einen Lungensteckschuß fest. Die Kugel wird operativ entfernt; ein durch eine Tetanus-Injektion hervorgerufener kritischer Schockzustand bessert sich nach kurzer Zeit.

In ganz Österreich schlagen die Wogen der Empörung über dieses gemeine Attentat hoch. Im bürgerlichen Lager wird sofort der Verdacht laut, die verhaßten »Sozis« könnten Jaworek angestiftet haben. Aber die Polizei findet nicht den geringsten Hinweis in diese Richtung.

Im Gegenteil: die Sozialdemokraten verurteilen die Tat aufs schärfste. Dr. Otto Bauer, 42, einer der führenden Männer der Arbeiterbewegung, distanziert sich höchstpersönlich in einem Leitartikel des Zentral-

ÖSTERREICHS FÜHRENDE MÄNNER: Bundeskanzler Seipel (ganz rechts) und Bundespräsident Hainisch (Mitte)

organs *Arbeiter-Zeitung* von dem Anschlag. Allerdings läßt sich nicht übersehen, daß in Kreisen der Arbeiterschaft die Anti-Seipel-Stimmung immer radikaler geworden ist. Der Priester-Kanzler – seinerseits ein unnachgiebiger Gegner der »Roten« – ist im Lauf der letzten Monate zunehmend zum Buhmann des Proletariats geworden. Man macht ihn allein verantwortlich für Hunger, Arbeitslosigkeit und Elend der Unterschicht – während Kriegsgewinnler und Schieber ein flottes Leben in Saus und Braus führen. Jaworek, eingeschriebenes SP-Mitglied, nach der Verhaftung um sein Motiv befragt: »Weil es uns so schlecht geht und die Leute alle Weile geredet haben, daß der Bundeskanzler schuld daran sei... Die Leute sagen, wenn der nicht wäre, ginge es besser...«

Deutlicher ist die Sprache anonymer Flugblätter, die während des Monats Mai die Straßen Wiens überfluten: »Auf jeder Gaslatern, da hängt man jetzt an Herrn – der erste von den Herrn, das wird der Herr von Seipel wern...« Und die Kinder auf den Spielplätzen plärren Auszählreime wie: »Wo gehört der Seipel hin – der Seipel g'hört in d' Wurstmaschin...«

Jaworek, ein eher einfältiger und labiler Mensch, aus einem niederösterreichischen Dorf stammend, der sich gern mit nie begangenen Heldentaten brüstet, nimmt derlei für bare Münze. Und er will, daß man ihn auch endlich einmal ernst nimmt.

Im Jahr 1918 hatte er sich als Freiwilliger der kommunistischen Räterepublik in Ungarn zur Verfügung gestellt. Als es allerdings kritisch wurde, als man ihn in den Kampf schicken wollte, da desertierte er.

Diesmal will er nicht kneifen. Er nimmt sich fest vor, Österreich von »Seipel, dem Ungeheuer« zu befreien. Anschließend will er Selbstmord begehen.

Am 1. Juni reist er nach Graz, bringt in einem Nobelhotel seine ganze Barschaft bei Speis und Trank durch, schickt Verwandten auf einer Ansichtskarte »Die letzten und besten Grüße... auf ein frohes Wiedersehen im Jenseits«. Dann reist er nach Wien zurück und schreitet zur Tat.

Später bereut er den Anschlag aufs tiefste, bittet den Kanzler flehentlich um Vergebung. Bei der Verhandlung im Oktober bietet er das Bild eines erbärmlichen, von Weinkrämpfen geschüttelten Häufleins Elend. Er wird zu fünf Jahren Kerker verurteilt und nimmt den Schiedsspruch demütig an.

Das Attentat hat dann letzten Endes doch noch folgenschwere politische Auswirkungen: der sonst so eiserne Kanzler zeigt sich einer Reihe von Intrigen aus den Reihen der eigenen Partei und einem Eisenbahnerstreik nicht gewachsen. Am 8. November legt er sein Amt zurück.

Unter dem Salzburger Rechtsanwalt Dr. Rudolf Ramek, 43, wird ein sogenanntes »Länderkabinett« gebildet, dem Vertreter der bürgerlichen Parteien aus allen neun Bundesländern angehören.

Mussolini unter Mordverdacht

Nach dubiosem Wahlsieg: Faschisten töten Oppositionsführer

Beginnt das Jahrhundert des Faschismus?

In eine dramatische Krise gestürzt ist das faschistische Regime knapp nach seinem sensationellen Wahlsieg. Giacomo Matteotti, 39, Sozialisten-Führer und erbitterter Faschisten-Gegner, ist gekidnappt und ermordet worden. Eine Reihe prominenter Faschisten steht bereits unter Mordanklage. Schwerer Verdacht fällt auf den italienischen Regierungschef Benito Mussolini, 41.

Dabei wähnte sich Mussolini am 6. Mai, als seine Partei fast zwei Drittel der Stimmen errang, bereits nahe am erklärten Traumziel: das zwanzigste zum »Jahrhundert des Faschismus« zu machen, jenes selben Faschismus, der erst fünf Jahre zuvor, präzis am 20. März 1919, in einem trüben Hinterzimmer des Mailänder Hauses der Kaufmannschaft das Licht der Welt erblickt hatte.

»Fascio di combattimento« (Kampfbund) nannte Mussolini die seltsame Vereinigung aus einer Handvoll enttäuschter Sozialdemokraten, rechter Schwärmer, frustrierter Kriegsteilnehmer und vor einer roten Weltrevolution zitternder Kleinbürger.

»Ein stinkender Leichnam«

Bei den im November desselben Jahres abgehaltenen Wahlen fielen die Faschisten dann mit Pauken und Trompeten durch. Die Sozialisten hingegen errangen, zum ersten Mal in der Geschichte, einen Erdrutschsieg. »Der Faschismus ist ein stinkender Leichnam«, spottete das sozialdemokratische Parteiorgan *Avanti* – dessen brillanter Chefredakteur Mussolini einstmals gewesen war.

Doch der »stinkende Leichnam«, wiederbelebt durch Geldspritzen aus geheimnisvollen nationalen und antimarxistischen Quellen, gab schon bald wieder kräftig Laut. Die »Squadristi«, Angehörige der militanten Kampfeinheit der Faschisten – nach deren Vorbild übrigens die deutsche SA organisiert ist –, machten von sich reden, sobald sie auszogen, für »Ruhe und Ordnung« zu sorgen.

Vor dem Bürgerkrieg

Italien befand sich, obwohl auf seiten der Kriegsgewinner, in einer katastrophalen Lage. Bürgerkrieg lag ständig in der Luft.
● Streiks und Fabrikbesetzungen lähmten den Norden, organisierte Räuberbanden machten den Süden unsicher.
● Teile des Staates drohten überhaupt abzufallen. An verschiedenen Orten bildeten sich kommunistische Räte-Selbstverwaltungen.
● Der Staat taumelte am Rand des Bankrotts dahin.
● Das Arbeitslosenheer wuchs täglich. Der Hunger wütete, Kleinkinder und alte Menschen starben wie die Fliegen.
● Die extreme Linke forderte eine Revolution nach russischem Vorbild; täglich kam es zu politischem Mord und Totschlag.
● Die rasch wechselnden, meist liberalen Regierungen zeigten sich dem Chaos immer weniger gewachsen.
● Hinzu kam noch tiefe Enttäuschung über den »verlorenen Sieg« des Weltkriegs 1914–1918; die Italiener hatten sich eine viel höhere Kriegsbeute versprochen als das bißchen Trient und Südtirol. Sie wollten ganz Dalmatien und womöglich noch einen Anteil an den ehemals deutschen Kolonien.

Der Ruf nach dem starken Mann wird immer drängender. Und da ist er auch schon: Benito Mussolini. Wortgewaltiger Faschistenführer und schreibgewandter Chefredakteur des *Popolo d'Italia*. Ja, es wird wieder Ruhe und Ordnung geben, weiß Mussolini, Arbeit und Brot für alle. Und Italien wird über kurz oder lang zur Großmacht aufsteigen. Laßt die Faschisten nur machen. Wie eherne Rächer fahren die Squadristi in Sumpf und Chaos. Daß Gewalt und Terror die Wege der Schwarzhemden säumen – das nimmt man im allgemeinen Durcheinander nicht wahr. Oder will es nicht sehen.

»Feindliche« Parteilokale werden zertrümmert, Zeitungsredaktionen angezündet, gegnerische Politiker zusammengeschlagen, totgehauen; man spricht von Tausenden Opfern.

Mancher wird von den erbarmungslosen Squadristi mit Kröten gefüttert; andere zwingt man, Rizinusöl zu schlucken – und öffentlich das Ergebnis der Prozedur abzuwarten.

Macht ja nichts: Mussolinis Faschisten gewinnen bei den Wahlen von 1921 bereits respektable 7 Prozent der Stimmen. Und als am 7. November desselben Jahres offiziell die PNF (Partitio Nazionale Fascista) gegründet wird, zählt sie sofort 320.000 Mitglieder.

Aber den Faschisten geht es zu langsam. Sie wollen mehr. Alles!

GIACOMO MATTEOTTI

Als am 22. Oktober 1922 Mussolini bei einem Parteikonvent in Neapel pathetisch ausruft: »Die Stunde hat geschlagen, entweder wird uns die Regierung Italiens übertragen, oder wir werden uns ihrer nach einem Marsch auf Rom bemächtigen!«, da brüllen 40.000 Männer wie aus einem Mund: »Roma! Roma! Roma!«

Mussolini setzt sich aus taktischen Gründen nach Mailand ab. Vier Heersäulen von Schwarzhemden marschieren Richtung Hauptstadt. Die Regierung will den Notstand ausrufen, mobilisieren. Aber König Viktor Emanuel II. hat einen Wink bekommen, daß viele Armeeangehörige mit fliegenden Fahnen zu den Faschisten überlaufen werden. Er entscheidet, daß Mussolini die Regierungsgeschäfte übernehmen soll.

Was man in Rom nicht wußte: die Schwarzhemden waren keine disziplinierte, wohlorganisierte Truppe, sondern eher ein wilder Haufen. Die ersten gaben auf, als sie merkten, daß es keine Nachtquartiere und keine Verpflegung gab. Viele rannten davon, als ein gewaltiges Gewitter niederging. Eine willige Armee wäre mit dem Rest spielend fertig geworden.

Mussolini saß derweil in Mailand, im Verlagsgebäude seiner Zeitung, das von Militär umstellt war. Der Faschistenführer war blaß und sichtlich nervös. Als Panzer auffuhren, lief er auf die Straße, ein Gewehr in der Hand. Um ein Haar wäre er von einem noch aufgeregteren Gesinnungsgenossen erschossen worden.

Endlich die ersehnte telegrafische Aufforderung, umgehend beim König zu erscheinen. Mussolini stürzte zum Bahnhof, wie er war: mit schwarzem Hemd, weißen Gamaschen und, zur Feier des Tages, einer Melone auf dem Kopf.

Binnen sieben Stunden bildete er eine Regierung. Klugerweise ein Koalitionskabinett, mit nur drei Faschisten. Das Innen- und das Außenministerium übernahm er selbst.

Tückisches Wahlgesetz

Mussolini schickte die Squadristi nach Hause. Langsam zog gespannte Ruhe im Land ein. Eilig wurde ein tückisches Wahlgesetz durchgepeitscht, maßgeschneidert für die Faschisten. Und schon trägt es Früchte: die jüngsten Parlamentswahlen bringen der Mussolini-Mannschaft genau

LEICHE IM SUMPF: Abtransport der sterblichen Überreste Matteottis

65,25 Prozent der Stimmen.

Der Freudentaumel im faschistischen Lager wird getrübt durch immer dichter werdende Gerüchte, in denen von Wahlschwindel, Nötigung und Manipulation die Rede ist. Am 30. Mai hält Giacomo Matteotti, Generalsekretär der sozialistischen Partei, eine flammende Rede im Parlament. Er stellt den Antrag, die Wahlen für ungültig zu er-

klären. In den Couloirs wird gemunkelt, Matteotti habe noch schärfere Munition bereit.

Wenige Tage später, am 10. Juni nachmittags, verschwindet der prominente Sozialist auf dem Weg von seiner Wohnung ins Parlament.

Sofort taucht die Vermutung auf, er könnte einem Verbrechen zum Opfer gefallen sein.

»Gebt mir die Leiche!«

Zu erschütternden Szenen kommt es am 16. Juni anläßlich eines Trauergottesdienstes für Giacomo Matteotti, dessen Leichnam zu diesem Zeitpunkt noch immer nicht aufgefunden worden ist.

Vor der Kirche Santa Maria Popolo in Rom hat sich eine große Menschenmenge angesammelt. Als Signora Matteotti, in tiefes Schwarz gehüllt, erscheint, gellt ein vielstimmiges »Nieder mit den Mördern« über den Platz.

»Sucht ihn, sucht ihn! Er gehört mir! Man soll mir den Leichnam geben!« ruft

Signora Matteotti, von wilden Weinkrämpfen geschüttelt.

Als ein hochdekorierter Offizier vorbeikommt, stürzt die Signora zu seinen Füßen nieder: »Sie sind ein Held. Bitte sorgen Sie dafür, daß der Leichnam herausgegeben wird.«

Am selben Tag bittet Signora Matteotti um eine Audienz beim Papst. Der Heilige Vater läßt ihr übermitteln, daß er leider keine Zeit habe, schickt ihr aber durch Kardinal-Staatssekretär Gasparri seinen apostolischen Segen.

Mussolini scheint außer sich, verspricht rascheste Aufklärung.

Gestorben – aus Versehen?

Die erfolgt dann auch Schlag auf Schlag. Zwei Zeugen haben beobachtet, wie Matteotti in eine Limousine gezerrt wurde. Einer hat sich die Autonummer gemerkt. Der Rest ist Routine. Neun Faschisten aus der ersten Garnitur werden verhaftet, unter ihnen Cesare Rossi, Mussolinis Presse- und Propagandachef.

Erst schweigen die Verhafteten. Dann, als am 16. August Matteottis Leiche in einem Tümpel an der Via Flaminia gefunden wird, bequemen sie sich zu Aussagen. Sie hätten dem aufmüpfigen Sozialisten nach guter alter Schwarzhemden-Tradition eine Abreibung verpassen wollen, nicht mehr. Gestorben sei er sozusagen aus Versehen. Da hätten sie es mit der Angst zu tun bekommen und den Leichnam beiseite geschafft. Mussolini selbst hätte mit der ganzen Sache nichts zu tun.

Der Fall erregt innerhalb Italiens und in aller Welt großes Aufsehen. Die Empörung ist allgemein. Die Oppositionsparteien raffen sich – spät – zu einem gemeinsamen Protestschritt auf: sie wollen so lange das Parlament meiden, bis der Fall restlos geklärt ist.

Mussolini versucht die Wogen zu glätten. Er beteuert, die Täter würden aufs strengste bestraft.

Da platzt, drei Tage vor Jahresende, eine neue Bombe: Cesare Rossi hat ein Statement aus der U-Haft schmuggeln können und in der liberalen Zeitung *Il Mondo* veröffentlichen lassen. Darin wird behauptet, Mussolini habe den Mord befohlen.

Hieß es nicht im *Popolo d'Italia*, wenige Tage vor der Entführung Matteottis, dieser würde es sich selbst zuzuschreiben haben, wenn man ihm eines Tages den Schädel einschlägt? Wurde nicht, ebenfalls unmittelbar vor dem 10. Juni, die Bewachung vor Matteottis Haus plötzlich abgezogen? Und zwar auf Befehl aus dem Innenministerium. Heißt der Innenminister nicht zufällig auch Benito M.?

Die Stimmung ist über Nacht umgeschlagen. Faschistenfeindlich. Es kann doch wohl nur noch eine Frage der Zeit sein, bis der König Mussolini von der Regierungsspitze abberuft. Oder?

Faschismus – was ist das?

Das ist eine einfache Frage, aber sie ist durchaus nicht einfach zu beantworten. Denn die Faschisten haben kein klares Programm, keine schriftlichen Richtlinien, Thesen und Vorschriften, an denen sich Freund (und Feind) orientieren könnten.

Mussolini hat einmal gesagt, man solle nicht versuchen, den Faschismus zu begreifen, man solle ihn vielmehr fühlen und erleben. Die Italiener sind eben dabei, Wissen über den Faschismus aus dem Erleben zu schöpfen.

Doch der Reihe nach:

Ihren Namen leiten die Faschisten aus dem Lateinischen ab. »Fasces« waren das altrömische Zeichen der Gerichtsbarkeit, ein Beil, in ein Rutenbündel verschnürt: Symbol der Geschlossenheit.

Die »Fasces« tauchten in der Neuzeit zum erstenmal wieder um 1890 auf, als sich aufständische Landarbeiter – übrigens in den schwarzen Hemden der Anarchisten – »Fasci revolutionari« nannten.

Mussolini griff das Wort um 1915 in seiner Zeitung *Popolo d'Italia* auf – heute übrigens faschistisches Parteiorgan. »Fasci« nannte er die Interventisten, jene national gesinnten Italiener, die sich für den Kriegseintritt gegen Österreich und Deutschland stark machten; um womöglich Trient, Dalmatien und ein paar Kolonien zu erbeuten. Mussolini, selbst forscher Interventist, war allerdings bis kurz davor ein führender Sozialist und damit automatisch Kriegsgegner gewesen.

Inzwischen aber hat er sich seine eigene Ideologie zusammengebastelt. Er hatte Nietzsche gelesen und schwärmte für den »heroischen Übermenschen«; er hatte den französischen Soziologen Georges Sorel studiert, der »durch Gewalt Ordnung« schaffen will. (Nebenbei: Sorel ist auch ein Lieblingsautor Lenins). Und Mussolini hatte auch seinen Hegel gelernt, der im »Staat das Fundament der Nation« sieht.

Mussolini: »Der Sozialismus behauptet, daß alle Menschen gleich sind. Der Faschismus weiß, daß das nicht wahr ist. Die Massen müssen von einer kleinen Elite straff regiert werden.« Oder: »Freiheit ist eine mehr oder minder verweste Göttin.« Und: »Das Parlament ist eine Versammlung von Fossilien.«

Parteiideologe Alfredo Rocco sieht es so: »Der Faschismus verwirft die demokratischen Staatstheorien und stellt ihnen den Satz entgegen, daß die Gesellschaft nicht für den einzelnen da ist, sondern der einzelne für die Gesellschaft.«

Es handelt sich also offenbar um eine autoritäre, totalitäre Staatsform, die dem einzelnen wenig Spielraum läßt. Sieht man davon ab, daß der Faschismus das Privateigentum nicht antastet und im Kapitalismus starke Verbündete hat, zeigt er unbestreitbare

DIE FELDZEICHEN DES FASCHISMUS: Aufmarsch der Mussolini-Anhänger

Ähnlichkeit mit dem autoritären, totalitären Regime, das in Rußland an der Macht ist.

Überlegungen dieser Art stellen nur wenige Italiener an. Sie nehmen vielmehr Mussolinis Schlagwort »Ich will Italien groß, geachtet und gefürchtet machen« begeistert an. Der größte Teil der Armee stand schon früh auf seiten Mussolinis; ganze Gewerkschaftsfraktionen sind mittlerweile geschlossen zu ihm übergelaufen.

Selbst Liberale und Katholiken nahmen, zumindest am Anfang, die offensichtlichen Mängel in Kauf, weil sie hofften, daß Mussolini das Land aus Revolution und Chaos erretten würde. Wobei auch sie übersahen, daß der Faschismus nur allzuoft die gewalttätige Unruhe selbst inszenierte, als deren Überwinder er sich feiern ließ.

Männer wie der soeben verstorbene Komponist Giacomo Puccini und der Dirigent Arturo Toscanini haben noch vor zwei, drei Jahren mit Mussolini sympathisiert. Selbst der weltberühmte Philosoph und zeitweilig liberale Kulturminister Benedetto Croce hat einmal öffentlich erklärt: »Der Faschismus, so zweifelhaft er sein mag, ist noch immer dem Chaos vorzuziehen.« Mittlerweile hat sich Croce von dieser Äußerung distanziert.

Kaum ein Durchschnittsitaliener hat bislang durchschaut, daß Faschismus nichts ist als ein Surrogat für bürgerliche Werte wie Vaterlandsliebe, Ruhe, Ordnung, Familiensinn. »Der Faschismus«, ätzt der Schriftsteller Ignazio Silone, »ist politische Margarine.«

Die überwiegende Mehrheit der Intellektuellen, seit Monaten schon in der inneren Emigration, hofft nun, daß sich der Faschismus bald selbst ad absurdum führen werde. Die augenblicklichen Ereignisse nach dem Matteotti-Mord werden denn auch als günstige Vorzeichen gewertet.

Nicht so die wirklichen Insider; die wissen, daß der Faschismus so lange regiert, als dessen innerste Triebfeder, der Duce, noch funktionstüchtig ist. Und das ist er – mag er auch vorübergehend in die Ecke gedrängt erscheinen.

Die Motivation für Mussolinis persönlichen Faschismus hat er einmal im engsten Beraterkreis enthüllt: »Faschismus ist Macht. Und Macht erregt mich mehr als alles andere auf der Welt!«

»Riesenzigarre« über New York

Zeppelin-Luftschiff stiftet deutsch-amerikanische Freundschaft

Die Schiffe am Hudson und am East River ließen am 16. Oktober die Sirenen heulen, Tausende Autos hupten wie verrückt, die New Yorker blieben auf den Straßen stehen und starrten in die Luft: Über der Stadt schwebte ein deutsches Zeppelin-Luftschiff in der berühmten Form einer Riesenzigarre.

»Wir waren ja auf einen recht lebhaften Empfang vorbereitet«, sagte Dr. Hugo Eckener, 56, Aufsichtsratsvorsitzender der »Luftschiffbau Zeppelin« nach der glücklichen Landung, »aber was wir hier erlebt haben, übersteigt unsere deutsche Phantasie!«

Eigentlich war die vielgefeierte Zigarre mit dem Namen »ZR III« eine von den Amerikanern verlangte Reparationsleistung.

Die Werft Friedrichshafen hatte im Lauf des Weltkrieges Luftschiffe – die nach ihrem genialen Konstrukteur Ferdinand Graf von Zeppelin (1838–1917) genannt werden – ständig verbessert und vergrößert.

Vor allem den Londonern sind die Angriffe durch die Luftmonster noch immer in schrecklicher Erinnerung.

Zum Schluß erreichten die durch Motoren gelenkten, mit Helium gefüllten Riesenzigarren einen Fassungsraum von 70.000 Kubikmeter, erreichten eine Steighöhe von 7.300 Meter und eine Reichweite von fast 7.000 Kilometer. Sie erschienen den Siegermächten so gefährlich, daß Deutschland der Bau von Zeppelinen mit mehr als 30.000 Kubikmeter Inhalt verboten wurde.

Zu Kriegsende waren in der deutschen Werft noch vier Luftschiffe neuester Bauart

Bald nur noch Luftreisen?

Fünf Tage braucht der schnellste Ozeanriese zur Überquerung des Atlantik. Der Zeppelin schafft es in genau einundachtzig Stunden und zwei Minuten: schon diese erste Transatlantiküberquerung eines nicht ans Wasser gebundenen Fahrzeugs zeigt, daß dem Luftverkehr wohl einmal die Zukunft gehören wird.

Die ZR III, in den USA zu »Los Angeles« umbenannt, ist das 126. in Deutschland gebaute Luftschiff. Länge: 200 Meter, Durchmesser: 27,65 Meter, Volumen 70.000 Kubikmeter. Der Antrieb erfolgt durch fünf Maybach-Motoren zu je 400 PS. Durchschnittsgeschwindigkeit: 91 Stundenkilometer. Nutzlast: 45 Tonnen. Ferner wurden 30 Tonnen Benzin und 2.500 Kilogramm Öl mitgenommen.

Die Besatzung bestand aus dem Kommandanten Dr. Eckener sowie achtundzwanzig Mann, unter ihnen vier Offiziere. Vier Amerikaner flogen zu Übungszwekken ebenfalls mit.

Die Verpflegung war einfach, aber reichlich: morgens, nachmittags und abends Brote, Aufstrich, diverse Getränke. Mittags standen 3 Menüs zur Auswahl: Kalbsgulasch, Kompott; Erbsen mit Speck, Kompott, oder Würstchen mit Gemüse, Kompott.

An alles war gedacht – nur das Waschwasser war zu knapp bemessen. Die Crew kam in New York mit ungeputzten Zähnen und einem leichten Bartschatten an.

beschlagnahmt und unter die Sieger aufgeteilt worden. Die Beutestücke lagerten, an Flaschenzügen aufgehängt, unter Aufsicht und Wartung ihrer deutschen Mannschaften.

Als 1919 die bei Scapa Flow auf den schottischen Orkney-Inseln festgehaltenen deutschen Flotteneinheiten von ihren Besatzungen versenkt wurden, erwachte auch der nationale Ehrgeiz der Luftschiffer: sie ließen die vier Zeppeline aus ihren Halterungen stürzen und zerstörten sie auf diese Weise.

Die Sieger forderten eine angemessene Entschädigung – im Fall der Vereinigten Staaten 3,2 Millionen Goldmark. Schließlich einigte man sich, daß Deutschland statt dessen ein Luftschiff bauen dürfe. Eine deutsche Besatzung werde den neuen Zeppelin in die Staaten bringen. Sollte der Flug mißlingen, müßte Deutschland die geforderten 3,2 Millionen Goldmark zahlen.

Alles auf eine Karte

Dr. Eckener beschloß, das Hasardspiel zu wagen. »Erstens war ich davon überzeugt, daß wir bei vorsichtiger Führung das Schiff, obwohl mit seinen 70.000 Kubikmeter für eine Fahrt über den Nordatlantik kaum groß genuß, sicher würden hinüberbringen können«, erzählte der Luftschiffer unserem Reporter. »Zweitens sagte ich mir, daß ohne diese entscheidende Probe das Schicksal unserer Gesellschaft ohnehin besiegelt wäre. Ich mußte also alles auf eine Karte setzen.«

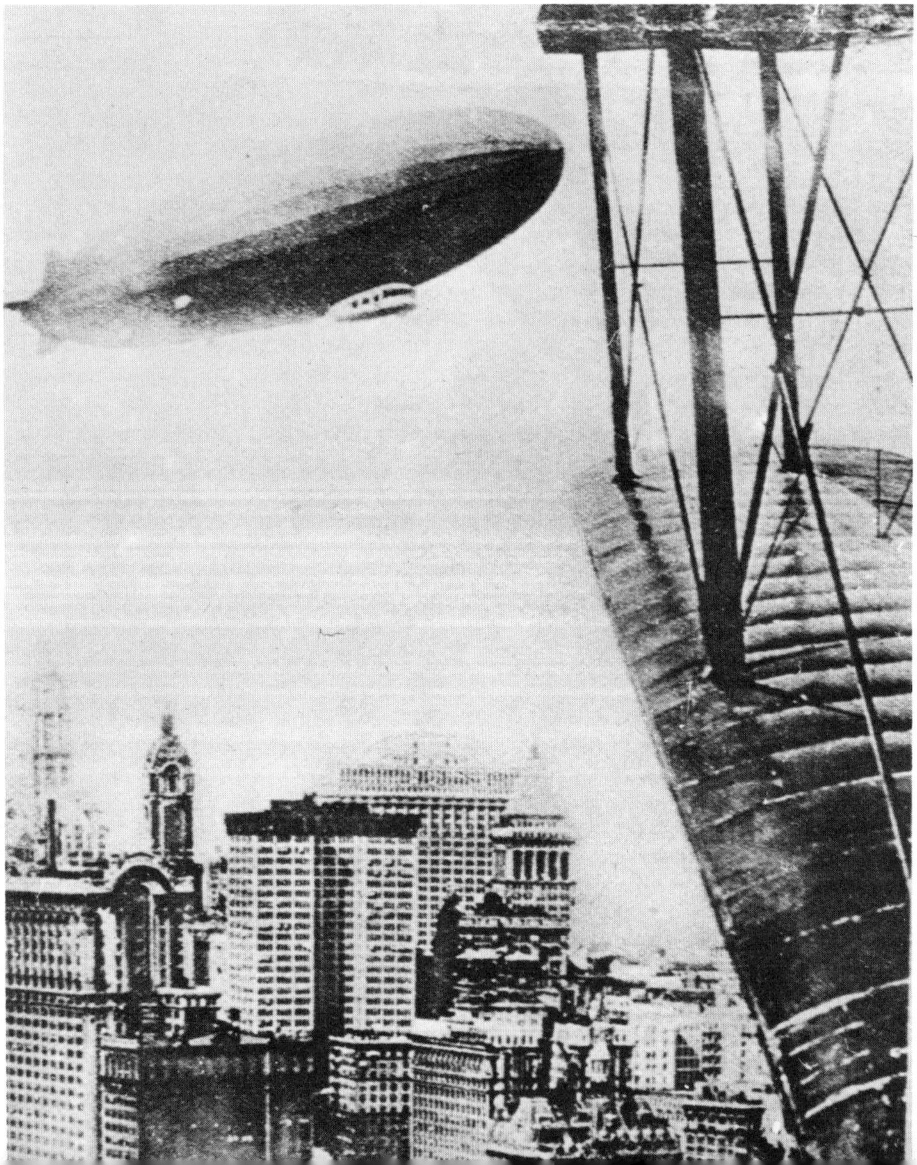

FERDINAND GRAF ZEPPELIN

Der Start der Atlantiküberquerung war für den 12. Oktober festgesetzt. Ungünstige Witterungsverhältnisse zwangen Eckener jedoch zu einer Verschiebung auf den 13. – kein gutes Omen. Dennoch gelang es der Crew, in einundachtzig Stunden den Flughafen von Lakehurst bei New York sicher zu erreichen. Das Luftschiff mußte vor kräftigen Winden gegen Norden ausweichen, geriet in gefährliche Nebelbänke über Neufundland, konnte aber bei strahlendem Sonnenschein die berühmte Skyline von New York begrüßen.

Die nächsten Tage waren den Empfängen und Handschüttelorgien geweiht, welche die Vereinigten Staaten ihren Superstars bieten: ein Foto mit Präsident Coolidge im Garten des Weißen Hauses; eine Filmvorführung von der Landung des Zeppelins vor 7.000 geladenen Gästen im New Yorker Capitol-Theater, bei der Orchester und Publikum plötzlich in das »Deutschlandlied« ausbrachen; ein Besuch beim Army-gegen-Navy-Baseballspiel im Yankee-Stadion sowie Bankette in Chikago, Cleveland, Akron, Detroit und Milwaukee.

»Zwischen dem deutschen und dem amerikanischen Volk lag eine Eisbarriere – Sie haben sie mit Ihrem Luftschiff durchbrochen!« erklärte der Bürgermeister von Detroit.

Die »Durchbrechung der Eisbarriere« macht sich auch in klingender Münze bemerkbar: eine deutsche Anleihe über 400 Millionen Goldmark ist nach der Zeppelinlandung binnen wenigen Tagen sechsmal überzeichnet!

ZEPPELIN UND DOPPELDECKER: das Luftschiff vom Flugzeug aus aufgenommen

Zum Tod von Prinzessin Louise von Sachsen-Coburg-Gotha:
Skandale und Liebe

Arm, wunderlich und halb vergessen starb in einer Wiesbadener Familienpension der unteren Mittelklasse eine Frau, die vor drei Jahrzehnten mit ihrer leidenschaftlichen Skandalaffäre halb Europa in Atem gehalten hatte: Prinzessin Louise von Sachsen-Coburg-Gotha, 66, folgte dem Mann in den Tod, der ihr in einem Alter zum Schicksal geworden war, da andere Frauen bereits an die ersten Enkelkinder denken.

UNGLÜCK VORPROGRAMMIERT: Louise und ihr ungeliebter Mann

KAMMERHERR Geza von Matačič

Louise war die Tochter des Königs Leopold von Belgien. Ihre Schwester Stephanie war mit dem österreichischen Thronfolger Rudolf vermählt, der sich gemeinsam mit seiner Geliebten Mary Vetsera im Jahr 1889 das Leben nahm.

Louise wurde, erst sechzehnjährig, einem wesentlich älteren Verwandten, dem Prinzen Philip von Sachsen-Coburg-Gotha, angetraut, der in Wien residierte. Die Ehe war um nichts weniger unglücklich als jene von Stephanie und Rudolf; auch zwei Kinder vermochten sie nicht zu retten.

Louise war bereits siebenunddreißig, als sie zum erstenmal die große Liebe kennenlernte. Und zwar in der Person des feschen kroatischen Grafen Geza von Matačič, neun Jahre jünger als die Belgierin. Er wäre bei einem Ausritt im Prater fast mit der Equipage der Prinzessin zusammengestoßen.

Es traf das Paar wie der berühmte Blitz aus heiterem Himmel. Louises Schwester Stephanie hielt schützend ihre Hand über die Liebenden. Was in Stephanies Villa in Abbazia als diskrete Affäre begann, wuchs sich schließlich zu einer Art Zweitehe.

Matačič trat als Chef der fürstlichen Stallungen in die Dienste der Prinzessin. Die Spatzen pfiffen es bald von den Dächern, daß die Beziehung zwischen Dienstgeberin und Arbeitnehmer nicht nur platonisch war.

Sogar im fashionablen »Sacher« sah man die Liebenden ungeniert speisen.

Die Affäre war nun nicht mehr zu vertuschen. Louise setzte sich samt Hofdamen, Leibarzt und »Kammerherrn« Matačič nach Nizza ab, wo sie in großem Stil hofhielt.

Prinz Philip forderte den Grafen zum Duell, zunächst auf Pistolen, dann auf Säbel. Der Ehemann erlitt eine leichte Verletzung und rächte sich bitter: via Zeitungsannonce ließ er verlauten, daß er nicht mehr für die Schulden seiner Frau aufkomme. Worauf erboste Gläubiger die Villa des Pärchens stürmten – doch die Vögel waren bereits ausgeflogen. Unter Hinterlassung von 100 Federhüten, 75 Paar Seidenschuhen, 120 Paar Stiefeletten und 60 Sonnenschirmen . . .

Die Prinzessin und der Graf gingen auf Reisen. In Agram wurde Matačič unter der Beschuldigung verhaftet, Wechsel gefälscht zu haben. Louise wurde ebenfalls festgenommen und – in eine Irrenanstalt in der Nähe von Dresden verfrachtet.

Matačič schlug Alarm; ausgerechnet die sozialdemokratische *Arbeiter-Zeitung* nahm sich des Falles ausführlich an. Der SP-Abgeordnete Daszynski machte ihn im Reichsrat zum Diskussionsthema.

Unter dem Druck der öffentlichen Meinung wurde Matačič begnadigt. Eilig holte er Louise aus dem »Sanatorium« und brachte sie nach Paris.

Ob der Graf tatsächlich unschuldig war, konnte niemals eindeutig geklärt werden. Daß Louise geistig absolut gesund war, bestätigte eine Reihe französischer Kapazitäten. Schwester Stephanie jedenfalls konnte es sich nicht verkneifen, ihrem Schwager aus Paris zu telegrafieren: »Prinzessin Louise ist nicht so schwachsinnig wie Sie!« Ende gut, alles gut? Diesmal leider nicht. Geldnot, später der Krieg trieben das Paar auseinander. Als Louise 1918 in Ungarn auf dem Schloß Oroszvar ihrer Schwester Zuflucht fand, mußte sie sich verpflichten, dem Geliebten für immer zu entsagen.

Matačič lebte als mittelloser Emigrant in Paris. Als er voriges Jahr schwer erkrankte, eilte Louise zu ihm. Er starb, wie es so schön heißt, in ihren Armen.

Die Prinzessin, die ihr Wort gebrochen hatte, konnte nicht mehr aufs ungarische Schloß zurückkehren. Die billige Pension in Wiesbaden war die allerletzte Station.

Millionärssöhne als kaltblütige Mörder

Spielgefährten getötet – Ein Fall von Wohlstandsverwahrlosung?

Das abscheulichste Verbrechen der jüngeren amerikanischen Kriminalgeschichte endet nicht, wie allgemein angenommen, mit einem doppelten Todesurteil. Dank der Brillanz ihres Verteidigers werden die beiden Millionärssöhne Nathan Leopold, 18, und Richard Loeb, 17, nur zu lebenslänglicher Haft verurteilt.

Nach dem zwölfstündigen Plädoyer des Verteidigers Clarence Darrow waren sogar die Augen des Richters feucht. Der siebenundsechzigjährige Staranwalt hatte das Unmögliche möglich gemacht und mit seiner großartigen Verteidigungsrede den beiden mordlustigen Jugendlichen den Kopf gerettet.

Das war um so schwieriger gewesen, als nichts für Nathan Leopold und Richard Loeb sprach: Sie waren hochintelligente Jungen aus Millionärsfamilien. Sie hatten »alles gehabt«, was ihnen ein glänzendes Studium und eine großartige Karriere erlaubt hätte.

Und doch hatten sie, völlig kaltblütig und »um zu sehen, wie das ist« einen Vierzehnjährigen aus der Nachbarschaft entführt und ermordet. Die gesamte öffentliche Meinung stand geschlossen gegen die »Be-

DER STARANWALT UND SEINE KLIENTEN: Clarence Darrow (Mitte) mit Nathan Leopold (links) und Richard Loeb

stien«, die noch dazu ungerührt ein volles Geständnis abgelegt hatten.

Der Kriminalfall, der seit drei Monaten die Titelseiten der amerikanischen Blätter füllt, begann am 21. Mai dieses Jahres. Bei Jakob Franks, einem wohlhabenden Chikagoer Geschäftsmann, klingelte das Telefon. »Ihr Sohn ist entführt worden«, sagte eine kultivierte Stimme. »Er ist in Sicherheit. Morgen hören Sie wieder von uns.«

Zu diesem Zeitpunkt war Bobby Franks, 14, schon tot. Sein schmaler Körper steckte kopfüber in einer Kanalröhre im Jackson-Park, einem beliebten Ausflugsziel etwa dreißig Kilometer südlich von Chikago. Die beiden Entführer hatten ihn vom Spielplatz der Harvard-School in ihr Auto gelockt, ihn mit einem Maurermeißel getötet, den blutüberströmten Körper während einer geruhsamen Abendmahlzeit im Auto gelassen und dann im Park versteckt.

Die Mordtat war nicht einmal besonders gut vorbereitet. Die beiden hatten überall Spuren hinterlassen, und Nathan Leopolds Brille, neben der Leiche gefunden, führte sehr rasch zu den beiden jugendlichen Mördern. Richard Loeb gab an, den »perfekten Mord« versucht zu haben, so eben, nur um des Nervenkitzels willen.

Sein Komplize, der um ein Jahr ältere Nathan Leopold, schien sich eher zögernd zum Töten entschlossen zu haben, machte aber dann doch ohne irgendwelche Skrupel mit. »Einen Mord zu planen schien mir nicht bedeutender, als die Nachspeise in einem Restaurant auszuwählen«, behauptete er großsprecherisch im Verhör.

Was konnte selbst der beste Verteidiger mit zwei so hoffnungslosen Klienten anfangen? Die glücklichen Verhältnisse, in die sie hineingeboren waren, die Chance für ein erfolgreiches Leben, die sie so gleichgültig verspielt hatten, die ganze arrogante Kaltschnäuzigkeit, mit der die beiden Jungen ihr Verbrechen zugaben, hatte eine Haßkampagne sondergleichen in den amerikanischen Medien entfacht, und die Öffentlichkeit lechzte nach zwei Todesurteilen.

Staranwalt Darrow baute seine Verteidigung auf zwei Grundpfeilern auf: auf der psychischen Veranlagung seiner Klienten und auf der Sinnlosigkeit der Todesstrafe im allgemeinen.

Beide Jungen, behauptete Darrow, seien, möglicherweise durch Elternhäuser, die sie immer neuen Kindermädchen und Erziehern überließen, in der Entfaltung eines normalen Gefühlslebens zurückgeblieben. Vom Ehrgeiz ihrer Eltern getrieben, seien sie nur zur Entwicklung ihrer intellektuellen Kräfte gedrängt worden. Dickie Loeb hätte sich aus dieser Welt der puren Intellektualität in das nächtelange Lesen von Kriminalromanen geflüchtet; Nathan Leopold hingegen wurde, ohne – so Darrow – dafür die nötige geistige Reife zu haben, ein begeisterter Anhänger von Nietzsches Idee vom Übermenschen. Er fühlte sich berechtigt, bürgerliche Gesetze ebenso wie die bürgerliche Moral zu mißachten. Außerdem steckten die Jungen mitten in der Pubertät, der schwierigsten Zeit im Leben eines Mannes.

»Euer Gnaden«, appellierte der Verteidiger an Richter John R. Caverly, »können wir sie wirklich für ihre Tat voll verantwortlich machen? Können wir sie hängen? Nur damit ganz Chikago sich in seinen Sonntagsstaat wirft und die Menschen ihren Blutdurst stillen können?«

Ein großer Teil des Plädoyers war Darrows Verurteilung der Todesstrafe gewidmet, die noch nie jemand von einem Verbrechen abgehalten hätte. »Nach und nach sind die Gesetze geändert und gemildert worden«, führte der Anwalt aus. »Und sobald man mit dem schauerlichen gesetzlichen Morden aufhörte, nahm die Zahl der Verbrechen ab anstatt zu!«

Darrow fuhr mit erstaunlicher Offenheit fort: »Ich weiß, daß diese Jungen nicht frei herumlaufen dürfen, wenigstens nicht, solange sie die gegenwärtige Periode in ihrem Leben noch nicht überwunden haben. Vielleicht kann man ihnen eines Tages, wenn Leben und Alter ihre Gefühlswelt verändert haben, die Freiheit wiedergeben. Ich weiß es nicht, ich weiß nur eines: daß ich dann nicht mehr da sein werde, um ihnen zu helfen. Ich wehre mich nur dagegen, daß der Stab über einen lebenden Menschen endgültig gebrochen wird . . .«

Richter Caverly folgte dem Gedankengang des großen Verteidigers. Am 10. September verurteilte das Kriminalgericht von Cook Country Nathan Leopold und Richard Loeb zu lebenslänglichem Zuchthaus wegen Mordes und weiteren 99 Jahren wegen Kindesentführung.

Die Angeklagten nahmen das Urteil an.

Polizeispitzel tötet 27 Jungen

Gräßliche Mordserie erschüttert Hannover – Täter verurteilt

Im Frühsommer dieses Jahres werden in dem hannoveranischen Fluß Leine und an anderen Punkten der Stadt vier menschliche Schädel gefunden. Panische Angst vor einem »unbekannten Würger« erfaßt die Bevölkerung. Die Polizei startet eine umfangreiche Suchaktion im Verlauf der Leine und im gesamten Stadtbereich Hannover. Das furchtbare Resultat: 500 Leichenteile werden gefunden. Gerichtsmediziner rekonstruieren in einem makabren Puzzlespiel 22 Tote, durchwegs Jugendliche männlichen Geschlechts.

Während die Öffentlichkeit über das Motiv dieses Massenmordes rätselt und hektisch die Frage nach der Identität des »reißenden Tieres in Menschengestalt« stellt, laufen die polizeilichen Nachforschungen auf Hochtouren und führen schließlich zu dem Altkleiderhändler Fritz Haarmann, 45, der schon einmal Gegenstand einer Untersuchung gewesen war.

Ein Zigarrenhändler, Nachbar des Trödlers, hatte Haarmann angezeigt, nachdem ein Schüler aus Darmstadt längere Zeit vermißt war.

Haarmann pflegte sich häufig am Hauptbahnhof von Hannover herumzutreiben. Als Fürsorgebeamter getarnt, las er hin und wieder herumstreunende Jungen auf, nahm sie mit sich und bot ihnen für kurze Zeit Unterkunft.

Dem mißtrauischen Nachbarn gab zu denken, daß Haarmann in unregelmäßigen Abständen seltsame große Säcke aus seiner Wohnung schleppte. Fiel im Haus des Junggesellen soviel Müll an?

ENDE EINES ALPTRAUMS: Haarmann wird verhaftet

»Ein trauriges Klein-stadt-Schauspiel«

ZB-Gespräch mit dem bekannten Kulturphilosophen Dr. med. et phil. Theodor Lessing, Professor für Psychologie an der Technischen Hochschule Hannover, zum Sensationsfall Haarmann.

Die Polizei beschäftigte sich kurze Zeit mit Haarmann, konnte aber nichts Verdächtiges feststellen. Oder wollte nicht: immerhin war Haarmann seit Jahren Polizeispitzel. Da der verschwundene Junge überdies wieder auftauchte, schlief die Angelegenheit ein, und Haarmann blieb unbehelligt.

Jetzt aber erscheinen die Mitteilungen des Zigarrenhändlers in einem anderen Licht. Zumal ein Bursche aufgegriffen wird, der aussagt, er sei Schlafgast in Haarmanns Bude gewesen und der habe ihn, »wohl nur zum Scherz«, mit einem Messer bedroht, aber doch mächtig erschreckt.

Die Existenz dieses einzigen Zeugen bietet die Handhabe, Haarmann unter Mordverdacht zu verhaften, obzwar der Altkleiderhändler bestreitet, in die Sache verwickelt zu sein. Er bleibt dabei, bis man ihm ein paar Jacken als Beweisstücke vor die Augen hält. Sie stammen von verschwundenen Jungen, und er, Haarmann, hat die Sachen verkauft.

Der Untersuchungshäftling gebärdet sich wie ein Tollhäusler. Schließlich legt er ein Geständnis ab.

Was sich bei den Verhören und im Verlauf des Sensationsprozesses entrollt, ist kein Verbrechen vom Format des Dämonisch-Bösen oder eines ausgeklügelten diabolischen Systems wie etwa im Fall des vor wenigen Jahren abgeurteilten französischen Frauenmörders Landru, sondern eine Serie von Abscheulichkeiten aus dem Morast verelendeter Kleinbürgerlichkeit und ihrer Randzone zur Kriminalität.

Haarmann selbst: halb Vampir, halb Memme, psychisch von einem jüngeren Freund abhängig, seinem Mitangeklagten Hans Grans, der eiskalt und schamlos aus Haarmanns Geschäften und auch aus der Mitwisserschaft Nutzen zog.

Mißt man nach dem Maß der Verwerflichkeit, dann kommt diese parasitäre Kreatur Grans noch schlechter weg als der eigentliche Mörder. »Hänschen« war der Blutsauger, der sich nicht selbst schmutzig machte.

Insgesamt 27 Morde, verübt zwischen 1918 und 1924, gesteht der »Werwolf von Hannover«. Bei manchen Fällen scheint er sich gegen Erinnerungen zu sträuben, sagt nur: »Ja, schreiben Sie 'n man dazu.«

Während des heftig kritisierten Gerichtsverfahrens (siehe Interview) kommt es bei den Aussagen von Eltern und Verwandten der Ermordeten zu erschütternden Szenen.

Am 19. Dezember werden die Angeklagten Fritz Haarmann und Hans Grans der ihnen zur Last gelegten Verbrechen für schuldig befunden und zum Tod verurteilt.

ZB: Herr Professor, Sie haben bereits während des Prozesses gegen den Massenmörder die Verfahrensweise immer wieder scharf kritisiert. Welches sind Ihre schwerwiegendsten Vorwürfe?

LESSING: Der Prozeß war ein sehr trauriges Kleinstadtschauspiel gekränkten Juristenehrgeizes, medizinischer Selbstgerechtigkeit und amtlichen Machtmißbrauchs. Haarmann hätte in einer anderen, den unmittelbaren Auswirkungen entzogenen Stadt vor ein unvoreingenommenes Tribunal gestellt werden müssen.

ZB: Worin besteht der soeben von Ihnen erwähnte Amtsmißbrauch?

LESSING: Die Behörden haben es peinlich vermieden, ihre eigene Mitschuld klar hervortreten zu lassen. Durch Haarmanns Verwendung als Polizeispitzel boten die Behörden selbst ihm die Handhabe, jahrelang sozusagen als Amtsorgan zu fungieren und sich bei den obrigkeitsgläubigen Leuten das Ansehen eines »Kriminalisten« zu geben. So war er immer legitimiert, wenn er seine »Kontrollgänge« unternahm und sich die Opfer für seine Verbrechen aussuchte.

ZB: Wie beurteilt der Fachmann, der Psychologe Theodor Lessing, das Persönlichkeitsbild des »Werwolfs«?

LESSING: Haarmann ist ein asoziales Element, psychisch geschädigt, aber für seine Taten verantwortlich. Der Umwelt möchte ich ganz generell nur eine Mitschuld anlasten: die der Unterlassung, des Wegsehens, kurz einer bestürzenden tödlichen Leichtfertigkeit. Unsere aus den Fugen geratene Zeit hat an den Rändern moderner städtischer Zivilisation Dschungelzonen entstehen lassen, aus denen plötzlich Raubtiere hervorbrechen. Um so schlimmer, wenn man sie erst viel zu spät in ihrer ganzen Bestialität entlarvt.

ZB: Herr Professor, wir danken für dieses Gespräch.

Schieber stürzen über »Schilling«

Helles Licht am Ende des langen, schwarzen Krisentunnels: ab dem 20. Dezember werden in Österreich die alten, wertlos gewordenen Kronen gegen harte »Schillinge« umgewechselt (1 Schilling = 10.000 Kronen).

Am 1. März kommenden Jahres soll dann die neue Währung in Kraft treten. Es ist aber vorgesehen, daß die Krone noch bis 1937(!) zum Umtausch angenommen wird.

Ein hörbares Aufatmen geht durch das Land. Die Masse der kleinen Sparer, die als Folge der galoppierenden Geldentwertung alles verloren hat, blickt mit vorsichtigem Optimismus in die Zukunft.

Nicht so gewisse Bankherren und Spekulanten, die im trüben Wasser der Inflation

NEUES GELD AUS DER MASCHINE: Hartgeldprägung in Wien

gefischt und mit undurchschaubaren Geschäften Millionen gescheffelt haben. Nicht Millionen wertloser Kronen, versteht sich, sondern solide Dollar, Pfunde und Schweizer Franken.

Symbolfigur all dieser Nachkriegsgewinnler ist Camillo Castiglioni, 45, der bis vor kurzem wie ein Sonnenkönig in einem Prachtpalais in der noblen Wiener Prinz-Eugen-Straße residierte. Nicht nur als Lebenskünstler, sondern auch als Mäzen hat er mit dem Geld um sich geworfen: sogar Star-Regisseur Max Reinhardt stand sozusagen auf der »Gehaltsliste« von C. C.

Der Sohn eines kleinen Triester Rabbiners war mit einer fabelhaften Nase für das ganz große Geschäft auf die Welt gekommen. Zu einer Zeit, als noch niemand daran

glaubte, daß das Auto jemals eine erwähnenswerte Rolle im Wirtschaftsleben spielen könnte, machte er gutes Geld mit Autoreifen.

Dann stieg er auf Flugzeuge um. Ältere Wiener erinnern sich noch mit Schaudern, wie der junge Castiglioni 1908 in einem »Fetzenflugzeug« im Tiefflug über die Stadt gedonnert ist. Das Bravourstück trug ihm zwar eine Audienz bei Kaiser Franz Joseph I. ein – mehr aber nicht. Castiglioni hatte dem Monarchen damals vergeblich den Aufbau einer Luftwaffe aufzuschwatzen versucht. Dem Generalstab mag das dann im Krieg leid getan haben . . .

Nach dem Zusammenbruch von 1918 begann der meteorhafte Aufstieg des Camillo Castiglioni zum unumstrittenen König der Schieber. Zunächst betätigte er sich als Leichenfledderer der k. u. k. Armee, indem er zu Schleuderpreisen militärische Überschußgüter erwarb und mit horrendem Gewinn ins zahlungskräftige Ausland verschob.

Mit Milliarden beteiligte er sich an der Depositenbank und gründete 1921 auch noch ein eigenes Bankhaus. Die Inflation machte er zu seinem Privatgeschäft, spekulierte daneben en gros in Aktien und Valuten.

Sein Abstieg begann mit der Währungsstabilisierung. Zunächst geriet Ende Septem-

SÄCKEWEISE GELD: Schillinge vor der Auslieferung

CAMILLO CASTIGLIONI

ber die Depositenbank ins Schleudern. Sie hatte sich mit dem Geld kleiner Anleger verspekuliert und 100 Millionen Kronen verloren. Der Generaldirektor erhängte sich, seine beiden Stellvertreter setzten sich ab und werden noch heute steckbrieflich gesucht.

Auch das Bankhaus Castiglioni krachte: zum ersten Mal hatte der gerissene Geldmakler aufs falsche Pferd gesetzt, das heißt auf den französischen Franc, von dessen Schwäche Castiglioni zu profitieren hoffte. Der Franc aber wurde überraschend saniert – und C. C. war über Nacht bankrott. Seine goldenen Schäfchen hat er längst ins trokkene gebracht. An der Riviera erholt er sich von den Strapazen der Geldscheffelns.

Banken stürzen wie Kartenhäuser, kommt einmal die erste ins Wanken: auch die »Zentralbank der deutschen Sparkassen in Österreich« erleidet Millionenverluste und müßte zusperren, käme ihr nicht der österreichische Staat mit einem günstigen Kredit zu Hilfe. Selbst die Postsparkasse schlittert in Schwierigkeiten und wird durch Budgetmittel gerettet.

In dem allgemeinen Durcheinander gerät sogar Finanzminister Dr. Jakob Ahrer, 36, ins Zwielicht. Angeblich soll er von dem einen oder anderen Spekulanten Bestechungsgelder genommen haben. Schlüssige Beweise liegen bislang nicht vor.

Reichster Mann von Deutschland tot

Er konnte sich seiner ungeheuren Inflationsgewinne nicht lange freuen: am 10. April dieses Jahres starb der »deutsche Rockefeller« Hugo Stinnes vierundfünfzigjährig in Berlin. Er hinterläßt einen transnationalen Mischkonzern mit 2.800 Betriebsstätten, die von deutschen Reedereien bis zum österreichischen Erzberg und von luxemburgischen Kohlengruben bis zu rumänischen Wäldern reichen.

Stinnes war keine neureiche Inflationsblüte. Aber erst die Inflation bot dem Industriellensproß, der schon 1918 die deutsch-luxemburgische Bergbau AG und die rheinisch-westfälischen Elektrizitätswerke beherrschte, die Chance, zu einer der mächtigsten Persönlichkeiten Deutschlands aufzusteigen.

Mit riesigen Krediten, die er dank der fortschreitenden Inflation immer wieder leicht zurückzahlen konnte, kaufte er unter anderem Mehrheitsbeteiligungen an 69 Baufirmen, 66 Papier-, Zucker- und chemischen Fabriken, 59 Bergwerken sowie 75 Banken und Versicherungen auf.

Nebenbei hinterläßt Hugo Stinnes 150 Zeitungen und Zeitschriften, deren redaktionelle Macht er rücksichtslos für geschäftliche und politische Zwecke (er war Reichstagsabgeordneter der »Deutschen Volkspartei«) mißbrauchte.

Der *Simplicissimus* widmete Hugo Stinnes eine Nachruf-Karikatur, auf der der heilige Petrus besorgt die Engel um sich schart: »Stinnes kommt. Jetzt heißt's aufpassen, sonst gehört ihm in vierzehn Tagen der ganze Betrieb!«

Allerdings war auch Stinnes nicht allwissend. Die Währungsreform des Vorjahrs und die Rückkehr zur normaleren Wirtschaftsverhältnissen scheinen für ihn zu früh gekommen zu sein. Eine postinflationäre Liquiditätskrise des Mammutkonzerns dürfte seine Erben bald zwingen, Anlehnung an (amerikanisches) Auslandskapital zu suchen.

HUGO STINNES

Psychologie – auf den Hund gekommen

Tierversuche sollen Rätsel der Seele lösen

In die Neurologisch-Psychiatrische Klinik von Leningrad kommt jeden Mittwoch ein alter Herr mit weißem Vollbart und manchmal ungestümen Benehmen, hält ein Kolloquium und streitet mit anderen Gelehrten: Iwan Petrowitsch Pawlow, jetzt 75, wie ein Teufel gehaßt und zugleich verehrt wie ein Prophet.

Denn er behauptet, die Geheimnisse durchschaut zu haben, die das normale (und das abnormale) Verhalten des Menschen lenken. Er glaubt, die letzten Rätsel der menschlichen Seele erklären zu können – auf Grund von Tierversuchen. Seine Gegner sagen, er habe die Psychologie »auf den Hund gebracht«.

Dabei ist Pawlow kein dahergelaufener Scharlatan, sondern ein international anerkannter Wissenschaftler. Er wurde in Rjasan geboren, besuchte dort ein geistliches Seminar, begann mit einundzwanzig in Petersburg Naturwissenschaften zu studieren. Dann sattelte er auf Medizin um und wählte als Spezialfach Physiologie, die Wissenschaft der Wechseleinwirkungen von Zellen, Geweben und Einzelorganen.

Wie ein moderner Physiker oder Chemiker hielt auch der junge Pawlow den gezielten Versuch, die aggressive Erkundung der Natur, für die beste Quelle jeder neuen Erkenntnis: »Die Beobachtung sammelt nur, das Experiment entreißt . . .«

Er experimentierte mit Tieren. Um festzustellen, durch welche Säfte die Verdauung

IWAN PETROWITSCH PAWLOW

auf Nahrungsmittel reagiere, hat er die Mägen lebender Hunde abgeschnürt, in zwei Kammern geteilt und dann vom kleineren »Zweitmagen« einen künstlichen Ausgang ins Freie geschaffen. So wurde das Fressen normal im Erstmagen verdaut, der zweite aber gab seine Sekrete nach außen ab – Pawlow konnte sie messen, untersuchen, analysieren. Für diese bahnbrechende Arbeit bekam er schon 1904 den Nobelpreis. Wie aber kommt man vom Magen zur Seele?

Die Weltgeltung Pawlows als einer der vielleicht größten Psychologen beruht auf einer zweiten Versuchsreihe, bei welcher der Forscher die Speicheldrüsen der Tiere für seine Zwecke verwendete.

Auch das Sekret dieser Drüse leitete er durch einen künstlichen Kanal nach außen, und das weitere Experiment (inzwischen schon hundertfach wiederholt) verlief dann so:

1. Dem Hund wird Futter gegeben, er fängt erwartungsgemäß (und jetzt auch exakt meßbar) zu speicheln an. Pawlow bezeichnet dieses Speicheln als einen »unbedingten Reflex«, das heißt: als eine dem Tier wahrscheinlich angeborene, von sonstigen Bedingungen unabhängige Reaktion auf das Futter.

2. Das Tier wird abermals gefüttert, doch diesmal ertönt zugleich auch eine Glocke. Der Hund speichelt wie schon immer, der Vorgang wird mehrmals wiederholt, das Läuten der Glocke gehört jetzt zum Fressen.

3. Der Hund bekommt kein Futter, die Glocke aber klingelt. Das Tier fängt jetzt auch ohne Nahrung zu speicheln an, was vor Beginn des Versuches niemals geschehen ist.

Der Hund hat also dazu »gelernt«. Er hat in seinem Hirn (in seiner Seele?) zwei Reize, das Fressen und den Glockenton, derart verknüpft, daß er nun auf das – früher für ihn völlig reizlose – Gebimmel ebenso reagiert wie auf einen Happen Fleisch.

Pawlow bezeichnet diese bisher nie erforschte Reaktion mit einem neuen wissenschaftlichen Namen, als »bedingten Reflex«: die Vorbedingung dafür ist die wiederholte Koppelung des Glockenläutens mit der Futtergabe.

So, lehrt jetzt der Professor, entstehen auch menschliche Verhaltensformen und Verirrungen – oft ganz unbewußt. Eine Behauptung, die in der Fachwelt ebenso heftige Kontroversen auslöst wie Darwins Abstammungslehre.

Bei seiner Arbeit bedrückt ihn freilich die Grausamkeit der Tierversuche, die er für seine Forschung braucht.

Er hat deshalb seinem Opfer, dem jetzt schon weltweit so genannten »Pawlowschen Hund« in seinem Institut in Koltuschi bei Leningrad ein Denkmal aus Bronze gewidmet.

Erster Mensch aus Afrika?

»Geltungssüchtig und verrückt!« Das ist die einstimmige Meinung der Fachwelt über den Anatomieprofessor der Universität Johannesburg, Raymond A. Dart, 34. Der gebürtige Australier behauptet, das langgesuchte »missing link«, die Zwischenform zwischen Primaten und Menschen, gefunden zu haben.

Ganze Heerscharen von Wissenschaftlern durchsieben noch immer die Wüste Gobi nach Überresten des »missing link«. Denn aus verschiedenen Indizien schließt man, daß in Asien die Wiege der Menschheit gestanden ist. Dart hingegen will Adam und Eva auf der Hochebene von Transvaal ansiedeln.

Sein bisher einziges Beweisstück: der Schädel eines affenähnlichen Jungtieres (Kindes?), von dem aus der Anatom kühne Folgerungen zieht: der erwachsene »Australopithecus« (so der von Dart geprägte Name) sei aufrecht gegangen, 1,20 Meter groß und ein fleischfressender Jäger gewesen. Sein Hirn allerdings war nicht viel größer als das eines Gorillas.

Ein weltweites Hohngelächter ist die Antwort auf Darts in diesem Jahr publizierten Theorien: erstens ist, so die Lehrmeinung, der aufrechte Gang die Folge eines vergrößerten Hirns und nicht umgekehrt; zweitens könne man nicht aus einem einzigen Fundstück so weitreichende Schlüsse ziehen.

Und drittens sei Dart Anatom, Australier gar, die bekanntlich alle unwissenschaftlich denken. Er möge Überlegungen zum Thema »missing link« lieber den Anthropologen überlassen, die schließlich mehr von ihrem ureigensten Fachgebiet verstehen.

Dart, ein kleiner, drahtiger Mann, der seine Studenten gelegentlich damit unterhält, daß er wie ein Affe über die Leitungsrohre im Hörsaal turnt, bleibt jedoch bei seiner Überzeugung: der erste Mensch kam aus Afrika.

»Sie hassen ihn ...«

Regiegenie Max Reinhardt
wurde Präsidentschaft der Salzburger Festspiele verweigert

Anscheinend ist er auf seine Lieblingsrolle als tüchtiger Theaterdirektor noch immer versessen. Max Reinhardt, 51, vormals Schauspieler, inzwischen Star-Regisseur, der in seine Inszenierungen Unsummen investiert (und selbst zehn Prozent der Einnahmen kassiert), hält nach Berlin jetzt auch im »Theater in der Josefstadt« in Wien Einzug.

Die Übernahme der etwas heruntergekommenen Bühne im achten Wiener Gemeindebezirk findet offiziell mit der Inszenierung von Goldonis »Diener zweier Herren« statt. Bekannte Schauspieler wie Hermann Thimig, der den Diener spielt, sollen, so will es das Regiekonzept, die gemalten Dekorationswände selbst auf- und abbauen. Auch die Requisiten werden von den Stars persönlich an- oder abgeschleppt.

Mit dieser Regiearbeit dürfte sich Theatermann Reinhardt, der in Berlin als Leiter des »Deutschen Theaters« und auf Europatourneen mit seinem Ensemble international berühmt geworden ist, endgültig in Österreich etablieren.

Ein Land, aus dem der Spektakelkünstler auch stammt: Er kam als ältester Sohn eines verkrachten Kaufmanns und siebenfachen Vaters namens Goldmann in Baden bei Wien zur Welt, wuchs in der Wiener Mariahilfer Straße auf, wurde Lehrling in einer Fabrik und wechselte zu einer Bank über, hatte in Wahrheit aber nur eines im Sinn: er wollte Schauspieler werden.

Weshalb er, kaum siebzehn und mit Hilfe eines verständigen Onkels, Unterricht in einem Eleventheater in Wien-Matzleinsdorf nahm, um sich ziemlich schnell den Künstlernamen Reinhardt beizulegen und an einer Preßburger Schmiere ins Engagement zu gehen.

Als Franz Moor beeindruckte er bei einer Salzburger Aufführung den Direktor des »Deutschen Theaters« in Berlin, Otto Brahm, der ihn daraufhin an seine Bühne verpflichtete.

Schillers »Räuber« hatten Jung-Reinhardt allerdings auch einen lebenslangen Feind verschafft: Karl Kraus, 50, »Fackel«-Herausgeber und spitzzüngiger Wiener Journalist, hatte in einer Vorstadtproduktion – am Neuen Volkstheater in Rudolfsheim – gemeinsam mit ihm gespielt: Aber während Reinhardt damals als Spiegelberg Publikumserfolge feierte, wurde Kraus, der die Aufführung finanziert hatte, seiner eigenwilligen Franz-Moor-Interpretation wegen heftig ausgebuht.

Er soll sogar, behaupten böse Zungen, nach dieser Aufführung Ohrfeigen erhalten haben. Die Ohrfeigen gab er, behaupten sie weiter, schreibenderweise an Reinhardt zurück.

Viel später kam Reinhardt dem Offenbach-Fan und hervorragenden Interpreten – Kraus gibt öfter Offenbach-Rezitationsabende – mit seiner spektakulären Inszenierung der »Schönen Helena« (1911) in die Quere. »Acht oder sechzehn englische Girls«, lieferte Kraus einen Verriß der Reinhardtschen Offenbach-Version, »haben bei Reinhardts ›Schöner Helena‹ mitgewirkt. Die Hauptdarsteller gingen durchs Parkett auf die Bühne. Das Publikum ging nicht mit. Die Musik ist von Offenbach gestohlen.«

ENGE FREUNDE: Hugo von Hofmannsthal und Max Reinhardt

GALA AUF SCHLOSS LEOPOLDSKRON: Max Reinhardt im Gespräch mit Richard Strauss

Höhepunkt seiner Steilkarriere ist allerdings erst 1905: Mit seiner Inszenierung von Shakespeares »Sommernachtstraum« wird erstmals in der Theatergeschichte nicht der Schauspieler gefeiert, sondern der Regisseur. Fazit: Reinhardt bekommt das »Deutsche Theater« angeboten, erst in Pacht, dann zum Kauf.

Mit einer Schar erstklassiger Künstlerfreunde prescht er weiter, übernimmt die Berliner »Kammerspiele«, wo er sein Publikum nur im Frack eintreten läßt, läßt neben seinem Kollegen Stanislawski die Italienerin Eleonora Duse auftreten, erprobt inszenierte Pantomime, übt sich im Massenspektakel fürs Volk.

Ehe er im Berliner Zirkus Schuhmann tatsächlich den »Ödipus« inszeniert, zieht er im Jahr 1911 mit seiner Crew nach London: Eine gotische Kathedrale ist die Schaubühne für sein Massenspektakel »Das Mirakel«.

Jubel um seine Stuttgarter Inszenierung der Oper »Ariadne auf Naxos« (1912) von Richard Strauss und Hugo von Hofmannsthal (Libretto), Jubel um seine Shakespeare-Zyklen während des Krieges. Reinhardt übernimmt auch noch die »Volksbühne«, gebiert die Idee von sommerlichen Festspielen – und macht das verschlafene Salzburg seit 1920 jährlich vier Wochen lang zum Wallfahrtsort der High Society.

Er selbst residiert im Schloß Leopoldskron, einem Barockbau bei Salzburg, vormals das Haus eines düsteren Fürsterzbischofs, der 1731 die Protestanten aus seinem Land vertrieben hatte. Für Reinhardt aber Symbol für Leben, Verwischen von Wirklichkeit und Theater: Die Feste, die der Meisterregisseur hier inszeniert, mit all dem Pomp und den Zaubertricks eines großen Magiers, sind nahezu weltberühmt.

Trotzdem wird dem Gründer der Salzburger Festspiele die Präsidentschaft verwehrt. Es gibt dazu einen Brief von Hofmannsthal an das Festspieldirektoriumsmitglied Richard Strauss: »Ich drahtete Ihnen und wiederhole nun die dringende Bitte: nehmen Sie die rein formale, keinerlei Betätigung erheischende Stelle an ... Reinhardt zum Präsidenten nehmen diese Spießbürger nie: sie hassen ihn, sie hassen ihn dreifach und vierfach, als Juden, als Schloßherrn, als Künstler und einsamen Menschen, den sie nie begreifen.«

Was Kraus wie andere Kritiker als Firlefanz abqualifizierte, hatte Reinhardt (neben den Girls) aus der japanischen Theatertradition importiert: die Blumenstege, die durch das Parkett führten. Sie machten diese Inszenierung auch berühmt.

Seine Zeit unter Direktor Brahm nutzte Schauspieler Reinhardt, der meisterhaft alte Männer darstellen konnte, für erste Regieversuche: Junge Ensemblemitglieder des Deutschen Theaters tourten im Sommer in Eigenproduktionen durch Österreich und Deutschland.

Schon bald darauf braute sich im Mief und Zigarettenqualm seines Berliner Stammcafés »Monopol« die Idee eines Kabaretts zusammen: »Schall und Rauch«.

Von nun an geht es rasch bergauf: Reinhardt zieht ins Kellertheater »Unter den Linden«. Unter dem neuen Namen »Kleines Theater« (1903) übernimmt Meister Reinhardt erstmals – nach einem Bruch mit Brahm – die Leitung über einen Bühnenbetrieb. Dort punktet er mit seiner inzwischen berühmt gewordenen Inszenierung von Gorkis »Nachtasyl« spektakuläre Publikumserfolge. Es folgen Stücke von Wedekind, Hofmannsthal und Strindberg.

Zum Tod der Eleonora Duse:

»Sie verwirrt und packt das Publikum«

Noch einmal wird in New York der Stadtverkehr aufgehalten, damit sie ungehindert durchfahren kann. Noch einmal ist sie absoluter Mittelpunkt: in der Meerenge von Gibraltar senden entgegenkommende Schiffe dem Dampfer, auf dem sie sich befindet, ihren radiotelegrafischen Gruß. Und bei ihrer Ankunft in Neapel knien Verwandte des Königshauses weinend vor ihrem Sarg nieder. Eleonora Duse ist tot.

Sie war die international bekannteste Schauspielerin ihrer Zeit, Freundin und Vorkämpferin für Italiens Symbolisten-Dichter Gabriele d'Annunzio. Auf allen Bühnen der Welt umjubelt, war sie die berühmteste Darstellerin der »Kameliendame« – unpathetisch, frei von Posen, leichtfüßig; ein treuherziges Kind aus dem Volk, voller Koketterie und mit dem angeborenen Geschick, Männer zu behandeln.

Dabei wurde die 1859 geborene Tochter eines armseligen italienischen Schmierenschauspielers zeitlebens von ihrer Begnadung getrieben: »Ich gehe«, sagte sie immer wieder, »an die Arbeit. Fern und allein . . .«

Schon als Vierjährige stand die Enkelin eines der letzten venezianischen Commedia-dell'arte-Darstellers auf der Bühne, wuchs heran, mit dem unehrenhaften Geruch einer Komödiantentochter behaftet, kannte nichts anderes als das Leben in Wandertruppen und auf Bühnenrampen und war erstmals als vierzehnjährige Julia in der Arena von Verona von sich selbst erschüttert:

»Als ich über dem Leichnam des Romeo niedersank«, erinnerte sie sich später, »brüllte die Menge mit solcher Heftigkeit auf, daß ich erschrak. Irgend jemand hob

IHR LAG DIE WELT ZU FÜSSEN: Eleonora Duse

mich auf, schob mich diesem Geschrei entgegen . . Ich habe sicher die Blässe des Todes gehabt.«

Aber wirklich aufgefallen war die Duse erst im Jahr 1878 als Ophelia in Neapel: »Sie verwirrt«, schrieben damals die Kritiker, »das Publikum, aber sie packt es auch, ohne daß es gelänge, einen Grund dafür anzugeben.«

In Neapel begegnet sie auch ihrer ersten großen Liebe, dem Journalisten Martino Catiero – eine Liebe, von der nichts übrigbleibt als Schmerz und ein Kind, das wenige Tage nach der Geburt stirbt.

Nachdem Eleonora Duse Ehefrau des Schauspielers Teobaldo Checci (und Mutter) geworden ist, landet sie beruflich 1885 in Rio de Janeiro. Dort läßt sie ihren Mann zurück; sie trennt sich nach ihrer Rückkehr auch von der Rossi-Truppe, deren Mitglied sie bisher war, um ihre eigene Kompanie zu gründen. Zwischendurch kuriert sie ihren schwächlichen Körper am Meer oder in den Bergen aus und triumphiert auf ihren Auslandsgastspielen ungebrochen als Kameliendame, in Petersburg gleichermaßen wie in Wien.

Als die scheue Schauspielerin erstmals am Wiener Carltheater gastiert, ist der Saal so gut wie leer. Die Kritiker jedoch überschlagen sich, und schon ab dem nächsten Abend sind sämtliche Vorstellungen ausverkauft.

In den folgenden Jahren, in denen eine Tournee die andere jagt, passiert der Duse zwischen Brüssel und einem Gastspiel in New York die berühmteste private Szene: In Venedig begegnet sie Gabriele d'Annunzio, als sie gerade im Begriff ist, aus einer Gondel zu steigen.

Für ihn, den sie zu lieben beginnt, kämpft sie fortan; von seiner Dichtung ist sie, als alle ihn verachten, zutiefst überzeugt – obwohl sie 1898 in Rom mit d'Annunzios »Traum eines Frühlingsmorgens« den ersten denkwürdigen Mißerfolg erntet. Sie reist trotzdem mit erfolglosen Symbolismus-Stücken wie »Gioconda«, »Gloria« oder »Die tote Stadt« durch Italien.

D'Annunzio hat Eleonora Duse dafür in seinem Roman »Il fuoco« (»Feuer«) verewigt, in dem die Schauspielerin als Foscarina porträtiert ist und in dem sich die Beziehung der beiden widerspiegelt. Bezeichnenderweise erlebt die Duse d'Annunzios Durchbruch mit seinem Stück »Die Tochter des Joro« nicht. Sie erkrankt und muß im letzten Moment ihre Rolle abgeben.

Nachdem sie auch ihrer Liebe entsagt, beschreitet sie neue Wege: Sie nimmt Ibsen-Stücke wie »Hedda Gabler«, »Rosmersholm« und schließlich die »Frau am Meer« in ihren Spielplan auf, verläßt aber nach einer umjubelten Rosmersholm-Aufführung in Wien, 1909, plötzlich die Bühne.

Sie läßt sich in Viareggio nieder und schweigt zwölf Jahre, ehe sie sich zur Rückkehr entschließt: »Ich werde mit meinem alten, müden und faltenreichen Gesicht . . . vor den Zuschauern erscheinen und versuchen, ihnen mein Herz zu geben. Wenn sie mich wollen, wird es mich stolz und glücklich machen. Wenn nicht, werde ich in das Schweigen zurückgehen.«

Die Zuschauer wollten sie. Und sie geht dennoch ins Schweigen. Am 21. April dieses Jahres ereilt der Tod die Vierundsechzigjährige in Pittsburgh, USA.

Der Erfolg, der dem Stück beschieden zu sein scheint, ist nicht nur dem Autor zu verdanken: Klabund hat mit der Starschauspielerin Elisabeth Bergner – der er sein Werk auch gewidmet hat – eine hervorragende Interpretin als Haitang.

Eine Figur zwischen Trieben und Tradition im Mittelpunkt der chinesischen Parabel, in der es um falsche Menschen und um die korrigierende höhere Wahrheit geht. Nach einem brutalen Gerichtsbeschluß soll Haitang beweisen, daß sie die richtige Mutter eines Kindes ist. Das Kind steht in einem Kreidekreis. Die beiden Frauen, die es für sich beanspruchen, sollen mit allen Kräften darum kämpfen und das Kind an je einem Arm zu sich herüberziehen.

Klabund hat mit seiner Fabel-Fassung allerdings die lyrischen Passagen besser herausarbeiten können als die dramatischen, wie er überhaupt ein exzellenter Nachdichter chinesischer Lyrik ist.

Eine sagenhafte Karriere erreichte ihren Höhepunkt: König Viktor Emanuel III. erhob einen Mann aus den Abruzzen in den Fürstenstand, der sich mit furioser Phantastik und eiserner Energie selbst zur Heldengestalt stilisiert hat. Gabriele d'Annunzio führt fortan den Titel eines »Principe di Montenevoso«.

Und er residiert wahrhaft fürstlich, hoch über dem Gardasee, in seiner Villa »Vittoriale«, deren Weitläufigkeit er mit einer Überfülle von Kostbarem und Talmi ausgestattet hat.

Wie kein anderer seiner Landsleute verkörpert der nun Einundsechzigjährige italienisches Pathos. Schon immer war er ein Genie der extravaganten Selbstdarstellung. Als Dichter und als Mann schlug er die Italiener in seinen Bann, ähnlich wie einst Lord Byron das Europa der Romantik.

Wortprunk und Überschwang von d'Annunzios Lyrik und Prosa, vor allem sein Roman »Il fuoco«, in dem er, literarisch

Wer ist Gabriele?

DUSE-FREUND D'ANNUNZIO mit Mussolini

bestechend, seine Beziehung zur Duse rücksichtslos preisgibt, beeinflußten das Denken und Lebensgefühl der italienischen Gesellschaft ebenso stark wie die rhetorische Brillanz seiner patriotischen Aufrufe.

Unzählige Frauen haben am Sockel seiner Selbstvergötterung mitgebaut. Dieser Nimbus verblaßte auch nicht, als der Einzigartige wie ein entlarvter Hochstapler vor Gläubigern nach Frankreich flüchten mußte.

Im Krieg wurde d'Annunzio Flieger. War sein berühmter Flug über Wien im August 1918 noch ein propandistisches Bravourstück, so schwang er sich zum modernen Condottiere auf, als er 1919 mit einer Freiwilligenlegion die umstrittene adriatische Hafenstadt Fiume besetzte und zwei Jahre lang freistaatlich regierte.

Mit der großen Gebärde des Nationalheros kehrte er in die Heimat zurück. Und sagte spontan ja zum Faschismus . . .

»Habe keinen guten Ruf...«

Skandalautor Arthur Schnitzler veröffentlicht neue Erzählungen

ARTHUR SCHNITZLER

»Alle«, ruft sie, »alle sollen sie mich sehen.« Dann läßt sie ihren schwarzen Abendmantel fallen und zeigt sich splitternackt den Gästen des Hotels. Der Strip des »Fräulein Else« (so der Titel) ist der dramatische Höhepunkt der Story, ehe die Tochter eines jüdischen Anwalts aus Wien Selbstmord begeht. Ihre Selbstdarstellung ist allerdings Folge einer Zwangssituation. Nur unter der Bedingung, Fräulein Else für eine Viertelstunde ohne Kleider zu sehen, willigt der Kunsthändler Dorsay ein, der Tochter für den verschuldeten Vater eine größere Summe Geldes zu leihen.

Diese jüngst erschienene Erzählung des österreichischen Skandalautors Arthur Schnitzler, 62, dürfte wieder einmal ordentlichen Wirbel in den bürgerlichen Wohnstuben machen. Noch dazu, wenn es sich herumgesprochen hat, daß es sich bei der Hauptfigur um das Porträt einer Schnitzler-Geliebten handelt. Das Thema Verschuldung, heißt es außerdem, hänge wohl auch mit der persönlichen wirtschaftlichen Situation des Wiener Arztes zusammen, der sich in einer Cottagevilla in Wien-Währing niedergelassen hat.

Denn das Interesse an den Theaterstücken des Prominentenschriftstellers, die auf allen deutschsprachigen Bühnen zwischen Wien und Berlin auf den Spielplänen gewesen waren, hat in letzter Zeit spürbar nachgelassen.

Noch zum 50. Geburtstag hatte der Grillparzer-Preisträger und umjubelte Burgtheaterautor 450 Fanbriefe und Glückwünsche erhalten. Inzwischen ist Kritik an seinen Bühnenstücken laut geworden.

Seine Storys rund um leichtlebige Abenteuer mit treulosen Frauen, näselnden Lebemännern haben ihm außerdem den Ruf eines Pornographen und Erotomanen eingetragen. Nicht zuletzt deshalb, weil der Autor der »Liebelei« und des »Anatol« den Einakterzyklus »Der Reigen« – wenn auch

diskret umschrieben – der physischen Liebe gewidmet hatte.

Obwohl »Der Reigen« schon 1900 vollendet war, ließ ihn der Autor vorläufig lieber in der Schublade liegen und sandte das Manuskript höchstens ein paar Freunden zu. Mit der Bemerkung: »Ein Erscheinen der nachfolgenden Scenen ist vorläufig ausgeschlossen.«

Als »Der Reigen« 1921 doch am Wiener Volkstheater und in Berlin zur Aufführung kommt, war der Skandal tatsächlich perfekt: Nationalistische Klüngel störten die Vorstellung in beiden Theatern. Und in Berlin wurden sogar die Schauspieler von der politischen Reaktion wegen »Erregung öffentlichen Ärgernisses« vor Gericht zitiert, aber freigesprochen.

Daraufhin ließ Schnitzler, solchermaßen ein für allemal zum Skandalpoeten gestempelt, den Einakterzyklus für sämtliche Bühnen sperren.

Dabei ist der Wiener Arzt und Sigmund-Freud-Fan Ärgernisse gewöhnt: Als er beispielsweise im Jahr 1900 seine Erzählung »Leutnant Gustl« der *Neuen Freien Presse* zum Abdruck übergab, wurde ihm nach einem ehrenrätlichen Verfahren der Rang eines Reserveoffiziers aberkannt.

Was die Gesellschaft am meisten an diesem »Süßwasserdichter« (Karl Kraus) irritieren dürfte: daß er seine nähere Umwelt – teilweise erkennbar – verewigt. Weil die Schauspielerin Mizzi Glümer etwa dem Herrn Doktor tatsächlich untreu wurde, stellte er sie in seinem »Märchen« (1893) und im »Einsamen Weg« als Irene Herms kurzerhand auf die Bühne.

Und die Burg-Dame Adele Sandrock, jetzt auch schon 60, die Schnitzler einst schnöde verließ, ist als männer-verschlingendes Weib nicht nur im »Reigen« wiederzuerkennen.

Von vielen seiner Schriftstellerkollegen wurde und wird der dichtende Doktor kri-

tisiert und verachtet: Er produziere, schimpft beispielsweise Franz Kafka, »zum größten Teil schlechte Literatur und ist angefüllt mit einer geradezu schwankenden Masse widerlichster Schreiberei. Man kann ihn gar nicht tief genug hinunterstoßen.«

Seine Freunde fand Schnitzler allerdings schon früh unter den Literaten im »Café Griensteidl«. Er verkehrte in den Kreisen »Jung-Wiens« rund um Hugo von Hofmannsthal, Felix Salten und Hermann Bahr.

Weil er in gutbürgerlichen Verhältnissen aufgewachsen ist, konnte sich der Sohn eines Mediziners nie zum reinen Künstler- und Schriftstellertum entscheiden. Sein Aufbegehren gegen das Bürgertum war (und ist) eigentlich nur ein bohemeähnlicher Protest, der selbst bürgerlichen Ursprungs ist.

Als er an der Wiener Poliklinik, deren Chef sein Vater war, seine Medizinerausbildung absolvierte, beschäftigte er sich allerdings weniger mit organischen Leiden als mit dem Zusammenhang zwischen Dichtung und Wahnsinn und den sozialen Bedingungen für seelische Erkrankung.

Über sich selbst hatte der junge Schnitzler zu dieser Zeit schon gesagt: »Habe keinen guten Ruf in der Gesellschaft. Bin da oder dort geschätzt, als Causeur, als Klavierspieler. Man erzählt, ich sei arrogant, blasiert, weiß Gott was...«

Zum Tod von Franz Kafka:

»Jedes Wort hängt mit Angst zusammen ...«

Er starb, wie er gelebt hatte: still, unauffällig, nur von wenigen Freunden betrauert, am 3. Juni, kaum 41 Jahre alt, im Sanatorium Kierling bei Wien. Todesursache: Lungentuberkulose. In Prag erhielt der Schriftsteller Franz Kafka ein schlichtes Grab.

In Prag auch kam der Verfasser zahlreicher Erzählungen wie »Betrachtung«, »Das Urteil«, »Ein Landarzt«, »In der Strafkolonie« am 3. Juli 1883 als Sohn eines unterschiedlichen jüdischen Ehepaares zur Welt: In der Spannung zwischen der tschechisch-provinzproletarischen Herkunft seines Vaters und dem vermögenden, gebildeten deutschen Bürgertum, aus dem seine Mutter stammte, wuchs der Junge auf: in bescheidenen Verhältnissen vorerst. Später mit Kindermädchen und ziemlich isoliert.

Student Kafka konzentrierte sich auch nur mäßig auf sein Jusstudium und ging ebenso ungern den Weg eines jeden Juristen: Ausbildungspraxis erst bei einem Anwalt, später bei Gericht. Was auf den Schriftsteller insofern Einfluß hatte, als er seine Texte immer wieder um Themen wie Prozeß, Urteil und Verhandlung kreisen ließ.

Seine Prosa entstand während seiner bürokratischen Tätigkeit als Jurist bei der Arbeiter-Unfall-Versicherungsanstalt. Außerhalb der Dienststunden natürlich, an Spätnachmittagen, die Kafka stets herbeisehnte.

Seine Einsamkeitsgefühle – er hatte sie schon als Kind – verstärkten sich mit den

FRANZ KAFKA

Jahren gleichermaßen wie seine vergebliche Sehnsucht, Prag zu verlassen und, wenn möglich, nach Südamerika zu gehen.

Statt dessen rettete sich Franz Kafka – als unmittelbarer Ausdruck für seine Prager Lebenssituation – in eine kühle, puristische Sprache, die sich scharf abhebt vom Stil etwa eines Rainer Maria Rilke.

So wenig er sich in Literaturkreisen aufhielt, so sehr verband er sich in einer lebenslangen Freundschaft mit dem Schriftsteller Max Brod, 40. »Es ging etwas ganz ungewöhnlich Starkes von ihm aus, was ich nie wieder angetroffen habe, auch bei Begegnungen mit sehr bedeutenden und berühmten Männern nicht«, sagt Max Brod.

Trotzdem schien Kafka ständig von Angst beherrscht zu sein. An eine Brieffreundin, Milena Jesenská, schrieb er beispielsweise über seine Erzählung »Das Urteil«: »In jener Geschichte hängt jeder Satz, jedes Wort, jede – wenn's erlaubt ist – Musik mit der Angst zusammen.«

Angst hat Kafka vermutlich auch vor der Bindung an Frauen gehabt: Zweimal verlobte er sich – nur vorübergehend – mit Felice Bauer. Auch alle anderen Frauenbeziehungen hatte er vorzeitig gelöst. Dementsprechend ist sein literarisches Frauenbild: er zeichnete mit Vorliebe stets verlockende, aber niemals heiratsfähige Frauenfiguren.

Als Kafka, der im August 1914 seinen (bisher unveröffentlichten) Roman »Der Prozeß« fertiggestellt hatte, im Jahr 1917 erfuhr, daß er an Tuberkulose erkrankt war, empfand er das als Befreiung – speziell von seiner Verlobten, aber auch vom übermächtigen Vater, vom Büro und von Prag. Als er sich vier Jahre später in ein Sanatorium begibt, sogar mit dem Willen, gesund zu werden, entstehen zwar noch die beiden Werke »Der Hungerkünstler« und »Das Schloß«, aber für Kafka ist es zu spät.

Ob Max Brod das seinem Freund gegebene Versprechen, die Romanmanuskripte zu vernichten, halten wird?

Bücherspiegel

Sven Hedin: Von Peking nach Moskau, Reisebericht
Der bekannte Asienforscher, Verfasser zahlreicher wissenschaftlicher Arbeiten über seine Reisen durch Innerasien, legt hier einen weiteren seiner volkstümlich aufbereiteten Reiseberichte vor.

Mark Twain: Autobiographie
Vierzehn Jahre nach dem Tod des berühmten amerikanischen Humoristen ist jetzt seine Autobiographie erschienen, in der der Schöpfer des Tom Sawyer und des Huckleberry Finn sein farbiges Leben erzählt.

Hans Carossa: Rumänisches Tagebuch
Diese Kriegserinnerungen des Dichters fordern die Bewahrung innerer Werte. In

den Landschaftsbeschreibungen zeigt er uns die Natur als tröstendes Sinnbild des Lebens. Carossa schöpft jedoch auch Mut aus dem Erlebnis des Krieges: »Die Jahre des Wiederaufrichtens nach ungeheurem Einsturz, das sind die guten Wachstumsjahre der Völker. Zwar erkennen immer nur wenige besonnen tätige Geister die Vorteile der Niederlage. Aber auf diese wenigen kommt es an.«

Thomas Mann: Der Zauberberg, Roman
Zwölf Jahre lang hat Thomas Mann an diesem gewaltigen Roman gearbeitet. Wie schon in seinen »Buddenbrooks« und in der Novelle »Der Tod in Venedig« versucht er die Zusammenhänge zwischen Krankheit und Bewußtseinssteigerung aufzudecken. Sein Held Hans Castorp gelangt im Sanatorium in Davos, einem Zwischenreich zwischen Leben und Tod, zu neuen Kenntnissen vom Wunder des Lebens.

Zum Tod von Giacomo Puccini:

Letztes Werk unvollendet

Die Krankheit, die Maestro Giacomo Puccini seit März dieses Jahres quälte, brachte ihm am 29. November den Tod. Vergebens war der erschütternde Kampf des rapid Dahinsiechenden um die Vollendung seiner wohl bedeutendsten Oper, »Turandot«.

Die Partitur-Niederschrift bleibt ein gewaltiger Torso, bricht mit einem dramatischen Höhepunkt ab, dem Opfer-Selbstmord der liebenden Liu. Mit dieser, einer seiner edelsten Frauengestalten, starb auch Puccini selbst, nach Leiden »wie Christus am Kreuz« und trügerischen Besserungsphasen.

Jahrzehntelang war der Schöpfer von Welterfolgen wie »Manon«, »Tosca« und »Madame Butterfly« ein Rekord-Kettenraucher gewesen, fast nie konnte er ohne Zigarette sein. Hartnäckige Halsschmerzen bewogen ihn schließlich, zum Arzt zu gehen. Diagnose: Kehlkopfkrebs. Einzige Hoffnung: eine Radiumkur. Die beste Klinik befindet sich in Brüssel. Dorthin reist der Patient in Begleitung seines Sohnes. Scheu, fast gehetzt, allen Menschen ausweichend wie ein flüchtender Hochstapler. Der einst so vitale Künstler will von niemandem gesehen werden: gealtert, verfallen, ein blutiges Taschentuch vor dem Mund.

Am 24. November nehmen ihn die Brüsseler Chirurgen unters Skalpell, sie operieren drei Stunden. Danach gleicht Puccini dem heiligen Sebastian: sieben lange Radiumnadeln ragen aus seinem Hals. Sie sollen den Tumor zerstören.

Die Ärzte geben dem Schwerkranken Chancen. »Puccini wird die Klinik verlassen können!« lautet die Prognose. Doch dann kommt der katastrophale Rückfall. Eine Herzkrise. Und fünf Tage nach dem Eingriff das Ende.

Zum Zeichen der Trauer um den neben Richard Strauss größten Musikdramatiker unserer Zeit blieb in den großen Opernhäusern der Welt am Abend des 29. November der Vorhang geschlossen.

Der schneereiche New Yorker Spätwinter bringt eine musikalische Sensation. Am 12. Februar dirigiert Paul Whiteman, bekannt als Bandleader mit publikumswirksamen Programmen, in der voll besetzten Aeolian Hall die Uraufführung einer Komposition von George Gershwin, 26: »Rhapsody in Blue«.

Im Parkett sitzen Koryphäen wie die Komponisten Igor Strawinsky, Sergej Rachmaninow und der Geigenvirtuose Fritz Kreisler. Ihr spontaner Applaus gibt dem frenetischen Publikumsbeifall die künstlerische Beglaubigung.

Dabei hat Gershwin die »Rhapsody« nicht aus eigenem Antrieb geschaffen, sondern weil ihn Freund Whiteman einfach überrumpelte. Mit einer Zeitungsnotiz, daß in

BEIM ROLLENSTUDIUM: Maria Jeritza und Giacomo Puccini

BEIM KOMPONIEREN: George Gershwin

seinem nächsten Konzert ein neues »symphonisches« Werk Gershwins gespielt werde. Ein Werk, von dem noch keine einzige Note geschrieben, ja keine Spur eines Gedankens im Kopf des Komponisten vorhanden war!

George, immerhin einer der besten Songwriter Amerikas, hat die größere Form bisher stets gemieden – aus selbstkritischer Scheu. Er ist eigentlich Autodidakt und hegt eine viel zu hohe Meinung von konzertanter Musik, um einen solchen Versuch zu wagen.

Doch der Zwang mobilisiert seine schöpferischen Kräfte. Während einer Bahnfahrt fügen sich erste Einfälle aneinander, und in Umrissen ist die Komposition plötzlich als Ganzes da. »Ich hörte sie innerlich als ein musikalisches Kaleidoskop Amerikas«, sagt Gershwin über diesen Moment.

Die Niederschrift wird zu einem Wettrennen mit dem näherrückenden Termin. Der Komponist will sich von keinem Notenblatt trennen, solange ihm etwas nicht völlig geglückt erscheint. Whiteman beginnt Blut zu schwitzen. Zudem schreibt Gershwin das Stück, wie gewohnt, für Klavier. Es muß erst instrumentiert werden.

Die »Rhapsody in Blue« ist vom grotesk aufsteigenden Klarinettensolo des Einsatzes bis zum Finale etwas absolut Neues. Ein Werk, das den Elementen des Jazz das Konzertpodium erobert.

Krach auf der Generalprobe soll eine gelungene Premiere garantieren. Dieser Bühnenaberglaube hat sich im Fall des Generalmusikdirektors Richard Strauss, 60, nicht bewährt.

AM KLAVIER: Richard Strauss (links) und Franz Schalk

Obwohl er bei der letzten Probe zu seiner neuesten Oper »Intermezzo« am 3. November in Dresden so explodierte, daß er den Taktstock hinschmiß, wurde das Werk kein durchschlagender Erfolg. Und Wiener Operndirektor ist Strauss nun auch nicht mehr.

Richard Strauss, Sohn eines Münchner Musikers, ist ein Lieblingskind des Glücks: schon einundzwanzigjährig war er Hofmusikdirektor in Meiningen. Von da an stieg sein Stern als Dirigent immer höher und höher.

Nicht weniger Ruhm brachte (und bringt) ihm seine Tätigkeit als Komponist: seine symphonischen Werke »Tod und Verklärung«, »Till Eulenspiegel«, »Also sprach Zarathustra« und »Don Quixote« (um nur einige zu nennen) sind beim Publikum ebenso beliebt wie seine Opern »Salome«, »Elektra«, »Rosenkavalier« und »Die Frau ohne Schatten«. Der Musikfreund schätzt die glückliche Verschmelzung von Leidenschaftlichkeit und delikater Instrumentation.

Um so befremdlicher wirkt die eher oberflächliche Musik des neuen Werkes »Intermezzo« mit ihren Ländlermelodien und tonmalerischen Rodelpartien, die gelegentlich in Operettennähe gerät.

Ganz zu schweigen vom hanebüchenen Textbuch, das der Meister selbst verfaßt hat. Sein bewährter Librettist, der Dichter Hugo von Hofmannsthal, war ihm offensichtlich nicht gut genug, um eine banale Episode aus dem Intimbereich der Straussschen Ehe für die Opernbühne aufzubereiten.

Das Ehepaar heißt im Stück »Storch« (!), und auch sonst ist die in Wien und am Grundlsee spielende Affäre um einen Fast-Seitensprung eher nur durchsichtig bis peinlich. Nein – »Intermezzo« zählt durchaus nicht zu den reifsten Leistungen des Komponisten.

Für den Operndirektor heißt es überhaupt »aus«. Seit 1919 hatte Strauss, zusammen mit dem Wiener Dirigenten Franz Schalk, die Wiener Staatsoper geleitet. Wie in der Donaumetropole üblich, waren die Kompetenzen der beiden Herren nie genau abgegrenzt worden, und einer intrigierte nach Kräften gegen den anderen, wenn dieser gerade von Wien abwesend war.

Hatte Strauss gehofft, den lästigen Konkurrenten bereits los zu sein, so wurde ihm eben während jener ominösen Generalprobe zu »Intermezzo« die Nachricht überbracht, daß, ganz im Gegenteil, der Vertrag von Franz Schalk verlängert worden war.

Worauf – siehe oben – Strauss explodierte, den Dirigentenstab hinwarf und zürnte. Die Uraufführung von »Intermezzo« leitete er zwar noch. Aber mit der Wiener Oper will er nie mehr etwas zu tun haben. Zumindest nicht als Direktor.

Richard Strauss wird ab nun als freischaffender Künstler in Garmisch leben.

10. Oper Siegfried Wagners

SIEGFRIED WAGNER mit Ehefrau Winifred

»Schmied von Marienburg« heißt die neueste Oper von Siegfried Wagner, 55, dem Sohn des großen Richard und seiner Frau Cosima, geborene Liszt.

Obwohl Siegfried, wie in den neun vorangegangenen Opern, mit aller Kraft versucht, sich vom großen väterlichen Vorbild abzusetzen, muß er dennoch weiterhin in dessen Schatten stehen. Auch der »Schmied von Marienburg«, ein heiter-besinnliches Märchenspiel, kommt über brave Unverbindlichkeit nicht hinaus.

Als Leiter der Festspiele Bayreuth ist Siegfried Wagner wesentlich erfolgreicher. Er ist seit 1915 mit der Engländerin Winifred Williams verheiratet und Vater zweier Söhne, Wieland, 12, und Wolfgang, 10.

Nachtigall aus dem Grammophon

Ottorino Respighi, 45, Direktor der berühmten Musikschule Santa Cecilia in Rom, der schon vor sieben Jahren die römischen Brunnen in einer symphonischen Dichtung plätschern ließ, hat sich noch einmal der italienischen Hauptstadt angenommen.

In seinem neuen Werk »I Pini di Roma« (»Die Pinien von Rom«) läßt er in 24 Minuten Visionen römischer Geschichte am Konzertpublikum vorbeirauschen. Ein großes Orchester, verstärkt durch Harfe, Orgel, Celesta, Glocken, Klavier, Grammophon (!) und sechs »Buccine« genannte römische Signalhörner, begleitet zunächst spielende Kinder durch die Pinienwäldchen der Villa Borghese. Von dort geht es in die tiefen Schatten um den Eingang zu den Katakomben, aus denen psalmodierender Gesang aufsteigt. Im dritten Tonbild, den »Pinien des Janiculum«, erklingt die Schallplatten-Nachtigall, während der vierte Teil die römisch-antike Vergangenheit konsularischen Triumphzugs zum Kapitol beschwört.

OTTORINO RESPIGHI

FILM

»Steirischer Jäger« als Jung-Siegfried

Die Kino-Hits des Jahres

Zwei Millionen-Dinger und ein sehr leises Kammer-Lichtspiel sind die Kassenschlager der Kinosaison. Aber während »Die Nibelungen« von Fritz Lang und F. W. Murnaus »Der letzte Mann« veritable Kunstwerke sind, befriedigt Cecil B. De Milles »Die Zehn Gebote« vor allem die Schaulust des Massenpublikums.

Zunächst blieb dem sonst so schlagfertigen Berliner Produktionschef der »Decla«-Film, Erich Pommer, vor Staunen die Sprache weg. Fritz Lang, 34, eines seiner besten Pferde im Regie-Stall, wollte nach dem zeitnahen Reißer und Kassenfüller »Dr. Mabuse, der Spieler« (siehe ZEIT-BILD 1923) aus der hektischen Gegenwart in die mythische Vergangenheit entfliehen und »Die Nibelungen« verfilmen, »das geistige Heiligtum der Nation« (Lang). Der Regisseur, vor seiner jetzigen steilen Karriere künstlerisch vielseitiger Wiener Globetrotter, ließ sich von seiner kostspieligen Idee nicht abbringen. Wenn Lang Pläne schmiedet und verwirklicht, schaut er nicht aufs Geld. Genau wie sein Kollege Max Reinhardt.

Gemeinsam mit seiner Gefährtin Thea von Harbou, die wie ein blondes Minnesängeridol aussieht und außerdem hervorragende Drehbücher schreibt, verfaßte er das Szenarium. Eineinhalb Jahre drehte er in gewohnt diktatorischer Art in der Filmstadt Berlin-Neubabelsberg und auf anderen Geländen in der Nähe der Reichshauptstadt an dem zweiteiligen Leinwandepos. Mit einem enormen Aufwand an Bauten, Komparsen und Tricks.

»LEUTE IN BETTLAKEN«: Szenenbild aus den »Zehn Geboten«

Immerhin: er behielt recht. Der Doppelfilm, in diesem Jahr uraufgeführt, ist ein Kunstwerk von hohen Graden. Frei von jeder nationalen Propaganda überzeugt das Werk auch ausländische Skeptiker, wiewohl sich natürlich gerade die politische Rechte in Deutschland für die »Nibelungen« begeistert und geflissentlich übersieht, daß der geniale Regisseur nur »halber Arier« ist.

Lang, der von der Malerei kommt und ausschließlich den Gesetzen der Kamera und des Lichts folgt, vermied die Berührung mit Wagners »Ring«, distanzierte sich bewußt vom Opernhaften. Das Geschehen der Sage vollzieht sich ohne die Götterwelt Walhalls.

Da ihm bei seiner Regiearbeit jede Einzelheit wichtig ist, überwachte er persönlich die Architektur, das Dekor und die Kostüme, verband Frühmittelalterliches mit Elementen des Jugendstils. Lang: »Die Welt von Worms, das hieß, die Welt einer schon überfeinerten Kultur, in der jede Geste, jedes Gewand, jeder Gruß von einer fast müden, aber sehr adeligen, zur Sitte gesteigerten Einfachheit war.« Ist damit nicht auch die Atmosphäre der Wiener Gesellschaft nach 1900 gemeint, in der Lang selbst aufwuchs?

All seine Ausdrucksmittel faßte er zu großartigen, monumentalen Bildkompositionen zusammen.

Den Wald, durch den der Jung-Siegfried seinem Schicksal entgegenreitet, forstete der Regisseur im Atelier auf. Weite und Tiefe aber sind raffinierte Täuschung des Auges. Außer einem außerordentlich hohen Produktionsbudget kam Lang zugute, daß Neubabelsberg technisch und räumlich Möglichkeiten bietet, mit denen sogar die Amerikaner kaum konkurrieren können.

Heldische Hochgefühle erweckt der Monsterfilm dennoch selten. Am ehesten der Endkampf König Gunthers und seiner Getreuen: Es sind keine Übermenschen, die da handeln, aber merkwürdig über die Wirklichkeit erhobene Wesen. Seinen Landsmann Paul Richter – ohne hellblonde Perücke der Typ des feschen steirischen Jägers – machte Lang mit der Rolle Siegfrieds zum Star und zum Traum-Mann deutscher Frauen.

Die Berliner Uraufführungen der beiden Nibelungen-Filme waren Großereignisse für High Society, Presse und Publikum. Unter den Ehrengästen: Außenminister Stresemann. Spontan dankte er dem Regisseur, weil er eine »Kulturbrücke zwischen den Nationen« geschlagen habe.

Ein völlig anderes Naturell als Lang hat sein Kollege Friedrich Wilhelm Murnau (recte: Plumpe), 36, der vor zwei Jahren mit dem phantastischen Vampirschocker »Nosferatu« den Sprung in die Spitzenriege deutscher Filmgestalter schaffte. Sensibel, introvertiert, kein Dompteur des Ateliers, sondern ein behutsamer Ratgeber der Schauspieler, leise, doch sehr intensiv.

Sein neues Leinwand-Opus heißt »Der letzte Mann« und ist eine genau beobachtete Alltagsgeschichte. Hauptperson ist der Portier eines Nobelhotels, dem seine goldbetreßte Uniform ungeheures Selbstgefühl verleiht. Als er, zu alt geworden, diese Gala ausziehen muß, fällt er seelisch in sich zusammen. Auf die Herrentoilette als Wärter abgeschoben, müßte er eigentlich langsam an der Demütigung zugrunde gehen. Und darin liegt die einzige Schwäche dieses beispielhaft gedrehten Films: eine unwahrscheinliche Wendung zum Happy-End ist willkürlich angestückelte Kolportage.

Murnau wollte sie nicht. Er wollte ein glaubhaftes Drama zeigen. Aber die Produktionsleitung und der Darsteller der Titelfigur, Emil Jannings, fanden, man dürfe das Kinopublikum – so viele selbst Benachteiligte, Verarmte und Enttäuschte – am Schluß nicht in schwärzeste Hoffnungslosigkeit entlassen. Das Glück kann immer noch kommen: mit diesem tröstlichen Gedanken sollen die Leute nach Hause gehen.

Für den Schauspieler Emil Jannings, 40, schon bisher in den Berliner Ateliers sehr gefragt, kam das Glück bereits: in Form eines Hollywood-Vertrags. Denn seine Lei-

LIEBESIDYLLE UNTERM ROSENBUSCH: Jung-Siegfried (Paul Richter) und Kriemhild

stung macht überall Furore. Neben dieser klobigen Gestalt, die mit dem berühmten seelenvollen »Plüschblick« jedes Herz zu rühren vermag, sind alle übrigen Mitwirkenden bloß Staffage.

Genau das Gegenteil eines Schauspieler-Solos erstrebte der amerikanische Regisseur Cecil B. De Mille, 43: Hekatomben von Kostümierten, Requisiten, Effekte! Ähnlich wie Fritz Lang ist er ein Stratege des Films, er braucht den großen Stoff – und ein astronomisch hohes Produktionskonto.

Als er das Thema »The Ten Commandments« (Die Zehn Gebote) vorschlug, antworteten ihm die Finanzbosse: »Ach was, niemand will Leute in Bettlaken herumlaufen sehen.« Cecil konterte überlegen: »Wetten, daß?! Wenn ich das Ganze so kurbeln kann, wie ich es mir vorstelle.«

Um zum Biblischen Aktuelles in Beziehung zu setzen, baute er in die Handlung eine moderne Story von zwei Brüdern ein, der eine gottesfürchtig und gut, der andere verworfen. Auf einer grenzenlosen kalifornischen Wüstenfläche drehte er von fahrenden Autos aus die Verfolgungsjagd des Ägypterheeres.

Ungleich schwieriger als diese Attacke der Reiter und der Streitwagen war der Zug der Juden durch das Rote Meer zu filmen.

Keine Produktion kommt heute mehr ohne Trickspezialisten aus, erfinderische Techniker, die frappant echt wirkende Illusionen schaffen.

Die Teilung der Gewässer simulierte man auf dem Modelltisch mit zwei rasch erhitzten, schmelzenden Gelatinestreifen, dann wurden die Aufnahmen rückläufig kopiert und die Einstellungen auf die Israelitenschar eingeblendet, die in Wahrheit trockenen Fußes durch den Sand marschiert war.

All das kostete Unsummen. Als eine Million Dollar ausgegeben war, bevor die Kameraleute sämtliche Szenen »im Kasten« hatten, meuterten die Finanziers. Daraufhin tat De Mille etwas Wahnwitziges. Er bot sein persönliches Vermögen als Ersatz an, das heißt, er wollte der Firma Paramount seine bisherige Arbeit abkaufen und sie buchstäblich in eigener Regie beenden. Ein solches Hasardspiel hat noch kein Filmregisseur gewagt.

Diese Zivilcourage beeindruckte die Hollywood-Moguln – sie machten weiteres Geld flüssig. Cecil konnte bis zur letzten Klappe drehen. Der hohe Einsatz lohnte sich. In den USA und in Europa will einfach jeder den würdigen Moses und seine »Leute in Bettlaken« sehen.

Olympia ohne Deutschland

Österreichs Minimannschaft siegt sensationell bei ersten Winterspielen – Frauen dürfen nur am Rande mittun

Den sogenannten »völkerverbindenden Geist« der Olympischen Spiele wieder einmal mit Füßen getreten hat das Olympische Komitee: zu den Sommerspielen in Paris und den erstmals stattfindenden Winterspielen in Chamonix ist Deutschland nicht zugelassen. Weil die Väter der heutigen Sportjugend »den Krieg angefangen haben«.

Dafür hat man, gnadenhalber, den kaum lebensfähigen Rest des einstmals mächtigen Österreich eingeladen. Die paar Burschen und Mädchen aus Österreich kassierten daraufhin auch gleich Medaillen en gros. Sehr zum Ärger mancher Sportgiganten!
Die 1896 ins Leben gerufenen und seither alle vier Jahre stattfindenden Spiele sollten 1916 in Berlin ausgetragen werden. Doch zu jener Zeit fanden »Wettkämpfe« ganz anderer Art statt. 1920 traf sich die Jugend der Welt in Antwerpen – ohne Deutschland und Österreich.
Diesmal ist Paris das Ziel der Sportfans –

noch immer ohne Deutschland. Deutschlands Sportler revanchieren sich für die Brüskierung auf ihre Weise: die Ruderer, zum Beispiel, treten prinzipiell gegen kein Land an, das in Deutschland Besatzungssoldaten stellt.
Sind bei den Olympischen Spielen von 1924 die Deutschen überhaupt nicht vertreten, so sind auch die Frauen stark unterrepräsentiert. Sie dürfen bei den Winterspielen nur im Eislaufen, bei den Sommerwettbewerben nur im Fechten und im Schwimmen teilnehmen. Auf 3.385 männliche kommen nur 149 weibliche Sportler.

GOLD FÜR ÖSTERREICH:
Herma Planck-Szabo

Zwei Nationen dominieren eindeutig bei diesen vom 3. Mai bis 24. Juli (!) dauernden Sommerspielen: die großen Amerikaner und – die kleinen Finnen. Je ein einziger Mann gibt bei beiden den Ausschlag.
Amerika gewinnt von 17 möglichen Goldmedaillen im Schwimmen gleich 13. Drei davon allein holt sich der Senkrechtstarter Johnny Weissmüller, 20, aus Chikago.
Der gebürtige Siebenbürger Sachse Janos Weissmüller, der als Dreijähriger mit seinen Eltern in die Staaten kam, hat schon vor zwei Jahren im 100-Meter-Freistil mit 58,6 Sekunden die Traummarke von einer Minute unterschritten. In Paris holt er sich Gold in 100- und 400-Meter-Freistil sowie in der 4 × 200-Meter-Disziplin.
Bei einem Schauschwimmen in Wien, am 7. August, hat Weissmüller übrigens seinen eigenen Weltrekord über 100-Meter-Freistil nochmals unterboten. Er schafft die Strecke in 57,8!
Die Finnen scheinen die schnellsten Männer der Welt zu haben. In der Leichtathletik holen sie sich nicht weniger als zehn Goldmedaillen, und sie gewinnen sämtliche Laufwettbewerbe, vom 1.500-Meter-Lauf bis zum Marathon.

JUGEND DER WELT MARSCHIERT INS STADION: Olympische Sommerspiele in Paris

Umjubelter Star: der jetzt bereits siebenundzwanzigjährige Paavo Nurmi. Er gewinnt überragend über die Strecken von
1.500 und 5.000 Meter, dazu noch im
3.000-Meter-Hindernislauf. (Siehe Kasten:
»Laufwunder Nurmi«.)
Auch die mehr oder minder gnadenhalber
zugelassene Zwergnation der Österreicher
kann ein paar Medaillen ergattern. Das
armselige Häuflein ist, ohne Betreuer, dritter Klasse angereist. Auch das war erst
möglich, nachdem sich einige milde Spen-
der gefunden hatten, welche die Reise fi-
nanzierten. Der Staat hat für derlei Firlefanz kein Geld.
Wenn sich auch die Träume von olympi-
schem Gold nicht erfüllt haben, so gibt es

doch wenigstens drei Silbermedaillen im
Stemmen (Aigner, Stadler, Zwerzina), und
im Mittelgewicht-B-Stemmen eine Bron-
zene für Friedrich.
Gegen den Widerstand der nordischen
Länder, die um den Bestand ihrer jährlich
ausgetragenen »Skandinavischen Spiele«
fürchteten, wird in diesem Jahr vom 25. Ja-
nuar bis 4. Februar zum ersten Mal eine
Winterolympiade in Chamonix abgehalten.
Das Programm ist bescheiden: nordische
Skiwettbewerbe, Eiskunstlauf, Schnellauf,
Eishockey. Nur 16 Nationen mit 93 Wett-
kämpfern nehmen daran teil. 13 dieser
Wettkämpfer sind Frauen.
Österreich kann mit Ach und Krach die
Fahrt für vier Sportler finanzieren – alle-

JOHNNY WEISSMÜLLER

Laufwunder Nurmi

PAAVO NURMI

»Nur ein Mensch, der in großer Armut
lebt, ist zu großen Leistungen fähig«, erklärt Finnlands Laufwunder Paavo Nurmi
einem Journalisten.
Dieses kurze Statement – eines der wenigen, das der pressescheue Finne gibt
– umreißt die ganze Lebensphilosophie
des »besten Läufers aller Zeiten«
(Schlagzeile).
Er ist das Kind armer Leute aus dem finnischen Norden, hat mit vierzehn seinen
Vater verloren und für vier jüngere Geschwister sorgen müssen.
Der glühend ehrgeizige Mechaniker absolviert siebzehnjährig seinen ersten
Start auf der Aschenbahn – fällt aber
nicht weiter auf. Erst als er 1919, bei
einem feldmarschähnlichen Militärgelän-
delauf, weit voran liegt, wird man auf
sein Talent aufmerksam.
1920 bricht er alle finnischen Landesre-
korde, bei den Olympischen Spielen von
1920 holt er Gold für die 10.000-Meter-
Strecke und Silber über 5.000 Meter.
Die drei Goldmedaillen in diesem Jahr
kommen nicht überraschend. Sein Stil
ist leicht, locker, federnd. Niemals wirkt
er am Ende der Strecke erschöpft oder
auch nur atemlos. Niemals richtet er sich
nach seinen Konkurrenten, nur nach seiner Stoppuhr, die er ständig konsultiert.
Er wird mit Ehrungen überschüttet, mit
Einladungen bestürmt. Er entscheidet
sich für eine Veranstaltungsserie in den
Vereinigten Staaten. Fazit: fünf neue
Weltrekorde. An einem einzigen Tag.
Der 31. August dieses Jahres wird in die
Sportgeschichte eingehen.

samt Eisläufer. Und diese vier bringen zum
unbeschreiblichen Jubel ihrer Landsleute
zwei Goldmedaillen und eine Silbermedaille
mit nach Hause!
Herma Planck-Szabo, Österreichs uner-
reichte Eislady, holt sich, sozusagen »mit
links«, den Sieg im Damenkunstlauf. Das
Paar Helene Engelmann-Alfred Berger er-
kämpft den ersten Platz in der Paarlaufkon-
kurrenz. Willy Böckl wird im Herren-
kunstlauf hinter dem oftmaligen Weltmeister Gillis Grafström Zweiter.
Neben all den Stars auf dem glatten Eispar-
kett findet auch die letzte unter den zwölf
angetretenen Damen in der Presse noch
einige Aufmerksamkeit: Ein zierliches kleines Mädchen schwebt mit bewundernswer-
ter Anmut über das Eis. »Sie hat Talent, die
zwölfjährige Norwegerin Sonja Henie«,
heißt es in einer Pressestimme. Man wird
sehen, ob die Kleine tatsächlich hält, was sie
verspricht . . .

Experiment in Österreich:

Fußballer als Profis

Ein interessantes Experiment startet am 5. September der Wiener Fußballverband: ab diesem Zeitpunkt gibt es Profi-Fußballer in Österreich. Höchstgage 250 Schilling (das entspricht dem Verdienst eines Facharbeiters), 10 Schilling Startgeld plus einer Siegesprämie von 30 Schilling.

Damit macht Österreich als erstes Land auf dem Kontinent dem unwürdigen Zustand des sogenannten »Nachtmahlamateurs« ein Ende. Gemeint sind damit die Spieler, die zwar als Amateure gelten, aber doch in irgendeiner Form entlohnt werden.

Nach Einführung der geregelten Arbeitszeit haben nicht nur die feinen Herren, sondern auch die breiten Volksmassen Zeit, Sport auszuüben und bei sportlichen Veranstaltungen zuzusehen. Besonders der Fußball nimmt einen ungeahnten Aufschwung, und es ist nur verständlich, daß die Spieler, welche die Massen anlocken, nicht leer ausgehen wollen.

So kleidet man sie ein (Stars erhalten englische Maßanzüge, weniger gute Spieler solche von der Stange), ersetzt ihnen großzügig alle Spesen. Und lädt sie zum Essen ein. Daher der Spitzname »Nachtmahlamateure«.

In England hat bereits 1888 die reinliche Trennung zwischen Profi und Amateur stattgefunden. Nun hat auch das kleine Österreich den entscheidenden Schritt gewagt. Die anderen Länder rundherum, Deutschland an der Spitze, wollen noch abwarten und sehen, wie die Sache in Österreich läuft.

HEUTE SPIELT DER URIDIL: Österreichs Fußballstar in Aktion

PERSONALIA

Reza Khan Pahlewi, 46, bisher Kriegsminister, hat sich am 28. Oktober vom persischen Schah zum Ministerpräsidenten des Iran ernennen lassen – offenkundig gegen den Willen des Herrschers, der kaum noch wirkliche Macht besitzt.

Ahmed Schah, aus der nun schon 130 Jahre regierenden Dynastie der Kadscharen, ist unmittelbar nach dem Amtsantritt des neuen Ministerpräsidenten nach Europa abgereist. Sein Verschwinden ähnelt verdächtig einer Flucht.

MARIANNE HAINISCH

Michael Hainisch, 66, österreichischer Bundespräsident seit 1920, hat seiner Mutter **Marianne,** 85, in diesem Jahr ein exquisites Geschenk gemacht: ihr zu Ehren führte er am zweiten Sonntag im Mai den Muttertag ein. Wie man hört, wollen weitere europäische Staaten die hübsche Sitte übernehmen, die aus Amerika stammt. Dort hat eine gewisse Anna Jarvis 1905 zum ersten Mal einen Muttertag gefeiert und fand bald viele Nachahmer. Präsident Wilson deklarierte dann 1914 für die ganzen Vereinigten Staaten einen offiziellen Muttertag. Er wird allerdings eher zum Wohl der US-Geschäftswelt als zu Ehren der Mütter zelebriert. Bundespräsident Hainisch will ihm den wahren Gefühlswert zurückgeben: er schenkte seiner Mutter lediglich ein winziges Biedermeiersträußchen.

ANATOLE FRANCE

Joseph Conrad, 66, englischer Schriftsteller (eigentlich Theodor Józef Konrad Korzeniowski), am 6. Dezember in Bishopsbourne in der Grafschaft Kent. Conrad kam als Sohn polnischer Eltern – sein Vater war Übersetzer – in der Ukraine zur Welt. Mit siebzehn trieb ihn die Abenteuerlust in die Ferne. Auf französischen und englischen Schiffen hat er alle sieben Weltmeere befahren. Noch als Seeoffizier begann er Kurzgeschichten zu schreiben. 1895 brachte ihm der Roman »Almayers Wahn« den großen Durchbruch, so daß er sich als freier Schriftsteller in England niederlassen konnte. Die meisten seiner romantisch-realistischen Romane aus dem Milieu der Abenteurer und Seefahrer in der Inseltwelt der Südsee gerieten ihm zu Bestsellern, die in mehrere Sprachen übersetzt wurden. (»Der Verdammte der Inseln«, »Der Geheimagent«, »Der Freibeuter« u. v. a.)

JOSEPH CONRAD

Gestorben:

Anatole France, 80, französischer Dichter (eigentlich Jacques Anatole Thibault), am 13. Oktober auf seinem Gut La Béchellerie bei Tours. France versuchte sich zunächst als Lyriker und Dramatiker, wurde aber dann zu einem der bedeutendsten Romanciers Frankreichs. Mit skeptischer Ironie schildert er menschliche Schwächen und legt die Hohlheit von Ideologien bloß. Unter seinen Werken sind Welterfolge wie »Insel der Pinguine«, »Die Bratküche zur Königin Pédauque«, »Der Aufruhr der Engel«, »Die rote Lilie« sowie seine geistreichen Aphorismen-Sammlungen. 1921 erhielt Anatole France den Literatur-Nobelpreis. Sein Gesamtwerk steht auf dem Index der katholischen Kirche.

VICTOR SILBERER in seinem Ballon Vindobona

Victor Silberer, 60, Nestor des deutschsprachigen Sportjournalismus, am 11. April in Wien. Nach einem kurzen Aufenthalt in Amerika gründete Silberer bereits 1880 die *Allgemeine Sportzeitung*, die sich mit sämtlichen Sparten des Sports befaßte. Sie war die erste Sportzeitschrift im deutschsprachigen Raum und fungierte als offizielles Organ zahlreicher deutscher und österreichischer Vereine. Silberer hat den – heute leider fast in Vergessenheit geratenen – Grundsatz vertreten, kein Fachchinesisch zu verwenden: auch der blutigste Laie müßte Sportberichte verstehen. Er war auch politisch tätig (Reichstagsabgeordneter, Gemeinderat), schrieb mehrere Bücher über Rudern, Athletik und Boxen und gründete den österreichischen Aero-Club. Victor Silberer ist der erste Journalist, dem die Gemeinde Wien ein Ehrengrab gewidmet hat.

Karl Helfferich, 52, führender deutscher Finanzpolitiker, Stratege des Kampfes gegen die wahnwitzige Inflation der deutschen Währung. Früh und rasch hatte er Karriere gemacht. Als fähiger junger Aufsteiger war er in Konstantinopel der leitende Kopf eines Bagdad-Bahn-Projektes, seit 1915 bestimmte er das deutsche Finanzwesen und die Kriegswirtschaft mit, bekleidete einige Zeit die Position des Reichskanzler-Stellvertreters und wurde nach dem Friedensvertrag von Brest-Litowsk diplomatischer Vertreter des Reichs in Moskau. Parlamentarisch zählte er als Exponent der nationalen Richtung zu den erbittertsten und wortgewandtesten Gegnern der »Erfüllungspolitik« und befaßte sich in einem Buch mit der Vorgeschichte des Weltkriegs. Er war der dritte deutsche Staatspolitiker der neuen Ära, der eines gewaltsamen Todes starb: am 23. April verbrannte er mit vierzehn anderen Reisenden beim Zusammenstoß zweier Expreßzüge in der Nähe von Bellinzona.

KARL HELFFERICH

TOD BEIM MITTAGESSEN: Separatistenführer Joseph Heinz. Oben: Schauplatz der Tat. Unten: Eines der letzten Bilder des Ermordeten

Joseph Heinz, selbsternannter Ministerpräsident der »Autonomen Pfälzischen Republik« (siehe ZEIT-BILD 1923), wird am 9. Januar in Speyer erschossen. Er befindet sich gerade im Speisesaal des Hotels »Wittelsbacher Hof« beim Mittagessen. Die Täter – man vermutet Freischärler – haben den Mord mit großer Präzision vorbereitet. Sie können unerkannt entkommen. Am 12. Januar stürmt eine erregte Menschenmenge das Bezirksamt von Pirmasens, wo die separatistische Regierung ihren Sitz hat. Das Gebäude wird verwüstet und geht schließlich in Flammen auf. Am 17. Februar bricht auch in der Rheinpfalz die Herrschaft der Separatisten endgültig zusammen.

Das historische Nachrichten-Magazin

Zeit Bild

1925

Stalin:
Die Diktatur
des Apparats

Inhalt

Titelbild: Jossif Wissarionowitsch Stalin als
junger Kommissar

Brief des Herausgebers

Im Dezember 1925

»Das Riesenreich im Osten ist reif für den Zusammenbruch, und das Ende der Judenherrschaft in Rußland wird auch das Ende Rußlands sein . . .«

Dieses Zitat ist aus zweierlei Gründen bemerkenswert. Zum einen wegen seines Autors: Adolf Hitler. Zum anderen wegen seines Objekts: Rußland. Beide werden, so will es scheinen, derzeit zu wenig beachtet und ernst genommen.

Adolf Hitlers erstes Buch, »Mein Kampf«, das er während der Festungshaft verfaßte, ist in diesem Jahr erschienen – und zum Flop geworden. Das ist eher zu bedauern. Nicht wegen etwa vorhandener literarischer Qualitäten; die sind beim besten Willen nicht zu finden. Im Gegenteil: der Stil ist mühsam, enervierend schwülstig und holprig.

Indes verbirgt sich in dieser Mixtur aus Autobiographie und politischem Pamphlet eine lebensgefährliche Bedrohung für ungezählte Millionen Menschen. Denn sollte dieser bayrische Mussolini-Verschnitt jemals in Deutschland das Sagen haben, dann gnade Gott den Juden wie den Russen. Erstere sind, laut Hitler, dazu verdammt, ausgerottet zu werden; letztere müssen sich zur Kolonie der deutschen Herrenmenschen degradieren lassen.

Wer's nicht glaubt, lese es selbst nach. Kaum jemals zuvor in der Geschichte hat ein Politiker seine finsteren Pläne offener dargelegt als Hitler. Keiner seiner Anhänger kann sich ausreden, nicht genau zu wissen, was »der Führer« eigentlich will – »Mein Kampf« gehört zur absoluten Pflichtlektüre jedes braven Parteigenossen.

Was Hitler mit Rußland im Sinn hat, ist somit sonnenklar. Fragt sich nur, ob Rußland wirklich »reif für den Zusammenbruch« ist, und damit, nach Hitlers Wünschen und Vorstellungen, reif für die Eroberung durch die Deutschen.

Was immer Hitler in seinen Anmerkungen zu Rußland unter »Ende der Judenherrschaft« verstehen mag – Tatsache ist, daß der Einfluß der brillanten jüdischen Intellektuellen in der Sowjetunion stark zurückgeht.

Leo Trotzki, einstmals die unumstrittene Nummer zwei hinter dem Großen Vorsitzenden Lenin, ist praktisch weg vom Fenster, und die Tage der übrigen jüdischen Intelligenzija unter den sowjetischen Führungskräften scheinen ebenfalls gezählt.

Schon jetzt, nur ein Jahr nach Lenins Tod, ist der Feueratem der Revolutionäre von 1917 erloschen. Die zweite Generation der politischen Macher schiebt sich nach vorn, eine graue Masse linientreuer Ja-Sager und Apparatschiks. An unsichtbaren Fäden gezogen, von einem Mann, der sich bislang mehr im Hintergrund gehalten, dafür aber um so emsiger organisiert hat.

Jossif Wissarionowitsch Stalin heißt der neue Mann an der Spitze der Sowjetunion, und er ist in jeder Beziehung ein Unikum: der erste waschechte Proletarier, der sich vom geprügelten Sohn eines versoffenen

Flickschusters zum Kremlherrn emporgehantelt und die ganze Riege erlauchter Denker beiseite geschoben hat.

Überdies hat er eine merkwürdige Wandlung durchgemacht: nur seine manchmal mehr als rauhen Manieren erinnern an die Herkunft aus der Unterschicht. In Wirklichkeit ist er längst ein Bürokrat reinsten Wassers geworden, der ein fein verästeltes, dichtmaschiges Netz von Stützpunkten, Dienststellen und Informationsbüros mit einem Heer von Beamten, Agenten, Zuträgern und Denunzianten über das ganze Land verteilt und das Riesenreich damit langsam, aber sicher in den Griff bekommen hat.

Politisch hat er einen klugen Schachzug gesetzt, indem er (vorerst) die große kommunistische Weltrevolution abgesagt und »Kommunismus in *einem* Land« zur Parole gemacht hat. Wenn Europas Bürger-Parteien, ebenso wie der Faschist Hitler, sich in der Hoffnung wiegen, daß diese plötzlich aufblühende Zurückhaltung das erste Anzeichen von Schwäche bedeutet, dann könnte es eines Tages ein böses Erwachen geben.

Stalin ist – davon wissen seine Genossen im Politbüro ein Lied zu singen – immer für eine überraschende Kehrtwendung gut. Wenn es ihm in den Kram paßt, dann schließt er mit Tod und Teufel ein Bündnis. Auch mit Hitler – eine Vorstellung, die natürlich völlig absurd ist.

Dabei wäre eine Koalition zwischen den beiden Extremen so undenkbar nicht, haben die beiden doch zumindest zwei handfeste gemeinsame Interessen: Hitler wie Stalin verabscheuen die Polen, und jeder von ihnen möchte dem ungeliebten Nachbarn nur zu gern ein möglichst großes Stück Land entreißen.

Hitler wie Stalin sind mehr oder weniger offen deklarierte wütende Antisemiten. Hitler kann den Juden nur mit Druckerschwärze zu Leibe rücken. Stalin hingen ist, wie erwähnt, schon eifrig dabei, lästige jüdische Konkurrenten kaltzustellen. Ob er es dabei bewenden läßt oder noch einen Schritt weiter, bis zur physischen Vernichtung, geht, ist heute schwer vorauszusagen. Zuzutrauen wäre es ihm, nach allem, was man bis jetzt von ihm weiß, auch wenn er nicht, wie Hitler, den Judenmord ins Programm schreibt.

Bauernsohn wird Schah-in-Schah

Reza Pahlewi stürzt die alte Dynastie in Persien

Reza Pahlewi, 46, bisher Ministerpräsident Persiens, ist am 15. Dezember dieses Jahres vor dem Parlament in Teheran als Schah-in-Schah vereidigt worden, als »König der Könige«, wie der alte iranische Titel den Kaiser nennt.

REZA PAHLEWI

Das »Reich« beginnt sich freilich erst langsam von dem grauenhaften Zustand zu erholen, in den es, trotz seiner Neutralität, im Krieg 1914–1918 versetzt worden war.

Die mit den Deutschen verbündeten Türken waren im Norden eingefallen. Russen und Engländer, die Persien schon vorher in Einflußsphären aufgeteilt hatten, rückten dann ebenfalls in »ihre« Landesteile ein. Nach dem Abzug der Großmächte gab es Stammesaufstände, herrschten politisches Chaos, Not und Korruption.

Der neue »starke Mann« Reza hat dem allen zumindest halbwegs ein Ende gemacht. Seine Einsetzung zum Monarchen gilt auch für seine männlichen Nachkommen. Sein vier Jahre alter Sohn Mohammed Reza ist zum Thronfolger erklärt worden. Die Krönung Reza Schahs soll nächstes Jahr gefeiert werden, doch unumschränkter Herrscher war er praktisch schon längst.

Er ist der Sohn eines Bauern. Seine Laufbahn begann er als Soldat in der Kosakenbrigade des Kaisers, einem wüsten Söldnerhaufen, der von zaristisch-russischen Offizieren befehligt wurde. Die Männer (ihr Sold kam selten und spät) hielten sich oft nur durch Raub und Plünderung am Leben. Die Brigade war trotzdem die einzige kampfkräftige Truppe der persischen Zentralgewalt.

In ihr und mit ihr hat Reza sein Glück gemacht. Zuerst, im Auftrag der Regierung, durch eine Art »Staats«-Streich innerhalb dieser Einheit. Bereits ihr Kommandant, gewann er die eine Hälfte der Offiziere für sich und wurde damit die andere Hälfte los. Er setzte dieses Spiel so lange fort, bis schließlich die Russen (und einige britische »Berater«) völlig ausgeschaltet waren.

Die Erfolgsgeheimnisse Rezas waren sein beinharter, mit militärischer Tatkraft gepaarter Ehrgeiz, die Fähigkeit zu teilen und zu herrschen sowie die Kunst der Täuschung und wohldosierten Verräterei.

Der nächste Staatsstreich, diesmal schon ein echter, kam im Februar 1921. In Teheran hatte eine Kosakenabteilung gemeutert. Sie abzulösen, wurde Reza mit 700 Mann in die Hauptstadt berufen. Doch kam er mit 2.500 und mit Kanonen, nachdem er sich mit oppositionellen Politikern verschworen hatte.

Nach wenigen Tagen war die Regierung gestürzt und, mit widerwilliger »Zustimmung« des Kaisers, eine neue eingesetzt. Wobei sich Reza zum Oberbefehlshaber des Heeres und kurz darauf zum Kriegsminister machte. Gleichzeitig »konfiszierte« er einen Teil des Finanzministeriums.

In den nächsten vier Jahren reorganisierte er die Armee und kämpfte die »Banditen« nieder – so nannte er die Stämme, die sich beinahe in allen Teilen des Landes erhoben. Da deckte, im Oktober 1924, die Polizei ein »Mordkomplott« gegen Reza auf. Die angebliche Verschwörung war wohl auch einer der verschlagenen Schachzüge des Kriegsministers. Denn der verhaftete »Anstifter«, ein früherer Ministerpräsident, wurde seltsamerweise nicht hingerichtet, sondern bloß »nach Europa entfernt«.

Reza forderte vom Kaiser seine sofortige Ernennung zum Ministerpräsidenten, die zähneknirschend gewährt wurde. Worauf sich auch Ahmed Schah, der letzte Herrscher aus dem turkmenischen Geschlecht der Kadscharen, überstürzt »entfernte«, ins Exil nach Paris.

Danach Demonstrationen, Gegendemonstrationen, Prügeleien – für die Monarchie und gegen sie.

Die Mullahs aber wollten keine Republik. Weshalb sich Reza in der heiligen Stadt Qum mit der schiitischen Geistlichkeit beriet und nachher einen Aufruf erließ, den Islam und die monarchische Staatsform zu verteidigen. Vielleicht hat er dabei schon an sich gedacht.

Neuerlich Aufruhr in der Provinz. Die Rebellen werden nun schon mit Panzern und Flugzeugen niedergeworfen. Und schließlich, 1924, die Rückeroberung der (arabischen) Provinz Kusistan, wo die Anglo Persian Oil Company nach Erdöl bohrt. Die Perser sind wieder am Schatt el-Arab.

Dann, 1925, eine wohleingefädelte »Revolution« gegen die Kadscharen-Dynastie, mit wütend erhitzter Volkswut und einem Generalstreik der Basaris, der Kaufleute Teherans – das Zentrum der Erhebung ist die Militärschule der Hauptstadt.

Doch Reza hat natürlich nichts damit zu tun. Er läßt sich bitten und drängen – bis ihn das Parlament zum neuen Schah-in-Schah erhebt, gegen die Verfassung – aber mit nur fünf Gegenstimmen.

Der Bauernsohn ist Kaiser geworden.

DEUTSCHLAND

Locarno-Pakt: Ende des kalten Krieges

»Wir sind ein Helotenvolk gewesen, und heute sind wir wieder ein Staat von Weltgeltung«, verteidigt Reichskanzler Hans Luther, 46, ein brandneues Vertragswerk. Der »Locarno-Pakt«, der, wieder einmal, den wütenden Widerstand der Rechts-Opposition erregt, wird hoffentlich den permanenten kalten Krieg zwischen Deutschland und Frankreich beenden.

Äußerer Anlaß ist ein Nicht-Ereignis: im Januar dieses Jahres soll, laut Versailler Vertrag, die erste Zone des Rheinlands von den fremden Besatzern geräumt werden. Sie bleiben, wo sie sind, nachdem die Militärische Kontrollkommission dargelegt hat, daß Deutschland das Versailler Abrüstungsgebot, unter anderem durch die »Schwarze Reichswehr«, unterwandert hat (siehe ZEIT-BILD 1923).

Daraufhin ergreift Reichsaußenminister Gustav Stresemann die Initiative, um Frankreichs Sicherheitsbedürfnis endlich voll zu befriedigen. Er bietet – zunächst durch Mittelsmänner – entsprechende Garantien an.

Vom 5. bis zum 16. Oktober wird schließlich in Locarno, im Palazzo Pretario, ein Vertrag zwischen Deutschland, Frankreich, Belgien, Großbritannien und Italien ausgehandelt:

● Frankreich, Belgien und Deutschland verpflichten sich, an den im Versailler Vertrag festgelegten Grenzen nie mehr zu rütteln. Streitigkeiten wollen die drei Staaten friedlich austragen und sich, notfalls, einem internationalen Schiedsgericht unterwerfen.

● England und Italien übernehmen die Garantie des Vertrags, dessen Laufzeit beginnt, sobald Deutschland dem Völkerbund beitritt. Dies wird vermutlich im nächsten Jahr der Fall sein.

Stresemann kann verhindern, daß ein ähnlicher Vertrag für Deutschlands Grenzen zu Polen gefordert wird, die ja ebenfalls in Versailles zuungunsten Deutschlands korrigiert worden sind. Berlin hofft noch immer auf eine Revision. Warschau fürchtet sie. Die Lage im Osten Deutschlands bleibt weiterhin gefährlich gespannt.

Noch vor Abschluß des Vertrags von Locarno hat sich Frankreich aus dem Ruhrgebiet zurückgezogen. Anfang Dezember beginnt endlich die Räumung der Zone I. des Rheinlands.

Englands Außenminister, Sir Austen Chamberlain, 62, neben Frankreichs Außenminister Aristide Briand, 63, und Italiens Benito Mussolini einer der Unterzeichner des Locarno-Pakts, rühmt diesen als »die wirkliche Trennungslinie zwischen den Jahren des Kriegs und den Jahren des Friedens!«

TRIUMPH IN LOCARNO: der deutsche Außenminister Stresemann, von Journalisten umringt

»Ersatzkaiser« Hindenburg

Reichspräsident Ebert plötzlich gestorben

Überraschender Wechsel an der Spitze des Staates: Nach dem plötzlichen Tod des erst vierundfünfzigjährigen Sozialdemokraten Friedrich Ebert (erlernter Beruf: Sattler) wählt das deutsche Volk den bereits siebenundsiebzigjährigen Feldmarschall a. D. Paul von Beneckendorff und von Hindenburg zum Staatsoberhaupt.

TRIUMPH DER KONSERVATIVEN: Reichspräsident von Hindenburg auf dem Weg zur Vereidigung

Als Ebert am 28. Februar an einer verschleppten Blinddarmentzündung elend zugrunde geht, werden nicht alle Deutschen von Trauer ergriffen. Zu heftig ist seit Jahren von links und rechts gegen ihn gehetzt worden. Dabei hatte der redliche Ebert niemals anderes im Sinn als die Errichtung einer stabilen, demokratischen Republik auf den Trümmern des Kaiserreichs, die Überbrückung der gefährlichen innenpolitischen und innerparteilichen Gegensätze sowie die Versöhnung mit den Kriegsfeinden von gestern.

Die Kommunisten haben diesem »elenden Schurken« (Lenin über Ebert) nie vergessen, daß er und seine Partei, deren Vorsitzender er seit 1913 war, es 1918 ablehnten, mit der KP gemeinsam eine Räterepublik zu erkämpfen.

Die Rechtsparteien sahen im ersten republikanischen Reichskanzler und Vater der »Weimarer Verfassung« ohnehin stets einen heimtückischen Verräter der nationalen Idee.

Noch in seinen letzten Lebenstagen mußte sich Ebert einer üblen Verleumdungskampagne erwehren, die ihm unterstellte, 1918 mit revoltierenden Arbeitern gemeinsame Sache gemacht zu haben. Dieser Kampagne wegen, so heißt es, habe er die dringend notwendige Blinddarmoperation so lange hinausgeschoben, bis es zu spät war.

Ebert war 1918 von der in Weimar tagenden Nationalversammlung zum »vorläufigen Reichspräsidenten« gewählt und 1922 vom Berliner Reichstag bestätigt worden. Die Amtszeit sollte am 30. Juni dieses Jahres auslaufen.

Der Reichspräsident wollte sich zur Wiederwahl, diesmal durch das ganze Volk, stellen. Niemand zweifelte daran, daß er wegen seiner persönlichen Integrität und Aufrichtigkeit, allen Anpöbelungen zum Trotz, eine solide Mehrheit erhalten würde.

Dies geht auch aus der Tatsache hervor, daß sämtliche Parteien in arge Verlegenheit geraten, als es nach Eberts plötzlichem Tod gilt, ernstzunehmende Kandidaten zu präsentieren.

Sieben gehen am 29. März in den ersten Wahlgang. Alle sieben fallen durch. Erich Ludendorff, der Mann der vereinigten Rechtsparteien, sogar mit Pauken und Trompeten.

Zum zweiten Urnengang, am 26. April stellen sich der Zentrumsmann Wilhelm Marx, 62, bis zum Ende des Vorjahrs Reichskanzler nach Stresemann, und der Kommunist Ernst Thälmann, 39. Die SPD unterstützt Marx. Die Rechten aber lassen den glücklosen Ludendorff schleunigst fallen und treten an Hindenburg heran, mit der Bitte, zu kandidieren.

Der alte Herr ist längst in Pension und hat keinerlei Ambitionen mehr. Schon 1911 ist er als Offizier in den Ruhestand getreten, ließ sich aber bei Kriegsbeginn reaktivieren – um prompt zusammen mit Ludendorff die legendäre Schlacht von Tannenberg zu gewinnen. Der Mythos der Unbesiegbarkeit umgibt ihn noch heute.

FRIEDRICH EBERT

Politisch völlig unerfahren, zögert Hindenburg, den Ruf anzunehmen. Bis man dem Greis einredet, es sei seine soldatische Pflicht, dem Vaterland beizustehen.

Hindenburg gewinnt knapp, aber klar. Die deutsche Öffentlichkeit reagiert skeptisch bis enthusiastisch. Das Ausland wittert Gefahr: »Deutschland hat die Maske fallen lassen ... es zeigt seine kriegerischen Instinkte ... Die Politik der Versöhnung hat bankrott gemacht ...« klagt die französische *Le Temps*.

Informierte Beobachter mutmaßen hingegen, daß Hindenburg der Republik, auf die er einen feierlichen Eid abgelegt hat, ebenso treu dienen werde wie dem Kaiser. Das Volk aber habe sich, in nostalgischer Sehnsucht nach der alten, der guten Zeit, in ihm einen »Ersatzkaiser« geschaffen.

Ernst Thälmann, Hafenarbeiter aus Hamburg, hat die Wahl zum Reichspräsidenten zwar verloren, ist aber dennoch ein gutes Stück vorangekommen. Der ehemalige Sozialdemokrat, der im Jahr der russischen Oktoberrevolution zum Kommunismus konvertierte, hat als Vorsitzender der deutschen KP die Nachfolge der eigenwilligen Journalistin Ruth Fischer angetreten (siehe ZEIT-BILD 1923).

Zusammen mit Thälmann spielt sich ein organisationstüchtiger, strikt »stalintreuer« Genosse zusehends in den Vordergrund: der aus Sachsen stammende Tischlergeselle Walter Ulbricht, 32.

ERNST THÄLMANN

Hitler als Biedermann
Auf dem langen Marsch durch die Institutionen

»Ich kann es mir nicht mehr leisten, meinen Gegnern vorher anzukündigen, daß ich sie totschlagen will«, läßt Adolf Hitler im engsten Vertrautenkreis wissen. Er hat sich vorübergehend eine neue Masche zugelegt: die Demutshaltung des Biedermanns.

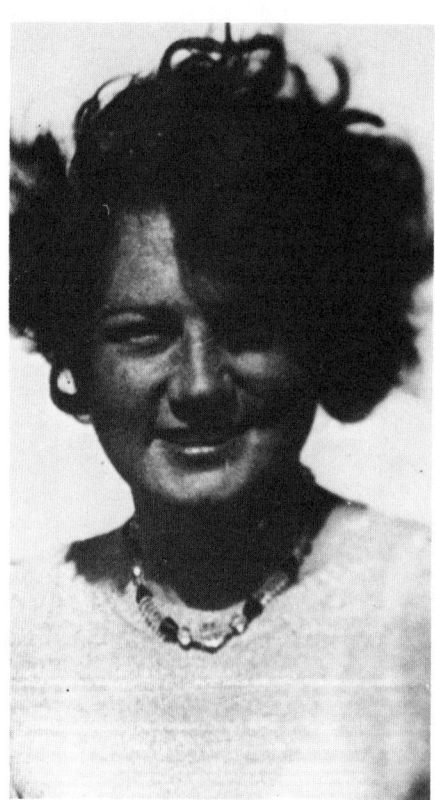

»FÜHRER«-NICHTE Geli Raubal

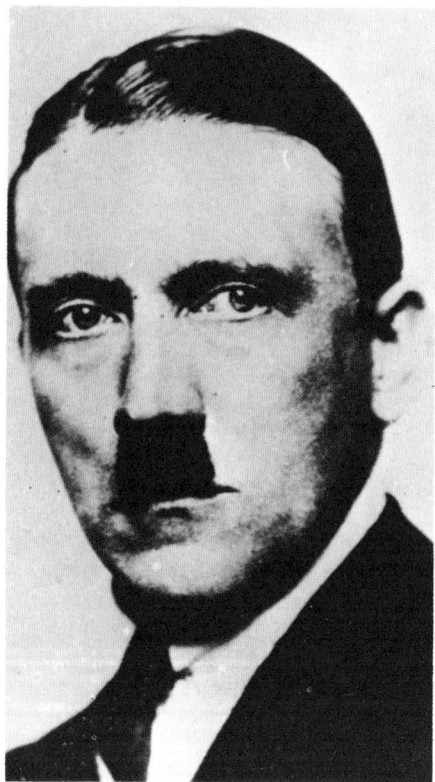

FÜRSORGLICHER ONKEL: Adolf Hitler

Unter einem Vorwand erschleicht er am 4. Januar eine Unterredung mit Bayerns Ministerpräsident Dr. Heinrich Held, 57, und versichert ihm seine Ergebenheit für die demokratischen Einrichtungen. Um Dr. Held im selben Atemzug die Zusammenarbeit gegen die verhaßten Marxisten anzubieten.

Überdies, beteuert Hitler, habe er eingesehen, daß der Putsch vom 8./9. November 1923 ein schwerer Fehler gewesen sei. In

Hinkunft werde er sich streng an Recht und Gesetz halten.

Der Weg nach Berlin, das hat Hitler inzwischen begriffen, führt durch die Institutionen und über eine solide Mehrheit im Reichstag. Das kann lange dauern.

Dr. Held zögert, Hitlers Zerknirschung für bare Münze zu nehmen. Als aber Justizminister Franz Gürtner, 44, im Brustton der Überzeugung erklärt: »Die Bestie ist gezähmt«, wird das Verbot der NSDAP aufgehoben. Am 26. Februar erscheint der *Völkische Beobachter* wieder. Der Leitartikel Adolf Hitlers trägt den beziehungsvollen Titel »Ein neuer Anfang«.

Im Rahmen einer Großkundgebung findet am folgenden Tag um 20 Uhr im Bürgerbräukeller die Neugründung der NSDAP statt. Bereits um 18 Uhr muß der Saal wegen Überfüllung geschlossen werden.

Als Hitler erscheint, brechen die Massen, beduselt vom Bier und berauscht vom Führer, in hysterischen Jubel aus. Männer fallen einander schluchzend in die Arme, springen, Maßkrüge schwingend, auf die Tische. Hitler hält eine seiner berühmten, enthusiasmierenden Reden. Er läßt aber auch keinen Zweifel, daß er gedenkt, die Partei diktatorisch zu führen, und daß er allein der einzige, der wahre Führer ist. Das richtet sich gegen einige Parteigenossen, unter anderem Ludendorff, die sich während Hitlers Haft in den Vordergrund zu spielen versucht hatten.

In den folgenden Wochen läuft Hitler zu rhetorischer Höchstform auf; vom republikanischen Biedermann kann die Rede nicht mehr sein. Worauf den Behörden angst und bange wird. Sie belegen das Großmaul kurzerhand mit Redeverbot.

Das tut der Partei gar nicht gut. Während Hitlers Haft geschwächt, in rivalisierende Splittergruppen zerfallen, siecht sie nun am Rand des Absterbens dahin: München, die glanzvolle »Hauptstadt der Bewegung«, zählt nur noch bescheidene 700 Mitglieder. Hitler indes strahlt betonten Optimismus aus. Bei endlosen Monologen im Freundeskreis oder bei stummen Auftritten in Versammlungen (aus unerfindlichen Gründen seit neuestem mit einer Nilpferdpeitsche bewehrt).

Manchmal zieht er sich in die Einsamkeit des Obersalzbergs zurück, wo er ein bescheidenes Bauernhaus gemietet hat. Manchmal sieht man ihn, ganz solider Bildungsbürger und fürsorglicher Onkel, in Begleitung seiner hübschen Nichte Geli Raubal, 17, in Theater und Konzert.

Das innen- und außenpolitische Klima hat sich soweit konsolidiert, daß politische Scharfmacher derzeit wenig gefragt sind. »Meine Zeit«, verkündet Hitler überzeugt, »wird noch kommen.«

Wohl kaum, wenn es weiter so aufwärtsgeht mit Deutschland.

Politisches Buch: »Mein Kampf« fürs »Dritte Reich«

Jetzt ist es also da, das mit Spannung erwartete Bekenntniswerk, das Adolf Hitler voriges Jahr auf der Festung Landsberg geschrieben hat. Doch nur magere 10.000 Exemplare von »Mein Kampf« werden verkauft – obwohl der dickleibige Wälzer jede Menge politischen Sprengstoffs und nicht zu überhörende tödliche Drohungen gegen Millionen Menschen enthält.

Es liegt wohl vor allem daran, daß dieser erste Band – ein zweiter soll nächstes Jahr folgen – praktisch unlesbar ist: langatmige Schachtelsätze, teils schwülstig, teils unbeholfen, mit langen Wiederholungen belastet. Man sollte sich dennoch die Mühe nehmen, das Machwerk sehr genau zu studieren. Hat man sich erst einmal durch die larmoyante Autobiographie durchgekämpft, in der sich Hitler vom simplen Versager zum bedauernswerten Opfer der damals herrschenden Gesellschaft stilisiert, dann kann einem buchstäblich Hören und Sehen vergehen. Gnade Gott, sollte dieser Mann tatsächlich einmal Reichskanzler und sollten seine Vorstellungen in die Tat umgesetzt werden.

Ein neuer Krieg wäre demnach unvermeidlich. Hitlers Ziel ist es allerdings nicht primär, die alten deutschen Grenzen wiederherzustellen. Seine Visionen drehen sich vielmehr um den deutschen »Lebensraum« im Osten.

Der Autor hält nichts von schwer zu regierenden überseeischen Kolonien. Deutschland soll, so wie die USA, eine zusammenhängende, homogene Landmasse beherrschen. Und zwar Rußland: »Wenn man in Europa Grund und Boden brauchte, dann konnte dies . . . nur auf Kosten Rußlands geschehen, dann muß sich das neue Reich wieder auf die Straße der einstigen Ordensritter in Marsch setzen.«

Die Eroberung solcher »Großräume« recht-

AUS DEM SIMPLIZISSIMUS: »Zwölf Mark kost' des Büchl? A bißl teuer, Herr Nachbar . . . Zündhölzln ham S' koane?«

fertige »vor Gott und der Nachwelt einen Bluteinsatz«. Die dafür Verantwortlichen seien »frei von Blutschuld und Volksopferung«.

Und weiter: »Das Riesenreich im Osten ist reif zum Zusammenbruch, und das Ende der Judenherrschaft in Rußland wird auch das Ende Rußlands sein.«

Hier sind gleich zwei der Hitlerischen Hauptanliegen verknüpft: die Auslöschung Rußlands und der Juden. Denn »Juda ist die Weltpest!« Und: »Der Jude ist wohl Rasse, aber nicht Mensch. Er kann gar nicht Mensch im Sinne des Ebenbildes Gottes, des Ewigen, sein. Der Jude ist das Ebenbild des Teufels.« Die Vernichtung dieses Teufels ist damit zwangsläufig gottgefällig: »Indem ich mich des Juden erwehre, kämpfe ich für das Werk des Herrn.«

Wie denn das? Nach Hitlers primitiver Theorie ist das brutale Recht des Stärkeren Gottes Werk. Und damit Gottes Gebot; danach zu handeln: »bedingungslose Verbeugung vor dem göttlichen Gesetz des Daseins«. Fazit: »Ein Wesen trinkt das Blut des anderen. Indem das eine stirbt, ernährt sich das andere. Man soll nicht faseln von Humanität.«

Kurze Zeit vor dem Erstling des Neo-Politikers erschien das letzte Werk des soeben verstorbenen bekannten Polit-Schriftstellers Arthur Moeller van den Bruck, 49, dessen Titel, »Das Dritte Reich«, viel programmatischer ist als das unverbindliche »Mein Kampf« Adolf Hitlers.

Moeller malt in verschwommenen, mystischen Worten das kommende, das herrliche Reich aus, das heraufblühen wird, sobald erst die große nationale Revolution gelaufen ist. Bekämpft werden muß das korrupte, weibische liberale System. Es hat dem harten, dem strahlenden männlichen Heldentum zu weichen, der Reinheit und der Verinnerlichung des Menschen.

Moellers Thesen fallen bei einem großen Teil der orientierungslosen Jugend, die nach Idealen und nach Betätigung hungert, auf fruchtbaren Boden. Moeller zu lesen ist unter den Jungen »in«. Das ungeduldige Warten auf »Das Dritte Reich« hat begonnen. (Mit dem ersten ist das Heilige Römische Reich Deutscher Nation gemeint, mit dem zweiten das von Bismarck gegründete. Anm. d. Red.)

ZB-Titel:
Stalin: Die Diktatur des Apparats

Weltrevolution verschoben – Neuer »Roter Zar« verspricht Ruhe und friedlichen Aufbau

»Ich bin zu dem Schluß gekommen, daß der Genosse Stalin die Rolle des Einigers des bolschewistischen Generalstabs nicht ausfüllen kann. Wir sind gegen die Lehre von der Einmannherrschaft, wir sind gegen die Erschaffung eines Führers!« ruft Politbüro-Mitglied Leo Kamenew, 32, in den Saal und weist mit theatralischer Geste auf Politbüro-Mitglied Jossif Wissarionowitsch Stalin, 46. Die weiteren Worte des Redners gehen im Toben und Pfeifen des XIV. Parteitages unter. Stalin erhebt sich lächelnd: jeder Zoll ein Einmann-Herrscher und Führer.

Der Kampf um das Erbe des Partei- und Staatsgründers Wladimir Iljitsch Lenin ist praktisch entschieden. Was nun folgt, werden wohl nur noch Wortgefechte im ebenso intrigenreichen wie würdelosen Nachfolge-Lenin-Spiel sein (siehe ZEIT-BILD 1924). Die Welt rätselt, wie es eigentlich gekommen ist, daß nicht Lenins engster Mitarbeiter, der brillante Leo Trotzki, 46, den Thron des Roten Zaren bestiegen hat. Wieso der schwerfällige, trockene Stalin? Dies zu erklären ist eine längere Geschichte mit einer Pointe: ein geduldiger, zielstrebiger Technokrat schafft allemal noch mehr als ein ungeduldiges Genie.

»Sosso« soll Pope werden

Die Story beginnt am 21. Dezember 1879, als im georgischen Gori, einem 7.500-Seelen-Nest, Jekaterina (»Keke«) Dschugaschwili nach zwei toten ein lebendes Kind zur Welt bringt: Jossif Wissarionowitsch. Er soll es einmal besser haben.

Ein höchst begreiflicher Wunsch: die Familie lebt im Elend. Der Vater, ein Flickschuster aus heruntergekommener Bauernfamilie, ist ein gewalttätiger Säufer. Er wird bei einer Wirtshausrauferei erstochen, als der oft geprügelte Sohn noch nicht einmal vierzehn ist.

Keke bringt sich und den Jungen als Aufwartefrau durch. Ihr sehnlichster Wunsch: er soll Pope werden. Die Schule schafft er spielend, das Priesterseminar in Tiflis nimmt ihn mit Freuden auf.

Doch Kekes »Sosso« (Kosename) behagt es nicht im strengen Institut. Es gibt disziplinäre Probleme. Sosso gerät ins revolutionäre Fahrwasser: das Tifliser Priesterseminar ist seit langem eine Keimzelle des nationalen Widerstands gegen die verhaßten Russen, die das Land seit 1802 besetzt halten.

Bezeichnenderweise legt sich der junge Dschugaschwili als ersten Decknamen »Koba« zu. So hieß ein berühmter kaukasischer Freiheitskämpfer.

1899 fliegt Sosso vom Seminar und nimmt eine Stellung als wissenschaftliche Hilfskraft am Observatorium Tiflis an. Zwei Jahre lang bleibt er bei der ersten und einzigen normalen Berufstätigkeit seines Lebens. Das Hauptinteresse des nicht besonders attraktiven jungen Mannes, dessen Gesicht von Pockennarben entstellt ist, gilt der politischen Arbeit bei den Sozialdemokraten.

SOHN: Jossif (»Sosso«) Wissarionowitsch   MUTTER: Jekaterina (»Keke«) Dschugaschwili
Sie wollte einen großen Popen aus ihm machen. Er wurde ein Diktator und schuf sich seine eigene »Religion«.

IM ELEND GROSS GEWORDEN: Stalins Geburtshaus in Gori

Hier als Agitator, dort als Organisator von Streiks, schließlich als einfallsreicher Geldbeschaffer für die Bolschewiken. Mit Lenins ausdrücklicher Genehmigung heckt er erfolgreiche Raubüberfälle aus, beteiligt sich aber niemals daran.

Sechsmal Sibirien

Vierzehn Jahre lang arbeitet er mehr oder weniger im Untergrund. Sechsmal wird er verhaftet, verurteilt und nach Sibirien verbannt. Fünfmal bricht er aus, fängt unter falschen Namen (mindestens vierzig) mit falschen Papieren immer wieder von vorn an.

Es gibt Leute, die behaupten, »Stalin« (der Stählerne, wie er bald parteioffiziell heißt) sei ein bißchen zu oft und ein bißchen zu leicht entkommen. Einige Indizien belegen, daß Stalin gute Beziehungen zur gefürchteten Geheimpolizei Ochrana gehabt haben muß. Beweise gibt es nicht.

Dazwischen ist er auch kurz verheiratet – kirchlich. Mit einer Jugendfreundin, die Keke heißt, wie seine Mutter. Aber die Frau stirbt bald an Tuberkulose. Ein Sohn wird bei Fremden aufgezogen. Stalin ist kein Familienmensch. Auch um seine Mutter kümmert er sich kaum. Jetzt, da er de facto Herr über die Sowjetunion ist, hat er sie in einem alten Herrensitz in Tiflis untergebracht. Er besucht sie einmal im Jahr. Nach Moskau reist sie nie.

1912 hält sich Stalin für längere Zeit in Wien auf, um die österreichische Nationalitätenfrage zu studieren. Er trifft Lenin, den er verehrt, und er trifft auch Trotzki. Diesen hält er sofort für »einen Preisboxer mit falschen Muskeln«, einen »wortgewandten Schauspieler«. Die Abneigung ist von Anfang an tief und gegenseitig.

1917 ist Stalin der einzige aus der bolschewistischen Führungsgarnitur, der während der Februarrevolution in Petrograd weilt. Ursprünglich sympathisiert der zeitweilige *Prawda*-Redakteur mit den neuen, bürgerlichen Machthabern. Er schwenkt aber sofort um, als Lenin die Parole ausgibt, die Bürgerlichen zu stürzen.

Allerdings: es ist Trotzki, der den Umsturz bis in alle Details vorbereitet. Stalin hält sich abseits. Am Tag der Entscheidung, als es im Winterpalais um alles oder nichts geht, sitzt Stalin seelenruhig bei Freunden und spielt Karten. Er wartet ab, wie der Hase läuft.

Im entscheidenden Augenblick jedoch, bei der Verteilung der Ministersessel, ist er zur Stelle.

Zwar rangiert er mit seinem »Kommissariat für die Nationalitätenfragen« an letzter Stelle. Zwar lächeln alle ein bißchen über das seltsame Ministerium, das von Anfang an dazu bestimmt ist, sich selbst aufzulösen: sobald – wie feierlich versprochen – die vom imperialistischen Rußland unterdrückten Völker in die Selbständigkeit entlassen sind.

Stalin lächelt nicht. Er geht mit großer Entschlossenheit an die Arbeit, unterstützt von einer einzigen Sekretärin, der bildschönen, erst sechzehnjährigen Nadjeschda Allilujewa.

Trocken und langweilig

Stalin ist kein Mann der großen Worte und Gesten. Er wirkt ein bißchen schwerfällig und bedächtig. Was vielen Menschen Vertrauen einflößt, wenn er, mit der ewigen Pfeife im Mund, daherkommt.

Er spricht betont langsam, wohl wissend, daß ihn die Leute auslachen, wenn er zu rasch redet: der georgische Akzent klingt dem gebildeten Russen wie das Oberbayrische, das sich als Hanseatisch ausgibt, oder das Obersteirische, das sich als Schönbrunner Deutsch tarnen möchte.

Stalin ist ein langweiliger Redner, ein trockener Schreiber. Er hat schlechte Manieren und beherrscht keine einzige Fremdsprache. All die wendigen, weitgereisten, vielsprachigen – zum Teil jüdischen – Intellektuellen aus dem Innersten Kreis um Lenin, die Söhne von Beamten, Anwälten und Gutsherren, blicken ein bißchen herab auf den ungelenken Proleten aus dem fernen Gori. Berühmt geworden ist der Spruch eines Politbüro-Mitglieds, als Stalin sich einmal in eine theoretische Diskussion einmischen wollte. »Koba, halt den Mund. Von Theorie verstehst du doch nichts.«

Stalin hielt den Mund. Und handelte.

Während die meisten seiner Minister-Kollegen sich mit versteinerten Stäben zaristischer Beamter herumärgern mußten, holte sich Stalin in sein funkelnagelneues Kommissariat junge, unbekannte, karrierehungrige Männer, die er nach seinem Willen formen konnte.

Das Nationalitätenkommissariat führte schließlich das Gegenteil der ursprünglichen Aufgaben aus: Die unterjochten Völker wurden nicht in die Freiheit entlassen, sondern noch fester an die russische Kandare genommen. Zuletzt holte Stalin, mit stählerner Faust, die eigene Heimat ins russische Reich zurück. Nicht einmal ein Jahr lang hatte sich Georgien der endlich errungenen Unabhängigkeit erfreut.

»Papki«-Liebhaber

Ähnlich ging Stalin in einem zweiten Ministerium vor, das ihm unterstellt wurde. Das »Kommissariat für Arbeiter- und Bauerninspektion« sollte die üppig wuchernde Bürokratie eindämmen.

Was Stalin Gelegenheit gab, seine Vertrauensleute in alle Bereiche des Wirtschaftslebens einzuschleusen. 1.548 Beamte sitzen in der Zentrale, 12.000 spitzelnde Kontrollore, die innig mit der GPU zusammenarbeiten, in den Außenstellen.

Zur Entlastung des kranken Lenin wurde 1922 der Posten eines Generalsekretärs der Kommunistischen Partei geschaffen und mit Stalin – mittlerweile als tüchtiger Administrator anerkannt – besetzt.

Welch eine Aufgabe für einen Mann, der nichts auf der Welt so liebt wie seine »Papki« (Aktendeckel). Ein dichtes, feines Netz aus Parteisekretariaten wurde seither übers ganze Land gezogen. Was die Kontrollore der Arbeiter- und Bauerninspektion nicht erfahren, die Vertrauensleute der Partei bringen es heraus und melden es nach Moskau in Stalins aktenübersätes Kreml-Büro.

Klammheimlich wird, noch zu Lenins Lebzeiten, ein Viertel aller Mitglieder aus der Partei entfernt. Unter ihnen meist alte, treue Kämpfer, vor allem aber Anhänger des ebenso brillanten wie arroganten Trotzki. Gleich nach Lenins Tod wird das Loch mit 241.000 neuen Mitgliedern aufgefüllt. 241.000 ergebene Stalinisten, versteht sich. Den Ausgestoßenen werden die absurdesten Vergehen vorgeworfen – sehr häufig das abscheuliche Verbrechen der »Gruppen- und Fraktionsbildung«. Diese hatte Lenin beim Parteitag von 1921 ausdrücklich verboten, kurz nachdem sich seine treuen Kronstädter Matrosen gegen ihn erhoben hatten. »Die Partei ist keine Gans. Sie braucht daher auch keine Flügel« (Lenin).

Stalin hat den Lenin-Ukas noch verschärft, indem er auf dem Parteitag von 1924 anordnete, daß jedes Anzeichen einer inner-

MACHTINSTRUMENT DES AUFSTEIGERS: die Rote Armee in Aktion

DIE ERSTE FRAU: Jekaterina (»Keke«), die Mutter seines Sohnes Jakob

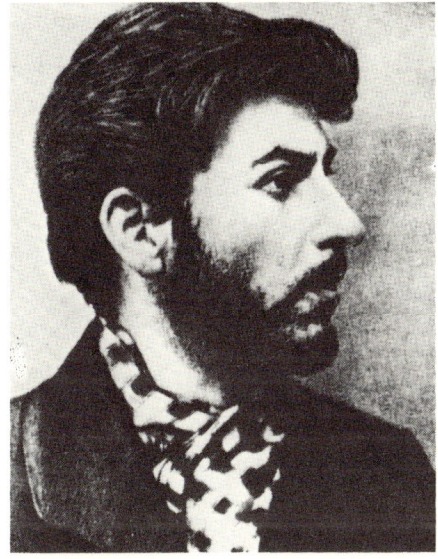

POLIZEILICH GESUCHT: »Koba« auf der Fahndungsliste

parteilichen Flügelbildung sofort der GPU zu melden sei.

Alte Rivalen

Was Stalin natürlich nicht hindert, sich mit Gleichgesinnten zusammenzuschließen, um den verhaßten »Kronprinzen« Trotzki beizeiten auszuschalten. Stalin verbündet sich – noch siecht Lenin dahin – mit dem Kominternchef und Leningrader Parteivorsitzenden Grigori Sinowjew sowie dem Mos-

Der liebe Gott für Stalin?

Am 7. April dieses Jahres stirbt in Moskau das Oberhaupt der russisch-orthodoxen Kirche, Patriarch Tichon (bürgerlicher Name Wassili Beljawin), im Alter von sechzig Jahren. Ohne Zweifel nimmt er ein fürchterliches Geheimnis mit ins Grab.

Tichon war ein aufrechter Streiter Gottes, geliebt und verehrt, als er, zum allgemeinen Entsetzen, 1922 verhaftet wurde. Er verschwand in den geheimnisumwitterten Räumen des Moskauer Hauses Lubjankastraße 22, dem Sitz der gefürchteten Geheimpolizei GPU.

Gleichzeitig begann eine systematische Hatz auf 50.000 Ordensangehörige und 45.000 Weltpriester Rußlands (80 Prozent Russisch-Orthodoxe). Sosehr die breite Masse des Volkes der Absetzung des Zaren zugestimmt hatte, so empört reagierten die meisten auf die Verfolgung ihres Kirchenfürsten. Als die Obrigkeit dann auch noch daranging, das geistliche Gut und die Schätze der Kirchen zu requirieren, gab es nicht nur von seiten der Popen erbitterten Widerstand.

Der wurde bald gebrochen durch ein Gesetz, das, laut Paragraph 58, Absatz 10, bereits die religiöse Erziehung der Kinder als »konterrevolutionäre Agitation« einstuft.

Vollends wurden die Anhänger der Kirche verwirrt, als Tichon, 1923, plötzlich aus der Haft entlassen, sich selbst der »subversiven Tätigkeit« beschuldigt, sowie Reue und Besserung verspricht. Was die GPU mit ihm angestellt hat, um zu diesem Geständnis zu kommen, hat Tichon selbstverständlich nicht verraten. Man hört bis zu seinem Tod nichts mehr von ihm.

Es wird, staatlich abgesegnet, eine neue, die »lebendige Kirche«, gegründet, die allsogleich verkündet: »Die Sowjetmacht (hat) als einzige in der ganzen Welt . . . die Ideale des Reiches Gottes verwirklicht.«

Wer sich religiös betätigen will, darf es in der parteifrommen »lebendigen Kirche« tun. Orthodoxe, aber auch Juden, Katholiken, Protestanten und Angehörige von Sekten sollen ihrer Religion abschwören.

Zahlreiche Prozesse werden gegen Geistliche geführt, die sich nicht unterwerfen wollen; zwei von ihnen werden zum Tod verurteilt, die übrigen nach Sibirien verschickt. Besondere Schikane: Nonnen deportiert man in Gesellschaft von Dirnen.

Noch einmal zerren nun die Machthaber das Andenken des Patriarchen Tichon an die Öffentlichkeit, indem sie sein Testament publizieren. Darin heißt es bibel-wörtlich: »Jedermann ist untertan der Obrigkeit, die Gewalt über ihn hat. Denn es ist keine Obrigkeit ohne Gott . . .«

Gefälscht oder nicht: dieses »Testament« beweist wohl ziemlich eindeutig, daß der Staat noch lange nicht mit der Religion fertig ist. Vom toten Patriarchen muß sich Stalin bestätigen lassen, daß seine Herrschaft von Gott gewollt ist – an den der ehemalige Priesterschüler ganz gewiß nicht mehr glaubt.

DAS KREUZ MUSS WEICHEN: Einholung der christlichen Symbole von den Türmen des Moskauer Kremls

DER MEISTER UND SEINE SCHÜLER: Lenin (Mitte) flankiert von den beiden Erzrivalen Stalin (links) und Trotzki

kauer Bürgermeister, Parteichef und Trotzki-Schwager Leo Kamenew. Beide Männer gehören dem Politbüro an, beide sind enge Lenin-Vertraute, beide haben großen Einfluß in der Partei. Und beide können, wie Stalin, Trotzki nicht ausstehen. Zu dritt hoffen sie, Trotzki als Lenin-Nachfolger auszubooten.

Die Rivalität zwischen Stalin und Trotzki geht auf die erste Nachkriegszeit zurück, als Stalin im Schatten des Bürgerkriegsheros und »besten Redner des 20. Jahrhunderts« (Zeitungsstimme) stand.

Zwar hatte auch Stalin sich Verdienste erworben. Vor allem, als es ihm gelang, für das hungernde Moskau Lebensmittel aus Zarizyn zu organisieren und die Stadt den weißrussischen Konterrevolutionären zu entreißen. (Zarizyn wurde übrigens soeben in »Stalingrad« umbenannt.)

Allerdings hat sich Stalin damals Eigenmächtigkeiten am laufenden Band geleistet. Nur durch eine Reihe glücklicher Zufälle gab es keine katastrophalen Folgen. Trotzki hat ihn dafür mehrmals scharf gerügt. Stalin konterte mit wüsten Beschimpfungen und Verleumdungen.

Als die Schlacht um Polen (»Das Wunder von der Weichsel«) verlorenging, beschuldigten die beiden Intimfeinde einander der totalen Unfähigkeit. Lenin hatte alle Mühe, den Bruch wenigstens nach außen zu kaschieren.

Je hinfälliger Lenin wurde, desto stärker wurde Stalins Einfluß auf Partei und Staat.

Nicht nur wegen seiner geschickt genutzten Multi-Funktionen, sondern auch, weil Trotzki sich durch ebenso phantastische wie unpopuläre Utopien immer mehr isolierte.

Wollte er nach Beendigung des Bürgerkriegs die Rote Armee (fünf Millionen Mann) geschlossen in einen permanenten Arbeitsdienst verwandeln (was ihm nicht gelang), so verfolgt er jetzt verbissen und verbohrt noch immer den Plan einer permanenten Revolution. Die Sowjetbürger aber haben die Nase voll. Sie wollen Ruhe, Frieden und, nach fast zehn Jahren Krieg und Bürgerkrieg, bestimmt keine Weltrevolution.

Stalin hat ein Gespür für die Wünsche seiner Landsleute und die Signale aus dem Ausland, die keinen Aufbruch des Proletariats anzeigen. Er sagt – schon auf dem Parteitag von 1924 – die Weltrevolution fürs erste einmal ab. Dafür propagiert er den »Sozialismus in *einem* Land«.

Der Slogan findet begeisterten Widerhall, denn er hebt das Selbstwertgefühl der Sowjetbürger: wir wollen zupacken, in unserem Land das Paradies der Bauern und Arbeiter errichten – und es denen im Westen einmal so richtig zeigen. Das beschämende Gefühl, ein rückständiges Land voller Hinterwäldler zu sein, liegt den Russen seit Jahrhunderten in den Knochen.

Alle hoffen, daß Genosse Stalin – mittlerweile mit seiner Sekretärin verheiratet und Vater eines fünfjährigen Sohnes – eine

Atempause einschalten und die während der Oktoberrevolution gemachten goldenen Versprechungen wahrmachen wird.

Schon gibt es da und dort bescheidenen Wohlstand, schon treiben Kunst und Kultur schüchterne Blüten. Schon beginnt Gras auf den Gräbern des Bürgerkriegs zu wachsen. Den Genossen Trotzki, so genial er auch sein mag, soll der Teufel holen.

Trotzki abgeschoben

Der Teufel holt ihn (noch) nicht. Aber Stalin holt ihn auch nicht, als Lenin stirbt, während »Kronprinz« Trotzki im fernen Kaukasus urlaubt. Niemand verständigt ihn. Zum Lenin-Begräbnis kommt er nicht zurecht, Stalin hält die Trauerrede.

Acht Tage nach Lenins Tod resigniert Trotzki und tritt als Kriegskommissar zurück. Er begnügt sich mit einer untergeordneten Position, die durch einen pompösen Titel versüßt wird: »Präsident der Elektrifizierung der Sowjetunion.«

Neuer Kriegskommissar wird General Michael W. Frunse, ein fast ebenso strahlender Bürgerkriegsheld wie sein Vorgänger, und bei der Truppe kaum weniger beliebt.

Nach Trotzkis Abgang von der Vorderbühne verschieben sich die politischen Gewichte. Das heißt, sie werden verschoben. Von Stalin. Nachdem es ihm mit Sinowjews und Kamenews Hilfe gelungen ist, sich des verhaßten Trotzki zu entledigen, läßt er seine beiden Verbündeten fallen und sucht sich andere.

Palastrevolution

Sinowjew und Kamenew fällt es plötzlich wie Schuppen von den Augen: während sie damit beschäftigt waren, gegen Trotzki zu intrigieren, ist Stalin übermächtig geworden und greift nach der Alleinherrschaft.

Verschreckt versuchen die beiden eine Art Palastrevolution zu inszenieren und fordern Stalins Abdankung. Der geniale Regisseur hat für diesen Fall vorgesorgt: zu den letzten Parteitagen hat er von Mal zu Mal mehr Delegierte geladen, jeder einzelne ein handverlesener Stalinist. Kamenew wird – wie eingangs beschrieben – bei seiner Stalin-Beschimpfung von den Delegierten niedergebrüllt.

Ihre Zuneigung gilt dem gestandenen Pragmatiker und Proletarier Stalin und nicht den langatmig theoretisierenden Intellektuellen im Politbüro. Schon gar, wenn diese überdies noch Juden sind.

Ein latent antisemitisches Land, das den zweifelhaften Ruhm für sich in Anspruch nehmen kann, den systematischen Pogrom erfunden zu haben, vergißt keineswegs, wenn einer Hirsch Apfelbaum, Leo Rosenfeld oder Lew Dawidowitsch Bronstein heißt. Mag er sich tausendmal Sinowjew, Kamenew, Trotzki oder sonstwie markig russisch nennen.

Die drei Abweichler stehen als Gezeichnete am Rand des Abgrunds. Ob sie hineinstürzen, wird die Zukunft weisen.

Endgültig aus dem Spiel ist jedoch schon eine Randfigur: als der eigenwillige Kriegskommissar und Sinowjew-Freund Michael W. Frunse im Oktober dieses Jahres an Magengeschwüren erkrankt, *befiehlt* ihm das Politbüro, sich operieren zu lassen, obwohl Frunses Ärzte heftig davon abraten.

Der General stirbt, erst siebenunddreißig Jahre alt, unter dem Messer und bekommt ein wunderschönes Staatsbegräbnis. Pischpek, die Hauptstadt der kirgisischen Volksrepublik, wird in »Frunse« umbenannt.

Nachfolger des gelernten Militärs wird der gelernte Metallarbeiter Kliment Woroschilow, 44 – alles andere als ein Kirchenlicht. Dafür ist der langjährige Stalin-Freund diesem bis zur Selbstaufgabe zugetan.

Die Gerüchte wollen nicht verstummen, daß bei Frunses Tod willfährige Ärzte die Hand im Spiel gehabt hätten. Schlimmer noch: Frunse soll gar nicht im Krankenhaus, sondern, nach einem heftigen Streit mit dem jähzornigen Stalin, in dessen Büro ums Leben gekommen sein.

Ob die von dem Mann mit dem vertrauenerweckenden Schnauzbart verheißenen friedlichen Zeiten des Aufbaus doch nicht so friedlich werden wie erhofft?

MYSTERIÖSER TOD: General Michael Frunse

Spielcasino in Moskau

Merkwürdige Gegensätze in der sowjetischen Metropole – Ein Augenzeugenbericht

Sehr viel Staub wirbelt international das politische Geschehen in der UdSSR auf. Sehr wenig aber erfährt man über das tägliche Leben der Sowjetmenschen. ZEIT-BILD ist nun in der glücklichen Lage, seinen Lesern einen anschaulichen Bericht aus Moskau vermitteln zu können.

Franz Weinreb, 32, Mitglied einer österreichischen Handelsdelegation, der perfekt Russisch spricht, konnte sich ziemlich frei bewegen und schildert hier seine Eindrücke:

Die früheren Luxusgeschäfte sind wieder privat geöffnet. Entlang der Kremlmauer wuchsen »markenfreie« Lebensmittelbuden aus dem Boden. Für westliche Augen scheint das alles ziemlich armselig, doch ein Kenner der Verhältnisse, der die Hungerjahre in Moskau überstanden hat, ist überrascht, wie schnell wieder Möbel und Kleidung aufgetaucht sind. Nicht zu reden von den Trödelmärkten, wo die frühere Bourgeoisie die Reste ihrer Luxusgüter feilbietet. Es gibt sogar einen schwarzen Gold- und Devisenmarkt. Hie und da wird er von der Miliz ausgehoben, um dann bald wieder, natürlich mit durch das Risiko erhöhtem Kurs, wieder aufzutauchen.

Das altberühmte Kaufhaus neben der Oper ist als »Staatliches Universalmagazin Nr. 1« wieder eröffnet worden, ebenso das »GUM« gegenüber dem Kreml. Die Auswahl ist bescheiden: ein paar Nippes von zweifelhaftem Geschmack, Filzpantoffeln, Kunstblumen, ein wenig Geschirr und Töpfe. Kaum Kleidung und Schuhwerk. Die Qualität ist mäßig, die Preise sind hoch. Die Moskauer bestaunen den ungewohnten Reichtum, wenn auch wenige davon kaufen können.

Für die Neureichen, die »Nepmanis«, gibt es wieder ein paar erstklassige Restaurants, wie die »Eremitage« und das »Medwjed«, mit allen Genüssen der russischen Küche – einschließlich Champagner und georgischem Wein.

Der Portier im goldstrotzenden Uniformmantel, der Galoschnik und die Garderobika sind wie Gestalten aus einem Roman von Turgenjew. Dem Diener im Waschraum kann man den ehemaligen Zarenoffizier ansehen. An den Tischen mit blütenweißem, aber zerschlissenem Damast wird eisgekühlter Wodka und Kaviar zu den schmackhaften Sakuski serviert.

Gegenüber dem Hotel »National«, unter den Bogen, die zum Roten Platz führen, strecken einem die Bettler die Hände entgegen: »Daj, Batjuschka, za chljeb, radi boga.« (Väterchen, gib für Brot, um Gottes willen.)

Der Höhepunkt, besser gesagt der Tiefpunkt aller NEP-Etablissements (NEP = Neue Ökonomische Politik) sind zwei Spielcasinos in Souterrainlokalen. Staatlich angestellte Croupiers und rotbefrackte Aufseher sorgen für Ordnung unter dem gemischten Publikum: Schwarzhändler in tadellosen westlichen Anzügen mit ihren tiefdekolletierten Damen drängen sich neben Proletengestalten in Bauernkitteln und schäbigen Kurzpelzen um die Spieltische. Milizionäre mit der Pistole in der Hand bewachen die Kasse. Da werden In- und Auslandsgeld, vereinzelt sogar Goldstücke, in Spielmarken umgetauscht, und das ist auch der Zweck des sonderbaren Unternehmens: aus dunklen Quellen stammendes Kapital ans Licht zu bringen. Woher es stammt, wird nicht gefragt.

Matteotti-Mörder freigelassen!

»Die innenpolitische Lage ist eindeutig unter Kontrolle der faschistischen Partei. Alles übrige zählt höchstens für die Archäologie«, gibt sich Italiens Ministerpräsident Benito Mussolini am 16. November dieses Jahres siegessicher. Vor wenigen Monaten noch stand er unter Mordverdacht ...

Wie ZEIT-BILD 1924 ausführlich berichtete, hatte der ehemalige faschistische Presse- und Propagandachef, Cesare Rossi, Mussolini beschuldigt, in das Mordkomplott gegen den Sozialistenführer Giacomo Matteotti verwickelt gewesen zu sein.

Während jedermann erwartete, daß der König den Ministerpräsidenten bis zur endgültigen Klärung des Falles seines Amtes entheben werde, trat der Faschisten-Chef die Flucht nach vorn an.

Am 3. Januar dieses Jahres bekannte er sich in einer leidenschaftlichen Rede »schuldig, für alles, was geschehen ist. Wenn der Faschismus eine Verbrecherbande ist, dann bin ich eben ihr Anführer ... Seid versichert, daß in den nächsten achtundvierzig Stunden die Lage geklärt sein wird.«

Die »Klärung« erfolgt einfach und radikal: Die Polizei schließt 150 gegnerische Parteilokale, verbietet 95 politische Vereinigungen Andersdenkender, löst 25 »subversive Zirkel« auf.

Elf Zeitungen müssen ihr Erscheinen einstellen, 655 prominente Oppositionelle Hausdurchsuchungen über sich ergehen lassen. Siebzehn Faschisten-Gegner werden von »Unbekannten« überfallen, fünf davon schwer verletzt; drei sterben. Die Oppositionspolitik ist in Italien praktisch ausgeschaltet.

In aller Stille wird Generalstaatsanwalt Tancredi, der den Matteotti-Fall so glänzend gelöst und die neun überführten Täter unter Mordanklage gestellt hat, durch einen verläßlichen Faschisten ersetzt.

Am 31. Juli beschließt das Parlament eine Generalamnestie für alle politischen Verbrechen – außer vorsätzlichen Mord –, die im »nationalen Interesse« verübt worden sind.

Die Angeklagten im Matteotti-Prozeß wer-

NEUER GENERALSEKRETÄR:
Roberto Farinacci

den am 2. Dezember auf freien Fuß gesetzt. Das Gericht schließt sich ihrer Argumentation an, man habe den Sozialistenführer »nur« verprügeln, nicht töten wollen. Sie fallen daher unter die Amnestie.

»Jetzt beginnt die totale Faschistisierung Italiens«, verkündet der radikale Rechtsaußen der Partei, Roberto Farinacci, 33, seit 12. Februar neuer Generalsekretär. Er ist jetzt, nach Mussolini, der einflußreichste Mann in der faschistischen Hierarchie.

Terror in Sofia fordert 200 Tote

Höhepunkt der politischen Wirren in Bulgarien: ein Attentat, das dem Zaren gilt, kostet 200 Menschen in einer Kathedrale das Leben. Dem Herrscher selbst wird kein Haar gekrümmt: er ist gar nicht unter den Anwesenden.

Hunderte Gläubige versammeln sich am 16. April – es ist der Gründonnerstag – in der Sophienkathedrale zu Sofia, um an einem Trauergottesdienst für General Georgieff teilzunehmen, der einem Attentat zum Opfer gefallen ist.

Brutale Anschläge sind in Bulgarien derzeit an der Tagesordnung. Auch der Souverän, Zar Boris III., 31, ist seines Lebens nicht sicher: erst einen Tag vor der Trauerfeier, am 15. April, ist ein Anschlag auf ihn verübt worden.

Es wundert sich daher niemand, daß der Zar nicht erscheint, obwohl er eigentlich angesagt war. Nachdem man einige Zeit vergeblich auf ihn gewartet hat, nimmt der Generalstabschef, General Davidoff, den Platz des Zaren ein und gibt das Zeichen zum Beginn der Zeremonie.

Wenige Sekunden später ist die Hölle los: einer ohrenbetäubenden Explosion, die das

DER REST IST SCHUTT: zerstörte Kathedrale von Sofia

ganze Gebäude bis in die Grundfesten erschüttert, folgt ein Hagel von Trümmern. Ein Teil der Kirche stürzt in sich zusammen.

Menschen werden durch die Luft gewirbelt, von Balken erschlagen, von in wilder Panik Fliehenden niedergetrampelt.

Bilanz der Katastrophe: an die 200 Tote, 500 Verletzte, unter ihnen fast die gesamte bulgarische Generalität. Der Körper General Davidoffs, vor dessen Sitz die Bombe explodierte, ist zerfetzt worden. Der Zar war gut beraten, als er der Kirche fernblieb. Eine wilde Treibjagd auf alle Oppositionellen setzt ein. Zwei Kommunisten bleiben schließlich auf der Strecke. Sie und einige ihrer Mitwisser und Hintermänner werden vor Gericht gestellt, zum Tode verurteilt und exekutiert.

Der grauenvolle Massenmord spielt sich vor dem Hintergrund extremer Verwilderung der politischen Sitten ab. Bulgarien, fast als letztes Balkanland von der türkischen Herrschaft befreit und dementsprechend unterentwickelt, hat auf seiten Deutschlands und Österreichs am Krieg 1914–1918 teilgenommen. Und danach große Gebiete seines Territoriums an Rumänien und Griechenland verloren.

Die Reparationszahlungen drücken ebenso schwer wie die Last der Versorgung von Tausenden Flüchtlingen aus Griechenland und Rumänien. Im Südosten bilden Terrororganisationen einen Staat im Staate. Ströme von Blut fließen im täglichen Kleinkrieg.

Im Oktober 1919 reißt ein Volkstribun aus den Reihen der radikalen Kleinbauernbewegung namens Stambuliski die Macht an sich, führt eine Landreform durch und schaltet die bürgerlichen Parteien aus.

Stambuliski wird 1923 ermordet, die Bürgerlichen formieren sich wieder. Terror (von seiten der oppositionellen Kommunisten und der radikalen Kleinbauern) sowie Gegenterror der Regierenden sind seither an der Tagesordnung.

Die bulgarische KP, deren Führer Kolaroff und Dimitroff nach Moskau geflüchtet sind, hat zwar von der Mutterpartei strengsten Befehl, jede individuelle Gewalt zu vermeiden. Die in Bulgarien verbliebenen Genossen halten sich aber nicht an die Weisung. Auf ihr Konto geht der Terroranschlag vom 16. April.

Mit dem Regenschirm aufs Schlachtfeld

Sun Yat-sen gestorben – Das Reich der Mitte in Auflösung

Die chinesischen Nationalisten, die im volkreichsten Land der Erde (wahrscheinlich schon 500 Millionen Menschen) um Einheit und Unabhängigkeit kämpfen, haben einen schweren Verlust erlitten. Ihr Führer Sun Yat-sen, 58, Gründer der Kuomintang (Staats-Volkspartei) und Präsident der Südregierung in Kanton, verstarb am 12. März bei einer Konferenz in Peking, die dem Zerfall des Reiches Einhalt gebieten sollte.

An seiner Stelle drängt General Tschiang Kai-schek, 38, an die Macht. Er trägt den Spitznamen »Stehaufmännchen«, weil er bereits so viele Wirren heil überstanden hat. Von Nöten und Bedrängnis ist das »Reich der Mitte« schon seit Jahrzehnten heimgesucht. Die Dynastie der Mandschu-Kaiser, die China mehr als zweieinhalb Jahrhunderte beherrscht hatten, ist 1911 durch eine Revolution gestürzt worden. Ihr geistiger Vater war der westlich erzogene Arzt, Christ, Nationalist und Sozialreformer Dr. Sun Yat-sen (eigentlich Sun Wen).

Sun wurde erster Präsident der neuen chinesischen Republik, die aber dann sofort wieder auseinanderfiel.

Das Land ist verheert, ausgeplündert, von Hungersnöten heimgesucht und von fremden Mächten geplagt, die sich exterritoriale Stützpunkte, sogenannte '»Konzessionen«, gesichert haben und immer noch mehr an sich reißen wollen.

In den Provinzen herrschen »Kriegsherren« wie

● der Mandarin Wu Pei-fu in Peking, ein vornehmer Mann mit klassischer Bildung;

● der »christliche General« Fen Yu-hsiang, ein ehemaliger Bauer, der seine Soldaten mit dem Wasserschlauch taufen und zu Kirchenliedern marschieren läßt;

● Marschall Tschang Tso-lin in der Mandschurei, auch »Tiger von Mukden« genannt, früher Räuber von Beruf;

● oder ein anderer Tschang, der »Zopfgeneral« (weil er die abgeschafften Zöpfe wie-

SUN YAT-SEN

der einführen wollte) – er hatte den abgedankten Mandschu-Kaiser, ein elfjähriges Kind, in Peking wiedereinsetzen wollen, sich aber durch drei winzige Bomben aus einem kleinen Militärflugzeug verjagen lassen.

Die Armeen dieser Kriegsherren sind seltsame Haufen. Im Heer Wus sind viele Soldaten nicht älter als vierzehn Jahre. Sie tragen Wärmflaschen und Wecker mit sich, Laternen und Regenschirme aus Ölpapier, falls schlechtes Wetter kommt.

NEUER STARKER MANN: General Tschiang Kai-schek

Den Kompanien folgen Kulis mit leeren Särgen: die Krieger legen Wert auf ein anständiges Begräbnis.

Bevor es zwischen solchen »Truppen« zur Schlacht kommt, stehen die Soldaten lange herum und überlegen. Dann feuern sie, doch meistens ungezielt. Es geht ihnen dabei vor allem um den Lärm. Die Artillerie schießt gleichfalls lieber vorbei, doch nicht aus Humanität, nur weil es einfacher ist.

Ein Regen beendet das Gefecht fast immer sofort, dann werden auf beiden Seiten die Regenschirme aufgespannt.

Die nationale Gegenregierung der Kuomintang hat sich nur im Süden halten können, ihr Sitz ist Kanton. Ihr General Tschiang Kai-schek ist ein Soldat aus anderem Holz. Seinen Schliff als Offizier verdankt er der Ausbildung an der japanischen Militärakademie in Tokio.

Er lernte und lernt bei seinen Feinden, auch bei den Russen. Die nämlich haben als »Berater« zwei geniale Agenten in den Süden geschickt, den Verwaltungsfachmann Borodin (richtig: Michail Markowitsch Grusenberg) und den Militärspezialisten Galen – beide mit dem Auftrag, die Kommandostellen der jungen Kuomintang ihrem Einfluß zu unterwerfen.

Dem Mann namens Borodin gelang das so gut, daß er schon bald darauf als »Kaiser von Kanton« bestaunt wurde.

Und Galen gründete dort eine chinesische, aber mit dreißig sowjetischen Lehrern bestückte Militärakademie.

Tschiang Kai-schek, der tüchtige Kuomintang-General, ist gleich darauf als Führer einer chinesischen Militärdelegation nach Moskau entsandt worden.

Hier wird an einem Zweckbündnis zwischen den Sowjets und den »Nationalen und fortschrittlichen« Kräften Chinas gezimmert, getreu Lenins alter Parole: »Der Weg nach London führt über Shanghai und Kalkutta!«

Doch nicht nur das. Der revolutionäre Marxismus greift auch ohne Zutun Moskaus auf China über. Schon im Juli 1921 hatte sich in Shanghai eine Kommunistische Partei konstituiert – in einer geheimen Versammlung von nur acht Delegierten, zu denen als Vertreter der Provinz Hunan auch ein gewisser Mao Tse-tung gehörte, damals 28 und kurz vorher noch Bibliotheksgehilfe an der Universität von Peking.

Die Partei hatte zu dieser Zeit bloß fünfzig Mitglieder. Doch zwei Jahre später war sie so einflußreich und stark, daß Sun Yat-sen ihr beitrat. Er war ein Theoretiker und Träumer. Er wollte die nationale Unabhängigkeit, eine Regierung durch das Volk und für das Volk, die soziale Neugestaltung Chinas, Freiheit, Demokratie, Wohlfahrt. Das wollten die Genossen doch auch?

Sein Beitritt führte dazu, daß beide Parteien, die Kuomintang und die KPCH, sich zusammenschlossen, wobei die Agenten Borodin und Galen die meisten wichtigen Posten mit ihren Gefolgsleuten besetzten.

Suns Tod hat jetzt diese Entwicklung gestoppt. Die Revolution geht zwar weiter und ist blutig geworden: in Schanghai streiken die Textilarbeiter, ein englischer Polizeioffizier läßt auf die Menge schießen. Auch in Hankan Unruhen mit vielen Toten und Verwundeten – in Kanton sterben bei einer von chinesischen Kadetten geführten Demonstration mehr als fünfzig Menschen im Feuer englischer und französischer Marineinfanterie.

Doch Tschiang Kai-schek, vor einem Jahr enttäuscht aus Moskau zurückgekehrt, ist nun erst recht kein Russen- und Kommunistenfreund mehr.

Die Kuomintang hat sich gespalten. Tschiang führt den rechten Flügel. Er hat sich zum Führer der (von den Russen reorganisierten) Nationalarmee gemacht, zum Direktor der (von Galen ins Leben gerufenen) Militärakademie. Er festigt seine Macht, obwohl unter und neben ihm noch kommunistische Politkommissäre wie der nun schon recht einflußreiche Tschu En-lai, 27, agitieren.

Man wird nicht mehr lange warten müssen, bis Tschiang Kai-schek gegen die Kommunisten auch mit Waffengewalt losschlägt.

Ging die Schlange auf dem Schwanz?

USA: Skurriler Sensationsprozeß um Abstammungslehre

Was wie ein halber Spaß unter Freunden begann, hat sich zu einem international beachteten Sensationsprozeß gemausert: In Dayton, Tennessee, zanken sich ein leibhaftiger Ex-Außenminister und Amerikas berühmtester Strafverteidiger allen Ernstes darum, ob die Bibel oder Darwin recht hat. Ob der Mensch von Adam und Eva kommt oder das Produkt einer langen Entwicklung sei. Also vom Affen abstammt, wie Darwins Gegner noch heute unterstellen.

GEGEN DIE DARWINISTEN: ein Affe wird durch Dayton geführt

Begonnen hat alles im März dieses Jahres, als in Tennessee ein Gesetz erlassen wird, dem zufolge kein Lehrer an einer öffentlichen Schule oder Universität eine Abstammungslehre vortragen darf, die dem biblischen Schöpfungsakt widerspricht.

John Thomas Scopes, 24, Lehrer an einem College in Dayton, verärgert über soviel Hinterwäldlertum, mißachtet die Vorschrift. Und läßt sich von zweien seiner Freunde deswegen verklagen. Die Folgen der lokalen Querelen sind verblüffend.

Als am 8. Juli der ehemalige amerikanische Außenminister William Jennings Bryan, der sich der Anklagebehörde zur Verfügung gestellt hat, in Dayton eintrifft, ist das sonst so stille Provinznest schon von Tausenden Neugierigen überschwemmt. Mehr als hundert Journalisten aus aller Welt spitzen die Bleistifte und telefonieren über zweiundzwanzig zusätzliche Linien.

Strenggläubige Fundamentalisten halten an allen Ecken Gottesdienste ab. Spruchbänder fordern auf, die Bibel zu lesen, versichern »Jesus liebt dich«, laden ein, »zu Jesus zu kommen« und »an die Ewigkeit zu glauben«. In der Hauptstraße hat ein findiger und/oder strenggläubiger Geschäftsmann zur allgemeinen Belustigung zwei Schimpansen in die Auslage gesetzt.

Der elf Tage dauernde Prozeß entwickelt sich rasch zu einem ausschließlichen Duell zwischen Bryan und Star-Anwalt Clarence Darrow, der die Verteidigung des Angeklagten Scopes unentgeltlich übernommen hat.

Im Hickhack des Kreuzverhörs zeigt sich, daß Bryan den Brückenschlag zwischen seligem Kinderglauben und allgemein anerkannten wissenschaftlichen Erkenntnissen nur mühsam bewältigt. Fragt Darrow: »Mr. Bryan, sind Sie der Ansicht, Eva sei die erste Frau gewesen?« Bryan bejaht. »Glauben Sie die Geschichte der Entstehung Evas aus einer Rippe Adams wörtlich?« Bryan bejaht wieder. »Haben Sie«, fragt der unerbittliche Darrow, »einmal festgestellt, woher Kain eine Frau bekommen hat?« Bryan weiß es nicht.

Darrow heimst Applaus mit der Geschichte von der Schlange ein: »Mr. Bryan, glauben Sie wirklich, daß Gott die Schlange verdammt hat, auf dem Bauch zu kriechen, weil sie Eva den Apfel gezeigt hat?« Bryan glaubt es. »Haben Sie eine Vorstellung, wie die Schlange sich vor ihrer Verdammung fortbewegt hat, ging sie vielleicht auf dem Schwanzende spazieren?«

Es ist kein Ende abzusehen, kein Kompromiß und keine Verständigung. Es ist eine Diskussion, die noch Generationen beschäftigen wird. Die Journalisten der großstädtischen Tageszeitungen geraten in Verzückung über die Borniertheit der Fundamentalisten von Dayton; die Fundamentalisten rührt das alles gar nicht. In Tennessee glaubt man eben und liest nicht, was die Verrückten der weiten Welt schreiben.

Am 21. Juli verurteilt Richter Roulston den Lehrer John Thomas Scopes zu einer Geldstrafe von 100 Dollar. Clarence Darrow verkündete, man werde die nächsthöhere Instanz anrufen. Die Fundamentalisten von Tennessee sind allerdings der Meinung, daß sie die allerhöchste Instanz auf ihrer Seite haben.

PROVOZIERT EINEN SKANDAL:
John Thomas Scopes

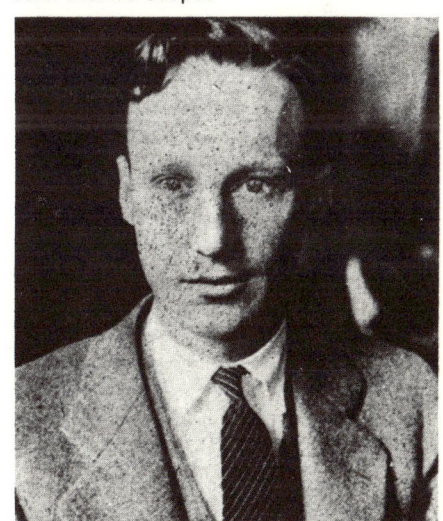

Journalist erschossen

Psychopath tötet aus Rassenhaß

Des Mordes schuldig, zur Tatzeit aber ganz »des Gebrauchs der Vernunft beraubt« – das ist der Spruch der Wiener Geschworenen, die im Oktober dieses Jahres über den Angeklagten Otto Rothstock, 21, das Urteil sprechen.

MORDOPFER Hugo Bettauer

Die Mordtat liegt ein halbes Jahr zurück. Ihr Opfer war Hugo Bettauer, 53, Journalist, Schriftsteller, Drehbuchautor (»Die freudlose Gasse« mit Greta Garbo) und Zeitschriften-Herausgeber. Der Mörder hatte ihn mit fünf Revolverschüssen so schwer verletzt, daß Bettauer zehn Tage später starb.

Der Hergang des Verbrechens:

Am 10. März gegen Mittag betritt Rothstock, ein magerer Mann mit Schnurrbart, glatt zurückgekämmtem Haar und scharfer Nase die Redaktion von *Bettauer's Wochenschrift* in Wien-Josefstadt. Er will mit »dem Chefredakteur« reden, wird aber auf die Sprechstunde verwiesen.

Am Nachmittag kommt er wieder. Bettauer bittet ihn in sein Arbeitszimmer. Der Mann tritt ein und versperrt hinter sich die Tür. Während Bettauer den Brief zu lesen beginnt, den ihm der Besucher schon im Vorraum überreicht hat, zieht Rothstock den Revolver aus der Tasche und ruft: »Herr Doktor, passen Sie auf!«

Dann fällt der erste Schuß.

Bettauer wird getroffen, versucht sich trotzdem zu wehren, ergreift die Tischlampe und schleudert sie gegen den Attentäter. Weitere Schüsse, einer langsam nach dem anderen, als ließe sich der Schütze absichtlich Zeit.

Das Opfer fällt. Kriecht zur Tür. Ruft um Hilfe. Greift aufwärts zum Türschlüssel, kann ihn sogar umdrehen, sich wieder aufrichten, ins Vorzimmer wanken, bricht dort zusammen.

Eine Zeugin im Warteraum schildert das später so: »Da drinnen ein leichter Knall, als ob jemand mit einem Lineal auf den Tisch klatschte, ein schrilles, hohes Schreien... Da – es klatschte wieder und wieder – Schüsse! Drinnen in Bettauers Zimmer. Die Klinke der Tür geht auf und ab, er kann nicht heraus, er ist gefangen. Wir rütteln am Schloß. Drinnen klatscht es wieder und wieder...«

Die Ambulanz bringt Bettauer ins Krankenhaus.

Der Täter bleibt ruhig im Arbeitszimmer zurück, schließt es erneut von innen, zerreißt wahllos Briefe und Schriftstücke, wartet auf die Polizei...

Es war kein Raubmord, keine Rachetat, kein Eifersuchtsverbrechen. Bettauer hatte diesem Rothstock niemals etwas persönlich zuleide getan, die beiden waren einander vorher nie begegnet. Das Motiv ist Rassenhaß, gepaart mit fanatischer Abneigung gegen andere, neuere, vielleicht modernere, auf jeden Fall umstrittene Lebensformen. Intoleranz als Mordmotiv.

Das alles kann nur verstanden werden, wenn man den Hintergrund der Beteiligten kennt, des Opfers wie des Täters.

Auf der einen Seite Hugo Bettauer: In Baden bei Wien geboren, als Sohn jüdischer Eltern. Student in Wien und Zürich, dann Journalist in Deutschland. Nach 1904 in Amerika, Romanschreiber für die Zeitungen des mächtigen Hearst-Konzerns.

Vier Jahre später zurück in Österreich, hier zunächst Feuilletonist für die *Neue Freie Presse.* Bestseller-Autor von Büchern wie »Die Stadt ohne Juden – Ein Roman von übermorgen« und (von G. W. Papst mit Greta Garbo verfilmt) »Die freudlose Gasse«.

Dann aber Herausgeber einer eigenen Zeitschrift. Ihr Titel: *Er und Sie – Wochenschrift für Lebenskultur und Erotik.* Ihr Inhalt und ihr Ziel: die Abkehr von heuchlerischer Doppelmoral.

Das Blatt wurde verboten. Der Verleger gründete ein neues mit gleicher Tendenz, *Bettauer's Wochenschrift, Probleme des Lebens.* Er plädiert darin für freie Lebensgemeinschaft, die Emanzipation der Frau und gleiche Rechte für uneheliche Kinder.

In konservativen und »völkischen« Kreisen, besonders aber bei den Nationalsozialisten erntet er damit wütende Ablehnung.

Mit achtzehn ist er zwar zum Christentum übergetreten, evangelisch geworden. Für seine radikalen Gegner aber ist er, seit er auch gegen Tabus verstößt, noch immer und jetzt erst recht »der Jude«. Nicht nur der Rassenfeind, auch noch der »Jugendverderber«, der »Pornograph«, die »Judensau Bettauer«: In Nazi-Zeitungen ist unverhohlen sein Tod gefordert worden,

TODESSCHÜTZE Otto Rothstock

die »Lynchjustiz gegen den Schänder«, die »radikale Selbsthilfe«, das »Ausrotten«.
Auf der anderen Seite der Mörder Otto Rothstock. Sohn eines Maschinenschlossers und einer Tschechin, die auch in späteren Jahren nie Deutsch lernte. Geboren im böhmischen Čenkau, besuchte der Junge die tschechische Volksschule.
Er war elf Jahre alt, als die Familie nach Wien übersiedelte. Hier ging er mit auffallend schlechten Deutschnoten durch die Bürgerschule, er »böhmakelt« auch heute noch. Und ist trotzdem von der Vorstellung, ein ganz besonders guter Deutscher zu sein, wie von einer Sucht besessen.
Zuerst Zahntechniker-Lehrling, dann mehrfacher Wechsel der Lehrstellen, schließlich arbeitslos. Er haßte die Tschechen, alle Slawen und die Juden – besonders, wenn diese besser Deutsch konnten als er. Er war von der deutschnationalen, der nationalsozialistischen Propaganda beeindruckt und trat der Partei sowie der SA bei. Sein heißester Wunsch war, sich unter seinen Gesinnungsgenossen auszuzeichnen, ein Mann der Tat zu sein, ihnen allen voranzugehen durch eine »heroische« Demonstration. Vorsichtshalber trat er aus der Partei aus, um diese nicht durch seine Tat zu belasten.
Rothstock entschließt sich zum Mord an Bettauer. Er besorgt sich einen Revolver, und die Ausführung der Tat ist für ihn so etwas wie das Halten einer Propagandarede für sprachgewandtere Parteigenossen.
Der Mordprozeß gerät dann zur vollendeten Farce. Staatsanwalt Dr. Franz Butschek ergreift für den Angeklagten Partei, bescheinigt ihm idealistische, ja »ideale« Beweggründe. Die Gerichtspsychiater Doktor Hoevel und Professor Stransky erklären den Mörder für geisteskrank.
Rothstock widerspricht. Er will ein Held sein, kein Irrer. Ein Fakultätsgutachten, von Professor Wagner-Jauregg unterschrieben, teilt Rothstocks Selbsteinschätzung: Er sei nicht wahnsinnig, nur ein Wirrkopf.
Worauf Verteidiger Dr. Walter Riehl, ein Nationalsozialist, die Fakultät als ganz und gar »verjudet« beflegelt.
Der Spruch der Geschworenen: Schuldig, aber verrückt – doch nur zur Zeit der Tat. Daher nicht zu entmündigen, sondern nur vorübergehend in eine Irrenanstalt einzuweisen – der Mörder ist sicherlich bald wieder auf freiem Fuß.

Gentleman als Geldfälscher
Gigantische Falschgeldaffäre mit politischem Hintergrund

In Budapest werden Fürst Ludwig zu Windisch-Graetz, 43, und einige weitere, meist aristokratische Komplicen in einem auffällig milden Prozeß auffällig rasch zu auffällig geringen, eher symbolischen Strafen verurteilt: die Gentlemen sind Hauptakteure in einer gigantischen Geldfälscheraffäre.

Die ebenso verwickelte wie mysteriöse Angelegenheit fliegt im Herbst in Den Haag auf, als ein korrekt gekleideter Herr an einem Bankschalter einen 1.000-Franc-Schein wechseln will. Der Kassier erkennt sofort, daß er ein Falsifikat vor sich hat. Er bittet den Herrn zu warten und verständigt die Polizei.
Der Aufmerksamkeit des Bankmannes entgeht es nicht, daß der Gentleman inzwischen hastig versucht, zwei weitere Banknoten diskret verschwinden zu lassen. Unter dem Hosenbein in der Socke. Als die Polizei endlich einschreitet, entpuppt sich der faule Bankkunde als Besitzer eines ungarischen Diplomatenpasses.
Doch die Polizei kennt ihre Vorschriften: Da der Herr in flagranti erwischt wurde, muß er es zulassen, daß man ihn in der Botschaft verhört. Und dort, angesichts eines völlig konsterniert die Hände ringenden Botschafters, bricht der ertappte Täter zusammen und packt aus: Generalstabsoberst Aristid von Jankovich ist kein Zoll ein gefinkelter Ganove.
Es ist die abenteuerlichste Geschichte, die wohl je ein holländischer Kriminalkommissar zu hören bekommen hat. Aber – dar-

GELDFÄLSCHER AUS PATRIOTISMUS: Fürst Ludwig zu Windisch-Graetz

über besteht gar kein Zweifel – sie stimmt. Zum Verständnis muß kurz die Vorgeschichte erzählt werden: Ungarn hat durch den verlorenen Krieg große Teile seines Territoriums an Rumänien, an die Tschechoslowakei, an Jugoslawien und auch an Österreich verloren.

Was ein echter Ungar ist, gleichgültig ob wilder Kommunist oder strammer Rechtsextremer, ruft bei jeder sich bietenden Gelegenheit »Nem, nem soha!«, was soviel heißt wie »Nein, nein, niemals.« Das richtet sich an die Siegermächte und bedeutet, daß kein anständiger Magyar auch nur im Traum daran denkt, die Gebietsverluste jemals zu verschmerzen oder gar anzuerkennen.

Ein solcher zu allem entschlossener Patriot ist auch Fürst Windisch-Graetz, ein welterfahrener Mann, der viel herumkommt und allerlei gehört hat. Zum Beispiel, daß deutsche Konservative die Absicht haben, Falschgeld, präzis gesagt, französische Francs, in Umlauf zu setzen, um der französischen Wirtschaft zu schaden. Aus Rache für die Ruhrbesetzung.

Windisch-Graetz kommt mit den Deutschen ins Gespräch und ins Geschäft. Das Falschgeld soll in Ungarn hergestellt werden. Ein Drittel bekommen die Deutschen, um damit Frankreichs Wirtschaft zu irritieren, zwei Drittel behalten die Ungarn, um den nationalen Widerstand in den »besetzten« Gebieten zu unterstützen.

Das Falschgeld wird auf teuren Spezialmaschinen, die Windisch-Graetz im Ausland organisiert, im Budapester Militärgeographischen Institut gedruckt und soll durchwegs von Offizieren der ungarischen Armee ins Ausland gebracht werden. Zwecks Umtausch in echte Banknoten. Insgesamt eineinhalb Milliarden Francs! Nicht mehr und nicht weniger.

Sogar der Segen des Himmels wird bemüht: ehe die Herren auf die gefährliche Reise gehen, werden sie vom Feldbischof vereidigt. Daß auch Reichsverweser Nikolaus von Horthy und Regierungschef Stephan Graf Bethlen das Unternehmen abgesegnet haben müssen, ist allen Eingeweihten klar.

Nach außen wird die ganze Affäre, die in Den Haag geplatzt ist, ehe sie noch recht begonnen hat, als Husarenstück einiger aberwitziger Patrioten dargestellt. Justitia scheint aberwitzige Patrioten sehr zu lieben.

»Gelbe Gefahr« für Europa

Japan: ein neuer Industriegigant drängt nach vorn

In Japan wächst eine neue »gelbe Gefahr«: gewichtige Konkurrenz für die Industriestaaten Europas.

Militärisch treten die Japaner derzeit leise: in der Seekonferenz von Washington (1921/22) haben sie einer Reduktion ihrer großen Kriegsschiffe gegenüber jenen Englands und Amerikas im Verhältnis 3 : 5 : 5 zugestimmt; gegenüber China verhalten sie sich ungewohnt friedlich und haben 1922 sogar die ehemals deutschen Besitzungen auf der Halbinsel Schantung, die sie sich 1918 angeeignet hatten, aufgegeben und dort nur noch ihre kommerziellen Interessen gewahrt.

Kommerzielle Interessen scheinen überhaupt die neue Orientierungslinie Japans zu sein, dessen Mittelstand – zumindest äußerlich – zunehmend verwestlicht.

Japan ist – neben Amerika – das einzige am großen Krieg beteiligte Land, das wirtschaftlich profitiert hat. Die kriegsbedingte Abnabelung von den traditionellen Zulieferungen der deutschen Industrie zwang zu mehr Selbständigkeit, und die Aufträge der Verbündeten verschafften Riesengewinne.

In den vier Kriegsjahren auf seiten der Alliierten hat sich Japans Außenhandel vervierfacht, die Goldreserven stiegen auf das Zehnfache.

Die Nachkriegsdepression führte zu Streiks und Hungerdemonstrationen, doch das Erdbeben von 1923 (siehe ZEIT-BILD 1923) erwies sich als Schicksalsschlag, der die Nation wieder einte.

Auch das in diesem Jahr gewährte allgemeine Wahlrecht (für Männer) und neue Sozialeinrichtungen der Arbeitgeber dürften innere Spannungen abbauen.

Schulreformen und Forschung sollen die Stellung Japans als Industriemacht festigen.

Aktuelle Forschungsprojekte reichen von einer Zeitrafferkamera, die 20.000 Aufnahmen pro Sekunde schafft (bisher maximal 6.000), über eine neue Flüssigkeitskupplung der Mitsubishi Company bis zu einer handlichen Kofferschreibmaschine mit – 3.000 japanischen Schriftzeichen.

Japan ist keineswegs nur der größte Seidenfabrikant der Welt oder exklusiver Lieferant der seit 1913 von Mikimoto produzierten Zuchtperlen: so ist zum Beispiel die Kapazität der Baumwollspinnereien seit 1913 in England um 2 Prozent, in den Vereinigten Staaten um 20 Prozent, in Japan aber um 110 Prozent (auf 5,5 Millionen Spindeln) gewachsen.

Einige Namen, von denen man noch öfter hören dürfte:

● Dr. Kotaro Honda, dessen KS-Stahl Furore macht.

● Dr. Mishima, der eine Magnetstahllegierung entwickelte, für die sich Bosch in Deutschland interessiert.

● Dr. U. Suzuki, der in der Vitaminforschung arbeitet und einen synthetischen Reisschnaps erfunden hat, um den Reis, das Hauptnahrungsmittel seiner Landsleute, zu schonen.

Neben dem Geistkapital der Forscher ist die Einsatzfreude der japanischen Arbeiter der größte Aktivposten des jungen Industrielandes: während englische Textilarbeiter sich weigern, mehr als sieben mechanische Webstühle zu überwachen, schaffen ihre japanischen Kollegen dreißig.

Die japanische Fahrradproduktion ist derzeit die größte der Welt (gefolgt von Deutschland, Frankreich und Großbritannien). Autos und Motorräder werden kaum erzeugt, aber auch das könnte noch kommen.

Atomkraft? Nein, danke

ZB-Gespräch mit Professor Dr. John S. Haldane

In der außergewöhnlichen Doppelfunktion eines Physiologen und Philosophen ist Professor Dr. John Scott Haldane, 65, derzeit an der Universität Birmingham tätig. Sein jüngstes, beide Gebiete berührende Werk »Chemie und Frieden« hat – zumindest in Fachkreisen – Aufsehen erregt. Professor Haldane, der die Nutzung von Atomkraft einerseits für unmöglich, anderseits für lebensgefährlich hält, äußert sich darüber in einem ZB-Gespräch.

ZB: Professor Haldane, jüngste Forschungen haben zu der Erkenntnis geführt, daß innerhalb des Atoms ungeahnte Kräfte schlummern. Können Sie sich vorstellen, daß man sich diese Kräfte einmal zunutze macht?
HALDANE: Wenn wir das tun, würden wir über ein so ungeheures Zerstörungspotential verfügen, daß, von der göttlichen Allmacht abgesehen, nichts und niemand die Menschheit vor einer totalen Vernichtung retten könnte.
ZB: Besteht derzeit überhaupt die technische Möglichkeit, diese Kräfte innerhalb des Atoms zu wecken?
HALDANE: Ich glaube nicht. Wir können keinen Apparat bauen, der klein genug wäre, Atomkerne zu spalten – ebensowenig wie einen, der groß genug wäre, um mit seiner Hilfe den Mond zu erreichen.

ZB: Wie müßte die Spaltung eines Atoms – zumindest theoretisch – vor sich gehen?
HALDANE: Wir müßten es mit winzigsten Teilchen beschießen, von denen vielleicht eins unter Millionen »einschlagen« würde. Es wäre, als wollten wir, um einen Safe zu öffnen, aus einem kilometerweit entfernten Maschinengewehr Schlüssel auf das Schloß schießen. Wir könnten – vielleicht – einmal treffen. Aber Sie müssen zugeben, daß dieses Verfahren äußerst unwirtschaftlich wäre.
ZB: Um bei dem Vergleich zu bleiben: warum bringen wir das Maschinengewehr nicht näher ans Ziel heran und erhöhen auf diese Art die Treffsicherheit?
HALDANE: Ganz einfach – weil das »Maschinengewehr« genauso unvorstellbar klein sein müßte wie das »Schloß« – also das Atom.
ZB: Meinen Sie nicht, daß ein Chemiker dennoch einmal solch einen Apparat zu bauen vermag?
HALDANE: Wir können Atome zu verschiedenen Modellen zusammenfügen. Wir können zum Beispiel Kohlenstoff-, Wasserstoff- und Sauerstoff-Atome in Modellen anordnen, die nach Belieben Zucker-, Glycerin- oder Alkoholmoleküle ergeben. Diese sogenannte chemische Synthese betreiben wir seit Tausenden Jahren nach gewissen aus der Erfahrung gewonnenen Faustregeln. Gerade jetzt fangen wir an, diese Vorgänge ein wenig zu verstehen. Aber selbst Moleküle sind für unsere Zwecke noch immer viel zu groß. Wir können von einem Chemiker ebensowenig erwarten, daß er einen solchen Apparat baut, wie von einem Bühnenmaler, daß er eine Miniatur malt. Wir wissen sehr wenig über die Struktur des Atoms und so gut wie nichts über die Möglichkeiten, es zu verändern.
ZB: Herr Professor, wir danken für dieses Gespräch.

Zu unbekannten Zielen

Forschungsreisende vor neuen Abenteuern

Er kann es nicht lassen: der große alte Mann der Forschungsreisenden, Sven Hedin, 59, ist wieder einmal unterwegs. Und auch Wilhelm Filchner – immerhin bald ein Fünfziger – will ins ferne Tibet aufbrechen. Noch immer mit den Eskimos beschäftigt ist hingegen Knud Rasmussen, 45.

Epochales leisten die Skandinavier seit langem auf dem Gebiet der geographischen Forschung – besonders in den Polarzonen, für welche sie als Nordländer, seetüchtig und gegen extrem tiefe Temperaturen abgehärtet, besonders geeignet sind.
Ihr Altmeister, der nun dreiundsechzigjährige Norweger Fridtjof Nansen, bewährte sich zudem auch als Diplomat und Politiker und setzte nach Ende des Kriegs 1914–1918 eine Großtat der Menschlichkeit, die 1922 mit dem Friedensnobelpreis gewürdigt wurde. Als Repräsentant des neugegründeten Völkerbundes erwirkte er die Rückführung von 450.000 Kriegsgefangenen und organisierte Hilfsaktionen für die Notleidenden vieler Länder.
Der Schwede Sven Hedin jedoch ist – neben Knut Hamsun und Selma Lagerlöf – in Mitteleuropa einer der bekanntesten Skandinavier unserer Zeit. Durch seine lebendig geschriebenen Bücher über Forschungsreisen ist er bei Lesern aller Altersstufen äußerst beliebt. Ein oder zwei Hedin-Bände finden sich sogar auf eher bescheiden bestückten Bücherregalen.
Gelehrter im wahrsten alten Sinn des Wortes, gründlicher Kenner Zentralasiens und

SVEN HEDIN

vieler anderer Zonen des Erdballs, Gesprächspartner von Majestäten und Berühmtheiten, Ehrendoktor mehrerer Universitäten, hochgeehrtes Mitglied wissenschaftlicher Akademien, talentierter Illustrator seiner eigenen Schriften – dies alles ist der mit einem tüchtigen, aber klug gezügelten Schuß Abenteurertum begabte Endfünfziger. Man weiß es. Kaum bekannt freilich ist, daß er seit 1902 eigentlich Sven von Hedin heißt: der schwedische König faßte den Dank der Heimat in die Form des Adelsbriefes.

Gespannt verfolgte die heutige Großvätergeneration den Ablauf von Hedins erster Expedition. Während der Jahre 1893–1897 durchquerte er auf Karawanenpfaden das Pamir-Gebiet, Wüsten und das tibetanische Hochland. 26.000 Kilometer legte er zurück, das ist mehr als die Distanz zwischen den beiden Polen der Erde. Fast die Hälfte dieser Strecke mappierte er auf insgesamt 552 Blättern. Im Original aneinandergereiht ergeben diese Aufnahmen eine einmalige Bandwurmlandkarte in der Länge von etwa 120 Meter. Das vierjährige, beharrlich durchgestandene Wagnis im Dienst der Wissenschaft begründete Hedins Ruhm.

Zum zweitenmal brach er 1899 auf, wieder nach Tibet. An der historischen Seidenstraße entdeckte er die Reste einer Stadt aus der Zeit um 300 v. Chr.

Aber den Höhepunkt seines bisherigen Forscherlebens erreichte er auf seiner dritten Reise (1905–1908), einem Vorstoß in die für Fremde unzugänglichen Gebiete Tibets nördlich des Himalaja. Briten und Russen machten ihm erhebliche Schwierigkeiten. Da half dem Schweden »nordische List«. Von der Sonne tiefbraun gebrannt, schmuggelte er sich als tibetanischer Pilger verkleidet durch die heiklen Zonen. Dann verwandelte er sich wieder in den Europäer.

Als solchen empfing ihn in der Klosterstadt Taschilumpo das religiöse Oberhaupt, der sonst so unnahbare Taschi Lama. Damals gelang es Hedin, die riesigen weißen Flekken des unerforschten Tibet von der Landkarte zu tilgen. Er drang sogar bis in die Quellgebiete des Indus und des Brahmaputra vor. Seither nennt man die Transhimalaja-Massive ihm zu Ehren »Hedin-Gebirge«.

Nunmehr, zwei Jahre nach einer Weltreise, auf der er Monate in den USA verbrachte und sich für die grandiosen Wunder des Grand Canyon begeisterte, ist er bereit, wieder zu einer Expedition ins Innere Asiens zu starten. Dank der modernen Transportmittel und der Beseitigung mancher Barrieren weniger strapaziös als einst, aber immerhin eine Anforderung für einen Mann seines Alters. Doch mit der ihm

WILHELM FILCHNER

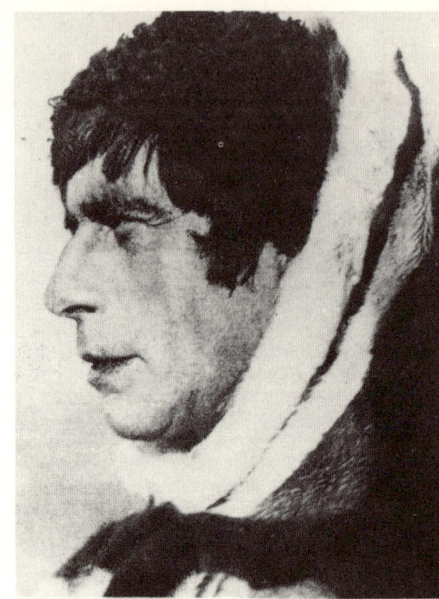

KNUD RASMUSSEN

eigenen Vitalität darf sich Sven Hedin, so scheint es, noch alles zutrauen.

Von Bayern nach Tibet

Der zweite international prominente Tibet-Forscher kommt aus den Alpen. Es ist Wilhelm Filchner, 47, ein bajuwarischer Hüne, der ursprünglich eine Künstlerlaufbahn ansteuerte und darin vom Münchener Malerfürsten Franz von Lenbach bestärkt wurde. Aber ebensogut gefiel Wilhelm das Militär, deshalb wurde er Offizier. Und betrieb nebenbei emsig Geographie und Völkerkunde. Anno 1900 sattelte er zu einem gefährlichen »Ritt über den Pamir«, so auch der Titel seines ersten Buches. Bedenkt man, daß er nach wie vor bayerischer, also deutscher Soldat war und später, während des Kriegs, im Geheimdienst stand, dann liegt die Vermutung nahe, er habe damals unterwegs nicht bloß wissenschaftliches Material gesammelt.

Er brachte auch reinrassiges Schwarzwasserfieber in die Heimat, und dieser Fall interessierte die Münchner Ärzteschaft brennend, da sie keine klinischen Erfahrungen mit dieser Krankheit hatte. Was tat Filchner? Er bot seine in Bayern so raren Bazillen bei einer Wohltätigkeitsveranstaltung zur Versteigerung an. Gern berappten die Mediziner die Prämie und machten zu Studienzwecken Blutabstriche ...

1904/05 zog er durch Nordost-Tibet. In seinem Tagebuch aus jenen Zeiten steht der Satz: »Große Ziele sehen und unter Anspannung aller Kräfte verfolgen heißt leben!« Das könnte Filchners Wappenspruch sein. Die Ausbeute an Ethnologischem und Kartographischem erregte in München und Berlin Staunen.

Daraufhin betraute das Kaiserreich diesen fähigen, vielseitig gebildeten Offizier mit Sonderaufgaben außerhalb der militärischen Routine. 1911 wurde er zum Leiter der »Zweiten Deutschen Südpolarexpedition« ernannt, an Bord des Forschungsschiffs »Deutschland«, dessen Experten-Team bereits auf der Überfahrt ozeanographische Aufnahmen durchführte.

Im Hafen von Buenos Aires fand Filchner Roald Amundsens Schiff vertäut, auch Captain Scott machte sich startklar, es war also »Hochbetrieb in der Antarktis« zu erwarten. »Wir hatten den Auftrag, die längst noch nicht restlos geklärten Beziehungen zwischen den verschiedenen Erdteilen auf der südlichen Halbkugel zu entschleiern.«

Im Weddellmeer ortete die Forschergruppe eine im Süden gelagerte riesige Eisbarriere. Noch heute bezeichnen Fachleute diese Beobachtung als eines der wichtigsten Resultate der gesamten Polarforschung.

Nach der Arbeit an mehreren, inzwischen vielgelesenen Büchern und Vorträgen für sowjetische Wissenschaftler in Moskau und Leningrad steht Filchner im Augenblick vor einer neuen Reise. Diesmal wird er, wie Hedin, wieder nach Tibet reisen, das ihn nicht mehr losläßt. »Im Packeis habe ich mich schon lange genug umgetan.« Auf dem Dach der Welt will er erdmagnetische Messungen vornehmen.

Eskimo-Forscher

Der Däne Knud Rasmussen, 45, hingegen hielte es nirgendwo anders aus als im höchsten hohen Norden. Ist er doch ein Kind der weißen Wildnis, als Sohn eines Missionars und einer Eskimofrau auf Grönland geboren. Die Sprache des Muttervolks war dem Jungen geläufiger als Dänisch, und der Mann erfüllt die beste Mission eines »Halbbluts«: Verbindungen zu schaffen, Gegensätze auszugleichen, für Verständigung zu wirken.

Rasmussen vereinigt in sich die Vorzüge beider Rassen: Naturnähe, Instinktsicher-

heit und Zähigkeit der Eskimos mit dem systematischen Denken und der Aktivität des Skandinaviers. So war er befähigt, in engster Fühlung dauernd mit den seltsamen Stämmen zusammenzuleben.

In der grönländischen Nordsternbucht gründete er eine Handelsstation, die er in Erinnerung an das alte mythische Nordreich Thule nannte. Tatkräftig organisierte er dort für seine Pelzjägerfreunde den Austausch mit den Amerikanern und setzte sich im Namen Dänemarks für die Selbstbehauptung der Eskimos ein, gleichsam als ein Fürst von eigenen Gnaden – doch seinem König im fernen Kopenhagen unbedingt treu.

Langes Studium der Eigenart und der Lebensweise der Eskimos führten Rasmussen zu der Theorie, daß dieses Volk denselben rassischen Ursprung hat wie die nordamerikanischen Indianer. In dem markanten Expeditionsjahr 1911 ging er erstmals auf große Fahrt. Mit dem Deutschen Peter Freuchen und zwei Eskimos bewältigte er binnen sechzehn Tagen 1.230 Kilometer, das heißt pro Tag 65 Kilometer!

Rasmussens wichtigste und bisher letzte Forschungsreise im Hohen Norden der westlichen Hemisphäre fiel in die Jahre 1921–1923. Dazu bewogen ihn Meldungen, daß die überlieferte Kultur der Eskimo-Völkerschaften durch das Vordringen der banalen »Emailtopf-Zivilisation« bedroht sei.

Auf seinem Langen Weg führte er im Gebiet der Hudson Bay und der Barren Grounds ethnologische Bestandsaufnahmen durch, studierte aus erster Hand die Verhältnisse bei den einzelnen Stammesgruppen, den Rentierjägern und den Kajakfischern und verbrachte einige Monate bei den »Proto-Eskimos«: dem Urvolk, das den Winter ohne Feuer übersteht.

Er zog durch die nördlichsten Regionen Alaskas – »das war noch das Land Jack Londons!« –, begegnete Schamanen und Fallenstellern und fahndete überall nach Anzeichen der Verbreitung von Eskimos.

Am Endpunkt seiner Fahrt, in New York, erklärte der einsame, spröde Schneeläufer: »Ich habe Tausend kleine Ansiedlungen gesehen – und ich danke meinem Geschick, daß ich in einer Zeit lebe, in der die Hundeschlitten noch nicht der Vergangenheit angehören.«

Amerikas Literatur blüht in Paris

Hemingway, Fitzgerald, Pound und Eliot im Salon der Gertrude Stein

In der Rue Fleurus in Paris braut sich neue Literatur zusammen. Zwei seltsame Amerikanerinnen betreiben den Salon im Haus Nr. 27: Gertrude Stein, 41, und ihre Freundin Alice Toklas, 38.

Gertrude ist groß, breit und mütterlich; seit dem Porträt ihres Freundes Picasso aus dem Jahr 1906 hat sich ihr maskenhaftes, in seinem Schweigen ruhendes Gesicht nur wenig verändert. Alice ist dunkel, klein und zart, vogelhaft. Eifersüchtig wacht sie über Diät und Gesundheit, aber auch über die Freunde der Dichterin Stein, deren obskur-impressionistische Werke noch keinen wirklichen Durchbruch erlebt haben.

Die Damen führen ein offenes Haus; Alice ist eine fabelhafte Köchin, eine aufmerksame Gastgeberin, Gertrude kann zuhören und Lob spenden. Außer den Malern Picasso, Matisse und Braque gehören neuerdings Ernest Hemingway und seine Frau Hadley sowie Scott und Zelda Fitzgerald zu den Freunden des Hauses.

Der junge Hemingway ist in literarischen Kreisen durch einige Kurzgeschichten bekannt geworden. Er soll zur Zeit an einem Roman arbeiten, der in einem Milieu spielt, das Hemingway aus eigenster Erfahrung kennt: ein paar amerikanische Journalisten und eben abgerüstete Weltkriegs-Soldaten

VON PICASSO GEMALT: Gertrude Stein

trinken sich durch das Pariser Nachtleben und beschließen dann, gemeinsam zur Eröffnung der Stierkampfsaison nach Pamplona zu fahren.

Das Buch, das schon im Manuskript vorliegt, trägt den Titel »Fiesta«. Es zeichnet sich durch dieselbe »männliche« Kaltschnäuzigkeit und Amoral aus wie die früheren Kurzgeschichten des erst sechsundzwanzigjährigen Korrespondenten des *Toronto-Star*.

Scott Fitzgerald, der mit seiner Frau Zelda an der winterlich billigen Riviera den Erfolg seines Romans »Der große Gatsby« abgewartet hat, kam nach den ersten überschäumenden Kritiken nach Paris und lief in der »Dingo-Bar« Ernest Hemingway in die Arme, der ihn in die Rue Fleurus schleppte.

Die Damen Stein und Toklas sind von dem höflichen, bescheidenen Fitzgerald entzückt, etwas weniger von dessen exzentrischer Frau Zelda. Aber die Fitzgeralds treten immer nur paarweise auf.

Mit Scott Fitzgerald, dem Autor des »Großen Gatsby«, der Geschichte vom reichen Mann, dessen übel erworbenes Geld ihn nicht glücklich macht, dringt ein wenig New Yorker Hektik in das Leben der beiden Damen. Während Hemingway, ernsthaft, männlich verhalten, still, aber gründlich trinkt, produzieren sich die Fitzgeralds.

Ihr lautes Leben in New York hatte sie zu Kultfiguren der jüngeren Generation gemacht. Er zog sich in einem Nachtklub aus, sie badete in einem städtischen Brunnen. Um die Übersiedlung aus einem billigen in ein teureres Hotel zu feiern, wirbelten sie eine halbe Stunde lang in der Drehtür ihrer neuen Unterkunft herum.

Aus dem Waldorf-Astoria-Hotel schmiß man sie unter großer Assistenz von Freunden und Bewunderern hinaus, nachdem sie mit Kochmützen auf den Köpfen auf den Küchentischen getanzt hatten. Sie waren meistens ziemlich offensichtlich betrunken.

Nun, in Paris, haben sie eine neue Nummer, mit der sie ihr dankbares und bewunderndes Publikum entzücken: Zelda hat sich an der Riviera in einen französischen Offizier verliebt, aber Scott und sie können sich nicht trennen. Also hat der Offizier Selbstmord begangen (ein von Scott beigetragenes, frei erfundenes Ende der Affäre).

Zelda ist Scotts beste Inspiration. Jeder seiner Heldinnen ist ein Abbild seiner Frau.

ERNEST HEMINGWAY

F. SCOTT FITZGERALD

Und Zelda scheint zu fühlen, daß sie ihn von Zeit zu Zeit eifersüchtig, aber jedenfalls immer unglücklich machen muß, um ihn zu neuen, tragischen Geschichten anzuregen.

Bei Gertrude findet Scott Trost, verständnisvolle Kritik und die Versicherung, daß ein dreißigster Geburtstag noch kein Weltuntergang ist.

Auch der große Lyriker Ezra Pound, dessen »Cantos« in diesem Jahr erschienen sind, ist Gast in der Rue Fleurus. Aber so sehr Alice und Gertrude auch seine bildungsstrotzenden Verse schätzen, die Kommerzgeist, Ungerechtigkeit und Philistertum des Jahrhunderts geißeln, so wenig gefällt ihnen der »unangenehme und prätentiöse Kerl« selbst, wie Alice einem Freund des Hauses gesteht.

Außerdem schnorrt Pound fünf Dollar von jedem seiner Bekannten, um einen Unterstützungsfonds für seinen Freund Thomas Stearns Eliot zusammenzukriegen. Was der sparsamen Alice, die Eliots Lyrik nicht mag, gar nicht zusagt.

Seit dem Erscheinen seiner ersten Gedichte, noch im Krieg 1914–1918, wird Eliot, der Amerikaner, in englischen Intellektuellenkreisen als Geheimtip und neuer Guru der Lyrik gehandelt, durchaus ebenbürtig den beiden Geistesriesen der neuen Dichtung, James Joyce mit seinem 1922 erschienenen

»Ulysses« und Marcel Proust, dessen »Suche nach der verlorenen Zeit« bald vollständig vorliegen wird.

Eliots »Waste Land« hat die junge Eliot-Gemeinde in Verwirrung gestürzt. Während seine Bewunderer in den fünf Gesängen subtile Anspielungen auf die Gralslegende und die Adonis- und Osiris-Mythen zu finden glauben, meint das einflußreiche amerikanische Wochenmagazin *Time*: »Bei uns kursiert eine neue Art von Literatur, deren einziger Fehler darin besteht, daß man kein Wort begreift. Aber Literatur, so erklärt man uns, sei Selbstverwirklichung des Dichters. Es ist Aufgabe des Lesers, den Sinn zu finden, nicht des Dichters Pflicht, diesen Sinn deutlich zu machen ... Böse Leute behaupten, ›Waste Land‹ sei ein Scherz, als Mystifikation des Lesers geschrieben.«

Einmal Manhattan und zurück

Es gibt aber auch eine amerikanische Dichtung, die den Snob-appeal der Pariser Emigration nicht braucht, die sich, ganz im Gegenteil, mit der amerikanischen Szene, dort wo sie zutiefst uneuropäisch ist, beschäftigt. John Dos Passos' »Manhattan Transfer« ist ein bahnbrechendes Buch, das keiner europäischen Tradition verpflichtet ist.

Schreibt ein amerikanischer Kritiker: »Ich halte ›Manhattan Transfer‹ in jeder Hinsicht für bedeutender als alle Werke von Gertrude Stein oder Marcel Proust, ja sogar für bedeutender als den großen weißen Elefanten, Mr. Joyces ›Ulysses‹. In ›Manhattan Transfer‹ gibt Dos Passos das Wesen, den Geruch, die Klangfarbe, die Seele von New York wieder.«

»Manhattan Transfer« ist eine Umsteigstation der New Yorker Underground. Alle Personen des Romans (es gibt keine Hauptperson) sind irgendwohin unterwegs. Im kunstvoll gelenkten Figurengewimmel, das Dos Passos wie ein Kameramann überschaut, entkommen die Personen der Anonymität nur so lange, wie sie im Objektiv der Kamera sichtbar sind. In raschen Schnitten folgt hier Bild auf Bild, eigentlich Großaufnahme auf Großaufnahme. »Manhattan Transfer« ist kein Roman, sondern ein Puzzle von Episoden. Dos Passos entblößt die Auflösung aller menschlichen Beziehungen unter dem Druck der Megalopolis.

»Das Böse muß man lächerlich machen«

Literatur-Nobelpreis für George Bernard Shaw

Als ihm Englands Premierminister Ramsay MacDonald die Erhebung in den Adelsstand anbot, lehnte der gebürtige Ire ab: »Unter einem Herzogtum mach ich's nicht.« Der Premier gab nicht nach: »Und wie wär's mit einem Verdienstorden?« – »Den«, entgegnete George Bernard Shaw selbstbewußt, »hab ich mir vor vielen Jahren selbst verliehen.«

Die einzige Ehrung, die der neunundsechzigjährige Schriftsteller in diesem Jahr tatsächlich entgegennimmt, ist der Nobelpreis für Literatur. Immerhin hat der ehemalige Musik- und Theaterkritiker rund vierzig Theaterstücke geschrieben, denen eines gemeinsam ist: Gesellschafts- und Sozialkritik, in glänzend pointierte Unterhaltung verpackt.

In der Komödie »Frau Warrens Gewerbe« entblößt er beispielsweise die scheinheilige bürgerliche Doppelmoral, in »Cäsar und Cleopatra« entmythisiert er die Geschichte durch eine nüchtern ironische Darstellung der Verquickung von Politik und Liebe. In den »Helden« veräppelt er echtes und falsches Heldentum, und mit »Pygmalion« schildert er den Aufstieg eines Mädchens aus der Gosse zur salonfähigen Lady.

Shaw demaskiert nicht nur höhnisch die hehren historischen Statuen, er attackiert auch alle etablierten Berufsstände. Die Welt ist für ihn nur »das Irrenhaus irgendeines anderen, weiseren Planeten«. Shaw will das Böse zerstören, indem er es lächerlich macht.

Ein komischer Unruhestifter war »Bobby« Shaw schon als Kind: Wenn er nicht bekam, was er wollte, zerrte er sich die Haube herunter, zerriß voller Wut herumliegende Zeitungen oder stieß mit dem Kopf gegen Fensterscheiben.

Weil es ihn weder freute, Lehrling eines Häusermaklers zu sein, noch Telefon-Beamter in London, engagierte er sich in der Politik – als einer der populärsten Versammlungsredner der »Fabian Society«, einer dem Sozialismus nahestehenden Partei.

Nach einer kurzen Kritikerkarriere schockierte er Publikum und Presse mit seinem ersten sozialkritischen Bühnenstück, »Die Häuser des Herrn Sartorius«, im Independent Theatre, London. Er ließ sich vom Mißerfolg aber nicht entmutigen, sondern stellte befriedigt fest: »Ich hatte keinen Erfolg erzielt, aber einen Aufruhr verursacht; und diese Empfindung war so angenehm, daß ich beschloß, es noch einmal zu versuchen.«

GEORGE BERNARD SHAW

Reportage als Kunst-Stück

»Der rasende Reporter« von Egon Erwin Kisch

Sein Schauplatz ist Europa. Sein Stil ist außergewöhnlich. Die Lokalitäten, auf die er sich einläßt, sind voller Merkwürdigkeit. Da beschreibt er beispielsweise eine Hochschule für Taschenspieler, ein Leichenschauhaus oder das Interieur eines Scharfrichters von Wien.

Mit seiner Sammlung außergewöhnlicher Reportagen versucht sich Egon Erwin Kisch, 40, vormals Lokalreporter in Prag, jedenfalls als Soziologe der Literatur und dürfte mit seinem jüngst erschienenen Band »Der rasende Reporter« dem Journalismus künftig neue Aspekte und neues Ansehen verleihen: Kisch charakterisiert zwar Milieu, Idiom und Zeitkolorit, aber in knappen, schmucklosen Worten.

Er reduziert emotionslos erschütternde Ereignisse auf den Informationsgehalt und legt solchermaßen soziale oder politische Gesetzmäßigkeiten bloß.

Der Autor geht immer davon aus, daß der Journalist ein ganz »gewöhnlicher Mensch« sei, dessen Schreibe lediglich durch die dargebotenen Stoffe wirke. Der Reporter, meint er, habe nur einer Tugend Folge zu leisten – der Objektivität. »Er hat«, so Kisch, »unbefangen Zeuge zu sein und unbefangene Zeugenschaft zu liefern.« Trotzdem hat Egon Erwin Kisch, stellen Literaturkritiker fest, somit die Reportage zur Kunstform erhoben.

Bleibt nur die Frage offen, warum dem so ist: *weil* oder *obwohl* Kisch mitnichten immer nur unbefangener Zeuge, sondern emsig Handelnder der Weltgeschichte gewesen ist. So hat der engagierte Kommunist und Mitbegründer der »Roten Garde« 1918 aktiv beim Sturz der österreichisch-ungarischen Monarchie mitgewirkt.

Am Sturm auf die *Neue Freie Presse* soll ihn nur sein Bruder Paul gehindert haben. Der war damals Redakteur bei der konservativen Zeitung und fiel dem revolutionären Bruder aus gutbürgerlich und fromm jüdischem Prager Elternhaus mit den Worten in die Arme: »Warte nur, Egon, das werd ich der Mama erzählen!«

EGON ERWIN KISCH

sches »Salonstück« in Romanform. Auf einem Barockschloß bei Viareggio will die Schloßherrin durch Diskussionen die kulturelle Tradition neu beleben. Doch in einer Zeit zerbröckelnder Werte bleiben als Auswege nur die rettende Tat in der Gesellschaft oder meditative Einsiedelei.

Selma Lagerlöf:
Charlotte Löwensköld, Roman
Diese romantische Familienchronik, deren Handlung in Värmland, der Heimat der schwedischen Autorin, spielt, verspricht nicht nur in Schweden ein großer Erfolg zu werden. Die Heldin des Romans zeigt den »edlen, stolzen Willen« all der bereits bekannten Frauengestalten Selma Lagerlöfs.

Heinrich Mann: Der Kopf, Roman
Der 3. Teil einer Trilogie (bereits erschienen: »Die Armen« und »Der Untertan«), in der der Autor als erbarmungsloser Kritiker des machtgierigen, selbstsicheren Bürgertums und der Zustände im Wilhelminischen Reich auftritt.

William Somerset Maugham:
Der bunte Schleier, Roman
Der psychologische Roman schildert in eleganter, spannender Erzählweise das Schicksal der verwöhnten Kitty, die zur Strafe für ihren Ehebruch ihrem Mann, der Bakteriologe ist, in die choleraverseuchte chinesische Provinz Mei-tau-fu folgen muß, wo sie innerlich reift und das Leben nicht mehr bloß als einen »bunten Schleier« ansieht.

Virginia Woolf: Mrs. Dalloway, Roman
Die auf einen Tag beschränkte Handlung (ein Tag im Leben der zweiundfünfzigjährigen, der upper class angehörigen Mrs. Dalloway) versucht mit neuen Darstellungstechniken – ähnlich denen in James Joyces »Ulysses« – das Fließende des Lebens einzufangen. Die Gleichzeitigkeit von Ereignissen wird aus dem Bewußtsein der Heldin als Einheit erlebt.

Theodore Dreiser:
Eine amerikanische Tragödie, Roman
Ein neuer Roman des ehemaligen Journalisten, dessen erstes Werk, »Schwester Carrie«, wegen »Unmoral« heftig angegriffen wurde. »Eine amerikanische Tragödie« basiert auf einem tatsächlichen Mordfall und verwertet Prozeßakten: Clyde Griffiths, arm, aber ehrgeizig, scheitert an seinem unbedingten Willen zum sozialen Aufstieg, zu dem ihm jedes Mittel recht scheint.

»Deutsche Frauen und Beamte verhöhnt...«

Theaterskandal um Carl Zuckmayers »Der fröhliche Weinberg«

Carl Zuckmayer, 29, deutscher Autor und Dramaturg des Starregisseurs Max Reinhardt, mausert sich zum Spezialisten für Theaterskandale.

Für sein jüngstes Lustspiel »Der fröhliche Weinberg«, ein deftiges Volksstück im rheinischen Dialekt, in dem viel getrunken, gegessen und geliebt wird, erhielt der Provokant-Schriftsteller zwar den Kleist-Preis, zugleich aber bekam er die Wut gewisser völkischer Fanatiker zu spüren.

Das sächsische Halle kann sich neuerdings des größten Theaterskandals seiner Kulturgeschichte rühmen: Schon während des er-

STEIN DES ANSTOSSES: Szenenphoto aus dem »Fröhlichen Weinberg«

117

sten Aktes versuchten Buh-Rufer die Aufführung zu stören. Zu Beginn des zweiten
kämpften die Zischer zehn Minuten lang
gegen die Beifallspender. Erst nachdem ein
Drittel der Zuschauer mit polizeilicher
Hilfe aus dem Saal entfernt worden war
und nach einer einstündigen Unterbrechung wagten sich die Schauspieler wieder
auf die Bühne. Sie reüssierten allerdings nur
als Pantomimen: wegen des anhaltenden
Tumults konnte man im Zuschauerraum
kein Wort mehr verstehen.
Und die Uraufführung in den »Münchner
Kammerspielen« wäre überhaupt beinahe
geplatzt. Vor der Premiere verhängten die
Stadtväter schnell ein Aufführungsverbot.
Erst nach einer Zensurvorstellung öffnete
sich der rote Vorhang doch noch.
Zuckmayer selbst, Fabrikantensohn, Natur-
wissenschaftsstudent und Jungschriftsteller,
der sich noch zum Bühnentalent mausern
dürfte, ist Skandale schon gewöhnt: So
wurde er vor fünf Jahren in Kiel als Dramaturg gefeuert, weil er in seiner Bearbeitung
und Inszenierung des Terenz-Stückes »Der
Eunuch« eine Sklavin nackt auftreten ließ,
eine Parodie auf den Kriegshelden und jetzigen Reichspräsidenten Hindenburg ein-
baute und die lateinischen Dialoge auch
noch in vulgäres Soldatendeutsch übertrug.
Während sich die NS-Fraktion des Münchner Stadtrats bis zur Lächerlichkeit über
Zuckmayer und sein neuestes Lustspiel
echauffiert: »Unglaubliche Schweinerei, die
die christliche Weltanschauung, die deutschen Sitten, die deutsche Frau, das deutsche Beamtentum in der gemeinsten Weise
verhöhnt« –, zeigten sich die großen Theaterkritiker Deutschlands vom »Fröhlichen
Weinberg« sehr angetan: »Ein voller Sieg
des Lebendigen, des Lebens«, meint Berlins
Kritiker-Papst Alfred Kerr, »ein Volksstück, insofern es das lachende Volk
zeigt.«
Zuckmayer selbst kommentiert den »Weinberg«-Skandal halb erschüttert, halb lako-
nisch: Er habe das verzerrte Gesicht einer
nach Haß und Rache lüsternen Rückstän-
digkeit enthüllt, die im Begriff ist, das deutsche Volk um seine beste und hoffnungs-
vollste Zeit zu betrügen, seiner freien Zukunft das Grab zu schaufeln. »Die Toten-
uhr tickt für die deutsche Republik, die
gerade erst aus der Agonie des Notstands er-
wacht ist.«

Musik wie Mathematik

Das neue Hören: nie mehr »schöne« Melodien?

**Giacomo Puccini ist vor einem Jahr an Kehlkopfkrebs gestorben (siehe ZEIT-
BILD 1924). Seine letzte Oper, »Turandot«, soll von Freund Franco Alfano zu
Ende geschrieben werden. Wird es möglich sein? Kann ein Komponist heute fortset-
zen, was vor fast einer Generation den ungeheuren Erfolg einer »Bohème«, einer
»Butterfly«, einer »Manon« ausmachte?**

Mit Puccini scheint eine Welt untergegan-
gen, in der die Musik in Konzert und Oper
versuchte, die Gegensätze in unserer Welt
auszugleichen, die Menschen auf den Flügeln des Gesanges zu erheben und, auf
schönem Melos schwebend, den Alltag vergessen zu lassen.
Unsere neuen Komponisten, fast noch Puccinis Zeitgenossen, möchten weder trösten
noch ausgleichen. Sie sehen die unüber-
brückbaren Gegensätze, die unsere moderne Welt zerreißen: sie akzeptieren sie
und übersetzen sie in eine Tonsprache, die
nichts Tröstendes mehr an sich hat, es sei
denn Weberns Stille. Aber davon später.
Eine Gruppe dieser Musiker, den Dissonan-
zen der Moderne verschrieben, sucht einen
gewissen Trost in der Volksmusik, die
ihnen aus einer heilen Welt zu stammen
scheint: Seit fast zwanzig Jahren spüren
Zoltán Kodály und Béla Bartók den Melodien ihrer Heimat nach, entdeckt Manuel
de Falla die Rhythmen seines spanischen
Vaterlandes.

Zoltán Kodály

Der heute dreiundvierzigjährige Kodály,
aus der kleinen Stadt Kecskemét in Ungarn,
ist Professor an der Musikakademie in Budapest. Er ist ein hochgebildeter Musikwis-
senschaftler, ein Volksliedforscher ersten
Ranges; als solcher allerdings nur einem
kleinen Kreis von Spezialisten bekannt.
Sein neuer Ruhm als großer Komponist
gründet sich auf ein zutiefst nationales
Werk: auf den »Psalmus Hungaricus«,
1923 als Auftragswerk für die 50-Jahr-Feier
der Vereinigung der Städte Buda und Pest

ZOLTÁN KODÁLY

geschrieben. Für Tenorsolo, Chor und Orchester schonungslos modern komponiert,
endet zumindest der Text des Werkes (im
17. Jahrhundert von einem Kleriker aus
Kodálys heimatlichen Kecskemét verfaßt)
auf einer versöhnlichen Note: »Diese
Worte schrieb König Salomo, und für die
bitter trauernden Gläubigen habe ich zur
Tröstung dieses Lied geschrieben . . .«

Béla Bartók

Sein Landsmann und Freund Béla Bartók,
44, im Schlepptau Kodálys zur Volksmusik
gekommen, begann seine Karriere als Kom-

ponist mit einem symphonischen Poem
»Kossuth«, das zwar Bartóks ungarischen
Nationalismus, nicht aber seine Größe als
Musikschaffender bewies.
Erste Mißerfolge ließen ihn sich immer
mehr auf die Sammlung von ungarischen,
slowakischen und rumänischen Volkslie-
dern konzentrieren, schließlich brachten
aber ein Ballett, »Der holzgeschnitzte
Prinz«, und eine Oper, »Herzog Blaubarts
Burg«, den lange erwarteten Erfolg.
Ein weiteres Ballett, »Der wunderbare
Mandarin«, wird zwar von Kennern der
Partitur als neuer Geheimtip eines Welt-
erfolgs gehandelt, soll aber erst im nächsten
Jahr an der Kölner Oper aufgeführt wer-
den.

Manuel de Falla

Ein ebenfalls folkloristisches Ballett, »Der
Dreispitz«, hat vor wenigen Jahren den
dritten Volkskundler unter den modernen
Musikern berühmt gemacht. Manuel de

MANUEL DE FALLA

Falla, 49, nach einem kurzen Aufenthalt in
Paris wieder im heimatlichen Spanien, organisiert Volkslied-Festivals (meist in Gra-
nada) und leitet, zusammen mit seinem
Schüler Ernesto Halffter, ein Kammeror-
chester, das sich der andalusischen Musik
und den Kompositionen de Fallas verschrieben hat.
Neben diesen »tröstlichen« Modernen, die
ihren Gefühlen wenigstens noch in der akri-
bisch-akademisch gesammelten Volksmusik
Ausdruck verleihen, gibt es die zweifellos

wegweisende und wahrscheinlich bedeuten-
dere Gruppe der »Trostlosen«, die dem
schönen Gesang von Stimme und Soloin-
strument keinen Raum in ihren Kompositionen lassen.

Arnold Schönberg

Arnold Schönbergs abstrakte Zwölftonmusik, die er an seine Schüler Alban Berg und
Anton von Webern weitergegeben hat, ist
das Gegenstück zur abstrakten Mathematik
und zur abstrakten Malerei unserer Zeit.
»Seit der Aufführung meiner beiden Lieder
nach Texten von Karl von Lentzow im Jahr
1898 hat der Skandal um meine Musik
eigentlich nicht mehr aufgehört«, bemerkte
Schönberg, 51, einmal bitter. Zu Recht: Die
»Verklärte Nacht« aus dem Jahr 1899
heizte die Diskussion um Schönbergs Musik aufs neue an, die »Gurrelieder« wurden
lebhaft kritisiert, und das erste Glissando
für Posaune, das die musikalische Welt in
Schönbergs symphonischer Dichtung »Pel-
leas und Melisande« zu hören bekam,
sorgte für weitere Aufregung.
Dennoch ist der Wiener Schönberg in diesem Jahr als Nachfolger Ferruccio Busonis
an die Meisterklasse der Preußischen Akademie der Künste nach Berlin gerufen worden. Ein Beweis, daß sein Ruhm als Kom-

ARNOLD SCHÖNBERG

ponist über den winzigen Kreis seines Wiener »Vereins für musikalische Privatauffüh-
rungen« hinausgedrungen ist.

Was ist Zwölftonmusik?

Was ist nun diese von Schönberg und seinen Schülern praktizierte Zwölftonmusik?
Wer die Werke der drei Wiener Komponisten Schönberg, Berg und Webern für ka-
kophonisches Chaos hält, hat sich gewiß
noch nicht die Mühe genommen, die strengen, in ihrer Unerbittlichkeit an Bachsche
Fugen gemahnenden Regeln dieser neuen
Musik zu studieren.
Schönberg selbst nennt seine Technik
»Komposition mit zwölf Tönen«. Sie ist
nicht »atonal« (ein sinnloser, meist bösartig
gebrauchter Ausdruck, der ja eine »tonlose«
Musik meinen müßte), sie verzichtet nur
auf die herkömmlichen Tonarten und damit auf die Spannungen, die aus den verschieden großen Intervallen unserer herkömmlichen Musik entstehen.
Die »Zwölftontechniker« verwenden also
alle zwölf Töne der chromatischen Skala, in
der ein Ton vom nächsten nur durch einen
Halbton getrennt ist. Aus dieser auf- oder
absteigenden Reihe entfaltet sich dann die
Komposition.
Kein Ton darf wiederkehren, ehe nicht alle
anderen erklungen sind, alle Töne, alle In-
tervalle sind gleichberechtigt, und statt der
alten Harmonik mit ihren verschiedenwer-
tigen Dreiklängen ergeben sich die Akkorde
nun allein aus der Weiterführung oder Um-
kehrung der Zwölftonreihe.
So begrenzt die Möglichkeiten einer solchen Kompositionstechnik auf den ersten
Blick erscheinen mögen, haben doch Theoretiker des Systems errechnet, daß sich aus
diesen zwölf Tönen 479,001.600 verschiedene Reihen bilden lassen.

Alban Berg

Von Schönbergs beiden Freunden ist der
vierzigjährige Alban Berg am 14. Dezember
dieses Jahres in Berlin mit seiner Oper
»Wozzek« nach 137 (!) Proben vor ein teils
kritisches, größtenteils aber hingerissenes
Publikum getreten.
Die Geschichte vom dumpfen, getretenen
Soldaten Wozzek aus Georg Büchners fast
hundertjährigem Dramenfragment gewinnt
in Bergs Musik größte Dramatik und allge-
meingültige Menschlichkeit, über der man

ALBAN BERG

Picasso – der größte Maler des Jahrhunderts?

Viel Verwirrung um die Malerei von heute

In diesem Jahr der Kunst, das mit einer großen Surrealisten-Schau in Paris seinen Höhepunkt erlebt, darf man alles: ein paar Striche, ein paar Farbflecken oder schwülstig-surreale Träume und was alles zwischen den beiden Extremen liegt, gilt als modernes Malen. Unsere Künstler haben die innere Wahrheit der Malerei entdeckt, stellen sie hoch über die äußere und sagen: dem einen sein Ul ist dem andern sein Nachtigall ...

– und das ist wohl der Höhepunkt des Könnens – die strengen Regeln dieser Musik überhört.

Anton Webern

Der Stillste im Bund der Zwölftöner ist Anton von Webern, heute zweiundvierzigjähriger Dirigent des sozialistischen »Wiener Arbeiter Singvereins«. Der Sohn eines hohen österreichischen Beamten hat in Wien, zunächst an der Universität, dann aber auch bei Schönberg, Musik studiert.
Nach fehlgeschlagenen Versuchen, sich an allerlei deutschen Provinztheatern als Operettendirigent durchzuschlagen, ist Webern seit einigen Jahren in Mödling ansässig und widmet sich ganz seinem Gesangsverein, seinen wenigen Schülern und seinen Kompositionen.
Webern wählt die kleinste, kürzeste Form der Kammermusik. Seine Orchesterstückchen dauern oft nur wenige Minuten, beschränken sich auf zehn bis dreißig Takte. »Man bedenke, welche Enthaltsamkeit dazugehört, sich so kurz zu fassen«, sagt sein Lehrer Schönberg von Weberns Musik. »Jeder Blick läßt sich zu einem Gedicht, jeder Seufzer zu einem Roman ausdehnen. Aber: einen Roman durch eine Geste, ein Glück durch ein einziges Aufatmen auszudrücken: solche Konzentration findet sich nur, wo Wehleidigkeit in entsprechendem Maß fehlt ... Weiß der Spieler nun, wie er diese Stücke spielen, der Zuhörer, wie er sie annehmen soll? Können gläubige Spieler und Zuhörer verfehlen, sich einander hinzugeben? Was aber soll man mit den Heiden anfangen? Feuer und Schwert können sie zur Ruhe verhalten; in Bann zu halten sind aber nur Gläubige. Möge ihnen diese Stille klingen!«

PABLO PICASSO

Da ist zum Beispiel der dreiundfünfzigjährige Piet Mondrian. Er bietet uns Quadrate und Rechtecke, mit kräftigen schwarzen Rändern und blauen, roten oder gelben Flächen. Der in Paris lebende Holländer malt

brave Blumenstilleben, um ein bescheidenes Dasein fristen zu können. Aber er glaubt, daß die Menschheit »nur durch die Abstraktion von der äußerlich sichtbaren Realität ein wahres Sehen der Wirklichkeit gewinnen kann«.
Mondrians einzige Form ist das Rechteck, entstanden aus einem Gerüst waagrechter und senkrechter Linien. »Vertikale und Horizontale«, sagt der philosophierende Maler, »sind Ausdruck zweier entgegengesetzter Kräfte, die sich im Gleichgewicht befinden. Dieses Gleichgewicht von Kräften existiert überall und beherrscht alles.«
Paul Klee, der sechsundvierzigjährige Schweizer, ist nach überwundenen abstrakten Versuchen der Liebenswerteste von allen. Schon in frühen Radierungen bewies er freundlich-satirischen Humor (»Zwei Männer, einander in höherer Stellung vermutend«), den er immer wieder mit Graphiken oder Schwarzweißzeichnungen (»Die Zwitschermaschine«, »Die kleine Seenot«) beweist.
Seit seiner Reise nach Tunis vor elf Jahren ist Klee nun zur Farbe übergegangen, und was er früher satirisch-spöttisch dargestellt hat, gerät ihm jetzt ins Märchenhafte, ohne je ins Süßliche abzugleiten. Eine grüne Schnecke kriecht durch grüne Graslandschaft; Vögel hüpfen im »Vogelgarten« munter durch Phantasiebäume, und im »Fischzauber«, eben entstanden, gleiten gol-

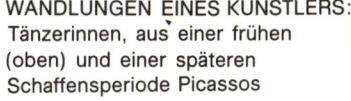

WANDLUNGEN EINES KÜNSTLERS:
Tänzerinnen, aus einer frühen
(oben) und einer späteren
Schaffensperiode Picassos

den schimmernde Fischleiber durch eine
dunkle Meereslandschaft.

»Das kann mein siebenjähriger Sohn auch
malen«, soll ein empörter Kunde einem bekannten Pariser Kunsthändler gesagt haben. – »Dann nehmen Sie ihn aus der
Schule, und lassen Sie ihn nichts anderes
tun!« war die Antwort.

Wassily Kandinsky, schon neunundfünfzig,
ist ein kompromißloser Abstrakter, dessen
russische Abstammung sich in glühenden
Farben ausdrückt. Die Fülle der Farben und
Formen, in die man viel, wieder Märchen-
haftes, hineindenken kann, lassen es seltsam
erscheinen, daß Kandinsky dem gleichen
abstrakten Gedankensystem anzuhängen
vorgibt wie der klassisch-strenge Mondrian.

Unter den Kubisten, diesen Anders-Sehern,
die sich geometrisch-abstrakter Formen bedienen, um durchaus Reales auszudrücken,
wird vielleicht der Spanier Pablo Picasso
den ersten Platz einnehmen. Seine Freunde
und Bewunderer glauben ihm sogar den Titel »größter Maler des Jahrhunderts« verfrüht und taxfrei verleihen zu dürfen.

Das Œuvre des jetzt Vierundvierzigjähri-

gen ist allerdings eindrucksvoll, versprüht
eine sinnliche Lebenskraft, die mitreißt. Dabei provoziert die Widersprüchlichkeit der
Bilder, die Gleichzeitigkeit völlig verschiedener Stilelemente, als könne der Künstler
beliebig aus früheren Stilerfahrungen
schöpfen, ohne erkenntliche Stilperioden
durchlaufen zu müssen.

Das mag für den Kunstkritiker ärgerlich
sein, ist aber voll mediterraner Spontaneität,
die sich immer wieder von Farberlebnissen
überwältigen und nicht durch akademische
Überlegungen bremsen läßt.

Das in diesem Jahr entstandene Bild »Der
Tanz« ist wieder so ein Puzzle aus schon
durchlaufenen Stilarten, diesmal mit einem
Schuß Surrealismus gewürzt. Man weiß
nicht recht, ob Picasso seinem ernsthaft-
kunstbeflissenen Publikum nicht manchmal
eine lange Nase dreht, einfach aus Über-

mut, einfach weil es schön ist, so schön malen zu können.

Wieder etwas handgreiflicher zeigen uns
die »Fauves«, die »Wilden«, die Natur und
die Menschen. Warum ein Kritiker des Jahres 1905 Maler wie Henri Matisse, 56,
Georges Rouault, 54, oder Raoul Dufy, 48,
so »wild« fand, daß er mit seinem bösen
Wort der ganzen Gruppe den Namen gab,
erscheint uns heute unbegreiflich.

Matisses »Dekorative Figur vor ornamenta-
lem Hintergrund« ist orientalisch ange-
haucht, flächig ohne jede Tiefe, aber ebensowenig zum Fürchten wie die schwarz
umrandeten Figuren und Leidensgesichter
von Rouaults religiöser Kunst. Am unbe-
greiflichsten wird die Bezeichnung vor
Raoul Dufys lieblich-heiteren bunten Strän-
den, Festzügen und Flaggen, vor ewig
blauen Himmeln und Meeren.

Zwischen Traum und Wirklichkeit beheimatet sind die farbenfrohen Gemälde Marc Chagalls, 1889 in Witebsk in Rußland geboren und nun auch im Malermekka Paris beheimatet. Vor blau-violettem Hintergrund schwebt ostjüdische Bilderwelt, ein Liebespaar, ein Esel, ein Hahn und ein Fiedler, der im jüdischen Städtel zu fröhlichen wie traurigen Gelegenheiten aufspielt. Seltsam taucht manchmal über der östlichen Gegend der Eiffelturm auf – »Witebsk sur Seine« pflegen Chagalls Freunde zu schmunzeln.

Mit Max Ernst und Juan Miró tritt man nun völlig in ein absurdes Traumland ein, in dem gesichert erscheinende Wahrheiten auf den Kopf gestellt werden. Der aus Brühl bei Köln gebürtige Ernst, 34, hat seine wilden Dada-Jahre hinter sich gebracht. Außer Collagen (»die systematische Ausbeutung des zufälligen oder künstlich provozierten Zusammentreffens von wesensfremden Realitäten«) macht er jetzt auch größere Ölbilder, wie sein »Celebes«, in dem disparate Wirklichkeiten – ein Elefant, der auch ein metallener Gasbehälter sein könnte, eine kopflose weibliche Figur, ein Sessel aus Maschinenteilen –, bunt zusammengewürfelt, vor streifigem Himmel zu Traumszenen aus dem Unterbewußtsein zusammentreffen.

Juan Miró, 32, träumt bunte, phantastische Welten (»Der Karneval des Harlekins«), für die er seine ganz eigene Kürzel gefunden hat. Sein Surrealismus hat nur noch wenig mit realistischen Versatzstücken zu tun.

Der penibel gemalte, »genaue« Surrealismus scheint allerdings in seinem jungen spanischen Landsmann Salvador Dali, 21, der wegen politischer Umtriebe von der Madrider Akademie San Fernando relegiert wurde, einen begabten Adepten gefunden zu haben.

Eine stillose Zeit, seufzen die einen. Eine lebendige, fruchtbare Zeit, meinen die anderen, in der nicht »abgemalt«, sondern Inneres sichtbar gemacht wird.

LIEBESPAAR UNTER LILIEN (oben) von Marc Chagall
LANDSCHAFT MIT GELBEN VÖGELN (unten) von Paul Klee

Denkmal-Riesen in der Felswand

Der amerikanische Bildhauer Borglun (eigentlich John Gutzon de la Mothe Boglun) 49, ist unzufrieden. Jahrelang hat er im einsamen Berggebiet der Appallachen, am »Stone Mountain« im Staat Georgia gewerkt, um die Köpfe der Bürgerkriegsgeneräle Lee und Jackson (etwa hundert Meter vom Kinn bis zur Stirnlocke) in den Fels zu hauen. Nun scheint das gewaltige Unternehmen gescheitert: Der Präsident der Vereinigung, die mit den beiden Generals-Riesenköpfen den tapferen Soldaten der Südstaaten im Bruderkrieg 1863–1865 ein Denkmal setzen wollte, erklärte kurz und bündig, der Bildhauer habe sich im vergangenen Jahr mehr um seine eigene Publicity gekümmert als um den Fortschritt der Arbeit. Die Gelder der Vereinigung seien erschöpft, Schulden seien aufgelaufen, man müsse sich nun an Borglun schadlos halten. Gerichtsvollzieher schlichen auf dunklen Pfaden zum Stone Mountain hinauf, um zu beschlagnahmen, was immer in Borgluns Werkstatt zu finden wäre – vor allem seine Gipsmodelle für die Riesen-Generäle und die sie umgebenden Truppen der Südstaaten.

Borglun aber war den Häschern zuvorgekommen, hatte seine Modelle zerschlagen und war zu Fuß und per Bahn nach New York geflohen. Dort verkündete er dunkel, sein Streit mit dem Komitee sei eine »Ku-Klux-Klan-Verschwörung«.

Borglun bleibt nicht lange arbeitslos. Da die Südstaaten offensichtlich nicht imstande sind, genügend Geld für ein gewaltiges Denkmal ihrer Kriegstaten aufzutreiben, hat sich South Dakota im Mittelwesten entschlossen, ein Denkmal in den Granitfelsen des Mount Rushmore meißeln zu lassen: Borglun hat bereits Entwürfe für die Riesenköpfe der Präsidenten Washington, Jefferson, Lincoln und Theodore Roosevelt angefertigt.

ENTWURF zum Gigantenrelief (George Washington)

FILM

»Die Welt wird sich vor Lachen biegen«

»Goldrausch« – ein neuer Film von Charlie Chaplin

Die Welt kennt heute keinen berühmteren Filmkomiker als Charles Spencer (»Charlie«) Chaplin, 36, den nach den USA ausgewanderten Engländer und geradezu klassischen »Aufsteiger« aus ärmlichstem Komödiantenmilieu zu Weltruhm und Reichtum.

WIEDER EINMAL VOM PECH VERFOLGT: Charlie Chaplin in »Goldrausch«

Zu seinem äußeren Trade Mark wurden das (aufgeklebte) dunkle Schnurrbärtchen, ein borstiges Anführungszeichen auf der Oberlippe, die schwarze Melone, der formelle Diplomatenanzug mit gestreiften Hosen und der Spazierstock – doch alles wie im Zerrspiegel gesehen: das eine Stück zu klein, das andere zu weit.

Chaplin tritt als die groteske Karikatur eines Vagabunden auf, der dieser Welt mit falsch erborgter Kavaliersgarderobe Genüge tun will. Aber die Welt reagiert sauer. Das Geheimnis seiner Komik ist, daß er überall fehl am Platz erscheint, in Fremdes hineinwatschelt.

Dennoch: Charlie, der eigentlich nie in eine Rolle schlüpft, sondern immer er selbst ist, führt unentwegt behende Selbstbehauptung vor, ist einfach nicht unterzukriegen.

Auch im Filmgeschäft hält er sich abseits. Und er kann sich's leisten. Er bindet sich an keine Produktionsfirma, macht seine Filme lieber im Alleingang, nach persönlichen Ideen und als sein eigener Regisseur. Da kann ihm niemand Stoffe, Änderungen oder Termine vorschreiben, die ihm nicht zusagen. Er arbeitet ohne strikte Kalkulation, unter souveräner Mißachtung der höchst anfechtbaren Maxime »Time is Money«.

An seinem neuen Streifen »The Gold Rush« (Goldrausch) drehte er seit Januar vorigen Jahres. Für die Außenaufnahmen brauchte er viele Winterlandschaften, denn er schildert den Ansturm von Scharen raffgieriger Abenteurer auf das erhoffte Dorado in Alaska.

Auch Charlie folgt der Lockung. Doch als Nachzügler der Rabauken kämpft er sich solo durch den tiefen Schnee auf den Hängen des Chilnook-Passes in Klondike.

Er sucht Anschluß im Lager, aber die anderen lachen ihn aus, boxen ihn weg. Keiner hat hier Zeit und Lust, sich mit solch einer Witzfigur abzugeben, jeder will möglichst rasch ans Gold kommen. Selbst er, der Außenseiter, hat in diesem rauhen Klima doch noch Glück. Seine Taschen füllen sich, sein Herz freilich bleibt leer: eine Tänzerin, die ihm gut gefiele, hält sich lieber an splendide robuste Kerle.

Mit seinem Reichtum macht er sich allein auf den Rückweg, ein winziges schwarzes Hampelmännchen im unendlichen Weiß – Symbol für Chaplins angenommene Rolle in einer Welt, die nach den Worten des amerikanischen Dramatikers Robert E. Sherwood »sich bisweilen großzügig, niemals jedoch verständnisvoll und mitfühlend zeigt. Und wie bisher wird diese Welt sich vor Lachen über seine Verdrehtheiten biegen und Millionen Dollars in den Kinos ausgeben, wo ›The Gold Rush‹ läuft.«

»Wer ist Fräulein Garbo?«

Ein alter Platzhirsch des Kintopp faßte seine Ansichten über die Auswahl von Filmstoffen in die dramaturgische Faustregel: »In beschissenen Zeiten soll man den Leuten im Kino nicht ihre eigenen Probleme vorexerzieren. Miese Geschichten erleben sie schon tagsüber zur Genüge, davon haben sie die Schnauze voll und wollen am Feierabend keine Schwarzmalerei. Was haben wir Anno siebzehn und achtzehn gemacht, als es uns immer dreckiger ging? Pipapo-Lustspiele!«

Von solcher Ablenkung durch harmlos Himmelblaues hält der Regisseur Georg Wilhelm Pabst, 40, einer der vielen Öster-reicher in Berlin, allerdings nicht viel. Im Gegenteil: er will Aktualität vor die Kamera bringen. Da ist ihm als dramatisches Rohmaterial auch Kolportage recht. Sein Film »Die freudlose Gasse« basiert auf dem gleichnamigen Zeitungsroman des vor kurzem ermordeten Wiener Journalisten Hugo Bettauer. (Siehe den Beitrag »Journalist erschossen« in diesem Heft.)

Pabst inszenierte danach ein Trauerspiel der tristesten Inflationstage. Diese Gasse, irgendwo in einem bürgerlichen Wiener Wohnviertel zu denken und voll lastender Schatten in einer Berliner Atelierhalle aufgebaut, ist Schauplatz des Niedergangs von Menschen, die für den nackten Existenzkampf nicht geschaffen sind; mit ihrem lauteren »Vorkriegscharakter« werden sie von der neuen Zeit erbarmungslos überrollt.

Ein pensionierter Hofrat muß ohnmächtig mit ansehen, wie sich seine Tochter um Geld zur Tänzerin in einem Schieber-

SCHÖNE UNBEKANNTE AUS SCHWEDEN: Greta Garbo in »Die freudlose Gasse« mit Partnerin Valeska Gert

Nachtlokal »erniedrigt«. Nur getrost, sie wandelt rein durch den Morast. Die Kontrastfigur zu dieser gefährdeten Lichtgestalt ist eine »verworfene«, von allen Honorigen verachtete Person – aber die einzige, die sich zum Handeln aufrafft. Für diese Rolle hat der Regisseur Asta Nielsen gewonnen, als hintergründiges, opfermutiges schwarzes Rabenaas.

Als Gassentyrann, ein schurkischer Metzgermeister, stellt sich kein Geringerer als Werner Krauss an den Hackstock.

Nun brauchte Pabst neben solchen magnetischen Namen eine glaubhafte Edle. Da saß doch diese blonde junge Schwedin Greta Garbo mit einem geplatzten Kontrakt in Berlin, die schon in der Verfilmung des Lagerlöf-Romans »Gösta Berling« angenehm aufgefallen war. (Siehe ZEITBILD 1923.) G. W. bot ihr den Part der Hofratstochter an und handelte sich damit Widrigkeiten ein. Denn im Vergleich zu Greta ist ein scheues Reh der reinste Partylöwe.

Sie war im Atelier schrecklich nervös und gehemmt, obendrein ist sie eigentlich gar nicht photogen. Kameramann und Beleuchter mußten raffinierte Kunststücke vollführen, um sie richtig ins Bild zu bringen. Zu alledem probte ihr schwedischer Regisseur und Protektor Mauritz Stiller bei den Aufnahmen die Mitbestimmung. Bis ihn Pabst als unerwünschten Kiebitz energisch abschob.

Inzwischen erzielt »Die freudlose Gasse« zufriedenstellende Kassenrapporte. Düsteres Thema hin, Groschengeschichte her – das Publikum will eben die Nielsen und den Krauss sehen. Die Kritik? Nun ja, maßvoll, nicht gerade enthusiastisch.

Die hypersensible Schwedin stand nach ihrem deutschen Debüt bei den Berliner Besetzungsbüros nicht sehr hoch im Kurs. Indes, der betriebsame Herr Stiller durfte sich prompt eines Amerika-Vertrags rühmen, für ihn als Regisseur wohlgemerkt. Nur machte er seine Zusage davon abhängig, daß auch Greta Garbo engagiert werde.

Skeptisch drahteten die Hollywood-Magnaten zurück: »Wer ist Fräulein Garbo?« Stiller verhieß ihnen ein schauspielerisches Wunder.

Vielleicht ist diese nordische Elfe wirklich zu verwenden und nicht bloß ein Anhängsel des Herrn Stiller.

Emanzipierte Frau: busenlos

Bis ins letzte Detail hat sich die Mode im Lauf der letzten Jahre geändert. Die alten, großen Modefirmen in Paris kämpfen ums nackte Überleben. Neue Namen sind im Kommen.

Kürzlich trumpfte er mit all seinem Pomp, seiner Farbenlust und seiner Phantasie wieder auf: Bei der gewerblichen Kunstausstellung in Paris ließ Paul Poiret, der »Sultan der Mode« des letzten Jahrzehnts, drei grellfarbig geschmückte und beflaggte Schiffe auf der Seine schaukeln.

Aber die Frauen haben für bunte, orientalische Gewänder und barocke Üppigkeit neuerdings nichts mehr übrig. Auch Jean Patou kämpft vergeblich um seine Vorherrschaft, obwohl er sich in den letzten Jahren emanzipiert: Der Garçonne-Stil ist »in« – der schwarzgelackte Bubikopf, vom Prominenten-Coiffeur Antoine kürzlich kreiert, die kurzen kniefreien Röcke, das kecke kniefreie Hemdkleid mit der heruntergerutschten Taille oder sogar ein männliches Tailleur. Kennzeichen des »dernier cri«, dem die Berlinerinnen gleichermaßen wie die Wienerinnen und Pariserinnen frönen: ein Hut, der wie ein Topf über den Kopf gestülpt wird und schief noch dazu, so daß gerade ein Auge herausblinzelt. Die Lieblingsfarbe der Ladies ist Schwarz, die Linie männlich.

Weshalb Soziologen meinen, die Frau wolle ihre Position in der Männergesellschaft verändern. Konkret: sie arbeitet, betreibt Sport und werkt an ihrer Gleichstellung neben dem Mann. Sie vertauscht das Sexbomben-Ideal mit den sinnlichen Kurven gegen den Knabenkörper, notfalls mittels radikaler Hungerkuren und täglicher Massagen. Und anstelle des Büstenhalters muß ein Gürtel her, der den Busen nach Möglichkeit flachdrückt.

Es gibt nur eine junge Modemacherin, die beim neuen Trend tatsächlich mithält und ankommen kann: Coco Chanel, deren Stern strahlend am Pariser Modehimmel aufgeht.

»Die Göttliche« siegt weiter

Suzanne Lenglen und »die vier Musketiere« im Tennis unschlagbar

»Sie ist die verkörperte weibliche Grazie«; »sie bietet ein Brillantfeuerwerk höchster technischer Vollendung«, schwärmen selbst hartgesottene Journalisten, wenn es um Suzanne Lenglen, 26, geht: die mit Abstand beste und berühmteste Tennisspielerin der Welt. Soeben hat sie zum siebenten Mal en suite (!) in Wimbledon den Sieg davongetragen.

Taxfrei hat ihr die Sportpresse den Beinamen »die Göttliche« verliehen, und wer Suzanne Lenglen nicht spielen gesehen hat, ahnt nicht, was Tennis sein kann. Ihr Stil ist weich und geschmeidig, sie operiert mit unheimlichem taktischem Gefühl und einer Schnelligkeit, der das Auge kaum zu folgen vermag.

Suzanne Lenglen stammt aus Nizza, wo alljährlich die Tennissaison mit den großen Riviera-Turnieren eröffnet wird. Mit fünfzehn, in einem Alter, da andere Mädchen ihr erstes Racket bekommen, war sie bereits Weltmeisterin. Sie behielt den Titel bis 1923.

Ihre Gastspiele gestalten sich zu wahren Triumphzügen. Fans prügeln sich um die Karten, die auf dem Schwarzen Markt horrende Preise erzielen.

Als sie im Oktober dieses Jahres einen Abstecher nach Wien macht, muß der Platz im Prater polizeilich gesperrt werden. Im Schleichhandel ist ein Ticket zu dem sport-

TENNIS PAR EXCELLENCE:
Suzanne Lenglen

lichen und gesellschaftlichen Ereignis nicht unter 500 Schilling zu haben – soviel wie der höchste Staatsbeamte im Monat verdient.

Der Erfolg der »göttlichen Suzanne« – die im übrigen alles andere als eine Schönheitskönigin ist – kommt nicht von ungefähr. Wie jedermann weiß, ist Frankreich schon längst die Tennis-Nation Nummer eins. Die Herrenriege wird durch Jean Borotra, 27, Jacques Brugnon, 30, Jean René Lacoste, 20, und Henri Cochet, 24, vertreten. Die »vier Musketiere« (Spitzname) holen mit lockerer Hand seit Jahren abwechselnd alle nur erreichbaren Preise, Pokale und Medaillen.

Arbeiterolympiade

Die deutliche Polarisierung in bürgerliche und »proletarische« Kräfte vollzieht sich auch im Sport: zum ersten Mal findet in diesen Jahren eine »Arbeiter-Olympiade« in Frankfurt am Main statt.

5.000 Aktive aus den Arbeiter-Sportvereinen fast aller europäischer Staaten nehmen teil, 40.000 Zuschauer werden registriert.

Es gibt Wettkämpfe in den wichtigsten olympischen Disziplinen, wobei relativ gute Leistungen erzielt, jedoch, erwartungsgemäß, keine Rekorde aufgestellt werden. Auch hier, wie bei den »richtigen« Olympischen Spielen, dominieren die Finnen im Laufen.

Sehr aufmerksam verfolgt man beim Internationalen Olympischen Komitee eine »Erfindung« der Arbeitersportler: sie lassen ihre Athleten vor und nach den Kämpfen von Ärzten und Chemikern testen.

Millionenspritze für den deutschen Sport

Absolutes Novum im deutschen Reichstag: die Abgeordneten befassen sich im September dieses Jahres in einer Plenarsitzung ausführlich mit dem Thema Sport. Über Antrag von Innenminister Martin Schiele, 55, sollen eine Million Mark für den Bau eines Sportstadions und 400.000 Mark für die allgemeine Sportförderung lockergemacht werden.

Deutschland zählt bereits 5,5 Millionen aktive Sportler und strebt die Abhaltung von Olympischen Spielen in Berlin an – die ja für 1916 schon einmal fix eingeplant waren (siehe ZEIT-BILD 1924). Dafür bedarf es einer Kampfstätte und tatkräftiger Unterstützung der zukünftigen Wettkämpfer.

Nach heftiger Diskussion stimmen die Abgeordneten dem Begehren des Innenministers zu, stellen jedoch eine Reihe von Forderungen:
- sechs obligate Turnstunden pro Woche an den Schulen
- Steuerbefreiung der Sportvereine
- Fahrpreisermäßigungen für aktive Teilnehmer an Sportveranstaltungen.

Mit Lob und Lorbeeren überschüttet ist der französische Baron Pierre de Coubertin, 62, als Präsident des Internationalen Olympischen Komitees zurückgetreten. Er gab diesen Schritt während des IOC-Kongresses im Juni in Prag bekannt.

Der Pädagoge und Historiker Coubertin hat die Olympischen Spiele ab 1896 in Athen wiederbelebt und verfolgte damit zwei Ziele: die französische Nation nach dem verlorenen Krieg von 1870/71 körperlich zu ertüchtigen und den Gedanken der Völkerverständigung zu stärken.

Davon ist leider nicht einmal auf den Kongressen des Olympischen Komitees viel zu merken. Immer wieder kommt es zu heftigen Auseinandersetzungen zwischen den Delegierten.

Beim diesjährigen Prager Meeting konnte dennoch eine Reihe von wichtigen Neuerungen mit Mehrheit beschlossen werden:

● Frauen dürfen ab 1928 Leichtathletikbewerbe durchführen.
● Die Amateurbestimmungen werden noch strenger gefaßt. Wer einmal Profi war, darf niemals mehr starten, Sportlehrer sind grundsätzlich ausgeschlossen.
● Deutschland wird an den nächsten Spielen teilnehmen.
● Die Dauer der Konkurrenzen wird mit maximal drei Wochen begrenzt.

PIERRE DE COUBERTIN

Zum Tod von Melli Beese-Boutard:

Deutschlands erste Sportfliegerin

Ein Leben voller Höhen (im wahrsten Sinn des Wortes) und schrecklichen Tiefen endete abrupt: Melli Beese-Boutard, die als erste Fliegerin Deutschlands vor dem Krieg Schlagzeilen machte, starb im Alter von 39 Jahren – durch eigene Hand.

Die bildschöne Tochter eines sächsischen Architekten hat in Stockholm Bildhauerei studiert und bereits erste Anerkennung gefunden, als sie mit zweiundzwanzig vom Flieger-Fieber angesteckt wurde.

Allen Schwierigkeiten zum Trotz erwarb sie in Berlin den Pilotenschein und wurde »Aviatikerin« – obwohl sie bereits während einer der ersten Flugstunden abgestürzt war und sich fünf schwere Brüche zugezogen hatte. Der Arzt verschrieb ihr damals gegen die Schmerzen Morphium.

Melli beteiligte sich an Flugkonkurrenzen und landete einmal bereits auf Platz 2 – gegen 23 männliche Bewerber. Da befanden die Schiedsrichter, daß Flugkonkurrenzen für Frauen zu anstrengend seien, und erteilten ihr Startverbot.

Melli gründete eine Fliegerschule, errang einen Höhenweltrekord (825 Meter), konstruierte ein Flugzeug, die Melli-Taube.

Sie heiratete einen französischen Kollegen und war eben dabei, mit ihm zusammen den Prototyp eines Wasserflugzeugs zu bauen, als der Krieg ausbrach. Die Eheleute erhielten, weil »feindliche Ausländer«, Hausarrest.

Das Geld schmolz dahin. Sowohl Melli als auch ihr Mann erkrankten an Tuberkulose,

ENDETE TRAGISCH: Aviatikerin Melli Beese-Boutard

und schließlich trennten sie sich. Melli, von ihrem Unfall her an Morphium gewöhnt, griff wieder zur Spritze.

Nach dem Krieg versuchte sie einen neuen Anfang. Ihre beachtliche Kriegsopferentschädigung steckte sie in eine Autofabrik, die aber pleite ging. Den Rest des Geldes fraß die Inflation auf.

Vor einigen Monaten versuchte sie ihr Comeback als Fliegerin. Von einer Zeitung und einer Filmfirma gesponsert, wollte sie einen Flug um die Welt starten, fuhr aber die Maschine schon auf der Piste zu Bruch.

Melli Beese-Boutard hat sich zwei Tage vor Weihnachten in einer Berliner Fremdenpension durch einen Kopfschuß das Leben genommen.

127

Viktor Emanuel III., 56, König von Italien, feierte am 29. Juli sein fünfundzwanzigjähriges Regierungsjubiläum. Als Monarch und Politiker eher eine Null, ist der extrem kleinwüchsige Mann auf dem Gebiet der Münzforschung und als Herausgeber des bereits vielbändigen »Corpus Numorum Italicorum« eine international anerkannte Kapazität. Mussolini nützte den Anlaß, ein pompöses Faschisten-Fest zu inszenieren: rund 100.000 Römer zogen singend und fahnenschwingend am Quirinal-Palast vorbei, um Viktor Emanuel zu huldigen.

Anton (Freiherr von) Eiselsberg, 65, Universitätsprofessor aus Wien, erhält in diesem Jahr die Ehrenmitgliedschaft der Deutschen Gesellschaft für Chirurgie, deren Präsident er bereits 1908 war. Das chirurgische Allround-Talent, nicht weniger genial als

ANTON EISELSBERG

sein großer Lehrer Billroth, war der einzige Österreicher, dem jemals diese Ehre zuteil geworden ist. Viele halten Eiselsberg für den letzten großen Allgemein-Chirurgen in unserer immer mehr auf Spezialisierung ausgerichteten Zeit: er hat gleichermaßen in der Magen- wie in der Neurochirurgie Bahnbrechendes geleistet und in der Schilddrüsenchirurgie überhaupt die ersten Schritte gewagt.

Arthur James Earl of Balfour, 77, ehemaliger britischer Außenminister, besuchte zum ersten Mal die neue Heimat der Juden: genau sieben Jahre nach der berühmten »Balfour-Deklaration«, in welcher England der Gründung einer Heimstatt für das jüdische Volk im britischen Mandatsgebiet Palästina wohlwollend zugestimmt hat (siehe ZEIT-BILD 1924).
Balfour kam im Salonwagen aus Kairo nach Jerusalem, um dort die Hebräische Universität auf dem Mount Scopus zu eröffnen. Der Empfang war gemischt: Unbeschreiblicher Jubel bei den Juden (etwa 11 Prozent der Bevölkerung), Schweigemärsche und Protestadressen bei der arabischen Bevölkerung.
Während in den Straßen von Jerusalem »Balfour Begelach« und koschere »Balfour kefta« feilgeboten wurden, erklärte Dr. Chaim Weizmann, Präsident der Weltorganisation der Zionisten, die Universität für eröffnet.
Alles blieb würdig und feierlich. Erst am nächsten Tag kam es in Damaskus zu Unruhen, als arabischer Mob das Hotel, in dem Balfour abgestiegen war, zu stürmen versuchte. Französische Truppen (Syrien ist französisches Mandatsgebiet) vertrieben die Demonstranten.

Manfred Freiherr von Richthofen, legendäres Flieger-As des Weltkrieges, ist als Toter in die Heimat zurückgekehrt. Nachdem er mehr als achtzig gegnerische Flugzeuge im Alleingang abgeschossen hatte, war er während einer Luftschlacht über Frankreich gefallen. Am 21. April 1918 wurde er mit militärischen Ehren in Amiens begraben. Seine sterblichen Überreste sind nun exhumiert, mit einem Sonderzug nach Berlin gebracht und am 30. November im Rahmen eines Staatsaktes in einem Ehrengrab beigesetzt worden. Tausende Berliner, Hunderte Soldaten und Offiziere sowie Reichspräsident von Hindenburg und zahlreiche Regierungsmitglieder erwiesen dem »Roten Baron« die letzte Ehre.
Die Regisseure der steifen Militärzeremonie werden sich nur ungern daran erinnern, welch unkonventioneller Outsider ihr »flie-

MANFRED VON RICHTHOFEN

gender Siegfried« war. Er bestand darauf, in einer knallrot angestrichenen Dreidekker-Maschine zu fliegen. Und bei all seinen Einsätzen trug er grundsätzlich einen roten Reinseidenpyjama unter der Uniform. Derart bizarr bekleidet wurde seinerzeit auch die Leiche gefunden.

Gestorben:
Rudolf Steiner, 64, Philosoph, Architekt, Bildhauer, Goetheforscher am 30. März in Dornach bei Basel. Im kroatischen Kraljević geboren, begründete er 1913 die Allgemeine Anthroposophische Gesellschaft mit Sitz »Goetheanum« in Dornach. Seine semi-religiöse Suche nach einer alles durchdringenden Geisteswissenschaft, die neue Lebens- und Kunstformen hervorbringen muß, hat ihm viele gläubige Jünger gebracht. Im »Goetheanum«, einem dräuen-

RUDOLF STEINER

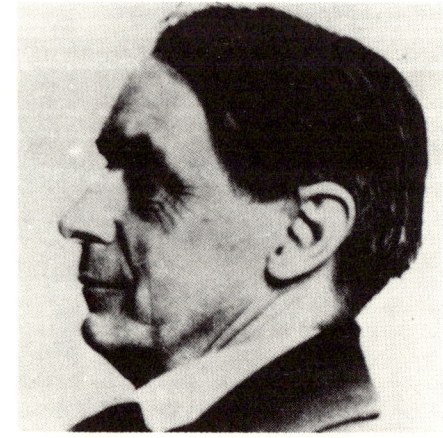

den Betonbau, der über der lieblichen Schweizer Landschaft an den Ufern der Birs wie ein Felsklotz aufragt, grübelte Steiner über seiner »Anthroposophie«, erfand in der »Eurythmie« eine neue Seelen- und Leibesgymnastik, entwarf Pläne für zwei Bauten des Goetheanums (das erste, ein Holzbau, brannte in der Silvesternacht 1922/23 vollständig ab) und schnitzte lebhaft an der eher schwülstigen Innenausstattung der beiden Gebäude mit.

Steiners bleibendes Verdienst sind wohl die Waldorfschulen – freie, notenfreie, zwölfklassige Schulen, in denen ein Ausgleich zwischen wissenschaftlichen Fächern und künstlerisch-handwerklicher Betätigung gesucht wird.

Leo Fall, 52, Kapellmeister und Komponist, am 16. September in Wien. Der Musiker aus dem mährischen Olmütz erregte bereits 1905 mit seinem Erstling »Der Rebell« Aufsehen. 1907 reihte er sich mit »Der fidele Bauer« – aus dem der Ohrwurm »Heinerle, Heinerle, hab kein Geld« stammt – an die Spitze der Anwärter um die Johann-Strauß-Nachfolge. Operetten wie »Die Dollarprinzessin«, »Die geschiedene Frau« und »Die Rose von Stambul« erlebten international Serienaufführungen; viele seiner Melodien sind zu Volksliedern geworden. Leo Falls einziger Kummer: daß er immer »fast«, nie »ganz« an die Nummer eins der Operette, an Altmeister Strauß, heranreichte. Trotz seiner vielgerühmten Kunstfertigkeit in der Instrumentation zählte man ihn stets nur der silbernen und niemals der goldenen Operetten-Ära zu.

LEO FALL

Franz Conrad von Hötzendorf, 72, ehemaliger österreichisch-ungarischer Feldmarschall, am 25. August in Bad Mergentheim/Baden-Württemberg. Conrad, der als Neunzehnjähriger in die Armee eingetreten war, wurde im November 1906 Chef des Generalstabs. Im November 1911 enthob ihn Kaiser Franz Joseph I. seines Postens, da Conrad für einen Vorbeugungskrieg gegen Italien eintrat, setzte ihn im Dezember 1912 aber wieder ein. Im Februar 1917 schied der Feldmarschall wegen Meinungsverschiedenheiten mit Franz Josephs Nachfolger, Kaiser Karl, aus seinem Amt und übernahm den Oberbefehl über die in Tirol stationierten Truppen. Nach einem mißglückten Angriff erhielt er im Juli 1918 seinen Abschied.

Lovis Corinth, Maler, bedeutender deutscher Impressionist, kurz vor Erreichung seines siebenundsechzigsten Lebensjahres am 17. Juli in Zandvoort (Holland).

LOVIS CORINTH

In Ostpreußen geboren, lebte Corinth zuletzt am Walchensee in Bayern, den er in vielen stimmungsvoll-bunten Bildern verewigt hat. Er war Präsident der Berliner Sezession, Ehrenmitglied der Münchner Akademie. Corinth starb während einer Reise nach Holland. Er wollte »ein letztes Mal«, wie er Freunden sagte, die Bilder Rembrandts und Franz Hals' sehen.

AUGUST VON WASSERMANN

August von Wassermann, 59, Vorstand des Instituts für experimentelle Therapie, am 16. März in Berlin. Der Bayer in Berlin (Prof. Wassermann stammt aus Bamberg) genoß nicht nur in Medizinerkreisen Weltruf. Die bereits 1906 entwickelte »Wassermannsche Reaktion« (kurz WaR genannt) hat einer nicht einmal annähernd zu schätzenden Zahl von Menschen das Leben gerettet. Mit Hilfe dieses Verfahrens kann die lebensgefährliche Lues in ihrem unauffälligen Frühstadium mit siebzigprozentiger Sicherheit erkannt werden, wodurch die Heilungschancen enorm gestiegen sind. Die WaR ist kostspielig und kompliziert, denn man benötigt dafür die Organe frisch geschlachteter Tiere, die mit dem Blut der Kranken in Berührung gebracht werden müssen. Doch bis heute wurde keine bessere Methode gefunden, obwohl sich viele Wissenschaftler mit diesem Problem befassen. Professor Wassermann selbst hat sich in letzter Zeit vorwiegend der Tuberkulose und Krebsforschung gewidmet.

Hingerichtet:
Fritz Haarmann, 46, der Massenmörder von Hannover (siehe ZEIT-BILD 1924). In einer Anwandlung von makabrer Eitelkeit äußerte der zum Tod Verurteilte den Wunsch, in aller Öffentlichkeit zu sterben, auf einem der größten Plätze der Stadt. Die Vollstreckung hinter Gefängnismauern am 15. April beendete einen der grauenhaftesten Fälle der deutschen Kriminalgeschichte.
Auch Haarmanns Komplice, Hans Grans, endet unter dem Fallbeil.

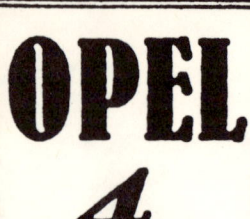

Das historische Nachrichten-Magazin

Zeit Bild

1926

Die Diktatur des Duce

Inhalt

Titelbild: Italiens Mussolini

Brief des Herausgebers

Im Dezember 1926

»Julius Cäsar ist wiedererstanden«, frohlockt die gleichgeschaltete italienische Presse, und selbst seriöse Zeitungen im Rest der Welt bestaunen ein »italienisches Wunder«.

Die Rede ist von Benito Mussolini und seinem Wirken. Der »Duce«, vor 24 Monaten noch unter Mordverdacht und völlig abgewirtschaftet, ist aufgestiegen zum politischen Sauber- und Supermann.

Geflissentlich wird – auch außerhalb Italiens – übersehen, daß Mussolini in dieser kurzen Zeit die parlamentarische Demokratie zerschlagen, jegliche Opposition verboten, nichtlinientreue Zeitungen und Intellektuelle mundtot gemacht hat.

Mit seinem Bruder im Geist, Adolf Hitler, macht er sogar dubiose Geschäfte für eine ferne, irreale Zukunft: der Faschist aus dem Norden hat dem Faschisten aus dem Süden das Land an Etsch und Eisack im wahrsten Sinn des Wortes verkauft. Falls er einmal Deutschlands »Duce« werden sollte, wird Hitler keinen Finger rühren, um die Südtiroler Volksgenossen heim ins Reich zu führen – wie er das anderen deutschsprachigen Völkern und Volksgruppen bereits mehrfach versprochen (angedroht) hat. Dafür läßt Mussolini schon heute nicht unbeträchtliche Summen in die immer leeren Parteikassen der Nazis fließen.

Zugegeben: in Italien geht es aufwärts. Straßen werden gebaut, Sümpfe trockengelegt. Jedermann wird einigermaßen satt. Allerdings nicht, weil die propagandistisch aufgeheizten »Schlachten um die Ernte« so glanzvoll gewonnen würden, sondern weil die Vereinigten Staaten Italien seine gigantischen Kriegsschulden erlassen haben und darüber hinaus großzügig billige Kredite gewähren.

Ein Wunder in Italien? Es ist wohl – Faschismus hin, Duce her – nicht größer und nicht kleiner als im übrigen Europa, das sich wirtschaftlich zusehends erholt und an gewissen Kristallisationspunkten vor hektischer Lebensfreude geradezu sprüht. In der Mitte des Jahrzehnts gewinnt der Slogan von den »goldenen zwanziger Jahren« zunehmend an Berechtigung.

Breite Kreise beginnen sich für Mode zu interessieren – bis vor kurzem ausschließlich die Domäne der begüterten Schichten. Nun können sich viele Frauen modischen Schick leisten – und sei es nur eine Kaufhaus- oder Hausschneiderkopie eines »kleinen Schwarzen« der berühmten Star-Schneiderin Coco Chanel.

Die Jugend tanzt die Nächte durch – wenn auch die Älteren sich ärgern über die »Niggermusik«, die da über den großen Teich geschwappt ist. Allerdings: an den flotten Rhythmen des schwarzen Jazztrompeters Louis Armstrong finden gelegentlich auch ältere Semester Gefallen.

Genauso, wie mancher ernsthafte Literaturfreund nachts heimlich zu verpönter Lektüre greift: der Abenteuerroman wird langsam gesellschaftsfähig: wer wenig andere Sorgen hat, holt sich ein bißchen Nervenkitzel bei einem Werk mit dem Titel »Das Totenschiff« – dessen Autor sich hinter einem Pseudonym verbirgt.

Das Gefühl zunehmender Sicherheit wird in erster Linie von der Normalisierung der deutsch-französischen Beziehungen gestützt.

Der deutsche Außenminister Dr. Gustav Stresemann und sein französischer Amtskollege Aristide Briand, durch enge persönliche Freundschaft verbunden und gemeinsam mit dem Friedensnobelpreis ausgezeichnet, haben die jahrhundertealte Erbfeindschaft zwischen den beiden Völkern endgültig begraben.

Deutschland ist schließlich unter dem frenetischen Beifall der meisten Delegierten in den Völkerbundpalast in Genf eingezogen. Sogar die Spannungen zwischen Deutschland und seinem östlichen Nachbarn, Polen, lassen jetzt merklich nach. Zwar ist noch ungewiß, welche Folgen der Handstreich des pensionierten Staatspräsidenten, Marschall Piłsudski, gegen das amtierende Regime auf das deutsch-polnische Verhältnis haben wird. Doch augenblicklich wenigstens haben die Polen unter ihrem neuen Militärregime andere Sorgen, als die alten Grenzstreitigkeiten mit Deutschland wiederaufleben zu lassen.

Während sich so auf dem Kontinent eine Aufwärtsentwicklung abzeichnet, liegt es beim einstmals potentesten Mitglied der europäischen Völkerfamilie im argen: indem seine Dominions gleichberechtigte und damit eigenständige und eigenwillige Partner wurden, ist das britische Weltreich de facto zerbrochen. Und selbst das Kronjuwel Indien wird wohl nicht für ewige Zeiten zu halten sein.

Großbritanniens industrielle Produktion geht beängstigend zurück – dafür steigt die Zahl der Arbeitslosen dramatisch. Die Antwort auf die latente Wirtschaftskrise war der längste und ausgedehnteste Streik in der Geschichte, der das Land für zehn Tage total lähmte.

Ist Großbritannien, das einstens die erste Geige spielte, dazu verurteilt, zum europäischen Bettelmusikanten zu werden?

Erbfeindschaft begraben

Deutschland im Völkerbund – Nobelpreis für Friedensstifter

Unerhörtes begibt sich am 10. September dieses Jahres, knapp nach 13 Uhr, im Plenarsaal des Völkerbunds zu Genf: der kanadische Chefdelegierte springt auf den Tisch und brüllt aus vollem Halse: »Hurra!« Dann zieht er auch noch ein blütenweißes Taschentuch und schwenkt es wie verrückt über seinem Kopf.

Nicht minder befremdlich benehmen sich die übrigen ehrenwerten Delegierten dieses ehrenwerten Gremiums, das, 1920 gegründet, den Weltfrieden für ewige Zeiten sichern und die internationale Zusammenarbeit fördern soll. Sie klatschen und toben und schreien in ihrer jeweiligen Landessprache »Bravo!« oder »Hurra!« oder was immer.

Anlaß des euphorischen Tumults: soeben ist

GLEICHBERECHTIGTE PARTNER:
Deutschlands Dr. Stresemann und Dr. Luther verlassen mit Frankreichs Aristide Briand den Völkerbund-Palast

133

Deutschland feierlich in den Völkerbund aufgenommen worden. Außenminister Dr. Gustav Stresemann hat eine besinnlich-würdige, Frankreichs Chef des Außenamts, Aristide Briand, eine sarkastisch-brillante Rede gehalten. Beider Grundton: es soll zwischen den Erbfeinden nie, nie mehr blutige Kriege geben.

Ein großes Aufatmen geht durch den Saal, die Stadt, das Land, den Kontinent, die ganze Welt. Alle sind glücklich und versuchen, von ganzem Herzen an den ewigen Frieden zu glauben (außer die Pessimisten, die Nörgler, die Besserwisser, die engstirnigen Nationalisten und Revanchisten, von denen es leider viel zu viele gibt).

Die Wegbereiter zum historischen Ereignis der allgemeinen Völkerversöhnung, Stresemann, Briand, Dawes und Chamberlain, erhalten dafür noch in diesem Jahr den begehrten Friedensnobelpreis (siehe Beitrag: »Die großen Vier«).

Stresemann und Briand, die nach ungezählten, gemeinsam durchstandenen Konferenzen echte Freundschaft verbindet, wollen es nicht bei tönenden Worten belassen, sondern konkrete Taten setzen.

In einem trickreichen Verwirrspiel schütteln sie die Presseleute ab und treffen einander am 17. September in dem verschlafenen Dörfchen Thoiry am Genfer See zu intensiven Gesprächen in einem kleinen Gasthaus. Sie einigen sich darauf, daß Deutschland Frankreich und seiner immer schwächer werdenden Währung wirtschaftlich beistehen, Frankreich, als Gegenleistung, das Rheinland und das Saargebiet vorzeitig räumen soll.

Beide Politiker sind äußerst befriedigt über die erfolgreiche Zusammenarbeit: Briand nennt Stresemann seinen »liebsten Freund«, Stresemann erklärt diesen 17. September zum glücklichsten Tag seines Lebens.

Doch weder die französische Regierung (seit kurzem wieder von Poincaré geführt) noch die deutsche (neuerlich unter Wilhelm Marx) stimmen den Plänen ihrer Außenminister zu. Zu sehr sind sie engstirnigem Mißtrauen und nationalem Vorteilsdenken verhaftet.

Einen Teilerfolg kann Stresemann letzten Endes doch verbuchen: die Rheinland-Besatzungstruppen werden auf 60.000 Mann reduziert, und die Militär-Kontrollkommission soll ganz aufgelöst werden.

Die »großen Vier«

Vor acht Jahren noch erbitterte Gegner – heute gemeinsam auf dem Ehrenpodest in Stockholm: es war für die vier Friedensnobelpreisträger dieses Jahres ein weiter Weg bis dorthin.

Gustav Stresemann

Er ist der Sohn eines Weißbierhändlers aus der Armeleute-Gegend Berlin-Ost. Als begabtestes von fünf Kindern darf er studieren. Er wählt das für damalige Zeiten ziemlich ausgefallene Fach der Nationalökonomie. Er weiß: ein Außenseiter kann nur mit außergewöhnlichen Leistungen auf außergewöhnlichem Gebiet Außergewöhnliches erreichen.

Der brennend ehrgeizige junge Mann erweist sich als Senkrechtstarter im Verband der sächsischen Industrie, deren Syndikus er später wird. Er heiratet ein Mädchen, das ebenso klug wie schön ist. Käte Kleefeld, Tochter eines jüdischen Industriellen, ist aber auch sehr reich. An ihrer Seite wird er zum geschliffenen Weltmann, der sogar Mode macht: »Stresemann« heißt der korrekte Diplomatenanzug mit grau-schwarz gestreifter Hose und schwarzem Jackett. 1903, im Jahr seiner Heirat, tritt er der nationalliberalen Partei bei, 1907, ein Jahr nach der Geburt seines zweiten Sohnes, zieht er als jüngster Abgeordneter in den Reichstag ein.

Stresemann verkörpert eine seltsame Mischung: auf der einen Seite ein strammer Imperialist – zwischen 1914 und 1918 treuer Gefolgsmann kriegsbeharrender Politiker und Militärs –, auf der anderen Seite ein echter Demokrat. Er kann weder die Sozialdemokraten noch die Gewerkschaften ausstehen. Aber er tritt leidenschaftlich dafür ein, daß sie ihre demokratischen Rechte erhalten.

Stresemann ist weitaus intelligenter als die meisten seiner Berufs- und Politiker-Kolle-

IN FREUNDSCHAFT VEREINT: Gustav Stresemann (links), Austen Chamberlain (Mitte) und Aristide Briand

gen. Ungeheim agil, wendig, mit phänomenalem Gedächtnis und blitzartiger Entscheidungsfreudigkeit begabt. Fast jedermann haushoch überlegen – und damit jedermann ziemlich unheimlich.

Im Grund ist er, mit seinem weit vorauseilenden politischen Instinkt, ein Einzelgänger. Und damit stets ein hervorragendes, von keiner Lobby geschütztes Ziel für Anpöbelungen, Verdächtigungen, Unterstellungen – nicht nur aus den Reihen der Gegner, sondern auch aus denen seiner Parteifreunde.

1918 gründet er die liberale »Deutsche Volkspartei«. Er begräbt seine kleinbürgerlichen Jugendträume vom großen deutschen Kaiserreich und wird ein überzeugter Diener der Republik. Ihr aus dem Nachkriegs-Schlamassel zu helfen wird sein verbissenstes Streben. Wobei er – vor allem auf außenpolitischem Gebiet – Qualitäten entwickelt wie seit Bismarck kein deutscher Staatsmann.

Es helfen ihm dabei seine sorgfältig geknüpften Beziehungen zur internationalen Presse und Diplomatie. Und es hilft ihm seine fabelhafte Frau, die in Berlin ein glanzvolles Haus führt. Dort kontakten einander die Großen der Welt aus Politik, Wirtschaft, Kunst und Wissenschaft. Nicht zu Unrecht wird Stresemann häufig »der heimliche Kanzler«, seine Frau Käte die »heimliche First Lady Deutschlands« genannt.

Aristide Briand

»Um den Frieden zu sichern, muß man Europa organisieren«, lautet die Devise des quicken französischen Sozialisten Briand. Er entstammt übrigens einem ähnlichen Milieu wie sein deutscher Kollege Stresemann. In einer Hafenkneipe in Marseille aufgewachsen, fällt er schon bald durch Intelligenz und außergewöhnliche Redegewandtheit auf. Er studiert Jus. Aber die Politik fasziniert ihn mehr als alles andere, und er macht sie zu seinem Beruf. 1906 ist er zum erstenmal Minister. Seit damals hat er, in wechselnden Ressorts, fast jedem Kabinett angehört – wenn er nicht gerade selbst Ministerpräsident war.

Austen Chamberlain

Aus anderem Holz geschnitzt und aus völlig verschiedenem Milieu als seine Mit-No-

bilierten ist der englische Außenminister, Sir Austen Chamberlain. Schon sein Vater war ein berühmter Politiker und hat ein wichtiges Kapitel englischer Geschichte mitgeschrieben – das des konzessionslosen Imperialismus. Sohn Austen tritt bald in die Fußstapfen des Vaters, übernimmt 1903, direkt von ihm, das Amt des Schatzkanzlers. Seither gehört er den meisten britischen Regierungen an.

Im Unterschied zum Vater ist Sir Austens Politik weniger auf die Vormachtstellung des Empire als auf ein ausgewogenes Zusammenspiel der europäischen Kräfte ausgerichtet. Sein Anteil an der Aussöhnung der ehemaligen Kriegsgegner mit Deutschland ist beträchtlich.

Charles Dawes

Der Mann aus der amerikanischen Provinz – geboren in Marietta, Ohio – hat, typisch amerikanisch, bereits zahlreiche Berufslaufbahnen absolviert: Ingenieur, Advokat, aktiver Offizier. Als Angehöriger des US-Expeditionskorps in Frankreich bringt er es zum Brigadegeneral. Nach 1918 entwickelt er sich zum glänzenden Finanzexperten. Er wird schließlich Direktor des Budgetbureaus in Washington, und als solcher entwickelt er den nach ihm benannten Dawes-Plan, der den ersten Anstoß zur wirtschaftlichen Gesundung Deutschlands gibt (siehe ZEIT-BILD 1924).

CHARLES DAWES

Hitler verkauft die Südtiroler

Dr. Joseph Goebbels: Gauleiter von Berlin

»Ihnen gab ein Gott, zu sagen, was wir leiden. Sie fassen unsere Qual in erlösende Worte . . .« schrieb vor zwei Jahren ein Unbekannter an Hitler in die Zelle nach Landsberg. Seit 7. November weiß jeder Berliner den Namen des jungen Schwärmers: Dr. Joseph Goebbels, 29, studierter Philolog, verkrachter Börsenmakler und Journalist, ist als Gauleiter in die Reichshauptstadt eingezogen. Mit der festen Absicht, diese Hochburg des Marxismus zu Fall zu bringen. So oder so.

Zwei Mittel stehen dem kleinen, mageren Mann mit dem lodernden Blick des Fanatikers zur Verfügung: seine umwerfende rednerische Begabung. Und blanke Gewalt.

Hitler hat, zu diesem Zweck, seine Schlägertruppen noch straffer organisiert. Eine neue, die SS (Schutzstaffel), ist hinzugekommen. Und für Nachwuchs ist durch die »Hitler-Jugend« gesorgt.

Hitler-Originalton: »Nicht in geheimen Konventikeln soll gearbeitet werden, sondern in gewaltigen Massenaufzügen, und nicht durch Dolch und Gift kann der Bewegung freie Bahn geschaffen werden, sondern durch die Eroberung der Straße. Wir haben dem Marxismus beizubringen, daß der künftige Herr der Straße der Nationalsozialismus ist, genau, wie er der Herr des Staates sein wird.«

Hitler, Goebbels und all die anderen, laut-

REDNER VON HOHEN GRADEN: Dr. Joseph Goebbels

Seeckt gefeuert

Der Schöpfer der republikanischen Reichswehr und Deutschlands mächtigster Militär ist es nicht mehr: Generaloberst Hans von Seeckt, 60, wird im Oktober seines Postens enthoben.

Der eigenwillige Offizier mit undurchschaubaren politischen Ambitionen (siehe ZEIT-BILD 1923), Erfinder der »Schwarzen Reichswehr«, stolpert über eine Bagatelle: er hat eigenmächtig einen Enkel des letzten regierenden deutschen Kaisers, Wilhelm II., zu Manövern eingeladen.

Der wahre Anlaß allerdings dürfte in einer scharfen Attacke des angesehenen englischen *Manchester Guardian* liegen, der die Beziehungen zwischen deutschem und russischem Heer enthüllt und mit vielen Einzelheiten belegt hat.

Zwar haben alle deutschen Regierungen Seeckts Aktivitäten – Fernziel: die Rückgewinnung der deutschen Ostgebiete mit Rußlands Hilfe – stillschweigend geduldet; zwar hat Außenminister Stresemann in Berlin ein neuerliches Neutralitätsabkommen mit den Russen geschlossen. Aber die Anwürfe des *Guardian* richten sich nun einmal vornehmlich gegen Seeckt. Seine Entlassung beruhigt die Siegermächte und ist dem Seelenfrieden so mancher deutschen Politiker förderlich: bei diesem »Genie mit dem Monokel« (Spitzname) weiß man nie so recht, woran man ist; man muß immer auf das Schlimmste gefaßt sein . . .

starken Propaganda-Sprachrohre, die ab nun in einer eigens geschaffenen Redner-Schule nach den neuesten Methoden der Massenpsychologie ausgebildet werden – sie brauchen Geld. Ganz zu schweigen von den enormen Kosten für die Privat-Armeen.

Die heimischen Spenden, die Mitgliedsbeiträge, reichen längst nicht mehr aus. So muß der »Führer« ausländische Geldgeber suchen und Wechsel auf eine ungewisse Zukunft unterschreiben.

Wie italienische Zeitungen soeben enthüllten, besteht zwischen Hitler und Mussolini ein diesbezügliches Geheimabkommen. Demnach wird Hitler, sollte er später einmal die Macht in Deutschland und in Österreich ergreifen, keinen Finger rühren, um die deutschen Südtiroler »heimzuholen«, die nach dem verlorenen Krieg vom Mutterland in Nordtirol abgetrennt worden sind. Dafür steht der Duce jetzt seinem deutschen Gesinnungsgenossen mit reichen finanziellen Zuwendungen bei.

Die Rechnung scheint aufzugehen: die NSDAP zählt Ende dieses Jahres (nach eigenen Angaben) 49.523 Mitglieder – fast doppelt so viele wie vor Jahresfrist.

ZB-Titel:

Die Diktatur des Duce

»Faschistisierung« Italiens so gut wie abgeschlossen

»Wir haben den Parlamentarismus endgültig abgeschafft«, tönt Ministerpräsident Benito Mussolini dieser Tage. Und, bei Gott, er spricht die Wahrheit. Die von Parteisekretär Roberto Farinacci vor Jahresfrist verheißene »totale Faschistisierung Italiens« ist so gut wie abgeschlossen. Wer jetzt noch nicht weiß, was Faschismus bedeutet, dem ist wohl nicht mehr zu helfen.

Der »Duce« (Führer), wie er sich immer häufiger nennen läßt, ist praktisch unumschränkter Herr im Land, der König nur noch Repräsentationsfigur, Aushängeschild und Unterschreiber von Faschisten-Gesetzen. Und das Parlament – eine Versammlung von Ja-Sagern.

Mussolini hat neben dem Posten des Pre-miers auch noch den des Außen-, Kriegs-, Luftfahrts- und Marineministers inne. Ein Gesetz, welches die Aufgaben des Regierungschefs neu definiert, erklärt dieses Amt als »wesentliches Organ, durch welches sich die Staatssouveränität äußert«.

Was soviel heißt: Italien ist Mussolini und Mussolini ist Italien. Partei und Staat beginnen ineinanderzufließen; das Parteilied »Giovinezza« (Jugend) wird zur zweiten Staatshymne.

Die Opposition ist endgültig geschlagen: mit Edikt vom 9. November werden die 123 nichtfaschistischen Mandate für ungültig erklärt. Bei den nächsten Wahlen wird es nur noch eine Einheitspartei geben, für die man »sì« oder »no«, mit Ja oder Nein, stimmen darf.

Auch in den Gemeinden gibt es keine gewählten Mandatare mehr. Die Bürgermeister werden von der Krone (sprich: von der Partei) ernannt.

Der Staatsapparat ist von andersdenkenden Beamten gereinigt, der Rest der noch halbwegs freien Zeitungen verboten oder unter die Leitung parteitreuer Chefredakteure gestellt. Der Rundfunk befindet sich sowieso schon seit langem unter Kontrolle.

Zuletzt hat der Parteiapparat auch die gesamte Arbeitswelt in den Würgegriff bekommen: seit 6. Oktober besteht eine eigene Arbeitsgerichtsbarkeit, die sowohl Arbeitgeber wie auch Arbeitnehmer zu vertreten vorgibt. Um keine Kompetenzschwierigkeiten aufkommen zu lassen, werden sowohl Streiks wie auch Aussperrungen verboten. Und die Gewerkschaftsfunktionäre stellt die Partei.

Die italienische Presse wird nicht müde, die Erfolge Mussolinis und seines Teams zu loben. Tatsächlich hat sich die Währung stabilisiert, befindet sich die Wirtschaft im Aufwind. Wie übrigens fast überall in Europa, auch dort, wo es (noch?) keinen Faschismus gibt.

Italien hat ein gewaltiges öffentliches Bauprogramm begonnen, um die Arbeitslosigkeit einzudämmen: Straßen, Schulen, Brücken, Flußregulierungen und Trockenlegung von Sümpfen.

Die jedes Jahr mit Getöse neu angeheizte »Schlacht um den Weizen«, die das Land von Getreideimporten unabhängig machen soll, sei, so behaupten die italienischen Medien, so gut wie gewonnen. Das US-Nach-

MARSCH AUF ROM: Mussolini (zweiter von rechts) im Kreis seiner Mitstreiter

richtenmagazin *Time* weiß allerdings zu vermelden, daß nach wie vor ein Drittel des Weizenbedarfs eingeführt werden muß.

Auch die Geburtenrate sinkt seltsamerweise immer weiter. Trotz schwerer steuerlicher Belastung für Junggesellen und kinderlose Ehepaare, trotz erheblicher Steuervorteile für nachwuchsfreudige Familien. Zwillingsmütter bekommen sogar ein Duce-Foto – handsigniert.

Vielleicht wird es in der nächsten Generation besser. Schließlich kommen die lieben Kleinen nun schon mit vier Jahren in die Obhut der faschistischen Jugendorganisation und lernen rechtzeitig, daß der Duce Kinder braucht.

Wenn man von den positiven Errungenschaften des Faschismus spricht, dann wird unweigerlich die Tatsache erwähnt, daß die Züge zum ersten Mal in diesem Land halbwegs pünktlich verkehren. Insider wissen auch, warum: auf Befehl des Duce werden einfach die offiziellen Fahrtzeiten entsprechend verlängert.

Wie dem auch sei: die Masse der Italiener starrt fasziniert auf den »wiedererstandenen Cäsar« (Propaganda-Slogan), und auch das Ausland spricht von einem »italienischen Wunder«. Amerika hat Italien alle Kriegsschulden erlassen und hilft überdies noch mit Krediten großzügig aus.

So glanzvoll die Fassade auch sein mag – dahinter ist die faschistische Welt nicht so heil, wie sie zu sein vorgibt. Es zeichnet sich heute schon ab, daß viele Pläne und Projekte in den Anfangsstadien steckenbleiben, daß Bestechung und Korruption nach wie vor an der Tagesordnung sind.

Die seit Jahren anhaltende Landflucht ist noch immer nicht zu stoppen, da eine Reihe von Gesetzen ausgerechnet die kleinen Bauern, Pächter und Landarbeiter gegenüber den Großgrundbesitzern spürbar benachteiligen. Die Arbeitslosenrate ist nach wie vor hoch. Schätzungsweise eine halbe Million Italiener leben unter dem Existenzminimum.

Aber, so lautet der oft gehörte Einwand, man sieht doch nicht mehr so viele Bettler wie früher.

Das stimmt. Die Bettler sind aus dem Straßenbild verschwunden. Sie werden, Serviceleistung für den florierenden Fremdenverkehr, von der Polizei unbarmherzig verjagt ...

Benito M., Superman

DER NEUE CÄSAR? Benito Mussolini, stark geschönt

Der Duce weiß alles. Der Duce kann alles. Der Duce kommt gleich nach dem lieben Gott. Der Glaube von Millionen Italienern ist schier unfaßbar:

Beim Ausbruch des Ätna verbreitete sich das Gerücht, der Duce müsse nur kommen, und schon werde die Gewalt der Natur gebrochen. Als Mussolini eintraf und die Eruptionen bald darauf tatsächlich nachlie-

ßen, verdichtete sich dieser Glaube zur Gewißheit.

Eine kuriose Geschichte wird aus Orvieto berichtet, wo ein Fremdenführer bei der Besichtigung der Etrusker-Gräber erzählte, daß die Inschriften noch immer nicht entziffert worden seien. Stimme aus dem Publikum: »Wenn der Duce kommt, wird er es lesen können.« Die Leute haben nicht gelacht. Die Leute haben genickt.

Der Duce ist allgegenwärtig: Auf Hausmauern steht, mit ungelenker Hand und orthographischen Fehlern, sein Lob gepinselt; er erscheint täglich in der Presse oder Wochenschau – mal mit nacktem Oberkörper als flotter Mäher, mal als stolzer Reiter, mal als froher Straßenarbeiter, mal als fürsorgliches Familienoberhaupt mit Frau und Kindern. Und seine Bilder, aus Zeitungen herausgeschnipselt, hängen in den Häusern gleich neben den Heiligen und der Madonna.

»Ich bin einer von euch, ich kenne eure Nöte«, pflegt Mussolini dem Volk zuzurufen, worauf ihm in tausendstimmiger Ergebenheit »Duce, Duce, Duce« entgegengebrüllt wird.

Ein schreckliches Kind

Es stimmt, daß Mussolini aus dem einfachen Volk »emporgestiegen« ist, wie es seine Biographen zu formulieren belieben. Und es mag auch wahr sein, daß er ein »Mann des Schicksals« – so ein Wandspruch – ist. Fragt sich nur, welcher Art das Schicksal sein wird, das Benito M. seinen Mitbürgern beschert.

Während die faschistische Propaganda sich in Superlativen über den »Superman« ergeht, den jüngsten Ministerpräsidenten der italienischen Geschichte, hat die internationale Presse den Lebensweg des Benito M. recherchiert.

Fazit: ein im wahrsten Sinne des Wortes merk-würdiger Mensch ist es schon, dieses Armeleutekind aus dem Dorf Dovia, dort, wo die Romagna am provinziellsten ist.

Er ist der älteste Sohn eines Schmiedes und einer Dorfschullehrerin, von deren 50 Lire Monatsgehalt sich die fünfköpfige Familie durchbringen muß – weil der Vater, ein gläubiger Sozialist, lieber am Polit-Stammtisch sitzt als seinem Handwerk nachgeht.

Benito – nach Vaters Idol, dem mexikanischen Freiheitshelden Benito Juárez ge-

WUSSTE IMMER, WAS ER WOLLTE: Mussolini als Vierzehnjähriger

nannt – ist ein schwieriges Kind. Hochintelligent, aber aggressiv und aufsässig. Ein Raufbold dazu. Immer will er die erste Geige spielen. »Von mir wird die Welt noch hören«, verkündet er bereits als Volksschüler.

Die Eltern werden des ungebärdigen Jungen nicht Herr, stecken ihn in die Klosterschule zu den Salesianern. Wo er prompt einen Pater verprügelt und dem Rektor ein Tintenfaß nachwirft. Freunde hat er keine.

»Gastarbeiter-Duce«

Er wird Lehrer. Ein tyrannischer, zerstreuter, schlechtgewaschener Lehrer. Unzugänglich. Die Kinder fürchten ihn und lachen ihn aus. Raufereien, Trunkenheitsexzesse, Weibergeschichten. Er wird gefeuert – wegen einer Affäre mit einer verheirateten Frau. Mussolini später: »Schon in den allerersten Tagen war mir bewußt, daß der Lehrerberuf nichts für mich sei...«

Er geht in die Schweiz, hungert sich als Hilfsarbeiter durch, betätigt sich gewerkschaftlich und wird schließlich Funktionär, Agitator. Schreibt Artikel, hält Reden, wütend, bitter, radikal.

Er verkehrt in Anarchistenzirkeln und liest wie ein Besessener. Philosophisches und Politisches – alles durcheinander. Es bleibt viel hängen, und er hat die Gabe, graue Theorie in griffige Agitationsschlagworte zu verwandeln.

Die italienischen Arbeiter, deren Los in der Schweiz elend ist, vergöttern ihn. Sogar in Heimat-Zeitungen wird anerkennend vom »Duce« der Auslandsitaliener berichtet.

Mehrmals kommt er mit dem Gesetz in Konflikt, wird verhaftet, eingesperrt, von einem Kanton in den anderen abgeschoben, was ihm die Aura des politischen Märtyrers verleiht.

Als die Mutter stirbt, reist er kurz nach Italien, flieht aber bald wieder in die Schweiz, um dem Wehrdienst zu entgehen. Er kehrt erst heim, als eine Amnestie für Fahnenflüchtige erlassen wird.

Kurze Zeit versucht er sich neuerlich als Lehrer, doch die Karriere endet, als er an einem Landarbeiterstreik teilnimmt, verhaftet und eingesperrt wird. Schließlich verschreibt er sich ganz der Politik, macht Karriere in der Gewerkschaft, und zwar in Trient, das damals noch zu Österreich gehört. In der Gewerkschaftszeitung schreibt er dermaßen gotteslästerlich und majestätsbeleidigend, daß man ihn ausweist.

Raketen-Karriere

Benito zieht nach Forli, wo der Vater, zusammen mit einer Witwe und fünffachen Mutter, ein Gasthaus betreibt.

Die zweitälteste Tochter der Witwe Guidi, die hübsche, rundliche Rachele, erwählt sich Benito zur Frau. Natürlich ohne Trauschein; das wäre zu spießig, zu bourgeois. Als die Eltern Einwände erheben, droht Benito – glaubhaft –, sich und das Mädchen zu erschießen. Die Alten geben nach.

Die brave, hausbackene Rachele im Hintergrund, macht Mussolini raketenartig Karriere in der sozialdemokratischen Partei. Er gründet ein Wochenblatt, das glänzend floriert, und erwirbt sich Ruhm als »Sozialist der Tat«. Besonders an jenem denkwürdigen Tag, da er an der Spitze von 3.000 Arbeitern ins Rathaus von Forli zieht und Anstalten macht, den Bürgermeister aus dem Fenster zu werfen, falls der Milchpreis nicht sofort gesenkt werde. Er wird.

»Eine große Zukunft«

Der brillante Redner mit dem wirren, bereits schütteren Haar und den lodernden schwarzen Augen, fällt beim Parteikongreß in Reggio Emilia auf: »Da ist ein außerordentlicher junger Mann aufgetaucht, bestimmt, die Partei zu beherrschen...« notiert der Delegierte Sarfatti.

Der Zeuge irrt nicht: Mussolini wird, erst neunundzwanzig Jahre alt, in den Partei-

ALS AUFWIEGLER VERHAFTET: Mussolini 1911 in Forli

IMMER IM SCHATTEN: Donna Rachele und ihre Kinder

vielleicht gar Südtirol abzuknöpfen. Auch birgt der Krieg, man weiß es seit Marx, den Keim der Revolution in sich. Die Revolution aber kann nur den Sozialdemokraten nützen. (Und Mussolini.)

Parteiausschluß

Es kommt schließlich zum Bruch. Mussolini wird aus der Partei ausgeschlossen (was er unter Weinkrämpfen zur Kenntnis nimmt) und als Chefredakteur abgesetzt.

Drei Wochen später ist er Herausgeber einer neuen, wie man munkelt von Rüstungsindustriellen und dem französischen Geheimdienst subventionierten Zeitung. Das Blatt heißt *Popolo d'Italia* und trägt das Motto: »Wer Eisen hat, der hat auch Brot.« Mussolinis erster Leitartikel hat den Titel »Tapferkeit«. Der Mann, der bis vor wenigen Tagen noch der glühendste Anwalt der unterprivilegierten Schichten war, schreibt jetzt kaltschnäuzig: »Vom Volk, das den Spaten verläßt und das Gewehr schultert, verlangen wir, daß es gehorcht.«

Als Italien 1915 in den Krieg eintritt, verläßt auch Mussolini seine Arbeitsstätte und schultert das Gewehr. Er wird ein guter, disziplinierter Soldat. Aber nicht für lange. Bei der Vorführung eines Grabenmörsers, made in Italy, gibt es eine Explosion. Mussolini wird von 40 Splittern durchsiebt und nach 27 Operationen aus dem Militärdienst entlassen.

Der große Einzelkämpfer

Es ist bezeichnend für ihn, daß er noch viel länger an Krücken humpelt, als es die Ärzte für notwendig erachten, und daß er nun ein wahrer Meister auf der Klaviatur des Helden- und des Übermenschentums wird. Immer plastischer treten seine Gedanken vom großen Einzelkämpfer hervor, der berufen ist, die tumbe Masse zu führen.

Ende 1918, während einer Rede in Bologna, wird auch den Begriffsstutzigsten klar, daß Benito Mussolini niemand anderen als Benito Mussolini meint, wenn er vom kommenden starken Mann spricht.

Von da ist nicht mehr weit bis zur Gründung der »Fascio di combattimento« (siehe ZEIT-BILD 1924).

Mussolini privat

So zwielichtig der Aufstieg des Benito M. ist, so zwielichtig ist der ganze Mann:

vorstand gewählt und Chefredakteur des Zentralorgans *Avanti*.

Er ist Journalist, wie ihn Herausgeber nur erträumen können. Alle politischen Artikel schreibt er selbst und peitscht die Auflage binnen weniger Monate von 28.000 auf 100.000. Es sind anfangs nur wenige Genossen, denen der leise Verdacht kommt, daß Mussolini nicht so sehr das Wohl der Arbeiterpartei im Sinn hat wie das seine.

Erste Risse im guten Einvernehmen zwischen der Parteiführung und Mussolini beginnen sich 1914 abzuzeichnen. Während der *Avanti* äußerlich noch immer strikt auf Parteilinie bleibt und gegen den Krieg wettert, ist Mussolini privat längst auf die Linie der Kriegsbefürworter geschwenkt.

Nur wenn Italien in den Krieg eintritt, und zwar auf seiten Englands und Frankreichs, besteht die Chance, Österreich Trient und

einerseits sind ausländische Besucher immer wieder überrascht vom bezwingenden Charme des nur 1,66 Meter kleinen Diktators. Andererseits ist sein jäher, heißer Zorn gefürchtet, der sich an jeder Kleinigkeit entzündet.

Einerseits ist er ein rührender Familienvater und wird von seiner einfach-bäurischen Frau angebetet. (Er hat sie übrigens 1915 in allen Ehren geheiratet.) Andererseits ist die internationale Presse voll mit Mussolinis Skandalaffären, von denen die italienische Öffentlichkeit nichts weiß.

Einerseits ist er eitel bis an die Grenze der Lächerlichkeit – es ist allgemein bekannt, daß er sein monströses Kinn nur deshalb ständig emporreckt, weil er bereits ein gewaltiges Doppelkinn hat. Andererseits ist er auch heute nur mit Mühe dazu zu bewegen, ein sauberes Hemd anzuziehen und sich zu rasieren.

Mussolini liebt das angenehme Leben – eine luxuriöse Wohnung, elegante Sportarten, schnelle Autos und pompösen Kult um seine Person. Aber er ißt und trinkt wenig und lustlos, für vergnügte Schlemmerei nach italienischer Art hat er nur Verachtung übrig. Er leidet seit Jahren an Magengeschwüren.

Was bei Mussolini spontanes Verhalten, was Pose ist, läßt sich schwer sagen. Für bombastische Worte ist er immer gut. Oft fragt man sich, ob nicht letzten Endes Deckungsgleichheit zwischen der Person und ihren Reden besteht. Ob der Duce an sich nichts weiter ist als eine hohl tönende Phrase.

Markantes Beispiel: auf den Duce sind schon mehrere Attentate versucht worden – allerdings ohne die geringste Wirkung. Lediglich am 7. April des vorigen Jahres hätte es ihn um ein Haar erwischt, als die aus Irland gebürtige Violet Gibson, eine ältere Dame mit unklaren Absichten, mit einem Pistolenschuß seine Nase streifte.

Als er verbunden wurde, sagte Benito M. mit der aus vielen Reden wohlbekannten Feuerstimme zum Sanitätspersonal: »Wenn ich vorwärtsgehe, folgt mir. Wenn ich zurückweiche, erschießt mich.«

Aber wer von seinen Anhängern sollte wohl auf die absurde Idee kommen, den meistvergötterten Mann Italiens jemals zu erschießen, sollte er vielleicht auch zurückweichen ...

Keine Freiheit für Nordafrika

Spanier und Franzosen schlagen Berberaufstand blutig nieder

Im Turm seiner väterlichen Burg in Xauen, hoch in den Bergen des Rifgebirges, sitzt Mohammed Abd el-Krim, 46, der Führer der marokkanischen Kabylen, gefangen. Spanische Generäle dürfen aufatmen: nicht länger bieten sie der Welt das Schauspiel einer nach dem letzten Stand der Technik ausgerüsteten Armee, die sich von einigen Tausend bloßfüßigen Berber-Revoluzzern ins Meer treiben läßt (siehe auch ZEIT-BILD 1923).

Damit dürfte Abd el-Krims Traum von einem geeinten Berberreich in Marokko ausgeträumt sein. Der niedergeworfene Aufstand kann die Kolonialherrschaft Spaniens und Frankreichs in Nordafrika nur auf weitere Generationen zementieren.

Marokko war schon seit dem Beginn dieses Jahrhunderts ein ständiger Unruheherd, was die europäischen Mächte, die im Land Bergbau- und Handelsinteressen besaßen, natürlich nicht ruhen ließ. Im Vertrag vom 12. November 1912 beschlossen Frankreich und Spanien, sich das erzreiche Land zu teilen, unter Aufrechterhaltung einer fiktiven Souveränität des lokalen Sultans.

Während die Franzosen rasch eine vollständige Besetzung ihres Gebietes vollzogen und dort auch eine funktionierende Verwaltung aufbauten, ging der spanische Vormarsch schleppend vor sich.

Die Unfähigkeit der militärischen Führung, die Korruption und Disziplinlosigkeit der mittleren Offiziersgrade und der Mannschaften waren so offenkundig, daß in Spanien selbst immer wieder der Ruf nach einem Rückzug aus Marokko laut wurde.

Abd el-Krims Vater, Chef des Kabylenstammes der Beni Urriagel, war zwar kein Freund der Besatzer, schätzte aber die europäische Technik und Bildung. Seine beiden Söhne besuchten spanische Schulen. Mohammed Abd el-Krim, der Ältere, wurde Assessor des »Amtes für die einheimische Bevölkerung« in Melilla.

Schließlich landete er als Redakteur beim

Telegrama del Rif. In den Spalten dieser Zeitung entfaltete er eine immer schärfere Hetze gegen die Franzosen. Vielleicht, weil sie ihm gefährlicher für seine marokkanische Heimat erschienen als die unfähigen Spanier. Vielleicht auch – aber das sind nur Gerüchte – weil die deutsche Regierung sich für eine solche antifranzösische Kampagne erkenntlich zeigte.

Als die Spanier sich den französischen Protesten nicht länger verschließen konnten, wurde Abd el-Krim im August 1917 verhaf-

MOHAMMED ABD-EL KRIM

BLUTIGER KAMPF GEGEN DIE RIFKABYLEN: verwundete Fremdenlegionäre hinter der Front

tet. Nach einem Fluchtversuch, seit dem der Kabylenführer hinkt, und seiner späteren Entlassung mauserte er sich zum wütenden Feind der Spanier. Er zog sich in das heimatliche Dorf zurück, holte seinen jüngeren Bruder aus der Montanakademie in Madrid zu sich und begann seine »Armee« aufzubauen.

In Spanien versuchte man gerade, sich wieder einmal zu einer endgültigen Lösung für das marokkanische Protektorat durchzuringen. Ein neuer Hochkommissar, General Dámaso Berenguer, und ein neuer General, Francisco Silvestre, sollten zusammen mit einer neuaufgestellten Freiwilligentruppe, einer Art spanischer Fremdenlegion, dem skandalösen Schlendrian ein Ende bereiten.

Silvestre brannte darauf, dem Madrider Hofklüngel und den Politikern zu zeigen, was ein ganzer Kerl leisten konnte. Er übersah aber geflissentlich, was ihm seit langem bekannt sein mußte: 75 Prozent aller Waffen in den Garnisonen und befestigten Plätzen waren unbrauchbar; ein Großteil der

Offiziere war ständig auf Urlaub, die anderen ergaben sich Wein, Weib und Kartenspiel; die Mannschaften waren kaum ausgebildet und wegen der elenden Unterbringung und Verpflegung nicht gerade kampfbegeistert.

Silvestre wollte angreifen und siegen und die im Rifgebirge gesichteten kleinen Grüppchen Bewaffneter zerschlagen, ehe sie zur Gefahr werden konnten.

Die Vorzeichen für den geplanten Schlag waren denkbar schlecht: am 31. Mai 1921 revoltierten die 200 lokal rekrutierten Soldaten in der kleinen Festung Abarrán und ermordeten ihre Offiziere; am 2. Juni attackierten Kabylen den Vorposten von Sidi Dris; Silvestres Nachschubkolonnen, ohnedies ungenügend ausgerüstet, wurden ständig von bewaffneten Berberbanden angegriffen.

Aber General Silvestre gab nicht auf. Er wollte von Melilla über Annual an den Golf von Alhucemas durchstoßen, alles in allem nicht mehr als 64 Kilometer. In Sidi Amar,

nordwestlich von Annual, gab es die ersten Schwierigkeiten: Geordnete, mit spanischen Beutewaffen ausgerüstete Berber hatten die kleine Festung eingeschlossen und brachten Silvestres Truppen zum Stillstand.

Mit Blinksignalen flehte der spanische Kommandant von Sidi Amar um einen befreienden Angriff: Wie sollte er seinen Männern erklären, daß sie hier, geradezu im Angesicht anmarschierender spanischer Truppen, sterben müßten?

Aber der Ring der Kabylen legte sich immer enger um Sidi Amar, und auch die aus Annual herbeigeholten Verstärkungen konnten ihn nicht sprengen.

Die Eingeschlossenen versuchten schließlich einen verzweifelten Ausbruch: elf Mann konnten die Festung verlassen, bevor sie fiel, aber nur zwei von ihnen erreichten Silvestres Truppen, während Abd el-Krims Kämpfer schon nachdrängten.

Silvestre versuchte, Annual um jeden Preis zu halten. Am 21. Juli jedoch war die Situation so aussichtslos, daß ein rasch zusammengetretener Offiziersrat den Rückzug beschloß.

Zu diesem Zeitpunkt war es zu spät und der Fluchtweg bereits abgeschnitten. Im Feuer der Rifkabylen starben 12.000 spanische Soldaten und Offiziere; der Rest zog sich in wilder Flucht nach Melilla zurück. General Silvestre erschoß sich auf den Festungsmauern von Annual.

Das »Desaster von Annual«, nach dem Spanien nur noch eine kleine Garnison in Melilla aufrechterhielt, schlug hohe Wogen und führte schließlich, wenn auch nicht ausschließlich, zum Militärputsch des Generals Primo de Rivera (siehe ZEIT-BILD 1923). Seit seiner Machtübernahme empfand es der nationalstolze Diktator als vordringliche Aufgabe, die »Schmach von Annual« auszulöschen.

Mit tatkräftiger Hilfe des französischen Generaltruppeninspektors und Weltkriegshelden, Marschall Henri Philippe Pétain, 70, ist ihm dies nun endlich gelungen. Die technische Übermacht zweier europäischer Armeen und der Verrat in den Reihen eifersüchtiger Stammesführer, denen Abd el-Krim schon zu mächtig geworden war, haben diesen ersten Versuch eines selbständigen Staates in Nordafrika zunichte gemacht. Von einem freien Marokko ist nun wohl lange nicht mehr die Rede.

Nach dem größten Streik in der Geschichte:

Ein Land kämpft ums Überleben

Langsam, aber sicher scheint es bergab zu gehen mit dem einstmals allmächtigen britischen Empire: die ehemaligen Kolonien sind zu gleichberechtigten Partnern geworden, im Mutterland jagt eine Wirtschaftskrise die andere, und soeben war die ganze Insel während des größten Streiks ihrer Geschichte so gut wie gelähmt.

In der »Empirekonferenz«, die vom 19. Oktober bis zum 18. November in London tagt, wird in geduldigen Verhandlungen mit den Premierministern von Südafrika, Kanada, der Irischen Republik, Australien, Neuseeland und Neufundland die Gleichberechtigung der »Dominions« mit dem Mutterland verankert.

POLIZEI GEGEN STREIKENDE MASSEN: Großbritanniens größter Ausstand

Entgegen der allgemeinen Jubelstimmung, mit der das Ergebnis der Konferenz als Jahrhundertereignis gefeiert wird, behaupten die Kritiker des Premiers Stanley Baldwin, 59, sie habe sich schlicht und einfach dazu hergegeben, den Status quo zu bestätigen. Schon das erste Kabinett Baldwin habe im November 1923 das Recht der Dominions anerkannt, eigene Verträge mit fremden Mächten zu schließen. Nun seien alle diese längst gelösten Bande auch öffentlich zerschnitten worden.

Der rechte Flügel der regierenden Konservativen hält den Weltuntergang für nahe, aber ihr Premier Baldwin ist ein Mann des vernünftigen Kompromisses. Wenn also die Lockerung alter Bande wahrscheinlich das politische Überleben des Empire unter den völlig geänderten Nachkriegsverhältnissen garantiert, sieht die wirtschaftliche Seite bedeutend schlechter aus:

Der ehemalige »Bankier« und größte Fabrikant Europas leidet seit Kriegsende unter wachsender ausländischer Konkurrenz und schrumpfenden Märkten. Die Krise zeigte sich zuerst in der Kohleförderung und in der Stahlindustrie.

Im Jahr 1921 betrug die Zahl der englischen Arbeitslosen zwei Millionen – von einer registrierten, arbeitsfähigen Bevölkerung von rund 12 Millionen. Während man aber vor fünf Jahren noch durchaus annehmen konnte, daß diese hohe Zahl auf die Auflösung der kämpfenden Truppe zurückzuführen sei, weiß man heute, daß man mit ähnlich hohen Arbeitslosenraten wird leben müssen. Aber auch die Glücklichen, die noch Arbeit hatten, mußten nicht nur reale, sondern sogar absolute Lohneinbußen hinnehmen, und das vor allem im Kohlenbergbau.

Seit dem Ende der Ruhrbesetzung sind die englischen Kohlenexporte dramatisch gesunken, und die Grubenbesitzer waren nicht gewillt, unter diesen Umständen die Lohnabkommen vom Mai 1924 einzuhalten.

Am 30. Juli 1924 beschloß die nationale Dachorganisation der Gewerkschaften TUC (Trade Union Council) den Streik nicht nur der Bergleute, sondern auch der Transportarbeiter und Seeleute.

Die Regierung lenkte am Freitag, dem 31. Juli, ein und versprach den Bergarbeitern die Einsetzung einer Kommission zur

Untersuchung der Arbeitsbedingungen in den Gruben. Während der Tätigkeit dieser Kommission sollte das Lohnabkommen vom Mai 1924 weiter in Kraft bleiben.

Die sogenannte »Samuel-Kommission« begann ihre Sitzungen im September, gab beiden Seiten gute Ratschläge, aber keine bindenden Anweisungen. Im März dieses Jahres war man so weit wie zuvor. »Kein Penny Lohn weniger, keine Minute Mehrarbeit«, sagten die Arbeiter. Aber auch die Grubenbesitzer übten sich in Sturheit. Die ultrakonservativen Kräfte im Kabinett, vor allem Schatzkanzler Winston Churchill, 52, forderten »bedingungslose Kapitulation« und versuchten, den verhandlungsbereiten Baldwin zu härterer Gangart zu zwingen.

Am 4. Mai, null Uhr, brach der Streik der Bergarbeiter, Eisenbahner, Docker, Transportarbeiter, Drucker, Stahl-, Eisen-, Chemie- und Bauarbeiter aus. Eine erstaunliche Stille lag über der Insel: das Land war zehn Tage lang durch den größten Streik seiner Geschichte lahmgelegt. Die offensichtliche Stärke und Solidarität der Gewerkschaften verhärtete auch die Haltung der Konservativen.

Premier Baldwin jedoch wollte einlenken. Daher ernannte er den Scharfmacher Churchill, der den roten Drachen des Sozialismus endgültig zu besiegen gedachte, zum Chefredakteur einer in aller Eile durch Amateure betriebenen und daher nicht bestreikten Regierungszeitung, die *British Gazette*.

Während der Streiktage war dieses Blatt Englands einzige Nachrichtenquelle. Schatzkanzler Churchill (schon im Burenkrieg Frontberichterstatter) stürzte sich begeistert in den Propagandakrieg. Mittlerweile bearbeitete Baldwin die Gewerkschaftler. Hinter der Szene gingen die Verhandlungen weiter, und am 14. Mai beendete die Gewerkschaftsführung, gegen den Willen vieler Einzelgewerkschaften, den Generalstreik. Nur die unbequemen Bergarbeiter setzten ihren Ausstand bis in den Dezember fort.

Wahrscheinlich hat die Führung der TUC durch ihr Nachgeben das Land vor blutigen Unruhen bewahrt. Aber die Verbitterung unter den Arbeitern ist groß; manche fühlen sich von der Gewerkschaftsspitze verraten. Letzten Endes war der Streik sinnlos und volkswirtschaftlich eine Katastrophe.

Militärputsch in Warschau

Marschall Piłsudski erobert nach Staatsstreich die Macht

»Lieber zehn Jahre Piłsudski als hundert Jahre die Sowjets am Hals«, soll der polnische Staatspräsident Stanislas Wojciechowski am 14. Mai gesagt haben, ehe er zurücktrat und die Macht dem putschenden Marschall überließ. Wahr oder gut erfunden: das Zitat spiegelt die Stimmung in einem Land wider, das nichts so sehr fürchtet wie die Russen – gleichgültig, ob zaristisch oder kommunistisch. Die 400 Toten und 1.500 Verletzten, welche der Handstreich Piłsudskis gefordert hat, spielen da schon fast keine Rolle mehr.

Der Marschall, jetzt 59 Jahre alt, ist seit fast 40 Jahren eine Schlüsselfigur des politischen Lebens in Polen. Als Sohn eines polonisierten litauischen Aristokraten im russisch besetzten Teil Polens geboren, hat er offenbar mit der Muttermilch den Haß gegen die Besatzer eingesogen.

Bekanntlich war Polen jahrhundertelang aufgeteilt zwischen Rußland, Österreich und Preußen, wobei die Russen die härtesten Herrscher waren. Gegen den immer wieder aufflammenden todesverachtenden Mut patriotischer Polen betrieben sie rund achtzig Jahre lang eine grausame Politik der gewaltsamen Russifizierung.

Piłsudski wurde schon als Zweiundzwanzigjähriger wegen studentischer Auflehnung für fünf Jahre nach Sibirien geschickt. Kaum heimgekehrt, betätigte er sich sofort wieder politisch: er war einer der Mitbegründer der sozialistischen Partei Polens. Im Weltkrieg kämpfte Piłsudski mit einer »Legionsbrigade« auf österreichischer Seite gegen Rußland. Was ihn nicht hinderte, eine geheime Privatarmee (POW) für den Unabhängigkeitskampf *gegen* Österreich zu organisieren. Seine Aktivitäten flogen auf, Piłsudski wurde verhaftet und 1917 in ein Militärgefängnis gebracht.

Von dort kehrte er als Held und Befreier in die Heimat heim und wurde erster Staatspräsident der 1918 ausgerufenen polnischen

STANISLAS WOJCIECHOWSKI

JOSEF PIŁSUDSKI

REVOLTE GELUNGEN: Piłsudskis Truppen besetzen den Regierungspalast

»Blutiger Felix« erlitt Herzinfarkt

Plötzlicher Tod des GPU-Chefs – Stalins Gegner weiter entmachtet

Republik. Was dann folgte, war eine unentwirrbare Kette von politischen Intrigen und militärischen Scharmützeln, von Annexionen und Rückzügen rund um die Grenzen des jungen polnischen Staates.

Die Grenzziehung war zum Teil unklar, zum Teil beanspruchten die Polen größere Gebiete, als ihnen die diversen Friedensverträge zugesprochen hatten. Es gab jahrelang blutige Auseinandersetzungen mit den Deutschen um Oberschlesien und Westpreußen. Auch von den Russen wollte Polen einen gewaltigen Happen mehr als das vorwiegend polnisch besiedelte Ostgebiet, das ihnen die Alliierten 1919 zugesagt hatten.

Rußland, in einen verheerenden Bürgerkrieg verwickelt (siehe ZEIT-BILD 1924 und 1925), war zu schwach, um sich 1920 gegen einen polnischen Angriff unter Piłsudski erfolgreich zur Wehr zu setzen. Bis nach Kiew stießen die Polen vor – und erlebten ihr blaues Wunder: die Rote Armee raffte sich zu einem Gegenschlag auf und drang ihrerseits bis in die Gegend von Warschau vor. Polen schien verloren.

Doch Piłsudski brachte, beraten von dem französischen General Maxime Weygand, das inzwischen legendär gewordene »Wunder an der Weichsel« zustande und schlug die Rote Armee vernichtend.

Seither darf sich Polen des Besitzes eines großen Teiles der Ukraine mit überwiegend ukrainischer und weißrussischer Bevölkerung erfreuen. Wie lange – das ist allerdings

die Frage. Denn die »Schlappe an der Weichsel« wird die UdSSR wohl nicht so bald vergessen. Vor allem Stalin nicht, der ja bekanntlich den Feldzug gegen Polen an entscheidender Position mitgemacht hat.

Piłsudski, als Nationalheros und Sieger gefeiert, wurde jedoch bald in die Wüste geschickt und zog sich 1923 grollend auf seine Güter zurück. Was ihn nicht hinderte, das politische Leben scharf zu beobachten: ein ewiger Kreislauf von Korruption, Parteienhader und wirtschaftlicher Schwäche.

Am 12. Mai dieses Jahres hält er die Zeit für gekommen, wieder einmal einzugreifen. Gestützt auf die sogenannte »Oberstengruppe« in der Armee und ihre loyalen Verbände, macht er sich auf den Marsch nach Warschau. In der Annahme, daß Ministerpräsident Wincenty Witos und seine Regierung schleunigst davonlaufen würden.

Zu Piłsudskis Verblüffung aber gibt es ernsthaften Widerstand. Zwei Tage lang tobt der Kampf in Warschau – im übrigen Land herrscht Ruhe –, dann ist alles vorüber. Am 14. Mai, präzis um Mitternacht, tritt Staatspräsident Stanislas Wojciechowski zugunsten des Parlamentsvorsitzenden zurück. Der beeilt sich, sofort die Regierungsbildung einem Mann Piłsudskis zu übertragen. Es ist ein Hochschulprofessor aus Lemberg, Kasimir Bartel, dessen Namen man vorher kaum je in der Öffentlichkeit vernommen hat. So wird es vermutlich bleiben: denn der starke Mann ist wohl nun für längere Zeit Josef Piłsudski.

Die ZK-Sitzung vom 20. Juli wird keiner der Teilnehmer so bald vergessen: mitten in einer flammenden Rede gegen die Stalin-Opposition wird Felix Edmundowitsch Dserschinski, 49, leichenblaß und ringt nach Luft. Drei Stunden später ist er tot: Herzinfarkt.

Der legendäre Gründer der Geheimpolizei GPU (früher Tscheka) wird von der Parteipresse in blumigen Nachrufen als »Schwert der Revolution«, als »Ritter ohne Furcht und Tadel« gerühmt. Das Volk nennt ihn kurz den »eisernen Felix« und bündig »der Blutige«.

Der Sohn eines polnischen Gutsbesitzers aus Wien ist eher zufällig mit der russischen Revolution in Berührung gekommen. Er saß im Petrograder Gefängnis, als er, 1917 durch die Februar-Revolution befreit, in den Kreis um Lenin geriet – und dort blieb.

Von Beruf Maschinenbauingenieur, entwickelte er sich bald zum perfekten Polizei-Technokraten. Die von ihm »erfundene« und aufgebaute Tscheka ist ein bis ins letzte durchorganisierter Überwachungs- und Eliminierungs-Apparat.

Dserschinski – übrigens ein Mann ohne persönlichen Ehrgeiz und von großer Bescheidenheit – bekleidete auch den Posten eines Innenkommissars. Ihm unterstanden in der Tscheka-Zentrale 800, im Spezial-Außendienst 143.000 Männer. Dazu kamen noch 380.000 Polizisten.

FELIX EDMUNDOWITSCH DSERSCHINSKI

Tscheka-Leute sitzen überall: in der Wirtschaft, in der Industrie und – seit Stalin – auch in allen Parteigremien, selbst in den höchsten. Nicht gezählt die Agenten, die, als Diplomaten getarnt, im Ausland wirken. Die Zahl der Opfer des »blutigen Felix« kann nicht einmal annähernd geschätzt werden, da Tscheka-Leute sowohl verhaften als auch anklagen und in Sondergerichten verurteilen. Verteidiger gibt es keine – und auch keine Protokolle.

Einmal, und zwar 1921, wurde eine Statistik veröffentlicht, von der man aber annehmen kann, daß sie stark frisiert war. Demnach sollen zwischen 1918 und 1921 13.000 Erschießungen durchgeführt worden sein. Gründe wurden nicht angegeben.

Wenn man bedenkt, daß schon »Verheimlichung der sozialen Herkunft und des früheren sozialen Standes« als schweres Verbrechen mit der Verbannung nach Sibirien geahndet wird, dann läßt sich errechnen, welcher Lappalien wegen man sein Leben verlieren kann. Wenn man es nicht vorzieht, in die Dienste der Tscheka zu treten. Der aus Rußland gebürtige deutsche Staatsbürger Georg Popoff zum Beispiel, Moskauer Korrespondent zahlreicher Weltblätter, wurde wegen einer angeblich falschen Eintragung in seinem Paß verhaftet.

Sechs Tage und sechs Nächte lang wurde er aufs brutalste pausenlos verhört, bis er gestand. Und zwar eine ganz andere »Tat«: er habe – was verboten ist, er aber nicht wußte – eine Antiquität gekauft. Um freizukommen, erklärte Popoff sich bereit, für die Tscheka zu spionieren.

Er tat nichts dergleichen, sondern setzte sich nach Frankfurt am Main ab, wo sein erschütternder Bericht »Tscheka – Staat im Staate« erschienen ist. Das Buch hat kein überwältigendes Echo gefunden. Popoffs Schilderungen werden für journalistische Übertreibungen, wenn nicht gar Hirngespinste gehalten.

Keine Hirngespinste hingegen sind die Meldungen über die weitere Entmachtung von Stalins Gegnern. Zur allgemeinen Überraschung der Kreml-Astrologen haben sich in diesem Jahr die einstigen Todfeinde Trotzki, Kamenew und Sinowjew zusammengeschlossen und auf Parteiversammlungen versucht, die Genossen um sich zu sammeln. Was ihnen nicht gelang. Denn praktisch 75 Prozent der 750.000 Parteimitglieder sind bereits Stalin-Anhänger.

Stalins Gegenzug: Trotzki und Sinowjew wurden aus dem Politbüro entfernt, Sinowjew und Kamenew nicht mehr als Parteichefs von Leningrad bzw. Moskau bestätigt.

Trotzki hat sich übrigens in diesem Sommer einer Magenoperation unterziehen müssen und fehlte daher für einige Zeit auf der Polit-Szene. Vorsichtshalber ließ er den Eingriff in Berlin und nicht in Moskau vornehmen. Er mag wohl an das traurige Schicksal des General Frunse gedacht haben, der so plötzlich und unerwartet aus dem Leben geschieden ist (siehe ZEIT-BILD 1925).

Held oder Agent?

»Lawrence von Arabien« als Gefreiter nach Indien

Der Mann ist schon zu Lebzeiten ein Mythos, von Legenden umwoben und stets für neue rätselhafte Überraschungen gut: Thomas Edward Lawrence, 38, zu Ende des Krieges englischer Oberst und der »heimliche König der Araber«, hat seinen Namen gewechselt. Er nennt sich jetzt T. E. Shaw – und unter dieser Tarnung ist er, als einfacher Soldat, zur britischen Luftwaffe nach Indien gegangen.

LAWRENCE VON ARABIEN

Zugleich kursieren unter seinen Freunden und Bekannten, aber natürlich auch im Kolonialamt in London, die Durchschläge eines von ihm gerade erst fertiggestellten Buches »The Seven Pillars of Wisdom« (Die sieben Säulen der Weisheit). Darin beschreibt er seine Erlebnisse als Organisator der Araberrevolte gegen die Türkenherrschaft im Hedschas, in Syrien und Palästina.

Das Werk ist nicht nur Kriegsgeschichte, es hat auch literarischen und philosophischen Wert. Es soll nächstes Jahr erscheinen, doch stark gekürzt und aus Verkaufsgründen unter einem reißerischen Titel, als »Aufstand in der Wüste«.

Dieser Lawrence verblüfft und überrascht immer wieder. Er wurde in Tremadoc (Wales) geboren, angeblich als unehelicher Sohn eines Lords. Die Sparsamkeit seiner Mutter ermöglichte ihm ein Studium am Jesus-College in Oxford, das er mit Glanz absolvierte.

Als Archäologe und Sprachforscher ging er, erst einundzwanzig, schon vor dem Krieg in die türkisch-arabischen Provinzen, um dort die alten Burgen der Kreuzritter zu studieren und im Sand nach den Überresten der versunkenen Hethiterstadt Karkemisch zu suchen.

Doch behaupten Gerüchte, er sei schon damals als britischer Spion unterwegs gewesen, mit Fernstecher und Kamera den Fortschritt der von den Deutschen gebauten Bagdad-Bahn beobachtend.

Auch seine Selbstdarstellung als edler Araber-Freund ist keineswegs unbestritten. Er handelte im Auftrag Londons, als er sich, damals noch Leutnant, zu Kriegsbeginn aus Ägypten ins Wüstenlager des Haschemiten-Prinzen Feisal durchschlug, der die Türken vertreiben wollte und bis dahin an deren Kanonen gescheitert war.

Im Auftrag welcher Londoner Dienststelle? Des Außenamtes oder des Kolonialministeriums? Sein Dienstgeber könnte ebensogut der militärische Geheimdienst gewesen sein. Angeblich soll Lawrence all die Jahre ein Doppelspiel getrieben und seine arabischen »Freunde« raffiniert getäuscht haben.

Er soll ihnen Freiheit, Selbständigkeit, ein eigenes arabisches Reich versprochen – und doch in jeder Minute gewußt haben, daß daraus nichts wird.

Im Krieg ist er neunmal verwundet worden.

DER KÖNIG UND SEIN BRITISCHER FREUND: Feisal (Bildmitte) mit Oberst Lawrence (rechts)

Sein persönlicher Mut, seine unglaubliche Sprachbegabung (er gilt als »der einzige weiße Araber der Welt«) und seine militärische Genialität stehen außer Zweifel.

Doch ob er »treu« war, und wem außer sich selbst, darüber streiten die Eingeweihten noch heute. Feldmarschall Edmund Allenby, der Oberbefehlshaber der Englisch-Ägyptischen Armee in Palästina, bezeichnet ihn im Privatgespräch als »den größten Aufschneider seit Münchhausen«, als einen »gewöhnlichen kleinen Angeber« und einen Menschen von »fast abnormer Eitelkeit«. Laut dürfte das freilich auch der Feldmarschall nicht sagen, sonst fielen die Lawrence-Fans über ihn her . . .

Den Vorwurf des wissentlichen Betrugs an seinen Kampfgefährten aus der Wüste scheint er durch Taten, nicht nur durch Worte, widerlegt zu haben. Denn wie ein Löwe kämpfte er nach dem Krieg für die Unabhängigkeit der Araber, und 1922 schied er angeekelt aus dem britischen Kolonialdienst – oder war auch das nur ein weiteres geheimdienstliches Täuschungsmanöver?

Jetzt geht er nach Indien, als simpler Soldat der Air Force. Weil er nun endlich »Ruhe haben« möchte? Weil ihn (so schreibt er einem Freund) »Befehl und Gehorsam vor Gedanken und Gewissensbissen bewahren«?

Oder weil, im Wetterwinkel Indien, der britische Geheimdienst seinem besten Agenten eine neue Aufgabe gestellt hat?

Nur Lawrence selbst kann diese Fragen beantworten. Er aber schweigt und versteckt sich.

»Ich bin kein Wunderheiler!«

»Im Falle von Krampfadergeschwüren rüttelt das Unbewußte die Zellen, welche das Innere der Wunde bilden, aus ihrem Schlaf und aus ihrer Trägheit auf«, heißt es voll blühenden Unsinns in dem Buch »Die Selbstmeisterung«. Es wurde dennoch der größte Hit des Jahrzehnts – 150 Auflagen allein in Deutschland. Sein Autor, der französische Heilpraktiker Emile Coué, 60, ist am 2. Juli in Nancy gestorben.

EMILE COUÉ

Was war das Erfolgsrezept des Mannes, den Tausende als Wunderheiler gläubig verehrten – und der tatsächlich Tausenden geholfen hat?

Coué, von seinen Patienten zärtlich »Papa Coué« genannt, hat immer wieder versichert: »Ich bin kein Wunderheiler. Ich bin nur ein bonhomme, ein guter Kerl.«

Tatsächlich war der ehemalige Apotheker freundlich, gutmütig und geduldig wie ein »bonhomme« – was im Französischen auch soviel wie »Schwachkopf« bedeuten kann. Diese bedingungslose Zuwendung zum Patienten, dieses Eingehen auf seine ganz besonderen Wünsche und Bedürfnisse waren das tiefste Geheimnis seines Sensationserfolges. Dazu »verschrieb« er den Kranken den Glauben an ihre Heilung durch Autosuggestion. »Mit jedem Tag geht es mir in jeder Hinsicht immer besser und besser«, lautete einer der Sätze, den sie sich zweimal täglich je zwanzigmal laut vorsagen mußten.

So dubios die Theorien des »Couéismus« sind, so eindeutig seine Erfolge: Er kann praktisch allen Krankheiten mit psychosomatischem Ursprung beikommen. Organischen Leiden selbstverständlich nicht. Coué war aber klug genug, solche Patienten einem Arzt zuzuweisen.

Was die Schulmedizin nicht hinderte, den Mann aus Nancy mit spöttischer Verachtung lächerlich zu machen. Beispiel: Krankenschwester zu Coué: »Monsieur, dem Patienten von Nr. 7 geht es sehr schlecht.«

Coué: »Der Patient von Nr. 7 *bildet sich nur ein*, daß es ihm schlecht geht.«

Krankenschwester, nach einer Stunde: »Monsieur Coué, der Patient von Nr. 7 bildet sich ein, daß er tot ist . . .«

EMILE-COUÉ-KARIKATUR: »Jetzt geht es mir wirklich in jeder Hinsicht immer besser und besser . . .«

Louis Armstrong: Jazz in Person

Der unaufhaltsame Siegeszug einer neuen Musikgattung

Wenn die unentwegtesten Tänzer auf dem Parkett allmählich erlahmen, die Musiker auf dem Podium zwischen den einzelnen Nummern schon auf die Uhr schauen und mehr mit Routine als mit Animo weiterspielen, dann ist der Solotrompeter erst richtig in Hochform. Louis Armstrong, 26, kennt keine Müdigkeit. Spät ist für ihn nie zu spät.

In den Nachtclubs von Chicago zeigt »the young man with the horn« seinem Publikum, was und wie Jazz sein kann. Vormittags hält er sich meist im Studio auf, wo er mit seiner eigenen Gruppe, den »Hot Five«, Schallplatten einspielt. Um immer topfit zu bleiben, braucht er keinen Hochprozentigen wie manche andere Jazzmusiker, die der Whisky zuerst in Fahrt bringt und schließlich ruiniert. Louis hat keine flüssigen Aufputschmittel nötig. Ihn trägt eine unerhörte Vitalität und sein einmaliges musikalisches Temperament.

Er stammt aus New Orleans, wo der Jazz entstand und allein zu Hause war, bis nach 1917 viele Bands und Solisten in allen Teilen der USA der neuen Musik zum Sieg verholfen haben. Bereits als Halbwüchsiger blies er das Kornett. Mit zweiundzwanzig wurde er vom großen Joe »King« Oliver engagiert, und der nahm für seine »Creole Jazz Band« nur erstklassige Instrumentalisten auf, ob sie nun Noten lesen konnten oder nicht.

Mehrere von Olivers besten Leuten spielen nach dem Gehör, denn alles, was hinter dem Violinschlüssel auf den fünf Linien steht, ist für sie bloße Hieroglyphe. Armstrong selber findet sich mit den »kleinen schwarzen Punkten« wohl zurecht, aber er kann sie als Stütze durchaus entbehren.

Denn gerade im Improvisieren ist er oft kopierter und nie erreichter Meister. Seine freien Soli spielt ihm bis jetzt keiner in solcher Vollendung nach. Mit erstaunlicher Sicherheit und scheinbar müheloser technischer Virtuosität treibt er die Klangfiguren bis in die höchsten Tonlagen. Diese stupende Beherrschung des Instruments kommt aus einer ursprünglichen, mit großem Fleiß gepaarten Freude am Musizieren.

»Satchmo«, wie er sich neuerdings gern nennt, ist ein Mensch von steter Freundlichkeit. Ausdruck seiner unentwegten guten Laune ist ein – nein, Lächeln wäre zu fein gesagt und Grinsen zu platt. Es ist ein fröhliches Zähnefletschen, ein Strahlen des prachtvollen breiten Gebisses in dem dunklen, knollig-klobigen Gesicht. Ein mimisches Signal, das als Markenzeichen schon ebenso zu ihm gehört wie das weiße, adrett gefaltete Taschentuch, welches er beim Spielen und Singen immer in der Hand behält, um sich zwischen den Musikstücken die Schweißperlen von der Stirn zu tupfen. In letzter Zeit hat Louis auch zu singen begonnen. Mit einer kratzigen Kettenraucherstimme, die aber weich summende Untertöne beinhaltet. Er singt nicht vokal: wenn er die Trompete absetzt, ist der ganze

Mann sein eigenes Instrument. Dafür erfand er einen eigenen Stil, den andere bereits nachahmen. Armstrong nennt diese Art des Gesanges »skat«, ein melodisch-rhythmisches Aneinanderreihen willkürlich gewählter Silben: »Babaduasepsepdibah!« Beliebig zu variieren.

Von Chicago aus, wo Armstrong mit seinen Freunden auftritt, bahnt sich der unaufhaltsame Siegeszug des Jazz an. Mehr noch: »Satchmo ist Jazz in Person!« sagen seine Fans. Weiße Instrumentalisten wie der erstklassige Trompeter Bix Beiderbecke (Sohn deutscher Einwanderer, die ihm in patriotischer Erinnerung den Vornamen »Bismarck« gaben!) übernehmen Anregungen ihres schwarzen Kollegen.

Amerikas prominentester Songwriter und Musicalkomponist George Gershwin, ebenfalls Weißer, gab Jazz-Elementen mit seiner vor zwei Jahren uraufgeführten, inzwischen sehr erfolgreichen Komposition »Rhapsody in Blue« die konzertante Legitimation (siehe ZEIT-BILD 1924).

Jazz-Fans aus den künstlerischen Gipfelregionen sind Igor Strawinsky und Darius Milhaud. Auch Maurice Ravel läßt sich gern faszinieren, wenn etwa Platten der Pianisten Jelly Roll Morton oder Fats Waller laufen.

Wer spricht da noch abfällig von »Negermusik«?

LOUIS ARMSTRONG (Mitte hinten) in der King Oliver Band

Der Avantgarde-Maler Georges Braque, einer der Gründerväter des Kubismus, arbeitet zur Zeit an den Bühnenbildern und Kostümentwürfen für »Zéphyr et Flore«, die mit Spannung erwartete neue Inszenierung des Russischen Balletts in Paris. Hinter diesem grandiosen Ensemble steht als prägende Kraft ein weltberühmter »Mann ohne Eigenschaften«, Serge Diaghilew, 56.

»Erstens bin ich ein Scharlatan, allerdings ein blitzgescheiter. Zweitens ein großer Charmeur. Drittens fürchte ich mich vor keinem Menschen. Viertens kann ich logisch denken und bin kaum von Skrupeln beschwert. Fünftens hat es den Anschein, daß ich keinerlei wirkliche Talente besitze.« Diese widerspruchsvolle Selbstanalyse lieferte der junge Herr aus russischem Kleinadel, der seinen eigenen Charakter so klar durchschaute, bereits um die Jahrhundertwende.

Sein merkwürdiges Naturell sollte ihm eine beispiellose Weltkarriere eröffnen. Der einzig gültige Maßstab für Diaghilews Persönlichkeit ist eben Diaghilew. Sonst keiner. Darauf deutete nichts hin, als er in Petersburg ohne nennens- oder hörenswerte Resultate bei Nikolai Rimski-Korsakow Musik studierte. Dann schloß er sich einem Kreis russischer Maler an. Vielseitiges Dilettieren machte ihm bewußt, worin seine Stärke lag: im Organisatorischen, im Verständnis für schöpferische Strömungen, im Anregen und Vermitteln von Ideen.

Ehe er sich zum letzten großen internationalen Impresario entwickelte, provozierte er einen brüsken Hinausschmiß aus der Intendanz der St. Petersburger Hoftheater. Dort grollte man dem rührigen Sekretär, weil er die Kontaktpflege in eigener Sache mit einer wahren Manie betrieb.

149

Serge funktionierte die Abfuhr in einen Katapultstart westwärts um. Für den Verehrer Balzacs, Baudelaires und der französischen Impressionisten, die er in Rußland gepriesen hatte, gab es nur ein ideales Terrain: Paris.

Als Leiter der Truppe des »Ballet Russe« begann er seine erste Spielzeit 1908 mit einem erz-moskowitischen Programm, das »wie ein Sturm aus dem Osten« über die Pariser Opernbühne fegte. Borodins »Polowetzer Tänzen« folgte bald die »Scheherezade« von Rimski-Korsakow.

Als Solist feierte der 1890 in Kiew geborene Waclaw Nijinski Triumphe und entfesselte Skandale, wenn er, fast nackt, in Claude Debussys »L'après-midi d'un faune« auftrat. Dieses elementare Tanzgenie ist ein einfacher, ja primitiver Mensch, dessen simple Seele durch die enge private Bindung an den Impresario schwer verstört wurde. Eine Flucht in die Ehe bewirkte nur den völligen psychischen Zusammenbruch. Seit zehn Jahren lebt Nijinski in geschlossenen Anstalten.

Das Bestreben, Musik, Tanz und Malerei in höchster Vollendung und sensationeller Neuheit zu vereinigen, machte Diaghilew zum Entdecker und großzügigen Auftraggeber (mit souverän beschafften Mitteln). Er bestellte Entwürfe bei dem noch unbekannten, in einem schäbigen Montmartre-Atelier hausenden Pablo Picasso, er zog Juan Miró, Georges Braque, Max Ernst, Giorgio de Chirico und viele andere aufstrebende Maler heran, brachte den Kubismus und den Surrealismus auf die Bühne. Er führte »Sacre du Printemps« seines Landsmannes und Freundes Igor Strawinsky auf, ließ den Poeten Jean Cocteau Szenarien schreiben, Darius Milhaud und Erik Satie die Musik zu seinen Balletten komponieren. Die westliche Kulturwelt unserer Zeit verdankt diesem Russen entscheidende Impulse.

Mit der Errichtung des Sowjetsystems war Diaghilew der Rückweg in die Heimat endgültig versperrt. Dafür stehen ihm alle anderen Länder weit offen. Mit seinen Choreographen Serge Lifar und Georges Balanchine tritt das »Ballet Russe« nicht nur in Paris und im Opernhaus von Monte Carlo auf, das Ensemble gastiert auch regelmäßig in fast allen großen Musiktheatern Europas und der USA.

Zum Tod von Harry Houdini:

Super-Artist ohne Tricks

Allen düsteren Prophezeiungen zum Trotz ist Erich Weiss aus Appleton im US-Bundesstaat Wisconsin, international bekannt als »Harry Houdini«, 52, friedlich im Bett gestorben: mit wohligem Gruseln hatten Millionen Fans des berühmtesten Entfesslungskünstlers aller Zeiten erwartet (gehofft?), daß er eines Tages bei einer halsbrecherischen Vorführung ums Leben kommen würde.

Houdini konnte sich aus Tresoren befreien, die kompliziertesten Schlösser öffnen, Eisentaue und armdicke Ketten sprengen.

Er entkam aus den sichersten Gefängnissen, aus Särgen, die man metertief ins Wasser gesenkt hatte, und er schaffte es sogar, wenn er, in eine Zwangsjacke und zusätzlich in Ketten gewickelt, mit dem Kopf nach unten an einen Haken gehängt worden war.

Viele konnten sich Houdinis erstaunliche Leistungen nur durch übernatürliche Fähigkeiten erklären. Der Meister indes, der noch bis wenige Wochen vor dem Tode sein Publikum entzückt hatte, war stolz, ohne Tricks auszukommen.

Er hatte seine Muskeln so trainiert, daß er sie auf jedes gewünschte Maß schrumpfen oder anschwellen lassen konnte. Seine Zähne waren so hart, daß er sie wie einen Dosenöffner einzusetzen vermochte. Mit seinen feinfühligen Fingern öffnete er jedes Schloß. Außerdem besaß er Mut: einmal sprang er in schwindelnder Höhe von einem Flugzeug aufs andere – mit gefesselten Händen!

HOUDINIS BESTER TRICK: kopfabwärts gefesselt

Zum Tod von Rainer Maria Rilke:

Er schrieb nicht nur den »Cornet«...

RAINER MARIA RILKE

Freilich ist es seltsam, die Erde nicht mehr
zu bewohnen,
kaum erlernte Gebräuche nicht mehr zu
üben,
Rosen, und anderen eigens
versprechenden Dingen
nicht die Bedeutung menschlicher
Zukunft zu geben ...
Duineser Elegien

Was soll, was kann man zu Rilkes Tod sagen? Zu einem Tod, der in allen Werken des Dichters ist, so daß uns zu schreiben nichts bleibt, außer: der Dichter Rainer Maria Rilke, geboren in Prag am 4. Dezember 1875, ist am 29. Dezember dieses Jahres in Valmont bei Montreux, einundfünfzigjährig, an Leukämie gestorben.
Vielleicht könnte man noch Sorge tragen, *welcher* Rilke der Nachwelt übermittelt wird, sofern der *ganze* nicht in Erinnerung gerufen werden kann.

Man hüte sich vielleicht, zu sehr am Schöpfer des »Cornet« zu hängen, an diesem fast noch unbekannten jungen Dichter, der plötzlich das Nachttisch-Buch der deutschen Jugend geschrieben hat, eine balladeske und doch hinreißend lyrische Erzählung. Sie ist so sehr ständig zitiertes Gemeingut geworden, daß man seine wahren Qualitäten heute nicht mehr oder noch nicht wieder beurteilen kann.
Auch das fragile Privatleben des Dichters sollte unangetastet bleiben, ohne Interpretation über die in den Dichtungen selbst gemachten Angaben hinaus. Was hülfe es, zu wissen, daß Rilke in Lou, in Benvenuta und Merline fast immer nur die Mutter, kaum die Geliebte und gewiß nicht die Gefährtin gesucht hat?
Was zur Basis eines endgültigen Dichterbildes gemacht werden sollte, ist der furchterregende Rilke des »Malte Laurids Bridge«, der wußte, daß er mit diesem Werk einen zweiten, gefährlicheren Werther geschrieben hatte: »Ich sehe seit einer Weile ein, daß ich Menschen, die in der Entwicklung ihres Wesens zart und suchend sind, streng davor warnen muß, in den Aufzeichnungen des Malte Laurids Brigge Analogien für das zu suchen, was sie durchmachen ...«
Gewiß auch jener Rilke, der, ausgehöhlt von diesem neurotisch-beängstigenden Werk sich nach Jahren des Beinahe-Schweigens endlich zu den »Duineser Elegien« durchringt, zu einer Zwiesprache mit den Engeln, die die manchmal süßliche Religionsromantik des »Stundenbuches« abgeschüttelt hat. An diesen zehn Elegien wird man lange zu lernen, zu deuten haben, wie auch am geheimnisvollen Grabspruch des Dichters:

Rose, oh reiner Widerspruch, Lust,
Niemandes Schlaf zu sein unter soviel
Lidern ...

»Jahrhundertroman« von André Gide

Großartige Erzähltechnik der »Falschmünzer«

ANDRÉ GIDE

André Gide, 57, einer der maßgeblichsten Literaten Frankreichs, hört nicht auf, sein Publikum in Erstaunen zu setzen: Nach den »Verliesen des Vatikans«, einem seltsamen Abenteuerroman, in dem der junge Held Lafcadio einen ihm gänzlich fremden Menschen tötet, um durch diese »sinnlose Tat« seinen autonomen Willen zu beweisen, hat der Dichter seinen Lesern fünf Jahre später das rosa Bonbon seiner »Pastoralsymphonie« angeboten. Aus der ländlichen Idylle des Pfarrhauses, wo der verheiratete Pastor in Liebe zu einem blinden jungen Mädchen entbrennt, reißt er uns nun in die herzlos-kalte Welt seiner »Falschmünzer«.
Es ist nicht leicht, Gide auf den verschlungenen Wegen seiner moralischen Überlegungen zu folgen, die, gewiß auf persönlichen Problemen ruhend, ihn einmal den hehren Verzicht, das andere Mal wieder

das rücksichtslose Ausleben der eigenen Freiheit verkünden lassen.

Dennoch sind seine »Falschmünzer« ein Meisterwerk, ein Jahrhundertroman, der, wie schon früher die »Verliese«, den voraussetzungslosen Menschen der Zukunft zeigt. Unabhängig von Traditionen und Bindungen hat er sich selbst geschaffen, ist zwecklos gut oder zwecklos böse und unterwirft sein Tun nur der eigenen Entscheidung. Der Mensch Gide, der Mensch des zwanzigsten Jahrhunderts, ist ganz offensichtlich auf der Suche nach dem für seine Freiheit gültigen Gesetz.

Gleich zu Beginn des Werks entdeckt der Maturant Bernard, daß er »ein Bastard« ist, nicht der Sohn seines bürgerlichen Vaters. »Nicht zu wissen, wer sein Vater ist«, überlegt der junge Mann, »befreit jedenfalls von der Furcht, ihm zu gleichen – eine wahre Befreiung...«

Ähnlich befreit sind die anderen Figuren des Romans, deren Wege sich – großartige Technik des Erzählers – im Bewußtsein des verhinderten Schriftstellers Edouard kreuzen. Edouard wieder fügt dem Roman Gides seinen eigenen, ewig ungeschriebenen Roman ein, dem er den Titel »Die Falschmünzer« geben möchte.

Der sinnlose Selbstmord eines Knaben, aus einer Art Mutprobe entstanden, schlägt noch einmal das Motiv von der »zwecklosen« Tat an, bevor der Roman sehr plötzlich abbricht. Der Schriftsteller Edouard vermerkt in seinem Tagebuch, daß der Maturant Bernard in sein Elternhaus zurückgekehrt ist. Und alles kann wieder neu beginnen...

Wer ist dieser B. Traven?

**Rätselraten um den Autor des »Totenschiffs« –
Bester Abenteuerroman unserer Zeit**

Karl Mays edles Freundespaar Winnetou und Old Shatterhand samt ihren schurkischen Feinden sind leicht durchschaubar: Man weiß immer, wer der Gute ist, und kann sich darauf verlassen, daß er siegt.

Der Welt nächster großer Autor von Abenteuerromanen war Joseph Conrad (siehe ZEIT-BILD 1924, Personalia). Er machte es weit schwerer, zwischen Recht und Unrecht zu unterscheiden. Sein »Lord Jim« verläßt zu früh ein sinkendes Schiff und leidet bis an sein Lebensende an einem Fehlverhalten, das der psychoanalytisch geschulte Leser zu entschuldigen bereit ist.

In diesem Jahr aber ist ein Super-Abenteuerschreiber aufgetaucht, der mit seinem »Totenschiff« dem Leser jede Hoffnung auf den Sieg des Guten nimmt.

Sein Held Gale wird vom Schicksal in einer Art und Weise herumgebeutelt, seine Erlebnisse werden von Mal zu Mal unerträglicher, so daß sich beim geplagten Leser das Gefühl der Befriedigung über bestandene Gefahren gar nicht erst einstellt.

Was die Geschichte aber noch viel spannender macht, ist die Tatsache, daß der Autor über Nacht berühmt geworden und dennoch ein Unbekannter geblieben ist. Da das Leben eines Schreibers von Abenteuerromanen wohl nie so aufregend sein kann wie das seiner geistigen Kinder, hat »B. Traven« das Inkognito gewählt: er verkehrt nur durch Mittelsmänner mit seinen Verlagen und überläßt es Lektoren und Lesern, das Rätsel seiner Herkunft zu lösen.

Auf »Travens« progressive Ansichten im »Totenschiff« gestützt, vermuten manche literarische Detektive in ihm den ehemaligen Herausgeber der Münchner revolutionären Zeitschrift »Der Ziegelbrenner«, Richard Maurhut, der schon sein Journal unter einem Pseudonym, nämlich »Ret Marut«, herausgegeben hat. Maurhut wurde nach dem Scheitern der bayrischen Räterepublik zum Tod verurteilt, konnte aber fliehen und ist seither unbekannten Aufenthalts.

Andere Literaturkritiker sind hingegen der Meinung, daß sich hinter »B. Traven« der dänische Schriftsteller Bendrich Torsvan versteckt.

Trotz einem zweiten, ebenfalls in diesem Jahr erschienenen sozialkritischen Roman »Die Baumwollpflücker« ist das Geheimnis B. Travens noch nicht gelüftet.

Zwischen Kitsch und Literatur

»La fin de Chéri« – ein neuer Roman von Colette

»Sein rechter Arm drohte einzuschlafen. Wenn er sich nicht beeilte, würden ihm die kribbeligen Finger den Dienst versagen. Er beeilte sich also, seufzte noch ein wenig, weil sein rechter Arm, der unter seinem Oberkörper lag, schmerzte. Und dann wußte er nichts mehr vom Leben, außer diesem kleinen Druck des Zeigefingers auf die Stahlfeder des Abzugs...«

So stirbt »Chéri«, ein Bonvivant und Frauenliebling, in Madame Colettes jüngstem Roman. Kaum hat man seine Tränen getrocknet, fragt man sich, warum man den süßlichen, halbseidenen Kitsch der Dame immer wieder zur Hand nimmt: wahrscheinlich, müßte man sich eingestehen, weil Colette schreiben kann wie wenige.

»Wie das Leben so spielt...«, ja schon, aber hat je einer so offen über die Liebe geschrieben wie sie in ihren »Claudine«-Romanen, wahren Schulmädchenreports, die sich gerade ein bißchen über das Niveau von Groschenheften erheben? Hat irgend jemand vor ihr das Erwachen junger Liebe so deutlich und gleichzeitig so schonend beschrieben wie Colette in »Le blé en herbe«? Die heute dreiundfünfzigjährige Sidonie-Gabrielle Colette ist ein Naturtalent. Als Tochter eines pensionierten Offiziers ist sie in einem Nest in Mittelfrankreich aufgewachsen, hat dort außer dem Besuch der Dorfschule noch die freie Natur genossen und seither ein besonderes Verhältnis zu Tieren, Blumen, Bäumen und weitem Himmel entwickelt.

Mit zwanzig heiratete sie einen typischen Pariser Bonvivant (von dem ein wenig in »Chéri« zu bemerken ist), Henri Gauthier-Villars, der sie auffordert, »etwas Spritziges aus ihrer Schulzeit« zu schreiben. Daraus entstanden die »Claudine«-Bände, die noch unter dem Pseudonym ihres Mannes, »Willy«, publiziert wurden.

Danach, und nach der Scheidung von »Willy«, spielte Colette sich frei, schrieb jedes Jahr einen neuen Roman, jedesmal mit viel Liebe, aber auch viel Verständnis für Kindheit, Kinderheimat, Tiere und Landschaft. Eine kurze zweite Ehe mit dem Schriftsteller und Politiker Henri de Jouvenel, die Geburt einer Tochter, schien die Produktivität der Schriftstellerin nicht zu bremsen. Immer wieder mischt sie ihre bleibenden Versatzstücke – junge Liebe, Bel Amis, Katzen und alternde Freundinnen, die einander in großer Zärtlichkeit zugetan sind – zu neuen, technisch brillant gemachten Romanen. Französische Literaturpreise werden nicht auf sich warten lassen.

Dichterfürst in Kolportage-Nähe
Hauptmanns »Dorothea Angermann« uraufgeführt

Das dürfte ein Kassenmagnet werden: Gleich in vier Theaterstädten wird das Drama »Dorothea Angermann« von Gerhart Hauptmann, 64, gleichzeitig uraufgeführt – in München, Leipzig, Düsseldorf und Wien.

Das Thema ist brisant: die Geschichte einer braven Pastorentochter, die aus der bürgerlichen Enge ausbricht und an einen brutalen, die Frauen verachtenden Koch gerät. Dorotheas selbstgerechter Vater zwingt sie in die Ehe mit ihrem Verführer. Daß sie eine Fehlgeburt erleidet, dem Brutalo-Helden hörig wird und sich schließlich das Leben nimmt, erscheint einigen Kritikern aber doch ein Zuviel an naturalistischer Verzweiflungsdramatik:

»Ein Werk«, äußert sich dazu beispielsweise Thomas Mann, »voll wirrer und wunder, voll blutiger und kotiger, in dem Radikalismus ihres Elends seelisch kaum noch zugänglicher Menschlichkeit.«

Tatsache ist, daß das neueste Werk des No-belpreisträgers von 1912 nicht die gleichen Qualitäten hat wie etwa »Vor Sonnenaufgang« (1889), »Die Weber« (1892), »Fuhrmann Henschel« (1898), »Rose Bernd« (1903) oder »Die Ratten« (1911), mit denen Hauptmann Theatergeschichte gemacht hat. Und gelegentlich auch Theaterskandale von seiten eines saturierten Publikums, das mit dem Elend des Proletariats nicht konfrontiert zu werden wünschte.

Wie dem auch sei: Hauptmanns Ruf als regierendem deutschen Dichterfürsten mit unübersehbarer Goethe-Pose (diese reicht bis zur sorgfältig ausrasierten hohen Denkerstirn ...) wird auch die fatale Kolportage-Nähe einer »Dorothea Angermann« keinen Abbruch tun.

Bücherspiegel

Franz Kafka: Das Schloß, Roman
Von Max Brod posthum herausgegebener unvollendeter Roman Kafkas. Die Handlung erschließt uns nicht die Absichten des Autors. K., der Held, will als Landvermesser ins Schloß, gelangt nie dorthin, trifft immer nur Leute – Angestellte, Abhängige – von dort, wandelt in konzentrischen Kreisen um sein Ziel herum, ohne ihm je ganz nahe zu kommen. Am Ende – dem ungeschriebenen Ende – soll K., wie Herausgeber Brod uns mitteilt, der Tod ereilen.

Anton Wildgans: Wiener Gedichte
In diesen von seiner Liebe zur Heimat-stadt getragenen Gedichten kann Wildgans durch Wärme und Natürlichkeit ergreifende lyrische Impressionen erzeugen.

Agnes Miegel:
Geschichten aus Alt-Preußen
In diesen ostpreußischen Balladen lebt vaterländische Gesinnung, vaterländische Romantik, geht es um mythische Erhöhung der geschichtlichen Überlieferung. Melancholie und Ichverlorenheit kennzeichnen den Stimmungsgehalt dieser Prosa.

Hans Grimm: Volk ohne Raum, Roman
Der vierteilige Roman schildert den Lebensweg des Bauernsohnes Cornelius Friebott bis zu seinem gewaltsamen Tod 1923, kurz vor dem Marsch der Nationalsozialisten zur Feldherrnhalle, durch den Steinwurf eines demonstrierenden Arbeiters. Cornelius bejaht die Forderung nach einem wirtschaftlich ertragreichen fremden Raum für Deutschland. In Südafrika erleidet er manches durch die Engländer, was dem Autor Anlaß zu allerlei geopolitischen und völkisch-sozialen Darlegungen gibt.

Georges Bernanos:
Die Sonne Satans, Roman
Erstlingswerk des katholischen französischen Autors, der von der Action Française, einer nationalistischen, royalistischen Bewegung herkommt. Sein Thema: die Konfrontation des Menschen mit seinem übernatürlichen Schicksal.

Amüsement für Herz und Geist

»Hokuspokus« – neue Komödie von Curt Goetz

Curt Goetz, 38, rheinische Frohnatur und vielseitiges Theatertalent (»Die tote Tante«) hat wieder zugeschlagen. »Hokuspokus« heißt die neueste Komödie des in Berlin lebenden Schauspieler-Schriftstellers, in der er die verbohrte Scheinlogik und sinnlose Haarspalterei lebensferner Juristen kräftig auf die Schaufel nimmt.

Höhepunkt in dem Quasi-Kriminalstück um ein Mordopfer ist das geistreiche Rededuell zwischen einem Staats- und einem Rechtsanwalt, das in seiner brillanten Schärfe streckenweise an G. B. Shaw erinnert. Nicht ganz zu unrecht – Goetz ist mit dem großen Iren blutsverwandt; Shaw ist ein Großonkel des deutschen Autors.

Natürlich kommen auch Gemüt und Herz nicht zu kurz, und die Pointe des Stücks ist eigentlich ein Knalleffekt: der Rechtsanwalt entpuppt sich als der angeblich Ermordete. Es versteht sich von selbst, daß der Vollblutdramatiker Goetz die dankbare Rolle des Anwalts dem Vollblutschauspieler Goetz auf den Leib geschrieben hat: händereibend läßt er den blamierten Staatsanwalt im Regen stehen.

Felsenreitschule: neue Attraktion Salzburgs

Das Staunen über das Schauspiel war groß und endete in stürmischem Beifall. Dort, wo vormals wilde Tierhatzen und spannende Kampfspiele stattgefunden hatten, steht eine schlichte Bretterbühne. Und vor jener eindrucksvollen Felsenwand mit ihren sechsundneunzig, in drei Galerien herausgehauenen Logen marschieren sie singend und musizierend auf: buntgekleidete Bajazzi und kokette Columbinen. Zur Eröffnung ihrer neuesten Spielstätte, der Felsenreitschule, warten die Salzburger Festspiele mit der Max-Reinhardt-Inszenierung eines Commedia dell'arte-Spaßes auf: Goldonis »Diener zweier Herren«.

Die Felsenreitschule als neue Bühne ist wie das gesamte neue Festspielhaus unter der Leitung des Prominent-Architekten Clemens Holzmeister, 40, entworfen und verwirklicht worden.

Die Idee hingegen stammt von Max Reinhardt. Vor zwei Jahren hatte der tatendurstige Regisseur vorgeschlagen, die leerstehenden Salzburger Hofstallungen nach italienischem Vorbild in ein Theater umzubauen. Im Vorjahr übernahm zuerst der Salzburger Architekt Eduard Hütter den provisorischen Umbau des jüngsten Traktes, der Winterreitschule, in einen Bühnen- und Zuschauerraum. Nachfolger Holzmeister bezog aber auch noch den Stadtsaal (aus dem Jahr 1662) und die Felsenreitschule in den Festspielhauskomplex ein. Damit steht den Reinhardtschen Monsterspektakeln nichts mehr im Weg.

NATÜRLICHE KULISSE: die Felsenreitschule zu Salzburg

Theaterzettel

Starkes Talent aus Bayern

Eigentlich ist sie die Entdeckung der beiden Schriftsteller Lion Feuchtwanger und Bertolt Brecht. Letzterer hat es jedenfalls geschafft, daß der Bühnenerstling der ehemaligen bayrischen Klosterschülerin Marieluise Fleißer, 25, tatsächlich auf die Bühne kommt. Genauer gesagt an die »Junge Bühne« Berlin, einem Forum für Jung-Dramatiker, die sich im Rahmen von Matinee-Vorstellungen an großen Häusern präsentieren können. Fleißers »Fegefeuer in Ingolstadt« hat, wissen Insider, biographischen Charakter. Das Schauspiel zeigt die kleinbürgerliche Ingolstädter Welt, in der die zwölfjährige, fromme Marieluise von einem gleichaltrigen Knaben belästigt wird.

Die Brecht-Freundin und Theaterwissenschaftlerin hat Glück gehabt: Große Schauspieler aus dem »Deutschen Theater« – wie etwa Helene Weigel und Erwin Faber – ließen sich zur Uraufführung des Stückes verpflichten, dessen Autorin sich als starkes, vielversprechendes Talent erweist.

Dublin: Volkswut gegen O'Casey

Aus Dublin wird ein Theaterskandal vermeldet: Bei der Uraufführung von Sean O'Caseys Bühnenstück »Der Pflug und die Sterne«, der in den Dubliner Slums vor dem Hintergrund des irischen Osteraufstandes 1916 spielt, war das Publikum empört, pfiff und tobte. Schuld war die Szene, in welcher der Freiheitskämpfer The Covey eine Prostituierte beschützt. Das Andenken des Volkshelden, so die Volksmeinung, werde solchermaßen durch den Schmutz gezogen. Auch daß O'Casey kleinkarierten Hurrapatriotismus und platte kommunistische Parolen ironisierte, erregte den Volkszorn.

Sean O'Casey, 42, der selbst aus den Slums kommt und in das Revolutionsdrama ein Stück seiner Autobiographie eingebracht hat, entzog sich weiterer Anpöbelungen durch die Flucht nach London. Literaturkenner sehen in ihm den bedeutendsten irischen Dramatiker unserer Zeit.

OPERN PREMIEREN

»Turandot« in Mailand,
»Cardillac« in Dresden,
»André Chenier« in Wien

GLANZROLLE FÜR MARIA JERITZA: die Primadonna assoluta unserer Tage als »Turandot«

Puccinis »Turandot«, ein Torso bei des Meisters Tod im November 1924 (siehe ZEIT-BILD 1924) ist von seinem Schüler und Freund Franco Alfano fertiggestellt worden. Die Geschichte von der hartherzigen chinesischen Prinzessin, die nur den zum Mann nehmen will, der ihre Rätsel zu lösen vermag, ist von Puccini zu einer großen Oper mit Prachtausstattung und großem Choreinsatz benützt worden, die seiner nun ein Vierteljahrhundert alten »Tosca« ebenbürtig zur Seite steht.

Über Alfanos Beitrag kann man sich am Premierenabend selbst kein Urteil bilden. Nach dem Liebesduett zwischen dem Prinzen Kalaf und der endlich überwundenen Turandot klopft Dirigent Arturo Toscanini ab: »Hier endet das Werk des Meisters«, erklärt er einem erstaunten Publikum. Erst bei den folgenden Vorstellungen ist das Ende des dritten Aktes zu hören, und man ist sich einig: Alfano hat seine Sache passabel gemacht.

Der Dresdner »Cardillac« des Neutöners Paul Hindemith, von Fritz Busch dirigiert, ist eine düstere Geschichte von einem Goldschmied, der sich von seinen köstlichen Werken nicht trennen kann und Käufer und Besitzer ersticht, um sich wieder in den Besitz des Geschmeides zu bringen. Obwohl sich Hindemith sichtlich Gewalt antut, um barocke Motive zur Illustration der barock-schwülstigen Geschichte heranzuziehen, scheint dem Premierenpublikum die intellektuelle, zutiefst antiromantische Musik des jungen Komponisten wenig geeignet, das Gruseln zu erzeugen, das zu solchen Legenden gehört.

Die hier noch zu erwähnende Premiere ist eine Kuriosität: Dreißig Jahre nach der Uraufführung von Umberto Giordanos »André Chenier« darf das Wiener Publikum zum ersten Mal das Rührstück aus dem Jahr 1896 beklatschen. Eine löbliche k. u. k. Operndirektion hatte sich bis zum Ende der Monarchie gescheut, den Helden der Französischen Revolution und Dichter Chenier vor den Untertanen Seiner kaiserlich-königlichen Majestät auf der Opernbühne agitieren zu lassen.

Nun, nach acht Jahren österreichischer Republik, braucht Direktor Franz Schalk auf gerunzelte Augenbrauen in der opernnahen Hofburg keine Rücksicht mehr zu nehmen.

Zum Tod von Rodolfo Valentino:

Massentrauer um Film-Idol

Hollywood trauert um einen seiner größten Stars. Am 23. August stirbt Rodolfo Valentino in New York nach einer Magenoperation – erst einunddreißig Jahre alt. Sein früher Tod trifft Millionen von Amerikanerinnen wie ein schwerer persönlicher Verlust.

VALENTINOS LETZTE LIEBE: Pola Negri beim Begräbnis

Beim Begräbnis kommt es zu unvorstellbaren Ausbrüchen von Massenpsychose, Tausende Frauen wollen wenigstens den Sarg des Mannes berühren, den sie vergöttert haben. Es werden sogar einige Selbstmorde vermeldet. Valentinos Filmpartnerin und

RODOLFO VALENTINO in seiner Paraderolle als »Scheich«

letzte Liebe, die hinreißend schöne Polin Pola Negri, spielt am Grab ihre tragische Szene aufwühlenden Schmerzes. (Mittlerweile sprechen Insider allerdings davon, daß Pola bald wieder heiraten wird.)

Dieses kometenhafte Aufstrahlen und jähe Verlöschen verstärkt die märchenhafte Aura Rodolfo Valentinos. Das Leben des aus Castellaneta bei Tarent stammenden Italieners, der eigentlich Rodolfo Alfonso Rafaelo Guglielmi hieß, verlief so kurz wie wechselvoll. »Amerikanisch« war daran der Aufstieg aus Not und Armut zu Weltruhm und materiellem Glück. Europäisch aber war der Hintergrund, die Persönlichkeit. Valentino entstammte einer Offiziersfamilie, studierte Landwirtschaft, glänzte als gebildeter, kultivierter junger Kavalier. Wie so viele seiner Landsleute erhoffte er sich von der Auswanderung in die USA goldene Berge.

Im Jahr 1913 kam er nach Amerika. Die »Neue Welt« hatte für ihn zunächst nur Enttäuschungen und drückende Existenzsorgen bereit. Lange Zeit schlug er sich mit obskuren Jobs durch. Auch als Tänzer – seine schlanke, elegante Figur war dafür wie geschaffen. In einem Tournee-Ensemble gondelte er bis Kalifornien. Dort machte die Truppe grandios Pleite. Rodolfo stand wieder einmal auf der Straße, besser gesagt am Strand von Santa Monica, ohne zu wissen, was er nun anfangen sollte.

Beim Schwimmen lernte er einen jungen Filmschauspieler kennen, Europäer wie er selbst. Der aus Graz stammende Hans Unterkircher, der bei Reinhardt in Berlin gearbeitet hatte, war bei Kriegsausbruch während einer Amerika-Tournee in den Staaten hängengeblieben. Ein langjähriger Vertrag band ihn an die Universal-Film, und Regisseur Karl Laemmle war eben dabei, Unterkircher als Top-Star aufzubauen, als dieser Heimweh bekam und aussteigen wollte.

Die Filmbosse verweigerten ihm die Zustimmung – es sei denn, er brächte einen halbwegs gleichwertigen Ersatz. So kam Valentino ins Filmgeschäft – und Unterkircher aus Hollywood heraus. Was ihm heute manchmal leid tut. Er feiert zwar in Berlin als Show-Star Triumphe, aber Hollywood war auch nicht ohne.

Valentino machte die übliche Ochsentour, zunächst als Statist, dann als Kleindarsteller. Und mit den »Apokalyptischen Reitern« kam der große Durchbruch. Den Zenit erreichte er in »The Sheik« (Der Scheich) und »The Son of the Sheik« (Der Sohn des Scheichs). Für diese romantischen Rollen entdeckten die Produzenten in ihm Qualitäten, wie sie wohl kein anderer Leinwandheld Amerikas aufweist: den Hauch von edler Melancholie der »Alten Welt«.

Während jener Jahre nach 1920 wurde der schöne Fremde ein Lieblingsstar des Kinopublikums diesseits und jenseits des Atlantik. Mehr als das – er entwickelte sich zu einem Schauspieler von hohen Graden. Seine Wunschrolle: der Renaissancemensch Cesare Borgia in einem großen Kostümfilm. Diesen Plan nahm Valentino in den Tod mit.

Die Welt im Jahr 2000

Fritz Lang dreht erschreckende Zukunftsvision

Von Berlins Star-Regisseur Fritz Lang erwartet man nun schon ganz selbstverständlich den Großfilm, die gewaltige Dimension. Nach dem Sensationserfolg der »Nibelungen« (siehe ZEIT-BILD 1924) mußte allerdings etwas vom Thema her völlig anderes kommen. Diesmal verlegte Lang die Handlung in eine ferne Zukunft, in das Jahr 2000.

»Metropolis« heißt die Utopie einer supertechnisierten Welt mit ihren Rangordnungen einer gigantischen Oberstadt der Herrschenden und Begünstigten über einer in die Erde versenkten Unterstadt. Dort bedient eine anonyme Masse die Maschinen und hält damit das komplizierte Gefüge dieser Zivilisation in Gang.

Noch nie zuvor inszenierte Lang mit so geballter Dramatik. Sehr effektvoll wird das Doppelgängermotiv mit dem des künstlichen Menschen, des Roboters, verknüpft

ausgespielt. Agitation und Massenpsychose bilden zwei Angelpunkte der Abläufe.

Wieder einmal strapazierte er die Finanzen der Produktionsfirma aufs äußerste. Schon allein die Bauten und die Einrichtungen für Spezialaufnahmen ergaben Budgetkosten wie bei einem Mammutvorhaben der öffentlichen Hand. Mit 35.000 (!) Komparsen, darunter Scharen von Arbeitslosen, wurde eine Rekordzahl erreicht. Alles in allem waren in »Metropolis« rund 40.000 Personen beschäftigt. Alle unter dem Kommando des »Herrn mit dem Monokel«, der rücksichtslos aus Mensch und Technik das Letzte herausholte.

Fingierte Katastrophensituationen brachten echte Gefahren. Ein Riesenapparat, der laut Handlung infolge Überdrucks explodiert, wurde während der Aufnahmen tatsächlich gesprengt. Für die Überflutung der Unterstadt mußte man eine der enormen Atelierhallen zwei Wochen hindurch immer wieder unter einströmendes Wasser setzen. Die Kamera wurde »entfesselt«, auf Wagen, Hebevorrichtungen oder Schaukeln montiert, in jeder Weise beweglich gemacht.

Fritz Lang dreht gern mit neuen Gesichtern, engagiert Schauspieler, die noch nie im Atelier standen und sich von ihm formen lassen. Er hat wohl auch einen Grundstock bewährter Charakterdarsteller und setzt sie in fast allen seinen Filmen ein.

Besonders den mit so gefährlich durchdringendem Blick begabten Rudolf Klein-Rogge, den Stamm-Bösewicht des Ensembles. Er hat schon den Erzschurken Dr. Mabuse gespielt und dann, differenzier-

ter, einen monströs häßlichen Etzel in den »Nibelungen«. Diesmal ist er als arglistiger Erfinder des Unheil verbreitenden Roboters dabei. Klein-Rogge war übrigens in erster Ehe mit Langs anderem Ich, Thea von Harbou, verheiratet.

Für die wichtige Rolle des Werkmeisters und Wortführers der Arbeiter verpflichtete Lang von der Bühne weg den prächtigen Heinrich George, einen in Berlin auch wegen seines gewaltigen Alkoholkonsums stadtbekannten schweren Charakterhelden. Aus dem Nachwuchs kommt die blutjunge blonde Brigitte Helm. In Langs zupackenden Händen bewältigt sie eine schwierige Doppelrolle der Kontraste Gut und Böse. Neben ihr gibt der sympathische junge Gustav Fröhlich eine beachtliche Talentprobe. Er ist eine Art Parsifal, der, aus der heilen Welt in die Tiefen der Unterstadt verschlagen, durch die aufwühlenden Erlebnisse menschlich reift und Versöhnung bewirkt.

Denn das ist die Aussage am Ende des Films: Ausgleich der Gegensätze zwischen denen »da oben« und »da unten«. Fritz Lang, am Zeitgeschehen brennend interessiert, doch keineswegs Propagandist irgendeines politischen Lagers, hebt die Forderung nach dem Zusammenschluß der Kräfte ins Allgemeine.

DER NEUE VAMP: Brigitte Helm

FILMEREIGNIS DER SAISON: »Metropolis« von Fritz Lang

157

Buster Keaton: Komik, bitter ernst

Ganz anders als der zappelige, clowneske Charlie Chaplin bringt sein Rivale Buster Keaton, 30, das Kinopublikum Amerikas und Europas zum Lachen: Komik ist für ihn eine todernste Angelegenheit. Nie, niemals zeigt er die geringste Spur von Fröhlichkeit. Er wirkt naiv, schüchtern, ja melancholisch.

Das ist einer, der mit der Welt nicht zurechtkommt, sich aber immer wieder bemüht, »seinen Mann zu stellen«. Ein Held im beharrlichen Kampf gegen die Tücke des Objekts. Gebt Buster bloß ein Brett, um es durch eine enge Tür zu bugsieren, und ihr werdet erleben, in welch buchstäblich umwerfende Situationen er dabei gerät!

Dieser kleine Kerl mit dem schmalen Vogelkopf und den großen dunklen Augen ist, wie sein neuester Film »Der General« beweist, ein hervorragender Allrounder des Films: Hauptdarsteller, Regisseur, Handlungs- und Gag-Erfinder in einer Person. Das Geheimnis seiner persönlichen Note ist die einmalige Mischung aus stoischer Ruhe und staunenswerter Beweglichkeit.

Als Artistenkind in der Arena aufgewachsen, baut er alle seine Filme rund um die abstrusesten Abenteuer der Gelenkigkeit auf. Doch er produziert sich nicht, er führt keine akrobatischen Zugnummern vor, jeder Salto, jeder Weitsprung ergibt sich völlig natürlich aus dem Geschehen.

Mit phantastischer Geschicklichkeit spielt Keaton ungeschickte Menschen, die immerzu das Alltagspech verfolgt. Unnötig zu sagen, daß er sich auch bei gefährlichen Aufnahmen nie durch ein Double vertreten läßt...

TRAGIKOMISCHER HELD: Buster Keaton (hier mit Partnerin in dem Film »Der General«)

Hit aus Paris: das »kleine Schwarze«

Der phantastische Aufstieg der Coco Chanel

Sie hat die Mode revolutioniert: 1915 entwarf sie das erste Hemdblusenkleid, 1916 schnitt sie ihr langes Haar ab, 1920 kreierte sie »Chanel Nr. 5«, das aufregendste Parfum dieser Generation, und nun hat sie das »kleine Schwarze« erfunden, ohne das man eigentlich nicht mehr Dame sein kann. Coco Chanel, 43, hat eine steilere Karriere hinter sich als so mancher weltberühmte Politiker.

Aus ihrem Hauptquartier in der Pariser Rue Cambon regiert Gabrielle (»Coco«) Chanel ihr Unternehmen, das Filialen in Deauville und Biarritz hat und etwa 400 Näherinnen beschäftigt.

Sie spricht selten über ihre triste Kindheit. Großvater und Vater waren Marktfahrer, die im Pferdewagen von Dorf zu Dorf zogen, ihre überanstrengten, ausgemergelten Frauen und eine ständig wachsende Kinderschar mitschleppend.

Gabrielles Mutter gebar ihre fünf Kinder in Gasthäusern, wenn sie ihrem unsteten Mann nachgezogen war, oder im Armenspital der französischen Kleinstädte, in denen Albert Chanel sie wieder einmal sitzengelassen hatte. Sie starb an Asthma und allgemeiner Schwäche, als Gabrielle zehn Jahre alt war. Die drei Mädchen kamen ins klösterliche Waisenhaus, die Brüder zu Bauern als billige Arbeitskräfte.

Die Modeschöpferin Chanel spricht auch nicht darüber, daß ihr Aufstieg in einem Tingeltangel der Garnisonsstadt Moulins begonnen hat. »Qui a vu Coco?« (Wer hat Coco gesehen?), ein Schmachtfetzen, in dem eine junge Dame ihr Hündchen sucht, war eine von Gabrielles besten Nummern, die ihr den Spitznamen »Coco« eintrug. Wie weit sich die bildschöne junge Frau damals mit den feschen Kavalieren des Offiziersklubs einließ, um die bittere Armut endlich abschütteln zu können, weiß niemand. So ist der Berichterstatter auf Vermutungen und die immer wechselnden Erfindungen der Modeschöpferin selbst angewiesen.

Jedenfalls holte ein wohlhabender Reiter und Pferdenarr, Etienne Balsan, vor etwa zwanzig Jahren die junge Frau aus dem Tingeltangel auf sein Gestüt und in sein Leben. Gabrielle scheint rasch begriffen zu haben. Sie zog sich richtig, wenngleich mit ganz persönlichem Stil an, erwarb die Bildung, die man zur geselligen Konversation braucht, und wußte zu schweigen, wenn diese Bildung noch zu dünn war. Zum Spaß formte sie köstliche Hüte, für sich und die Frauen der anderen Reiter, die im Haus verkehrten.

Schließlich trennte sie sich von Balsan, um einem anderen Reiter zu folgen: Arthur Capel, einem englischen Kohlenbaron mit Besitz in Newcastle, der wahrscheinlich die große, unglückliche Liebe ihres Lebens war. Obwohl »Boy« Capel jahrelang mit Gabrielle liiert war, heiratete er schließlich eine junge Dame aus höchstem englischen Adel.

COCO CHANEL

DUFT DER GROSSEN WEITEN WELT:
Chanel Nr. 5

Ein Jahr später verunglückte er tödlich mit dem Auto. Auf dem Weg von seiner Freundin Chanel zu seiner jungen Frau kam er bei überhöhter Geschwindigkeit von der kurvenreichen Straße ab.

Capel begründete Coco Chanels Karriere, indem er ihr zunächst im Jahr 1910 das Atelier in der Rue Cambon einrichtete, zwei Jahre später einen weiteren Laden mit Werkstatt im Nobel-Badeort Deauville, und 1915, mitten im Krieg, eine dritte Boutique in Biarritz, die vor allem von der grenzgängerischen spanischen Hautevolee lebte.

Da Gabrielle Chanel nie in feinen Modesalons gekauft, nie in Modezeitschriften geblättert und hauptsächlich in einer sportlich adjustierten Reitergesellschaft gelebt hat, sind ihre Entwürfe von großartiger Originalität, die sich vor allem durch frappante Einfachheit auszeichnet.

Von ihrem ersten Hemdblusenkleid, das die amerikanische Zeitschrift *Harper's Bazaar* 1916 als absolutes »must« vorstellte, bis zum »kleinen Schwarzen« dieses Jahres zwingt Chanel ihre meist treuen Kunden, auf allen Firlefanz zu verzichten.

Sie ist von ihrer Arbeit besessen, zeichnet ihre Entwürfe nicht, sondern arbeitet direkt im Stoff, formt das Material am lebenden Mannequin. Die wenigen Freunde, die je zu solcher Schöpfung zugelassen wurden, sind hingerissen von diesem Zweikampf von Mensch und Material.

Sie verwebt auch ihr Privatleben in ihre Modelle: Vor »Boys« Tod ist eine deutliche »englische« Periode erkennbar; zur Zeit ihrer engen Freundschaft mit dem russischen Großfürsten Dimitri tauchen nicht

nur hocharistokratische russische Mannequins und Verkaufsdamen in den Salons der Rue Cambon auf, die die ganze feine Emigrantengesellschaft nach sich ziehen; Chanels einfache Kreationen zeigen auch plötzlich russische Stickereien, die glatten Chemisiers wandeln sich zur gegürteten Rubaschka, dem Kittel der Muschiks.

Ihre »griechische Periode« beginnt mit dem Jahr 1922, hat allerdings nichts mit einem schönen Griechen, sondern mit der Aufführung von Jean Cocteaus »Antigone« zu tun, für die der Maler Picasso die Bühnenbilder, der Komponist Honegger die Musik und Coco Chanel die Kostüme schufen. Die Avantgardekünstler haben die Tochter des Marktfahrers mit Freude und Achtung in ihren Kreis gezogen.

Ein englischer Herzog hinterließ seine Spuren mehr in den Klatschspalten der Gazetten als in Cocos Kreationen. Aber das kleine Schwarze ist wieder eine Schöpfung der Liebe: Freunde munkeln, daß die stürmische Affäre mit dem Dichter Paul Reverdy Mademoiselle Chanel in das tiefe Schwarz der Verzweiflung stürzt.

CHIC à la Chanel

Europa im Charlestonfieber

In den schummrigen Bars zwischen Wien und Berlin blüht das Geschäft: einsame Ladies engagieren lässige Gigolos neuerdings fürs Parkett. Geschniegelte »Tangojünglinge«, die kaum ihre Pickel- und Pubertätszeit hinter sich haben, schleichen in den Lokalen umher und bieten ihre Dienste an. Alle wollen tanzen.

Seit »Negermusik« und -tänze wie soeben der Charleston in Europa grassieren und die Girls in kürzer gewordenen, befransten Kleidern die Beine zu den flotten Rhythmen schwingen, scheinen die Kriegs- und Krisenzeiten vergessen. Das Leben, lautet neuerdings das Motto, ist lustvoll.

Nicht nur die USA machen ihren Einfluß auf das europäische Unterhaltungskulturtreiben geltend: aus Argentinien wurde der Tango importiert, wobei die Leute endlich ordentlich auf Tuchfühlung gehen.

Die Alten sind natürlich nicht begeistert: seit die Jugend so verrückt tut, bei Shimmy, Quick- und Onestep-Klängen, scheint der Generationenkonflikt auch auf den Tanzflächen ausgebrochen zu sein.

Manche Biederbürger halten die neue Mode, die vor allem Frauen gleichermaßen aus dem Korsett wie aus der Männergesellschaft befreit, schlichtweg für »barbarisch« . . .

Dempsey geschlagen!

»Boxkampf des Jahrhunderts« in Philadelphia

Maßlose Enttäuschung für die weltweite Fan-Gemeinde des einunddreißigjährigen Boxidols Jack Dempsey: 120.757 Zuschauer, welche die absolute Rekordsumme von mehr als zwei Millionen Dollar Eintrittsgeld bezahlt haben, müssen in Philadelphia mit ansehen, wie der bislang ungeschlagene »Mandead« nach Punkten besiegt wird.

Jedes Kind in Amerika kann die Daten des »Boxers aller Boxer« im Schlaf hersagen: Geboren am 24. Juni 1895 in Salt Lake City, und zwar als einfacher »William Harrison«. Erst als er schon einige Siege errungen hatte, nahm er den Namen des legendären Jack Dempsey an, amerikanischer Boxweltmeister von 1884–1891.

Von 1917 bis zu seinem ersten Weltmeisterschaftskampf 1919 trat er dreizehnmal an, siegte einmal nach Punkten und zwölfmal innerhalb der ersten vier Runden durch K. o. Seinen ersten Weltmeisterschaftskampf gegen Jess Willard gewann er durch Niederschlag in der zweiten Runde. Ein Jahr später benötigte er zur Titelverteidigung gegen Billy Liske zwölf Runden.

Im Jahr 1921 erledigte er den berühmten Franzosen Carpentier bei einem Weltmeisterschaftskampf in der vierten Runde, 1923 benötigte er jedoch fünfzehn Runden und einen Punktesieg gegen Tom Gibbons, um den Weltmeistertitel behalten zu können. Dempsey brach jedesmal alle Einnahmerekorde. Sein erster Titelkampf lockte 19.600 Zuschauer an, die 452.000 Dollar bezahlten. Der Kampf gegen Carpentier brachte mit 80.000 Zuschauern und 1,789.000 Dollar einen neuen Höhepunkt.

Beim diesjährigen Schicksalskampf in Phila-

Sporttelegramm

Die deutschen Sportärzte fordern auf ihrem Kongreß im Januar dieses Jahres in Hamburg, daß jede Gemeinde pro Einwohner drei Quadratmeter für Sport und Spiel zur Verfügung stellen soll. Bislang gibt es nur 1,5 Quadratmeter.

Nach einer Sportstatistik waren die folgenden drei Fußballspiele die finanziell einträglichsten des Jahres: 1. Holland – Belgien (5 : 0), 2. Holland - Deutschland (2 : 1), und auf Platz 3 Spanien – Österreich (1 : 0).

Gefährdet scheinen die Olympischen Sommerspiele, die 1928 in Amsterdam ausgetragen werden sollen. Holland konnte von den benötigten 2,2 Millionen Gulden erst 500.000 durch eine Anleihe und 250.000 durch eine Subvention Amsterdams aufbringen.

Endgültig vollzogen wird in Österreich die Trennung zwischen Spitzen- und Massensport: die Arbeitervereine der Fußballer, Handballer, Schwimmer, Schwerathleten und Radfahrer haben sich selbständig gemacht. Es ist ihren Mitgliedern strengstens verboten, gegen Angehörige der Elitevereine anzutreten.

NACH PUNKTEN BESIEGT: Jack Dempsey

Hirohito, 25, Kaiser von Japan, hat am 24. Dezember als 123. Tenno offiziell den Thron bestiegen, nachdem sein Vater Joschihito im Alter von 47 Jahren gestorben ist. Tatsächlich hat der energische junge Mann die Regentschaft bereits seit fünf Jahren inne, da Joschihito in geistige Umnachtung gesunken war. Hirohito wählte, einem seit dem Jahr 645 üblichen Brauche folgend, eine Regierungsdevise. Sie lautet »Schowa« (glänzende Harmonie). Die Japaner hoffen, daß dieser Wahlspruch wahr wird, der Frieden und beschauliche Ruhe verheißt.

KAISER HIROHITO und Gemahlin im Krönungsornat

delphia zeigen Dempseys Schläge in den ersten Runden Wirkung, doch er setzt nicht nach. Herausforderer Gene Tunney kommt gegen Schluß so stark auf, daß der Punktesieg nicht mehr aufzuhalten ist.

Dempsey-Fans wollen diese erste Niederlage nicht zur Kenntnis nehmen: es heißt, seine Frau sei kurz vor dem Kampf erschossen und der Boxer dadurch aus dem Konzept gebracht worden; eine andere Version lautet, daß Tunney mit ätherimprägnierten Boxhandschuhen geschlagen hätte.

Wie dem auch sei – Dempsey steigt dennoch glänzend aus: sein »Trostpflaster« beträgt 900.000 Dollar, während der Sieger sich mit 270.000 Dollar begnügen muß.

Eamon de Valera, 44, irischer Freiheitsheld mit spanischem Vater (siehe ZEIT-BILD 1923), ist auf gemäßigten Kurs gegangen. Er hat sich von der Sinn-Fein-Partei getrennt und gründete die Partei der »Fianna Fáil« (= Schicksalskämpfer). Sein Fernziel, die völlige Unabhängigkeit Irlands und die Wiedervereinigung der Provinz Ulster mit dem Freistaat, hat er dabei nicht aus den Augen verloren. Es bleibt abzuwarten, ob es dieser neuen Partei gelingt, den Krisenherd Irland endlich zu beruhigen.

DR. IGNAZ SEIPEL

Prälat Dr. Ignaz Seipel, 50, zurückgetretener österreichischer Bundeskanzler, ist wieder da! Kaum dreiundzwanzig Monate hat sich das »Länderkabinett« halten können (siehe ZEIT-BILD 1924), bis man nach dem starken Mann rief. Dr. Seipel nahm die neuerliche Berufung zum Regierungschef mit folgendem Ausspruch an: »Österreich geht es nicht so schlecht, daß ich das Kanzleramt übernehmen müßte, aber auch nicht so gut, daß ich es ablehnen dürfte.«

Nadjeschda Stalina, 25, hat an der Moskauer Technischen Hochschule inskribiert. Die Ehefrau des Diktators Stalin will ein Ingenieur-Studium beginnen, nachdem sie ihr zweites Kind, eine Tochter namens Swetlana, geboren hat. Freunde vermuten hinter diesem außergewöhnlichen Schritt den ganz gewöhnlichen Ausbruchsversuch einer unglücklichen Frau. In der Ehe des prominenten Paares soll es erheblich kriseln und Nadjeschda unter der Taktlosigkeit und Brutalität ihres Mannes sehr leiden. Obwohl sie sich nie beklagt, sieht man es der einstmals blühend schönen Frau bei ihren seltenen Auftritten in der Öffentlichkeit an, daß etwas nicht stimmt: sie scheint blaß, verhärmt und sehr ängstlich.

NADJESCHDA STALINA

George Ellery Hale, 68, Astrophysiker, hat seine Laufbahn als führender Sonnenforscher unserer Zeit mit einer Erkenntnis gekrönt, die auch dem Laien einleuchtet: der amerikanische Professor, der das berühmte Mount-Wilson-Observatorium bei Pasadena (Kalifornien) gegründet hat, fand heraus, daß ein enger Zusammenhang zwischen den gigantischen Explosionen auf der Sonne und dem Magnetfeld der Erde besteht. 26 Stunden nach den Sonnenprotuberanzen wird auf der Erde der Funkverkehr gestört, kracht es in den Radioapparaten und fällt das Barometer.

PAUL HÖRBIGER (in »Charleys Tante«)

Paul Hörbiger, 32, ehemaliger k. u. k. Oberleutnant, ist dabei, eine beachtliche Bühnenkarriere zu machen. Nach kurzem Aufenthalt in der Provinz hat er es zum Publikumsliebling im Prager Deutschen Theater gebracht, wo er am 27. Juli mit der Titelrolle in »Charlys Tante« seine Abschiedsvorstellung gab. Am 1. Oktober feierte er ein vielbeachtetes Debüt an Max Reinhardts Kammerspielen in Berlin, und zwar als tragikomischer Outcast in František Langers »Peripherie«. Paul, dritter Sohn des weltweit berühmten Erfinders und Schöpfers der »Welteislehre«, Hanns Hörbiger, hat noch einen zwei Jahre jüngeren Bruder. Auch dieser beschäftigungslose Berufsoffizier wird Schauspieler. **Attila Hörbiger,** 30, tritt in Prag die Nachfolge von Paul an.

Mae West, 33, puppenblonder Kurvenstar mit fünfzehnjähriger Erfahrung im Showgeschäft, macht derzeit am Broadway wieder volle Häuser – mit einer Komödie, deren Autorin und Hauptdarstellerin sie selbst ist. Das Lust-Stück trägt den beziehungsreichen Titel »Sex«, womit etwas ganz und gar Neues gemeint ist. Nämlich der Begriff »sex appeal«, die spontane Anziehungskraft auf das andere Geschlecht, den die nicht nur hübsche, sondern auch intelligente und schlagfertige Mae selbst vor einiger Zeit »erfunden« hat. Das Publikum, das sich zum West-Sex drängt, besteht nicht nur aus Fans, sondern auch aus auffallend vielen soignierten Herren diverser Behörden, die scharf darüber zu wachen haben, daß Sitte und Anstand nicht verletzt werden. Abend für Abend. Nicht wenige drängen sich auch, die persönliche Bekanntschaft der ebenso lebenslustigen wie schlagfertigen jungen Dame zu machen, obwohl sie hin und wieder abschreckend Emanzipatorisches von sich gibt. Sie wird, zum Beispiel, nicht müde, selbstbewußt zu betonen: »Meine Karriere verdanke ich nicht den Männern.« Zusatz: »Die laufen nur nebenher . . .«

ALBIN EGGER-LIENZ

CLAUDE MONET im Atelier seines Landsitzes in Giverny

Gestorben:

Claude Monet, 86, der letzte Große unter den französischen Impressionisten, am 6. Dezember in Giverny. Er hat sein ganzes Leben nur ein einziges Thema gemalt: Bei Sonne, Nebel, Regen und Sturm stand er im Freien und versuchte, dem Geheimnis des Lichts auf die Spur zu kommen: es gerann ihm auf der Leinwand zu Millionen winzigster Farbtupfer, die im Auge des Betrachters wieder zu einer Einheit verschmelzen. Seine berühmtesten Bild-Serien: ein Strohhaufen, die Kathedrale zu Rouen, die Themsebrücken, ungezählte Male immer neu gesehen im Wechsel der Tages- und Jahreszeiten.

Albin Egger-Lienz, 58, aus Striebach bei Lienz gebürtiger österreichischer Maler, am 4. November in Zwölfmalgreien bei Bozen.

Der unter dem Einfluß des Schweizers Ferdinand Hodler stehende Tiroler hatte nur zwei Themen: die Geschichte seiner Heimat und das Leben der Bauern, die er in ausdrucksstarke, großflächige Bilder bannte.

August Thyssen, 83, deutscher Stahlindustrieller, am 4. April in Schloß Landsberg bei Kettwig/Nordrhein-Westfalen. Der Gründer des Thyssen-Konzerns, der Eisen-, Stahl-, Walz-, Röhrenwerke, Gießereien, Maschinenfabriken sowie Kohle- und Erzgruben umfaßt, hat nach dem Krieg 1914–1918 seinen Besitz in Lothringen und Frankreich verloren, blieb aber dessen ungeachtet einer der größten Unternehmer der Eisen- und Stahlindustrie. Der Konzern soll nun in der Vereinigten Stahlwerke AG aufgehen.

163

In welches Kino geht die Dame?

IMPERIAL KINO
I., ROTHGASSE 9

Vom 16. bis 22. Jänner

Großes Schlagerprogramm

Vom 23. bis 26. Jänner

Gloria Swanson
in dem Sittenbild

ZAZA

nach dem berühmten
Roman von Emile Zola

—

Vom 27. bis 29. Jänner

**Der Berg
des Schicksals**

6 aktiges Sensationsdrama,
im Hochgebirge spielend,
mit Hannes Schneider
und Erna Morena

OPERN KINO
I., ELISABETHSTR. 3

Vom 19. bis 22. Jänner

**Großes Schlager-
programm**

Vom 23. bis 26. Jänner

Gloria Swanson in

ZAZA

amerik. Sensationsfilm

Vom 27. bis 29. Jänner

Hannes Schneider und Erna
Morena im 6 aktigen
Sensationsdrama

**Der Berg des
Schicksals**

Vom 30. Jänner bis 2. Februar

Das goldene Kalb
Ein Spiel vom Galgen, Liebe
und Glück

Vom 13. bis 15. Jänner

Mady Christian, Hermann Thimig, Paul Hartmann im 6 aktigen Ausstattungsfilm

Der verlorene Schuh

LÖWEN KINO
III., LÖWENGASSE 33

Vom 16. bis 19. Jänner
Der große Sascha-Exklusivfilm
Die Rache der Pharaonen

Vom 20. bis 22. Jänner
Hungernde Herzen
Tragödie aus dem Ghetto Amerikas

Vom 23. bis 26. Jänner
ZAZA
(Das Mädel vom Varieté)
6 Akte aus dem Leben eines Varieté-
stars mit Gloria Swanson

Vom 27. bis 29. Jänner
Der herrliche Film
David und Goliath
Ein Prachtfilm aus dem Orient
Glänzende Bilder aus Syrien und
Palästina / 5000 Mitwirkende

Kammer-Licht-Spiele
am Schwarzenbergplatz
Telefon 81-65

Vom 16. bis 19. Jänner
4 PREMIEREN
Amerik. Schlager-Lustspiele
Hochkomische Burlesken und
Grotesken

Vom 20. bis 22. Jänner
**Todesfahrt des
U-Bootes 777**
Sensations-Kriminaldrama in 7 Akten mit
Shirley Mason, Charles Johnes

Vom 23. bis 26. Jänner
Der Hirtenkönig
Kolossalausstattungsdrama in 9 Akten mit
Nerio Bernadi, Guido Trento, Eddy Darcla

Vom 27. bis 29. Jänner
ZAZA
Ausstattungsdrama in 6 Akten mit
Gloria Swanson

Vom 30. bis 31. Jänner
Das goldene Kalb
Drama in 6 Akten mit Henny Porten

BURG-KINO
I., Opernring № 19
Telefon 399.
Treffpunkt der vornehmen Gesellschaft

Vom 16. bis 19. Jänner
Die Nibelungen
III. Teil

—

Vom 20. bis 22. Jänner
Die Nibelungen
IV. Teil

—

Vom 23. bis 26. Jänner
**Ein Mädel und drei
alte Damen**

—

Vom 27. bis 29. Jänner
Der Fremde

FLIEGER-KINO
IX., Liechtensteinstraße Nr. 37
Vornehme Lichtspielbühne
Telephon 60-7-64 — PROGRAMM: — Telephon 60-7-64

Vom 16. bis 19. Jänner
Fortsetzung des Nibelungenfilms
III. Teil
König Etzel

Vom 20. bis 22. Jänner
Nibelungen IV. Teil
Der Nibelungen Not

Vom 23. bis 26. Jänner
Die Sünderin
mit Gertrude Welker

Vom 27. bis 29. Jänner
Der Berg des Schicksals
Hochalpiner Film

Vom 30. bis 2. Februar
Nenne den Mann
mit Conrad Nagel

Das historische Nachrichten-Magazin

Zeit Bild

1927

Der
blutige Freitag
von Wien

Inhalt

Titelbild: Der Wiener Justizpalast in Flammen

Brief des Herausgebers

Im Dezember 1927

Politik wird am Stammtisch nicht nur diskutiert, sondern gelegentlich auch gemacht. Diese in breiten Volksschichten tief verwurzelte, von den Politikern selbst vehement abgelehnte Meinung hat sich in Wien aufs grauenvollste bestätigt.

89 Tote und 1.500 Verletzte, das kurze, aber heftige Inferno eines Bürgerkriegs, legen Zeugnis dafür ab, welch unabsehbare Folgen Stammtischquerelen haben können, wenn die politische Situation dermaßen mit Haß, Mißtrauen und Ressentiments angereichert ist wie derzeit in Österreich.

Was in normalen Zeiten schlimmstenfalls zu einer Wirtshausrauferei führt, kann, wie die österreichische Katastrophe lehrt, unter mißlichen Umständen zu Mord und Totschlag und schließlich zum Bruderkrieg ausarten.

Der burgenländische Ort Schattendorf, bis vor Jahresfrist selbst den meisten Österreichern unbekannt, hat inzwischen triste Weltberühmtheit erlangt.

Dort ballerten am 30. Januar Kameraden des konservativen Frontkämpferverbands kaltblütig in eine Gruppe sozialdemokratischer »Schutzbündler« – welche ihrerseits zuvor ein Frontkämpfertreffen gesprengt hatten. Ein Mann und ein Kind wurden erschossen. In den Rücken getroffen.

Leider gehören solche »Zwischenfälle« mehr oder weniger zum österreichischen Alltag. Die beiden unschuldigen Opfer wären sicher nur zu bald vergessen worden, hätte es nicht in der österreichischen Metropole ein Gerichtsverfahren gegeben, das in den Medien lautstark und mit ungezählten Schlägen unter die Gürtellinie kommentiert wurde. Wien war zum Verhandlungsort ausersehen worden, weil man so die Emotionen lokaler Stammtischfeindschaften auszuschalten hoffte.

Nicht nur das Burgenland, sondern ganz Österreich nahm darum heftig Anteil und Partei, als das Gericht einen ebenso sensationellen wie unverständlichen Freispruch fällte. Wiens überwiegend sozialdemokratisch organisierte Arbeiter waren erschüttert und empört. Es kam zu Zusammenrottungen und Arbeitsniederlegungen.

Was nachher geschah, stellt sich, je nach Blickwinkel, als wüster Aufruhr des roten Mobs oder als abscheulicher Arbeitermord durch die reaktionäre Polizei dar. Wobei kein Geringerer als Wiens Literatur-Papst Karl Kraus sich an die Spitze der Anti-Polizei-Agitation stellte.

So einfach, so eindimensional, wie die Dinge in der Tagespresse und auch in der »Fackel« dargestellt wurden, sind sie jedoch nicht.

Jetzt, aus der Distanz von mehr als fünf Monaten, kristallisiert sich allmählich heraus, daß die Katastrophe durch eklatante Fehleinschätzung der Lage verursacht wurde. Versagt haben gleichermaßen die Führer der Sozialdemokraten wie auch die verantwortlichen Politiker und Polizisten.

Schuld? Wie weit ist ein Mensch schuld an seinem ureigensten Wesen – insbesondere der Wiener, der so gerne glaubt, daß »eh nix passieren wird«. Bis es dann zur allgemeinen Verblüffung doch geschieht.

Woher diese Verdrängung unübersehbarer Tatsachen kommt, welche Wurzeln die Entscheidungs-Unlust vieler Menschen gerade in Wien hat, das müßte ein bedeutender Wiener Zeitgenosse eigentlich ergründen können. Professor Sigmund Freud, »Erfinder« der Psychoanalyse, wird sicher seine Meinung zu dieser delikaten Frage haben. Geäußert hat er sie nicht.

Warum sollte er auch? Er hat genug mit seinen vielen Gegnern aus Wissenschaft und Geisteswelt zu tun. Unter anderem auch mit Karl Kraus, der nicht nur gegen die Wiener Polizei anrennt. Professor Freud wird sich hüten, zu allen anderen noch Politiker und Polizisten durch mißliebige Theorien herauszufordern.

Der große Wiener Psychiater Freud sucht die Ursachen menschlicher Bedrängnis in der Seele. Der große deutsche Dichter Hermann Hesse ortet »das Gefühl der Bedrohtheit durch nahende Katastrophen« auch von außen: durch Über-Zivilisation und Super-Technik.

Tatsächlich hat eine gewisse Zivilisations- und Technik-Euphorie gerade in diesem Jahr einen Höhepunkt erreicht und einen jungen Amerikaner zum Helden des Jahrhunderts hochstilisiert: Charles A. Lindbergh überquerte in der unglaublich kurzen Zeit von nur 33 Stunden den Atlantik in einem Flugzeug. Auf eindrucksvolle Weise verwirklichte er den uralten Menschheitstraum, daß alles machbar sei, wenn man sich nur energisch genug ins Zeug legt.

Die Fernziele scheinen nun nicht nur gesteckt, sondern auch bald für jedermann erreichbar: von einem Kontinent zum anderen zu fliegen. Und wenn schon nicht das, dann wenigstens rasch Vorankommen wie mit Siebenmeilenstiefeln.

Es scheint nicht ausgeschlossen, daß die gigantische Motorisierungswelle eines Tages nicht nur die USA, sondern auch Europa erfassen könnte.

Autonärrische junge Leute diskutieren darüber schon begeistert am Stammtisch. Was viel gesünder ist als das Thema Politik: absolut undenkbar, daß das Auto jemals solche Emotionen auslösen und so hohen Blutzoll fordern könnte wie das Aufeinanderprallen von gegensätzlichen Weltanschauungen.

»Sandinisten sind ohne Bedeutung...«

Amerikaner helfen Revolte niederschlagen

»Wir wagen es ja nur, die Bürger von Nicaragua einzuschüchtern, weil Nicaragua ein kleines Land ist«, rief Burton K. Wheeler, Senator aus Montana. »Wir tun das, um amerikanische Geschäftsleute zu schützen, denen die Regierung Díaz Handelsvorteile und Konzessionen zugeschanzt hat.«

»Warum haben wir unsere Marinesoldaten nicht nach Italien geschickt«, fuhr Senator Wheeler fort, »als Herr Mussolini dort die Regierung stürzte und eine Diktatur errichtete? Sollten wir unsere Elitetruppe nicht auch nach Rußland schicken, um amerikanisches Eigentum zu schützen?«

Die Aufregung im US-Senat betraf die Landung des amerikanischen Admirals Julian L. Latimer und seiner Marines an der Ostküste Nicaraguas Anfang dieses Jahres. Seine Aufgabe: zwischen dem von Amerika unterstützten Präsidenten Díaz und dem von den Liberalen des Landes und der mexikanischen Regierung anerkannten Gegenkandidaten Sacasa zu »vermitteln«.

UNRUHIGES SÜDAMERIKA: Nicaraguanische Regierungstruppen vor dem Abmarsch

Des Admirals Vorstellung von seiner diplomatischen Mission war einfach: er befahl Präsident Juan Sacasa und dessen Truppen, die Waffen augenblicklich niederzulegen; ferner ordnete er an, daß die Mahagonipflanzer (die einzigen wohlhabenden Bürger des Landes) Steuern nur an die Regierung Díaz abzuliefern hätten. So simpel und klar ist Amerikas Diplomatie.

Während Admiral Latimers Flaggschiff *Rochester* vor Puerto Cabezas vor Anker lag, marschierten neue Marinetruppen in der Hauptstadt Managua ein, wo sie von Präsident Adolfo Díaz herzlich als »Beschützer der amerikanischen Gesandtschaft« begrüßt wurden. Bis zum 28. Februar stieg die Zahl der amerikanischen »Beschützer« weiter an: schließlich kam ein amerikanischer Marinesoldat auf 200 Nicaraguaner.

Nur im Inneren des Landes gehen die Scharmützel zwischen den Anhängern des liberalen Präsidenten Sacasa und denen des konservativen Díaz noch weiter, alles andere ist fest in den Händen der US-Marines. Damit scheint der Moment gekommen, zwischen Managua und Washington einen Vertrag zu schließen, der Nicaragua enger an die Vereinigten Staaten bindet.

ZEIT-BILD konnte aus Kreisen des State Department erfahren, daß der Vertrag folgende Punkte beinhalten soll: 1. Die Vereinigten Staaten verpflichten sich, den Frieden in Nicaragua aufrechtzuerhalten und die Regierung zu stützen, 2. Nicaragua räumt den Vereinigten Staaten ein Interventionsrecht ein, 3. ein amerikanischer Fachmann bringt die zerrütteten Staatsfinanzen mit Hilfe amerikanischer Privatkredite in Ordnung.

Seltsamerweise gibt es noch immer Bürger in Nicaragua, die mit diesem friedlichen Arrangement nicht zufrieden sind. Noch im August wurde eine Gruppe von 39 Marines und 48 Díaz-treuen Gendarmen in der Kleinstadt Ocotal von 600 Bewaffneten unter General Augusto Sandino attackiert. Nur der Einsatz amerikanischer Marineflugzeuge konnte die Eingeschlossenen aus ihrer mißlichen Lage befreien.

Sandino verlor angeblich 300 Mann, entkam aber in die Berge.

»Sandino und die Sandinisten haben keine weitere politische Bedeutung in Nicaragua«, erklärte Admiral Latimer vor der Presse.

SOWJETUNION

Trotzki trotzt noch immer

Peinliche Szenen am 10. Jahrestag der »glorreichen russischen Oktoberrevolution«. Während das ganze Land in einem straff durchprogrammierten Festestaumel versinkt, gehen die ehemaligen Lenin-Kampfgefährten Trotzki und Sinowjew auf die Straße, um gegen den neuen Starken Mann zu demonstrieren: Die »Macher« der Revolution gegen einen, der nicht einmal dabei war.

Es sind nicht allzu viele treue Anhänger, die den beiden Alten Kämpfern in Leningrad und Moskau auf ihrer Demo folgen. Doch genug, daß die Polizei eingreift und die Aufmärsche zerstreut.

Das neue Anti-Stalin-Triumvirat Trotzki, Sinowjew und Kamenew (siehe auch ZEIT-BILD 1926) spürt noch einmal Aufwind, als die Regierung in diesem Jahr außenpolitisch ins Schleudern gerät: Großbritannien hat die diplomatischen Beziehungen zur Sowjetunion abgebrochen, nachdem eine peinliche Agentenaffäre aufgeflogen war; in Warschau wurde der sowjetische Botschafter ermordet; und in China gibt es Schwierigkeiten, seit dort der

LEO TROTZKI

neue Machthaber Tschiang Kai-schek die Kommunisten wie die Hasen jagt.

Die augenblickliche scheinbare Schwäche wollten sich Trotzki und Co. zunutze machen, um die antistalinistischen Kräfte zu sammeln. Wie immer haben sie den Diktator unterschätzt: statt die Partei für sich zu gewinnen, werden Trotzki, Sinowjew und zahlreiche ihrer Anhänger aus dieser ausgeschlossen. Kamenew kommt noch einmal mit einem blauen Auge davon. Sinowjew und Kamenew kriechen zu Kreuz und versprechen Besserung. Trotzki ebenfalls – um im nächsten Augenblick weiter gegen Stalin zu hetzen.

Das wird Folgen haben: Anfang nächsten Jahres muß Trotzki seinen Wohnsitz nach Alma-Ata, die Hauptstadt der Kasachischen SSR, verlegen. Was keine allzu harte Strafe ist: bekanntlich zählt Alma-Ata in prachtvoller Mittelgebirgslage zu den schönsten Städten der Sowjetunion.

EINIG GEGEN STALIN: Sinowjew und Kamenew

König Carol davongejagt

König Ferdinand I. ist am 20. Juli im Alter von 61 Jahren in Bukarest gestorben. Aber nicht sein Sohn Carol, 34, folgt ihm auf den Thron, sondern der erst sechs Jahre alte Enkel Michael. Unter dem Druck der öffentlichen Meinung mußte Carol schon im vorigen Jahr auf den Thron verzichten. Er tat es wegen einer Frau.

Die schöne rothaarige Madame Ileana Lupescu, 26, ist eine der bestgehaßten Frauen Rumäniens. Man sagt ihr nach, sie sei Zirkusreiterin, Tingeltangel-Tänzerin, wenn nicht Schlimmeres gewesen, ehe sie den Prinzen »verhexte«.

Wer wen verhext hat, wird wohl nie zu klären sein. Denn Carol – hochintelligent, technisch wie künstlerisch begabt – ist auch ein berüchtigter Schürzenjäger.

Als er auf einem Hofball die attraktive Frau des Artillerieleutnants Tampeanu kennenlernte, eroberte er sie im Sturm. Madame verließ ihren Mann, zog in eine Nobelvilla nahe dem Schloß und gebar dem Freund einen Sohn.

Sie ließ sich von ihrem Mann scheiden – der wurde zum Trost in den Rang eines Obersten befördert – und nahm den Namen Ileana Lupescu an: es ist die Übersetzung ihres Mädchennamens Magdalena Wolff.

Magdalena Wolff, das rasend ehrgeizige Mädchen aus dem Getto von Jassy, nahe der russischen Grenze, ist am Ziel ihrer Wünsche. Um den Preis eines Thrones. Carol ist mit Ileana jetzt auf Reisen gegangen.

BESTGEHASSTE FRAU Rumäniens: Madame Lupescu

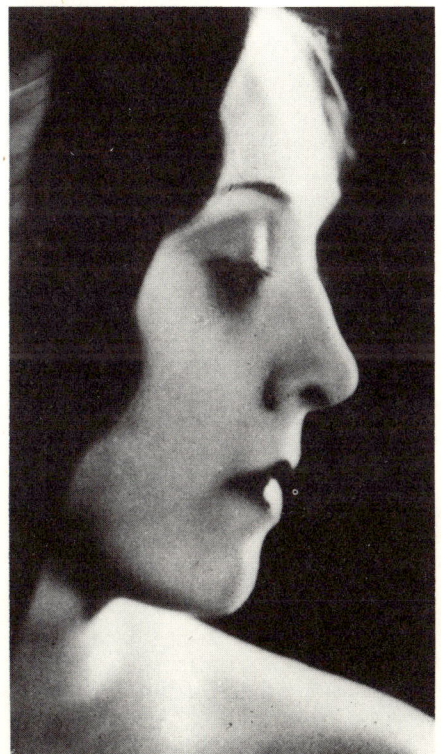

WACHS IN ILEANAS HAND: König Carol

ZB-Titel:

Der blutige Freitag von Wien

Streik und Massendemo gegen Fehlurteil – Justizpalast in Flammen – 89 Tote, mehr als 1.500 Verletzte

Explosionsartig entlädt sich am Freitag, dem 15. Juli, die hochbrisante Atmosphäre der österreichischen Innenpolitik. Die Furie des Bürgerkriegs rast für ein paar Stunden durch Wien. Der Justizpalast geht in Flammen auf. 89 Tote und mehr als 1.500 Verletzte bleiben auf der Strecke.

Der eigentliche Anlaß ist ein im Nachkriegsösterreich leider schon alltäglicher Zwischenfall: der Zusammenstoß zwischen sozialdemokratischen Schutzbundmännern und Mitgliedern der konservativ-nationalen Frontkämpfervereinigung in Schattendorf, einem kleinen Ort, nahe der ungarischen Grenze.

»Kummts außi...«

An jenem Sonntag, dem 30. Januar, findet dort ein Frontkämpfertreffen statt, das die Schutzbündler, wenn schon nicht zu verhindern, so doch zu stören versuchen. Nach einer ausgiebigen Prügelei, bei welcher die Schutzbündler die Oberhand behalten, ziehen sich die Frontkämpfer in ihr Stammlokal, das Gasthaus Tscharmann, zurück. Noch einmal marschieren die Schutzbündler auf, brüllten zum verschlossenen Tor: »Kummts außi, wenns euch trauts.«

Die Antwort ist eine Salve aus drei Gewehren, abgegeben von einem Fenster im ersten Stock. Ein Schutzbundmann und ein zwölfjähriger Junge bleiben tot liegen. In Hinterkopf und Rücken getroffen.

Der Prozeß

Vom 5. Juli an wird gegen die Täter, zwei Söhne und ein Schwiegersohn des Gastwirts Tscharmann, im Zweiten Wiener Landesgericht für Strafsachen verhandelt. Man hat den Prozeß nach Wien verlegt, um ihn möglichst von örtlichen Emotionen freizuhalten.

Aber die burgenländischen Leidenschaften schwappen bis in den Wiener Gerichtssaal, wo die Zeugen aus den beiden feindlichen Lagern einander unversöhnlich gegenüberstehen. Und vermutlich jeder zweite lügt, sobald er den Mund aufmacht.

Die Wahrheitsfindung wird überdies erschwert durch hitzige Kommentare in den Tageszeitungen, die je nach ideologischem Standpunkt die Worte des Staatsanwaltes, der Angeklagten, des Verteidigers und der Zeugen drehen und wenden, bis sie in den eigenen politischen Kram passen.

Die Geschworenen sind vielleicht voreingenommen, sicher aber aufs äußerste verwirrt und schlicht überfordert. Jedenfalls fällen sie am 14. Juli mit neun gegen drei Stimmen einen Freispruch.

Sie nehmen den Angeklagten ab, in Notwehr gehandelt zu haben, obwohl niemand bemerkt hat, daß sie angegriffen wurden. Auch sehen die Laienrichter großzügig darüber hinweg, daß die drei Angeklagten schon am Vormittag des 30. Januar im Obergeschoß des Gasthauses einen richtiggehenden Schießstand aufgebaut hatten.

Dieses offensichtliche Fehlurteil bringt das Faß zum Überlaufen.

SP-Spitze im Dilemma

Zunächst allerdings herrscht die Ruhe vor dem Sturm. Unmittelbar nach der Urteilsverkündung erscheinen ein paar Dutzend

Die »rote Gefahr«

»Wer zur Gewalt greift, ist der Gefangene der Gewalt«, verkündete SP-Parteiideologe Dr. Otto Bauer, 46, Ende des vorigen Jahres auf dem bedeutungsvollen »Linzer Parteitag«. Diese goldenen Worte verhallten leider unbeachtet.

Tatsächlich fürchtet das bürgerliche Lager nichts so sehr wie die Gewalt der »Roten«. Die leben ihrerseits in ständiger Angst davor, daß die Bürgerlichen die Republik und ihre Errungenschaften (Wahlrecht, Gewerkschaftsfreiheit, soziale Sicherheit, Mieterschutz) zertrümmern könnten (siehe auch ZEIT-BILD 1923).

Auf dem Parteitag wurde das sogenannte »Linzer Programm« beschlossen, dessen geistiger Vater Otto Bauer ist und das sich in guter austromarxischer Manier für den Klassenkampf stark macht.

Der Austromarxismus ist eine nach dem Krieg in Österreich entstandene etwas radikalere Form der Sozialdemokratie – aber noch immer meilenweit vom Kommunismus entfernt. Der Durchschnittsbürger jedoch durchschaut diesen grundsätzlichen Unterschied nicht so leicht. Vor allem wenn er im »Linzer Programm« Worte wie diese liest: »Wenn es . . . einer Gegenrevolution der Bourgeoisie gelänge, die Demokratie zu sprengen, dann könnte die Arbeiterklasse die Staatsmacht nur im Bürgerkrieg erobern.«

Daß Bauer den Bürgerkrieg nur als *Antwort* auf eine vorangegangene monarchistische oder faschistische Aggression versteht, daß er fast im gleichen Atemzug beteuert, die Arbeiterschaft wolle auf dem legalen, demokratischen Weg über die Wahlurnen an die Macht gelangen – das fällt nicht so schwer ins Gewicht wie das Wort »Bürgerkrieg«. Es wird von den konservativen Zeitungen weidlich ausgeschlachtet, die »rote Gefahr« wird pausenlos beschworen.

Die SP-Führungsspitze selbst ist nicht ganz einig. Otto Bauer, Schutzbund-Chef Julius Deutsch und der Chefredakteur der *Arbeiter-Zeitung*, Friedrich Austerlitz, treten für einen harten Kurs ein. Ex-Staatskanzler Dr. Karl Renner, Zentralsekretär Robert Danneberg und General Theodor Körner vertreten eine gemäßigte Linie.

Die Parteibasis von 600.000 eingeschriebenen Mitgliedern (Tendenz: steigend) fordert scharfe Maßnahmen, angesichts einer Arbeitslosenzahl von 235.000 (Tendenz: stark steigend) und eines knapp verfehlten Wahlsiegs vom 24. April dieses Jahres. Gegen eine vorsorglich geschlossene Wahlgemeinschaft aus Christlichsozialen und Großdeutschen konnten die Sozialdemokraten trotz gewaltigem Stimmenzuwachs nicht an.

Das Klima verschlechtert sich von Tag zu Tag. Die gegenseitigen Anpöbelungen in den Zeitungen werden immer härter. Laufend kommt es zu tätlichen Auseinandersetzungen. Wobei nicht nur ideologische, sondern auch rassistische Tendenzen und Vorurteile eine große Rolle spielen: immerhin sind viele der sozialdemokratischen Eggheads jüdischer Herkunft.

Bis es dann am 15. Juli ein paar Stunden lang tatsächlich zum Bürgerkrieg kommt . . .

OTTO BAUER

HUGO BREITNER

JULIUS TANDLER

OTTO GLÖCKEL

Das rote Wien

»Die Steuereinnahmen verwandeln sich gewissenhaft in Werte, die der Allgemeinheit zugute kommen: in billigen Strom, in billiges Gas, in billige Straßenbahntarife, in Wohnbauten, Schulen, Spitäler, Kindergärten, Tuberkulosenheime, Volksbäder . . .«

Was die *Neue Zürcher Zeitung* vom 2. März dieses Jahres so nachdrücklich lobt, ist der wohl einmalige Versuch einer zeitgenössischen Stadtverwaltung, die Zukunftsvision von einem perfekten sozialen Gemeinwesen hier und heute zu verwirklichen.

Die Rede ist von der sozialdemokratisch regierten Stadt Wien. Der seit 1923 amtierende Bürgermeister Karl Seitz, 58, und sein Team erstklassiger Fachleute haben vor allem durch ihr Wohnbauprogramm in aller Welt Aufsehen erregt.

Die Wiener Wohnverhältnisse zählten jahrzehntelang zu den katastrophalsten Europas. 83 Prozent der Wohnungen bestanden lediglich aus Zimmer und Küche, ohne Nebenräume; Wasser und Klosett für die Bewohner eines ganzen Stockwerks auf dem Korridor. Bis zu zehn Personen drängten sich in diesen muffigen Höhlen, Brutstätten für Laster, Krankheit und Kriminalität.

Ab dem Jahr 1923 bis heute wurden von der roten Stadtverwaltung 25.000 Volkswohnungen gebaut. Wasser und WC innen, aber ohne Bad: in jedem Bezirk sind große, billige Volksbäder entstanden, im Volksmund liebevoll »Tröpferlbad« genannt.

Ab nun sollen jährlich weitere 5.000 Wohnungen errichtet werden. Soeben wurde das größte derartige Projekt begonnen, der Monsterbau des »Karl-Marx-Hofes«; er wird, mehr als einen Kilometer lang, mit 1.600 Wohnungen, um begrünte Innenhöfe gruppiert.

Die Zahl der Kindergärten schnellte von 26 auf 100; Wien erhielt mehr Hallenbäder als jede andere Großstadt, darunter das größte Europas, das »Amalienbad« im Arbeiterbezirk Favoriten.

Wohlfahrtsstadtrat Univ.-Prof. Dr. Julius Tandler, 58, ein international bekannter Anatom, hat ein Fürsorgewesen eingerichtet, von dem andere Metropolen nur träumen können: Zahnkliniken, Mutterberatungsstellen (jede Wiener Mutter erhält kostenlos eine Babyausstattung), Entbindungsanstalten, Kinderfreibäder, Jugendhorte und intensive Tuberkulosebetreuung. Die Wiener Volkskrankheit Nummer 1 geht bereits merkbar zurück.

Der Präsident des Stadtschulrats, Dr. Otto Glöckel, 53, ein ehemaliger Lehrer, ist dabei, das Schulwesen tiefgreifend zu reformieren: statt der starren Drillschule traditioneller Prägung Partnerschaft zwischen Lehrer und Kindern. Koedukation und kostenlose Beistellung aller Lehr- und Lernbehelfe sollen dazu

beitragen, die Chancengleichheit zu verwirklichen.

Der Mann, der dieses kostspielige Gemeinwesen ermöglicht, ist auch der meistgehaßte Wiens – zumindest von seiten der Besitzenden. Dr. Hugo Breitner, 44, ehemaliger Bankdirektor, nun Finanzstadtrat, setzt den Reichen die Daumenschrauben an.

Je größer Wohnung oder Haus, desto höher die »Wohnbausteuer«, aus deren Mitteln die Gemeindebauten finanziert werden. Dazu noch Steuern für schnelle Autos und fleißige Dienstboten, für harte Getränke und weiche Pelze, für Champagner und Schmuck. Luxus ist heutzutage in Wien ein größerer Luxus als irgendwo anders in der Welt . . .

Was der politischen Gegenseite weit mehr Kopfzerbrechen bereitet als die Steuern der Reichen, ist das sichtbare Heranwachsen eines starken, selbstbewußten Proletariats.

In den neuen Gemeindebauten, die noch dazu an strategisch wichtigen Plätzen der Stadt errichtet und fast durchwegs von SP-Parteigenossen belegt sind, entwickelt sich eine ernst zu nehmende Gegenkultur. Mit ihren eigenen Sport-, Bildungs- und Kulturvereinen pfeift sie auf die Hochkultur.

Die Arbeiter gewöhnen sich das Trinken ab; sie lernen, mit Verstand zu lesen und zu argumentieren. Sie sind überwiegend Atheisten und halten wenig von Werten, die dem traditionsverhafteten Bürgertum heilig sind.

JUSTITIA IN TRÜMMERN: Brandschutt und zerfetzte Akten

DER BÜRGERMEISTER FLEHT VERGEBLICH: Karl Seitz (stehend, ohne Hut) beschwört die tobende Menge

Demonstranten vor dem Landesgericht, heben grollend die Fäuste – und verlaufen sich wieder.

Im Vorwärts-Verlag, dem Sitz der *Arbeiter-Zeitung*, treffen einander die führenden SP-Politiker. Sie beschließen, nicht partei-offiziell gegen das Urteil zu protestieren.

Das mag befremdlich erscheinen, hat aber einen triftigen Grund: jahrzehntelang haben die Sozialdemokraten für die Einrichtung der Geschworenengerichte gekämpft. Jetzt, da ihnen ein Urteil mißfällt, können sie nicht gut dagegen Einspruch erheben. Das wäre ein gefundenes Fressen für die gegnerische Presse, die ohnedies ständig auf den Laienrichtern herumhackt.

Friedrich Austerlitz, 65, wortgewaltiger und berühmt jähzorniger Chefredakteur der *Arbeiter-Zeitung* hingegen, reitet eine heftige Attacke gegen das Urteil. Sein Leitartikel vom 15. Juli strotzt von Beschimpfungen der Geschworenen (»eidbrüchige Gesellen«) und wuterfüllten Vorwürfen, die in der aufreizenden rhetorischen Frage gipfeln, ob dieses Urteil an sich nicht schon den Bürgerkrieg bedeute.

Streikbeschluß

Während die SP-Führungsspitze ruhig schläft, während Austerlitz seinen Brandartikel verfaßt, braut sich das Unheil bereits zusammen. Die Arbeiter des E-Werkes beschließen zu streiken. Und wenig später heißt es, daß auch demonstriert werden soll. Noch in der Nacht werden Bürgermeister Seitz und Schutzbund-Chef Julius Deutsch informiert. Sie sehen keinen Grund zur Besorgnis.

Der Parteivorstand tritt am frühen Morgen neuerlich zur Beratung zusammen. Getan wird nichts. Weder wird der Schutzbund mobilisiert, noch denkt jemand von den Parteioberen daran, mit den Demonstranten zu marschieren, um sie vor Ausschreitungen zu bewahren.

Es wird ein ruhiger, ein bis zwei Stunden dauernder Protestmarsch werden, mutmaßen die SP-Bosse und teilen dies auch dem Polizeipräsidenten mit. Das ist ein folgenschwerer Irrtum.

Mittlerweile haben sich der Streik- und der Demonstrationsaufruf wie ein Lauffeuer durch die Stadt verbreitet. Die Straßenbahnen stehen bereits still. Doch die Menschen aus den Vorstädten kommen von den er-

Der rote General

Ein Bravourstück sondergleichen vollbringt im mörderischen Chaos des 15. Juli der pensionierte Generalmajor Theodor Körner, 54. Dem »roten General«, wie sein Spitzname lautet, gelingt es, Hunderte im brennenden Justizpalast eingeschlossene Menschen zu befreien. Eine Handvoll Polizisten kann er vor der sicheren Lynchjustiz bewahren.

Die Polizisten sind in das Gebäude eingedrungen, als es bereits in Flammen stand, und haben die Tore hinter sich verbarrikadiert. Nachdem sie von den Fenstern aus ihre ganze Munition verschossen haben, merken sie, daß sie in der Falle sitzen. Mit ihnen ein paar hundert Angestellte und Beamte des Ministeriums.

General Körner, ein imponierender Hüne mit schlohweißem Bart und Haar, hat sich als einziger eine Gasse durch die Menschenmenge vor dem Justizpalast bahnen können. Er herrscht einige Männer an, ihm zu helfen, das große Eingangstor einzuschlagen.

Der Versuch mißlingt.

Der General schlägt ein Parterrefenster ein, schwingt sich ins Innere, befiehlt den Polizisten, ihm zu folgen. Die Männer durchkämmen das ganze Gebäude, holen die zu Tode erschreckten Männer und Frauen aus den Büros und geleiten sie durch eine Hintertür ins Freie.

Nachdem diese Aktion glücklich abgeschlossen ist, fragt Körner den Kommandanten der Polizisten, was er nun zu tun gedenke. Der Mann stottert, er wisse es nicht.

Darauf Körner im gekonnten Befehlston:

»Heldentum ist Blödsinn. Ihr legt jetzt die Waffen weg, und ich führe euch hinaus. Ich garantiere, daß euch nichts geschieht.«

Tatsächlich gelingt es dem General, die schlotternden Polizisten in Sicherheit zu bringen. Respektvoll weicht die Menschenmenge vor dem »roten General« zurück.

Theodor Körner (vor 1918, als der Adel in Österreich noch nicht abgeschafft war, »Edler von Siegringen«) ist der einzige ranghohe Offizier der k. u. k. Armee, der die Fronten gewechselt hat und überzeugter Sozialist geworden ist. Als Sohn eines vorzeitig pensionierten, total verarmten Offiziers hat er frühzeitig bitterste Not, als hochdekorierter Generalstabschef der Isonzo-Armee, immer an vorderster Front, das Elend des einfachen Soldaten kennengelernt. Er sei, so betont er immer wieder, durch eine »Weltkriegsschule für Demokraten« gegangen.

Er kehrt als Pazifist aus dem Krieg zurück. Durch Wiens Wohlfahrtsstadtrat Prof. Dr. Tandler, mit dem er befreundet ist, wird Körner zum Sozialismus »bekehrt«.

Körner sorgt nach dem Krieg für die reibungslose Auflösung der alten Armee. Seit 1924 pensioniert, ist er jetzt Abgeordneter zum Nationalrat und in der Parlamentskommission für Heeresfragen tätig.

Er war am Aufbau des Schutzbundes (siehe ZEIT-BILD 1923) aktiv beteiligt, tritt aber nachdrücklich dafür ein, daß diese Organisation nur Ordnerdienste übernimmt und sich nicht als Privatarmee aufspielt. Seine Argumente finden allerdings in Schutzbundkreisen wenig Gegenliebe.

LEIDENSCHAFTLICHER KÄMPFER FÜRS VOLK: General Körner (mit weißem Bart) bei einer Arbeiterfeier

sten Morgenstunden an zu Fuß oder halten einfach Autos auf, zwingen die Fahrer, sie mitzunehmen.

Nicht provozieren lassen

Polizeipräsident Dr. Johann Schober, 53, ein altgedienter Pragmatiker, hat seinen Leuten Befehle gegeben, sich unter keinen Umständen provozieren zu lassen. Der erste Zusammenstoß vor der Universität, um 8 Uhr, geht denn auch einigermaßen glimpflich ab. Es bleibt im großen und ganzen bei lautstarken Drohungen und wechselseitigen Beschimpfungen.

Dann aber wird die Menge rabiat. Junge Männer zertrümmern ein Baugerüst und benützen Holzlatten als Schlag- und Stichwaffen. Sie bedienen sich der umherliegenden Pflastersteine – Wiens Straßen sind, wie immer um diese Jahreszeit, über weite Strecken aufgerissen – und bewerfen damit die Polizisten. Berittene greifen ein, schlagen mit den Säbeln los. Die Menge gerät in Panik und Hysterie.

Irgendwann in dem wilden Getöse fällt dann ein Schuß. Es wird niemals genau festgestellt, wer ihn abgegeben hat. Vermutlich ein Kommunist namens Fiala. Denn: in Abwesenheit der SP-Führung haben die Kommunisten das Kommando über die meist jugendlichen Demonstranten übernommen. Deren Durchschnittsalter beträgt, wie Polizeistatistiker später errechnen, 25,2 Jahre. Überwiegend sind es Arbeitslose; der Anteil der Frauen beträgt knapp 5 Prozent.

Die Polizei schießt fürs erste nicht zurück. Polizeipräsident Schober und Bürgermeister Seitz beraten hektisch, was zu tun sei. Der Polizei-Chef will Militär einsetzen. Der Bürgermeister winkt ab: man werde selbst mit den Massen fertig. Davon kann nicht die Rede sein. Die Spitzenmänner der Sozialdemokraten werden ebenfalls niedergeschrien und abgedrängt wie die SP-Schutzbundleute, die man nun doch noch eilig in Marsch gesetzt hat.

Feuer!

Die Demonstranten – mittlerweile mindestens 5.000 – stoßen bis zum Justizpalast vor. Einige dringen in das Gebäude, werfen Akten und Möbel aus den Fenstern oder stecken sie in Brand.

Um 12.28 Uhr gelangt der erste Alarmruf

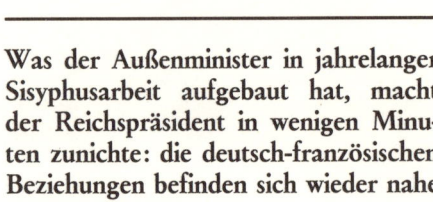

ZWEI UNSCHULDIGE OPFER: eindrucksvolle Leichenfeier in Schattendorf

zur Brandschutzzentrale. Die Feuerwehr rückt zwar aus – sie ist jedoch machtlos. Überall haben die Aufrührer Barrikaden errichtet oder stellen sich den Löschfahrzeugen entgegen.

Schutzbundchef Deutsch und Bürgermeister Seitz besteigen den ersten der Einsatzwagen und versuchen vergeblich, die Menge zum Zurückweichen zu bewegen. Der Präsident des Wiener Stadtschulrats, Dr. Otto Glöckel, ebenfalls ein Sozialdemokrat, wird um ein Haar niedergetrampelt.

Jetzt wird die Polizei mit Gewehren aus den Heeresdepots versorgt. Um 14.30 Uhr krachen die ersten Salven. Zwei Stunden lang werden die Demonstranten durch Schüsse vertrieben – kehren wieder – weichen zurück – stürmen erneut vorwärts. Bis sie, gegen 17 Uhr, endlich aufgeben. 89 Tote, unter ihnen vier Polizisten, und mehr als 1.500 Verletzte sind zu beklagen. Auch in den Außenbezirken ist es zu zahlreichen kleineren und größeren Zusammenstößen zwischen Arbeitern und Polizisten gekommen. Das Redaktionsgebäude der christlich-sozialen *Reichspost* geht ebenfalls in Flammen auf.

Böse Enttäuschung

Ein im Anschluß an die Wiener Ereignisse ausgerufener landesweiter Verkehrsstreik bricht nach 48 Stunden zusammen. Die erhoffte Wirkung war ausgeblieben: weder ist die Regierung zurückgetreten, noch kam es zu einem Verkehrschaos. Vor allem in den westlichen Bundesländern hat sich dabei die Stärke der Heimwehr gezeigt. Sie haben Bahnhöfe besetzt und einen gut funktionierenden Ersatzverkehr eingerichtet.

Dies ist eine bittere Pille für die Sozialisten. Noch viel bedrückender ist allerdings die Erkenntnis:
● daß sie die Massen keineswegs so fest in der Hand haben, wie sie glauben;
● daß Teile des Schutzbundes vor dem Justizpalast zu den Aufrührern übergelaufen sind.
● Schlimmste Enttäuschung: Kein einziger Polizist hatte gezögert, in die Menge zu schießen. Noch wenige Monate zuvor hatten vier Fünftel von ihnen bei Gewerkschaftswahlen sozialistisch gestimmt!

»Arbeitermörder« – »Mordbrenner«

Die *Arbeiter-Zeitung* wettert gegen den »Arbeitermörder« Schober und zieht über Bundeskanzler Seipel mit dem griffigen Slogan »Prälat ohne Milde« her. Die bürgerliche Presse kontert, indem sie die Demonstranten vom 15. Juli grundsätzlich als »rote Mordbrenner« bezeichnet.

Hinter den Kulissen allerdings entspannt sich die Situation ein wenig. Dr. Seipel verpfändet sein Wort, daß es zu keinem kollektiven Rachefeldzug gegen die Aufrührer kommen werde. Und in der SP-Führung gewinnt der besonnene Dr. Karl Renner, 57, erster Staatskanzler der jungen Republik Österreich Anno 1918, wieder mehr Einfluß. Er beschwört seine Freunde, eine Brücke zum bürgerlichen Lager zu suchen. Selbst der weit links stehende Dr. Bauer stimmt einem Parteibeschluß zu, wonach eine Koalition »wünschenswert« sei.

Der innenpolitische Frieden ist bis auf weiteres gesichert, als die Anführer und Aufrührer vom 15. Juli vor Gericht gestellt und allesamt freigesprochen werden. Von Geschworenen . . .

»Dolchstoß« für Dr. Stresemann

Nationale Tendenzen immer stärker

Was der Außenminister in jahrelanger Sisyphusarbeit aufgebaut hat, macht der Reichspräsident in wenigen Minuten zunichte: die deutsch-französischen Beziehungen befinden sich wieder nahe der Frostgrenze.

Im Spätsommer enthüllt der greise Präsident Hindenburg im ostpreußischen Tannenberg ein gigantisches Heldendenkmal für die legendäre Schlacht, die er und General Ludendorff 1914 an dieser Stelle gegen die Russen gewonnen haben.

Rund 100.000 Menschen wohnen der Zeremonie bei. Zehn Kilometer lang ist das Spalier von Veteranen, durch das der Ex-Feldherr – in voller kaiserlicher Uniform, den Marschallstab in der Rechten – langsam zur Gedenkstätte fährt.

In einer leidenschaftlichen Rede voll hoch-

EIN HOCH DER TRADITION: Reichspräsident von Hindenburg weiht das Tannenberg-Denkmal ein

tönender nationaler Phrasen bestreitet der Reichspräsident jegliche Schuld Deutschlands am vergangenen Krieg: das Land sei vielmehr durch die Umstände und gegen seinen Willen dazu gezwungen gewesen.

Diese provokante Rede ist Ausdruck eines zunehmenden nationalistischen Klimas in Deutschland. Im Gefolge eines spürbaren wirtschaftlichen Aufschwungs und steigenden internationalen Ansehens werden chauvinistische Tendenzen immer stärker.

Konservative und rechtsgerichtete Zeitungen überbieten einander in Hetzartikeln gegen den Locarno-Pakt und den Beitritt Deutschlands zum Völkerbund (siehe ZEIT-BILD 1925 und 1926).

Infame Angriffe richten sich besonders gegen Reichsaußenminister Stresemann, dem seine Zugehörigkeit zu einer Freimaurerloge und seine jüdische Frau angekreidet werden. Eine Zeitlang heißt es sogar, Käte Stresemann sei mit Frankreichs Ministerpräsident Poincaré eng verwandt.

Die erzkonservative Frontkämpferorganisation »Stahlhelm« wird immer stärker. Ihr Motto: »Für jeden Franzosen, der das Rheinland verläßt, stehen zehn Stahlhelmmänner auf.«

Angesichts dieser Entwicklung ist Frankreich besorgter denn je. Der Oberste Kriegsrat tritt nachdrücklich dafür ein, das Rheinland erst dann vollständig zu räumen, bis Frankreich seine Ostgrenze durch ein neues, modernes Festungssystem gesichert hat.

Selbst Stresemann-Freund Aristide Briand ist verschnupft: als die beiden Politiker einander im September in Genf treffen, lehnt Briand jede Diskussion über eine Räumung des Rheinlands rundweg ab.

EIN HOCH DEM FÜHRER: Hitler und Goebbels (in Zivil) nehmen vor dem Reichsparteitag die Parade ab

Triumph der Propaganda

Reichsparteitag der NSDAP erstmals in Nürnberg

Je stärker die national-konservativen Kräfte in Deutschland werden, desto schwächer wird der Zulauf zur Nazi-Partei. Nur ein harter Kern Unentwegter hält dem Führer die Treue. Hitler scheint nicht mehr gefährlich. Die Behörden heben das über ihn verhängte Redeverbot auf.

»Wir besitzen nicht einmal mehr den Haß unserer Gegner«, klagt Berlins Gauleiter Dr. Joseph Goebbels. Er und Hitler ziehen alle Register, um wenigstens Schlagzeilen zu machen.

Goebbels setzt weiter auf die harte Tour (siehe den Bericht: »Jeder einmal in Berlin« in diesem Heft). Hitler hingegen entwickelt ein marktschreierisches halbreligiöses Ritual zur Erzeugung von Massenhysterie.

Zum ersten Mal findet vom 19. bis 21. August unter Hitlers persönlicher Regie (»Zauberkünstler der Massenverführung« nennt das ein Beobachter) der Reichsparteitag in Nürnberg statt.

Aus allen Teilen Deutschlands, Österreichs und der Tschechoslowakei strömen die Mitglieder herbei. Rund 15.000 bis 20.000 Personen, ein Drittel davon in der Uniform von SA, SS oder Hitlerjugend.

Es gibt einen Fackelzug mit Trommeln und Fanfaren, eine Massenkundgebung in der Luitpoldhalle mit anschließender Fahnen- und Standartenweihe, wobei ehrfürchtig die »Blutfahne von München« getragen wird.

Es handelt sich dabei um jene Fahne, die während des Novemberputsches von 1923 mit dem Blut getöteter oder verletzter Demonstranten getränkt worden war. Die Gefallenen werden als Märtyrer der Bewegung wie Heilige verehrt.

Am 21. August findet ein Massenaufmarsch statt. Hitler in SA-Uniform, nimmt die Parade nach dem Vorbild Mussolinis mit ausgestrecktem rechten Arm ab. Er steht dabei in seinem neuesten Lieblingsspielzeug, einem sechssitzigen offenen Mercedes. Denn wenn auch die Parteikasse derzeit eher mager ist, Hitlers Privatkonto scheint wohlgefüllt. Er hat, neben dem teuren Luxusschlitten, auch noch das Anwesen auf dem Obersalzberg erworben, auf dem er gern Urlaub macht. Für die Innenausstattung, vor allem für Wäsche und Porzellan, kommt eine seiner ergebensten Verehrerinnen auf: Bayreuth-Lady Winfred Wagner.

»Springt erregt hin und her . . .«

Polizeibericht über eine Hitler-Veranstaltung

Ein genaues Bild der Kundgebung vom 9. März, 20 Uhr, im Zirkus Krone zu München verdanken wir den Beobachtungen eines anonymen, aber journalistisch begabten Polizeibeamten. Seinen Bericht an die vorgesetzte Dienststelle gibt ZEIT-BILD, mit freundlicher Genehmigung, in gekürzter Fassung wieder:

»Der Zirkus ist bereits zehn Minuten nach sieben Uhr bis weit über die Hälfte angefüllt. Von der Bühne hängt die rote Fahne mit dem Hakenkreuz.

In der heißen, süßlichen Luft liegt Sensationsgier. Die Musik spielt klangreiche Militärmärsche, während immer neue Scharen hereinströmen. Der *Völkische Beobachter* wird herumgetragen und angepriesen.

Die meisten (Leute) gehören den unteren Erwerbschichten an. Viele Jugendliche in Windjacken und Wadenstrümpfen. Man sieht auch einige Angehörige besserer Schichten, Damen im Pelzmantel. Die Leute sind gut angezogen, einige Herren zeigen sich im Frack.

Da brausen vom Eingang her Heilrufe, Braunhemden marschieren herein, die Musik spielt, der Zirkus spendet lärmenden Jubel, Hitler erscheint im braunen Regenmantel, geht rasch in Begleitung seiner Getreuen durch den ganzen Zirkus bis hin zur Bühne. Die Leute gebärden sich froh erregt, rufen dauernd ›Heil‹, stehen auf den Bänken. Getrampel donnert. Dann ein Posaunenstoß, wie im Theater. Plötzliche Stille.

Unter der tosenden Begrüßung der Zuschauer marschieren nun die Braunhemden in Reih und Glied herein, voran zwei Reihen Trommler, dann die Fahne. Die Leute grüßen nach Faschistenart mit ausgestrecktem Arm. Auf der Bühne hat Hitler in gleicher Weise den Arm zum Gruß gestreckt. Die Musik rauscht. Fahnen ziehen vorüber, blitzende Standarten mit den Hakenkreuzen im Kranz und den Adlern, den altrömischen Feldzeichen nachgebildet. Es mögen ungefähr zweihundert Mann vorbeidefilieren. Sie füllen die Manege und stellen sich darin auf, während die Fahnen- und Standartenträger die Bühne bevölkern.

Hitler tritt rasch in den Vordergrund der Bühne. Er spricht frei, zuerst mit langsamer Betonung, später überstürzen sich die Worte, bei mit übertriebenem Pathos vorgetragenen Stellen kommt die Stimme gepreßt und nicht sehr verständlich. Er gestikuliert mit Armen und Händen, springt erregt hin und her und sucht das Publikum stets zu faszinieren. Wenn der Beifall ihn unterbricht, streckt er theatralisch die Hände aus.

Hitler wählt beim Vortrag plumpe Vergleiche, ganz auf das Begriffsvermögen seiner Zuhörer zugeschnitten, läßt sich keine billige Anspielung entgehen. Die Worte und Ansichten werden mit diktatorischer Sicherheit hingeschleudert, als wären sie unabänderliche, feststehende Grundsätze und Tatsachen.

Die Zuhörerschaft hat dieses Evangelium, das ihr inhaltlich sichtlich nichts Neues war, mit Beifall aufgenommen.«

»Jeder einmal in Berlin«

Weltstadt mit Pfiff und düsterer Kehrseite

Dr. Peter Sachse ist kein armer Mann. Er betreibt zwei exklusive Nachtklubs am noblen Kurfürstendamm und einen anrüchigen in der verrufenen Kanonierstraße. Dort tritt die berühmt-berüchtigte Anita Berber mit ihren Girls auf: allesamt von oben bis unten mit dicker weißer Schminke und sonst gar nichts bekleidet. »Tout Berlin«

KÖNIGIN DER NACHT: Berlins Anita Berber mit Partner Sebastian Droste

DIE BEINE HOCH: die Berliner »Rosy-Girls«

gibt sich in der »Weißen Maus« allnächtlich ein Stelldichein und läßt die Kassen klingeln.

Zu allem Überfluß konnte Dr. Sachse auch binnen einer Sekunde weitere stolze 10.000 Reichsmark einstreifen – noch dazu in leicht illuminiertem Zustand. Das kam so: Karl Vetter, Direktor des Berliner Messeamtes, klagte Freund Sachse sein Leid. Wochenlang schon jagte er nach einem griffigen Slogan, der noch mehr Fremde als bisher nach Berlin bringen sollte (die 1,740.000 Ausländer dieses Jahres sind ihm offenbar nicht genug).

Die teuersten Werbeagenturen, die besten Journalisten waren von Vetter zu einem hochdotierten Ideen-Wettbewerb eingeladen worden. Doch niemandem kam der zündende Funke.

Peter Sachse hörte sich die ganze Geschichte an, guckte dann einmal tief in sein Whiskyglas und murmelte: »Jeder einmal in Berlin!« Worauf Vetter wortlos sein Scheckbuch zückte und Dr. Sachse höchst unbürokratisch einen Barscheck über zehn Riesen ausstellte. Wenn der Slogan einschlägt, werden noch mehr Fremde an die Spree kommen ...

Was ist es bloß, das seit zwei, drei Jahren den Glanz und die Anziehungskraft einer Hauptstadt ausmacht, die noch bis vor kurzem in Dauer-Agonie zu liegen schien und deren Zukunft auch heute nicht gänzlich gesichert ist?

Der Schriftsteller Klaus Mann hat die Grundstimmung soeben treffend definiert: »Wir sind in der sonderbaren Lage, ständig alles für möglich zu halten, das macht uns angespannt und bewahrt vor Erstarrung. Haben wir nächste Woche die Monarchie und einen Kaiser ... haben wir übermorgen den kommunistischen Sowjetstaat mit Terror und roter Fahne? Wir sind auf alles gefaßt.«

Die von Mann beschriebene nervöse Gespanntheit schlägt nur allzuleicht in Überspanntheit um. Das Gefühl der Vergänglichkeit ist ebenso stark wie das der Vergeblichkeit aller Anstrengungen. Eine ganze Generation ist durch die Hölle von Krieg und Vernichtung gegangen. Sie versucht nun, das Versäumte nachzuholen und, angesichts eines ungewissen Morgen, alles Erreichbare an Freuden und Genüssen vorwegzunehmen.

Das findet seinen Niederschlag in der hektisch bewegten Theaterszene. In vierundfünfzig Häusern, davon allein drei Opern mit den Dirigentenstars Kleiber, Walter und Klemperer an der Spitze, jagt eine Premiere die andere. Von »Hamlet im Frack« bis zur Renaissance des bislang halbvergessenen Giuseppe Verdi gerät alles zur Sensation. Ganz zu schweigen von den Zauberkünsten eines Max Reinhardt (siehe ZEIT-BILD 1924).

Fast an jeder Ecke ein Kabarett; die meisten hochbrisant politisch (die Texter heißen Kästner, Tucholsky, Brecht) und auf jeden Fall bitterböse auf das Deutschland von heute, das sie mit galligem Humor und giftiger Ironie allsamt zum Teufel wünschen. Auf den Brettln Spitzenkräfte wie das Duo Karl Valentin-Liesl Karlstadt, die rotschopfige Diseuse Claire Waldoff mit ihrer heiseren Knabenstimme und die kesse Trude Hesterberg.

Wer nach Theater und Oper und Kabarett und Konzert noch nicht ins Bett will – wer will in Berlin schon ins Bett? –, der treibt sich in Spielhöllen, in Künstlerkneipen und Klubs herum.

Etwa im muffigen Keller des »Künstlereck« mit seinem hinreißenden blinden Klavierspieler. Im Romanischen Café, dem Treff der Dichter und Denker und Schnorrer, wie etwa der Wiener Bohemien und Feuilletonist Anton Kuh. Oder man geht in die Konditorei Jädike, gegenüber dem imposanten neuen Ullstein-Hochhaus im Zeitungsviertel zwischen Spittelmarkt und Jerusalemstraße, das der Londoner Fleet Street um nichts nachsteht.

In Berlin erscheinen 114 (!) Zeitungen und Zeitschriften, darunter Weltblätter wie der *Börsenkurier* und das *Berliner Tagblatt*, dessen meistgefürchteter Mitarbeiter Alfred Kerr ist, Deutschlands Kritiker-Papst und Intimfeind seines Wiener Kollegen Karl Kraus. Kerr kann schon mit einem Wort über Tod und Leben eines Theaters, Erfolg

Der mysteriöse Herr H.
Wunderwahrsager arbeitet mit Abhörgeräten

CHAMPION DER OKKULTISTEN: Erik Jan Hanussen

Die Leute behaupten, es gäbe keine Absonderlichkeit, die in Berlin nicht außergewöhnlich üppig gediehe – aber so viele Telepathen, Geisterbeschwörer, Wahrsager, Taschenspieler der Mysterien wie jetzt gab's auch an der Spree noch nie zuvor. Die Reichshauptstadt ist das Magnetfeld für Verkünder neuer »Heilslehren« und für Konjunkturritter des Okkultismus, die von der allgemeinen Unsicherheit profitieren.

Im Zentrum und in den eleganten Vierteln von Berlin W existieren zahlreiche private Zirkel, wo sich in nur von Kerzen erhellten Salons Damen und Herren der Gesellschaft um den einen oder anderen »Meister« scharen, der in schwarzer Robe und in ehrfurchtheischender Entrückung den atemlos Lauschenden seine Offenbarungen zuteil werden läßt.

Champion der Okkultisten ist trotz einiger Zweifel an seinen parapsychologischen Fähigkeiten ein gewisser Erik Jan Hanussen. Dieser halb skandinavisch, halb holländisch klingende Phantasiename dient als Markenzeichen des aus Mähren gebürtigen Hermann Steinschneider, der über seine Herkunft und Vergangenheit nichts verlauten läßt, was der souveränen Selbststilisierung widerspräche.

Dem Vernehmen nach begann er als kleiner Schauspieler auf österreichischen Provinzbühnen und war während des Weltkriegs Soldat der k. u. k. Armee. In den wirren Jahren nach 1918 fand er in Berlin das ideale Klima, um mysteriöse Sensation zu machen.

Der seltsame Mann, für seine Bewunderer das »magische Genie« schlechthin, trachtet schon durch sein Äußeres zu faszinieren: dichte tiefschwarze Augenbrauen, die verdächtig nach Maskenbildnerei aussehen, verleihen ihm die notwendige rätselhaft-dämonische Note. Er bewohnt eine Villa im noblen Berlin-Charlottenburg. Dort hält er seine Sitzungen ab, in der Mitte eines von unten beleuchteten Glaskreises thronend. Seine (selbstverständlich zahlenden) Gäste erstarren vor Staunen, wenn er ihnen bei der ersten Begegnung persönliche Einzelheiten auf den Kopf zusagt.

Einmal flog freilich auf, daß der Virtuose des Übersinnlichen ganz nüchterne technische Kniffe anwendet, um heller zu sehen. In den Räumen sind Mikrophone eingebaut, und während Hanussens Sekretäre die Klienten durch geschickte Suggestivfragen zu Mitteilungen über sich veranlassen, sitzt der Meister am Abhörgerät und informiert sich per Draht.

Dennoch hat er enormen Zulauf. Auch in die Politik spinnt er seine Fäden: es gibt Verbindungen zwischen ihm und führenden Nationalsozialisten. Sogar Hitler selbst bekundet reges Interesse an den Eingebungen des Zukunftsdeuters und setzt sich dabei über seinen strikten Antisemitismus hinweg. Denn Hanussen-Steinschneider ist – Jude.

oder Mißerfolg eines Stückes, Anfang oder Ende einer Bühnenkarriere entscheiden. *Tageblatt*-Chefredakteur Theodor Wolff ist übrigens einer der unzähligen Privatleute, bei denen »man« sich die Nächte um die Ohren schlägt. Während Wolff gepflegte Gastlichkeit alter Schule mit exquisiten Dinnerparties betreibt, haut der aus Österreich stammende neureiche Bankier Hugo von Lustig lustig auf die Pauke.

Für sich und seine Gäste mietet er ein Operetten- oder Revuetheater (bevorzugt die schmissigen »Tiller-Girls«), um nach der Vorstellung in seinem Palais weiterzufeiern – beim augenblicklichen Modecocktail »Ohio« (Basis roter Vermouth, mit einer Kirsche drin) oder Strömen von Champagner.

Und manche der monokeltragenden Herren und Damen (Monokel sind für beiderlei Geschlecht letzter Schrei) genehmigen sich dazwischen auch mal eine Prise Kokain. Kokain ist ebenso »in« wie Fahren mit dem eigenen Automobil oder das morgendliche Ausreiten im Grunewald.

Ein beliebter Treffpunkt ist auch die Zweizimmer-Wohnung der quirligen Ex-Schauspielerin Betty Stern, wo es Tag für Tag eine Party gibt (Getränke und Essen sind selbst mitzubringen). Wenn man jemanden aus der Nobel-Szene sucht, muß man nur lange genug bei Betty ausharren. Irgendwann schaut der/die Gesuchte dann schon vorbei.

Herein spaziert auf ihren vielbewunderten Beinen das Reinhardt-Starlet Marlene Dietrich oder, schüchtern, der begabte Nachwuchs-Regisseur Billy Wilder. Eine Frau mit Traumkörper schlängelt sich durch das Gewühl: der neuentdeckte spanische Tanzstar La Jana – die in Wirklichkeit Henny Hiebel heißt und aus Frankfurt am Main stammt. Massig und imposant und häufig leicht alkoholisiert steht dann plötzlich das schauspielerische Monster-Genie Heinrich George im Türrahmen.

Auch der Russe Vladimir Nabokov, von dem es heißt, daß er ein begabter Schriftsteller sein soll, wird gesichtet. Öfter aber erscheint er in Lokalen wie »Der blaue Vogel«, das ein Exilrusse betreibt.

Mehr als 10.000 vor den Sowjets geflüchtete Russen, vor allem natürlich verarmte »Großfürsten«, gibt es derzeit in Berlin. Sie fahren Taxis, betreiben Restaurants und

TREFF DER KÜNSTLER UND LITERATEN: das Romanische Café

BERLINS DÜSTERE KEHRSEITE: Mutter im Armeleuteviertel (nach einer Zeichnung von Heinrich Zille)

Nachtklubs, üben den ehrenwerten Beruf eines Gigolos aus, lieben, leben und sterben in ihrer neuen Heimat: man hat für sie bereits einen eigenen Friedhof angelegt.

Der glitzernde, irisierende Wirbel des künstlerischen und gesellschaftlichen Berlin, der seine Faszination über ganz Europa ausstrahlt, zeigt allerdings nur die Schokoladenseite der Millionenstadt – die übrigens flächenmäßig größer ist als London oder New York.

Daneben gibt es harte Arbeit (führend in der Elektro- und in der Textilindustrie), gewaltigen Aufbau (rasante Erweiterung des Verkehrsnetzes, Ausbau des Flughafens Berlin-Tempelhof mit schon 18 Linienflügen pro Tag) und – ständig steigende Kriminalität.

Wenn es die Berliner Snobiety auch schick findet, den alljährlichen Ball des Ringvereins »Libelle« (Smoking und Abendkleid Vorschrift) zu besuchen, dann kann doch nicht übersehen werden, daß hinter ebendiesem »Club« das organisierte Verbrechertum Berlins steht. Es kommt dem italienischen und dem amerikanischen Mafia-System schon bedenklich nahe.

Die Gangster und die Gauner – sie gedeihen prächtig auf dem Humus des Elends in den endlosen, tristen Reihen der Mietskasernen, welche die strahlende City und das elegante Westend umkränzen. Dort sind die tiefen Wunden der Kriegs- und Inflationszeit noch lange nicht vernarbt. Viele Menschen haben noch immer weder Arbeit noch Brot. Es sei denn, sie verkaufen sich an die Nazis. Die zahlen einem SA-Mann fünf Mark pro Tag und stecken ihn in eine saubere braune Uniform.

Von Gauleiter Goebbels wohlgedrillt und straff organisiert, sorgen die Braun-Horden vor allem in den traditionell roten Arbeitervierteln für Unrecht und Unordnung.

Sei es, daß bei einer NS-Versammlung mißliebige Zwischenrufer von einer imposanten Übermacht eingekreist, mit Stühlen und Bierkrügen zusammengeschlagen, sei es, daß rote Demonstranten aus Pistolen beschossen und mit eisernen Fahnenstangen niedergestochen werden. Wobei stets Dutzende Schwer- und Leichtverletzte auf der Walstatt zurückbleiben.

Auch dies ein alltäglicher Berliner Nervenkitzel. Dessentwegen will aber wohl nicht »Jeder einmal in Berlin« sein ...

»Vergeßt unsere Märtyrer nicht!«

Kalter Justizmord an zwei Italo-Amerikanern?

Am 23. August, kurz vor Mitternacht, starben der Schuhmacher Nicola Sacco, 36, und der Fischverkäufer Bartolomeo Vanzetti, 41, auf dem elektrischen Stuhl im Charlestown-Gefängnis in Massachusetts. Seit sieben Jahren hatten die beiden italienischen Radikalen geschworen, an dem Doppelmord, der ihnen zur Last gelegt worden war, unschuldig zu sein.

»Lang lebe die Anarchie!« rief Sacco, bevor ein Gefängnisbeamter den Schalter kippte. »Ich bin unschuldig«, sagte Vanzetti, »nicht nur unschuldig an dem Verbrechen, das man mir vorwirft, sondern überhaupt unschuldig. Ich verzeihe allen Menschen, die mir das angetan haben.«
Mehr als dreihundert Kilometer entfernt, auf dem Union Square in New York, drängten sich Zehntausende um die riesige Tafel mit den ständig wechselnden Bulletins des *Daily Worker*. Um Mitternacht verkündeten die Balkenlettern: »SACCO ERMORDET« – »VERGESST UNSERE MÄRTYRER NICHT« – »KOMMT ZUR ARBEITERPARTEI UND KÄMPFT WEITER!«, und sieben Minuten später: »VANZETTI ERMORDET!«
Die beiden inzwischen legendären »Opfer der Klassenjustiz« starben für ein durchaus gewöhnliches Verbrechen.

Am 24. Dezember 1919 wurde in Bridgewater, im Staat Massachusetts, ein Raubüberfall verübt. Als die Straßenbahn laut klingelnd herankam, flohen die Täter, ohne ihr Opfer verletzt oder Beute gemacht zu haben.
Vier Monate später, am 15. April 1920, hatte ein ziemlich ähnlicher Überfall im nahen South Braintree Erfolg. Fünf Männer sprangen aus einem gestohlenen Auto, brachten einen Werkskassier und seinen Bewacher um und erbeuteten Lohngelder in der Höhe von 15.776,51 Dollar. Die Polizei des Industriegebiets südlich von Boston sah sich plötzlich wachsender Kritik ausgesetzt und beschloß zu handeln.
Am 5. Mai, zwanzig Tage nach den Morden in South Braintree, wurden Nicole Sacco und Bartolomeo Vanzetti verhaftet. Im Handkarren des Fischhändlers Vanzetti, neben dem Zeitungspapier, in das er seine Ware zu wickeln pflegte, fanden sich anarchistische Flugblätter.
Die Polizei verhörte die beiden ausführlich über die Stichtage 24. Dezember und 15. April. Die beiden verhafteten Männer nahmen an, sie sollten über radikale Genossen ausgehorcht werden, und machten darum bewußt ungenaue Angaben, die den Verdacht der Polizei nur verstärkten. Erst sehr viel später erfuhren sie, in welchem Zusammenhang die Einvernahmen stattfanden.

In welchem Zusammenhang ihre Verhaftung stand, wollen amerikanische und europäische Liberale schon längst wissen. Nach dem Krieg 1914–1918 ging in den Vereinigten Staaten die Jagd auf »die Roten« los. Das hatte viele Gründe, unter anderem den, daß die USA sehr entscheidend in den europäischen Krieg eingegriffen und ihn auch gewonnen hatten. Aber nicht alle entlassenen Soldaten fanden Arbeit. Die wirtschaftliche Situation war keineswegs rosig. Als Sündenböcke boten sich, wie so oft, Ausländer und Radikale an. Ob Kommunisten oder Anarchisten, war gleich. Sacco und Vanzetti waren somit die idealen Opfer einer unzufriedenen Öffentlichkeit, die Schuldige suchte.
Die beiden radikalen Italiener waren überdies Wehrdienstverweigerer. Ihre eher romantisch-unpraktische Ideologie ließ sie davor zurückschrecken, Menschen totzuschießen. Das Gericht blieb die Antwort schuldig, warum zwei Anarcho-Pazifisten einen Doppelmord begangen haben sollten.
Am 14. Juli 1921 sprach ein Geschworenengericht Sacco und Vanzetti schuldig, die Tat in South Braintree begangen zu haben. Einige Zeugen, die den Mord aus einem Fabriksgebäude beobachtet haben wollten und die schon während erster Einvernahmen ganz andere Italiener als Täter identifiziert hatten, schworen jetzt Stein und Bein, daß man nun die Richtigen erwischt hätte.

NICOLA SACCO UND BARTOLOMEO VANZETTI (links)

KOCHENDE VOLKSSEELE: Massendemo in New York gegen die Vollstreckung des Todesurteils an Sacco und Vanzetti

»Einen Haß unter dem Herzen…«

Neuer Einmann-Feldzug des Fackel-Herausgebers Karl Kraus

Dagegen waren zwanzig italienische Zeugen sicher, daß sie zur fraglichen Zeit Aal von Vanzettis Fischkarren gekauft hätten. Der italienische Konsul in Boston sagte unter Eid aus, daß Sacco zu ebenjener Stunde in seinem Büro in Boston gewesen sei, da er seine kranke Mutter in Italien besuchen wollte.

Polizisten und Staatsanwalt führten dagegen aus, die »Mörder« hätten bei ihrer Verhaftung Pistolen gezogen, was als eine Art Schuldbekenntnis gewertet wurde. Auch die Flugblätter wurden als gravierendes Indiz angeführt, und in seinem Schlußplädoyer bat der Staatsanwalt die Geschworenen, »ihre Pflicht zu tun wie unsere Jungs in Frankreich« – eine eher wirkungsvolle Aufforderung zur Verurteilung von Wehrdienstverweigerern und Pazifisten.

Zwischen 1921 und der Hinrichtung wurden zahllose Anträge auf Wiederaufnahme des Verfahrens gestellt, viele Bomben auf amerikanische Botschaften und Konsulate geworfen und Hunderte Protestresolutionen von so bedeutenden Persönlichkeiten wie dem Physiker Albert Einstein, dem Geiger Fritz Kreisler und den Dichtern Anatole France, John Galsworthy, H. G. Wells und Arnold Bennett unterzeichnet.

Im April dieses Jahres verwarf der Oberste Gerichtshof von Massachusetts alle Wiederaufnahmeanträge. Der Richter, Webster Thayer, der schon während des Prozesses vor sechs Jahren unter Ausschluß der Öffentlichkeit (d. h. im Golfclub) geschworen hatte, »diese Ithaker« zu erwischen und »die verdammten Idioten« von der Verteidigung zu blamieren, gestattete den zum Tod Verurteilten ein Schlußwort.

Sacco, bartlos, mit ausdrucksvollen dunklen Augen unter der hohen Stirn, sagte: »Euer Ehren, ich bin nicht Redner. Auch englische Sprache ist schwer für mich. Aber ich nie gehört oder gelesen so Grausames wie Urteil von diesem Gericht…«

Vanzetti, der Fischverkäufer mit dem Nietzschebart, war gewöhnt, in Versammlungen zu sprechen. »Ich bin unschuldig«, rief er in den Gerichtssaal, »ich habe nie getötet, nie Blut vergossen… seit ich denken kann, habe ich dafür gekämpft, das Böse in der Welt zu tilgen. Ich muß sterben, weil ich ein Radikaler und ein Italiener bin…«

Am Montagabend, dem 23. August, sagte man den Verurteilten, daß ihre Stunde um Mitternacht gekommen sei. Beide verzichteten auf den Beistand eines Geistlichen – sie wollten sterben, wie sie gelebt hatten.

Wenige Minuten nach Mitternacht verlöschten die Scheinwerfer, die das Charlestown-Gefängnis in helles Licht getaucht hatten. Ein Paar späte Demonstranten wurden verhaftet, darunter die Dichterin Edna St. Vincent Millay. Dichter John Dos Passos und Schriftstellerkollegin Dorothy Parker waren schon vorher wegen »Zusammenrottung« angehalten und mit je fünf Dollar Ordnungsstrafe belegt worden.

Tagelang prangen in Wien auffallende Plakate: »An den Polizeipräsidenten von Wien, Johann Schober«, ist zu lesen. »Ich fordere Sie auf abzutreten. Karl Kraus, Herausgeber der *Fackel*.« Das ist die eigenwillige wie spektakuläre Reaktion eines Wiener Einzelkämpfers und Journalisten auf das Massaker vom Juli dieses Jahres (siehe den Beitrag »Der blutige Freitag von Wien« in diesem Heft).

Gleichermaßen wütend und radikal hatte Sprachkünstler Kraus, 53, zwei Jahre zuvor auf den aus Ungarn stammenden Pressezaren Imre Békessy reagiert, dessen Skandalblatt *Die Stunde* das Wiener Wirtschafts-, Politik- und Kulturleben moralisch zu unterwandern drohte. Kraus bekämpfte ihn tapfer, verbissen und letztlich erfolgreich: als Békessy in seinem Boulevardblatt beispielsweise ein paar schwierige lange Sätze von Kraus abdrucken ließ und dieselben unter den Titel »Wos will er?« stellte, antwortete Kraus in seiner »Fackel«: »Hinaus aus Wien mit dem Schuft!« Was auch passierte.

Auch daß der Fackel-Herausgeber sowie zeitweilige Nestroy- und Offenbach-Rezitator im Wiener Konzerthaussaal in Wien vor 900 Zeugen erklärt: »Ich kenne keine Parteien mehr, ich kenne nur Feiglinge«, ist für den spitzzüngigen Gesellschaftskritiker typisch.

Tatsächlich ging der Sohn eines reichen böhmischen Papierfabrikanten schon als Jura-Student die gesellschaftlichen Verhältnisse auf allen Fronten an: »Ich trage«, ist seither sein Leitspruch, »einen Haß unter dem Herzen und warte fiebernd auf die Gelegenheit, ihn auszutragen.«

Weil seine Texte ausnehmend witzig und gespickt mit bösen Pointen sind, weil er den Mut hat, die Mächtigen von Börse und Banken zu attackieren und alles zu enthüllen, was Wiens geistiges Leben bedroht, sind er und seine Zeitschrift über Nacht bekanntgeworden.

Sein Rechenschaftsbericht nach dem ersten Quartal: 236 anonyme Schmähbriefe, 83 anonyme Drohbriefe, ein Überfall. Trotzdem wird Gesellschaftskritiker Kraus nicht müde, in unregelmäßigen Abständen der bürgerlichen Heuchelei in Sachen Moral und der herrschenden Politik den Vernichtungskrieg anzusagen: erbarmungslos und fulminant in der Stilistik.

Als 1914 der Weltkrieg ausbricht und die Monarchie in den Fugen zu krachen beginnt, entpuppt sich Kraus sowohl als Revolutionär wie auch als Pazifist, weshalb er mit der Zensur häufig im Clinch liegt und »Die Fackel« manchmal mit leeren Seiten erscheint. Trotzdem meutert er und muckt er auf: gegen die Kriegs- und Staatsführung, gegen das monarchistische Prinzip, gegen Gemeinheit schlechthin, gegen die Verrohung der Menschen.

In diesem Zusammenhang entsteht auch sein Monsterwerk – »Die letzten Tage der Menschheit«, das erst zu Beginn dieses Jahrzehnts in der »Fackel« zur Gänze erschienen ist. Eine Aufführung dieses Kriegspanoramas würde, meint der Autor, »nach irdischem Zeitmaß etwa zehn Abende« umfassen, an denen Zeitgeschichte in 219 spotartig aneinandergereihten Szenen abrollt.

Seinen mißlungenen Versuch, als Schauspieler zu reüssieren, machte der Satiriker wett, indem er sich durch literarische Eigenveranstaltungen ein beifallfreudiges Publikum heranzog.

Schon sehr bald aber beginnt er – als gelegentlicher Journalist und Glossenschreiber der *Neuen Freien Presse* unter dem Pseudonym »Crêpe de Chine« – die politischen und sozialen Zustände rundherum anzuprangern. Das Angebot, regelmäßig Artikel zu produzieren, lehnt der zornige junge Mann voller Empörung ab. »Es gibt zwei schöne Dinge auf der Welt: der *Neuen Freien Presse* anzugehören«, meint er, »oder sie zu verachten. Ich habe nicht einen Augenblick geschwankt, wie ich zu wählen hätte.« Er will viel lieber die österreichische Literatur auseinandernehmen. Er tut's in einer bösen Polemik über die Wiener Literaten im Café Griensteidl und ist als Verfasser »Der demolierten Literatur« in aller Munde.

Schließlich beginnt Karl Kraus den Kampf gegen die »Journaille« in seiner eigenen Zeitschrift, die er mit dem Motto versieht: »Und so möge ›Die Fackel‹ in einem Land leuchten, in welchem – anders als in jenem Reiche Karls V. – die Sonne niemals aufgeht.« An dem Tag jedenfalls, am 1. April 1899, an dem in der österreichischen Hauptstadt erstmals für 10 Kreuzer das dünne Heftchen im knallroten Umschlag erscheint, ist ganz Wien in Aufruhr und das Blatt sofort vergriffen.

Eine Komödie des Entsetzens, in der Ausgeburten der Hölle, traumatische Unterweltgestalten, vertrottelte Generäle, Henker-Offiziere, wüste Wucherer, Journalisten, Stand- und Schandgerichte wie grausige Visionen vorkommen. Das wirklich Schaurige an diesem Kriegs-Theater: Groteskfiguren wie Graf Berchtold, Kaiser Wilhelm, der alte Biach, die Frontberichterstatterin Alice Schalek, die gab es wirklich. Alle Worte wurden tatsächlich gesprochen und geschrieben; aus Dokumenten, Interviews, Zeitungsberichten und Feuilletons zusammengestellt. Kraus selbst identifiziert sich mit dem »Nörgler«, der das apokalyptische Geschehen als Kontrahent zum »Optimisten« kommentiert.

Kraus, der immer nachts schreibt, »weil dann die Dummheit schläft«, ist ein Shakespeare-, Nestroy- und Offenbach-Fan, liebt Liliencron, Peter Altenberg, Wedekind und Strindberg. Er verehrte den 1918 verstorbenen großen Volksschauspieler Alexander Girardi, schätzt den jungen, zeitgenössischen Maler-Dichter Oskar Kokoschka. Und eine Frau. Denn so bissig und unerbittlich er mit seiner Feder zusticht, so zärtlich soll er, munkeln Insider, Liebesgeflüster formulieren. Angeblich hat der Journalist in Prag eine heimliche Liebe, die ihn allerdings nicht erhört. Er schicke ihr, wollen seine Feinde wissen, zwischen den bösen Pamphleten für seine *Fackel* fast täglich hitzige Telegramme und schmachtende, glühende Briefe.

Zarentochter oder dreiste Lügnerin?

Angebliche Prinzessin Anastasia kämpft um ein Millionenvermögen

Seit sieben Jahren macht eine gewisse Anastasia Tschaikowsky – angeblich 26 – Schlagzeilen: sie behauptet, die Tochter des letzten russischen Zaren zu sein, obwohl jedermann weiß, daß Prinzessin Anastasia, zusammen mit Eltern und Geschwistern, ermordet worden ist. Soeben wurde der langen Kette von Beweisen und Gegenbeweisen um »Anastasias« Identität ein neues Detail hinzugefügt. Es kommt – ausgerechnet – vom Kommandeur jenes Erschießungstrupps, der die Zarenfamilie niedermetzelte.

WER IST ECHT? WER IST FALSCH? Links die russische Zarentochter Anastasia, rechts die geheimnisvolle Madame Tschaikowsky

Das Mädchen, das im Februar 1920 bewußtlos aus dem Berliner Landwehrkanal gefischt wurde, trug zerschlissene Kleider, aber keine Papiere bei sich und verweigerte jegliche Auskunft über seine Person. Die Unbekannte, mit der niemand etwas anzufangen wußte, galt deshalb, und den ärztlichen Diagnosen zufolge, als geistesgestört und depressiv. Weshalb sie in der Irrenanstalt Dalldorf landete und mehr als zwei Jahre dort verblieb: Sie benahm sich zwar völlig normal, sprach gebrochen Deutsch – aber noch kein Wort über ihre Herkunft.

Inzwischen hat die Unbekannte aus dem Landwehrkanal den Schleier ihres Geheimnisses gelüftet. Sie erklärt, die jüngste Tochter des letzten russischen Zaren Nikolaus II. zu sein.

Als der russische Herrscher, der im Zug der Revolution 1917 zur Abdankung gezwungen worden war, am 16. Juli 1918 samt seiner Frau, dem Zarewitsch und den vier Töchtern in Jekaterinburg auf beispiellos brutale Weise ermordet worden war (siehe ZEIT-BILD 1924), habe sie, Anastasia, wie durch ein Wunder überlebt.

Nun liefert Kommissar Pjatkow, Chef des bolschewistischen Erschießungskommandos, nachträglich ein Indiz. Er bestätigt der Berliner Emigrantenfürsorge – auf Umwegen –, daß tatsächlich nach dem Gemetzel und bei der anschließenden Verbrennung ein Leichnam gefehlt hätte.

Was natürlich genauso viel oder wenig beweist wie jene Gerüchte um die in der Mordnacht verschwundene Zarentochter oder das Gerede, ein Mädchenkörper hätte sich nach der Schießerei noch bewegt.

Inzwischen hat sich allerdings auch ein ehemaliger österreichischer Kriegsgefangener, Franz Swoboda, mit der Aussage gemeldet, er habe einen Mädchenkörper – weil er sich noch bewegte – in ein nahes Russenhaus gebracht.

Anastasia selbst, von einer Nervenkrise nach der anderen heimgesucht, will sich an jene Zeit nur insofern erinnern, als sie – das schreckliche Schreien ihrer Mutter immer noch im Ohr – die Nächte über in einem fahrenden Wagen durchgerüttelt worden sei. Ihr Retter, ein polnischer Bauer namens Tschaikowsky, den sie geheiratet hat, sei in Rumänien einem Mordanschlag zum Opfer gefallen.

Ihre Flucht nach Berlin begründet Anastasia mit ihrer wachsenden Angst und Unsicherheit. Begleitet von ihrem Schwager wagte sie sich bei Nacht und Nebel über die Grenze, um in Deutschland, bei der Zarenschwester Prinzessin Heinrich von Preußen, Hilfe zu erflehen.

In Berlin ließen sich die beiden Flüchtlinge in einem Hotel nieder, dessen Namen Anastasia sofort nach Verlassen des Hauses vergaß. Sie könne sich nur erinnern, erzählte Anastasia immer wieder, nachts auf einer Brücke gestanden zu sein.

Obwohl sie über intimste Details aus dem Alltag der Zarenfamilie Bescheid weiß, obwohl sie auch die körperlichen Merkmale der Zarentochter vorweisen kann, bestehen an ihrer Identität dennoch gewaltige Zweifel: ihr Verhalten ist seltsam, sie hat merkliche Gedächtnislücken, sie spricht kein Wort Russisch, versteht es aber.

Jedenfalls bezweifelt der europäische Hochadel die Aussagen der vorgeblichen Zarentochter mit aller Entschiedenheit: wohl auch, weil es letzten Endes um einen Teil des in England deponierten Millionenvermögens der Zarenfamilie geht.

Bringt Europa zum Vibrieren

Josephine Baker und ihre verrückten Bananentänze

Manche verließen den Zuschauerraum spätestens nach der zweiten Szene, verlangten ihr Geld zurück, schlugen die Türen zu und schrien »Skandal«. Manche, und das war die Mehrzahl, sahen sich ihren Auftritt in den »Folies Bérgères«, dem berühmten Pariser Nachtlokal, gleich sechzehnmal hintereinander an.

Inzwischen gilt Josephine Baker, 21, die verrückte Mulattin mit dem Gummikörper und dem kurzen, geölten Kraushaar als schwarzer Superstar am Pariser Revuehimmel und außerdem als Symbol für exzessive Weiblichkeit und kessen Charleston.

Jetzt will sich das braune Mädchen, das so gern ulkige Grimassen schneidet, in einer eigenen Kneipe am Montmartre erproben: Immerhin hat die Baker, die noch ausgeflippter ist als ihr Ruf, schon halb Europa auf ihren Tourneen zum Vibrieren gebracht.

»Ich mache«, sagt sie selbst, »nichts wie Unsinn. Ich streichle den glatzköpfigen Herren den Schädel. Ich zupfe die bärtigen Herren am Bart. Und dann tanze ich mit all den dicken Damen.«

Wenn Josephine Baker auf der Bühne tanzt, dann meistens nur mit einem Kranz bunter Federn oder einem Büschel Bananen bekleidet. Sie wippt und windet sich zu Schlagzeugrhythmen, zu Banjo- und Saxophonmelodien. Halb selbstbewußt, halb selbstverloren und immer mit einer kecken Portion Komik. Ihr Tanz sei, schrieb ein verzückter Journalist kürzlich im *Candide*, eine Liebeserklärung ohne Worte.

Eine Liebeserklärung, die Bewunderer aus ganz Europa, aus den Staaten und aus dem Orient nach Paris lockt. Ihre Fans wollen die Bananentänzerin nicht nur sehen. Die meisten machen ihr auch ausgefallene Geschenke: von der Ente bis zum Kaninchen, vom teuren Parfüm bis zum gläsernen Pferd. Schmuck für die Knöchel. Ein Cabriolet. Perlen groß wie Haselnüsse.

Dabei hat die Charleston-Lady, die heute ein 1.000-Dollar-Angebot für einen Abend oder 25.000 Franken für einen Auftritt in Wien locker ablehnt – »ich habe Geld, 100.000 Franken sind gar nichts« –, ihre Karriere hungernd und frierend begonnen. Aufgewachsen in den Slums von St. Louis am Mississippi, tanzte sie, damit ihr wärmer werde. Aber auch aus Lebensfreude. Josephine Baker, Tochter eines Spaniers und einer Negerin, hatte schon als Kind in einem Keller eine »Bühne« errichtet, wo sie für ihre Freunde aus der Nachbarschaft auftrat. Nebenbei statierte sie bereits auf richtigen Bühnen.

Mit sechzehn schnitt sie sich die Haare ab, verließ die Familie und schlug sich auf Billigbühnen durch die USA: von Philadelphia bis nach New York.

Dort versuchte Jung-Josephine in der Musical Hall am Broadway, 53. Straße, ihr Glück: nachts schlief sie in den Parkanlagen, tagsüber verfolgte sie den Direktor so hartnäckig, bis er sie, obwohl er sie als »zu jung und zu häßlich« befand, für seine Tourneetruppe engagierte. Dort wird sie 1923 von einem Produzenten entdeckt.

»Eines schönen Tages«, zieht die Baker Fazit aus ihrer Karriereschilderung, »war ich in allen Zeitungen, in allen Zeitschriften, in allen Magazinen. Ich dachte: Ich hab's geschafft.«

AUSGERECHNET BANANEN: Josephine Baker in ihrem Skandaltanz

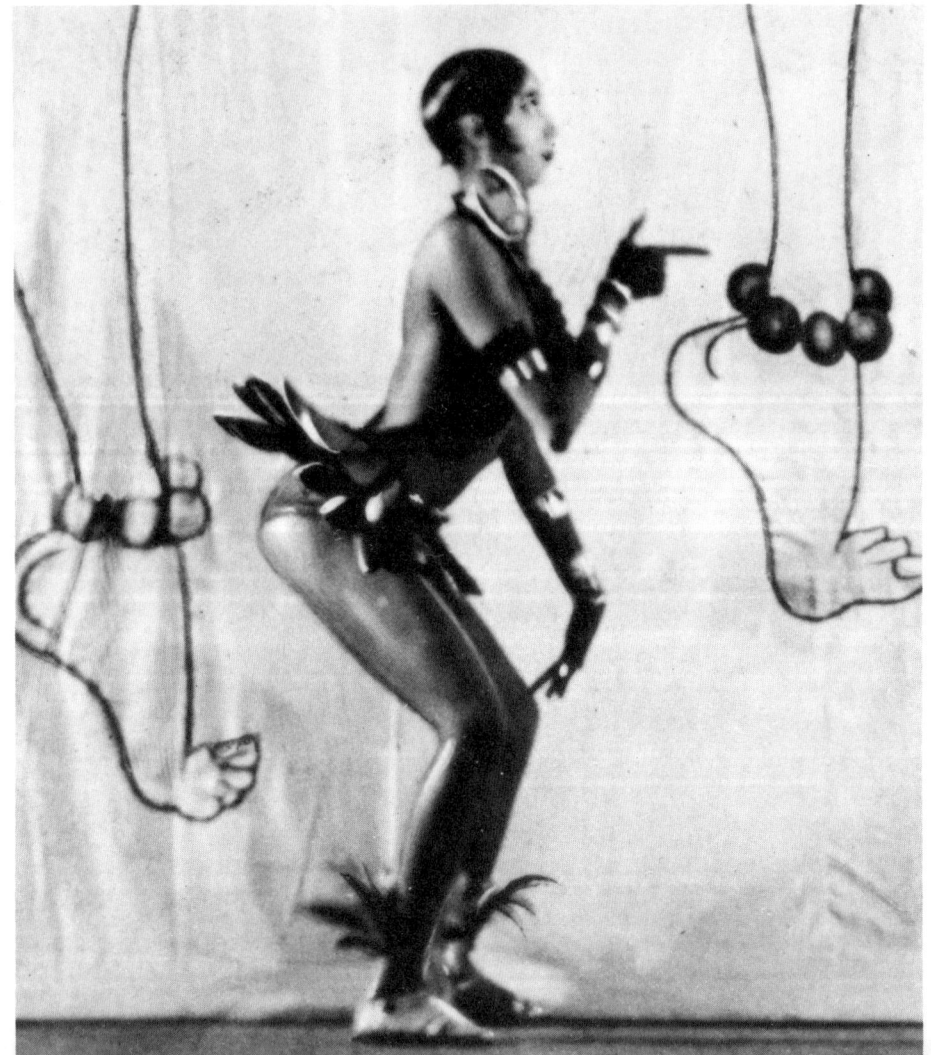

Star-Tenor erschossen

Mit einem Freispruch endet am 25. Juni in Wien der Sensationsprozeß des Jahres 1927: Nelly Grosavescu, 31, die ihren Ehemann vor Zeugen ermordet hat, schreitet hocherhobenen Hauptes aus dem Gerichtssaal.

TRAJAN GROSAVESCU

Die Affäre hält seit dem 15. Februar, dem Tag der Tat, halb Wien in Atem. Seitenlang berichten die Zeitungen über den Fall, in den viel Prominenz verwickelt ist.

Der Gerichtssaal gleicht eher der Zuschauertribüne eines Derbys oder einer Galapremiere denn dem nüchternen Ort der Rechtsprechung, notiert die sozialdemokratische *Arbeiter-Zeitung* säuerlich.

Nelly Grosavescu, Tochter aus gutbürgerlichem Haus, war in erster Ehe mit einem Offizier verheiratet. Aus dieser Verbindung stammt die heute achtjährige Tochter Renée.

Nelly läßt sich scheiden, um den ein Jahr älteren Kammersänger Trajan Grosavescu, einen berühmten Heldentenor, zum Mann zu nehmen. Der gebürtige Rumäne ist der angebetete Liebling des Wiener Publikums. Das Paar hat eine heute zweieinhalbjährige Tochter.

Am 15. Februar gibt Grosavescu eine vielbejubelte Abschiedsvorstellung; er singt den Herzog in »Rigoletto«. Tags darauf will er zu einem längeren Gastspiel nach Berlin reisen. Ohne Nelly.

Während des Kofferpackens kommt es zum lautstarken Streit. Nelly ist rasend eifersüchtig und will mitfahren. Trajan will allein reisen. Seine zufällig anwesende Schwester Olga stichelt: »Laß den Trampel doch stehen« – oder etwas ähnlich Unfreundliches. Plötzlich reißt Nelly eine Pistole aus dem Schrank und schießt. Trajan ist auf der Stelle tot.

Was ursprünglich wie die Tat einer patho-logisch Eifersüchtigen ausgesehen hat, entpuppt sich als Sitten- und Gesellschaftsdrama, das den Klatschmäulern Stoff für Jahre liefert.

Es stellt sich nämlich heraus, daß der vielgeliebte Heldentenor ein Spieler und Trinker war und daß er seine Frau mißhandelt hat. Auch gab es tatsächlich öfter Anlaß zur Eifersucht – und Trajan war nicht nur Damen zugetan.

Einige Wochen vor der Tat hat Grosavescu seine schwangere Frau in den Leib getreten, worauf sie eine Fehlgeburt erlitt. Aus dem Spital zurückgekehrt, ertappt Nelly ihren Mann in flagranti. Noch dazu mit einer gemeinsamen Freundin, der Ehefrau eines weltberühmten Wiener Gelehrten.

Und dann dreht Nelly beim erstbesten Anlaß durch. Ihre Schwägerin, die kleine Renée und ein Stubenmädchen sind Zeugen, wie der Kammersänger ermordet wird.

Keine Zeugen gibt es für die Berichte Nellys aus der Intimsphäre. Und die Frau des berühmten Gelehrten streitet alles ab.

Nelly bietet vor Gericht das Abbild einer gedemütigten, gebrochenen Frau. Sie weint, sie fällt in Ohnmacht. Und sie hat einen vorzüglichen Verteidiger. Auch der Gerichtspsychiater ist auf ihrer Seite. Die Geschworenen befinden schließlich auf Nellys Schuldlosigkeit.

Das Urteil bleibt nicht unumstritten. Der Schluß, der Ermordete und nicht die Mörderin sei schuld, ist nicht nach jedermanns Geschmack.

SCHULDIG UNSCHULDIG? Nelly Grosavescu auf der Anklagebank

Nobelpreis für »Malaria-Kur«

»Ich habe vor vielen Jahren ein Paket an den Straßenrand gelegt. Doch niemand hat gewagt, es aufzuheben. Nicht einmal ich selbst«, erklärt der Wiener Professor für Neurologie und Psychiatrie, Julius von Wagner-Jauregg, 70, der soeben den Nobelpreis für Medizin erhalten hat.

»Das Paket« enthielt bereits vor fast vierzig Jahren die jetzt preisgekrönte Idee, progressive Paralyse, das fürchterliche Endstadium der Syphilis, durch eine Fieberkur zu behandeln und zu heilen.

Wagner-Jauregg wollte, wie man erst jetzt erfährt, eigentlich Pathologe werden, fand jedoch keine Assistentenstelle. Er beschloß, auf Interne Medizin umzusatteln. Aber auch da gab es zu diesem Zeitpunkt keine Ausbildungsmöglichkeit.

So nahm er schließlich einen Assistentenposten in der Landesirrenanstalt an. Er wurde in den Fächern Psychiatrie und Neurologie ausgebildet, von denen er bis dahin herzlich wenig Ahnung gehabt hatte.

Das änderte sich im Eilzugstempo: bereits mit zweiunddreißig war er Ordinarius in Graz, mit siebenunddreißig Lehrstuhlinhaber in Wien.

Schon in Graz kam ihm die Idee, der Paralyse durch künstlich hervorgerufene Fieberschübe beizukommen, nachdem er beobachtet hatte, daß bei vielen Patienten nach fiebrigen Erkrankungen spontan eine Besserung des Grundleidens aufgetreten war.

Aber erst als reifer Mann, ausgestattet mit der Autorität einer erfolgreichen Arzt- und Forscherlaufbahn, wagte er, das revolutionäre »Ideen-Paket« zu öffnen. Und löste damit prompt heftigen Widerspruch und böse Kritik aus.

Als während des letzten Kriegs zahlreiche Soldaten in die Klinik Wagner-Jauregg eingeliefert wurden, befanden sich natürlich auch viele Paralytiker darunter – unwiderruflich dazu verurteilt, unter unsäglichen körperlichen Qualen und in totaler geistiger Umnachtung elend zugrunde zu gehen.

Wagner-Jauregg injizierte diesen hoffnungslosen Fällen Malaria-Bazillen, löste schwere Fieberanfälle aus – und konnte schon sehr bald mit sensationellen Ergebnissen aufwarten. 50 Prozent der Männer wurden vollkommen geheilt, der Rest soweit gebessert, daß sie wieder arbeitsfähig waren.

Während die Zeitungen sich in marktschreierischen Berichten über das neue Heilmittel gegen eine jahrhundertealte Geißel der Menschheit überschlagen, wird eine weitere Großtat Wagner-Jaureggs weit weniger beachtet:

Er hat den Zusammenhang zwischen Jodmangel und Schwachsinn erkannt und durchgesetzt, daß in Österreich dem Kochsalz Jod beigemengt wird. Bald schon wird es den berühmt-berüchtigten »Dorftrottel« nicht mehr geben.

JULIUS VON WAGNER-JAUREGG

Der Mensch, das unbekannte Wesen

Ein neuer Zweig der Psychiatrie: Prof. Dr. Freuds »Psychoanalyse«

Wenn demnächst seine neueste wissenschaftliche Arbeit »Die Zukunft einer Illusion« erscheint, wird der Wiener Arzt Prof. Dr. Sigmund Freud, 71, wieder in aller Munde sein. Denn seine Ideen und Auseinandersetzungen mit der menschlichen Psyche finden zwar bei Künstlern, vor allem Literaten, heftigen Beifall, aber in Kollegenkreisen werden sie kaum goutiert.

Der Mann, der mit dem Todestrieb, dem Unbewußten und der Sexualität jongliert, wird lieber verachtet als ernsthaft diskutiert. Freud behauptet nämlich, es gäbe ein vom Bewußtsein getrenntes Denken, welches er das »unbewußte« nennt und das ein wesentlicher Faktor im Leib-Seele-Gefüge sei. Die Neurosen, an denen seine Patienten leiden, seien unbewußt vorwiegend in der Sexualität verwurzelt.

Diese Probleme werden, so Freud, nicht erst in der Pubertät entwickelt. Trieb und Bedürfnis nach Befriedigung erfahre schon das Kind in verschiedenen Formen: Zuerst zeige er sich in der oralen (Mund), später in der analen (After) und schließlich in der genitalen Phase.

Für Triebenergie und Lustgefühl prägte Freud den Ausdruck »Libido«. Mit der Libido aber gerät jeder Mensch in Konflikt. Freud setzt dem »Es« in seinem Psycho-Konzept, also der unbewußten menschlichen Triebhaftigkeit, die befriedigt werden will, das »Über-Ich« als soziale Kontrolle, Gewissen, die Regeln der Gesellschaft entgegen. Dazwischen befindet sich das »Ich«, die Erlebnisebene, das Bewußtsein, das in der Spannung zwischen Trieb und Gewissen steht.

Einer der Hauptpunkte der Freudschen Lehre ist der sogenannte Ödipuskomplex. Er baute den Urkonflikt der menschlichen Existenz auf jener griechischen Sage vom Königssohn auf, der seinen – ihm unbekannten – Vater erschlagen und ahnungslos seine Mutter geheiratet hat.

Freud entdeckte diesen Konflikt wenige Tage nach dem Tod seines eigenen Vaters: »Ich habe die Verliebtheit in die Mutter und die Eifersucht gegen den Vater auch bei mir gefunden und halte sie jetzt für ein allgemeines Ereignis früher Kindheit ... Wenn das so ist, versteht man die packende Macht des Königs Ödipus ...«

Aber auch heute hat der Mediziner, der sich in unbekannte menschliche Bereiche vorwagte, selbst Probleme genug: Er wird kaum anerkannt, hat sich mit seinen Schülern zerstritten und lebt in der Stadt, die er am meisten haßt – in Wien.

FREUDS BERÜHMTE COUCH: das Ordinationszimmer des umstrittenen Psychiaters

Hier verlief das Medizinstudium für den Forscher ziemlich lustlos. Er war davon überzeugt, den falschen Beruf gewählt zu haben, obwohl er noch als Abiturient des Wiener Sperl-Gymnasiums einen Aufsatz zum Thema »Betrachtungen über die Berufswahl« verfaßte.

Nachdem er 1881 promoviert hatte, marschierte er als Sekundararzt im weißen Kittel durch die Gänge des Wiener Allgemeinen Krankenhauses und spezialisierte sich, zwischendurch mit Kokain experimentierend, auf die Neurologie.

Fünf Jahre später und nach der Heirat mit seiner Langzeitverlobten Martha Bernay eröffnete er eine Praxis als Neurologe. Zuvor reiste er – Freud hatte ein Stipendium bekommen – nach Paris, um Vorlesungen seines berühmten Kollegen Jean Martin Charcot zu hören. Dessen Spezialität: Hysterie und hypnotische Beeinflussung von Krankheiten.

In Wien arbeitete Dr. Freud vorerst mit dem Internisten Josef Breuer zusammen, der mittels Hypnose das »karthatische Verfahren« fand: Er verhalf einer hysterisch gelähmten Patientin, sich im Trancezustand an den Beginn ihres Leidens zu erinnern. Beide Ärzte publizierten gemeinsam ihre »Studien über Hysterie«.

Psychiater Freud, der anfangs viel mit Hypnose arbeitete, fand bald zu einer Technik, die er »Psychoanalyse« nennt. Er legte seine Patienten auf eine samtbespannte Couch und ließ sie frei assoziieren, wodurch er bald das Wesentlichste für seine Theorien entdeckte: den »Widerstand« des Patienten, über entscheidende Dinge zu reden; die Verdrängung; den Ödipuskomplex; den Stellenwert der Sexualität; die Umwandlung verdrängter Erlebnisse in Krankheitssymptome.

Sogar der Träume bediente sich Freud und zog daraus wertvolle Schlüsse für die Analyse: »Der Trauminhalt«, schreibt er in seiner »Traumdeutung«, »erscheint uns als eine Übertragung der Traumgedanken in eine andere Ausdrucksweise, deren Zeichen und Fügungsgesetze wir durch die Vergleichung von Original und Übersetzung kennenlernen sollen.«

Nach seiner »Psychopathologie des Alltagslebens« (1904) lieferte er seinen Beitrag zur Ästhetik ab, »Der Wahn und die Träume in W. Jensens Gradiva«. Auf dem Gebiet der Anthropologie beschäftigt er sich mit »Totem und Tabu«. Eine jüngere wissenschaftliche Arbeit nennt er »Massenpsychologie und Ich-Analyse« (1921).

Seine Bücher schreibt er meistens spät nachts, den Tag verbringt er in seiner Praxis. Es heißt, daß er deshalb seine Patienten vom Kopfende der Couch aus und für sie unsichtbar analysiere, weil er selbst, wollen Freud-Kenner wissen, so schüchtern sei. Er vermeide den Augenkontakt.

Die wenige Freizeit verbringt der Arzt, der in bescheidenen Verhältnissen lebt, mit seiner siebenköpfigen Familie und manchmal mit Freunden, die seine Schüler sind und mit denen er sich – wie etwa mit C. G. Jung – früher oder später aus vorgeblich wissenschaftlichen Gründen zerstreitet.

Das Faszinierende am schweren Zigarrenraucher und zeitweiligen Tarockspieler Sigmund Freud ist seine psychologische Bewußtheit, kombiniert mit seiner literarischen Begabung: seine niedergeschriebenen Fallgeschichten lesen sich wie spannende Novellen.

Trotzdem hat der Wiener Arzt als Prophet im eigenen Land einen schweren Stand. Obwohl auch er ein zäher Einzelkämpfer ist, wird er von einem anderen fanatischen Außenseiter, dem Wiener Journalisten und Kulturkritiker Karl Kraus, verspottet und verhöhnt. »Die Psychoanalyse«, meint Kraus in seiner *Fackel*, »ist die Krankheit, für deren Therapie sie sich hält.«

Eine »Erniedrigung der höchsten Kulturgüter«?

ZB-Gespräch mit Prof. Sigmund Freud über die Verdrängung der Psychoanalyse

ZB: Herr Professor Freud, wenn ein Arzt eine neue, vielversprechende Heilmethode findet, wendet sich ihm meist ein wundergläubiges Publikum zu. Warum ist das bei der Psychoanalyse nicht oder doch kaum der Fall? Was verursacht die oft extreme Ablehnung Ihrer Erkenntnisse?

FREUD: Ihrer Behauptung, daß medizinische Neuerungen oft mit Begeisterung aufgenommen werden, kann ich nicht so recht zustimmen. Es ist allgemein bekannt, wie oft es sich in der Geschichte der wissenschaftlichen Forschung zugetragen hat, daß

Neuerungen von einem intensiven und hartnäckigen Widerstand empfangen wurden, wo dann der weitere Verlauf zeigt, daß der Widerstand unrecht hatte und daß die Neuheit wertvoll und bedeutsam war. Einen besonders üblen Empfang hat die Psychoanalyse gefunden. Ihre Bedeutung war ursprünglich eine rein therapeutische, sie wollte eine neue, wirksame Behandlung der neurotischen Erkrankungen schaffen. Aber Zusammenhänge, die man zunächst nicht ahnen konnte, ließen die Psychoanalyse weit über ihr anfängliches Ziel hinaus-

PROFESSOR SIGMUND FREUD

greifen. Sie erhob endlich den Anspruch, unsere Auffassung des Seelenlebens überhaupt auf eine neue Basis gestellt zu haben und darum für alle Wissensgebiete wichtig zu sein, die auf Psychologie gegründet sind. So wurde sie plötzlich Gegenstand des allgemeinsten Interesses und entfesselte einen Sturm von entrüsteter Ablehnung.

ZB: Was hat denn die fast geschlossene Ablehnung der Ärzteschaft zu bedeuten?

FREUD: Schon die Experimente von Charcot haben gezeigt, daß auch die körperlichen Symptome der Hysterie Niederschläge seelischer Prozesse sind. Diese neue Erkenntnis griff die Psychoanalyse auf und begann damit, sich die Frage vorzulegen, welches die Natur jener psychischen Prozesse sei, die so ungewöhnliche Folgen hinterlassen. Aber diese Forschungsrichtung war nicht nach dem Sinn der lebenden Ärztegeneration. Die Mediziner waren in der alleinigen Hochschätzung anatomischer, physikalischer und chemischer Momente erzogen worden. Auf die Würdigung des Psychischen waren sie nicht vorbereitet.

ZB: Gut, das läßt sich noch begreifen. Wie konnte es aber außerhalb wissenschaftlicher Kreise zu diesem großen Interesse und gleichzeitig zu so leidenschaftlichen Ausbrüchen von Entrüstung, Spott und Hohn kommen?

FREUD: Die Reaktion eines Großteils des Publikums läßt erraten, daß andere als bloß intellektuelle Widerstände rege geworden sind, daß starke affektive Mächte wachgerufen wurden, und wirklich ist im Inhalt der psychoanalytischen Lehre genug zu finden, dem man eine solche Wirkung auf die Leidenschaften der Menschen zuschreiben darf.

ZB: Und was wären diese anstößigen Inhalte?

FREUD: Da ist vor allem die große Bedeutung, die die Psychoanalyse den sogenannten Sexualtrieben im menschlichen Seelenleben einräumt. Nach der psychoanalytischen Theorie sind die Symptome der Neurosen entstellte Ersatzbefriedigungen von sexuellen Triebkräften, denen eine direkte Befriedigung durch innere Widerstände versagt worden ist. Später versuchte die Analyse zu zeigen, daß dieselben Sexualkomponenten, die sich von ihren nächsten Zielen ablenken und auf anderes hinleiten lassen, die wichtigsten Beiträge zu den kulturellen Leistungen des einzelnen und der Gemeinschaft stellen . . .

Die partielle Ableitung von Kunst, Religion und sozialer Ordnung von der Mitwirkung sexueller Triebkräfte wurde als eine Erniedrigung der höchsten Kulturgüter hingestellt und mit Emphase verkündet, daß der Mensch noch andere Interessen habe als immer nur sexuelle. Wobei man im Eifer übersah, daß diese anderen Interessen beim Menschen niemals bestritten wurden und daß der Nachweis der Herkunft aus elementaren animalischen Triebquellen an dem Wert einer kulturellen Errungenschaft nichts zu ändern vermag.

ZB: Die starken Widerstände gegen die Psychoanalyse sind Ihrer Meinung nach also nicht wissenschaftlicher Natur, sondern stammen aus affektiven Quellen.

FREUD: Gewiß. Daraus erklären sich die starke Leidenschaftlichkeit dieser Widerstände und ihre logische Genügsamkeit. Die Situation folgte einer einfachen Formel: Die Menschen benehmen sich gegen die Psychoanalyse als Masse genau wie der einzelne Neurotiker, den man wegen seiner Beschwerden in Behandlung genommen hat. Vieles an den Widerständen rührt eben daher, daß durch den Inhalt der Lehre starke Gefühle der Menschheit verletzt worden sind. Dasselbe erfuhr ja auch die Darwinsche Deszendenztheorie, die die vom Hochmut geschaffene Scheidewand zwischen Mensch und Tier niederriß.

ZB: Herr Professor, dürfen wir mit aller gebotenen Zurückhaltung fragen, ob nicht Ihre eigene Persönlichkeit als Jude, der sein Judentum nie verbergen wollte, an dieser Antipathie gegen die Psychoanalyse einen gewissen Anteil gehabt hat?

FREUD: Ein Argument dieser Art ist nur selten laut geäußert worden, leider ist man heute so argwöhnisch geworden, daß man nicht umhin kann zu vermuten, der Umstand sei nicht ganz ohne Wirkung geblieben. Vielleicht ist es auch kein bloßer Zufall, daß der erste Vertreter der Psychoanalyse Jude ist: Um sich zu ihr zu bekennen, braucht es ein ziemliches Maß von Bereitwilligkeit, das Schicksal der Vereinsamung in der Opposition auf sich zu nehmen, ein Schicksal, das dem Juden vertrauter ist als einem anderen.

ZB: Herr Professor Freud, wir danken Ihnen für dieses Gespräch.

»Ewige Jugend« durch Affen?

Ein fast zehnjähriger Widder, der sich gebärdet wie ein junger, ist auf dem diesjährigen Zoologenkongreß in Budapest zu bestaunen. Der Exilrusse Prof. Dr. Serge Voronoff, 61, Leiter des Instituts für experimentelle Chirurgie in Paris, versucht mit diesem Super-Schaf aufs neue eine Theorie zu erhärten: daß man durch Hormone dem Alter ein Schnippchen schlagen kann!

Voronoff hat lange Zeit am Hof des Khediven in Ägypten gearbeitet und das Phänomen der Eunuchen studiert. Das brachte ihn auf den Gedanken, mit Keimdrüsen zu experimentieren.

1914 machte Voronoff in aller Welt Schlagzeilen, als er den ersten Menschen vorführte, dem er die Keimdrüsen eines Schimpansen eingesetzt hatte. Der damals sechsundsiebzigjährige Arthur Liadet hatte alle Runzeln verloren, konnte wieder ohne Brille lesen und war sogar ein hartnäckiges Rheumaleiden losgeworden.

Der Fall Liadet stieß in der Fachwelt zwar auf Zweifel, der übrigen Menschheit jedoch bemächtigte sich eine ungeheure Euphorie. Der Wunschtraum einer Jugend ohne Alter, ja eines Lebens ohne Tod schien unmittelbar vor seiner Erfüllung zu stehen.

Voronoff legte an der Riviera eine Schimpansenfarm an und behandelte reiche, alternde Männer. Nach einer kurzen Verjüngungsphase setzte dann aber regelmäßig ein um so dramatischerer Verfall ein.

Voronoff hat daraufhin eine neue Versuchsreihe gestartet. Anhand seines Wunder-Widders versucht er nun in Budapest zu beweisen, daß er dennoch die Methode für eine Dauerverjüngung gefunden hat.

Die Experten sind noch immer skeptisch. Sie glauben zwar auch, daß bestimmte Hormone den Alterungsprozeß verzögern – bestimmt nicht aufheben – können; die Verpflanzung von Affendrüsen scheint ihnen aber nicht der richtige Weg. Vielleicht, so hoffen sie, wird man einmal Hormone synthetisch herstellen und einfach injizieren. Aber das ist Zukunftsmusik . . .

189

Von der verlorenen und der wiedergefundenen Zeit

Die letzten Bände von Marcel Prousts gewaltigem Œuvre sind erschienen

Professor Robert Proust hat die von ihm überwachte Herausgabe der letzten drei Bände des Hauptwerks seines älteren Bruders Marcel beendet. Seit dem Tode von Marcel Proust am 18. November 1922 sind »Die Gefangene« (La prisonnière) 1923, »Die Entflohene« (Albertine Disparue) 1925 und heuer »Die wiedergefundene Zeit« (Le temps retrouvé) erschienen. Sie runden damit ab, was in »Swanns Welt«, »Im Schatten junger Mädchenblüte«, »Die Welt der Guermantes« und in »Sodom und Gomorra« begonnen wurde.

Die literarische Welt steht staunend vor einem Werk, das vielleicht bald als bedeutendster Roman aller Zeiten erkannt werden wird. Mit den Personen, die uns im Lauf der Bände begegnet sind, mit Tante Léonie, der alten Wirtschafterin Françoise, mit der Herzogin von Guermantes und Herrn von Charlus, mit Swann, Odette und der jungen Albertine werden wir in Zukunft leben müssen wie mit unseren eigenen Bekannten.

Proust hat diese ungemein lebendigen Figuren wohl aus seinem Familien- und mondänen Bekanntenkreis genommen – nein, nicht wirklich kopiert, sondern aus einem Anstoß, einer Idee, einer Geste die Inspiration gewonnen, die ihn dann ganze, unverwechselbare Menschen mit ihren ganz typischen, nicht endenwollenden Konversationen zeichnen ließ. Und so ist es letzten Endes gleichgültig, ob die Duchesse de Guermantes eigentlich die Gräfin Adhéaume de Chevigné, ob das Urbild des Swann wirklich der Dandy Charles Haas ist, man darf

vielleicht ebenso übersehen, daß die vielgeliebte Albertine eigentlich ein Albert war, weil »Die Suche nach der verlorenen Zeit« wirklich kein Schlüsselroman im engen Sinn ist. Proust seziert eine ganze Gesellschaft, die es noch einmal mit ihren inhaltsleeren schönen Gesten, mit ihrem lächerlichen Snobismus und der stolzen Gewißheit, daß alles immer so bleiben würde, darzustellen galt, bevor der Weltkrieg sie aus dem Rampenlicht entfernte.

»Wie schön von unserem lieben Proust«, sagte ein Freund, »daß er sich in die mondäne Gesellschaft stürzt wie einst Plinius der Ältere in den Schlund des Vesuvs, um uns ein genaues Bild der Eruption zu geben!«

Der am 10. Juli 1871 in Paris geborene Sohn eines erfolgreichen Arztes und Professors an der Sorbonne und einer Mutter aus wohlhabender jüdischer Familie war selbst ein Snob, »sine nobilitate«, aber um so mehr entzückt von der hocharistokratischen Gesellschaft, die ihn duldete oder in die er sich mit Hilfe von ein paar Freunden drängte. Später wurde ihm dieser Verkehr lästig (er behauptete es zumindest), aber dennoch lebensnotwendig. Er konnte sich dem Charme der Urbilder seiner Personen nicht mehr entziehen (manchmal muß er freudig erregt bemerkt haben, daß sie sagten, was er ihnen schon längst in den Mund gelegt hatte).

Doch dann, als hätte er dieser Gesellschaft alles genommen, was sie ihm zu bieten hatte, zog er sich fast völlig von der Welt der Swanns, der Guermantes und dem eleganten Strandleben in »Balbec« zurück.

Schon als Kind hatte er unter Asthma-Anfällen gelitten, seit 1913 verstärkte sich das Übel so sehr, daß er kaum mehr ausging. Auch die Besuche der Freunde lehnte er immer öfter ab: Er war besessen von dem Wunsch, das spät begonnene Werk zu vollenden und die schwindenden Kräfte nur dafür aufzusparen.

In der Rue Hamelin 44, in der Nähe der Place Jéna im 16. Pariser Arrondissement, hatte er sich ein dunkles Refugium eingerichtet. Er arbeitete nur noch nachts. Gegen sieben Uhr früh nahm er sein Veronal, um bis drei Uhr nachmittags zu schlafen. Dann mußte ihn seine Wirtschafterin, Céleste Albaret, mit einer ungemein starken Kaffee-Essenz aufwecken. Er aß fast nichts mehr, höchstens ein wenig Seezunge oder Hühnchen, was beides aus dem Hotel Ritz geholt werden mußte. François Mauriac, ein junger Bewunderer und selbst Schriftsteller, zeichnet ein erschreckendes Bild dieses verlöschenden Lebens:

»Ich sehe noch das düstere Zimmer in der Rue Hamelin vor mir, mit dem geschwärzten Kamin und dem Bett, auf dem der Mantel noch als zusätzliche Bettdecke lag, und die wächserne Maske, durch die unser Gastgeber uns beim Essen zu beobachten schien. Nur seine Haare über der bleichen Stirn waren noch lebendig. Er selbst hatte keinen Teil mehr an der Nahrung dieser Welt. Er hatte die letzten Halteseile gekappt.«

Im Tod des Schriftstellers Bergotte (aus der »Gefangenen«) kreisten Prousts Gedanken wie so oft um seinen eigenen Tod. Der gedachte Bergotte (Bergson? Anatole France?) stirbt während einer Ausstellung, vor Vermeers »Ansicht von Delft«, auf der ihm zum ersten Mal eine kleine, gelbleuchtende Mauerfläche auffällt. »So hätte ich schreiben sollen«, sagte er sich, »meine letzten Bücher sind zu trocken . . .«

»Der Gedanke, Bergotte sei nicht für alle Zeiten tot«, fährt Proust fort, »ist noch völlig unglaubhaft. Er wurde begraben, aber während der ganzen Trauernacht wachten in den beleuchteten Schaufenstern seine jeweils zu dreien angeordneten Bücher wie Engel mit entfalteten Flügeln und schienen ein Symbol der Auferstehung dessen, der nicht mehr war.«

Prousts großes Werk hat genug Flügel für ganze Engelschöre.

»Gefühl der Bedrohtheit durch nahe Katastrophen«

Hermann Hesse und sein neuer Roman »Steppenwolf«

Die eigene Untergangsstimmung hat Hermann Hesse, der jetzt fünfzig wird, in seinen neuesten Roman »Der Steppenwolf« übertragen. Denn ähnlich wie der Romanheld Harry Haller reagiert auch sein Erfinder auf satte Selbstzufriedenheit. »Schreiben Sie mir«, wehrt Hesse manchmal Bekannte ab, »keinen Brief mehr. Jeder Blick in Euer normales bürgerliches, befriedigtes Leben hinüber ist mir zur Zeit unerträglich.«

HERMANN HESSE

Aber nicht nur die abgeschlaffte Behäbigkeit lehnt Indien-Reisender Hesse ab. Er leidet, wollen seine Freunde wissen, auch an der zunehmenden Technisierung und Zivilisation in der Welt, was ihm »das Gefühl der Bedrohtheit durch nahende Katastrophen« vermittelt.

Im »Steppenwolf« kehren Hesses Gefühlstiefen und Zerrissenheiten wieder – das entblößende Selbstbildnis eines Fünfzigjährigen, der noch einmal gegen die Welt revoltiert – einsam und grausam, ein hürdendurchbrechendes Steppentier.

Es ist aber mehr. Es ist zugleich die Neurose der Hesse-Generation, die Krankheit unserer Zeit, die der Autor vermittelt. Das Gespaltensein durch eine Unzahl von Polen wie etwa in »den Trieb und den Geist, den Heiligen und den Wüstling«, das mit dem Einheitsverlust ausbricht.

Da hockt Steppenwolf Haller tagsüber verbittert in seiner Studierstube, sinniert, führt Zwiesprache mit einer verstorbenen Geisteselite (Goethe), nachts stürzt er sich in die Gosse, streut durch Spelunken – immer bemüht, seinem inneren Chaos »die Stirn zu bieten, das Böse bis zum Ende zu erleiden«.

Darüber hinaus ist dieser Roman des »Peter Camenzind«-Verfassers und ehemaligen Buchhandelslehrlings mit gesellschaftskritischen Anmerkungen gespickt. Hesse, der selbst als Seminarist im Kloster Maulbronn ausgerissen war, kritisiert sowohl das doktrinäre Schulsystem wie auch den Vormarsch des Leistungsprinzips: »Der moderne Mensch liebt die Dinge nicht mehr, nicht einmal sein Heiligstes, sein Automobil, das er hofft, baldmöglichst gegen eine bessere Marke tauschen zu können. Dieser moderne Mensch ist schneidig, tüchtig, gesund, kühl und straff, ein vortrefflicher Typ, er wird sich im nächsten Krieg fabelhaft bewähren . . .«

Dichter der Toleranz

Stefan Zweig publiziert neuen Novellenband

Einer der meistgelesenen Schriftsteller unserer Zeit hat sich auf ein heikles Thema eingelassen: Mit seinem kürzlich im Insel-Verlag erschienenen Novellenband »Verwirrung der Gefühle« rührt der österreichische Autor Stefan Zweig, 46, an auch literarisch tabuisierte Themen.

Diese Novelle, die der Ausgabe auch den Titel gibt, erzählt die Geschichte eines alternden Professors, der seine verwirrten Gefühle an der Seite einer burschikosen, viel jüngeren Frau durchs Leben schleppt. Die Begegnung mit einem jungen Studenten, der ihn heiß verehrt und sich unbewußt zu ihm hingezogen fühlt, seine Gefühle aber mit der Professorsgattin auslebt, weckt in dem müde gewordenen alten Mann nochmals die ganze Verzweiflung seiner Existenz.

Natürlich hat Zweig, für seine lebendige psychologische und hautnahe Schreibweise geschätzt, im neuen Novellenband noch andere Themen berührt: Sie alle kreisen um Beziehungen, um Liebe und um Eros.

Zweig selbst, ein gebürtiger Wiener, Sohn eines Großindustriellen der jüdischen Bourgeoisie, ist ein Kämpfer und Verfechter der individuellen Freiheit, der Toleranz und des Friedens. Auferlegte Zwänge waren ihm schon als Kind verhaßt, weshalb er später über die Schule memorierte: »Der einzige beschwingte Glücksmoment, den ich der

191

Schule zu danken habe, wurde der Tag, da ich ihre Tore für immer hinter ihr zuschlug.«

Noch als Philosophie- und Literaturgeschichte-Student publizierte Zweig seinen ersten Gedichtband »Silberne Saiten« (1901) und begann fremdsprachige Dichter zu übersetzen: den Belgier Emil Verhaeven beispielsweise oder den Franzosen Verlaine. Im Jahr, in dem er promoviert und zugleich seine erste Novelle veröffentlicht, »Die Liebe der Erika Ewald« (1906), bricht Zweig auch aus: nach Paris vorerst, und reisefreudig wie er ist, und um dem »Gesetz der Schwerkraft zu widersprechen«, sucht er England, Spanien, Holland, Belgien, später auch Amerika und Indien auf.

Zwischendurch erprobt sich der Novellenspezialist, der sich nach seiner Emigration während des Krieges in die Schweiz am Kapuzinerberg in Salzburg niedergelassen hat und für anreisende Dichter mit seiner Frau, der Schriftstellerin Friederike von Winternitz, hofhält, als Theaterschriftsteller. Sein »Haus am Meer« beispielsweise wurde 1912 sogar am Wiener Burgtheater uraufgeführt und zugleich im Breslauer Theater das Lustspiel »Der große Komödiant«. Das Stück hat Zweig eigentlich seinem Lieblingsschauspieler Josef Kainz geschrieben und ihm die Hauptrolle zugedacht, aber Kainz konnte die Aufführung nicht mehr erleben.

Den eigentlichen Durchbruch feierte der »Brief einer Unbekannten«-Verfasser Stefan Zweig allerdings vor zwei Jahren. Als seine »Typologie des Geistes: Baumeister der Welt«, Essays über Hölderlin, Kleist und Nietzsche im Insel-Verlag erschien, war die erste Auflage mit 10.000 Exemplaren innerhalb von vier Monaten vergriffen. Nicht weniger erfolgreich verspricht das neue Œuvre zu werden, das den Titel »Sternstunden der Menschheit« trägt. In knapper, szenischer Form, mit pathetischem Sprachgestus, schildert Zweig in fünf historischen Miniaturen »Sternstunden« der Geschichte, die über Jahrzehnte und Jahrhunderte entscheiden (etwa Napoleons Niederlage bei Waterloo, verursacht durch General Grouchys unterlassenes Eingreifen in die Schlacht; oder die Tragik Captain Scotts, der den Südpol erreicht, um entdecken zu müssen, daß Amundsen fünfzehn Tage vor ihm da gewesen ist).

Klarer Mut zum Kitsch
Hedwig Courths-Mahler wird 60 Jahre alt

Die Welt der »großen Literatur« rümpft die Nase über sie oder nimmt sie – bestenfalls – überhaupt nicht zur Kenntnis. Dennoch: Hedwig Courths-Mahler, von Millionen geliebt, verehrt und auch gelesen, ist Deutschlands erfolgreichste Schriftstellerin aller Zeiten. In mehr als zwanzig Sprachen übersetzt, rangiert die jetzt Sechzigjährige weit vor Goethe, Schiller und Thomas Mann.

*

»Liebling«, bat er leise, »das Bild hast du geküßt, mich selbst noch nie.« Da umfaßte Ria ihn mit scheuer Inbrunst und preßte ihre Lippen auf die seinen. »Nun bin ich keine ungeliebte Frau mehr«, sagte sie selig erglühend.

Und wenn sie nicht gestorben sind, dann leben sie heute noch im Land von Kitsch und Rosen, nachdem sie tapfer allen Schlägen eines unbarmherzigen Schicksals standgehalten haben.

HEDWIG COURTHS-MAHLER

Das Schönste von Courths-Mahler

»Scheinehe« (1905)
»Untreu« (1907)
»Im Waldhof« (1909)
»Der Wildfang« (1910)
»Das Gänsemädchen von Dohrma« (1911)
»Die wilde Ursula« (1912)
»Aus erster Ehe« (1913)
»Die Bettelprinzeß« (1914)
»Mamsell Sonnenschein« (1915)
»Griseldis« (1916)
»Eine ungeliebte Frau« (1918)

»Der Scheingemahl« (1919)
»Zur linken Hand getraut« (1920)
»Ich darf dich nicht lieben« (1921)
»Wem nie durch Liebe Leid geschah« (1922)
»Menschenherz, was ist dein Glück?« (1923)
»Die schöne Melusine« (1924)
»Wenn Wünsche töten könnten!« (1925)
»Das Geheimnis einer Namenlosen« (1926)
»Fräulein Chef« (1927)

Saures
zum Sechziger

Gerade rechtzeitig zu Hedwig Courths-Mahlers Ehrentag erscheint ein Band literarischer Parodien aus der spitzen Feder des Wiener Satirikers Robert Neumann, 30. Er schmückt sich »Mit fremden Federn« – so der Buchtitel. Dabei unterjubelt er seinen Opfern auf brillante Weise Eigenes, das dennoch vor Authentizität nur so trieft:

»Da trat Götz von Felseneck vor sie hin: ›Du bist ebenbürtig, Trotzkopf, du bist meine Braut.‹

Sie aber: ›So meinst du, daß ich nun Aufnahme finden darf in deinem Geschlecht, das, wie du weißt, zu den vornehmsten unseres Landes gehört?‹

Da schloß er sie stumm in die Arme . . .«

Hedwig Courths-Mahler selbst könnte es nicht besser. Wobei zu streiten wäre, ob ihr das Anlaß zur Wut oder zur Freude gibt.

Trost mag ihr die Tatsache spenden, daß sie sich in allerfeinster Gesellschaft befindet: weder Plato noch Thomas Mann, weder Erich Kästner noch André Gide sind dagegen gefeit, von Neumann verulkt zu werden . . .

Es ist das typische Happy-End einer typischen Geschichte, das die »gescheiten« Leute schlicht ein »Courths-*Malheur*« nennen. Die weniger Gescheiten allerdings, und das sind viele Millionen, verschlingen seit rund fünfundzwanzig Jahren jeden Band der bienenfleißigen Hedwig Courths-Mahler, die ihre Herz-Schmerz-Geschichten wie am Fließband produziert. Mit dem klaren, absoluten Mut zum Kitsch. Mindestens 150 sind es bis jetzt. 1920 brachte den Rekord: 14 Titel innerhalb von zwölf Monaten.

Das Erfolgsrezept der Courths-Mahler liegt natürlich nicht nur im Kitsch, sondern in der Tatsache, daß sie spannende Verwicklungen erfindet, manchmal mit einem Schuß Krimi, immer aber mit starkem sozialem Engagement für unterprivilegierte Frauen und vor allem für ledige Mütter.

Außerdem: »Ich zeige schwer arbeitenden Menschen jenes Leben, nach dem sie immer Sehnsucht haben, das sie aber nie kennen-

lernen werden. Ich schreibe Märchen für große Kinder.« Und: »Ich will meine Leser erquicken, nicht krank und nervös machen.«

Fazit: sie ist die meistgelesene deutsche Autorin. Weit vor Goethe, Schiller und Thomas Mann. Mit Übersetzungen in zwanzig Sprachen erreicht sie Traumauflagen. Schon vor dem Krieg hatte sie eine Million auf dem Konto. Goldmark!

Mit ihren Geschichten von armen Mädchen, bösen Aristokratinnen, edlen Rittern und Rettern hat sie ihr treues Publikum, das sich aus allen Klassen und Schichten rekrutiert, über Krieg und Krisen hinweggetröstet. Obwohl »sie 150 Mal immer dieselbe Geschichte erzählt« (Zeitungskritik).

Im Grunde ist es wohl die Geschichte, die sie in ihrer Jugend geträumt haben mag. Am 18. Februar 1867 im thüringischen Nebra an der Unstrut unehelich – also »in Schande« – geboren, wuchs sie bei Pflegeeltern auf, die eine Flickschusterei betrieben. Sie besuchte nur eine zweiklassige Volksschule und kam als Vierzehnjährige nach Leipzig »in Dienst«.

Das hübsche, aufgeweckte Mädchen arbeitete sich zur Vorleserin empor und kam so, unersättlich bildungshungrig und wissensdurstig, mit Literatur in Berührung.

Sie heiratete einen Dekorationsmaler, bekam zwei Töchter (die heute selbst schon schreiben) und begann ihre Geschichten zu verfassen – nachts auf dem Küchentisch. Sie war achtunddreißig, als sie es wagte, dem zu Gast in ihrem Haus weilenden Chefredakteur der *Chemnitzer Nachrichten* das Manuskript des Romans »Licht und Schatten« vorzulegen. Der Mann hatte offensichtlich einen Riecher für publikumswirksame Storys: er blätterte sofort 250 Mark auf den Tisch.

Drei Jahre später konnte die Courths-Mahler bereits das Zehnfache verlangen. Seither ist ihr der Erfolg treu geblieben – wenn auch die professionelle Kritik sie in der Luft zerreißt (was sie noch heute bekümmert).

Sie ist eine reiche Frau. Sie führt ein gastfreundliches Haus und zählt viele Künstler zu ihren Freunden. Aber im Grunde ist sie immer noch das bescheidene »Muttchen« geblieben, das tagsüber für seinen Haushalt und seine Lieben sorgt. Nur nachts – nachts, da entflieht sie in die große weite Welt, die aber auch immer eine heile ist.

Edgar Wallace erstmals auf deutsch:
Alle lesen den »Hexer«

Einen Goldfisch an Land gezogen hat offenbar der Münchner Goldmann-Verlag. Er erwarb die deutschen Rechte für Englands Krimiautor Nummer eins, Edgar Wallace.

Derweil Bildungsbürger die Nasen über die Wallace-Krimis rümpfen, greifen sie wohl auch selbst oft zur »Droge« Wallace. »Der Hexer« wurde, kaum erschienen, buchstäblich über Nacht zum Bestseller im deutschen Sprachraum.

An Nachschub herrscht sicher kein Mangel. Edgar Wallace ist einer der fleißigsten Autoren unserer Zeit. Mehr als hundert Romane sind bereits seiner Feder entflossen. Was allerdings nicht wörtlich zu nehmen ist. Er schreibt selbst nicht mehr, sondern diktiert praktisch nonstop.

Es kommt auch vor, daß er die Story nur skizziert und das Buch von einem Ghostwriter verfassen läßt. Daraus erklärt sich auch die unterschiedliche Qualität der Wallace-Krimis und ihre manchmal zum Himmel schreiende Verworrenheit. Aber was soll's: spannend sind sie allemal.

Was Mister Wallace mit dem vielen Geld anfängt, das er durch seine Vielschreiberei weltweit verdient? Er hat es nicht lange! Er trägt es auf die Rennplätze. Man munkelt, daß es ihm gelingt, an einem einzigen Tag bis zu einer halben Million Pfund zu verlieren.

Wallace ist das typische Beispiel eines Aufsteigers, der Ruhm und Reichtum nicht verkraftet. Als unehelicher Sohn einer Tingeltangel-Schauspielerin vor zweiundfünfzig Jahren in London geboren, wuchs er im Waisenhaus auf und arbeitete von seinem elften Lebensjahr an. Als Laufbursche, als Hilfsarbeiter, als Zeitungsjunge.

Er wurde Berufssoldat, kam während des Burenkriegs nach Südafrika, schrieb dort seine ersten Kurzgeschichten und wandte sich schließlich dem Journalismus zu: er arbeitete als Korrespondent für eine Nachrichtenagentur. Seine Berichte vom Burenkrieg in der *Daily Mail* hatten Weltformat. Sie wurden ebenso gern gelesen wie die Artikel des Frontberichterstatters Winston Churchill in der *Morning Post*.

Churchill ging in die Politik und machte Karriere. Wallace aber verdarb sich seine Laufbahn als Journalist: er schrieb einige glänzende Reportagen, die nur einen Fehler hatten – sie waren von A bis Z erfunden. Er verlor seinen Job und begann, um Geld zu verdienen, mit dem Schreiben von Krimis. Darin erweist er sich nun als der, welcher seinem neuesten Hit als Titel dient: »Der Hexer«.

Bücherspiegel

Jean Giraudoux: Eglantine, Roman
Der Autor wandelt hier auf von ihm oft begangenen Wegen. Sein Roman kreist um das Thema Alter - Jugend - Liebe. Die Heldin will sich einen wesentlich älteren Mann erobern, indem sie um einen anderen, ebenso älteren Mann, wirbt.

Sigrid Undset:
Olav Audunssohn, Roman
Das historische Kolossalgemälde zeichnet die mittelalterliche bäuerliche Gesellschaft Norwegens im ausgehenden 13. Jahrhundert und ihr Verhältnis zur Kirche. Eine Psychologie des mittelalterlichen Menschen vor präzis gestaltetem Hintergrund. Durch seinen realistischen Detailreichtum hat das Buch Ähnlichkeiten mit der altisländischen Saga.

Virginia Woolf:
Die Fahrt zum Leuchtturm, Roman
Ein kleiner Personenkreis in einem Ferienhaus an der schottischen Westküste symbolisiert den Mikrokosmos der Gesellschaft. Das lyrische Mittelstück überbrückt ein Jahrzehnt, das zwischen erstem und zweitem Teil vergeht. Die Strukturklammer der Handlung ist ein Bootsausflug, im ersten Teil geplant, der erst zehn Jahre später zur Ausführung kommt. In Motivik und Erzähltechnik ist der Roman eine Weiterführung der »Mrs. Dalloway«.

Egon Erwin Kisch:
Zaren, Popen, Bolschewiken
Ein neuer Bericht des »rasenden Reporters«, diesmal aus Rußland, mit dem der kommunistisch engagierte Zeitungsmann einen neuen Beweis seiner zupackenden Berichtweise liefert.

Gottfried Benn:
Gesammelte Gedichte
Der neueste Band des bekannten Berliner Arztes und Schriftstellers, der sich früher dem Expressionismus verschrieben hatte und nun nach dem »absoluten« Gedicht strebt, vorzugsweise in der achtzeiligen Reimstrophe.

Thornton Wilder:
Die Brücke von San Luis Rey, Erzählung
Die Lebensgeschichten von fünf Menschen, die beim Absturz der Brücke den Tod finden, werden aneinandergereiht und die Frage nach dem Sinn des Lebens gestellt. Die Zurückgebliebenen überwinden ihre Ichbezogenheit und finden durch das Leid zu selbstloser Liebe.

Waldemar Bonsels:
Mario und die Tiere, Erzählung
Eine neue Erzählung des Bestseller-Autors (»Die Biene Maja«, »Himmelsvolk«), wieder voll Naturmystik und märchenhafter Schilderungen.

Leonhard Frank:
Karl und Anna, Erzählung
Der von Heinrich Mann geförderte Kleist-Preisträger und überzeugte Pazifist (er war während des Krieges in die Schweiz emigriert) legt eine neue Erzählung vor. Im Gegensatz zu seinen früheren, sozial engagierten Werken wendet er sich hier der Darstellung von Menschen in ihren privaten erotischen Beziehungen zu. Noch in diesem Jahr soll ein weiteres Werk des Autors erscheinen. Titel: »Das Ochsenfurter Männerquartett«.

Willa Cather:
Der Tod kommt zum Erzbischof
Die im Jahr 1922 zum Katholizismus konvertierte amerikanische Autorin und Pulitzerpreisträgerin, die sonst gern Frauengestalten in den Mittelpunkt ihrer Romane stellt (»Zwei Frauen«, »Meine Antonia«), wählt hier einen Erzbischof zum Protagonisten, Jean Marie Latour, der gemeinsam mit Pater Vaillant als Pionier der katholischen Kirche in Neu-Mexiko wirkt.

Antikes – verfremdet
»Orphée« von Jean Cocteau

Paris hat eine neue Theatersensation. Mit »Orphée«, einer Tragödie in 13 Szenen, schuf das literarische Multitalent Jean Cocteau, 38, eine sehr freie Bearbeitung der griechischen Orpheus-und-Eurydike-Sage. Wie der Intimfreund von Marcel Proust und Pablo Picasso überhaupt als vielseitiger und unberechenbarer Gaukler des modernen Theaters gilt, als ästhetischer Virtuose, aber auch als Effekthascher. »Ein Aufpolie-

JEAN COCTEAU

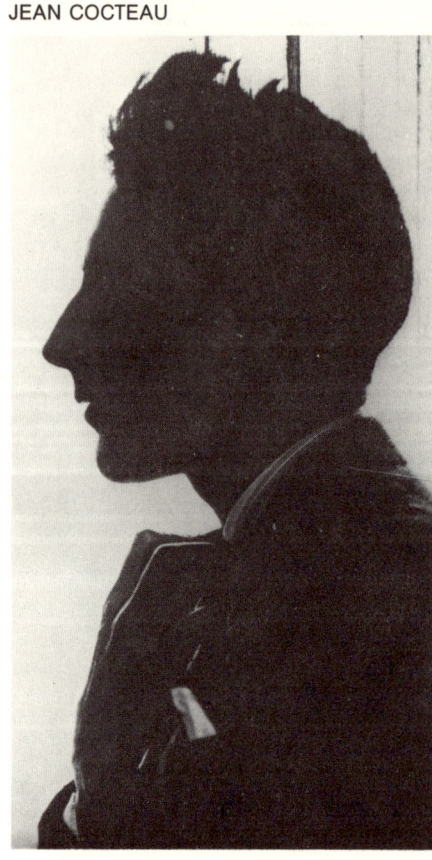

rer alter und neuer Schätze«, ätzt US-Kollege Thornton Wilder.

Cocteau schreibt ganz bewußt Stücke für Schauspieler. Er arbeitet stets mit Sinnlichkeit und Poesie. Daß er sich nur solchermaßen verwirklichen kann, zeigt der Schriftsteller auch in seinem »Orphée«, einer Tragödie, die eigentlich Farcecharakter hat, aber in der Aussage gipfelt: ein Dichter muß erst viele Tode sterben, um wirklich Poet zu sein.

Sein Tod, der einer von Bacchantinnen vergifteten Eurydike gegenübertritt, ist jedenfalls eine »Madame La Mort«, welche ihre schwarzen Handschuhe vergißt. Weshalb Orpheus seiner Frau, mit der er ständig streitet, in den Hades folgen kann.

Die mißlungene Rückkehr der Eurydike – Orpheus stolpert und sieht sie versehentlich an – hat auch den Tod des Sängers zur Folge. Das heißt: Orpheus verliert buchstäblich den Kopf, der durch seine Wohnung rollt und schließlich der Dichterbüste aufgesetzt wird.

Ein Kommissar, der die seltsamen Sterbefälle im Haus zu untersuchen hat, fragt den Orpheuskopf: »Wie heißen Sie?« – »Jean Cocteau«, antwortet die Büste.

»Schinderhannes« von Zuckmayer

Den »Schinderhannes« gab's tatsächlich. Nur war er ein radikal-rücksichtsloser Räuber und kein romantischer Moritatenheld, wie ihn Max-Reinhardt-Dramaturg Carl Zuckmayer, 31, in seinem jüngsten Bühnenwerk figurierte.

Der Johannes Bückler der Bühne ist beim Bauernvolk sehr beliebt, weil er die Beute, die er von den Reichen holt, den Armen überläßt. Weil seine Anhängerschaft demzufolge ziemlich groß ist, kann sich Zuckmayers Schinderhannes sogar einen Privatkrieg gegen die französische Armee leisten. Und verliert.

Ehe er mit seinen 15 Genossen am Mainzer Hauptplatz geköpft werden soll, schwillt noch einmal stolz die Räuberbrust: Immerhin drängen sich ungezählte Zuschauer um die Henkerstätte – noch einmal steht er im Mittelpunkt des Geschehens.

Nach dem Publikumsecho der Berliner Inszenierung zu schließen, dürfte der volkstümliche Reißer ein künftiger Kassenschlager sein.

CARL ZUCKMAYER

Theaterzettel
»Proletarisches Theater« bringt Toller-Stück

ERNST TOLLER

Wie es einem politischen Häftling ergeht, der nach mehreren Gefängnisjahren in die Gesellschaft zurückkehrt, zeigt der Politregisseur Erwin Piscator, 34, gleich zur Eröffnung seiner Berliner Bühne, dem Theater am Nollendorfplatz, in welchem er seine Vorstellung vom »proletarischen Theater« als politisches Kampfmittel verwirklichen will.

Die Story von Karl Thomas, der voller Angst im Bauch und voller Verunsicherung gegenüber dieser neuen Wirklichkeit in die sogenannte Freiheit geht, ist teilweise ident mit der Biographie ihres Autors Ernst Toller, 34.

Der hat sich mit seiner Halbtragödie »Hoppla, wir leben!« die eigene Inhaftierung und die Zeit danach von der Seele geschrieben. Alles ist drinnen: Revolution, Irrenhaus, Prozeß, Todesurteil, Gefängnis und schließlich die Entlassung, die zwangsweise mit Selbstmord endet.

In Wirklichkeit erfreut sich Toller bester Gesundheit. Er hat, trotz schwerster Verwundung, den Krieg überlebt, die kommunistische bayrische Räteregierung, welcher er als prominentes und aktives Mitglied angehörte. Und schließlich auch die Festungshaft, nach Niederschlagung des Räteregimes.

Dennoch vermittelt die Piscator-Inszenierung hautnahe Authentizität durch den Einsatz modernster Stilmittel: das Spiel wird durch Filmaufnahmen mit wochenschauartigem Charakter aufgelockert.

Jazz, Folklore und ein Flop

Drei sehr unterschiedliche Opern-Uraufführungen

Wenn ein Operndirektor ein neues Werk auf den Spielplan setzt, das ihm selbst gar nicht gefällt; wenn ein Premierendirigent diese Oper ebensowenig goutiert – dann kann es nur ein Riesenerfolg werden. So geschehen an der Wiener Staatsoper, als Ernst Křeneks »Jonny spielt auf« unter der Stabführung von Robert Heger vor einem hingerissenen Publikum über die Bühne ging.

Möglicherweise rotiert auch Křenek-Schwiegervater Gustav Mahler bei dieser Musik im Grab – aber der siebenundzwanzigjährige Komponist hat zum selbstgebastelten Libretto eine köstliche Synthese aus Operette, gefühlvoller Neoromantik und Jazz, viel, viel Jazz gebaut.

Daß die Geschichte vom schwarzen Jazzgeiger Jonny, der dem Violinvirtuosen die Zaubergeige stiehlt, ein bißchen unwahrscheinlich ist – wen stört's, außer die deutschnationalen Kreise, die gegen einen Neger auf der Opernbühne protestieren und wohl noch nie von Othello gehört haben ...

Das Wiener Premierenpublikum jedenfalls hatte keine rassischen Ressentiments und raste vor Begeisterung, als Jonny auf einer Bahnhofsuhr, die sich plötzlich in einen Globus verwandelte, die Schlußarie »Nun ist die Geige mein« schmetterte. Wien ist nach Leipzig die zweite Stadt, die sich an die Křeneksche Jazzoper wagt; an die hundert andere Bühnen sollen sich ebenfalls dafür interessieren. Die böhmische Version der Zaubergeige ist ein Dudelsack – und in der Prager Uraufführung von Jaromir Weinbergers »Schwanda, der Dudelsackpfeifer« geht es auch ziemlich magisch zu. Bald ist man mit dem Zauberer auf dem Königsschloß, bald mit dem Teufel in der Hölle, aber schließlich geht alles gut aus, und der brave Schwanda findet zu seiner jungen Frau zurück. Eine Oper voll hübscher tschechischer Folklore, deren Höhepunkt die »Höllenpolka« ist, zu deren mitreißender Melodie Ober- und Unterwelt in fröhlicher Eintracht tanzen.

Kein noch so wunderbares Instrument, ja nicht einmal Jan Kiepuras großartige Stimme konnte Erich Wolfgang Korngolds »Wunder der Heliane« retten. Maria Jeritza soll sich geweigert haben, bei der Premiere die Hauptrolle zu übernehmen, Lotte Lehmann zeigte sich moderner Musik gegenüber aufgeschlossener. Vielleicht lag es am schleppenden Tempo der Wiener Erstaufführung, vielleicht auch am schwerverdaulichen Text, der eher einem Mysterienspiel gleicht als dem Libretto einer Oper, man muß jedenfalls befürchten, daß sich dieses Korngold-Werk nirgends auf die Dauer wird halten können.

JONNY SPIELT AUF: provokantes Plakat für eine provokante Oper

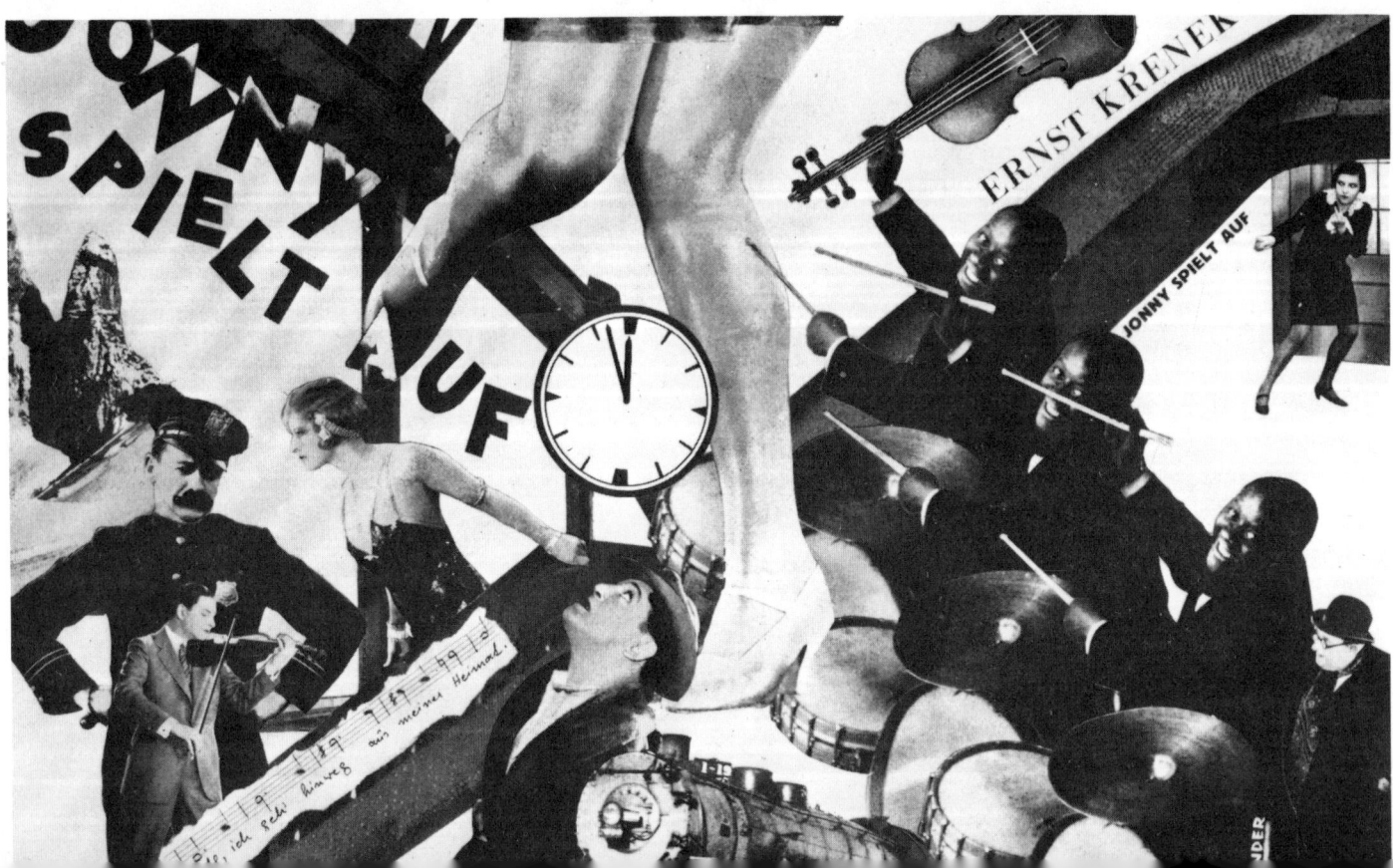

Zum Tod von Isadora Duncan:

Tragödie einer großen Tänzerin

Der feuerrote Schal war ihr Talisman: Selbst als alternde Frau, füllig geworden und dick geschminkt, hatte sie ihn mehrmals um den Hals geschlungen, und seine beiden Enden flatterten hinter ihr her, wenn sie schnellen Schritts durch eine Hotelhalle ging. Der feuerrote Schal kostete Isadora Duncan, 49, am 13. September das Leben.

Als sich die Tänzerin im offenen Wagen durch Nizza chauffieren ließ, verwickelte sich ein Ende des dünnen Schleiers in den Speichen des linken Hinterrads. In Sekundenschnelle war die Duncan tot – von ihrem Talisman erdrosselt.

Isadora Duncan, Wunderkind aus San Francisco, hat für die moderne Tanzkunst viel in Bewegung gesetzt: Nach ersten unkonventionellen und erfolglosen Auftritten in Chicago und New York versuchte Isadora ihr Glück vorerst in London, wo sie im Britischen Museum dazu inspiriert wurde, sich in griechische Gewänder zu hüllen: Unbekümmert durchbrach sie die streng reglementierten Balletttraditionen, indem sie, zierlich, wunderschön anzusehen und barfuß, in durchsichtigen Schleiern über die Bühnen von Budapest, London und New York schwebte.

Sie folgte der Einladung nach Rußland, dort, ähnlich wie in Deutschland, eine eigene Tanzschule zu gründen. Dazwischen verbrachte Isadora Duncan ihr Leben auf Tourneen. Obwohl ihre Schülerinnen die alternde, inzwischen nicht mehr so gelenkige Tänzerin längst überflügelt hatten, obwohl sie selbst zusehends in finanzielle Schwierigkeiten geriet und oft ihre Hotelrechnung kaum noch bezahlen konnte, war das Publikum von ihrer menschlichen Ausstrahlung noch immer begeistert und berührt.

Ihre Geldnöte dürften aber in der letzten Zeit doch überhand genommen haben. Denn die Exgattin des Nähmaschinenfabrikanten Singer machte sogar den Versuch, vormalige Verehrer zu erpressen: Wenn sie kein Geld bekäme, werde sie 1.000 Liebesbriefe veröffentlichen.

Privat hatte die einstmals umjubelte Tänzerin überhaupt wenig Glück: Schon fünfzehn Jahre vor ihrem Tod kamen ihre beiden Kinder in einer Limousine ums Leben, die in die Seine stürzte. Und 1925 hatte sich ihr letzter, um viele Jahre jüngerer Ehemann, der exzentrische, der Trunksucht verfallene russische Dichter Sergej Jessenin, erhängt.

Die vom Schicksal so verwöhnte und so geschlagene Tänzerin wurde in Paris beigesetzt.

EINST LAG IHR DIE WELT ZU FÜSSEN: Isadora Duncan erlitt einen schrecklichen Unfalltod

»Tonfilm-Schmarrn«?

Durch Sprache und Musik: Sensationserfolg eines Dutzendfilms

Al Jolson, 39, als Asa Joelsohn im Kindesalter aus St. Petersburg mit seinen Eltern in die USA gekommen, Kantor in Synagogen, dann Showman mit Schnulzenbariton – so lautet der Kürzest-Steckbrief eines Mannes, dem es beschieden ist, in die Filmgeschichte einzugehen: nicht etwa durch eine eigene epochale Leistung, sondern weil er im günstigsten Moment den richtigen Vertrag erhielt. Wäre er gerade durch Bühnenengagements gebunden gewesen, dann hätte eben ein anderer fotogener Sänger diesen Ruhm geerntet.

Jolson ist der Hauptdarsteller des ersten Tonfilms, der richtig einschlug, wenn auch nicht des ersten, der je gedreht wurde. Seit Jahren schon gab es Versuche in Deutschland und in Amerika, aber die fielen höchst mangelhaft aus. Auch der Streifen »The Jazz Singer« verdankt seinen Sensationserfolg weitaus weniger der technischen Qualität als vielmehr dem Reiz der Neuheit, daß auf der Kinoleinwand plötzlich gesprochen, gesungen und musiziert wird.

Freilich sind die Gesangs- und Dialogszenen eher kurz geraten. Denn der Produktionsfirma Warner Brothers wurde schon während der Aufnahmen klar, daß nach diesem hochgejubelten »Durchbruch des Tonfilms« die Wirkung sehr bald verpuffen würde, wenn man nicht ein besseres System einsetzt als das »Vitaphone«-Verfahren, bei dem ein schallplattenartiger Tonträger mitläuft, kompliziert in der Handhabung, störungsanfällig, nicht weiter entwicklungsfähig.

Auch sonst ist »The Jazz Singer«, eine sentimentale Groschengeschichte, alles andere als das Geschenk einer filmischen Sternstunde. Aber er kommt bei breiten Publikumsschichten an, die sich gern rühren lassen.

Zu den Skeptikern, die sich zum gegenwärtigen Zeitpunkt künstlerisch von dem Novum noch nicht viel erwarten, zählt auch Max Reinhardt. Über seine Eindrücke befragt, erwiderte er mit einem einzigen Wort: »Tonfilmschmarrn!«

WEISSER MACHT SCHWARZE MUSIKGESCHICHTE: Al Jolson in »The Jazz Singer«

Zum Tod von Graf Kolowrat:

»Sascha« macht Wien zur Film-Weltstadt

Am 4. Dezember starb, erst 41 Jahre alt, in Wien Alexander (»Sascha«) Graf Kolowrat-Krahowsky an Krebs. Er brachte das Kunststück zustande, Wien, die halbtote Hauptstadt eines Zwergstaates, für einige Zeit zur Film-Weltstadt zu machen.

Österreichs aktivster und berühmtester Filmproduzent, ein Herr aus böhmischem Uradel, Besitzer von Latifundien und echter Amateur, hatte zwei Passionen: das Kino und das Auto.

Seine Standesgenossen bangten um »Saschas« Ruf, als dieser sich rasant in die Abenteuer der Moderne stürzte. 1916 stellte er im Wiener Weinort Sievering eines

SASCHA GRAF KOLOWRAT

MARLENE DIETRICH

27.12.1991 → ihr 90. Geburtstag in Paris (sie lebt noch).

der ersten Großateliers Mitteleuropas auf, einen zweckentfremdeten Flugzeughangar. Kolowrats Glanzzeit als Chef seiner »Sascha-Film« kam nach dem Krieg, nicht zuletzt deshalb, weil er finanziell potent blieb. Der Graf verstand sein Metier. Vom Kurbeln der Szenen bis zum Aufspulen der fertigen Zelluloidrollen konnte ihm keiner was vormachen. Ebenso waren die künstlerische Planung, die kaufmännische Strategie, die Stoffwahl und die Team-Bildung sein Element.

Mit grandioser Ausstattung, enormen Bauten und souverän befehligten Komparsenheeren ließ er an der Wiener Peripherie Monsterfilme drehen. Den Stil dafür hatte er den Italienern und den Amerikanern abgeschaut.

»Sodom und Gomorrha« und »Die Sklavenkönigin« lauten die Titel seiner europäischen Erfolge. Er verfilmte sogar Literatur: Arthur Schnitzler persönlich lieferte ein Szenarium nach seinem Drama »Der junge Medardus«, das im Wien der Napoleon-Zeit handelt.

Talente hatten bei Sascha immer Chancen. Den Komiker Hans Moser etwa holte er vom Kabarett ins Atelier. Auch der letzte echte Sascha-Film, »Café Electric«, eine Kolportage-Story aus unseren Tagen, stellt in den Hauptrollen junge, neue Gesichter vor: *sie* heißt Marlene Dietrich, *er* Willi Forst. Beide scheinen Talent zu haben.

Rekord: in 33 Stunden über den Atlantik

Das phantastische Abenteuer des Amerikaners Charles A. Lindbergh

Amerika hat einen neuen Helden: er ist kein General, kein Präsident, nicht einmal ein Boxer – sondern ein fünfundzwanzigjähriger Pilot und Postflieger.

Daß er ein Held ist, kann im Land, das alles in Rekordzahlen ausdrückt, leicht nachgewiesen werden: Nach der Rückkehr von seinem dreiunddreißigstündigen Sensationsflug von New York nach Paris erhielt Hauptmann Charles Augustus Lindbergh 75.000 Glückwunschtelegramme und 500.000 Luftpostbriefe.

Die Gratulationsschreiben, die mit der normalen Post befördert wurden, entzogen sich bedauerlicherweise der offiziellen Zählung. Ehe er seinen inzwischen weltbe-

CHARLES LINDBERGH und seine Rekordmaschine »Spirit of St. Louis«

rühmten Flug antrat, beauftragte Hauptmann Lindbergh eine Agentur, alle Zeitungsausschnitte zu sammeln, die sich mit seinem Abenteuer beschäftigten. Jetzt lieferte die Agentur zwei Eisenbahnwaggons voll säuberlich geordneter Artikel: ein weiterer Weltrekord.

Die Geschichte begann im Vorjahr, als der New Yorker Hotelier Raymond Orteig 25.000 Dollar für den ersten Nonstop-Flug von New York nach Paris oder »einen Ort an der französischen Küste« aussetzte.

Zwei Versuche haben in diesem Jahr schon tragisch geendet: Am 26. April sind Oberstleutnant Noel Davis und Leutnant Stanton Hall Wooster von der US-Navy kurz nach dem Start mit ihrem Flugzeug »American Legion« bei Hampton, Virginia, in einem unwegsamen Sumpfgebiet abgestürzt und tödlich verunglückt.

Die französischen Piloten Hauptmann Charles Nungesser und Hauptmann François Coli, die am 8. Mai Paris mit Ziel New York verlassen haben, sind überfällig. Über Irland wurden sie zum letzten Mal gesichtet. Seit Wochen hat man jede Hoffnung aufgegeben, die beiden Flieger oder doch wenigstens ihren Doppeldecker »White Bird« wiederzufinden.

Diese tragischen Ereignisse konnten Charles Lindbergh nicht abschrecken, das Abenteuer einer Atlantiküberquerung im Alleinflug zu wagen. Der junge Mann hatte schon mit zwanzig Jahren den Pilotenschein gemacht. Sein bisher merkwürdigster Flug: er streute von der Maschine aus die Asche seines Vaters über dem elterlichen Gut aus. Kongreßabgeordneter Charles A. Lindbergh senior, Sohn eines schwedischen Reichstagsabgeordneten, hatte diesen Wunsch auf dem Totenbett geäußert.

Im Berufsalltag war der jüngere Lindbergh Postflieger, hatte sich aber schon durch einen Soloflug mit seinem Ryan-Eindecker »Spirit of St. Louis« ausgezeichnet. Dabei stellte er, sozusagen als Generalprobe für den Flug New York–Paris, mit 21 Stunden 20 Minuten einen Rekord im Überfliegen des amerikanischen Kontinents auf.

Am Morgen des 20. Mai war es dann soweit: Nach nur zwei Stunden Schlaf begann Lindbergh auf dem Roosevelt-Flugplatz in Long Island bei New York mit den letzten Vorbereitungen. Mechaniker überprüften das Flugzeug noch einmal und lu-

DER JUNGE ADLER LANDET: Menschenmassen empfangen Charles Lindbergh

den 1.540 Liter Benzin, vier belegte Brote und zwei Feldflaschen Wasser in die »Spirit of St. Louis«.

Währenddessen unterhielt sich der junge Pilot mit den wenigen, im kalten Regen frierenden Journalisten: »Wenn ich mich diesmal hinter das Steuer klemme, betrete ich sozusagen die Todeszelle. Aber wenn ich in Paris aussteige, dann hat mich der Gouverneur begnadigt!«

Um 7.25 Uhr rollte die »Spirit of St. Louis« an, schlitterte über den regennassen Boden, wurde von einer Bö in die Luft geschleudert und sackte wieder auf die Erde zurück. Eine Katastrophe schien unvermeidlich: vor der Maschine tauchten ein gelber Traktor und ein tiefer Graben auf. Aber Hauptmann Lindbergh zog seine Maschine noch einmal hoch. Wie durch ein Wunder gelang das Manöver; Traktor und Graben blieben unter dem Flugzeug zurück. Das große Abenteuer hatte begonnen.

Lindbergh flog die Direttissima: Long Island, Cape Cod, Nova Scotia, Neufundland. »Bald hinter Neufundland tauchten unter mir Eisberge auf«, erzählte der Hauptmann einem ZB-Mitarbeiter. »Eine Stunde später war es schon dunkel. Dann kam ich in Wolken, konnte aber auf 3.500 Meter klettern und bis in die frühen Morgenstunden über der Wolkendecke bleiben. Ich war gar nicht müde . . .«

Mit dem Tageslicht wurde auch die Wolkendecke höher. Das Flugzeug begann zu vereisen. Ein einziges Mal dachte Lindbergh an Umkehr, »dann aber sagte ich

mir: daran darfst du wirklich nicht mehr denken . . .«

Kurz vor der irischen Küste zog er knapp über ein paar Fischerbooten hin, um seinen Standort zu erkunden, »aber die sahen mich nur an wie einen Verrückten«. Später erkannte er den Ärmelkanal und die französische Küste. Kurz nach vier Uhr nachmittag kreiste er über Paris, um den Flugplatz Le Bourget zu finden.

»Ich war sehr froh und glücklich über den Empfang, den die vielen Leute mir offensichtlich bereiten wollten, und hatte die Absicht, langsam bis zu den Hangars vorzurollen. Aber kaum war ich gelandet, als ich auch schon von einer so dichten Menschenmenge umdrängt wurde, daß ich die Propeller schleunigst abstellte, um niemanden zu verletzen.«

Ganz Paris war auf den Beinen, allen voran der amerikanische Botschafter Timothy Herrick, in dessen Residenz der müde Held auch bald in einen zehnstündigen Schlaf fiel. Die Nachricht von seinem Rekord (5.800 Kilometer in 33 Stunden 29 Minuten, bei einer Durchschnittsgeschwindigkeit von 173 Kilometer) verbreitete sich mit Funkgeschwindigkeit um die Erde.

Als Hauptmann Lindbergh am nächsten Morgen erwachte, war er weltberühmt, Oberst, Träger des Kreuzes der Französischen Ehrenlegion und, mit seinem unwiderstehlichen jungenhaften Grinsen, der erklärte Schwarm aller europäischen und amerikanischen Damen zwischen 18 und 80.

Dem Auto gehört die Zukunft!

In Amerika bereits für jedermann erschwinglich – In Europa überwiegt das Motorrad – 244 Autofabriken in Deutschland

Lizzy ist tot. Aber das Auto wird noch lange, lange leben. Dies behauptet jedenfalls Amerikas Auto-König Henry Ford, 64, der soeben die Produktion seines Kleinwagens »Modell T« (Spitzname »Tin Lizzy«) eingestellt hat. Um neue, noch bessere Versionen auf den Markt zu bringen.

Neunzehn Jahre lang hat das 20-PS-Modell, Höchstgeschwindigkeit 60 km/h, reißenden Absatz gefunden. Nicht weniger als 15 Millionen Stück, allesamt schwarz, klein und eher unansehnlich. Aber Lizzy rollt und rollt und rollt. Und sie wurde von Jahr zu Jahr billiger. Der Preis sank von 850 auf zuletzt 290 Dollar – dank ständiger Rationalisierungen und Umstellung auf Fließbandarbeit. Alle 40 Sekunden ein Auto! (Siehe auch den Beitrag »Ford: Service ist alles«).

So ist es denn nicht verwunderlich, daß die Motorisierung in den Staaten so weit fortgeschritten ist. Fast 23 Millionen PKW sind unterwegs. Dazu drei Millionen LKW, 80.000 Autobusse und 100.000 Motorräder. Und: 18,9 von je 100.000 Menschen werden das Todesopfer eines Autounfalls. (Zum Vergleich: 16,4 von 100.000 sterben an Diphtherie, 9 an Masern und 5,2 an Scharlach.)

In Europa sind die Relationen völlig anders: mehr als drei Millionen PKW, eine Million LKW, 150.000 Autobusse – aber mehr als zwei Millionen Motorräder.

Europas Autos sind fast durchwegs handgefertigt (allein in Deutschland gibt es 244 meist kleine, feine Fabriken, die ungezählte Modelle herstellen) – und daher immens teuer.

Ein amerikanischer Facharbeiter muß rund drei Monatslöhne für eine Tin Lizzy hinblättern. Ein deutscher oder österreichischer braucht mehr als zwei Jahre, um sich einen Kleinwagen leisten zu können. Der Gedanke an einen PKW ist eigentlich nur mit einem Haupttreffer in der Klassenlotterie zu realisieren.

Die Kleinwagen-Lösung ist auch in Europa schon mehrfach durchgespielt worden. So versuchte sich der österreichische Autokonstrukteur Ferdinand Porsche vergeblich an einem Modell »Maja«. (Mehr darüber in dem Beitrag »Porsche: Ein Mann mit Tick«.)

Ab 1922 wurde, ebenfalls in Österreich, ein Zwitter zwischen Fahrrad und Auto hergestellt. Das »Baja-Cyclecar« war jedoch primitiv, unfunktionell und daher unverkäuflich. Die Produktion wurde schon 1924 wieder eingestellt.

Mehr Glück hatte die »Hannover'sche Maschinenbau AG« mit ihrem »Hanomag«-Zwerg (»Ein Stückchen Blech, ein Tröpfchen Lack, fertig ist der Hanomag«), zweisitzig, luftgekühlter Motor, 10 PS, 65 km/h. An die 15.000 Stück wurden seit 1924 bis jetzt verkauft. Eine für deutsche Verhältnisse enorme Zahl.

Auch die Opel-Werke sind seit 1924 mit einer einigermaßen preisgünstigen viersitzigen Limousine auf dem Markt. »P 4« (16 PS, 70 km/h), ausschließlich in Grün hergestellt und daher im Volksmund »Laubfrosch« genannt, kostete zu Beginn noch 4.500 Reichsmark. Seit auch Opel das Fließband eingeführt hat, konnte der Preis auf rund 3.000 Reichsmark gesenkt wer-

FORD UND SEIN WUNDERAUTO: der Automobilkönig (rechts) mit Sohn Edsel, der ersten und der zehnmillionsten »Tin Lizzy«

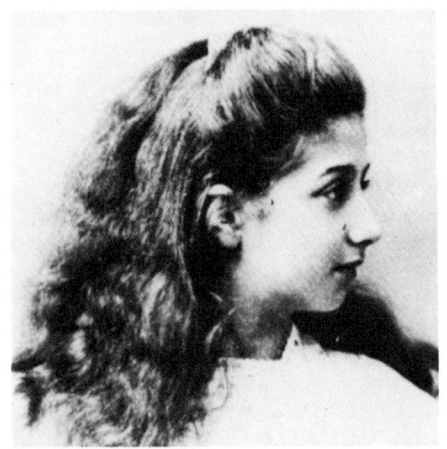

EIN MÄDCHENNAME WIRD ZUR AUTO-
MARKE: Mercedes Jellinek

den: noch immer viel zuviel für den Durch-
schnittsdeutschen.

Keine Absichten, einen preisgünstigen
Kleinwagen zu erzeugen, haben die beiden
renommierten Autogiganten Daimler und
Benz. Unter dem Druck ausländischer, aber
wohl auch inländischer Konkurrenz haben
sich die beiden im vorigen Jahr fusioniert,
wobei Daimler als kostbare Morgengabe
den Begriff »Mercedes« mit ins Geschäft
brachte.

So heißt eine der Töchter des Hauptaktio-
närs Emil Jellinek. Im Jahr 1899, das Mädchen war damals zehn, gewann ein Daimler
unter dem Decknamen »Mercedes« das
Tourenrennen von Nizza. Seit 1902 ist
»Mercedes« eine eingetragene Warenmarke
und in aller Welt der Inbegriff von Vor-
nehmheit und solider deutscher Werk-
mannsarbeit.

DER LAUBFROSCH: klein, aber oho, aus dem Hause Opel

Ein Klassewagen von 1.500 ccm läuft schon
seine hundert Stundenkilometer. Er braucht
gut und gern 15 bis 20 Liter Benzin. Doch
weder Geschwindigkeit noch Verbrauch
sind in der Werbung ein Thema. Der
Kunde legt vor allem Wert auf Komfort.
Noch dazu, wo es auf unseren an Schlaglö-
chern reichen Staubstraßen kaum ratsam
ist, mehr als 30, höchstens 40 km/h zu fahren.

Wer sich einen teuren Wagen leisten kann,
der fragt nicht nach dem teuren Benzin
(rund 50 Groschen in Österreich, 39 Pfen-
nig in Deutschland). Wobei die Beschaf-
fung oft Glückssache ist.

Zwar ist es nicht mehr so schlimm wie um
die Jahrhundertwende, als Benzin nur in
Apotheken und Drogerien zu haben war.
Doch kann es auch heute noch passieren,
daß man viele, sehr viele Kilometer fahren
muß, bis man endlich auf eine Werkstätte
stößt, vor deren Eingang sich eine Hand-
pumpe befindet.

Erst vor drei Jahren kamen die Zehnliter-
Benzinkanister auf den Markt, die man für
den Notfall mitnehmen kann. Shell hatte
noch eine glorreiche Zusatz-Idee: die Kani-
ster sind mit einem Sieb versehen, das wenigstens die gröbsten Verunreinigungen
auffängt, die sich, Gott sei's geklagt, ton-
nenweise im Treibstoff befinden.

Doch das sind wohl Kinderkrankheiten.
Tatsache ist, daß es mit der Motorisierung
von Jahr zu Jahr weiter bergauf geht. Eine
Vollmotorisierung allerdings, wie sie Männern vom Schlag eines Henry Ford vorzu-
schweben scheint, ist wohl eher in den Bereich der Phantasie zu verweisen.

MÄNNER und MOTOREN

Porsche: ein Mann mit Tick

Er ist nur gelernter Klempner – dennoch
zweifacher Dr.-Ing., und zwar ehrenhalber.
Er ist der beste Autokonstrukteur Mitteleuropas, seine teuren Wagen gewinnen ein
Rennen nach dem anderen. Aber er hat
einen Tick: Ferdinand Porsche, 52, will
partout ein kleines Auto für Herrn Jedermann bauen. Einen Volkswagen, sozusagen. Bislang hatte er wenig Glück mit seinem Projekt.

Den Klempnersohn aus dem hintersten
Mähren trieb es achtzehnjährig in die Welt-
stadt Wien. Fasziniert von allem Technischen landete er bei einer Firma für Elek-
tromotoren. Bereits mit fünfundzwanzig
gelang ihm der erste große Wurf: ein um-
weltfreundliches Elektroauto, das zum
Schlager der Weltausstellung von 1900
wurde. Die oberen Tausend Europas fanden es schick, im Porsche-Elektromobil da-
hinzuschnurren (Preis 60.000 Mark, Reichweite 60 km).

Im Jahr 1906 ging Porsche als Chefkonstrukteur zur Firma Austro-Daimler nach
Wiener Neustadt, deren Generaldirektor er
1916 wurde, und ersann den ersten Kleinwagen. Er hieß »Maja«, nach der jüngeren
Tochter des Daimler-Aktionärs Jellinek,
dessen ältere ihren Namen für »Mercedes«
hergegeben hatte. Doch Maja war ein Flop.
Vor dem Krieg waren nur große Luxusschlitten gefragt.

Nachdem Porsche während des Kriegs
einige hervorragende LKW- und Autobus-
Konstruktionen hervorgebracht und dafür
seinen ersten Ehrendoktor eingeheimst
hatte, schuf er nach 1918 für den Filmemacher Sascha Graf Kolowrat ein erfolgreiches kleines Rennauto.

Porsche wollte daraus sein Lieblingsbaby,

den billigen Wagen für Herrn Jedermann, weiterentwickeln. Doch die Aktionäre, überzeugt, daß »so was« keine Zukunft hätte, drehten den Geldhahn zu. Worauf der Klempner aus Mähren nur eine Antwort wußte. »Bagage!« brüllte er in den Aufsichtsrat, packte die Koffer und übersiedelte zu Mercedes nach Stuttgart.

Dort ist er jetzt Chefkonstrukteur, aber man sieht es ihm kaum an: im verdrückten Arbeitsanzug hält er sich am liebsten in den Werkstätten auf, bester Kumpel seiner Mechaniker.

Nachdem drei seiner Wagen das schwierigste aller Rennen, die Targa-Florio in Sizilien gewonnen hatten, bekam er seinen zweiten, einen deutschen Doktor-Ehrentitel.

Alles gut und schön, sagt der Mercedes-Mann. Aber sein Kleinwagenprojekt läßt ihn noch immer nicht ruhen. Ob der mährische Dickschädel sich doch noch einmal durchsetzen wird?

Ford: Service ist alles

Rund zwanzig Jahre ist es her, daß ein amerikanisches Gericht befand, der Kauf eines Ford-Autos sei strafbar. Mittlerweile hat sich Henry Ford zum größten Automobilhersteller der Welt emporgearbeitet. Seine Ideen sind nicht nur auf dem Gebiet des Autobaus bahnbrechend.

Im Jahr 1892 hat der arme Bauernjunge aus Springwells, der in einer Mechanikerwerkstätte in Detroit arbeitete, seinen ersten Motor gebastelt und in eine Kutsche eingebaut. 1903 hatte er genug Geldleute beschwatzt, um die »Ford Motor Company« gründen zu können. Und sein »Modell A«, ein Zweizylinder mit 8 PS, wurde sofort ein Erfolg.

Was dann folgte, war ein ewiges Auf und Ab, eine endlose Folge von Anfeindungen und Prozessen um Patente, Krach mit den Aktionären – bis zu jenem obenerwähnten ominösen Gerichtsurteil, das bald darauf wieder aufgehoben wurde.

Erst als die Hauptaktionäre, die Brüder Dodge, 1919 aus dem Unternehmen scheiden, kann Ford alle seine Pläne in Ruhe ausführen:

● Äußerste Rationalisierung (Arbeitsteilung, Fließband), so daß das Endprodukt ständig billiger statt teurer wird.

● Motivierung der Arbeiter zu Höchstlei-

ERFINDER UNTER SICH: Henry Ford und Thomas A. Edison

stungen. Ford hat den Achtstundentag schon während des Krieges eingeführt und die Löhne laufend angehoben.

● Umfassende Serviceleistungen für den Kunden: Ford besitzt ein dichtes Werkstättennetz, Ersatzteile sind praktisch überall griffbereit.

Um noch billiger produzieren zu können, macht sich Ford zunehmend von den Zulieferern unabhängig. Auf eigenen Bahnlinien und Schiffen transportiert und in eigenen Fabriken verarbeitet er die Rohstoffe aus eigenen Kautschukplantagen, Erzlagern und Kohlebergwerken.

Schnellster Mann von Deutschland

Deutschlands Jugend hat ein neues Idol: Rudolf Caracciola, 25, wegen seiner Zartheit mit dem Spitznamen »Mädchen in Männerkleidern« behaftet, hat im vorigen Jahr den zum ersten Mal ausgetragenen »Großen Preis von Deutschland« auf der AVUS in Berlin gewonnen.

Der kleine Mann, der zum Mercedes-Rennteam gehört, erreichte eine Spitzengeschwindigkeit von 154,8 km/h und siegte mit einer Durchschnittsgeschwindigkeit von 135 km/h.

RUDOLF CARACCIOLA

Nürburgring feierlich eröffnet
»Unfälle sind unvermeidbar«

Nach nur zwei Jahren Bauzeit – gestartet zur Arbeitsbeschaffung für Erwerbslose – wird am 17. Juli, punkt 10.00 Uhr, Deutschlands zweite große Rennstrecke eröffnet: der Nürburgring in der Eifel.

Das 15-Millionen-Ding, eine technische Meisterleistung, stellt an die Fahrer die größten Anforderungen. Die Strecke ist 30,5 Kilometer lang, weist 174 schwierige Kurven auf und hat ein Gefälle bis zu 11 Prozent.

100.000 Zuschauer sind herbeigepilgert, um den zwanzig Wagen zuzusehen, die bei diesem zweiten Großen Preis von Deutschland mit Höllenspektakel durch die Kurven jagen.

Otto Merz (Mercedes) fährt die 508,752 Kilometer in 4:59:35,6 Stunden (Schnitt 101,9 km/h) und wird klarer Sieger vor seinen beiden Stallkameraden Werner und Walb. Der große Favorit, Rudolf Caracciola, muß wegen Motorschaden vorzeitig aufgeben.

Den meisten Beifall allerdings heimst eine Frau ein, Elisabeth Junek aus Prag, die in ihrem kleinen, knallroten Bugatti fast die gleichen Rundenzeiten schafft wie die weißen Riesen von Mercedes. Sie wird Siegerin in der 3.000-ccm-Klasse.

Auf eines allerdings hat das sensationsgierige Publikum vergeblich gewartet: auf ähnliche nervenkitzelnde Zwischenfälle, wie sie sich im Jahr zuvor auf der AVUS (Automobil-Verkehrs-und-Übungsstraße) in Berlin ereignet haben.

Damals kam auf der 19,656 Kilometer langen, »schnellsten Rennstrecke der Welt« Alfred Rosenberger (Mercedes) während eines Platzregens mit 170 km/h ins Schleudern und krachte ins Zeitnehmerhäuschen: ein Toter, einige Schwerverletzte. Wenig später raste der Franzose Chassagnet (Talbot) mitten in die Zuschauer, wobei ein Schwer- und zwei Leichtverletzte auf der Strecke blieben.

Die danach ausgebrochene öffentliche Diskussion über Sinn und Unsinn von Autorennen ist bis in dieses Jahr nicht abgerissen. Sie verstummte erst, als ein Gericht, gestützt auf Sachverständigengutachten, entschied: »Die AVUS ist eine absolut sichere Rennstrecke für Fahrer und Zuschauer. Unfälle sind nirgendwo zu vermeiden.«

GEFÄHRLICHE KURVEN: der Nürburgring

Der Rheinländer sollte, wie sein Vater, Hotelier werden, aber Motoren interessierten ihn mehr. Er fand Arbeit bei der Aachener Autofabrik Fafnir, nahm auch an Rennen teil, mußte dann aber Aachen Hals über Kopf verlassen, nachdem er mit einem Besatzungsoffizier in der »Kakadu-Bar« handgreiflich geworden war.

Er floh nach Dresden, schlüpfte – ausgerechnet – in einer Puppenfabrik unter. Und bastelte, nebenbei, ein Mini-Rennauto, mit dem er sogar bei kleineren Veranstaltungen an den Start ging.

Mercedes holte sich das junge Talent – als Verkäufer. Bis endlich Mercedes-Rennchef Alfred Neugebauer, ein österreichischer Ex-Offizier, Caracciola eine Chance gab. Der fixe Junge aus dem Rheinland schaffte auf Anhieb den Sprung in die Weltklasse.

Eislauf-WM: Schiebung!

Sonja Henie Weltmeisterin – Preisrichter bestochen?

Bei den Eislauf-Weltmeisterschaften am 19. und 20. Februar in Oslo wird die erst fünfzehnjährige Norwegerin Sonja Henie Siegerin: dank einer offensichtlichen Schiebung. Die internationale Presse spricht vom »größten Preisrichterskandal aller Zeiten«.

SONJA HENIE

Nichts Gutes schwant den in Oslo angereisten Damen, als sie das offizielle Programm der WM aufschlagen. In Balkenlettern steht da: »Hoch Sonja! Hoffentlich wirst du Szabo (die bisherige fünffache Weltmeisterin aus Österreich, Anm. d. Red.) unterkriegen.« Und: »Henie wird die WM gewinnen.«

Das nächste Debakel zeichnet sich bei der Zusammenstellung des Preisrichterkollegiums ab. Vier Damen treten an. Henie aus Oslo, Szabo aus Österreich, Brockhoeft aus Deutschland und Simensen, ebenfalls aus Norwegen.

Österreich stellt einen Preisrichter, Deutschland nach langen, erbitterten Kämpfen, ebenfalls einen. Norwegen aber deren *drei*! Alle Versuche, den großen alten Mann des Eiskunstlaufes, den vielfachen Weltmeister Ulrich Salchow, 46, aus

Schweden als Neutralen in die Jury zu bringen, scheitern.

So kommt es, wie es kommen muß: Weltmeisterin Szabo liegt schon nach der Pflicht um 21 Punkte hinter Henie. Sie begeht dann noch den Fehler, bei der Kür auf Nummer Sicher zu fahren. Ihre Kür ist zwar makellos, läßt jedoch einige Schwierigkeiten vermissen. Henie läuft sehr anmutig, ihre Kür ist gespickt mit Schwierigkeiten – aber auch mit einigen recht auffälligen Fehlern.

»Henie wird, wie immer sie läuft, Weltmeisterin«, hat der mehrfache norwegische Weltrekordler im Eisschnellauf, Mathiesen, schon vor der Konkurrenz prophezeit. Der Mann hat recht behalten. Mehr noch: Die brillante Deutsche Brockhoeft landet auf Platz vier hinter Simensen, die, so ein Fachjournalist, »in anderen Ländern nicht ein-

mal eine Chance hätte, die Juniorenmeisterschaften zu gewinnen.«

Drahtzieher hinter der Kulisse ist Papa Henie. Schon als gefinkelter Radrenn-Profi (Weltmeister von 1894 im 100-Kilometer-Steherrennen) wußte er genau über alle mehr oder minder legalen P.R.-Methoden Bescheid. Diese Kenntnisse nützt er jetzt eifrig für die Tochter. Wer weiß, wohin der clevere Vater die kleine Sonja noch pushen wird …

Sporttelegramm

Europameister im Eishockey wird in diesem Jahr Österreich. Deutschland belegt, nach Niederlagen gegen Österreich und Belgien, Platz drei.

Die größte Kunsteisbahn der Welt wird in Wien fertiggestellt. Der Wiener Eislaufverein vergrößert seine Kunsteislaufbahn auf 9.500 Quadratmeter.

Zwölf Weltrekorde in der Liste der zwölf weltbesten Schwerathleten hält derzeit Österreich, gefolgt von Deutschland mit acht Weltrekorden.

Die Leichtathletik-Weltbestenliste wird von den USA angeführt. Nach Finnland steht Deutschland auf Platz drei; vor allem dank der überragenden Leistungen der Läufer Körnig (100 Meter) und Doktor Peltzer 880 und 1.500 Meter).

Einen neuen Weltrekord stellt der Amerikaner Johnny Weissmüller bei den Meisterschaften in Chikago auf, an dem 36 Vereine teilnehmen. Weissmüller schwimmt 500 Yard Freistil in 5:28,4 Minuten. Die Sensation des Meetings ist allerdings der erst siebzehnjährige Schüler Kojak aus New York, der im 150-Yard-Rückenschwimmen mit 1:39,2 Weltbestzeit herausholt.

PERSONALIA

Karl Seitz, 58, Wiener Bürgermeister, entkam am 26. November knapp einem Attentat. Der arbeitslose Theaterstatist Richard Strebinger, 23, gab einige Schüsse auf den Politiker ab, als dieser nach der Eröffnung der Eissporthalle »Schneepalast« in seinen wartenden Wagen steigen wollte. Seitz warf

KARL SEITZ

sich auf den Boden des Autos und blieb unverletzt. Das Motiv Strebingers ist unklar. Er ist sowohl eingeschriebener Monarchist als auch Mitglied der Sozialdemokratischen Partei und der katholischen Jugendbewegung. Die Psychiater vermuten, daß er aus purem Geltungsbedürfnis gehandelt hat.

Helen Keller, 47, taub-blinde Schriftstellerin, hat soeben ihr fünftes Buch, »Meine Religion«, veröffentlicht. Wie alle anderen vorher berichtet es von ihrem außergewöhnlichen Leben. Die Tochter wohlhabender Amerikaner kommt als normales Baby zur Welt. Erst 19 Monate alt, erblin-

HELEN KELLER und ihre Lehrerin Ann Sullivan

det und ertaubt das Kind im Gefolge einer schweren Krankheit. Nachdem sie mehr als fünf Jahre lang hilflos dahinvegetiert ist, erhält sie eine neue Erzieherin. Anne Sullivan ersinnt völlig neue Methoden, das Kind kommunikationsfähig zu machen. Helen erlernt das Fingeralphabet und die Blindenschrift; sie versteht die Sprache anderer Menschen durch Fingerauflegen auf die Lippen. Nachdem sie eine Taubstummen-Schule in New York besucht hat, kann sie sogar studieren und wird 1904 zum Dr. phil. promoviert. Seither verbringt sie einen großen Teil ihres Lebens, in Begleitung von Anne Sullivan, auf Vortragsreisen, deren Ertrag sie behinderten Kindern zur Verfügung stellt.

Therese Neumann, 29, Bauerntochter aus Konnersreuth in der Oberpfalz, gibt der Welt Rätsel auf. Voriges Jahr in der Fastenzeit zum ersten Mal und in diesem Jahr wieder zeigen sich an ihren Händen und Füßen stark blutende Wunden, wie sie Christus am Kreuz erlitten hat. Während schon 1926 Hunderte Gläubige nach Konnersreuth wallfahrten, bleibt die Kirche skeptisch. Therese, eine stämmige, arbeitsame Person ohne jegliche mystische Ausstrahlung, ist jetzt, im Auftrag der Kirchen-

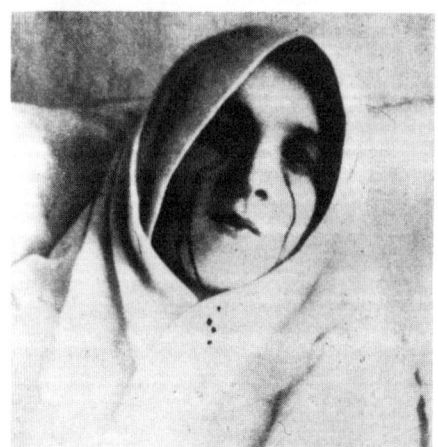

THERESE NEUMANN

behörden, von Ärzten und Psychiatern genau untersucht worden. Sie fanden nichts Außergewöhnliches und können nur feststellen, was jeder, der Augen im Kopf hat,

ohnehin sieht: Therese verliert ziemlich viel Blut. Sie nimmt während der sogenannten Stigmatisierung keinerlei Nahrung zu sich, wobei sie kein Gramm an Gewicht einbüßt. Das Phänomen bleibt fürs erste ungeklärt.

Ferdinand Sauerbruch, 52, Deutschlands derzeit bekanntester Chirurg, wurde endlich aus dem Ausland heimgeholt und als Chef an die Berliner Charité berufen. Seither drängt sich die medizinische Prominenz unter der großen Zuschauerkuppel des

FERDINAND SAUERBRUCH

Hörsaals, um die »goldenen Hände« des Professors bei der Arbeit zu bestaunen und zu bewundern. Sauerbruch ist bekanntlich einer der erfolgreichsten Pioniere der modernen Chirurgie. Eine von ihm bereits 1904 ersonnene Unterdruckkammer ermöglichte die erste Lungenoperation: zahlreiche an Lungentuberkulose und an Lungenkrebs Erkrankte verdanken ihm seither ihr Leben. Auch auf dem Gebiet der Speiseröhren- und der Herzchirurgie hat Sauerbruch neue Wege eingeschlagen. Bleibende Denkmäler hat er sich schon heute durch sein dreibändiges Standardwerk über die Thoraxchirurgie gesetzt – und mit der »Sauerbruch-Hand«: eine willkürlich bewegliche Hand, 1915 in Zürich ersonnen, als Sauerbruch dort lehrte. Dieses Wunderwerk hat mitgeholfen, vielen Kriegsversehrten das Dasein wieder lebenswert zu machen.

Carl von Ossietzky, 38, hat am 18. Oktober die Leitung der Berliner »Weltbühne« übernommen, als deren verantwortlicher Redakteur er gemeinsam mit Kurt Tucholsky seit dem Tod des Herausgebers Siegfried Jacobson am 3. Dezember des Vorjahrs zeichnete. »Die »Wochenschrift für Politik, Kunst und Wirtschaft« war von Jacobson im Jahr 1905 gegründet worden und ist strammen Deutschen wegen ihrer pazifistischen Haltung höchst suspekt.

Gestorben:

Charlotte, Ex-Kaiserin von Mexiko, Prinzessin von Belgien, 87. Nur noch der Schatten eines Menschen verschwand, als die Greisin am 19. Januar in dem belgischen Schloß Bouchoute eine Welt verließ, die ihr schon vor zweiundsechzig Jahren entglitten war. Seit 1866 ersetzte eine sorgfältig überwachte Raumflucht des königlichen Landsitzes bei Brüssel die Irrenanstalt.

Charlotte hat viele überlebt: ihre ersten psychiatrischen Betreuer ebenso wie ihren Bruder Leopold II. und alle berühmten Zeitgenossen, jene Akteure des historischen Geschehens um die Mitte des vorigen Jahrhunderts. Einst wie die Kaiserinnen Elisabeth von Österreich und Eugénie von Frankreich als eine der Frauenschönheiten der europäischen Dynastien gefeiert, hatte sie das Schicksal ihres Gatten Maximilian geteilt. Der Bruder des österreichischen Kaiser Franz Joseph I. ließ sich zum Kaiser von Mexiko machen. Eines Tages erhob sich das Volk gegen ihn. Nun wollte Charlotte selbst eingreifen. Sie reiste nach Europa, verzweifelt bemüht, Hilfe zu orga-

CHARLOTTE, Ex-Kaiserin von Mexiko

nisieren. Bei Frankreichs Napoleon III. blitzte sie ebenso ab wie bei Papst Pius IX. In Rom gab die gepeinigte Seele sich selbst auf. Ärzte konstatierten eine – wie sich wies, unheilbare – Geisteskrankheit. Die Nachricht von Maximilians Endkampf, seiner Gefangennahme und Hinrichtung erfaßte die Kaiserin nicht mehr (siehe dazu auch den ZEIT-BILD-Band »Bismarck 1865–1871«).

Houston Stewart Chamberlain, 72, Schriftsteller und Kulturphilosoph, am 9. Januar in Bayreuth. Der Sohn eines englischen Generals studierte zunächst in Genf Naturwissenschaften, übersiedelte dann aber nach Deutschland, wo er immer stärker in den Sog arischen Heilsdenkens, verknüpft mit strammem Antisemitismus geriet. Strömungen, die auch einem Richard Wagner nicht fremd waren. Die beiden Männer verband noch mehr. Chamberlain heiratete 1908 die

HOUSTON STEWART CHAMBERLAIN

Wagner-Tochter Eva und lebte seither im Schoß des Wagner-Clans in Bayreuth. 1899 erschien sein viel diskutiertes, stark umstrittenes Hauptwerk: »Die Grundlagen des 19. Jahrhunderts«. Chamberlain definiert darin das germanische Wesen im allgemeinen und das deutsche im besonderen als das einzig wirklich schöpferische und wertvolle im Lauf der Kulturgeschichte. Ähnlichen Denkschemata folgt Chamberlain, der seit 1916 deutscher Staatsangehöriger war, auch in seinen späteren Werken (»Arische Weltanschauung«, »Mensch und Gott«, »Rasse und Persönlichkeit«). Man kann nicht gerade behaupten, daß der britische Gentleman ein Nazi war. Dazu war er zu

wenig vulgär. Aber die Nazi bedienen sich seiner Argumente mit großem Fleiß.

Gaston Leroux, 59, französischer Autor vieler Detektivgeschichten, am 15. Juli in Nizza. Sein bester Wurf gelang ihm auf dem Gebiet der phantastischen Literatur mit dem erstmals 1910 erschienenen Horror-Roman »Das Phantom der Oper« um ein rätselhaftes Wesen im Riesenbau der Pariser Grande Opéra, für Leroux ein romantisches Labyrinth voller Pracht und Magie. In den USA wurde das Buch unter Aufbietung raffiniert-grausiger Maskenbildnerei bereits verfilmt.

Jerome K. Jerome, 68, englischer Schriftsteller, am 14. Juni in Northampton. Ursprünglich Beamter, Lehrer und Schauspieler, später Mitherausgeber einer Zeitschrift, wurde Jerome mit seiner heiteren Erzählung »Drei Mann in einem Boot« (1889) mit einem Schlag berühmt. Er ließ dem Bestseller eine Fortsetzung folgen: »Drei Mann auf dem Bummel« (1900), schrieb aber auch Entwicklungsromane wie »Anthony John« (1923) und sozialkritische Lustspiele.

Maximilian Harden (eigentlich Maximilian Witkowski), 66, deutscher Schriftsteller, am 30. Oktober in Montana, Kanton Wallis, Schweiz. Der ehemalige Herausgeber der Wochenzeitschrift »Die Zukunft«, in der er die Politik Kaiser Wilhelms II. schärfstens bekämpfte, spielte eine tragende Rolle in dem Skandalprozeß gegen den Freund und Vertrauten Wilhelms II., Philipp Fürst zu Eulenburg und Hertefeld im Jahr 1906. Er hatte den Fürsten in der »Zukunft« immer wieder attackiert und ihn, der auch als Dichter und Komponist begabt war, der Homoerotik beschuldigt. Nach dem Krieg 1914–1918 wurde Harden zum radikalen Sozialisten.

Georg Brandes, 85, dänischer Literaturkritiker, am 19. Februar in Kopenhagen. Der Schüler des französischen Historikers und Geschichtsphilosophen Hippolyte Taine wurde zum Wegbereiter des Naturalismus in Dänemark. Sein bedeutendstes Werk: »Hauptströmungen in der europäischen Literatur des 19. Jahrhunderts« (6 Bände, 1872–1890).

Das historische Nachrichten-Magazin

Zeit Bild

1928

Die
neuen Medien

Inhalt

Titelbild: Lilian Harvey und Willy Fritsch vor dem Mikrophon

Brief des Herausgebers

Ende Dezember 1928

Der Krieg ist für immer und ewig abgeschafft!

So könnte man, aufs äußerste verkürzt und vereinfacht, die Kernaussage eines Friedensabkommens bezeichnen, dem im Lauf dieses Jahres nicht weniger als fünfzehn Staaten beigetreten sind. Weitere sollen in Kürze folgen.

Zumindest der unverbesserliche Optimist ist geneigt zu glauben, daß es von 1928 an nie wieder Krieg geben wird.

Doch die Pessimisten überwiegen leider, und, Gott sei's geklagt, sie haben nicht so unrecht.

Denn liest man das Kleingedruckte dieses komplizierten Vertragswerkes aufmerksam, müssen auch dem Gutgläubigsten arge Zweifel kommen:

Wohl wird der Angriffskrieg nachdrücklich geächtet – aber es dürfte im schlimmsten Fall der Fälle ungeahnte Auslegungsschwierigkeiten geben. Denn bekanntlich hat sich im Lauf der Geschichte noch jeder Aggressor darauf berufen, eigentlich das bedauernswerte Opfer eines hinterhältigen Überfalls zu sein.

Zum zweiten, und das ist der echte Pferdefuß des »Jahrhundertvertrages« (Zeitungskommentar): es sind keine ausdrücklichen Sanktionen gegen denjenigen vorgesehen, der einen Krieg mutwillig vom Zaun bricht.

Durchaus denkbar, daß gefinkelte Juristen sich dereinst auf den Kellogg-Pakt berufen, wenn einer der Unterzeichner einen Krieg beginnt; möglich, daß dann, sollte das Land den Krieg verlieren, die Verantwortlichen dieses Landes als »Kriegsverbrecher« vor ein internationales Gericht gestellt werden.

Doch was nützen im nachhinein verhängte schwere Strafen für eine Handvoll Kriegstreiber, wenn vorher Tausende oder gar Hunderttausende junge Männer den Tod fanden.

Trotz Kellogg-Pakt.

Mag sein, daß das Vertragswerk, das eine allgemeine Friedenseuphorie ausgelöst hat, derzeit einen Krieg zwischen den Nationen verhindert. Gegen den Bruderkrieg jedoch ist der Kellogg-Pakt schon jetzt absolut machtlos.

Noch dazu in einem Land, das den Namen Kellogg (so heißt der Initiator) bestenfalls vom Hörensagen kennt. Gemeint ist China, wo General Tschiang Kai-schek zwar als eindeutiger Sieger aus jahrelangen innerpolitischen Kriegswirren hervorgegangen ist. Doch es hat den Anschein, als sollte das Riesenreich deswegen noch lange nicht zur Ruhe kommen.

Tschiangs schärfster Rivale, der Kommunistenführer Mao Tse-tung, denkt gar nicht daran, sich geschlagen zu geben, obwohl seine Partei einer erbarmungslosen Vernichtungskampagne ausgesetzt ist. Im Gegenteil: Mao beginnt die Bauern um sich zu sammeln und scheint allen Ernstes davon zu träumen, die Macht in China zu übernehmen.

Dieser Gedanke klingt völlig abwegig. Was will Mao mit einem Haufen halbverhungerter Kleinbauern? Erschwerend kommt hinzu, daß die in Moskau sitzenden Hüter der reinen marxistischen Grallehre durchaus nicht auf seiten des jungen chinesischen Lehrers stehen und auch nicht daran denken, Mao Tse-tung zu unterstützen. Weder ideell noch mit Waffen und schon gar nicht mit Geld.

Nein, nein, das scheint wohl so gut wie sicher: Mao Tse-tung steht auf verlorenem Posten.

Aber schon erwächst dem volkreichen und zugleich rückständigen Land im Fernen Osten ein weiterer Gegner, der sich ganz gewiß nicht an irgendwelche nebulose Friedensvereinbarungen halten wird:

Japan erhebt offiziell Anspruch auf die Vorherrschaft in Ostasien, wobei, wie aus einem Statement des Außenministers ganz eindeutig hervorgeht, die direkte Oberhoheit über China schrittweise angestrebt wird.

Wie unendlich schwer es ist, ganze Völker zu befrieden, erhellt die Tatsache, daß es oft kaum gelingt, homogen gewachsene Kleingruppen konfliktfrei zu halten.

Dazu ein markantes Beispiel aus der jüngsten Geschichte der deutschen SPD, die in diesem Jahr – wieder einmal – um ein Haar auseinandergebrochen wäre. Sie konnte nur überleben, weil die Parteispitze dem vehementen Druck der Basis schließlich nachgegeben hat.

Es trat sogar der wohl einmalige Fall ein, daß die Abgeordneten bei der Abstimmung über ein heiß umstrittenes Nachrüstungsgesetz gegen die Beschlüsse ihrer eigenen Genossen stimmten, die in der Regierung sitzen!

Deutschlands Sozialdemokraten sind gerade noch einmal mit knapper Not davongekommen. Ob diese Partei mit ihren ewigen zermürbenden Flügelkämpfen überhaupt noch zu retten ist, wird erst die Zukunft weisen.

Nie wieder Krieg?

»Kellogg-Pakt« unterzeichnet – Stresemann schwer krank

Ein vom französischen Außenminister Aristide Briand, 66, und seinem US-Kollegen Frank B. Kellogg, 78, entworfener Plan, den Krieg in alle Zukunft für »rechtlos« zu erklären, wird am 27. August von Deutschland, Frankreich, Großbritannien, den USA und weiteren elf Ländern unterzeichnet.

So vielversprechend der sogenannte »Kellogg-Pakt« anmutet, so wenig scheint er im Ernstfall durchsetzbar: abgesehen davon, daß nur der *Angriffskrieg* geächtet ist, heißt es, daß in Zukunft alle Streitigkeiten zwischen den Nationen durch friedliche Mittel gelöst werden sollen. Wie – das wird nicht erörtert.

Das Vertragswerk zustande zu bringen ist dennoch eine zeitraubende und nervenzermürbende Hetzjagd, welche die letzten Kraftreserven des deutschen Reichsaußenministers aufzehrt.

Nach einem leichten Gehirnschlag zeitweilig gelähmt, muß Stresemann sich im Frühjahr wochenlang in Sanatoriumspflege begeben. Nur in Begleitung eines Arztes und einer Krankenschwester ist er seither unterwegs. Wenn Stresemann hinter verschlossenen Türen konferiert, steht das Sanitätsteam im Vorraum in Bereitschaft.

Während einer Besprechung mit Poincaré, im Herbst in Paris, die Stresemann äußerst erregt, kollabiert er und muß ärztlich versorgt werden. Als er sich ein wenig erholt hat, will der Minister weiterverhandeln. Der Arzt aber legt ein so scharfes Veto ein, daß Stresemann schließlich nachgibt. Die Diskussion mit seinem französischen Gegenspieler wird auf unbestimmte Zeit vertagt.

ERHOLUNG IN SAN REMO: der kranke Dr. Stresemann

SPD: Krach um Nachrüstung

»Stehen wir noch bei Bebel, Jaurés, dem Erfurter Programm und den französischen Sozialisten, die ein weitgehendes Programm zur Verteidigung des Landes angenommen haben, oder vertreten wir den Standpunkt, daß die Sozialisten überall, ohne Rücksicht auf die Rüstungsverhältnisse anderer Länder, für die Totalabrüstung im eigenen Lande eintreten müssen?« fragt der Wehrsprecher der SPD, Julius Leber, 37, im Reichstag. Er ist krampfhaft bemüht, krasse Meinungsunterschiede in der SPD in Sachen Nachrüstung auszuräumen.

Die deutsche Innenpolitik bietet seit 1919 und nunmehr vierzehn (!) Regierungen ein Bild permanenter Zerrissenheit. Daß aber eine Partei, die den Regierungschef und drei Minister stellt, in sich selbst so zerfallen ist, daß sie ihre Abgeordneten *und* die Minister auf Ablehnung eines Beschlusses ebendieser Minister vergattert – das hat es in einer parlamentarischen Demokratie noch nie gegeben.

Die Vorgeschichte: die SPD ging im Frühjahr unter anderem mit dem Slogan »Kinderspeisung statt Panzerkreuzer« in den Wahlkampf. Von den Wählern mit einem stattlichen Stimmenzuwachs versorgt, stellt sie den Reichskanzler, Hermann Müller, 52. Er bildet ein Kabinett der Großen Koalition.

Die neue Regierung tritt am 28. Juni ihr Amt an und beschließt wenig später, den Panzerkreuzer »A« auf Kiel zu legen. Mit den Stimmen aller drei SPD-Minister.

Laut Versailler Vertrag darf Deutschland vier solche Schiffe besitzen. Das erste soll nun gebaut werden. Niemand weiß schließlich, was Polen in der Ostsee vorhat – der Streit um die Ostgrenzen ist noch immer nicht beendet.

Im Herbst legen sich die Abgeordneten der SPD plötzlich quer und fassen zwei absolut widersprüchliche Resolutionen:
1. werden die SP-Minister wegen ihrer Haltung in der Panzerkreuzer-Frage getadelt;
2. wird ebendiesen Ministern aufgetragen, im Interesse der Arbeiterschaft in der Koalitionsregierung zu verbleiben.

Man glaubt damit offenbar allen Ansprüchen gerecht zu werden: denen der Partei-Linken, die, ebenso wie die Kommunisten, Deutschland auf ewige Zeiten waffenlos sehen wollen, und denen der Parteispitze, die für den Fall gewappnet sein möchte, daß Deutschland von einem Aggressor überfallen wird.

Im November kommt es im Reichstag zur Abstimmung. Wie oben erwähnt, veranlaßt der Klubzwang die SPD-Minister, gegen ihren eigenen Beschluß zu votieren. Das Schiff wird dennoch gebaut – weil die SPD nicht über die absolute Mehrheit verfügt.

KABINETT IN NÖTEN: Regierungschef Hermann Müller (erste Reihe Mitte) und seine Mannschaft

DER LETZTE PROZESSTAG: Angeklagter Julius Barmat (Bildmitte)

Monsterprozeß nach Korruption

Der längste Prozeß der deutschen Geschichte geht nach 198 Verhandlungstagen am 30. März dieses Jahres zu Ende. Er ist zugleich einer der peinlichsten, da hohe Politiker und zwei halbstaatliche Geldinstitute in eine aufsehenerregende Korruptionsaffäre verwickelt sind.

Der aus der Ukraine eingewanderte Kaufmann Julius Barmat und sein Bruder Henri erhielten, ohne hinreichende Sicherheiten und nur gestützt auf »wärmste Empfehlungen« von »höchsten Stellen«, Kredite über fast 35 Millionen Goldmark – unter anderem auch von der Preußischen Staatsbank und der Deutschen Girozentrale.

In Insider-Kreisen werden die Namen von Ministern als hochbestochene Protektoren des Gauner-Duos gehandelt. Vor Gericht aber stehen nur die Barmat-Brüder und einige kleine Beamte. Zwei von ihnen sowie die Hauptangeklagten werden zu mehrmonatigen Gefängnisstrafen verurteilt.

An die politischen Verflechtungen rührt das Gericht nicht. Die großen Tiere bleiben wieder einmal ungeschoren.

Doppelmord im Parlament

Schüsse peitschen am 20. Juni durch die voll besetzte Skupština – das Parlament des »Königreichs der Serben, Kroaten und Slowenen«: so der komplizierte Name eines neuen Balkan-Staatengebildes.

Der Führer der Bauernpartei, Stefan Radič, 57, und sein Neffe, Pavle Radič, 48, werden tödlich getroffen. Der Täter, ein Abgeordneter aus Montenegro, läßt sich auf der Stelle widerstandslos verhaften.

Mit dem Doppelmord auf offener politischer Bühne hat eine Krise ihren Siedepunkt erreicht, die seit zehn Jahren andauert. Genau so lange, wie dieser künstliche Staat auf dem Balkan besteht.

Das Königreich, von dem Serben Alexander I. aus dem Haus Karageorgevič regiert, ist ein seltsames, schwer lebensfähiges politisches Flickwerk: zum einen können einander Kroaten, Slowenen und Serben ohnehin nicht ausstehen – wie das unter Brudervölkern sehr oft der Fall ist. Zum anderen bestehen auch noch krasse religiöse Unterschiede (Mohammedaner, Katholiken, Orthodoxe). Und schließlich gibt es jede Menge Minderheiten (Albaner, Ungarn, Mazedonier, Deutsche), die sich auf jeden Fall unterdrückt fühlen.

Die (katholischen) Kroaten, als Folge des Krieges der Oberherrschaft durch die Österreicher glücklich entkommen, fühlen sich verraten und verkauft, weil sie nun, statt ein Eigenleben führen zu können, von

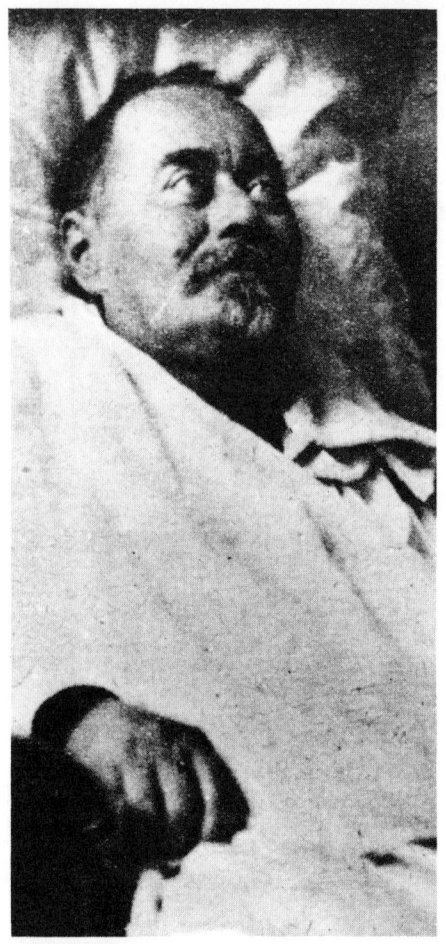

STEFAN RADIČ

»Hasenjagd« auf Kommunisten

Tschiang Sieger im chinesischen Bürgerkrieg – Mao gibt nicht auf!

China ist geeint, verkündet die Kuomintang-Partei triumphierend. Ihre Truppen haben Peking erreicht und sind am 3. Juli dieses Jahres in die alte Hauptstadt einmarschiert: endlose Kolonnen junger, schmächtiger, total erschöpfter Südchinesen durch ein schweigendes Spalier hochgewachsener Nordchinesen.

Drei Jahre vorher war hier Sun Yat-sen verstorben, der Gründer der nationalistischen Bewegung (siehe ZEIT-BILD 1925). An seinem Grab feierte jetzt sein Nachfolger Tschiang Kai-schek den Sieg.

Der letzte »Kriegsherr«, der ihm im Norden noch Widerstand geleistet hatte, war Marschall Tschang Tso-lin gewesen, der »Tiger von Mukden«. Er hatte mit einem Eisenbahnzug voll Raubgut die Flucht ergriffen, war dann aber in der Mandschurei

samt seinem Luxus-Waggon von einer Bombe zerrissen worden.

Die »Einigung« des Landes steht dennoch auf schwachen Beinen. In der alten Kaiserstadt will Tschiang nicht bleiben. Er fühlt sich hier nicht sicher. Er will Peking (»Nördliche Hauptstadt«) deshalb sogar einen neuen Namen geben, Peiping (»Nördlicher Friede«) – und lieber von Nanking aus regieren.

Zudem gibt es, im Norden wie im Süden,

TSCHANG TSO-LIN

MAO TSE-TUNG

den (orthodoxen) Serben aus Belgrad zentralistisch regiert werden.

Stefan Radič, im Jahr 1904 Gründer der zunehmend einflußreich und mächtiger werdenden »kroatischen Bauernpartei«, hat mit dem ganzen Gewicht seiner populären Persönlichkeit immer wieder die Autonomie Kroatiens gefordert. 1919–1920 und 1925 saß Radič dafür im Gefängnis.

Bis Ende 1925 seine Partei einen so überwältigenden Wahlsieg errang, daß Belgrad sich zu einem radikalen Kurswechsel entschloß: Radič wurde nicht nur freigelassen, sondern sogar an die Spitze des Unterrichtsministeriums berufen.

Die Schüsse im Abgeordnetenhaus haben jetzt dem Scheinfrieden ein Ende gemacht. Radič' letzte Worte: »Nie mehr nach Belgrad.«

MENSCHENLEBEN ZÄHLEN NICHT: Kriegsgreuel in China

noch immer die riesigen Privatarmeen anderer, unbesiegter Kriegsherren, die der neuen Zentralgewalt nicht gehorchen: zusammen fast zwei Millionen uniformierte Plünderer. Die Versuche, sie unschädlich zu machen, sind bisher generell fehlgeschlagen.

Ein weiterer Unsicherheitsfaktor sind die Kommunisten, die Reste des ehemals linken Flügels der Kuomintang.

Die Städte Schanghai, Nanking und Hankau hatte die Nationalarmee noch mit ihrer Hilfe erobert – zu 70 Prozent durch Propaganda, zu 30 Prozent durch Kampf. Das Erfolgsrezept bestand darin, daß diese Armee, damals nicht mehr als 100.000 Mann stark, das Volk in Frieden ließ.

Beim Einmarsch in Schanghai sind Tschiang Kai-scheks Soldaten denn auch mit einem wahren Taumel der Begeisterung begrüßt worden. In Nanking und Hankau hingegen tobte, geführt vom Sowjet-Agenten Borodin, die »Rote Flut am Yangtse« – die gewalttätige, sengende und brennende Revolution gegen Ausländer, Missionare, chinesische Großgrundbesitzer und Großbürger.

»Bald werden sich Hunderte Millionen Bauern wie ein Sturm erheben und über das Land fegen« – so der Kommunistenführer Mao Tse-tung.

Das wollte Tschiang Kai-schek verhindern.

Er glaubte, beim Wiederaufbau des Landes auf den Beistand der Reichen und der Fremden (der »langhaarigen Alten«) angewiesen zu sein.

In Schanghai schlug er zu. Dort ließ er in der Nacht vom 12. zum 13. April 1926 mit Hilfe einer als »Grüne Gesellschaft« bezeichneten Gangsterbande und der französischen Polizei 300 Kommunisten ermorden. Das Kommunistenmassaker wurde auch im nächsten Jahr konsequent fortgesetzt, die Enthauptung auf öffentlichen Plätzen zu einem fast täglichen Schauspiel. Der Todeskandidat mußte mit gefesselten Händen niederknien – ein Schwertschlag, und der Kopf rollte zu Boden.

Die in Hankau etablierte kommunistische Nebenregierung verfluchte den Generalissimus als Verräter. Das westliche Ausland aber war erstaunt und beglückt: Für sie war dieser Mann nunmehr nicht länger ein »Roter«, sondern ein gemäßigter bürgerlicher Nationalist.

Tschiang jagte die Kommunisten wie die Hasen, doch die gaben nicht auf. Sie zogen sich aus Hankau nach Süden zurück, zuerst nach Kiangsi, dann nach Kanton. Doch auch dort ist ihr Versuch einer Machtergreifung innerhalb von drei Tagen in Blut erstickt worden.

Jetzt suchen sie Zuflucht in der Provinz Hunan, in der Heimat Mao Tse-tungs, wo

dieser »wie ein Fisch im Wasser schwimmt«. Seine Strategie hat sich inzwischen entscheidend gewandelt. Er setzt nicht mehr, wie ein Papier-Marxist es tun müßte, auf das (in China spärliche) Industrieproletariat, sondern nur noch auf die Bauern. Wie viele seiner Männer auf dem langen, verzweifelten Marsch kreuz und quer durch das Land auch getötet werden – die Bauern strömen ihm überall zu und gleichen die Verluste aus.

Ein Bauernkommunist – für linientreue Marxisten ist das eine theoretische Unmöglichkeit. Und Stalin sieht in Mao Tse-tung einen Verstoß gegen Doktrin und Parteilinie. Er unterstützt daher nicht ihn, sondern die nationale Revolution Tschiang Kai-scheks, auf die laut kommunistischer Lehre die Revolution der Arbeiterklasse erst sehr viel später folgen kann.

Die Kommunisten sind trotzdem nicht verschwunden.

Ihr ehemaliger Kampfgefährte und jetziger Todfeind Tschiang aber hat sich endgültig der Hochfinanz zugewendet und im Ballsaal des Majestic-Hotels von Schanghai seine Hochzeit mit Mai-ling Soong gefeiert. Die Dame ist reich und christlich, verschwägert mit Bankiers und Großkaufleuten – und ihretwegen ließ Tschiang sich taufen, nachdem er vorher zwei andere Ehefrauen verabschiedet hatte.

Seine Stellung scheint nun unerschütterlich. Im Januar dieses Jahres ist er erneut als Armee-Oberbefehlshaber und Chef der Nationalregierung eingesetzt worden – die millionenschwere Sippe seiner Frau finanzierte seinen weiteren Vormarsch.

Seine Truppen trafen dabei vor Tsinan, der Hauptstadt der Provinz Schantung, auf ein weiteres und wahrscheinlich unlösbares Problem – die Japaner (siehe Kasten: »Mehr Macht für Japan?«). Die Söhne Nippons (sie betrachten die Halbinsel schon lange als ihr »Privateigentum«) hatten 2.000 Mann eingesetzt und »vorsorglich« den Provinz-Bevollmächtigten der Kuomintang samt seiner Frau und vierzehn Offizieren ermordet – sie warteten begierig auf eine Vergeltungsaktion.

Tschiang aber roch die Falle. Er wich dem Kampf mit der modernen, um Klassen überlegenen japanischen Armee aus, verließ Schantung und eroberte Peking auf einem Umweg vom Westen her.

Mehr Macht für Japan?

Die junge Großmacht Japan steuert einen neuen und aggressiven Kurs: sie strebt die Vorherrschaft in Asien an. Außenminister Baron Tanaka hat solche Eroberungspläne in einer aufsehenerregenden Denkschrift propagiert. Er schlägt darin (in dieser Reihenfolge) die Besetzung der Mandschurei, der Mongolei, Nordchinas, dann ganz Chinas und schließlich der gesamten Ländermasse Südostasiens vor.

In der chinesischen Provinz Schantung und auf Stützpunkten in der Mandschurei befinden sich bereits japanische Truppen.

Der amerikanische Militärattaché in China, Oberst Stilwell, erklärt dazu, daß die Chinesen, selbst wenn sich alle ihre Parteien zusammenschlössen, »für eine organisierte Macht wie Japan kein Gegner wären«.

Stilwell meint, die Japaner könnten schon jetzt alle strategisch wichtigen Punkte zwischen Tientsin und Schanghai besetzen sowie die Eisenbahnlinien und den Yangtsekiang kontrollieren.

JAPANER IM VORMARSCH: überraschende Intervention von den Inseln

Tod am Nordpol

Luftschiff abgestürzt – Tollkühne Expedition gescheitert: 17 Opfer – Kommandant Nobile unter schwerer Anklage

Ein Drama des Ehrgeizes ist zu Ende. Nach siebenwöchigem Ausharren auf dem Packeis wurden die Überlebenden der sensationellen Polarexpedition des italienischen Generals Umberto Nobile in Sicherheit gebracht. Auch der bedeutendste Arktisforscher unserer Zeit, Roald Amundsen, beteiligte sich an der internationalen Rettungsaktion. Seither ist er im Nordmeer vermißt. Das tollkühne Forschungsunternehmen hat insgesamt 17 Tote gefordert.

Siebzehn Tote – im Eis der Polarregion begraben, von einem Explosionsblitz verbrannt, unter Wracktrümmern erdrückt, auf dem Flug abgestürzt, in den Weiten der Arktis verschollen: das ist die Bilanz jener Nordpol-Expedition, deren Schicksal im Sommer dieses Jahres die Welt in Atem hielt.

Schlüsselfigur der Katastrophe ist der Generalmajor der italienischen Luftwaffe Umberto Nobile, 43, durchaus kein Kommißschädel, sondern in erster Linie Flugtechniker und Konstrukteur, Spezialist für den Bau von Luftschiffen. Damit erwarb er sich in der Fachwelt seinen guten Ruf.

Die Vorgeschichte des jetzigen »Falles Nobile« begann vor zwei Jahren. Im Sommer 1926 gelang die erste Überfliegung des Nordpols im Luftschiff »Norge« auf einer Route von Spitzbergen nach Alaska. An Bord waren als Organisator der damals vierundfünfzigjährige Roald Amundsen, Norwegens Stolz und weltweit höchste Autorität in allen Fragen der Polarforschung, und als technischer Chef Oberst Nobile.

Ihm brachte dieser Erfolg den Generalmajorsrang und Ehrungen in der Heimat, aber auch Zerwürfnisse mit seinem weltberühmten skandinavischen Partner. Seit einigen schroffen Auseinandersetzungen herrschte zwischen den beiden buchstäblich Eiszeit.

Diese Fehde gab dem frischgebackenen General den Plan zu einer weiteren, eigenen Expedition ein. Dahinter stand nicht zuletzt ein sehr emotionaler Beweggrund: den Beweis zu liefern, daß auch ein südländisches Volk bei der Eroberung des Nordpols Außerordentliches leisten könne. Mussolinis Italien, um internationale Profilierung emsig bemüht, steht nicht an, das kostspielige Unternehmen großzügig zu finanzieren.

Mit dem selbstkonstruierten Luftschiff »Italia« startete Nobile am 15. April von Mailand aus. Die Besatzung umfaßte sechzehn Mann, darunter nur zwei Nicht-Italiener: den schwedischen Meteorologen Prof. Malmgren und den tschechischen Naturwissenschaftler Dr. Behounek. Außer Nobile, der demonstrativ immer seine Generalsmütze trug, und Malmgren war keiner

AUF DEM WEG ÜBER DEN POL: Luftschiff »Norge« vor dem Hangar in Spitzbergen

je vorher bis in die Zone des ewigen Eises vorgedrungen.

Zur See wird der Expedition die »Città di Milano« beigegeben, ein zum Depotschiff umgerüsteter alter deutscher Liniendampfer. Am 16. Mai erreichte die »Italia« nach Zwischenstationen und unerwarteten Verzögerungen ihren Ausgangspunkt Ny Alesund auf Spitzbergen. Erste Erkundungstouren zwecks kartographischer Aufnahmen und geophysikalischer Messungen müssen wegen widriger Witterung und hohen Kraftstoffverbrauchs vorzeitig abgebrochen werden.

Am Morgen des 23. Mai legt Nobile ab, zur großen Fahrt zum Pol, via Grönland. Alles verläuft glatt. Gespannt und optimistisch erwartet das Team in der Kommandogondel den entscheidenden Moment. Kurz nach Mitternacht, um 0.20 Uhr des 24. Mai, überfliegt die »Italia« gemäß den navigatorischen Berechnungen den Pol.

Heftige Sturmböen verhindern eine Landung. Aber der Kommandant setzt einen symbolischen Akt: feierlich läßt er eine Flagge des Königreichs Italien und ein von Papst Pius XI. geweihtes Kreuz abwerfen. Dann befiehlt er zu kreisen. Zwei Stunden lang zieht das Luftschiff in der geringen Höhe von 150 Meter seine weiten Zirkel.

Indessen arbeiten die Experten fieberhaft an ihren Geräten, um möglichst viele Informationen zu sammeln.

Dann nimmt die »Italia« wieder Kurs Süd. Und nun bewahrheiten sich jene Voraussagen, denen Nobile keine Beachtung geschenkt hat: in arktischen Nebelzonen besteht akute Vereisungsgefahr.

Ein feiner Film überzieht allmählich die Hülle des Luftschiffs, verhärtet sich zum starren Panzer. Bei den gegebenen großen Flächen bedeutet das eine Gewichtszunahme bis zu 1.000 Kilogramm, eine untragbare Mehrbelastung. Rapid verliert die »Italia« an Fahrt und Höhe, obwohl die drei starken Motoren auf Hochtouren laufen. »Ballast abwerfen!« ruft der Kommandant, als das Luftschiff plötzlich abzusacken beginnt.

Zu spät. Immer rascher stürzt die manövrierunfähige »Italia« auf die Schnee- und Eiswüste zu. Schon schlägt die hinten angebrachte Motorengondel auf, dann bohrt sich die Kommandogondel in den Schnee. Der Aufprall reißt beide ab und zertrümmert sie. Sofort steigt der leichte Rumpf des Luftschiffs wieder hoch wie ein gigantischer Luftballon. Mit ihm sechs Maschinisten, die im inneren Laufgang arbeiten. Sie sind nun hilflos eingeschlossen in

dem dahintreibenden Wrack. Wenige Minuten später ein dröhnender Feuerball am Polarhimmel: die Wasserstoff-Füllungen und der Benzintank sind explodiert. Das ist das Ende der »Italia« und der sechs Besatzungsmitglieder.

In den Resten der Kommandogondel liegt verrenkt die Leiche eines Maschinisten. Die restlichen neun Insassen überleben den Absturz. Aber es gibt Verletzte. Nobile selbst kann sich kaum bewegen. Ein Arm und ein Bein gebrochen. Rasche Schienung, der Kommandant muß auf seinem Posten bleiben. In ihrer katastrophalen Lage haben die Verunglückten immerhin noch das Glück, daß die wichtigste Ausrüstung intakt geblieben ist: Proviant, das Notzelt und das Funkgerät samt Kleinaggregat. Ohne diese günstige Schicksalsfügung wären sie rettungslos verloren.

Fast pausenlos sendet der italienische Funker SOS und Meldungen. Durch Zufall werden sie am 3. Juni im Gebiet von Archangelsk (UdSSR) aufgefangen, wenn auch verstümmelt. Ein ungefährer Situationsbericht ergeht nach Leningrad, wo der russische Polarforscher Samoilowitsch gespannt und nicht ohne Skepsis die bisherigen Vorgänge verfolgt hat. Sofort beginnt er Hilfsmaßnahmen zu organisieren, ob-

UMBERTO NOBILE

Roald Amundsen †

»Mein Leben als Forscher« lautet der Titel von Roald Amundsens wichtigstem, aufschlußreichstem Buch, das im Vorjahr erschien und dessen deutsche Erstausgabe vorbereitet wird. Jeder am Weltgeschehen interessierte Europäer kennt seit einem runden Menschenalter den Namen dieses 1872 geborenen Norwegers und weiß zumindest einigermaßen über seine Leistungen Bescheid. Zunächst Mediziner, gab er das Studium auf und ging zur See. Der harte Dienst auf norwegischen Schiffen war ihm die beste Schulung für künftige Vorstöße in die Polarzonen.

1897 beteiligte er sich an einer belgischen Forschungsreise in die Antarktis. Nach der Rückkehr, zwei Jahre später, begann er mit den Vorbereitungen zu einer eigenen Expedition, um den magnetischen Nordpol zu bestimmen und die geheimnisvolle Nordwest-Passage zwischen dem Atlantik und dem Pazifik zu navigieren. Von 1903 bis 1906 war er auf der legendären Route unterwegs. Während jener Zeit gelang ihm der Nachweis, daß der magnetische Pol kein fixer Punkt ist.

Das größte Vorhaben verwirklichte er 1910, als er mit dem Forschungsschiff »Fram« Kurs in Richtung Antarktis nahm. Sein Ziel war der Südpol, den er auf einer dramatischen Gewalttour mit Hundeschlitten am 17. Dezember 1911 erreichte, wenige Wochen vor seinem Konkurrenten, dem Briten Robert Scott.

Noch einmal, 1918–1920, brachte Amundsen die Nordwest-Passage hinter sich. Ein gemeinsam mit dem Amerikaner Lincoln Ellisworth im Jahr 1925 gewagter Versuch, den Nordpol im Flugzeug zu überqueren, schlug fehl. Diese negativen Erfahrungen führten zum Kontakt mit dem italienischen Luftschiffer Oberst Nobile und 1926 zur Überfliegung des Pols. Den Verlauf der Nobile-Expedition dieses Jahres verfolgte der Skandinavier aus der Distanz, bis er glaubte, helfend eingreifen zu müssen. So startete er zum allerletztenmal ins große Eis, die Schicksalslandschaft seines Lebens als Forscher.

ROALD AMUNDSEN (zweiter von links) wird von Benito Mussolini (rechts) empfangen

wohl die Funksprüche keine präzisen Zielangaben enthalten. Die vorläufigen Orientierungen lauten: nordöstlich von Spitzbergen, bei Cap Leigh Smith.

Inzwischen haben die Abgestürzten ihre Notunterkunft mit breiten roten Planen bespannt, um sie vom grenzenlosen Weiß der Arktis abzuheben und für Flieger sichtbar zu machen: das nachmals berühmte »Rote Zelt« Nobiles.

Professor Malmgren will nicht untätig warten. Lieber entschließt er sich zum wahnwitzigen Fußmarsch über das Eis in Richtung Spitzbergen, zu den äußersten menschlichen Vorposten am Rand des Polarkreises. Vielleicht kann er rascher Helfer herandirigieren. Zwei Italiener werden ihm als Begleiter zugeteilt. Dick vermummt, mit Gepäck auf Behelfsschlitten, ziehen sie los. Am 9. Juni gelingt endlich die erste Funkverbindung vom »Roten Zelt« zum Depotschiff »Città di Milano« und die genaue Bestimmung des Standortes: 80° 30′ nördlicher Breite, 28° östlicher Länge.

Wirksame Hilfe ist nur durch einen Eisbrecher möglich. Und solche Spezialfahrzeuge in erforderlicher Stärke besitzen in diesen Gewässern nur die Russen. Erste Rettungsversuche zur See und aus der Luft sind zunächst an der Packeisbarriere und an der Entfernung gescheitert.

Mitte Juni bahnt sich in dem Drama eine tragische Nebenhandlung an: trotz aller früheren Rivalitäten erklärt sich Roald

Amundsen, einziger Erforscher beider Pole, bereit, seine Sachkenntnis in den Dienst der Rettungsaktion zu stellen. In Tromsö geht er an Bord eines großen französischen Wasserflugzeugs mit fünfköpfiger Besatzung. Die Maschine startet – und verschwindet spurlos. Ohne jedes Funksignal. Ohne SOS. Vermutungen über einen Absturz ins Meer scheinen sich zu bestätigen, als im Herbst in Küstengewässern des Hohen Nordens treibende Wrackteile gefunden werden. Was sich wirklich ereignete, wird wohl für immer ein Geheimnis bleiben.

Ein italienischer und mehrere schwedische Piloten führen zunächst Versorgungsflüge durch und werfen Material ab. Das Wichtigste sind Akkumulatoren für die Funkanlage. Sie erreichen den arktischen Boden an Lastenfallschirmen.

Der schwedische Oberleutnant Lundborg ist der erste, der aus der Außenwelt an die Luftschiffbrüchigen herankommt. In einem geländetauglichen Kufenflugzeug landet er beim »Roten Zelt«. Diese Aktion setzt eine folgenschwere Entwicklung in Gang. Lundborg holt den verletzten Nobile an Bord seiner Maschine und fliegt ihn zur »Città di Milano«.

Der verwegene Schwede kann in seiner motorisch starken, aber engen »Kiste« jeweils nur einen Passagier mitnehmen. Aber schon der zweite Rettungsflug geht schief. Bei der Landung wird der Doppeldecker beschädigt. Lundborg kann nicht mehr aufsteigen. Auch kein anderer kann die verzweifelten Expeditionsmitglieder ausfliegen: ein jäher Wetterumschwung macht jeden Start in die Polarregion zum Himmelfahrtskommando.

Tag um Tag vergeht. Es dauert volle zwei Wochen, bis wieder ein Flugzeug auftaucht, gesteuert von dem Schweden Schyberg. Er nimmt seinen Kameraden Lundborg auf, der dringend für die weiteren Aktionen gebraucht wird.

Am massivsten treiben die Russen ihre Rettungsoperationen voran – im wahrsten Sinn des Wortes. Sie setzen die »Krassin« ein, den leistungsfähigsten Eisbrecher der sowjetischen Handelsflotte. Wie ein gigantischer Stahlkeil dringt er in das Packeis vor.

Der Pilot des rekognoszierenden Bordflugzeugs sichtet die »Malmgren-Gruppe«, die seit fünf Wochen zu Fuß südwärts unterwegs ist. Aber nur die beiden Italiener sind übriggeblieben. Malmgren selbst hat aufgegeben, zu Tod erschöpft, wollte nicht mehr weiter. Sinnlos, nach ihm zu suchen.

Am 12. Juli, einen Tag nach der Bergung der zwei Überlebenden, schiebt sich die »Krassin« an die letzten fünf Männer heran, die noch im »Roten Zelt« ausharren mußten. Als sie an Bord gebracht werden, können sie ihre Rettung kaum fassen.

Nun beginnt das Nachspiel der »Italia«-Tragödie. Nobile gerät ins Kreuzfeuer der Kritik. Der Initiator und Führer der gescheiterten Expedition muß sich gegen vehemente Angriffe verteidigen. Gegen die sachlichen Anklagen, daß er technisch die Gefahren nicht richtig eingeschätzt oder zu gering erachtet und dadurch den Absturz des Luftschiffs und den Tod seiner Kameraden verschuldet hat. Ideell trifft ihn der Vorwurf der Feigheit und des Egoismus, weil er sich als erster ausfliegen und seine Gefährten einfach im Stich ließ.

Leidenschaftlich begegnet der General solchem Schimpf mit der Beteuerung, er habe Lundborgs Angebot zunächst abgelehnt und sich nur einverstanden erklärt, als der Schwede ihn dringend aufforderte, mitzukommen, da er die zweckmäßigsten Ratschläge für die weiteren Rettungsmaßnahmen geben könne.

Nobile kämpft um seinen Ruf und um seine Existenz, denn wie aus Rom verlautet, soll ihm sein hoher Offiziersrang aberkannt werden: die Menschen verzeihen niemals, wenn ein Heros schmählich versagt, statt triumphale Leistungen zu vollbringen.

GERETTET: Nobile mit seinem Lieblingshund Titina

»Stoppt die Emanzen!«

Neue Freiheiten und alte Probleme für die Frau von heute

Das Schweizer Landgericht hat einen bemerkenswerten Entscheid getroffen: demnach gilt eine Hausfrau als vollwertige Arbeitskraft, »die dem Mann die Existenzmittel verschafft«. Sie kann daher im Fall der Gütertrennung eine »angemessene Entschädigung« für ihre Tätigkeit im Haushalt verlangen.

Was die sonst so konservativen Schweizer ihren Frauen eben zugebilligt haben, versuchen Feministinnen anderswo vergeblich zu erkämpfen.

Wohl besitzen die Frauen in vielen Staaten alle politischen Rechte – aber das Eheweib ist dem Ehemann noch immer mehr oder weniger untertan, hat nichts zu vermelden. Die Frau muß die Hausarbeit ungelohnt verrichten und hat (theoretisch) sogar das Selbstverdiente abzuliefern; außer im – seltenen – Fall einer Gütertrennung.

Auch am Arbeitsplatz ist es mit der Gleichberechtigung nicht weit her, und die Gewerkschaften rühren kaum einen Finger. Obwohl schon im vorigen Jahrhundert die Sozialismus-Urväter Marx und Bebel gegen die Versklavung der Frau gewettert haben.

Kampf der Suffragetten

Am 14. Juni dieses Jahres ist in London Emmeline Pankhurst im Alter von neunundsechzig Jahren gestorben. Sie und ihre drei Töchter sind seit 1903 Born der Frauen-Hoffnung und der Männer-Häme gewesen.

Damals gründeten die vier streitbaren Ladys die »Women's Social and Political Union«, die bald zu einer mächtigen Vereinigung anschwoll. Sie nannten sich »Suf-

NEUER FRAUENBERUF: Weltmeisterin im Tippen, Josephine Pitison aus Brooklyn, schafft 117 Wörter pro Minute

fragetten«, weil sie das Wahlrecht (Suffrage) und überhaupt die volle Gleichberechtigung für Frauen forderten.

In ihren Methoden waren sie nicht zimperlich. Das heißt, sie agierten wie Männer. Genauer: wie irische Männer im Freiheitskampf.

Zunächst bombardierten sie Politiker mit Eingaben. Dann veranstalteten sie lautstarke Kundgebungen und Umzüge. Schließlich gingen sie zum effektvollen Widerstand über. Sie warfen sich auf die Straßen und mußten mit Gewalt weggeschleppt werden. Sie schmiedeten sich an die Gartengitter von Politiker-Villen. Sie traten scharenweise in den Hungerstreik. Emmeline versuchte es auch mit blanker Gewalt: beim Versuch, das Haus des

Schatzkanzlers Lloyd George anzuzünden, wurde sie 1913 erwischt und für zwei Jahre eingesperrt. Bei Kriegsausbruch stellten die Suffragetten ihre Aktionen ein.

Der Tod der Pankhurst gibt Anlaß, Bilanz zu ziehen. Was haben die Frauen, die nicht nur in England, sondern auch in anderen Ländern in Richtung Emanzipation angetreten sind, nun tatsächlich erreicht?

Viele besitzen jetzt das Stimmrecht: in Deutschland, Österreich, der Tschechoslowakei, Ungarn, in den skandinavischen Ländern, zum Beispiel. Nicht in der Schweiz und den Mittelmeerländern. Und merkwürdigerweise auch nicht in Frankreich, von wo ja im Zug der Aufklärung und der Revolution von 1789 die Forderung nach Frauen-Freiheit ausgegangen ist. (Siehe den ZEIT-BILD-Band »Französische Revolution«.)

Die Folgen des Wahlrechts für Frauen sind allerdings mitunter eher paradox: die Frauen sind mit maximal zehn Prozent der Abgeordneten in den diversen Parlamenten kraß unterrepräsentiert. Und als Wählerinnen bevorzugen sie just jene Parteien, die sich am längsten gegen das weibliche Stimmrecht gewehrt haben und darum auch kaum bereit sind, weibliche Kandidaten aufzustellen.

Sturm auf die Universitäten

Wohl genützt wird hingegen – von Töchtern des Bürgertums – die neue Bildungsfreiheit. Sie stürmen scharenweise die Universitäten.

In Deutschland, zum Beispiel, beträgt beim neusprachlichen Studium der Frauenanteil 40 Prozent, bei den Juristen 37, den Biologen 33, den Pharmazeuten 26, den Medizinern 17 Prozent.

Selbst in den Vorlesungen für Mathematik, von der Frauen doch angeblich keine Ahnung haben, sind 18 Prozent Kommilitoninnen. Das Schlußlicht bilden die weiblichen Hörer der katholischen Theologie (0,2) und im Maschinenbau (0,1 Prozent).

Dafür aber gibt es in diesem Jahr schon 44 weibliche Hochschulprofessoren.

Interessanterweise ist die Frauenarbeit an sich – vor allem in den ehemals kriegführenden Ländern – nach 1918 um durchschnittlich 10 Prozent zurückgegangen. Die Frauen, die man während des Kriegs eilig an die Werkbänke und in Munitionsfa-

briken gedrängt hatte, wurden ebenso schnell gefeuert, als die Männer heimkehrten.

Aber innerhalb der Frauen-Berufstätigkeit haben sich deutliche Umschichtungen ergeben: die Zahl der weiblichen Handelsangestellten hat sich verdreifacht, die der weiblichen Bürokräfte verdoppelt. Die Frauen haben im Krieg Positionen errungen und nun auch gehalten, welche bis dahin männliche Dämonen gewesen waren.

Dafür ist die Zahl der Hausangestellten drastisch zurückgegangen. Lieber wollen sie, wenn auch unter schlechten Bedingungen, in der Fabrik schuften, als weiter »Sklavendienste« leisten.

Gewaltig sind noch immer die Unterschiede im Entgelt für Männer und Frauen. Während Akademikerinnen meist gleich viel verdienen wie ihre männlichen Kollegen, sind weibliche Angestellte und Beamte durchschnittlich 25 Prozent schlechter gestellt.

In der Industrie kommen Lohn-Unterschiede bis zu 50 (!) Prozent vor – für gleiche Arbeit, wohlgemerkt! Eine typische, Frauen diskriminierende »Erfindung« unserer Zeit sind auch die sogenannten Leicht-

AUS HEROISCHEN TAGEN: Emmeline Pankhurst wird verhaftet

ARBEIT IN REIH UND GLIED: Frauen in der Tabakmanufaktur

Goethe-Preis für Urwald-Doktor

Dr. Albert Schweitzer: Musiker, Mediziner, Metaphysiker

Die Art, wie er seine Ehrung aufnahm, entsprach seinem Denken und Wesen: Als Dr. Albert Schweitzer, 53, am 28. August dieses Jahres den Goethe-Preis der Stadt Frankfurt entgegennahm, war der Musiker, Tropenarzt und Humanitäts-Apostel verlegen und gerührt.

lohngruppen: eine hochqualifizierte, geschickte Textilarbeiterin verdient demnach halb soviel wie ein simpler Hilfsarbeiter.

Schuld sind die Frauen!

Eine gewisse Freizügigkeit gegenüber gewissen Tabus nehmen vor allem Frauen der höheren Schichten und der Künstlerszene jetzt für sich in Anspruch. Aber auch in der übrigen Bevölkerung findet eine Umschichtung traditioneller Werte statt: die Scheidungsziffern schnellen in die Höhe, die Geburtenrate nimmt – stellenweise dramatisch – ab.

Schwarzseher prophezeien darum unermüdlich den baldigen Untergang des Abendlands. Und sie haben auch schon die Schuldtragenden an dieser Entwicklung entdeckt: es sind die Frauen, die nichts anderes im Sinn haben, als braven Familienvätern die Arbeitsplätze wegzunehmen, um dann das selbstverdiente Geld beim Fenster hinauszuwerfen.

»Stoppt die Frauenemanzipation« lautet darum die konservative Parole. Sie wird von allen jenen begierig aufgegriffen, die angesichts einer am Horizont wetterleuch-

tenden Wirtschaftskrise nach neuen Konzepten suchen. Die Patentlösung: man jage die Frauen aus ihren Jobs!

Da gibt es aber manche Haken. Von den 11,4 Millionen in Deutschland arbeitenden Frauen sind rund sieben Millionen unverheiratet (als Kriegsfolge noch ledig oder schon verwitwet) – also unversorgt. Die kann man nicht gut kündigen.

Von den übriggebliebenen 4,5 Millionen verheirateten Berufstätigen arbeiten aber 75 Prozent in den Betrieben ihrer Ehemänner. Würden die sich bereit finden, ihre gratis arbeitenden Frauen »abzubauen«, um fremde Männer für teuren Lohn einzustellen? Wohl kaum.

Und die restlichen berufstätigen Ehefrauen sind meist Köchinnen, Serviererinnen, Krankenschwestern, Friseurinnen, Schneiderinnen, Hutmacherinnen. Kann man an ihre Stelle arbeitslose Gießer, Autospengler und Straßenarbeiter setzen?

Groben Schätzungen zufolge würde ein Arbeitsverbot für Ehefrauen nur etwa 100.000 bis 200.000 Plätze für Männer freimachen. Derentwegen lohnt die Emanzen-Jagd sicher nicht.

Seine Interessengebiete, die Medizin, die Musik und die Metaphysik, hatte Schweitzer, Sohn eines elsässischen Pfarrverwesers, schon als Schüler entdeckt und bis heute beibehalten: der begeisterte Orgelspieler, eng verbunden mit der mystischen Atmosphäre seiner Heimatkirche in Günsbach, lernte mit Vorliebe alle Fächer der Naturwissenschaft.

Als Theologiestudent in Straßburg vertiefte sich Schweitzer ins Evangelium und konzentrierte sich auf den Problemkreis rund um das Leben Jesu. Für seine philosophische Doktorarbeit – über Kant und die Religionswissenschaft – übersiedelte er für einige Zeit nach Berlin, wo er sein Hobby, das Orgelspiel, wieder nachdrücklich pflegte.

Obwohl sich Schweitzer bald darauf an der evangelisch-theologischen Fakultät als Assistent habilitierte, schien ihm dieser Berufsweg doch nicht Erfüllung genug. Er ging daran, das »wahre Evangelium der Orgel« in einer Publikation zu verkünden und entschloß sich spontan zum Medizinstudium:

Ein Schritt weiter als Sigmund Freud

Schweizer Arzt C. G. Jung entdeckt das »kollektive Unbewußte«

Für Sigmund Freud sind alle okkulten Erscheinungen nichts anderes als eine »schwarze Schlammschlacht«. Sein Schweizer Kollege und Ex-Schüler Carl Gustav Jung, 53, hat sie nun in ein eigenes tiefenpsychologisches System eingebettet, wie in seiner neuesten Publikation »Energetik der Seele« nachzulesen ist.

ALBERT SCHWEITZER

»Um mich«, sagt Schweitzer, »von da an einem unmittelbaren menschlichen Dienen zu widmen.«

Sein offenkundiges Ziel war von Anfang an, Urwaldarzt zu werden. Nach sieben Studienjahren verwirklichte er tatsächlich seinen Plan. 1912 machte er am Institut für Tropenmedizin in Paris Einkäufe für Afrika, nachdem er in seinem Bekanntenkreis Geld für die Entwicklungshilfe gesammelt hatte. Im März 1913 schiffte er sich mit seiner Frau, einer Krankenschwester, von Bordeaux aus nach Afrika ein – genauer gesagt nach Lambarene.

Wo Schweitzer zuerst in einem alten Hühnerstall ordinierte und nach und nach ein Spital – mit Hilfe von Einheimischen und Missionaren – organisierte. Die Nachfrage war zweifellos gegeben: das Krankenhaus beherbergte täglich 40 Patienten. In dieser Zeit, in der sich Albert Schweitzer außerdem mit wesentlichen Fragen der Kulturphilosophie beschäftigte, prägte er den Begriff, der in der heutigen Zeit besonders wichtig geworden ist: »Die Ehrfurcht vor dem Leben.«

Jung wuchs in einem evangelischen Pfarrhaushalt in Thungau am Bodensee auf. Seinen früh erworbenen Hang zum Mystischen und Metaphysischen behielt er noch bei, als er schon längst eifrig Medizin studierte: Auch später nahm er Traum und Imagination immer wieder zur Quelle seiner wissenschaftlichen Forschungstätigkeit. Er beendete sein Studium mit einer Dissertation zum Thema »Zur Psychologie und Psychopathologie sogenannter okkulter Phänomene«. Seinen Entschluß, Psychiater zu werden, verwirklichte Jung vorerst als Assistenzarzt bei Eugen Bleuler, dem Psychiatrie-Papst der Universitätsklinik Zürich.

Sechs Jahre, nachdem Sigmund Freuds »Traumdeutung« unter Wissenschaftlern Aufsehen erregt hatte, läutete Oberarzt Jung an der Wohnungstür – Berggasse 19 – seines Wiener Kollegen: »Wir trafen uns um ein Uhr mittags«, erinnert sich Jung an diese Begegnung, »und sprachen dreizehn Stunden pausenlos.«

Aber Freuds Dogma, die Sexualtheorie über alles zu stellen, wurde bald der Grund für den Bruch zwischen den beiden: »Für mich war die Sexualtheorie genauso okkult, das heißt unbewiesene, bloß mögliche Hypothese, wie viele andere spekulative Auffassungen!«

Offiziell wurde der Bruch, als Jung seine Arbeit »Wandlungen der Symbole der Libido« veröffentlichte, in der die unterschiedlichen Symbolbegriffe zutage kamen. Während Freud den Libido-Begriff immer

konkret-personalistisch verwendete, sprach Jung von Symbolisch-Archetypischem: demzufolge ist für Jung der Inzest auch keine individuelle Schwierigkeit, sondern stellt einen religiösen Inhalt dar, wie er in allen Mythen und Religionen vorkommt.

Die Libido betrachtet der Ex-Freudianer in-

CARL GUSTAV JUNG

Das wissenschaftliche Buch

Hans Delbrück: Weltgeschichte, 5 Bde. Soeben wurde der fünfte und letzte Band der seit 1924 erscheinenden »Weltgeschichte« des Berliner Historikers und früheren Herausgebers der »Preußischen Jahrbücher«, Hans Delbrück, 80, ausgeliefert. Delbrück, bekannt für seine grundlegenden kriegsgeschichtlichen Forschungen, übte nach dem Krieg 1914–1918 scharfe Kritik an General Erich Ludendorff, der als 1. Generalquartiermeister die Mitverantwortung an der militärischen Kriegführung trug, und an Großadmiral Alfred von Tirpitz, der 1916 von seinem Amt zurücktreten mußte.

zwischen als »psychische Energie«. Wie die Psyche für Jung überhaupt »das allerrealste Wesen, weil das Unmittelbarste« ist. Das Unbewußte bedeutet für ihn auch keinesfalls das Unbekannte schlechthin, sondern nur das »unbekannte Psychische«, worin alles gespeichert und vorbereitet ist, was man denkt, fühlt, will, tut – ehe es ans Bewußtsein dringt.

Die neue Psychoentdeckung, die der Mediziner machte und mit der er einen Schritt über Freud hinausgeht, wird von ihm selbst das »kollektiv Unbewußte« genannt. Darin sind, meint Jung, Bilder und Strukturen der gesamten Menschheit eingeschlossen. Während der Archetypus stets im Unbewußten verbleibt, steigen die archetypischen Bilder zum Bewußtsein auf. Neben dem Ich als Zentrum des Bewußtseinsfeldes vermutet der Psychiater noch als drittes Element das »Selbst«, welches Unbewußtes und Bewußtes vereint.

Überhaupt neigt der Schöpfer der »Psychologischen Typen« (1921) zur Vorstellung von einer Welt der Psyche, die hinter Zeit und Raum liegt. Diese stellt eine andere Wirklichkeit dar; Vergangenheit, Gegenwart und Zukunft sind darin eine zeitlose Einheit, Nähe und Ferne verbinden sich zur Raumlosigkeit.

Dieser Mann ist ein Genie!

Bert Brecht und seine »Dreigroschenoper«

Der Vorhang ist eine ungefärbte Sackleinwand. Darauf ist mit groben Pinselstrichen schwarz gemalt: »Die Dreigroschenoper«. Das Publikum, das sich zur Eröffnungsvorstellung des Berliner »Theaters am Schiffbauerdamm« eingefunden hat, wirkt konsterniert.

Nicht nur der Vorhang ist ungewohnt, die ganze Inszenierung, der Sprachduktus, selbst die Musik von Kurt Weill, 28, ist für Biederbürger neu.

In der ersten Szene lungert das halbe Ensemble rund um einen Leierkastenmann. Der singt die Moritat von »Mackie Messer«, aber vorerst, weil der Leierkasten nicht funktioniert, ohne Musikbegleitung. Zum Glück setzt mit der zweiten Strophe das Orchester ein.

Schließlich schlendert ein Mann mit Degenstock unterm Arm, den Hut schief ins Gesicht geschoben, vorüber. Die leichten Mädchen folgen ihm mit gierigem Blick. »Das war Mackie Messer«, sagt Lotte Lenya, schauspielernde Ehefrau des »Dreigroschenoper«-Komponisten. Ende der Szene. Kein Applaus. Erst ein »Kanonensong« in der Hochzeitsszene schlägt ein wie eine Bombe. Die Zuschauer trampeln und toben, Da-capo-Rufe werden laut.

Damit bahnt sich an, was selbst der bebrillte, kurzgeschorene, linksintellektuelle Verfasser der »Dreigroschenoper«, Bert (Bertolt) Brecht, 30, nicht für möglich gehalten hätte: der größte Erfolg des Jahrzehnts.

Diese Bearbeitung der »Beggars Opera« des Engländers John Gay (1685–1732) ist brillant, zündend-frech, kaltschnäuzig und zynisch genug, um die Jugend zu begeistern und das saturierte Bürgertum grad noch angenehm zu provozieren.

Denn der heimliche Regisseur Brecht – offiziell ist Erich Engel für die Inszenierung verantwortlich – hat mit Prominentschauspielern wie Erich Ponto, Rosa Valetti, Roma Bahn, Harald Paulsen, Ernst Busch,

Lotte Lenya und anderen anfänglich große Schwierigkeiten gehabt: Er mußte ihnen die übliche Spielweise austreiben.

»Die klare Landschaft«, beobachtete Theaterleiter Ernst Josef Aufricht, »Brechtscher Worte, die dünne Luft Brechtscher Diktion waren für die Schauspieler ungewohnt. Ein ungewöhnlicher Stil und eine ungewöhnliche Musik wirkten befremdend.« Und so provozierend wie die Idee, kleinbürgerliche Mentalität und Strukturen in Londoner Unterweltkreise zu verlegen und eine parodistische Gleichung zwischen High Society und Verbrecherwelt herzustellen.

Dabei stammt der Konsequentkritiker der Bourgeoisie mit manchmal anarchistischen Zügen selbst aus einem wohlsituierten

BERT BRECHT

SPASS UNTERM GALGEN: Szenenbild aus der »Dreigroschenoper«

»Brecht hat über Nacht das dichterische Antlitz Deutschlands verändert. Mit Bert Brecht ist ein neuer Ton, eine neue Melodie, eine neue Version in der Zeit.«

Der »neue Ton«, den Brecht seit damals anschlägt, ist der Verfremdungseffekt, mit dem er Zuschauer vom (Theater-)Spiel distanziert. So forderte er beispielsweise für die »Trommeln in der Nacht«-Inszenierung Plakate für den Zuschauerraum. Mit der Aufschrift: »Jeder Mann ist der beste in seiner Haut« oder »Glotzt nicht so romantisch«.

Nach der Uraufführung von »Im Dickicht der Städte«, ein Stück über die Entfremdung der Menschen in der Großstadt, rückte der Karl-Valentin-Fan und -Freund, von dem Brecht viel an lakonischer Ironie übernommen hat, zum »Kammerspiel«-Dramaturgen auf.

Ehe der Parabel-Verfasser (»Mann ist Mann«), Autor der »Haus-Postille« (1927) und Träger des Kleist-Preises, gemeinsam mit Dichterkollegen Carl Zuckmayer zum Max-Reinhardt-Dramaturgen avancierte, geisterte Brecht durch Berlin, klapperte Theater und Verlage ab, trieb sich bei literarischen Tees herum und galt dort als gleichermaßen seltsame wie faszinierende Erscheinung, konnte sich aber trotz spartanischer Lebensführung bei Löffelerbsen und Brot finanziell kaum über Wasser halten.

Inzwischen hat sich der Künstler mit dem noch immer kurzgeschorenen Haar, der Zigarre im Mundwinkel, Ledermütze, Monteurjacke und Sporthemd, seine konstante Anhängerschaft in Berlin geschaffen.

Brecht, der in diesem Jahr nach der Scheidung von seiner ersten Frau, der Sängerin Marianne Zoff, die aus Wien gebürtige Schauspielerin Helene Weigel, 28, geheiratet hat, ist Stammgast im Romanischen Café und meistens in der Intellektuellen-Runde von Gottfried Benn, George Grosz und den Gebrüdern Herzfeld anzutreffen, aber nicht auf sie fixiert.

Seine Vorliebe für Praxis und Praktiker ist bekannt – im künstlerischen Leben gleichermaßen wie im wirklichen. Weshalb er sich gern mit Outsidern und ganz ungeistigen Existenzen herumtreibt. Einer davon ist Mittelgewichtschampion Paul Samson-Körner. Ihm widmete er auch eine Kurzgeschichte: »Der Kinnhaken«.

Augsburger Elternhaus. Wogegen der Sohn des biederen Direktors einer Papierfabrik schon früh opponierte: Mit sechzehn verfaßte er Gedichte für Links-Zeitschriften. Und wenn er sonntags nicht mit baumelnden Beinen auf dem Geländer des städtischen Promenadenwegs saß und sich über die brav vorbeispazierenden Augsburger mokierte, legte er seine Lehrer herein: Als beispielsweise eine Schulschlußarbeit buchstäblich danebenging, strich er gleich zusätzliche Fehler an und fragte den Lehrer, was denn daran falsch sei. Worauf ihm der Professor beschämt eine bessere Note gab.

Als Medizinstudent, immer zwischen Augsburg und München pendelnd, erprobte sich Brecht auch erstmals theatralisch. Sein Bühnenerstling »Baal«, die Biographie eines Wüstlings, Säufers, Lyrikers und vagabundierenden Mörders, der in einer Holzfällerhütte verreckt, glich streckenweise einer romantisch-anarchistischen Selbstdarstellung.

Aber mit seinem zweiten Versuch, »Spartakus« (1919), rückte der damals einundzwanzigjährige Jungautor mit der schäbigen Drahtbrille und dem verschmuddelten Äußeren in den Mittelpunkt der Münchner Theaterszene.

Als Brecht dieses Stück unter dem Titel »Trommeln in der Nacht« 1922 an den Kammerspielen selbst inszenierte, erhielt er von Starkritiker Herbert Ihering volles Lob:

Pulitzerpreis für Eugene O'Neill

Erst wurde sein Bühnenexperiment in New York uraufgeführt und überraschend begeistert aufgenommen. Dann erhielt US-Autor Eugene O'Neill, 40, für sein »Seltsames Zwischenspiel« (»Strange Interlude«) den Pulitzerpreis.

Jetzt soll das Theaterstück mit den epischen Zügen und dem psychoanalytischen Touch bald schon den Weg übers große Wasser finden. Im kommenden Jahr wird die deutsche Erstaufführung am Berliner »Künstlertheater« in Szene gehen.

Die Hauptfigur des Dramas ist eine Frau, die ihr Leben manchmal nebeneinander, manchmal nacheinander mit vier Männern verbringt. Was dieses Stück allerdings so interessant und experimentell gestaltet, sind zwei Faktoren: Schriftsteller O'Neill hat anstelle einer dramatischen Handlung einfach einen Lebenslauf innerhalb von fünfundzwanzig Jahren beschrieben und außerdem neben den Dialogen auch noch den inneren Monolog verwendet, womit er zugleich psychologische Abläufe offenlegt. O'Neill, Sohn eines irischen Schauspielers, und mit einer schillernden beruflichen Ver-

EUGENE O'NEILL

gangenheit – er war unter anderem Kaufmann, Goldgräber, Matrose, Schauspieler und Lokalreporter –, zählt heute zu den stärksten dramatischen Talenten der Vereinigten Staaten. Der Pulitzerpreis für »Seltsames Zwischenspiel« ist bereits sein dritter – nach den Preisen für »Jenseits vom Horizont« (1920) und »Anna Christie« (1922). O'Neill, der im Vorjahr seine Familie verlassen hat, lebt derzeit in Frankreich.

Theaterzettel

G. B. Shaw: »Die heilige Johanna«

»Ins Feuer mit der Hexe!« brüllt der Kaplan. Dann stürzen die englischen Soldaten auf die zierliche Johanna und zerren sie auf den Scheiterhaufen.

George Bernard Shaws Chronik in sechs Bildern und einem Epilog um die Hexe von Orléans, die eben in New York uraufgeführt wurde, ist wohl sein ungewöhnlichstes Werk: Er hat den Stoff, den Schiller schon klassisch und als Heldentragödie bearbeitete, als dramatische Historie, fernab aller Romantisierung und Verklärung auf die Bühne gebracht.

Shaw wollte mit seiner »Heiligen Johanna« sichtlich den Konflikt zwischen dem außerordentlichen Menschen und der Welt der Ordentlichen ins Zentrum rücken. Und die Frage der Macht.

Dies gelang ihm in seinem Epilog. Die heiliggesprochene Johanna – es war tatsächlich erst 1920 soweit – möchte nochmals auf die Erde zurückkehren, aber niemand kann Heilige brauchen, wenn sie nicht im Himmel sind. Sie stören die Kreise der Mächtigen und erschüttern die Autorität . . .

Zwei Russen in Paris

Igor Strawinsky, 46, und Sergei Prokofieff, 37, sind die musikalischen »enfants terribles« von Paris. Beide sind vor den Wirren der bolschewistischen Revolution geflohen, beide haben die europäische Musikszene revolutioniert: Strawinsky schon früh, mit seinen drei Balletten »Der Feuervogel« (1910), »Petruschka« (1911) und dem ursprünglich als skandalös empfundenen »Sacre du Printemps« (1913), alle vom großen Ballettmeister Serge Diaghilew (siehe ZEIT-BILD 1926) und seinem Ballet Russe in Paris uraufgeführt.

Im Pariser Sarah-Bernhardt-Theater gibt's in diesen Tagen zwischen zwei Balletten

IGOR STRAWINSKY

SERGEI PROKOFIEFF

Erstklassiger Gershwin

»Ein Amerikaner in Paris« uraufgeführt

Hätte man es für möglich gehalten, daß ein Erfolgskomponist von Weltruf mit der Bescheidenheit eines Novizen ältere Meister bittet, ob er von ihnen lernen dürfe? Eben dies geschah, als George Gershwin, 30, im Frühjahr auf seiner ersten Europareise in Paris Maurice Ravel und Igor Strawinsky besuchte.

Ravel erwiderte: »Warum wollen Sie ein zweitklassiger Ravel werden, wenn Sie schon ein erstklassiger Gershwin sind?«

Strawinsky hingegen konterte mit einer Gegenfrage: »Mein lieber George, wieviel Geld verdienen Sie denn mit Ihrer Musik?« Darauf der junge Amerikaner leichthin: »Ach, etwa hunderttausend Dollar jährlich – manchmal auch zweihunderttausend.«

Strawinsky: »So? Nun, ich glaube, in diesem Fall sollte *ich* von *Ihnen* etwas lernen.«

Amerikas bester Songwriter und Musical-Komponist, der 1924 die Instrumentierung seiner sensationellen »Rhapsody in Blue« (siehe ZEIT-BILD 1924) noch von fremder

MAURICE RAVEL

GEORGE GERSHWIN

Hand besorgen lassen mußte, bahnte sich in den vier Jahren seither mit beharrlichem technischem Fleiß den Weg von der »popular music« in den Konzertsaal.

Sein neuestes Opus, »An American in Paris« – während einer längeren Europa-Reise im Hotel Bristol in Wien geschrieben und am 13. Dezember in der Carnegie Hall durch die New Yorker Philharmoniker uraufgeführt –, riß das Publikum von den Sitzen: endlich ein ganz und gar amerikanischer Komponist im Konzertrepertoire der Welt.

Was ist das für ein Musikstück? Eine in sich verbundene Suite könnte man es nennen, eine Ballett-Suite sogar, denn sicherlich wird bald ein Choreograph die enormen tänzerischen Möglichkeiten dieser in ihren Tonbildern, Klangfarben und Stimmungen sehr wechselvollen Musik ausschöpfen wollen.

Neuer Schlager: Ol' man river

Ganz New York ist von einem Fieber ergriffen: das neueste Werk von Jerome Kern, 42, hat den Broadway erobert. »Show boat« läßt die Kassen klingeln, und der Song von »Ol' man river« dürfte zum Hit des Jahres werden.

---

ausnahmsweise mehr zu hören denn zu sehen: die Uraufführung des »Ödipus Rex« von Jean Cocteau, 39, aber in lateinische Sprache übertragen und mit der Musik von Igor Strawinsky.

Da sowohl Zeit wie auch finanzielle Mittel für eine großangelegte Operninszenierung des »Ödipus« fehlte, begnügte sich das Gespann Strawinsky - Cocteau mit einer von Prinzessin Edmond de Polignac gesponserten konzertanten Aufführung.

Sergei Prokofieff war 1921, allerdings in Chikago, mit der Oper »Die Liebe zu den drei Orangen« hervorgetreten, einer verschlungen-märchenhaften Geschichte vom Königssohn, der nicht lachen kann. Auch er hat Ballettmusik für Diaghilew geschrieben, sein Drittes Klavierkonzert und die schwierige Zweite Symphonie waren Achtungserfolge. Nach der triumphalen Premiere der »Drei Orangen« in Leningrad 1926 und einer Reihe von Fehlschlägen in Paris hat sich Prokofieff zu einer dreimonatigen Konzerttour durch die Sowjetunion entschlossen. Die Reise war ein großer Erfolg des Komponisten. Im nächsten Jahr will er dem Ruf der alten Heimat noch einmal folgen. Die Pariser Musikwelt fürchtet, Prokofieff an die Verführung der russischen Seele zu verlieren.

Christus mit der Gasmaske

Ist der zeitkritische Maler George Grosz ein Gotteslästerer?

Der Berliner Maler und Graphiker George Grosz, 35, ist zum drittenmal wegen »Gotteslästerung« verurteilt worden. Otto Dix' Gemälde »Der Schützengraben« ist nach heftigen Publikumsprotesten aus dem Kölner Wallraf-Richartz-Museum entfernt worden. Bilder von Karl Hubbuch, Christian Schad und Rudolf Schlichter werden in Ausstellungen beschädigt. Warum ist der deutsche Bildungsbürger so empfindlich? Haben die zeichnenden und malenden Gesellschaftskritiker die Schwachstellen so genau getroffen?

Was die deutschen Realisten unseres Jahrzehnts mit scharfer Feder (und durch keine abstrakten, kubistischen oder expressionistischen Mätzchen verdunkelt) dokumentieren, ist eine Welt der Kriegsgewinnler und Schieber und ihrer Frauen, vor einem menschlichen Hintergrund von bettelnden Kriegskrüppeln.

Wer seine Haut im Krieg zu Markt getragen hat, kriegt eine Invalidenrente, von der er nicht leben und nicht sterben kann. Wer aber zu Hause geblieben oder rechtzeitig heimgekehrt ist, kann an der galoppierenden Inflation reich werden, kann saufen und fressen, während andere hungern.

Das hört und sieht man nicht gern, und wenn Grosz in hilflosem Zorn »Christus mit der Gasmaske« malt, um sein Publikum endlich wachzurütteln, weiß eine attackierte Gesellschaft nur mit dem Paragraphen der Gotteslästerung nach ihm zu schlagen. Und George Grosz, Sohn aus armem Haus mit Berliner Schnauze, schlägt erbarmungslos zurück, mischt seine immer gleichen Figuren zu immer neuen Attacken: den preußischen Offizier mit dem Monokel im kalten Auge, den Beamten mit Kneifer und Schmissen im Gesicht, den feisten Schieber mit der dicken Zigarre und die leichten Damen; immer und überall aber sitzt der einbeinige Veteran in einer Ecke und bettelt …

Für George Grosz hat das alles im Krieg angefangen, im ‹Lazarett: »Für mich war meine Kunst damals eine Art Ventil, ein Ventil, das den angestauten heißen Dampf entweichen ließ. Hatte ich Zeit, so machte ich meinem Groll in Zeichnungen Luft. In Notizbüchern und auf Briefbogen skizzierte ich, was mir an meiner Umgebung mißfiel. Ich hatte mit diesen Zeichnungen nichts vor; sie waren zunächst ganz zwecklos gemacht, nur um das Lächerliche und Groteske der mich umgebenden Welt geschäftiger, todeswütiger kleiner Ameisen festzuhalten …«

Bis vor zwei Jahren hat Grosz regelmäßig für die kommunistische satirische Zeitung *Der Knüppel* gearbeitet; seit einer ausgedehnten Rußlandreise ist seine Bindung zur kommunistischen Partei merklich lockerer geworden. Seine Kritik ist individuell, kann nicht einer Seite allein dienen. »Meine Reise war kein Erfolg«, erzählt der Maler. »Den Splitter, der immer in meinem Auge sitzt und mit dem ich die westlich-kapitalistischen Länder sehe, diesen Splitter wurde ich auch in Rußland nicht los. Es war kein Land für mich und meine Art, und da ich kein Proletarier bin, kann man mich auch nicht von meinen Ketten ›befreien‹ …«

In letzter Zeit schleichen sich ein paar neue Figuren in Grosz' Gruselkabinett: Seit der Zeichnung »Germanentag« gibt es treuteutsche Figuren, Gymnasialprofessoren und ihre Frauen, die mit ihren militärisch kurz geschorenen Söhnen die Wälder durchstreifen oder mit den Kleinen munter exerzieren. Fast möchte man die sinnlichen Genüssen hingegebenen Typen der Inflationszeit vorziehen. Wenn die Teutschtümler tatsächlich so typisch werden sollten, hätte Grosz furchtbarerweise und mit dem feinen Gefühl des wahren Satirikers recht gehabt. Der Undank des Vaterlands ist ihm gewiß.

GEORGE GROSZ

Aufregung um eine »Lady«

Neues vom englischen Büchermarkt – Der Bär ist wieder los

Die armen Engländer leiden seit Jahren unter den Folgen der viktorianischen Moral, einer Repression aller natürlichen Triebe, die, wie uns der Wiener Professor Sigmund Freud immer wieder versichert, die schrecklichsten Folgen haben kann. Nun aber sind die englischen Schriftsteller gewissermaßen explodiert: nichts, das noch verboten wäre.

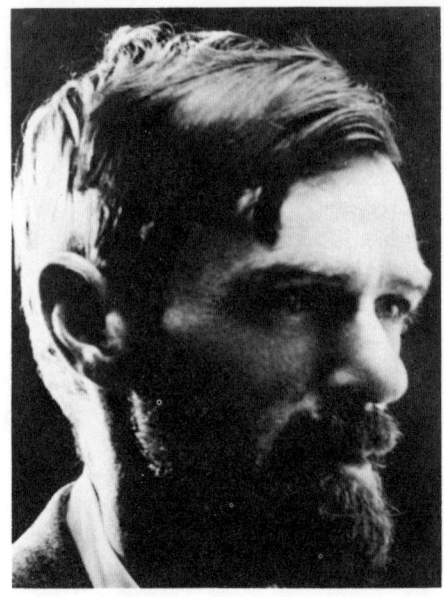

D. H. LAWRENCE

Saß schon James Joyces Ulysses Leopold Bloom stundenlang meditierend im »kleinsten Raum« seiner Wohnung, hat nun die verehrungswürdige Dichterin Virginia Woolf einen dreihundertjährigen Zwitter geschaffen, die (oder den) hochadelige(n) Orlando, die (der), fröhlich von Jahrhundert zu Jahrhundert schlitternd, je nach Bedarf Männlein oder Weiblein für immer neue Partner spielt. Gewiß ist »Orlando« eine gewaltige kulturgeschichtliche Schau, aber manchmal ist es schon ein wenig verwirrend, nicht zu wissen, ob er jetzt sie oder sie jetzt er ist...

Nun aber hat der Aufbruch gegen die säuerliche Moralität der gottseligen Königin Viktoria einen handfesten Skandal gebracht: D. H. Lawrences Buch »Lady Chatterleys Liebhaber« kann selbst im Nachkriegsengland mit seinen sehr freien Sitten nicht erscheinen. Leser, die endlich einmal alle Kraftausdrücke der englischen Sprache (die berühmt-verpönten »Four letter words«) im Druck genießen wollen, müssen sich die in Paris gedruckte Ausgabe kommen lassen.

Die »Lady« ist aus mehreren Gründen reizvoll: Lawrence ist zweifellos ein Dichter, dessen poetische Sprache zu lesen lohnt. Sein Versuch, spontane Wörter menschlicher Leidenschaft aus Gosse und Lächerlichkeit in die hohe Literatur zu heben,

kann stellenweise als gelungen bezeichnet werden.

Zweitens ist die Geschichte an sich schön und von sozialer Bedeutung: Constance Chatterley, feine Blüte der englischen Aristokratie, geht eine Beziehung mit einem Waldhüter ein, weil ihr Mann gelähmt aus dem Krieg nach Hause kommt und ihr nur noch Kamerad sein kann. Was das Vikto-

VIRGINIA WOOLF

Literatur-Nobelpreis geht an eine Frau

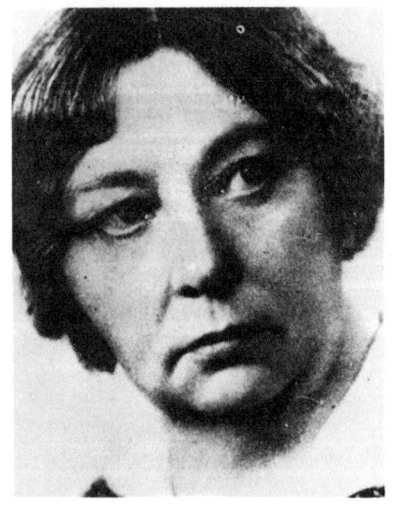

SIGRID UNDSET

Der diesjährige Nobelpreis für Literatur wurde der Skandinavierin Sigrid Undset, 46, verliehen, die vor allem durch ihre Trilogie »Kristin Lavranstochter« (1920 bis 1922) bekannt geworden ist, einem breit angelegten historischen Roman, der dem Schicksalsweg der Heldin von der Jugend im Gulbrandstal über die Ehe mit dem leichtsinnigen Ritter Erlend bis zu ihrem Ende als Nonne folgt.

Die Autorin selbst, Tochter eines bekannten Archäologen, ist nach einer gescheiterten Ehe vor drei Jahren zum Katholizismus übergetreten.

Literatur-geschichte als Stammes-geschichte

Josef Nadler, 44, aus Neudörfl in Böhmen gebürtiger Literaturhistoriker, hat eben den vierten und letzten Band seines Monster-Werks »Literaturgeschichte der deutschen Stämme und Landschaften« fertiggestellt, eine Darstellung der deutschen Literatur auf stammesgeschichtlicher Grundlage. (Der erste Band erschien bereits 1912.)

rianische Zeitalter als Pflichtvergessenheit gebrandmarkt hätte, scheint hier die Selbstverwirklichung der Frau einzuleiten.

Dritter, pikanter Grund, Lady Chatterley zu lesen: D. H. Lawrence, aus ähnlichen Verhältnissen wie sein Waldhüter stammend, lebt mit der deutschen Baronin Frieda von Richthofen, die seinetwillen Mann und drei Kinder verlassen hat. Constance und Frieda ähneln einander in manchen Zügen, und das interessierte Publikum sucht eifrig nach weiteren Parallelen.

Ist »Lady Chatterley« nur einem kleinen Kreis bekannt, so erlebt ein anderes englisches Buch wahre Rekordauflagen. A. A. Milne hat gerade einen zweiten Band seines zauberhaften Bärenbuchs »Winnie-the-Pooh« veröffentlicht. »The House at Pooh Corner« führt uns aus der schwer erträglichen Welt der Menschen wieder ins Reich der Spielzeugtiere, des liebenswerten, wenngleich nicht sehr gescheiten Bären Pooh, des Esels Eeyore, der meistens voll Selbstmitleid ist, des hoffnungslos ungeschickten Schweinchens Piglet und anderer reizender Vierbeiner.

Schriftsteller sind das Produkt ihrer Begabung ebenso wie das ihrer menschlichen Umgebung: Vita Sackville-West, blaublütige Freundin der Virginia Woolf, hat den »Orlando« inspiriert, Frieda von Richthofen, unbekümmerte Genießerin, ist »schuld« an der Lady Chatterley, und A. A. Milne hat einen Sohn, Christopher Robin, für den er Gutenachtgeschichten erfinden muß...

Bücherspiegel

Aldous Huxley:
Kontrapunkt des Lebens, Roman
Der glänzende Stilist Huxley übt wieder Kritik an unserer chaotischen Welt. Mit Satire, Ironie und Komik zeichnet er anhand vieler kontrapunktierender Personengruppen und Handlungsabläufe ein Bild der zeitgenössischen Gesellschaft.

Manfred Hausmann:
Lampioon küßt Mädchen und kleine Birken. Abenteuer eines Wanderers
Ein Versuch, die Taugenichts-Figur zu modernisieren. Der Held Lampioon lebt nach dem Motto: »Wandern, nichts besitzen, ein Mädchen küssen, einen blühenden Zweig berühren, nichts wissen.«

Jakob Wassermann:
Der Fall Mauritius, Roman
Ein neuer Roman des meistgelesenen Unterhaltungsautors unserer Tage. Diesmal geht es um einen Justizirrtum, der wiederaufgerollt werden soll.

Gerhart Hauptmann: Till Eulenspiegel
Ein Hexameter-Epos vom Kampfflieger Till Eulenspiegel, der in verworrener Handlung durch das alte und neue Deutschland wandert, durch alte Mysterien und neue Politik. In der klassischen Form des deutschen Epos zeichnet der Schöpfer der »Ratten« und der »Rose Bernd« ein Bild des Nachkriegsdeutschland.

Gertrud von Le Fort:
Das Schweißtuch der Veronika, Roman
Das autobiographische Grundzüge aufweisende Werk der Dichterin schildert den Entwicklungsgang eines jungen Mädchens, das zum Katholizismus übertritt. Die symbolhafte Dichtung, auf dem religiösen Bewußtsein basierend, will das Zeitlos-Gesetzliche unserer Welt veranschaulichen.

Alfred Polgar: Ich bin Zeuge, Essays
Neue Feuilletons des aus Wien gebürtigen Theaterkritikers der Berliner *Weltbühne*. Sie tragen alle Merkmale, die den Autor bekannt gemacht haben: Sensibilität, Prägnanz des Ausdrucks und Ironie.

Federico García Lorca, Zigeunerromanzen, Gedichte
Der Versuch des jungen Autors, auf der Basis der Verskunst seines Volkes eine neue spanische Lyrik zu schaffen. García Lorca, ein Freund nicht nur des exzentrischen Malers Salvador Dalí, sondern auch des Komponisten Manuel de Falla, hat soeben sein zweites Theaterstück fertiggestellt. Es trägt den Titel »Mariana Pineda«. Die Musik dazu stammt vom Autor selbst.

Stefan George:
Das neue Reich, Gedichte
Der Autor verläßt in diesem Band zum Teil den strengen formalen Aufbau seiner früheren Werke, wenn auch die zwölf »Lieder« Beispiele hoher sprachlicher Kunst darstellen.

Erich Kästner: Herz auf Taille, Gedichte
Kritisch-ironische Lyrik, die sich gegen Militarismus, Snobismus und Gefühlsduselei richtet. Eine Begabung, die aufhorchen läßt.

Karin Michaelis:
Herr und Mädchen, Roman
Die vielgelesene skandinavische Autorin handelt auch in ihrem neuesten Werk ihr zentrales Thema ab: Psyche und gesellschaftlichen Status der Frau.

Upton Sinclair: Boston, Roman, 2 Bde.
Angriff gegen die kapitalistische Gesellschaftsordnung, Aufhänger: der Justizmord an den beiden Italo-Amerikanern Nicola Sacco und Bartolomeo Vanzetti (siehe auch ZEIT-BILD 1927: »Vergeßt unsere Märtyrer nicht!«)

Franz Werfel:
Der Abituriententag, Roman
Die Geschichte einer Jugendschuld, niedergeschrieben nach fünfundzwanzig Jahren durch den Landesgerichtsrat Sebastian. Ein neues belletristisches Werk des auch als Dramatiker (»Juarez und Maximilian«, 1924) erfolgreichen Autors.

Wilhelm Speyer:
Der Kampf der Tertia, Roman
Ein Schülerroman des beliebten Berliner Autors – und ein filmträchtiger Stoff!

Anna Seghers: Aufstand der Fischer von St. Barbara, Erzählung
Realistischer Bericht von einer Erhebung der Fischer an der Atlantikküste. Die Geschichte eines Kampfs gegen Elend und Ausbeutung, der von vornherein zum Scheitern verurteilt ist. Das Werk wurde mit dem diesjährigen Kleist-Preis ausgezeichnet.

Die neuen Medien

Rundfunk, Film,
Grammophon und Massenpresse
verändern
Lebensgewohnheiten und Kultur

Eine ebenso rasante wie unauffällige Umwälzung hat sich in den letzten zehn Jahren vollzogen: die neuen Medien haben die Lebensgewohnheiten der Massen und das Kulturgefüge so grundlegend verändert, daß man ohne Übertreibung von einer ungeheuren unblutigen Revolution sprechen kann.

Der Siegeszug des Films brachte es mit sich, daß abendliche Unterhaltung und Animation einerseits nicht mehr dem feinen Theaterpublikum vorbehalten bleibt, anderseits kein Mensch sich mehr in Gala wirft, wenn er abends ins Kino um die Ecke geht. (Im vergangenen Jahr wurden zum Beispiel in Deutschland 60 Millionen Kinobesucher gezählt!)

Hochkultur von Goethe bis Beethoven dringt selbst in Elendsquartiere. Radio und Grammophon machen es möglich, daß ein simples Liedchen über Nacht zum Millionenschlager werden kann.

Die Massenpresse produziert »Lesestoff auch für Analphabeten« und gewinnt ungeahnten Einfluß auf die politische Meinungsbildung. Fernschreiber machen die Berichterstattung über weite Distanzen zum Kinderspiel.

Und vielleicht gibt es in naher Zukunft auch sogar einmal so etwas wie Fernsehen – eine Mischung von Kino und Radio. Erste Ansätze dafür sind bereits vorhanden. ZEIT-BILD bringt im folgenden eine Zusammenfassung über den derzeitigen Entwicklungsstand der wichtigsten modernen Medien.

Dabei bleibt die scharfe Ahndung ohnehin bloße Theorie, weil der amtlich berechtigte wie der freibeuterische Radiohörer gleicherweise ganz unauffällig seinen Ohrenschmaus im stillen genießt. Mit Kopfhörern, an seinem Gerät, dem »Detektor«, einem kleinen Kästchen, dessen Sucherdrehknopf die Wellenlänge des Senders ortet.

Die recht simple Konstruktion ermöglicht rasche, billige Serienerzeugung für die vielen Käufer von elektroakustischer Fertigware. Weit verbreitet ist aber auch die Gilde der Radiobastler, die ihr technisches Spielzeug geschickt selbst zusammenbauen. Kontakte zu passionierten Zigarrenrauchern sind dabei sehr förderlich. Die feineren Sorten an Havannas und Brasils gibt es bekanntlich in Kistchen aus gut getrocknetem Sperrholz – ein ideales Material für das Detektorgehäuse.

Indessen arbeitet die Industrie bereits an einer Verbesserung, bei der die Heimwerker nicht mithalten können: Radio mit eingebautem Lautsprecher, Radio für die ganze Familie, für jeden, der gerade im Zimmer sitzt (oder auch nebenan). Die einen preisen den Fortschritt, die anderen

NEUER INDUSTRIEZWEIG: Fabrikation von Radioapparaten

Konzerthaus, Schule und auch Theater

Rundfunk aus der Zigarrenkiste – Zuhörerzahlen explodieren

1924 waren im ganzen Deutschen Reich nicht mehr als 9.000 Personen stolze Besitzer von Rundfunkgeräten, ein verschwindend geringer Promillesatz der Gesamtbevölkerung. Jetzt, vier Jahre später, sind es 2,200.000, und täglich kommen Hunderte hinzu.

Statistisch erfaßt sind, wohlgemerkt, nur die Apparate, die nach dem seit diesem Jahr gültigen Funkgesetz angemeldet wurden. Sogenannte »Schwarzhörer«, die sich um die Zahlung der Gebühren drücken, riskieren eine nicht sehr hohe Strafe.

Österreich, wo es seit 1924, also seit der Gründung der Rundfunkgesellschaft RA-VAG, juridische Handhaben gibt, verfährt

– zumindest auf dem Papier – drakonisch: illegale Radiolauscher können im Höchstfall drei Monate Gefängnis riskieren oder 3.000 Schilling Strafe – das Jahreseinkommen eines mittleren Beamten. Solche Strafbemessung rief nicht wenige Kritiker auf den Plan: man spricht von Justizutopien und einer glattweg lächerlichen »Kriminalisierung« eines Bagatellvergehens.

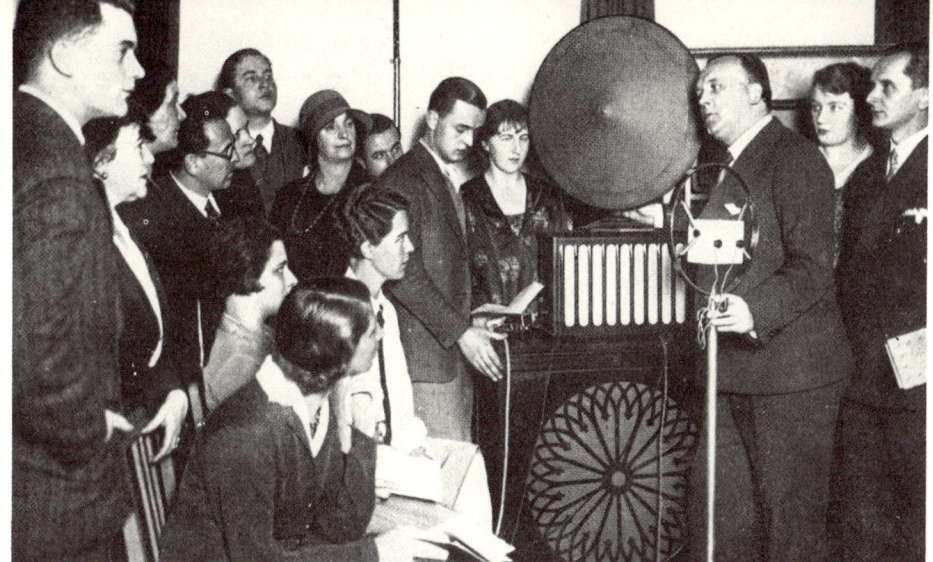

NEUER LEHRGEGENSTAND: Schulung der Rundfunkansager

BERLINS NEUES WAHRZEICHEN: der Funkturm auf der Funkausstellung

befürchten eine Lärmplage. So oder so: die Prototypen sollen schon übernächstes Jahr kommen.

Damit wird der Rundfunk seine offizielle Aufgabe der »Unterhaltung und Belehrung« noch intensiver erfüllen als bisher. Schon jetzt ist er als sozialer und kultureller Faktor nicht mehr wegzudenken. Das gilt besonders für die Musik: Konzertprogramme und sogar Opernübertragungen erreichen Publikumsschichten, für die früher Militär-Platzkonzerte das Optimum tonkünstlerischer Darbietung waren. Drahtlos singen weltstädtische Koryphäen in Stuben fernab aller Opernhäuser und Tonhallen.

Es gibt sogar schon plaudernde oder konferierende regionale »Radiolieblinge«, die ihren Ruf einzig und allein dem neuen Medium verdanken. Sehr rasch und rege entwickelte sich der literarische Sektor, namentlich die »Radiobühne«, und das eigengesetzliche, speziell für den Funk und seine Möglichkeiten geschriebene Hörspiel.

Wissenschaftler treten als Vortragende ans Mikrophon, und aktuelle Sendungen erfordern den Nachrichtendienst ebenso wie den Rundfunkreporter, dessen Mittel nicht das geschriebene, sondern das im Moment frei gesprochene Wort ist.

Gerade dieses Feld hat eine große Zukunft. Alles muß neu erarbeitet werden. Programmgestaltung wird zum geistigen Abenteuer, Tag um Tag aus unterschiedlichen Teilen ein buntes, tönendes Mosaik zusammenzusetzen.

Ein Rundfunkmann der Ersten Stunde charakterisiert eine Sendestation so: »Konzerthaus, Schule, Theater, Vergnügungsetablissement und Zeitungsredaktion in einem.«

Nicht zu vergessen: die Politik. Für sie ist der Verbreitungsradius der Ausstrahlungen strategisch wichtig, um die Massen zu beeinflussen. In Diktaturen vollends wird das Radio immer mehr zum besten Propagandainstrument der Staatsmacht.

Beweis der Bedeutung des Mediums auch dort, wo nicht autoritär regiert und einheitlich gedacht wird: Berlin veranstaltete heuer als Überblick der Entwicklung eine große Funkausstellung, und der hohe schlanke Gestängepfahl des Funkturms in der Reichshauptstadt ist bereits als ein neues Wahrzeichen anerkannt – die Berliner nennen ihn »unseren Radio-Eiffelturm«.

231

USA: zum ersten Mal »Fernsehen« – live!

Die nächste Dimension der Medien zeichnet sich bereits ab, augenblicklich zwar noch in vagen Umrissen, aber doch schon in den Bereich des Möglichen gerückt: das Fernsehen, im angelsächsischen Raum »Phonovision« oder »Television« genannt.

Auf die »Phonovision« hat der Londoner Techniker John Logie Baird, 40, gewissermaßen ein Patent, das sich aber vorläufig zumindest noch nicht gewinnbringend auswerten läßt. Sein Fernsehaufnahme-System Modell 1928 beruht im Prinzip auf der Verwendung von Grammophonplatten aus Aluminium und wäre somit eine Erweiterung und Ergänzung der Schallplatte durch das Bild.

Baird arbeitet mit Alternativen: entweder zwei Platten, je eine für Ton und Bild, oder beides auf einer einzigen Platte mit getrennten Spuren. Gestalterischer und geschäftlicher Endzweck wäre die Aufzeichnung von Bild-Ton-Programmen, die man dann im Laden genauso kaufen könnte wie eine normale Schallplatte.

Natürlich hat Baird auch ein eigenes Wiedergabegerät konstruiert, gleichzeitig legte eine Firma in Newark im amerikanischen Bundesstaat New Jersey erste Serien von Fernsehapparaten auf Lager, ja sogar Bausätze zum Selberbasteln.

In den USA peilt man einen anderen Weg an als der Brite. Will er den Zuschauer und

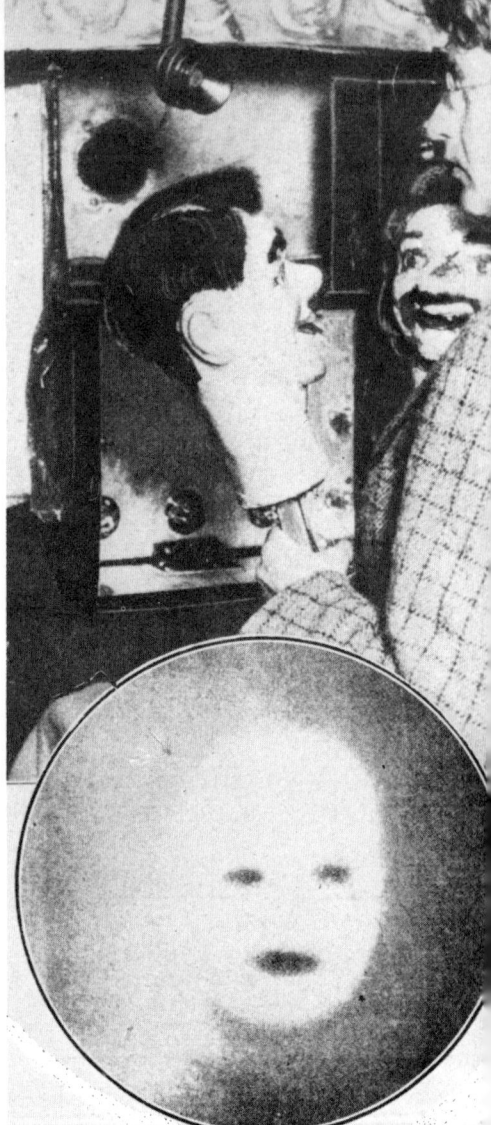

Zuhörer von vorgegebenen Programmen und Terminen unabhängig machen, so denken die Amerikaner nach Begriffen des Radios an die Übertragung von Sendestationen aus. Dafür richtete der »General Electric«-Konzern in der Kleinstadt Schenectady, New York, einen Versuchssender ein und strahlt seit dem 11. Mai dieses Jahres regelmäßig an drei Tagen der Woche jeweils halbstündige Programme aus.

Auch der Einstieg in die aktuelle Berichterstattung ist bereits geplant. Bisher blieb es freilich bei einer einzigen Sendung. Sie zeigte die Nominierung des Politikers Alfred E. Smith, Gouverneur von New York, zum demokratischen Präsidentschaftskandidaten.

Griechisch-professor wird Radioreporter

Einen sensationellen Berufswechsel, der Bildungsbürger schaudern läßt, vollzieht soeben der österreichische Gymnasialprofessor Willy Schmieger, 41.

Der Lehrer für Griechisch und Latein an einer Wiener Knabenschule kommentiert am 6. Dezember live im Radio – für Österreich eine Premiere – das Eishokkeymatch des Wiener Eislaufvereins.

Seine Schilderung ist so packend, so humorvoll und auch für den Sport-Laien so verständlich und vergnüglich, daß die RAVAG den Lehrer für die nächste Saison als Sportreporter fix verpflichtet.

Schmieger ist allerdings »vorbelastet«: er war aktiver Fußballer, später Schiedsrichter und kurze Zeit sogar Verbandskapitän. Seine seit Jahren in verschiedenen Zeitungen erscheinenden Sportkommentare sind die meistgelesenen in Österreich.

PROFESSOR WILLY SCHMIEGER

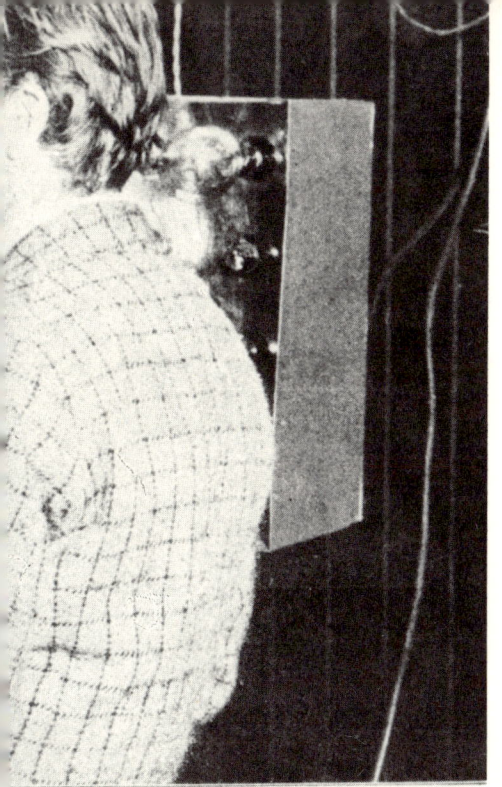

des Schotten Beard.
köpfen, deren Bild ferngesehen werden so

fernsehen können?

Beobachter des Wahlkampfes bewerten diesen »Fernsehauftritt« nur nach seiner Erst-
maligkeit als eine historische Tatsache ohne
greifbare Konsequenzen, denn wie viele
Zuschauer erlebten Smiths Ernennung per
Distanz mit? Der Ausstrahlungsbereich des
Senders ist auf Teile des Staates New York
beschränkt.
Der Television haftet der Ruf einer kurio-
sen technischen Spielerei an, die weder großen Publikumskreisen noch der Industrie
Anreiz bietet. Ist ihr überhaupt eine Zukunft beschieden, nun, da der Film durch
den Ton seinen Radius um volksbildende
Kulturfilme und kommentierte Wochen-
schauen erweitern kann? Diese Frage bleibt
offen.

»La Paloma« an jedem Badestrand

Verfeinerte Technik beschleunigt Popularität der Schallplatte

Die Schallplatte verzeichnet einen noch nie dagewesenen Boom. Aus Amerika wird
berichtet, daß die Filmschnulze »Sunny Boy«, so herzbewegend von dem schwarzge-
schminkten Pseudoneger Al Jolson gesungen (siehe ZEIT-BILD 1927), in Monster-
serien von insgesamt 12 Millionen Schellacks begeisterte Abnehmer fand.

Dieser Aufschwung erklärt sich ganz allgemein aus der wesentlichen Verbesserung
der Tonqualität des neuen Aufnahmever-
fahrens. Wenn Caruso oder der weltbe-
kannte Pianist Ignaz Paderewski ihre Inter-
pretationen verewigen wollten, sangen beziehungsweise spielten sie »in den Trichter«.
Das war die herkömmliche akustische Methode der Direktaufzeichnung mit ihrem
leidigen Blechklang.
Für Konzertaufnahmen wurden die Violi-
nen mit eigens konstruierten tonverstärken-
den Schalltüten armiert, die sogenannten
»Strohgeigen«.
Eine diffizilere Technik der Phonographie,
nämlich die elektrische Aufnahme, bei der

TÖNT AUS JEDEM GRAMMOPHON: Al Jolson, der das Lied »Sunny Boy« kreierte

Töne durch ein Mikrophon auf die davon getrennte Apparatur übertragen werden, erprobten zwei Engländer, Lionel Guest und H. O. Merriman, nicht mit Musik, sondern dokumentarisch Anno 1920 bei der feierlichen Bestattung des britischen »Unbekannten Soldaten« in der Londoner Westminster Abbey. Damit war wohl allenfalls ein Archiv zu bereichern, aber kein Geld zu verdienen, zumal das System selbst noch unausgegoren war und weiterentwickelt werden mußte.

Marktfähige Produkte auf dem Sektor elektrisch aufgenommener Schallplatten bringen die Amerikaner seit 1925 heraus. Die große Attraktion der Platte gegenüber dem Radio liegt darin, daß man sie nach eigenem Geschmack wählen und die Musik hören kann, die man will, statt serviert zu bekommen, was ein ferner, anonymer Rundfunkmann aufs Programm setzt.

Das gängige Wiedergabegerät, das Grammophon, muß mit einer seitlich am Laufwerkkasten angesteckten Kurbel immer wieder aufgezogen werden. Dafür ist der Apparat tragbar, überall aufzustellen, im eigenen Heim wie auch am Badestrand.

Das Wochenende im Grünen mit Musikbegleitung ist schon typisch für die Freizeitgestaltung unserer Tage – mitunter kaum zur Freude zufälliger Nachbarn, welche »La Paloma«, jene immer wieder aufflatternde weiße Taube, mit Wonne abschössen.

Anders verhält es sich mit den neuen vollelektrischen Plattenspielern: man erspart sich das Nachkurbeln, braucht aber die Steckdose. Die bisher letzten, allerdings vorläufig sündteuren Modelle machen das Schallplattenhören noch bequemer.

Seit April dieses Jahres gibt es in den großstädtischen Läden den Apparat mit automatischem Plattenwechsel. Bis zu 20 Schellacks kann man damit »vorprogrammieren«. Das Auflegen von einer gefederten Unterlage, Abspielen und Abnehmen besorgt das Gerät nach dem Einschalten ohne einen zusätzlichen Handgriff.

Diese technische Magie muß man sich die stolze Summe von 125 britischen Pfund oder ihren Gegenwert in anderer Währung kosten lassen. Aber auch hier wie bei anderen Novitäten stellen Wirtschaftsexperten die Prognose: abwarten, bald wird der selbsttätig speichernde Plattenspieler erschwinglicher werden.

Photographieren als neuer »Volkssport«?

Eine sensationelle Kamera wurde soeben in Deutschland entwickelt. Sie ist zwar noch horrend teuer. Dennoch scheinen die Tage nicht mehr fern, da Photographieren dank dieses praktischen Kleinbildapparats zum »Massenvolkssport« werden könnte.

Der gesteigerte Bedarf an Bildern vom Tag, die Photoreportage, bedingt handliche Apparate, mit denen man zügig, ohne verzögernde Zwischenmanipulation des Platten- oder Filmwechsels arbeiten kann.

Das gilt für die Profis ebenso wie für Amateure gehobenen Anspruchs. Wer das Brandenburger Tor, die Engelsburg in Rom, den Pariser Arc de Triomphe aufnehmen will, der braucht nicht mit der Minute zu rechnen, nähert sich seinem Motiv mit großer Kamera samt Stativ. Der »Kulturphotograph« wird aus Gründen der möglichst präzisen, technisch hochwertigen Wiedergabe weiterhin nach Art des Vedutenmalers mit Muße zu Werk gehen.

Anders der Reporter, für den es wichtig ist, bei aktuellen Anlässen möglichst beweglich und unbeschwert von Geräten in rascher Folge zu photographieren. Auf den gelungenen »Schnappschuß« kommt es vor allem an.

Unsere Epoche wird, wenn nicht eine Katastrophe den großen Holocaust heraufbeschwört, der Nachwelt ein ungeheures, stetig wachsendes Archiv an dokumentarischen Photos und Filmen hinterlassen, so daß geschichtliche Vorgänge aus erster Hand vergegenwärtigt bleiben, ohne die subjektive, manches verändernde oder Situationen frei erfindende Darstellungsart des Historienmalers.

Wenn hingegen heute etwa Spitzenpolitiker der Großmächte zu einer Völkerbundkonferenz eintreffen, wenn Hitler eine Rede hält, wenn erregte Demonstrantenscharen durch die Straßen von Paris ziehen – der Photoapparat fixiert Sekundenbruchteile des Geschehens mit unbestechlicher Wahrhaftigkeit. Sofern nicht nachträglich aus Propagandagründen beim Kopieren Retusche und Montage verfälschend eingreifen, worin die Sowjets groß sind. Es ist zum Beispiel allgemein bekannt, daß der pokkennarbige Stalin mittels Retusche für die Öffentlichkeit geschönt wird.

Der erste Staatsmann, der bei einer Ansprache mit offenem Mund, mitten im Satz, photographiert wurde, ist der dynamische US-Präsident Theodore (»Teddy«) Roosevelt gewesen. Die Zeit geht über die dekorative Pose hinweg.

Manche Photos wurden bereits so berühmt wie Gemälde bedeutender Meister, gingen in tausendfacher Vervielfältigung um die Welt. Ein Beispiel: die Aufnahme der Ergreifung des Attentäters Gavrilo Princip nach den Schüssen auf den österreichischen Thronfolger Erzherzog Franz Ferdinand in Sarajevo.

Noch während der Inflations-Ära liefen in der optischen Industrie, bei den Leitz-Werken in Wetzlar, die Entwicklungen eines neuartigen Photoapparates an. Vor drei Jahren kamen die Prototypen heraus, zugleich ein Zeichen des Wiederaufstiegs dieser Sparte der deutschen Wirtschaft mit sehr guten Exportchancen.

Es ist die »Kleinbildkamera«, nach dem Prinzip des Rollfilms, aber mit wesentlich verringertem Negativformat, nämlich 24 × 36 Millimeter. Dadurch ist es möglich, auf einem einzigen Film nicht weniger als 36 Aufnahmen unterzubringen.

Diese Leitz-Kamera, von der Firma unter dem Namen »Leica« auf den Markt gebracht, mit Wechseloptik ausgestattet, ist ein Modell für weitere Entwicklungen. Vorläufig schon wegen des Preises in erster Linie für Berufsphotographen interessant, wird dieses praktische Präzisionsinstrument der Lichtbildnerei aller Voraussicht nach bei großer Serienfertigung und damit verbundener Verbilligung populärer werden.

»Telex« – jetzt über die Post

Eine Schreibmaschine, in die man etwa in Leipzig oder Köln einen Text tastet, der prompt in Berlin fix und fertig auf einer Endlos-Papierrolle abtrennbar aus einer anderen Maschine kommt – das ist, sehr vereinfacht, das Prinzip des »Fernschreibers« für sofortige Nachrichtenübermittlung auf weite Distanzen.

Erste Modelle eines solchen Apparats wurden in den USA bereits vor dem Krieg gebaut. In Deutschland war es der Konzern Siemens & Halske, der sich zur selben Zeit mit der Konstruktion eines »Tastenschnelltelegraphen« befaßte. Vor zwei Jahren wurde mit dem Lizenznachbau eines amerikanischen »Teletype«-Apparats begonnen. Davon ausgehend entwickelten die Siemens-Techniker einen eigenen Fernschreiber.

Soeben schuf die Deutsche Reichspost die Voraussetzungen für den praktischen Fernschreiberbetrieb. Der Telexverkehr kann über die Postleitungen erfolgen. Primäre Interessenten sind die Redaktionen der großen Tageszeitungen und die Rundfunkanstalten, die so auf schnellstem Weg Meldungen und komplette Berichte empfangen.

Ein wesentlicher Vorteil des Fernschreibers ist die Möglichkeit, durch Umschaltung beider Anschlüsse sofort Rückfragen zu senden, also Gespräche oder einen Momentbriefwechsel zu führen. Eine Möglichkeit, die auch für Industrieunternehmen Bedeutung hat, weil dringende Mitteilungen ohne Verzögerungen weitergegeben werden können.

Kein Zweifel: auch im Geschäftsleben wird das »Telex« sehr bald eine wichtige Rolle spielen.

»Print-Medien« am Beispiel Ullstein

Das Berliner Unternehmen der fünf Brüder Hans, Louis, Franz, Rudolf und Hermann Ullstein ist durch Hinzuerworbenes und Neugründungen zu einem gigantischen Print-Imperium angewachsen.

Im Verlagshaus erscheint die »rote« Reihe zeitgenössischer Romane in handlichen, billigen Ausgaben. Massenware an Krimis und effektvoller Belletristik enthält die »gelbe« Reihe broschierter Taschenbücher. Hohe Ansprüche hingegen erfüllen die Klassikerausgaben und Kunstalben des angeschlossenen Propyläen Verlags.

Über große Bandbreite verfügt auch das Ullstein-Angebot an periodischen Druckschriften, zu denen folgende Publikationen zählen:

● an Tageszeitungen das *Neue Berliner Tageblatt*, die *Berliner Morgenpost*, das Massenblatt *BZ (Berliner Zeitung) am Mittag*, die traditionsreiche *Vossische Zeitung* und die *Berliner Abendpost*, so daß der Verlag die Leser faktisch rund um die Uhr mit der neuesten Berichterstattung versorgen kann;

● an Wochen- und Monatszeitschriften ein vielfältiges Sortiment für alle Schichten und Publikumskreise. Die Spitze hält die *Berliner Illustrirte*, aktuell, mit Photoreportagen und stets einem zugkräftigen Fortsetzungsroman bestückt, neben der eher kulturell und gesellschaftlich ausgerichteten *Leipziger Illustrierten*, die sich vor allem an das Bürgertum wendet.

● Unterhaltung und leichten Lesestoff bringt *Die Koralle*, für die Weiblichkeit gibt es die mondäne *Dame* ebenso wie das populär und bieder gestaltete *Blatt der Hausfrau*.

MASSENPRESSE VOM LAUFBAND: die Rotationsmaschine macht es möglich

● Die Radiohörer werden durch die *Sieben Tage* über das Programm und allerlei Wissenswertes aus dem Rundfunk informiert.

Als Minderheitenpublikation leistet sich Ullstein die von dem Kunstgaleriebesitzer Alfred Flechtheim gegründeten *Querschnitte*, ein modernes, exklusives, literarisches Magazin für Weltbürger. Zeitgenössische Architektur ist das Generalthema der *Bauwelt*, und dem praktischen Erfordernis des Alltags dient das Mitteilungsorgan *Wohnungs-Tausch*.

Außerdem verfügt das Haus über eine eigene Nachrichtenagentur. Die Querverbindung zum Medium Film hingegen wurde durch die in Ullstein-Besitz befindliche Produktionsfirma »Terra« geschaffen.

Tonfilm schafft Probleme

Das große »Sterben« der Stummfilmstars –
Farbfilm kommt bestimmt!

Vor mehreren Jahren sagte ein erfahrener Cineast voraus, die weitere Entwicklung des Filmes werde zuerst die Farbe bringen und dann später – allenfalls – den Ton. Der Fachmann irrte. Der Ton ist früher gekommen, zumindest als Ansatzpunkt, als Stufe zur schrittweisen Perfektionierung.

Ein erstes Zweifarbenverfahren »Kinemacolor« gab es schon 1906, ausgearbeitet von dem Engländer George Albert Smith und für einige Dokumentarkurzfilme verwendet. Wesentlich interessanter wäre es, den Farbfilm zu sehen, der im Mai 1910 bei den Trauerfeierlichkeiten für König Eduard VII. in London gedreht wurde, aber der Streifen scheint leider verschollen zu sein.

Ein amerikanisches Zweifarbenverfahren, firmiert unter der Bezeichnung »Technicolor«, zeitigte 1915–1917 erste Resultate, als Versuch, die Franzosen zu überrunden, die schon 1912 mit ihrem »Gaumont Chronocrome«, einer Dreifarbenkombination, einiges Aufsehen erregten.

Aber die fatale Hürde zwischen der Erfindung und ihrer praktischen Auswertung besteht darin, daß sie neuartige Apparaturen oder wenigstens ergänzende Geräte voraussetzt, eine Umstellung, die einfach nicht über Nacht vor sich gehen kann und äußerst kostspielig ist.

Deshalb behalfen sich manche Regisseure mit einem einfachen und doch halbwegs wirkungsvollen Kniff: sie ließen Passagen ihrer Schwarzweißfilme verschieden einfärben. Naturnähe wurde am ehesten bei gebläuten Nachtbildern erreicht, während etwa ein Ockerton für idyllische und Rot für dramatisch bewegte Szenen des Aufruhrs und der Leidenschaften mehr symbolischen Charakter hatten. Natürlich laufen Entwicklungen der echten Farbfilmtechnik weiter, doch im Moment ist es unzweifelhaft der Tonfilm, der das Rennen macht.

Auch er hat schon eine längere Vorgeschichte, die zu Beginn unseres Jahrhunderts einsetzte. Man probierte es vorerst mit Koppelungen von Film und Schallplatte. Das große Problem dabei war die »synchrone« Abstimmung. Jede Panne führte zur Lächerlichkeit.

Den einigermaßen funktionsfähigen heutigen Systemen kam der Franzose Eugène Lauste bereits 1910 nahe. Prototypen seines Tonfilmwiedergabegeräts hatte er gerade fertiggestellt, als der Krieg ausbrach und in Paris niemand für »solche Spielereien« Interesse zeigte. Lauste werkte weiter und versuchte dann sein Glück in Amerika. Wieder im ungünstigsten Augenblick: 1917. Die USA mobilisierten.

Unter nicht viel besseren Bedingungen arbeiteten die drei deutschen Techniker Vogt, Masolle und Engel im ausgepowerten Berlin von 1920/21 an ihrem Projekt des »Lichttons«, das heißt der Methode, über Mikrophon den Ton auf eine eigene Spur des Films aufzunehmen, neben der Perforation des Zelluloidstreifens. Das »Triergon«-

Verfahren bildet die Grundlage des heutigen Tonfilms. Die Teststreifen, Gesangsszenen, wurden 1922 in Berlin aufgeführt. Julius Bab, einer der prominentesten Theaterkritiker, urteilte durchaus positiv: »Was diese Männer uns zeigten, ist die Zukunft, denn wer sich unterhalten will, geht nicht in die Taubstummenanstalt.«

Eine Zukunft, die allerdings noch ein paar Jahre auf sich warten ließ. Die Produktionsgesellschaften waren ziemlich desinteressiert, teils aus künstlerischen Gründen, teils weil der Atelierbetrieb technisch völlig hätte umgekrempelt werden müssen – und das in diesen schlechten Zeiten! Die Kinobesitzer scheuten die Investition für neue Vorführgeräte, und beide Gruppierungen machten unisono geltend, der Ton – lies: die Sprache – würde den Film auf die nationalen Grenzen einengen.

Zwischentexte des Stummfilms lassen sich ohne besonderen Aufwand austauschen, beim Tonfilm hingegen ist der Dialog nicht »exportfähig«, ein Problem, das sich nun tatsächlich stellt, denn was soll etwa die Masse des deutschen oder italienischen Publikums mit einem amerikanischen Film anfangen, von dem es kein Wort versteht?

Darüber zerbrechen sich Praktiker allenthalben die Köpfe. In Deutschland erwägt man, Großfilme von Anfang an in zwei oder gar drei Fassungen zu drehen, einer deutschen und parallel dazu mit übersetztem Drehbuch und anderen Schauspielern in einer englischen und/oder französischen.

Billiger ist es, den Dialogtext in knapper,

DEUTSCHER TONFILMTECHNIKER
Hans Vogt

DER LETZTE SCHREI: Tonfilmapparatur im Detail

sinngemäßer Übersetzung auf die unteren Bildränder der Kopien mechanisch einzublenden: Eher eine Not als eine Tugend. Kühn Vorausdenkende erörtern eine Ideallösung, die lediglich den Nachteil hat, daß sie noch nicht zu realisieren ist: man zieht eine Tonfilmkopie stumm und produziert den Ton mit Sprechern »synchron« in der jeweiligen Sprache.

Gegenwärtig steht außer Zweifel, daß dem Tonfilm tatsächlich die Zukunft gehört. Die neue Phase bringt jedoch radikale Umwälzungen. Die bisher verwendeten Ateliers sind ohne Bedachtnahme auf Akustik gebaut, und bei Filmzentren wie Hollywood und Berlin-Neubabelsberg kostet es horrende Summen, die Hallen zu adaptieren oder neue, schalldichte zu errichten.

Hohe Ausgaben stehen auch den Kinobesitzern ins Haus. Sie können ihre Stummfilmprojektoren zum alten Eisen werfen oder auf dem Kalender vermerken, wann sie zusperren müssen, weil kein Mensch mehr zur Kasse des »alten Kaffs« kommt, in dem der Anschluß verpaßt wurde. Goldene Zeiten freilich sind für die einschlägigen Industriesparten ausgebrochen, die Lieferanten der Aufnahme- und Wiedergabeapparaturen.

Strenge Auslese hält die neue Ära unter den Filmschauspielern. In Deutschland, Frankreich und England, wo die meisten Darsteller von der Bühne kommen und bis dato vor der Kamera auf eines ihrer wichtigsten Ausdrucksmittel, nämlich Stimme und Sprache, verzichten mußten, machen sich solche Durchforstungen nicht in dem Maß bemerkbar wie in Hollywood.

Dort wimmelt es von Ausländern, für die es ein Segen war, daß sie kein Wort zu sagen hatten, von Stars auch, die faktisch von der Straße weg für den Film »entdeckt« wurden, wegen ihres gefragten Typs, ihrer blendenden Erscheinung, Leute, die niemals eine Schauspielschule auch nur von außen sahen, geschweige denn im Theater aufgetreten waren. Schönlinge mit grausamem Kutscherdialekt oder unangenehmen Stimmen und hübsche Puppen, die sich nicht einmal drei Sätze merken, sind in Gefahr, aus schwindelnden Höhen des Glamours jählings abzustürzen.

Dem Regisseur verlangt das Medium Tonfilm eine andere Arbeitsweise ab als vordem gewohnt. Bisher konnte er wie ein Dompteur während der Aufnahme die Szenen durch Zurufe dirigieren, um so die gewünschten Wirkungen herauszuholen. Jetzt muß alles viel intensiver geprobt und festgelegt werden, denn sobald die Kamera läuft und die Klappe fällt, hat beim Regiestab absolute Ruhe zu herrschen.

Der Siegeszug des Tonfilms ist nicht aufzuhalten, aber er führt mitten durch breite Problemzonen, und vor das Ziel technischer Perfektion sind noch viele Mühen und – Nervenproben aller Beteiligten gesetzt.

Hollywood und seine Stars

Extravagant, luxuriös – und außerordentlich geschäftstüchtig

Während die Leinwandgrößen in Europa zumeist gelernte Schauspieler sind und sich durchaus nicht einmalig fühlen (siehe Titelstory), sorgen in Hollywood die Damen und Herren Stars, meist aus anderen Berufen hochgespült, für Talmiglanz und Parvenüallüren. Mit einer Ausnahme: *die* Garbo.

Drei Jahre ist es her, daß die damals zwanzigjährige Stockholmer Kutscherstochter Greta Garbo (eigentlich Greta Gustafsson) mehr oder weniger als »Beipack« den Hollywood-Produzenten ins Studio schneite (siehe ZEIT-BILD 1925). Gefragt war ja eigentlich ihr Entdecker und erster Regisseur Mauritz Stiller. »Wer ist Fräulein Garbo?« hatten die Supermanager gefragt, ehe sie sich herbeiließen, die Unbekannte unter Vertrag zu nehmen.

Inzwischen wissen sie genau Bescheid. Der Name Garbo ist zum künstlerischen Markenzeichen und zur todsicheren Kapitalanlage geworden. Das Verhältnis des schwedischen Paares hat sich hingegen gewandelt. Gretas Stern ist im Steigen, der Stern Stillers, dessen Geschöpf sie war, ist im Sinken begriffen.

Bei »The Temptress« (Totentanz der Liebe) arbeiteten die beiden noch zusammen. Sie in der weiblichen Hauptrolle, er im Regiestuhl. Nach wenigen Tagen mußte er das Atelier räumen. Grund: arge Pannen mit allen und jedem, Krachs, keine Anpassung an die amerikanische Art. Im Titelvorspann des Films ist Stiller nicht einmal genannt. Greta hingegen wurde zum zweitenmal

STARS UND PRODUZENTEN: von links nach rechts Douglas Fairbanks, Mary Pickford, Charly Chaplin, D. W. Griffith

GLORIA SWANSON

MARY PICKFORD

ANKUNFT IN NEW YORK: Greta Garbo und Maurice Stiller

und nun für die ganze Welt entdeckt.

Trotz ihrer »frischgewaschenen Ozon-Ausstrahlung« und ihrer eigentlich unerotischen Schönheit spielt sie große Liebende und Geliebte, vom Schicksal getriebene Wesen, die sich und andere ins Unglück stürzen: Ehebrecherinnen, irdische Göttinnen, sogar die Anna Karenina nach Tolstoi, und eine ins Netzwerk des geheimen Kriegs verstrickte Spionin.

»Es ist nicht Mata Hari gemeint – aber das wäre eine Rolle, die mich reizen würde«, sagt die Garbo, die, pressescheu wie je, den üblichen Hollywood-Rummel strikt meidet.

Die Sprachenhürde, die der Tonfilm so fatal aufrichtet, nimmt die Schwedin ohne Mühe. Ihr Englisch hat zwar einen herben Akzent, doch der steigert sogar noch das Magische ihrer Persönlichkeit. Die Umstellung fällt ihr leichter als manchem britischen Schauspieler, der die Diktion Londons und Oxfords beibehielt.

In diesem Jahr drehte die Garbo nicht weniger als drei Großfilme. Einer der Titel paßt genau auf sie: »The Mysterious Lady.«

Ein Hauch von Patina überzieht bereits den Ruhm von Mary Pickford, 35, die als »Goldlocks« und »America's Sweetheart« jahrelang der unumstrittene Spitzenstar Hollywoods war. Die gebürtige Kanadierin war eine blonde Lieblichkeit wie aus dem Postkarten-Album; ein mädchenhafter Typus von Gestern, so recht geschaffen, in sentimentalen Melodramen die verfolgte Unschuld oder die in der bösen Welt gefährdete arme Waise zu mimen. Oder aber den süßen Wildfang. Das ging bis zum Anfang dieses Jahrzehnts.

Als Mary die langen Flechten abschneiden ließ und ihre Holdheit gegen den flotten, modischen Bubikopf eintauschte, meuterte das Kinopublikum in den USA. »Es war, als hätte ich einen von allen geliebten Menschen umgebracht – und das stimmt vielleicht. Aber das Pickford-Girl mußte sterben, damit eine junge Frau namens Pickford leben kann.«

Nur scheint der Umschwung ins Feminine nicht ganz zu glücken. Bange braucht der Dame deswegen nicht zu werden. Schon längst bewies sie, daß sie nicht bloß anmutig, sondern auch geschäftstüchtig ist.

Auf dem Höhepunkt ihrer Karriere, kurz

TRAUMPAAR DES JAHRES: Greta Garbo und John Gilbert

nach 1918, gründete sie gemeinsam mit dem Regisseur David W. Griffith (»Die Geburt einer Nation«), dem jungen Charlie Chaplin und ihrem Ehemann Douglas Fairbanks eine eigene Produktionsfirma, die »United Artists«.

Die Lokomotive des Unternehmens ist Fairbanks selbst, Weltstar als unbesiegbarer Held und Abenteurer in märchenhaft ausgestatteten Kostümfilmen wie »Die Drei Musketiere« und »Der Dieb von Bagdad«. Während die realistische Goldfee, privat eher zurückgezogen, sich emsig um Finanzen und Organisatorisches kümmert, sorgt Douglas für seine persönliche Publicity und

spielt gekonnt die Rolle des Eroberers.

Phantastisch sind die Parties, die er in der Traumvilla »Pickfair« gibt. Weitgereiste Partylöwen nennen sie das schönste und komfortabelste Haus in den USA. Und das will in Hollywood, der Stadt der Superlative, viel heißen.

Im klugen Kalkül der Pickford ähnlich, im übrigen aber himmelweit von ihr verschieden ist Gloria Swanson, 29, eine katzenhafte Schönheit. Sie ist die eigentliche Erfinderin der Hollywoodstar-Allüren, die Großmeisterin aller nur erdenklichen Extravaganzen.

Sie ließ sich in einer goldenen Sänfte ins

Filmatelier tragen und ging mit zahmen Geparden an der Leine durch Beverly Hills spazieren. Ehen und Affären in bunter Folge begleiten ihre schon mehr als zehnjährige Laufbahn.

Ihre Spezialität ist die »bathing beauty«, die Badende Schönheit, eine Rolle, für die sie als exzellente Schwimmerin bestens befähigt ist.

Launen, Verrücktheiten – das ist die eine Seite der Gloria Swanson. Andere Züge ihres Charakters aber sind Disziplin, Vernunft, gesunder Menschenverstand, Kameraderie. Dieselbe Gloria, die mit ihren Kapriolen Charlie Chaplin zu zähnefletschender Antipathie trieb, ist bei den Aufnahmen enorm ausdauernd und unkompliziert. Als Jungstar planschte sie tapfer immer wieder im eiskalten Wasser, bis die Einstellungen klappten.

Den Männern ihres Lebens macht sie keine Spesen. Ihr Stolz: »Ich bezahle alle meine Rechnungen selber.« Dabei verfährt sie mit ihren astronomisch hohen Gagen äußerst umsichtig und ist gegen Schicksalsschläge gut gewappnet. »Wenn der Tonfilm auf mich verzichten sollte, den nächsten Nerz und die neue Limousine kann ich mir auch von meinen Fabriksanteilen spielend leisten.«

Das Ende einer sensationellen Karriere scheint indes nun für alle Zeiten besiegelt: die in Hollywood als Prototyp der geheimnisvollen Exotin gehandelte Pola Negri (eigentlich Appolonia Chalupek) ist augenblicklich total out. Für den Tonfilm gänzlich unbrauchbar.

Sprach man in den letzten Jahren – genau seit 1921, seitdem sie in der US-Filmstadt seßhaft wurde – nur von ihren Traumgagen, ihren Traumpelzen, ihrem Traumschmuck, so zerreißt man sich augenblicklich ausschließlich über ihren gräßlichen polnischen Akzent den Mund.

Nicht einmal das Thema Nummer eins, Polas skandalumwittertes Privatleben, entlockt den eifrigen Lesern von Klatschspalten in den zahlreichen Filmzeitschriften ein müdes Lächeln.

Schließlich weiß doch schon jedes Kind, daß Pola sowohl mit Charlie Chaplin (siehe ZEIT-BILD 1923) als auch mit Rodolfo Valentino (siehe ZEIT-BILD 1926) verlobt sowie mit zwei echten Grafen und einem falschen Prinzen verheiratet war ...

Mr. Disneys Wundermaus

Man mag an Sternbilder und ihre Einflüsse auf den Charakter glauben oder nicht – Walt Disney, 27, weist jedenfalls sehr viele der Wesenszüge auf, die dem Zeichen des Schützen zugeschrieben werden: Optimismus, Aufgeschlossenheit, Initiative, gepaart mit Können und Zähigkeit.

Walt, der Junge aus Chikago, versuchte sich nach allerlei Jobs als Reklamezeichner. Daß die Konkurrenz in diesem Beruf weder dünn gesät ist noch schläft, mußte er sehr bald erfahren. Also verlegte er sich auf ein technisch mühsames und relativ aufwendiges Gebiet: den »animated cartoon«, zu deutsch Zeichentrickfilm.

Die Methode, gezeichnete Bewegungsabläufe in unzähligen Einzelphasen zu filmen, ist ja nicht neu. Schon vor zwanzig Jahren experimentierten Cartoonists in den USA damit (und auch sie waren nicht die Erfinder, sondern Franzosen).

Es zeigte sich, daß karikierte, vermenschlichte Tiere am besten beim Publikum ankamen. »Gertie the Dinosaur« war der erste, noch dazu urgeschichtliche Vierbeiner, der auf der Leinwand wunderliche Abenteuer erlebte. Anno 1908 in den Kinos.

Disney experimentierte seit 1922 in dieser Richtung, aber nichts schlug so recht ein. Gläubiger meldeten sich bei ihm häufiger als Auftraggeber. Als er wieder einmal pleite in seinem Atelier saß, knisterte es in einer Ecke. Eine Maus kam zum Vorschein. Ohne Scheu. Immer wieder. Keine weiße etwa, von zuviel Whisky vorgegaukelt. Eine ganz normale Hausmaus.

Tierfreund Walt gab ihr den Namen »Mortimer« und erkor sie zu seinem Maskottchen. Plötzlich verfiel er darauf, sie in seiner Art zu skizzieren. Dabei verwandelte sich der kleine Nager. Der Kopf wurde groß und rund, mit Ohren wie Kellen, und siehe da, schon ging diese Maus lustig auf zwei Beinen, bekam Hände, und ihr natürliches Silbergrau hatte sich zu pinguinhaftem Schwarzweiß verändert.

So stand sie auf dem Blatt von Disneys Zeichenbrett, bereit, sich in die Welt zu wagen. Nur: als »Mortimer«, wie ihr Modell? Nein, das klang viel zu theatralisch. Angestrengt sann der »Vater« nach: M – Ma – Me – Mi – Micky! Das paßte. »Micky Mouse«!

Wie so viele gute Ideen entsprang diese fix und fertig der Eingebung des Augenblicks. Nun läuft der erste Mickymaus-Film, »Steamboat Willie«. Tönend sogar. Die Kinder der Welt haben einen neuen Liebling. Und der Schütze-Mensch Disney traf endlich ins Schwarze.

BEGEISTERT GROSS UND KLEIN: die erste Mickymaus

Eine Heilige und ein Mongolenheld

Zwei beachtliche neue Filme im Kino

MARIA FALCONETTI als Jeanne d'Arc

Der dänische Filmregisseur Carl Theodor Dreyer, 39, geht völlig eigene, steinige Wege. Er ist geradezu verschrien als ein »Schwieriger«, hochbegabt, aber für Produzenten ein finanzieller Risikofaktor, weil er viel Zeit und Geld für Vorarbeiten verwendet und, in seine Ideen verrannt, glatt imstande ist, ein Projekt halbfertig stehenzulassen.

In Frankreich drehte er ein Meisterwerk, »La Passion de Jeanne d'Arc«, stumm, mit unerhört ausdrucksvollen Großaufnahmen. »Die Kamera erzielt hier das Höchste dessen, was im Film wirksam wiederzugeben ist.« (Programmtext des deutschen Verleihs.)

Für das Buch zog er kaum Literatur, sondern vor allem Authentisches heran, die Dokumente des Prozesses in Rouen, und verdichtete die Vorgänge auf einen einzigen, entscheidenden Tag. Das Mittelalterliche der Umwelt reduzierte er auf einfache, monumentale Formen, um die historische Substanz des Dramas zeitnah zu machen.

Bei ihm gibt es keine Schminke, nichts Aufgesetztes, Aufgeklebtes, Unechtes.

Fernab jeder romantischen Verherrlichung ist seine Jeanne, gespielt von der jungen Italienerin Maria Falconetti, kurz geschoren, weiblich reizlos; doch aus ihren großen dunklen Augen spricht eine gläubige Seele, die nicht begreift, was Vertreter der Christenheit auf Erden ihr antun.

Ein zweiter Spitzenfilm des Jahres kommt aus der Sowjetunion, die künstlerisch immer wieder die Weltklassemarke erreicht. »Sturm über Asien« von Wsewolod Pudowkin, 35, dem Rivalen des großen Sergej Eisenstein, überrascht durch die ungewöhnliche Verquickung von Dramatik, Propaganda und der Sachlichkeit eines völkerkundlichen Kulturfilms.

Während des Russischen Bürgerkriegs von 1919/20 wird ein mongolischer Pelzjäger in den Regionen östlich des Baikalsees als letzter Nachfahre des Dschingis Khan erkannt. Die Briten, die militärisch gegen die Bolschewiken intervenieren, wollen den Mann für ihre Zwecke einsetzen, doch er bricht aus.

An der Spitze einer Reiterschar galoppiert er über die Ebene. Für wen, gegen wen? Nach sowjetischer Lesart wandelte sich der Held natürlich zum kämpferischen Genossen Dschingis Khan junior.

In die Handlung sind prachtvolle Naturaufnahmen Innerasiens eingefügt und lange Passagen, welche das Leben und die Bräuche der Mongolenstämme und die Zeremonien in einem Lamakloster zeigen. Damit wird dieser Streifen auch zum ersten Filmdokument aus den unbekannten Weiten des riesigen Kontinents.

SZENENPHOTO aus »Sturm über Asien«

Hosen für die Beine – Dauerwellen fürs Haupt

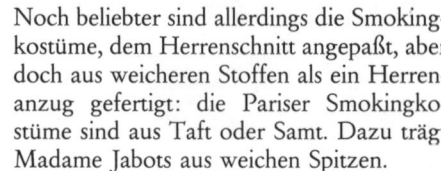

Achtung: Die Frauen sind los! Sie machen sich selbständig – in der Arbeit und in der Mode. Was vor ein paar Jahren noch undenkbar gewesen wäre, ist jetzt modern: die Hose, die über den Sport ihren Eingang in die Damenmode fand.

SCHÖNHEIT MUSS LEIDEN: stundenlange Dauerwellentortur

KNABENFIGUR ZUM LOCKENKOPF: die Mode gibt sich streng und maskulin

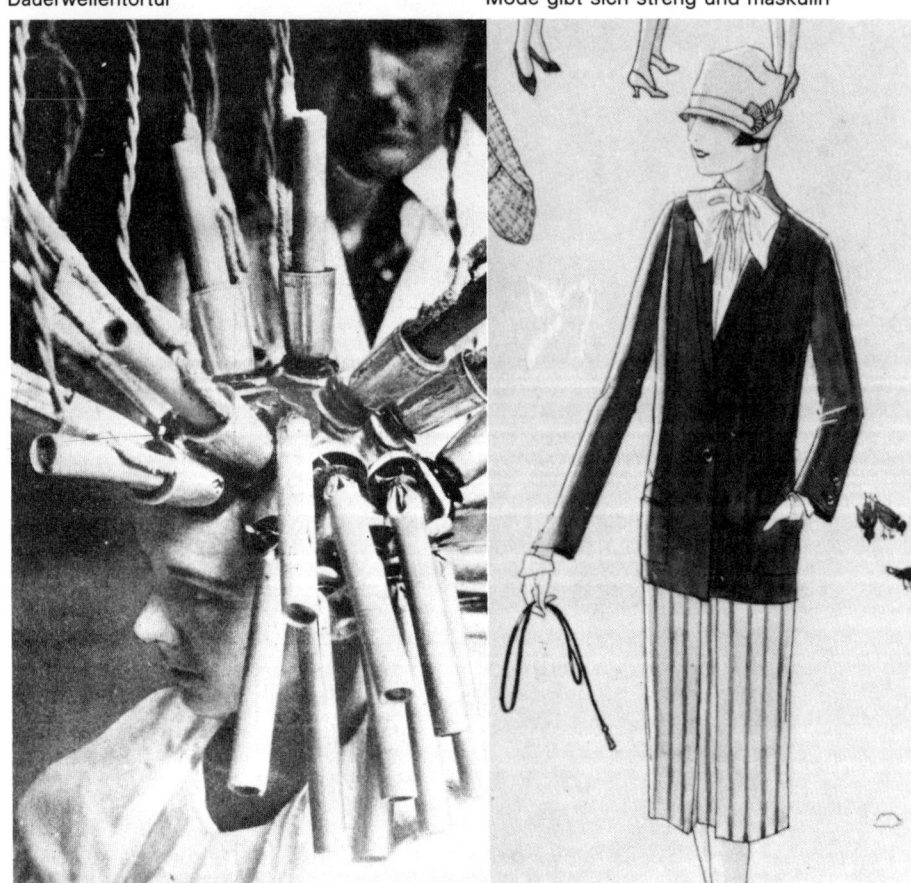

Noch beliebter sind allerdings die Smokingkostüme, dem Herrenschnitt angepaßt, aber doch aus weicheren Stoffen als ein Herrenanzug gefertigt: die Pariser Smokingkostüme sind aus Taft oder Samt. Dazu trägt Madame Jabots aus weichen Spitzen.

Busen ist noch immer nicht »in«, dafür bieten die Abendkleider tiefe Einblicke – auf der Kehrseite. Oft reicht der Ausschnitt bis zu den Hüften.

Die Hüfte ist überhaupt die Grenze: bis dorthin sind die Kleider meist sackartig geschnitten und dann mit Falten und Plissees besetzt.

Seit das weibliche Ideal schmal, knabenhaft, brustarm und irgendwie zwitterhaft geworden ist (siehe auch ZEIT-BILD 1925), lassen sich nun fast alle Damen einen frechen Bubikopf schneiden und in einem neuen, teuren, komplizierten elektrochemischen Verfahren »Dauerwellen« legen.

»Rheingold« – nobel wie der Orientexpreß

Binnen dreizehn Stunden von der Nordsee bis in die Alpen! Und zwar in einem Zug, der fast so luxuriös und so exklusiv ist wie der legendäre »Orientexpreß«: diese Glanzleistung gelang soeben der Deutschen Reichsbahn.

Seit dem 15. Mai befährt ihr »Rheingold-Expreß« mit rasanten 70 Stundenkilometern die Strecke Hoek van Holland–Köln–Mainz–Basel–Zürich. Trotz des erheblichen Zuschlags zum normalen Fahrpreis kann die DRB stets eine zufriedenstellende Auslastung verzeichnen. Vor allem vermögende Engländer wissen den direkten Anschluß zwischen dem »Hook Continental« (London–Harwich), der Dampferüberfuhr und dem »Rheingold« sehr zu schätzen.

In diesem laut Werbetext »besteingerichteten Zug der Deutschen Reichsbahn« wird den Passagieren für ihr Aufgeld immerhin Entsprechendes geboten. DRB-Techniker und Designer entwickelten einen neuen Waggontyp, den kombinierten Salon-Speisewagen, in dem man den Reisenden exquisite Menüs in ihren Coupés serviert. Mondänen Geschmack verrät auch die nur dem »Rheingold« vorbehaltene Farbgebung: die Waggons sind außen in Beige und Violett gehalten, raffiniert abgestimmt zu golden blinkenden Metallteilen und silbergrauen Dächern.

Zudem ist der hochnoble Expreß der erste Zug Deutschlands, der nicht unter einer nüchternen Formel aus Ziffern und Buchstaben läuft, sondern mit einem klingenden Namen aus der Vorstellungswelt jener Kreise, die angesprochen werden sollen: »Rheingold«. Die einen mögen dabei an Wagners Musikdrama denken, die anderen aber an eine Spitzensektmarke.

Auf seiner langen Trasse hat der »Rheingold« Vorrang vor allen anderen Zügen. Das Blitztempo zwischen Startpunkt und Ziel verdankt er nicht zuletzt einer äußerst praktischen Neuerung, die im Verkehrswesen gewiß Schule machen wird. Längere Aufenthalte an den Staatsgrenzen entfallen, denn die Zollbeamten steigen bereits vor den Grenzbahnhöfen zu und führen ihre Kontrollen während der Fahrt durch.

LUXUS DER SONDERKLASSE: elegante Welt im »Rheingold«

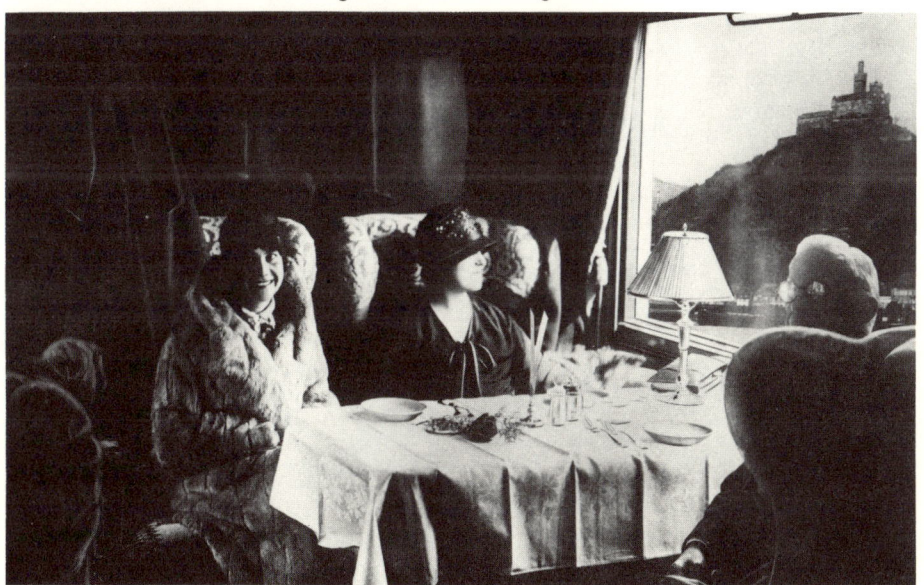

Aus Wahnsinnigen werden Helden

Atlantiküberquerung von Ost nach West gelungen

Wie Diebe in der Nacht entweichen die beiden deutschen Ex-Fliegeroffiziere Günther von Hünefeld, 36, und Hermann Köhl, 40, aus der Heimat, um etwas »absolut Unmögliches« (Pressestimme) zu wagen: die Atlantiküberquerung per Flugzeug von West nach Ost. Zweifel, Spott und Hohn begleiten sie, als das Abenteuer ruchbar wird. Donnernder Jubel empfängt sie bei ihrer Rückkehr: das »Unmögliche« ist gelungen!

»Die Deutsche Lufthansa sieht in Versuchen mit unzulänglichen Mitteln keine Förderung der Luftfahrt und tut daher alles, was in ihren Kräften steht, um von einem solchen Flug abzuraten…« heißt es in einer Presseaussendung, nachdem bekanntgeworden ist, daß Hünefeld und Köhl das Lindbergh-Experiment in umgekehrter Richtung wagen wollen (siehe ZEIT-BILD 1927).

Der Haken ist, daß die Ost-West-Passage wegen der ständig tobenden Weststürme um ein Vielfaches gefährlicher ist. Aber Hünefeld und Köhl sind vernünftigen Argumenten nicht zugänglich. Ihre Antriebsfeder ist alles andere als rationale Vernunft, sondern vielmehr extremer Patriotismus: sie wollen der Welt zeigen, daß, verlorener Krieg hin, »Schandfrieden« von Versailles her, die Deutschen doch etwas taugen.

Kein Mensch nimmt sie ernst. Mühsam müssen sie aus geschnorrten Spenden das nötige Betriebskapital zusammenkratzen. Ein erster Versuch, im August 1927, mißlingt.

Den zweiten starten sie am 26. März dieses Jahres. Von Hamburg aus fliegen sie mit ihrer Junkersmaschine »Bremen, Typ W 33« mit der Zielangabe »Baldonnel in Irland« los.

Nachdem durchgesickert ist, daß sie von dort nach Amerika wollen, bricht ein Sturm der Empörung über soviel kopflose Tollheit los. Köhl, Angestellter der Lufthansa, wird fristlos entlassen.

Am 12. April ist es dann soweit. Mit von der Partie ist der irische Fliegeroberst James Fitzmaurice. Was niemand für möglich gehalten hätte, gelingt: trotz Sturm, Nebel und Regen kommen die drei Männer binnen 31 Stunden in ihrer Klapperkiste durch.

Sie landen zwar nicht, wie vorgesehen, in New York, sondern auf Greeny Island in der fernen Sankt-Lorenz-Bucht. Das aber tut der plötzlich aufflammenden Begeisterung keinen Abbruch: buchstäblich über Nacht avancieren die »Wahnsinnigen« zu »Helden«.

Optimisten prophezeien, daß dem routinemäßigen Passagierflug über den Atlantik nun eigentlich nichts mehr im Weg steht. Außer ein Haufen technischer Probleme.

GÜNTHER VON HÜNEFELD

Olympia: Triumph der Deutschen

Mit ihrer berühmten Gründlichkeit haben sich die Deutschen für den ersten Nachkriegsauftritt auf der olympischen Bühne zielstrebig vorbereitet. Der Lohn ist reich: sowohl bei den Winterspielen in St. Moritz (11.–19. Februar) als auch bei den Sommerwettkämpfen in Amsterdam (28. Juli bis 12. August) holen sie sich Gold, Silber und Bronze. Aber auch das kleine Österreich, das nun schon zum zweiten Mal dabei ist, kann zufrieden sein.

SILBER für den Österreicher Willy Böckl

SILBER für das österreichische Paar Scholz-Kaiser

Noch immer gibt es keine alpinen Konkurrenzen im Winter. Das soll übrigens ab 1932 anders werden. Gegen den wütenden Widerstand der Nordländer hat Sir Arnold Lunn (Großbritannien) durchgesetzt, daß ab 1932 Abfahrt und Slalom als olympische Disziplinen zugelassen werden.

Diesmal dominieren naturgemäß eindeutig die Skandinavier. Der beste Nicht-Skandinavier im Langlauf über 15 und 50 Kilometer ist ein Deutscher, und im Fünferbob kommen die Deutschen sogar zu einer Bronzemedaille.

Im Eiskunstlauf holt sich Österreich drei Silbermedaillen (Fritzi Burger, Willy Böckl und das Paar Scholz-Kaiser) sowie eine Bronzemedaille (Brunner-Wrede im Paarlauf).

Bittere Enttäuschung für die Deutschen: ihr oftmaliger Meister und zweimaliger Vize-Weltmeister Werner Rittberger gibt auf. Über die tieferen Ursachen (Nerven? Indisposition?) gehen die Meinungen auseinander.

Bei den Sommerspielen sind Deutschland und Österreich im Gewichtheben mit je

![REITET FÜR DEUTSCHLAND: Goldmedaillenträger Carl-Friedrich Freiherr von Langen](caption)

REITET FÜR DEUTSCHLAND: Goldmedaillenträger Carl-Friedrich Freiherr von Langen

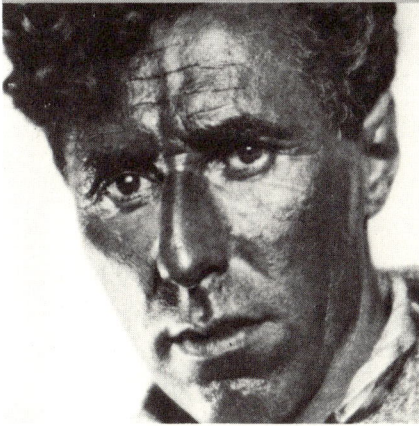

Zum ersten Mal Kandahar-Rennen

HANNES SCHNEIDER

zwei Goldenen an der Spitze. Aufsehen und Begeisterung erwecken zwei muntere deutsche Teenager, beide knapp achtzehn Jahre jung. Helene Mayer holt sich die Goldmedaille im Florett, Hilde Schrader siegt in 200 Meter Brust.

Glanzstück der deutschen Olympia-Mannschaft sind die Dressurreiter, an ihrer Spitze der elegante Carl-Friedrich Freiherr von Langen, 45, der einem hingerissenen Publikum auf souveräne Weise demonstriert, was Hohe Schule ist. Dem international erprobten Meister ist die Goldene von allem Anfang an sicher.

Zum ersten Mal machen die Japaner als Schwimmer von sich reden: der kleine, drahtige Tsuruta schnappt Deutschlands Schwimmidol, dem zweimaligen Europameister Erich Rademacher, die Goldmedaille über 200 Meter Brust weg.

Übrigens: auch das finnische Laufwunder Nurmi ist wieder mit dabei. Im »ehrwürdigen Alter« von 31 Jahren gewinnt er souverän den 10.000-Meter-Lauf.

Ein Skirennen ganz besonderer Art wird in diesem März zum ersten Mal in St. Anton am Arlberg ausgetragen: das sogenannte Kandahar-Rennen. Und es beginnt mit einer Sensation: eine Wienerin, eine »müde Flachländerin« also, läuft ihren Konkurrentinnen aus den Alpengegenden einfach davon und gewinnt den Pokal. Die Dame heißt Lisl Polland und zählt 33 Lenze. Sieger bei den Herren wird Benno Leubner aus Innsbruck.

Das Rennen, bestehend aus Abfahrt und Slalom, die nur in der Kombination gewertet werden, geht auf den englischen General Frederick Sleigh Roberts, Earl of Kandahar and Pretoria (1832–1914), zurück.

Der skibegeisterte Brite stiftete 1911 einen Langlaufpokal. Die Stiftung wird von einem Verein betreut, dessen führendes Mitglied, Sir Arnold Lunn, ebenfalls ein Skinarr, die Idee für das »Kandahar-Rennen« in der neuen Form hat.

Hannes Schneider, 38, seit 1922 Leiter der weltberühmten Skischule von St. Anton, hat die Organisation des Rennens übernommen. Das »Nenngeld« beträgt 50 Groschen. Das Kandahar-Rennen soll nun abwechselnd jährlich in St. Anton und in Mürren in der Schweiz ausgetragen werden.

PERSONALIA

Ahmed Bey Zogu, 33, albanischer Stammesführer, hat sich zum König der Albaner krönen lassen. Offizieller Titel »Mbret«, eine verballhornte Form des lateinischen »Imperator«.

Das Bergvolk der Skipetaren war jahrhundertelang von den Türken beherrscht. Während des Kriegs 1914–1918 wegen seiner strategisch wichtigen Lage an der Adria unter mehrere kriegführende Staaten aufgeteilt, ist Albanien seit 1921 selbständig – unter dem »Schutz« Italiens. Die rebellischen, meist mohammedanischen Stammesfürsten begruben ihre jahrhundertalten Streitigkeiten und einigten sich unter der Führung des ebenso energischen wie skrupellosen Zogu.

KÖNIG ZOGU I.

Seit 1925, da er auf einem Schimmel triumphierend in Tirana eintritt, regiert Zogu das unterentwickelte Land als Staatspräsident und versucht es so rasch wie möglich zu erschließen. Der Bau der ersten Eisenbahn war der Start zu diesem Vorhaben.

König Zogu I., der westlichen Lebensstandard liebt, residiert in einem prächtigen Palast, spielt in prunkvollen Uniformen oder englischen Maßanzügen den großen Herrn und träumt von einem Großalbanien unter Einschluß der Provinz Kosovo, die im benachbarten Serbien liegt . . .

Zauditu (genaues Alter unbekannt), Kaiserin von Äthiopien (Abessinien), wurde von ihrem eigenen Neffen, Mitregenten und designierten Nachfolger total ausgeschaltet. Sie und ihre stockkonservativen Ratgeber wurden durch einen Militärputsch entmachtet. Der neue starke Mann, Ras (Fürst) **Tafari Makommen,** 36, ließ sich am

DER NEUE NEGUS: Tafari Makommen

7. Oktober zum Negus (König) krönen. Der christliche Sproß aus dem Hause Salomon hat die Absicht, das im Mittelalter verharrende Land zu modernisieren und zu europäisieren. Bereits 1923 hat er die Aufnahme Äthiopiens in den Völkerbund durchgesetzt und soeben die Sklaverei aufgehoben. Der ehrgeizige Negus, der schon im Alter von sechzehn Jahren Provinzgouverneur war, wird wohl nicht eher ruhen, bis er den Titel »Negus Negesti« (König der Könige = Kaiser) trägt.

Wilhelm Miklas, 56, aus Krems gebürtiger ehemaliger Gymnasialdirektor und christlichsozialer Präsident des österreichischen Nationalrats, wird am 5. Dezember von der Bundesversammlung zum Bundespräsidenten gewählt. Er tritt sein Amt am 10. Dezember an.

Karl May, der am 30. März 1912 in Radebeul bei Dresden verstorbene Jugendschriftsteller, dessen »Winnetou« sich zu einem »Steady-Seller« entwickelt, ist nun zu posthumen Ehren gelangt: in Radebeul wurde vor kurzem ein Karl-May-Museum eröffnet.

Josephine Baker, 22, neuer Stern am Revuehimmel (siehe ZEIT-BILD 1927), sorgte mit ihrem Auftritt in Wien für beträchtliche Unruhe. Sogar das Parlament beschäftigte sich mit der kaffeebraunen Schönen: Am 24. Februar meldete sich der christlichsoziale Abgeordnete Dr. Jerzabek zu Wort: »Ich glaube, Sie alle haben schon das gewisse Plakat gesehen, das eine Dame im Naturkostüm darstellt, das heißt, dieselbe trägt als Bekleidung nur eine Perlenschnur um die Hüften und seitlich daran angeheftet einige Straußenfedern, wohlgemerkt, seitlich angeheftet (Heiterkeit im Saal), ihre Avers- und Reversseite ist fast gänzlich unbedeckt (Zwischenrufe). Das, was sich da vorfindet, kann man höchstens als Briefmarke bezeichnen, eine andere Hülle ist das nicht.«

Daraufhin verfaßt Offenbach-Fan Karl Kraus für das »Pariser Leben« des Meisters, das eben auf dem Spielplan steht, eine Zusatzstrophe:

> »Das find ich äußerst ennuyant:
> Weil eine Negerin auftritt nackt,
> Die Christen dort am Donaustrand
> Die sittliche Empörung packt.
> Ja, die Erscheinung ist bekannt,
> Die Gründe liegen auf der Hand.
> Ich weiß, man ist gewohnt in Wien,
> Die Fremden selber auszuziehn.«

Fritz von Opel, 29, tollkühner deutscher Autorennfahrer, setzt sein Leben von neuem aufs Spiel: soeben hat er einen Rennwagen mit Raketenantrieb erprobt, der eine Geschwindigkeit von 228 Stundenkilometern erreicht.

Harald Kreutzberg, 26, aus Reichenberg in Böhmen gebürtiger Ausdruckstänzer, Schüler von Mary Wigman, hat durch seinen Auftritt in »Turandot« bei den Salzburger Festspielen, wo er triumphale Erfolge feiert, den Weg zu einer internationalen Karriere gefunden.

Harry Liedtke, 48, aus Königsberg gebürtiger Don Juan des deutschen Films, bekannt geworden vor allem durch Filme unter der Regie von Ernst Lubitsch (»Carmen« mit Pola Negri, »Sumurun«, ebenfalls mit Pola Negri) und Georg Jacoby (»Der Mann ohne Namen« mit Georg Alexander und Mady Christians – ein unbeschreiblicher

Erfolg), aber auch durch Lustspiele wie »Der keusche Josef«, kann sich der Angebote kaum erwehren. Dem Vernehmen nach wird es in diesem Jahr mehr als zwölf Harry-Liedtke-Filme geben!

Ermordet:

General Alvaro Obregón, 56, Präsident von Mexiko, fiel am 17. Juli einem Mordanschlag zum Opfer. Die lang andauernde mexikanische Revolution, die 1910 begann (siehe auch ZEIT-BILD 1923), erfuhr eine

ALVARO OBREGÓN

entscheidende Radikalisierung, als sich die Polit-Zwillinge Alvaro Obregón und Plutarco Elias Calles an ihre Spitze setzten. Beide kamen aus Sonora, dem Bundesstaat im Norden Mexikos, an der Südgrenze der Vereinigten Staaten. Beide – Obregón Großbauer und Calles Lehrer – befürworten eine längst notwendige, radikale Landreform zugunsten der Yaqui-Indianer. Beide erkämpften sich mit Indianertruppen Machtpositionen unter den zum Teil von ihnen »gemachten« Präsidenten Madero und Carranza.

Vor acht Jahren brach Obregón mit Präsident Carranza; Carranza befahl Obregóns Verhaftung; aber wie das schon so geht in dieser blutigen mexikanischen Revolution, siegten Obregóns Truppen, erzwangen Carranzas Absetzung. Der entmachtete Präsident wurde ermordet, Obregón Präsident, sein Intimus Calles Innenminister. Nach vier Jahren, dem Ablauf seiner Präsidentschaft, arrangierte Obregón die Wahl seines Freundes Calles zum höchsten Amt im Staat Mexiko und wurde selbst des Präsidenten getreuer Innenminister. In diesem Jahr wollten die beiden wieder tauschen, aber nach glücklich gewonnener Wahl wurde Atheist Obregón noch vor seiner Inauguration von dem religiösen Fanatiker José de Leon Toral erschossen.

Gestorben:

Lilli Cappellini-Schnitzler, 25. Die einzige Tochter des österreichischen Dichters Arthur Schnitzler, in Venedig mit einem aktiven Hauptmann verheiratet, kam auf ebenso dramatische wie tragische Weise ums Leben. Nach einem belanglosen Ehestreit ergriff Lilli eine alte Pistole ihres Mannes, ein Beutestück aus dem Krieg, schoß und fügte sich eine leichte Verletzung zu. Mit einer Gondel wurde sie ins Spital gebracht und tröstete den verzweifelten Ehemann: »Weine nicht, ich werde ja wieder gesund.« Sie wurde es nicht: der Schuß aus der halbverrosteten Waffe führte zu einer Blutvergiftung, welcher die junge Frau erlag. Sie soll sich bis zuletzt verzweifelt gegen einen Tod gewehrt haben, den sie ganz offensichtlich nie ernstlich wollte.

Hermann Sudermann, Dichter, 71, am 21. November in Berlin. Es war in den letzten Jahren ein wenig still geworden um den Dramatiker, der bis weit nach der Jahrhundertwende stets für volle Häuser sorgte. An konventionell, wenn auch ungemein wirksam gebauten Stücken besteht in unseren experimentierfreudigen Tagen kein allzu großer Bedarf. Dabei hätten seine sozialkritischen Dramen wie »Ehre«, »Sodoms Ende« oder »Heimat« auch heute noch ihr Publikum. Seine epischen Werke verraten tiefe Verwurzelung mit der Heimat (»Frau Sorge«, »Der Katzensteg«). Sie erfreuen sich einer großen Lesergemeinde – wobei der Beifall nicht immer aus der richtigen Ecke kommt: nämlich der äußersten rechten.

Franz von Stuck, Maler und Bildhauer, 65, am 30. August in München. Das »wilde Talent aus den bayrischen Bergen« (Kritikerstimme) hat eine erstaunliche Wandlung durchgemacht: malte er am Anfang seiner sensationellen Karriere streng stilisiert mit verhaltener Leidenschaft, so entwickelte sich der Mitbegründer der legendären »Sezession« (Abspaltung von der herkömmlichen akademischen Malerei) später zum Gesellschaftsporträtisten von bedenklicher Glätte und Süßlichkeit: sein großes Vorbild Gustav Klimt hat er nie erreicht. Dennoch – oder trotzdem – war er *der* führende Maler Münchens. Seine kleinen Bronzeplastiken im pompejanischen Stil waren ebenso gefragt wie sein aparter Geschmack in

kunstgewerblichen Belangen. Sein detailbesessen ausgestattetes Haus wurde ungezählte Male kopiert.

Klabund (eigentlich Alfred Henschke), Dichter, 37, am 14. August in seinem Sanatorium in Davos, Schweiz. Er hatte als Lyriker eine große Anhängerschaft, die in ihm den legitimen Erben eines François Villon sah. Aber auch als Romanschriftsteller (»Krankheit«, »Mohamed«, »Bracke«, »Rasputin«) reüssierte er ebenso wie als Dramatiker (»Der Kreidekreis«, siehe

KLABUND

ZEIT-BILD 1923 und 1924). Am ausdrucksstärksten gerieten ihm jedoch die Nachdichtungen aus dem Chinesischen, in denen er den Zauber fernöstlicher Poesie voll erblühen ließ.

Max Scheler, 53, deutscher Philosoph, am 19. Mai in Frankfurt am Main. Der gebürtige Münchner war seit 1919 Professor für Philosophie in Köln und übernahm erst in diesem Jahr einen Lehrstuhl in Frankfurt am Main. Ein Anhänger der Phänomenologie Edmund Husserls, beschäftigte sich Scheler seit einigen Jahren zunehmend mit kulturellen und soziologischen Fragen, vor allem mit Problemen der Wissenssoziologie und der soziologischen Bedingungen der Kultur. Er gilt als Wiederbegründer der philosophischen Anthropologie. Seine bekanntesten Werke: »Vom Ewigen im Menschen« (1921) und »Die Stellung des Menschen im Kosmos« (in diesem Jahr erschienen).

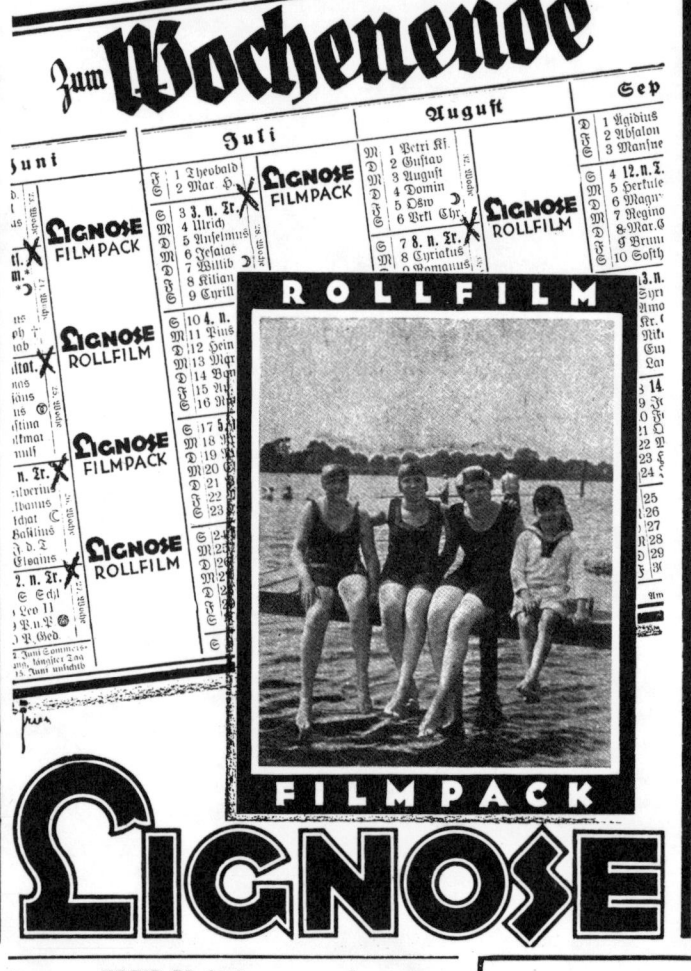

Das historische Nachrichten-Magazin

Zeit Bild

1929

Weltwirtschafts-
krise

Inhalt

Brief des Herausgebers

Im Dezember 1929

Die Zeichen stehen auf Sturm!
Aber nur die wenigsten bemerken es. Keine drei Monate ist es her, daß der Boß der angesehenen National City Bank in New York hochgemut ausposaunte: »Die Lage der amerikanischen Industrie ist durch und durch solide.«

Drei Wochen später war sie es nicht mehr. Ende Oktober brach der naive Wunschglaube an ein ewig wachsendes Wirtschaftswunder krachend in sich zusammen.

Hunderttausende Amerikaner hatten im Vertrauen auf stetig steigende Kurse Aktien gekauft – sehr oft mit geliehenem Geld. Sie verloren innerhalb weniger Tage ihre gesamte Existenzgrundlage.

Und nicht wenige warfen dann noch ihr Leben hinterdrein.

Genaue Kenner verborgener ökonomischer Zusammenhänge fürchten, daß der New Yorker Börsenkrach der Anfang vom Ende von Frieden und Wohlstand in der ganzen Welt sein könnte. Aber (noch) predigen sie tauben Ohren: Der Mensch liebt es nicht, Dinge zu sehen, die er unter gar keinen Umständen sehen will. In Österreich, in Deutschland will niemand so recht wahrhaben, daß der amerikanische »Schwarze Donnerstag« weitreichende Folgen für Europa haben könnte. Daß wieder Hunger und Verzweiflung den bescheidenen Wohlstand ablösen könnten, an den man sich eben gewöhnt hat.

Und was bedeutete die überdurchschnittlich hohe Arbeitslosenrate der vergangenen Monate?

Ach – das war doch bloß die Folge der extremen Kälte des letzten Winters, als bei konstanten Temperaturen um minus 30 Grad das gesamte Leben förmlich erstarrte.

Und was ist mit den beginnenden Insolvenzen von Banken, zum Beispiel der österreichischen »Bodenkreditanstalt«, deren Schwäche Schlagzeilen gemacht hat?

Nun (erwidern die Optimisten) – hat nicht die Credit-Anstalt das wackelnde Unternehmen in ihre Arme genommen und halbwegs saniert?

Wenn nun auch die Creditanstalt ins Schleudern gerät?

Unmöglich, trumpfen die wirklichen und die selbsternannten Experten auf. Österreichs renommiertestes Bankunternehmen kommt niemals ins Schleudern. Eine solche Finanzkatastrophe ist schlichtweg ein Ding der Unmöglichkeit.

Kein bißchen optimistisch hingegen war bis zum Schluß Deutschlands Außenminister Dr. Gustav Stresemann. Noch im Sommer dieses Jahres warnte er: »Wir haben in den letzten Jahren auf Pump gelebt. Wenn einmal eine Krise kommt und die Amerikaner ihre kurzfristigen Kredite abrufen, ist der Bankrott da ...«

Noch ist er nicht da. Noch kriselt es nur hier ein wenig, bröckelt es dort ein bißchen. Autofirmen machen pleite: es hat wohl einfach zu viele gegeben. Kleine Unternehmen müssen schließen: gesundschrumpfen nennt man das in der nüchternen Sprache der Finanzwelt.

Und Stresemann kann keine Ratschläge mehr erteilen. Er schweigt für immer. Am 3. Oktober ist er, erst 51 Jahre alt, gestorben.

Seine Vision von einem Vereinigten Europa, die er zusammen mit seinem Freund, dem Franzosen Aristide Briand, geschaffen und noch wenige Wochen vor seinem Tod dem Völkerbund vorgetragen hat, wird wohl für immer unerfüllt bleiben.

Unerfüllbar, weil national-radikale Kräfte nach vorn drängen. Kräfte, deren gefährliche Brutalität Stresemann klar erkannt hat. Mit der Absicht, sie einzudämmen, wollte sich der Todkranke noch einmal auf die beschwerliche Reise durch Deutschland machen.

Es ist nicht mehr dazu gekommen. Weit und breit kein Bollwerk gegen die braune Flut des Adolf Hitler.

Der kleine Polit-Parvenü hat es doch tatsächlich geschafft, daß Hochfinanz, Industrie und Massenmedien eine unheilige Allianz mit ihm eingegangen sind.

Der Radaubruder, der aus dem Dunst der Münchner Bierkeller kam – er geht nun in Salons aus und ein. Das Großbürgertum respektiert ihn, verschreckte Kleinbürger flüchten in seine Arme. Und selbst in den Kreisen der Arbeiterschaft gewinnt er erste Anhänger.

»Heil Hitler!« grüßen die Leute.

Adolf Hitler, der Mann aus Braunau, als Heilsbringer? Wird er es, wie versprochen, schaffen, Deutschland von der Last seiner Kriegsschuldverpflichtungen zu befreien, deren letzte Rate erst unsere Enkel im Jahr 1988 zahlen müssen?

Werden, falls Hitler der Sprung an die Regierungsspitze jemals gelingt, auf die goldenen zwanziger Jahre, wie in der Abfolge der Hochzeitstage, die diamantenen dreißiger Jahre folgen?

Und dann schließlich die eisernen vierziger Jahre?

Frieden mit der Kirche

Benito Mussolini steht auf der Höhe seiner Macht. Er hat die Aussöhnung zwischen Kirche und Staat zustande gebracht. Papst Pius XI., 72, nennt ihn den »Mann der Vorsehung«, die italienische Presse preist den »Katholiken der Tat«. Das kunstvolle Vertragswerk vom 11. Februar nennt sich »Lateranverträge«.

Kirche und Staat lagen seit 1870 im Clinch. Damals erfolgte die Einigung Italiens – und zwar unter anderem auf Kosten des Vatikanstaats mit 2,5 Millionen Einwohnern, den das neue Italien einfach kassierte. Rom wurde von Truppen des Königs erstürmt (siehe auch ZEIT-BILD Band »Bismarck« 1865–1871).

Die Päpste schmollten fast sechzig Jahre lang und verließen den Vatikan nicht mehr.

JUBEL AUF DEM PETERSPLATZ: Mussolini auf der Rückfahrt von der Unterzeichnung der Lateranverträge

ITALIENISCHES DREIGESTIRN: König Viktor Emanuel III., Benito Mussolini und Papst Pius XI. (von links)

Zum Tod von Gustav Stresemann:

»Der Bismarck einer machtlosen Nation«

Der italienische Staat wurde von ihnen nicht anerkannt.

Mussolini weiß, daß seine Macht erst dann perfekt ist, wenn er die Kirche versöhnt und damit alle frommen Italiener auf seiner Seite hat. So kommen in langwierigen Verhandlungen die Lateranverträge zustande:

Der Papst anerkennt das Königreich, das seinerseits den Papst als exterritorialen Souverän des kleinen Vatikanstaats anerkennt. Steuern braucht er keine zu zahlen. Dafür erhält der Heilige Vater eine Entschädi-

gung in bar und in Staatspapieren in der Höhe von 1,75 Milliarden Lire.

Der katholische Glaube wird Staatsreligion, Religionsunterricht ist obligatorisch, Zivilehe sowie Ehescheidung werden verboten.

Der Papst ist zufrieden, die Italiener jubeln und geben beim »Nationalen Plebiszit« vom 24. März der faschistischen Einheitsliste 8,517.838 Jastimmen. Nur 135.773 Italiener votieren gegen Mussolini. Von Wahlschwindel verlautet diesmal nichts.

»Das ist fürchterlich«, murmelt sichtlich erschüttert Deutschlands Intimfeind, der französische Ministerpräsident Raymond Poincaré, als man ihm die Nachricht überbringt, und das französische Außenministerium setzt die Fahnen auf Halbmast. Reichspräsident Hindenburg bricht sofort seinen Urlaub ab, und über ganz Deutschland senken sich Trauer und Verwirrung: Reichsaußenminister Dr. Gustav Stresemann ist, erst 51 Jahre alt, am 3. Oktober in Berlin gestorben.

Sein Tod kam plötzlich, aber nicht unerwartet. Seit Jahren schon war seine Gesundheit zerrüttet. Zu einem Schilddrüsenleiden gesellte sich eine schwere Niereninsuffizienz. Nur mit strenger Diät und schweren Medikamenten konnte der Patient einigermaßen fit gehalten werden.

Die langen, zähen Verhandlungen um den Young-Plan, deren letzte Phase in Den Haag er persönlich leitete, haben ihm den Rest gegeben.

Am 28. August kommt es neuerlich zu einer heftigen Auseinandersetzung zwischen Stresemann und seinem Freund Aristide Briand. Plötzlich wird Stresemann kreidebleich, stöhnt »Ich kann nicht mehr«, greift sich ans Herz und bricht bewußtlos zusammen.

Also sprach der Duce

ZEIT-BILD hat sich die Mühe gemacht, einige Kernsätze Mussolinis auszuheben – aus der Zeit, als er noch kein »Mann der Vorsehung« war.

»Wann wird sich das Volk losreißen von der Religion, dieser unmoralischen Krankheit des Geistes?«

»Christus ist ein kleiner, armseliger Mann, der ein paar Dörfer bekehrte und dessen Schüler ein Dutzend unwissende Vagabunden waren, der Abschaum Palästinas.«

»Die Kirche ist ein grandioser Leichnam, der Vatikan eine Räuberbande.«

»Gott ist eine monströse Ausgeburt menschlicher Ignoranz.«

»Das Vaterland ist ein Gespenst . . . wie Gott, und wie Gott ist es rachsüchtig, grausam, tyrannisch. Laßt uns zeigen, daß es das Vaterland nicht gibt, wie es Gott nicht gibt.«

Oben: FÜR DIE NACHWELT FESTGEHALTEN: Stresemann bei einer Porträtsitzung. Unten: AUS GLÜCKLICHEN TAGEN: Familie Stresemann im Urlaub

Ehe noch der Internist zur Stelle ist, der Dr. Stresemann ständig begleitet, leistet der deutsche Finanzminister Dr. med. Rudolf Hilferding, 52, Erste Hilfe. »Die Uhr ist abgelaufen«, preßt er tonlos hervor, nachdem man Stresemann aus dem Konferenzsaal getragen hat.

Der Kranke erholt sich überraschend schnell, eilt zur Völkerbundsitzung, vor welcher er seine letzte, weit in die Zukunft weisende Rede hält (siehe Kasten: »Für eine ›EWG‹«).

Ende September, endlich, begibt er sich in Spitalspflege. Da kommt es wegen der Arbeitslosenversicherung wieder einmal zu einer innenpolitischen Krise. Stresemanns »Deutsche Volkspartei« droht an dieser Frage auseinanderzubrechen.

Am Mittwoch, dem 2. Oktober, verläßt Stresemann das Krankenbett und verhandelt den ganzen Tag hektisch mit seinen Parteifreunden. Es gelingt ihm, Frieden zu stiften. Gegen Abend wird ihm übel, er wankt aus dem Sitzungssaal, wird eilends ins Krankenhaus gebracht.

Um 22.30 Uhr erleidet er einen Schlaganfall mit halbseitiger Lähmung. Am Donnerstagmorgen, genau um 5.25 Uhr, erfolgt eine zweite Attacke. Sie ist tödlich.

Deutschland ist geschockt. In Frankreich greifen Hysterie und Panik um sich: die Menschen fühlen, daß mit dem Tod Stresemanns etwas Endgültiges, nicht mehr Gutzumachendes geschehen ist.

Der Leichnam wird im Reichstag aufgebahrt, wie es eigentlich nur einem Staatsoberhaupt zukommt. An dem nachfolgenden Staatsbegräbnis nehmen Tausende Deutsche und zahlreiche Delegationen aus dem Ausland teil.

Die internationale Presse widmet dem lebenslangen Einzelgänger – er konnte sich niemals auf eine Lobby, eine potente politische oder wirtschaftliche Gruppe stützen – seitenlange Nachrufe.

Er war, das geht aus allen Kommentaren hervor, ein großer Europäer, ein großer Deutscher, »der Bismarck einer machtlosen Nation« – so der Völkerbund-Korrespondent Max Beer.

Stresemanns behutsame Politik der kleinen Schritte im Rahmen des Möglichen war von außerordentlichem Erfolg begleitet:

● Er hat 1923, als er auf dem Höhepunkt der Krise die Staatsgeschäfte übernahm, den völligen Untergang Deutschlands verhindert. In seiner sechsjährigen Tätigkeit als Außenminister hat er

● den Krieg endgültig liquidiert,
● Deutschland zu einem geachteten Mitglied der Völkerfamilie
● und wieder zum Herrn im eigenen Haus gemacht, indem er den Abzug der Besatzungsmächte für Sommer nächsten Jahres durchgesetzt hat.

Viele Publizisten meinen, daß der Verstorbene damit im großen und ganzen sein politisches Lebenswerk vollenden konnte. Stresemann-Kenner wissen es besser: der Staatsmann war gerade dabei, neue, gewaltige Aufgaben in Angriff zu nehmen.

Er hatte bereits erste, erfolgversprechende Schritte unternommen, um eine Revision der Ostgrenzen zu erreichen und Deutschland die lebenswichtigen oberschlesischen Gebiete zurückzugewinnen. Zugleich plante er eine umfassende finanzielle Hilfs-

aktion für die hoffnungslos daniederliegende polnische Wirtschaft.

Falls die Verwirklichung seiner Lieblingsidee einer europäischen Wirtschaftsgemeinschaft zu lange gedauert hätte, sollte eine kleine Freihandelszone zwischen Deutschland, Österreich und der Tschechoslowakei angepeilt werden.

Sein größtes Engagement aber galt einem brennenden innerdeutschen Problem: im Erstarken des Nationalsozialismus sah Stresemann eine lebensbedrohende Gefahr für das Deutsche Reich, für ganz Europa. Er hatte darum vorgehabt, im Winter 1929/30 das Gewicht seiner ganzen Persönlichkeit in eine Anti-Hitler-Kampagne zu werfen.

Dazu ist es nicht mehr gekommen. Stresemanns warnende Stimme ist für immer verstummt, Hitler aber lauter denn je.

Die Stresemann-Zeit ist endgültig vorbei. Damit auch das, was man landläufig »die goldenen zwanziger Jahre« nennt?

WIE EIN KÖNIG GEEHRT: Stresemanns Trauerkondukt

Für eine »EWG«
Die Visionen Stresemanns und Briands

FÜR EIN NEUES EUROPA: Stresemann und Briand

»Wo bleibt in Europa die europäische Münze, die europäische Briefmarke?« fragt, in einer großangelegten Rede vor der Völkerbundversammlung in Genf, am 9. September der deutsche Reichsaußenminister Gustav Stresemann.

Zum zähneknirschenden Zorn deutscher und französischer Nationalisten – deren Zahl hüben wie drüben ständig steigt – machen sich Stresemann und Aristide Briand, bis Oktober Frankreichs Ministerpräsident und dann wieder Außenminister, stark für eine europäische Wirtschaftsgemeinschaft, wenn nicht gar für ein Vereintes Europa.

Während Briand ein politisches Konzept entwickelt, arbeitet der studierte Nationalökonom Stresemann wirtschaftliche Richtlinien aus: fallen erst einmal die Zollgrenzen, dann wird wohl zwangsläufig auch die politische Annäherung folgen.

Skeptiker halten diese Ideen schlichtweg für utopisch und daher undurchführbar. Viele Völkerbund-Delegierte jedoch feiern den sensationellen Vorschlag als Genieblitz und Lösung für die europäische Dauerkrise. Es ist der letzte Triumph Stresemanns. Knapp vier Wochen später ist er tot.

Hitler hat's geschafft!

Aktionsgemeinschaft mit Industrie, Wirtschaft und Massenmedien

Eine unheilige Allianz sind einflußreiche Politiker, Industrielle und Medienmacher mit Adolf Hitler eingegangen. Um den Young-Plan (siehe Kasten) und die Aussöhnungspolitik Gustav Stresemanns zu Fall zu bringen, haben sie den Putschisten und seine Prügel-Partei über Nacht respektabel und salonfähig gemacht.

FRITZ THYSSEN

Alfred Hugenberg, 64, tut den ersten Schritt. Der ehemalige Top-Manager von Krupp in Essen, jetzt allmächtiger Medien-Zar (Werbeagenturen, Verlage, Boulevard- und Wochenblätter gehören ihm, ebenso wie Deutschlands größte Filmfirma, die UFA), ist auch politisch aktiv.

Seit dem Vorjahr Vorsitzender der einflußreichen »Deutschnationalen Volkspartei« wechselt er vom gemäßigt konservativen zum scharf anti-republikanisch-reaktionären Kurs. Binnen weniger Monate entledigt er sich aller besonnenen Kräfte in seiner Partei – und nimmt Verbindung mit Gleichgesinnten aus anderen Lagern auf: mit

Franz Seldte, 47, hinter dem 800.000 »Stahlhelm«-Männer stehen, und mit Fritz Thyssen, 56, vom Reichsverband der Deutschen Industrie.

Damit nicht genug, kontaktiert Hugenberg auch Hitler. Er braucht den rabiaten Republik-Feind nicht lang zu überreden, einem »Reichsausschuß für das deutsche Volksbegehren« beizutreten. Dieser fordert ein Gesetz »gegen die Versklavung des deutschen Volkes«. Darin ist vorgesehen:

● die Löschung der Kriegsschuldklausel aus dem Versailler Vertrag (Reichspräsident Hindenburg gab die Initialzündung dazu – siehe ZEIT-BILD 1927);

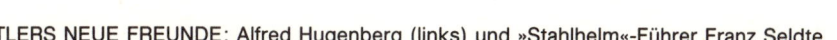

HITLERS NEUE FREUNDE: Alfred Hugenberg (links) und »Stahlhelm«-Führer Franz Seldte

● der sofortige, bedingungslose Abzug sämtlicher Besatzer;

● Strafverfolgung wegen »Landesverrats« gegen Reichskanzler und Außenminister, weil sie den Young-Plan unterzeichnet haben.

Die Kampagne für dieses Volksbegehren artet in eine beispiellose Schlammschlacht aus. Hugenbergs Asphaltpresse tut sich dabei ebenso hervor wie die Redner Hitlers und seine Schläger von der SA.

Die politische Auseinandersetzung findet nicht länger im Reichstag, sondern zunehmend auf der Straße und in den Medien statt. Sie nimmt ganz neue Dimensionen an. Die übelsten Schmähungen richten sich naturgemäß gegen Reichsaußenminister Stresemann, »den Ausbund aller gefährlichen Neigungen unserer Nation, deren psychische Degeneration sich eindeutig von seiner politischen Dekadenz herleitet«.

Fortsetzung auf Seite 258

Der »Young-Plan«

Deutschland bis 1988 schwer verschuldet

Owen D. Young heißt der Hauptverantwortliche für jenen Plan, der in Deutschland wilde politische Wogen schlägt.

Unter dem Vorsitz des fünfundsechzigjährigen amerikanischen Top-Managers (Präsident des Verwaltungsrates der »General Electric«) tagt von Januar bis Juni in Paris ein Expertenkomitee, dem auf deutscher Seite Reichsbankpräsident Hjalmar von Schacht, 52, angehört. Er segnet den neuesten Plan zur Abtragung von Deutschlands Reparationsschulden ab. Um ihn gleich nachher heftig zu bekämpfen.

Am 21. August unterzeichnen die Vertreter der Westmächte und Deutschlands in Den Haag den Young-Plan.

Dieser tritt an die Stelle des Dawes-Plans (siehe ZEIT-BILD 1926), der sich im Zeichen einer beginnenden Rezession als unerfüllbar erweist.

Nach den ab 1930 geltenden Bestimmungen werden die jährlichen Reparationszahlungen Deutschlands gesenkt und terminisiert. Sie beginnen mit 742 Millionen Mark jährlich, steigern sich bis zwei Milliarden, um nach 1968 wieder zu sinken. Dafür bleibt Deutschland bis 1988 (!) bei den Siegern von 1918 in der Kreide. Also noch die nächste und die übernächste Generation werden zur Kasse gebeten.

Erfreulichster Aspekt des Young-Plans für *diese* Generation: die besetzten Gebiete Deutschlands sollen nun endgültig bis zum 30. Juni nächsten Jahres geräumt werden.

Rechts: HJALMAR SCHACHT. Unten: DEUTSCHLANDS ZUKUNFT BESIEGELT: die Unterzeichnung des Young-Plans

»Die Fahne hoch« – neuer Nazi-Hit

Gäbe es so etwas wie eine Hit-Parade der Nazi-Sturm- und Kampflieder, dann wäre »Die Fahne hoch« mit weitem Abstand die Nummer 1. Und das schon wenige Monate nachdem das Lied in Berlin in diesem Jahr zum ersten Mal gesungen wurde.

Der flott gereimte Text ist wohl ursprünglich als Vielzweck-Song für die SA gedacht gewesen: »Die Fahne hoch, die Reihen dicht geschlossen! SA marschiert mit ruhig-festem Schritt . . .«

Jetzt aber wird das Lied bereits in allen Nazi-Formationen gesungen und mausert sich allmählich zu einem faschistischen Gegenstück der roten »Internationale«.

Horst Wessel heißt der Autor. Er ist

22 Jahre alt, Sohn eines evangelischen Pfarrers, verkrachter Jus-Student und steht in der NS-Hierarchie ganz oben: der vielfach bewährte Schläger und Agitator ist bereits SA-Sturmbannführer sowie Goebbels-Intimus und Hauptredner im Gau Berlin.

Bei den Nazi-Oberen hoch angesehen, führt der Pfarrers-Sohn ein dubioses Doppelleben im Unterweltsmilieu. Seit kurzem wohnt er mit einer achtzehnjährigen Prostituierten zusammen. Unklar ist, ob diese Erna Jänike noch immer ihrem Beruf nachgeht oder nicht.

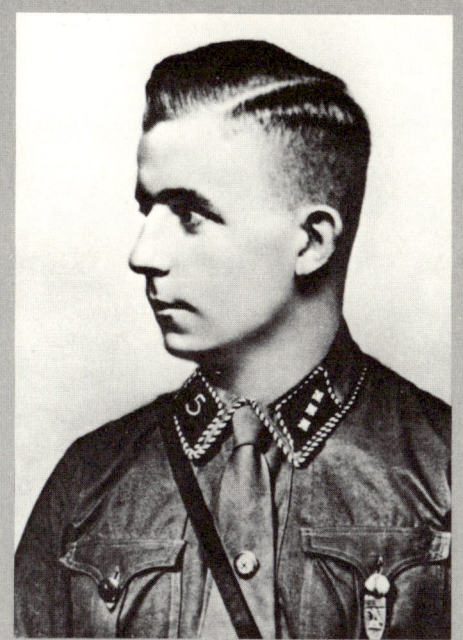

Rechts: HORST WESSEL. Unten links: DIE REIHEN DICHT GESCHLOSSEN: Horst Wessel an der Spitze seines Sturms. Unten rechts: NAZIRUMMEL IN NÜRNBERG: Hitler (ganz rechts stehend) nimmt auf dem Reichsparteitag eine Parade ab

Fortsetzung von Seite 255

Das Volksbegehren vom 16. bis 29. Oktober erhält mehr als die erforderlichen 10 Prozent aller Wählerstimmen. Es muß nun ein Antrag auf Verwirklichung des geforderten Gesetzes im Reichstag eingebracht werden. Doch die Mehrheit der Abgeordneten lehnt es, noch immer unter dem Schock von Stresemanns Tod, am 30. Oktober ab.

Hierauf wird ein Volks*entscheid* anberaumt. Votieren mehr als 50 Prozent der Wahlberechtigten für die Hitler-Hugenberg-Vorlage, dann erhält sie Gesetzeskraft. Aber am 22. Dezember stimmen nur 13,81 Prozent der Deutschen mit »Ja«. Das bedeutet eindeutig eine Niederlage für die Extrempolitik.

Doch wenn man bedenkt, daß hinter diesen 13,81 Prozent immerhin mehr als fünf Millionen Menschen stehen, dann sieht die Sache schon ganz anders aus: mehr als fünf Millionen, die offenbar bereit sind, den Weg des Radikalismus zu gehen. Mehr als fünf Millionen, die nicht länger mehr Vorbehalte gegen den faschistischen Emporkömmling aus München haben.

Unter diesen fünf Millionen befinden sich die von den meisten Parteien ignorierten Kleinlandwirte (in Schleswig-Holstein hat es in diesem Jahr schwere Bauernkrawalle gegen niedrige Agrarpreise und hohe Zinsen gegeben).

Unter den fünf Millionen sind die vom Großbürgertum wie von den Arbeiterparteien gleichermaßen verachteten »Spießer« der unteren Mittelschicht, die in der Inflation am meisten verloren haben; auch verängstigte Kleingewerbetreibende, bei denen die Hitler-Propaganda gegen jüdische Warenhauskonzerne und rote Konsumvereine auf fruchtbaren Boden fällt.

Studenten sind dabei, aufgeputscht von Agitatoren, welche in die Verbindungen eingeschleust worden sind.

Und zunehmend schöpfen im Zeichen einer beginnenden Wirtschaftskrise auch Arbeiter Hoffnung aus Hitlers rosigen Zukunftsversprechungen.

Hitlers eigene, bessere Zukunft hat schon begonnen: Die neuen Freunde aus Wirtschaft und Industrie entheben ihn aller finanziellen Sorgen. Seine beträchtlichen Schulden sind über Nacht getilgt.

FRANKREICH

Zum Tod von Georges Clémenceau: »Vater des Sieges« über Deutschland

Der alte Kämpfer Georges Clémenceau, 88, »der Tiger«, ist tot. Bis zuletzt hat der »Vater des Sieges« im Krieg von 1914–1918 in der wechselvollen französischen Nachkriegspolitik mitgemischt.

Daß das Parlament ihm im Januar 1920 die höchste Würde, die des Präsidenten der Republik, verweigerte, hat den großen Politiker hart getroffen. Dies um so mehr, als die überwiegende Mehrheit (734 : 134) für Paul Deschanel stimmte, den glatten, höflich-mondänen Gegenkandidaten, der nie ein Ministeramt innegehabt hatte.

Daß er diese letzte Niederlage den Intrigen Aristide Briands verdankte, hat er nur ungern zur Kenntnis genommen; vor allem weil Clémenceau als Präsident unter anderem auch an Briand elegante Rache für viele politische Sträuße zu nehmen gedachte: »Wenn ich Präsident werde«, soll »der Tiger« im Freundeskreis gesagt haben, »dann kann Briand sieben Jahre lang vor der Tür des Elysée (Amtssitz des französischen Staatspräsidenten, Anm. d. Red.) warten . . .«

Die Entscheidung der Parlamentarier in der Affäre Clémenceau – Deschanel spiegelt die zwiespältige Haltung wider, die die Franzosen ihrem Nationalhelden Clémenceau sehr oft im Lauf seiner politischen Karriere entgegengebracht haben: bei größter Popularität verdächtigte man ihn doch immer, eigentlich ein Autoritärer zu sein. Man fürchtete, daß ein Präsident Clémenceau eher regieren als präsidieren würde, eine Vermutung, die des Kandidaten stürmische Karriere zu rechtfertigen scheint.

Der 1841 in der Vendée geborene Clémenceau wurde von seinem Vater geradezu im Kult der großen Revolution erzogen. Der rabiat antiklerikale Medizinstudent engagierte sich denn auch sehr bald in der Poli-

tik und saß während des kurzlebigen Kaiserreichs des Dritten Napoleon einige Male wegen seiner republikanischen Gesinnung hinter Gittern.

Nach dem für Frankreich unglücklichen Ausgang des Kriegs 1870/71 unterzeichnete Clémenceau den Protest französischer Parlamentarier gegen die Abtrennung Elsaß-Lothringens und hat zeit seines Lebens diesen rotweißblauen, kokardenstolzen Nationalismus Deutschland gegenüber vertreten (siehe auch den ZEIT-BILD-Band »Bismarck« 1865–1871).

Aber auch Clémenceaus Nationalismus war nicht total, sondern durch Vernunft und republikanische Grundsätze gemildert. Mit seiner aggressiven, leidenschaftlichen Beredsamkeit bekämpfte er die französische Kolonialpolitik des Premiers Jules Ferry: »Die Aufgabe einer republikanischen Partei besteht nicht darin, ein Imperium in Indochina zu gründen, sondern die Republik in Frankreich zu etablieren!« rief dieser Vertreter des linken Flügels der Radikalen den Abgeordneten zu.

Der Panamaskandal, eine Korruptionsaffäre rund um den Durchstich dieser Meeresstraße, bremste Clémenceaus Aufstieg ein wenig. Er gehörte nicht zu den angeblich 104 bestochenen Abgeordneten, dennoch wurde sein Name manchmal im Zusammenhang mit ihnen genannt.

Erst die Dreyfus-Affäre, dieser »Religionskrieg« zwischen französischen »reaktionären Militaristen und Antisemiten« und »Liberalen« um die Verurteilung des jüdischen Hauptmanns Alfred Dreyfus, die Frank-

Endgültig »aus« für Winston Churchill?

Englands schillerndster Politiker geht von der Bühne ab

»Politik ist beinahe so aufregend wie Krieg – und ebenso gefährlich. Allerdings kann man im Krieg nur einmal abgeschossen werden, in der Politik aber sehr oft ...« hat Winston Churchill einmal gesagt. Nach einer ungewöhnlich hohen Zahl von Beinaheabschüssen hat der jetzt Fünfundfünfzigjährige seine große Zukunft anscheinend endgültig hinter sich.

GEORGES CLÉMENCEAU

reich von 1894 bis zur Rehabilitierung des Offiziers im Jahr 1906 in zwei Lager spaltete, brachte Clémenceau die ersehnte Publicity: In Clémenceaus Zeitung *L'Aurore* erschien ein Leitartikel des Dichters Émile Zola mit dem Titel »J'accuse« (Ich klage an), eine glühende Verteidigung des unschuldig Verurteilten.

1902 in den Senat gewählt, wurde Clémenceau 1906 Innenminister und noch im selben Jahr zum erstenmal Ministerpräsident. Zum zweitenmal berief man ihn an die Spitze der Regierung, als Frankreich im Kriegsjahr 1917 seine schwerste Krise durchmachte, als die Arbeiter streikten und die Soldaten meuterten. Clémenceau konzentrierte nun alle seine Kräfte auf den Krieg, regierte autoritär und ließ sich für den Bereich der Kriegswirtschaft Verordnungsvollmachten erteilen.

Aber das Kriegsende konnte den weitblickenden Politiker nicht zur Selbstgefälligkeit verführen: »Wir haben den Krieg gewonnen – jetzt werden wir den Frieden gewinnen müssen.« Bei den Versailler Friedensverhandlungen spielte er als unerbittlicher Deutschenhasser, aber auch als großer Politiker eine bedeutende Rolle. Das böse Wort von den »zwanzig Millionen Deutschen zuviel« hat er nie gesagt.

Er war schon immer eine der schillerndsten Gestalten der englischen Politik, ein leidenschaftlicher Heißsporn mit einem ganz persönlichen Verhältnis zur Macht, der seine jeweiligen Parteigenossen (er wechselte von der konservativen zur liberalen Partei und wieder zurück) immer wieder das Gruseln lehrte. Dann murmelte wohl der eine oder andere: »Winston ist so verrückt wie sein Vater!«

Lord Randolph Churchill, der Vater, Sohn des Herzogs von Marlborough, brach in den siebziger Jahren des vorigen Jahrhunderts »wie ein Meteor« – so seine Zeitgenossen – in die englische Politik. Er heiratete die eleganteste Frau der internationalen Gesellschaft, Jennie Jerome, eine Amerikanerin französisch-schottischer Abstammung mit einem Schuß Indianerblut. Als Abgeordneter und Schatzkanzler trug er wesentlich und brillant dazu bei, daß die »Tories«, die englischen Konservativen, zwanzig Jahre lang ununterbrochen an der Macht blieben.

Aber was zunächst blendende, wenngleich ziemlich unberechenbare politische Taktik schien, entpuppte sich bald als psychisches Leiden. Randolph Churchill starb 1895 in geistiger Umnachtung.

Sohn Winston war damals einundzwanzig Jahre alt, eine peinliche Verlegenheit für die Familie. Ein junger Mann, der nicht einmal das Abitur bestanden hatte, ein hoffnungsloser Versager in den Augen des Vaters.

Nach einer völlig erfolglosen Schulzeit hatte der Zwanzigjährige mit dreimaligem Anlauf wenigstens die Aufnahmeprüfung in die Kadettenschule geschafft, allerdings mit so schlechten Noten, daß es nur für die Kavallerie reichte, die in England anscheinend dümmer sein darf als die Infanterie, die sich Vater und Sohn gewünscht hatten.

In den folgenden fünf Jahren begann die

WINSTON CHURCHILL

GEHT ER FÜR IMMER? »Winnie« verläßt Downing Street 10

englische politische Gesellschaft mehr und mehr von diesem jungen Mann zu reden; mit fünfundzwanzig war er ein Nationalheld, der in fünf Kriegen gekämpft, sich zuletzt in Südafrika aus der Gefangenschaft der Buren befreit und eine abenteuerliche Flucht gewagt hatte.

Wieder einmal von seiner Truppe in England beurlaubt, um dort zu sein, »wo was los ist«, nahm Churchill als uniformierter Kriegsberichterstatter am 1890 ausgebrochenen Burenkrieg teil. Während eines Überfalls auf einen britischen Panzerzug hatte der Journalist Churchill einfach das Kommando übernommen, die Lokomotive freigekämpft, alle Verwundeten aufgeladen und sie so gerettet.

Im zweiten Teil des Scharmützels war der junge Draufgänger allerdings gefangengenommen worden, aber über die Mauer des Kriegsgefangenenlagers mitten in der Stadt Pretoria gesprungen, hatte in der Wüste und in einem Bergwerk überlebt und war schließlich auf einem Zug, unter einem Kohlehaufen versteckt, ins neutrale Mozambique geflohen.

Der plötzliche Ruhm brachte ihm einen sicheren Wahlsieg im Arbeiterwahlkreis Oldham. Damit begann eine politische Karriere, die in ihrem Zickzackkurs, in ihrem ständigen Auf und Ab, keiner anderen in England gleicht. Man ist versucht, zu be-

dauern, daß der unberechenbare Churchill an einem so berechenbaren Ereignis wie einer gewöhnlichen Wahlniederlage endgültig gescheitert sein sollte.

Die Karriere begann schon spektakulär genug: Im März 1901 hielt er, als gerade gewählter konservativer Abgeordneter, seine Jungfernrede im Unterhaus. Und schon drei Jahre später, im Mai 1904, »he crossed the floor«: er überschritt den leeren Raum, der in der langen Halle des englischen Parlaments die Regierungspartei von der Opposition trennt, und nahm auf den Bänken der Liberalen Platz!

Es war eine unerhörte Tat, kühn oder verrückt, aber jedenfalls eine Entscheidung, die ihn für die Konservativen zum Verräter, für die Liberalen zu einem unsicheren Kantonisten machen mußte: Was konnte man in einer Partei, in der der walisische Fast-Proletarier Lloyd George den linken, sozialrevolutionären Flügel bildete, mit einem Hocharistokraten und Militaristen anfangen?

Dennoch machte »der Neue« bei den Libe-

ralen Karriere, wurde Unterstaatssekretär für die Kolonien, Wirtschaftsminister, Innenminister und 1911 sogar Erster Lord der Admiralität, also Marineminister. Als 1914 der Krieg ausbrach, hatte England nicht nur die größte, sondern dank der Zähigkeit und Initiative Churchills auch die modernste Flotte Europas.

Als Churchill im Mai 1915 als Erster Lord der Admiralität entlassen wurde, besaß er keine Freunde mehr. Denn entgegen allen englischen Gepflogenheiten hatte er schon immer zu viele Schlagzeilen gemacht: Als Innenminister setzte er bei Streikunruhen in Wales Londoner Polizisten ein; gegen ein paar verdächtige Anarchisten, die sich in einem Londoner Haus verbarrikadiert hatten, inszenierte er eine wahre Straßenschlacht, die er noch dazu persönlich leitete; als Chef der Admiralität schickte er während einer der üblichen irischen Krisen Kriegsschiffe nach Irland und beschwor damit eine Meuterei herauf. All das hatte seinem Ruf als seriöser Politiker geschadet. Während er dem Krieg untätig zuschauen

Blaublütig, aber bürgerlich

WARUM EIN NACHKOMME DES HERZOGS VON MARLBOROUGH WINSTON CHURCHILL HEISST und nicht im adeligen Ober-, sondern im bürgerlichen Unterhaus sitzt:

Die englische Adelsverfassung unterscheidet sich wesentlich von der kontinentaleuropäischen: nur der älteste Sohn eines Herzogs, Fürsten oder Grafen erbt den Titel. Die jüngeren Söhne sind noch Titularlords, führen aber schon wieder den einfachen Familiennamen und sitzen im Unterhaus. Sie gelten also rechtlich als Bürgerliche, obwohl sie in der Gesellschaft und unter Eingeweihten natürlich zum Hochadel gehören. Ihre Söhne wiederum haben überhaupt keinen Titel mehr, nicht einmal den eines Lords. So ist also der dritte Sohn eines Herzogs von Marlborough ein *Lord* Randolph Churchill, dessen Sohn aber ein einfacher *Mister* Winston Churchill. Diesem »Mister« bleibt es natürlich unbenommen, sich durch besondere Verdienste etwa das »Sir« eines persönlichen, neuen Adels zu erwerben.

mußte (ein halbjähriges Gastspiel als Bataillonskommandant in den schlammigen Schützengräben Nordfrankreichs war eher eine verächtliche Geste den Leuten gegenüber, die ihn in die Wüste geschickt hatten), wurde sein alter Freund und Rivale in der Liberalen Partei, Lloyd George, Premierminister. 1917 holte er Churchill gegen den Widerstand der Konservativen als Rüstungsminister ins Kabinett.

Zwei Jahre später war Churchill Kriegs- und Luftfahrtminister, nach weiteren 24 Monaten Kolonialminister. Dann stürzte Lloyd George und Churchill mit ihm (»in der Politik kann man mehrere Male abgeschossen werden«). Aber zwei Jahre später war er, mit einer unglaublichen Volte, neuerlich Minister – allerdings wieder bei den Konservativen.

Seine Gegner behaupten noch heute, daß Churchill einen unfehlbaren Riecher für das Ende einer Mehrheit habe: als er 1904 von den Konservativen zu den Liberalen überwechselte, ging eine lange konservative Periode zu Ende. Nun, 1924, schien den Liberalen die Stunde geschlagen zu haben, und die Konservativen bekamen Aufwind – mit ihnen Winston Churchill.

War er bei den Liberalen zunächst am extrem linken Flügel gestanden, warf er sich bei den Konservativen gleich nach rechts. Was ihn zum Erzkonservativen machte, war die bolschewistische Revolution in Rußland, gegen die er noch als Lloyd Georges Kriegsminister einen Kreuzzug auf die Beine zu stellen versuchte.

Seit er im konservativen Kabinett wieder in Amt und Würden ist, hat er diesen Kreuzzug gegen einen neuen Feind gerichtet: gegen die englische Labour Party, die Anfang 1924 zum erstenmal als stärkste Partei aus den Wahlen hervorgegangen ist. Während des Generalstreiks 1926 versuchte Churchills Premier Stanley Baldwin auszugleichen und zu verhandeln – Churchill wäre am liebsten mit Feuer und Schwert unter die Arbeiter gefahren (siehe ZEIT-BILD 1926).

Wenn die Regierung Baldwin in den diesjährigen Wahlen nun doch ihre Mehrheit verloren hat und Ramsey MacDonald wieder in Downing Street einzieht, dann hat der »verrückte Winston« sicher einiges dazu beigetragen.

Stalins »Krieg« gegen die Bauern

Zwangskollektivierung:
10 Millionen Menschen von Tod und Deportation bedroht

»Heute verfügen wir über eine ausreichende Basis, um den Schlag gegen das Kulakentum zu führen, seinen Widerstand zu brechen, es als Klasse zu liquidieren ...« verkündet Jossif Wissarionowitsch Stalin am 27. Dezember: offene Kriegserklärung an Millionen Bauern.

Nach schweren Unruhen und blutigen Scharmützeln soll es im kommenden Jahr größeren und mittleren Bauern und ihren Familien an Leib und Leben gehen: schätzungsweise zehn bis fünfzehn Millionen. Die übrigen Bewohner des flachen Landes werden, genau 67 Jahre nach Aufhebung der alten Leibeigenschaft, in eine neue gepreßt. Mit einem Unterschied: Staat und Partei treten an die Stelle der Grundherren.

Fortsetzung auf Seite 263

VON STALIN VERJAGT: deutschstämmige Bauern müssen Rußland verlassen

Agrarstaat wird Industrienation

Einer der Gründe für den totalen Zusammenbruch der sowjetischen Landwirtschaft liegt in der einseitigen Ankurbelung der Industrie. Und zwar der Schwerindustrie unter Vernachlässigung der Konsumgüterindustrie sowie aller anderen Bereiche, auch der Landwirtschaft. Ein Agrarstaat soll, womöglich über Nacht, in eine Industrienation umgewandelt werden.

Der ab 1. Januar 1928 laufende erste Fünfjahresplan sieht für die Industrie eine jährliche Zuwachsrate von 25 Prozent vor. Stalin jedoch glaubt noch immer, daß 50 Prozent drin sein müßten und der Plan in drei Jahren erfüllt werden könnte.

Zwangsläufig kommt es in der überstürzten Eile zu schwerwiegenden Planungsfehlern; überdies wird mehr Ausschuß produziert als irgendwo anders auf der Welt. Die kühnen Träume, den Westen in absehbarer Zeit einzuholen und zu überholen, rücken in immer weitere Ferne.

Wo, zum Beispiel, soll man in der Eile 250.000 Traktoren hernehmen, die für eine kollektivierte Landwirtschaft unumgänglich notwendig sind? Derzeit gibt es in der ganzen Sowjetunion schätzungsweise 7.000 Traktoren. Es würde an ein Wunder grenzen, würden im kommenden Jahr tatsächlich die geplanten 50.000 produziert werden.

Angenommen, es gelänge tatsächlich: wie aber bringt man Bauern, die nicht einmal lesen und schreiben können, das Fahren bei? Wie die Durchführung kleinerer Reparaturen – wenn es noch dazu keine Ersatzteile gibt? Ganz zu schweigen von der Tatsache, daß es so gut wie keine Fahrlehrer gibt.

Dazu ein typisches Beispiel: Eine österreichische Firma beschäftigt in ihrer Moskauer Niederlassung einen Wiener Chauffeur. Der Mann braucht einen Gehilfen. Da kein geeigneter Führerscheinbesitzer aufzutreiben ist, bringt der Wiener dem russischen Laufjungen der Firma mit Ach und Krach das Fahren bei. Der Junge wird bald darauf von der Partei abkommandiert: als *Ausbilder* für

MIT VOLLDAMPF VORAN: neue Eisenbahnlinien nach Sibirien

Traktorenfahrer.

Händeringend suchen die Sowjets in der ganzen Welt Techniker und Ingenieure. Erstens, weil es immer zu wenige gab; und zweitens weil von den wenigen im Zug umfangreicher Säuberungsaktionen die Mehrzahl deportiert oder liquidiert worden ist.

Die Bedingungen für Ausländer sind phantastisch. Wenn sie sich für mindestens zwei Jahre verpflichten, erhalten sie Spitzengehälter – die Hälfte davon in Devisen – und freie Station in erstklassigen Hotels. Dazu die Berechtigung, in Sonderläden einzukaufen, die sonst nur Mitgliedern der regierenden Neuen Klasse offenstehen. Ungefähr 6.000 Ausländer, vorwiegend Deutsche und Amerikaner, haben bislang von dem verlockenden Angebot Gebrauch gemacht.

VIEL WASSER, WENIG BROT: Errichtung eines neuen Kraftwerks am Dnjepr

MEHR LICHT: die Sowjetunion wird elektrifiziert

Fortsetzung von Seite 261

Die Wurzeln für diesen dramatischen Schritt reichen bis ins Jahr 1917. Damals hat Lenin, der sich für seine »proletarische« Revolution auf maximal 10 Prozent der Bevölkerung stützen konnte, die Landleute (75 Prozent) geködert, indem er den Boden unter Kleinlandwirte, Landarbeiter und heimkehrende Soldaten aufteilen ließ.

Die einstmalige Kornkammer Europas mit stolzen Exportquoten, zerstückelt und zum Teil unsachgemäß behandelt, wurde zum Armenhaus. Mit durchschnittlich vier Hektar Boden und maximal einem Pflug für zwei Höfe kann man keine großen Sprünge machen. Das Land ernährte gerade noch sich selbst – kaum aber die Stadtbevölkerung dazu.

Gestützt auf die gelockerten Wirtschaftsbedingungen von Lenins »Neuer ökonomischer Politik« NEP (siehe ZEIT-BILD 1924), begannen Kleinbauern, die mit der Landwirtschaft nicht zurecht kamen, ihren Grundbesitz an tüchtigere Kollegen zu verpachten. Sie selbst verdingten sich als Landarbeiter.

Es bildete sich eine Reihe von mittleren und größeren Gütern, die zwar besser wirtschaf-

Oben: IM MITTELPUNKT DER TRAKTOR: Kollektivbauern im Nordkaukasus. Unten: DAS ENDE DER FREIEN BAUERN: Lagerappell in Sibirien

teten als die Minibetriebe, die Erträge der Vorkriegszeit aber nicht annähernd erreichen konnten.

Als es im Vorjahr eine Mißernte und eine Hungersnot gab, die fast an jene von 1921 heranreichte, war klar, daß sofort etwas zu geschehen habe. Fragte sich nur, was?

Den NEP-Weg weitergehen, noch mehr Güter durch Zusammenlegung vergrößern und privatwirtschaftlich führen? Das war Verrat an der eigenen Ideologie. Es wurde daher beschlossen, die Landwirtschaft zu kollektivieren: jeder Bauer ein »Arbeiter« in einer »Getreidefabrik«. Offiziell sprach man von »Kolchosen«, in welchen sich die Bauern *freiwillig* zusammenschließen sollten.

Schlagartig setzte ein Platzregen von gesetzlichen Schikanen gegen die »ausbeuterischen Kulaken« ein, um sie zur »freiwilligen« Aufgabe ihrer Betriebe zu zwingen. »Kulak« heißt eigentlich »Faust« und war früher der Spottname für geriebene, betrügerische Getreidegroßhändler. Die neuen Machthaber haben daraus ein Schimpfwort für reaktionäre Großbauern gemacht: dazu gehört jeder, der mehr als vier Kühe hält und, Marx behüte, einen lohnabhängigen Landarbeiter beschäftigt.

Der Widerstand gegen die Kollektivierung ist landesweit, vehement und gewalttätig. Nicht nur die Großen, auch die Kleinen wehren sich buchstäblich mit Händen und Füßen gegen die Enteignung ihrer geliebten Scholle. Sie werden von Milizionären blutig niedergekämpft.

Mit Sensen ist nichts gegen Maschinengewehre auszurichten. Aber Sabotage geht schnell und lautlos: die Hälfte aller Pferde und Kühe, zwei Drittel des Schweine- und Ziegenbestandes werden in nur wenigen Monaten geschlachtet, Getreide wird verbrannt oder gar nicht erst angebaut. Weite Gebiete der »Kornkammer« sind verödet.

Das Gespenst des Hungers geht um. Stalin will nun endgültig ein Exempel gegen die aufmüpfigen Landsleute statuieren: wer sich nicht unterwirft und in die Kolchose eintritt, wird liquidiert oder mitsamt Familie deportiert.

Was die Kulaken betrifft, so werden sie erst gar nicht gefragt. Sie sind laut Beschluß des Zentralkomitees überhaupt nicht würdig, in einer Kolchose zu leben.

Der größte Holocaust in der russischen Geschichte ist in vollem Gange.

Politik und Personenkult

Am 21. Dezember findet im ganzen Sowjetreich »ein Jahrhundertfest« statt. Es gilt, »ein Weltereignis« zu feiern. So zumindest sieht es die sowjetische Presse, die Tage vor und nach dem 21. Dezember seitenlange Lobpreisungen veröffentlicht: der »Große Führer« Jossif Wissarionowitsch Stalin wird fünfzig Jahre alt.

Moskau vor allem liegt wochenlang im Festestaumel. Die grauen Fassaden verschwinden hinter Fahnen, Transparenten und überdimensionalen Bildern des Jubilars. Porträts und Büsten von erlesener Geschmacklosigkeit zieren die Auslagen.

Es gibt Festsitzungen und Festreden und Festkonzerte und Festempfänge. Jeder Funktionär und jeder Karrierist liegt vor dem Roten Zaren auf dem Bauch, um ihm die Stiefel zu küssen (zumindest symbolisch).

Wenn es noch eines Beweises bedurft hätte, daß Stalin auf allen Linien über seine Rivalen gesiegt hat – jetzt ist er erbracht. Kein Mensch spricht mehr von Leo Trotzki, der am 18. Januar dieses Jahres sang- und klanglos aus der Sowjetunion abgeschoben worden ist und nun in der Türkei das kümmerliche Dasein eines Emigranten führt.

Aber auch schon die nächste Garnitur ehemaliger Stalin-Verbündeter ist in die Wüste geschickt worden. Regierungschef Rykow, Gewerkschaftsboß Tomski und der Präsident der Komintern, Bucharin – sie waren Stalins Freunde und Helfer, als es galt, Trotzki und Genossen auszuschalten. Jetzt sind sie selbst zu Unpersonen geworden. Ihre Namen werden in der sowjetischen Presse nicht mehr erwähnt.

Neue Namen, neue Gesichter sind an ihre Stelle getreten. Für wie lange?

Neuer Name – alte Misere

Ein abruptes Ende hat Alexander I., 41, König der Serben, Kroaten und Slowenen, der politischen Dauerkrise in seinem Land gemacht: er löste das Parlament sowie alle Parteien auf und errichtete eine »Königsdiktatur« mit einer ihm gefügigen Regierung.

Außerdem erhält das Land einen neuen Namen: die Serben, Kroaten und Slowenen verschwinden mit einem Schlag aus dem Landesnamen. Der gemeinsame Nenner lautet nun schlicht »Jugoslawien« = »Südslawien« – ein Begriff, den übrigens der österreichische Staatskanzler Metternich geprägt hat.

Die Streitereien zwischen den verschiedenen Stämmen gehen jedoch ungebremst weiter. Vor allem die Kroaten sträuben sich wütender denn je gegen die Herrschaft aus Belgrad (siehe auch ZEIT-BILD 1928).

Ein Bonmot, das auf dem Balkan die Runde macht, besagt, daß es in Jugoslawien einen einzigen Jugoslawen gäbe: den Namensgeber König Alexander . . .

DER KÖNIG LÄSST SICH HULDIGEN: Alexander am Fenster seines Arbeitszimmers

»Joch des Islam« abgeschüttelt

Türkei unter Strömen von Blut europäisiert

Mustafa Kemal, Staatspräsident und »starker Mann« der neuen Türkei, veranstaltet zur Zeit eine regelrechte »Kulturrevolution«.

PELZMÜTZE STATT FES: Mustafa Kemal

Er hat die Lateinschrift eingeführt und die alten arabischen Buchstaben schon im November des Vorjahrs durch Gesetze verbieten lassen. Und jetzt beginnt er eine Sprachreform, die das Türkische von allen arabischen und persischen Wörtern reinigen soll.

Der Neuerungseifer des Diktators führte in den letzten Jahren zum Verbot des traditionellen Grußes »Salaam« und der gesamten arabischen Literatur, zur Einführung des Gregorianischen Kalenders, des italienischen Strafrechts, des deutschen Handels- und des Schweizer Zivilrechts.

Den Frauen wurde der Schleier, den Männern der Burnus und der Fes untersagt, was zu wütender Auflehnung führte.

Doch Kemal hat auch die »Fes-Schlacht« gewonnen: Seine Polizisten rissen den Leuten auf der Straße den Fes einfach vom Kopf. Wer Widerstand leistete, wurde verprügelt, wegen »Gehorsamsverweigerung« eingesperrt, in ernsten Fällen erschossen oder gehängt.

Diese »Kulturrevolution« begann im März 1924 mit der Vertreibung des letzten Kalifen Abdul Medschid. Das »Joch des Islam« sollte endgültig abgeschüttelt werden.

Die Kurden und die Armenier, die sich erhoben, wurden grausam niedergeworfen, wobei fast die Hälfte der armenischen Bevölkerung den Tod fand – zusammen mit der Austreibung von mehr als einer Million Griechen die »Garantie« für die nationale Einheit der Türkei (siehe ZEIT-BILD 1923).

Ein Blutgericht gegen führende türkische Politiker erstickte 1926 auch die innere Opposition. Seither regiert, mit einem willfährigen Parlament, Kemal als Alleinherrscher – und reformiert weiter.

Den großen Städten hat er türkische Namen verpaßt: Istanbul statt Konstantinopel, Izmir statt Smyrna, Trabzon statt Trapezunt. Er baut die Eisenbahnen aus, gründet Staatsbanken und landwirtschaftliche Genossenschaften.

Die Frauen profitieren am meisten. Sie sind (zumindest formal) nun völlig gleichberechtigt, dürfen Ärzte und Anwälte werden. Die Vielweiberei ist abgeschafft.

OBERLEHRER DER NATION: Kemal Pascha führt lateinische Schriftzeichen ein

Fast-Krieg in Nahost

Schwere Zusammenstöße zwischen Juden und Arabern

Palästina wird zur Zeit von blutigen Unruhen heimgesucht – fast schon ein Krieg zwischen Arabern und den jüdischen Einwanderern. Innerhalb von zwei Wochen sind nicht weniger als 472 Juden und 268 Araber getötet worden. Die Zahl der Verwundeten auf beiden Seiten läßt sich vorerst nicht einmal schätzen.

ALLES VERLOREN? Von Arabern verjagter Jude

Die Zwischenfälle begannen Mitte August an der berühmten Klagemauer. Das 18 Meter hohe und 48 Meter lange Bauwerk aus riesigen Steinquadern ist die auch heute noch freiliegende Westwand des alten Tempelplatzes von Jerusalem, einziger noch sichtbarer Überrest des von Herodes dem Großen erbauten Tempels.

An diesem für sie heiligen Ort versammeln sich jeden Freitagabend fromme Juden zur Klage über die Zerstörung des Tempels durch römische Legionäre vor rund zweitausend Jahren.

Die Mauer bildet heute die westliche Begrenzung der El-Aksa-Moschee; diese steht auf dem Platz, von dem der Prophet Mohammed zum Himmel aufgefahren sein soll, und ist damit eine der heiligsten Gedenkstätten des Islam.

Als dort am 15. August einige hundert junge Juden aufmarschierten, die die zionistische Flagge schwenkten und zionistische Lieder sangen, kam es tags darauf am selben Ort zu einer arabischen Gegendemonstration. Es ist jüdischer Brauch, Zettel mit Bitten und Gebeten in die Ritzen der Klagemauer zu stecken – die Araber rissen sie heraus und verbrannten sie.

Das war das Ende von sieben verhältnismäßig friedlichen Jahren, der Auftakt zu einer Welle von Gewalt und Plünderung, Mord und Totschlag – zu einem Judenpogrom in Jerusalem, zu Serien-Überfällen auf jüdische Siedlungen überall im Land.

Die Briten haben frische Truppen nach Palästina geschickt, um die Ruhe wiederherzustellen, und machen sich dadurch bei keiner der beiden Streitparteien beliebt.

Die jüdische Seite beschwert sich beispielsweise, die Engländer hätten gleich nach Ausbruch des Aufruhrs 200 Juden bewaffnet, um sie die Residenz des Gouverneurs bewachen zu lassen. Dann aber, nach der Landung britischer Verstärkung aus Malta, sei diese Wachmannschaft wegen »verbotenen Waffentragens« in Haft gesetzt worden.

Auch wird die britische Entscheidung kritisiert, in isolierten und deshalb besonders gefährdeten jüdischen Siedlungen nur versiegelte Waffenlager anzulegen, die bloß in höchster Not geöffnet werden dürfen.

Die Juden sehen darin eine offene Bevorzugung der Araber, die längst schon bewaffnet sind, und rüsten ihre Selbstschutzgrup-

DIE JUDEN NIEDER! Araber sammeln sich gegen die Eindringlinge

»Genial« bis »gottlos«

Einsteins Theorien im Widerstreit der Meinungen

Eine eben erst geschaffene Auszeichnung ist einem Wissenschaftler zuerkannt worden, der die bisherigen Grundlagen der Physik erschüttert und revolutioniert: Die von der Deutschen Physikalischen Gesellschaft gestiftete Max-Planck-Medaille ging am 28. Juni dieses Jahres an Albert Einstein.

Die Ehrung ist nicht die erste Einsteins und wird nicht seine letzte sein. Er ist Ehrenprofessor, Ehrendoktor von Universitäten in aller Welt, Ehrenmitglied zahlloser wissenschaftlicher Gesellschaften. Am 11. Dezember 1921 erhielt er den Nobelpreis für Physik.

Jetzt wohnt, lehrt und forscht er, von Vortragsreisen unterbrochen, in Berlin. Er ist fünfzig Jahre alt, zum zweitenmal verheiratet, gutmütig, kinderlieb, ein Spaßvogel, der mit wirrem, ungekämmtem Haar und fast immer in abgetragenen Anzügen herumläuft. Und in der Freizeit wunderbar Violine spielt . . .

Einstein hat nicht einmal ein »richtiges« Abitur. Er wurde in Ulm als Sohn eines kleinen Elektrohändlers geboren und ging in München ins Gymnasium. Ein schlechter, unaufmerksamer, unsportlicher Schüler, den nichts außer Mathematik und Physik interessierte.

Seine »Lauf«-Bahn, die so holprig begann: 1894 übersiedelt seine Familie nach Mailand, was bedeutet, daß Alberts Gymnasial-

pen deshalb geheim und illegal mit Feuerwaffen aus.

Die Araber hingegen betrachten das englische Eingreifen als einen Beweis dafür, daß man ihnen ihr Land nehmen und sie selbst einem Sklavenleben unter zionistischer Herrschaft unterwerfen wolle.

Tatsache ist, daß die britischen Truppen bisher nur auf Araber geschossen und drei von ihnen als Mörder gehängt haben. Tatsache ist aber auch, daß ohne diese Hilfe die Juden im Land den Angriffen arabischer Terrorkommandos hilflos ausgesetzt wären. Das zeigen unter anderen die 42 jüdischen Verwundeten, die aus Hebron in ein Krankenhaus in Jerusalem eingeliefert wurden. Fast die Hälfte sind Frauen, und 19 sind Kinder von einem bis zu zehn Jahren.

Im Mittelpunkt der arabischen Radikalisierung stehen zwei mächtige palästinensische Familien-Clans, die Husseini und die Naschaschibi. Der Mufti von Jerusalem, Hadsch Amin al Husseini, ist der Generalstabschef der Falken, die die Zionisten mit Gewalt vertreiben wollen.

Die Lage wird noch dadurch verschärft, daß die massenhafte Einwanderung nach Palästina wirtschaftliche Folgen hatte – Arbeitslosigkeit und eine ernste Depression (siehe ZB-Titel 1924).

zeit mit fünfzehn ein Ende findet. Kein Abschluß, nur ein Empfehlungsbrief seines Mathematiklehrers, er sei »besonders talentiert«. 1895 ein Versuch, ans Eidgenössische Polytechnikum in Zürich zu kommen, doch bei der Aufnahmsprüfung wegen mangelnder Fremdsprachenkenntnisse durchgefallen.

Nachsitzen, nachlernen an der Kantonsschule in Aarau. 1896 dann doch ins Polytechnikum. Von dort 1900 mit dem Diplom eines Mathematik- und Physiklehrers entlassen. Im Juni 1902 Dienstantritt am Patentamt in Bern, als »Experte III. Klasse« und mit nur 3.500 Franken jährlich – denn Einstein verstand zu wenig vom Maschinenbau.

Hochzeit mit der (vier Jahre älteren) Physikerin Mileva Maric, ein erster Sohn. Ein dürftiges Leben in einer ewig unaufgeräumten Wohnung – und dort wird 1905 seine »Spezielle Relativitätstheorie« geboren. Sie besagt,

● daß die Masse, das »Gewicht« von Körpern also, mit deren Geschwindigkeit wächst;

● daß sich die Zeit, bisher als ewige und unveränderliche Größe betrachtet, in rasch bewegten Gegenständen verzögert – die Uhren gehen dort nach, der Mensch wird langsamer alt;

● daß mithin Masse und Zeit, die scheinbar so klar zu messen waren, in Wirklichkeit nur »relativ« und voneinander abhängig sind;

● und schließlich, daß die Materie selbst nichts anderes sei als gewissermaßen »gefrorene« Energie, bei deren Rückverwandlung ungeheure Kräfte frei würden – was jetzt schon zu Spekulationen verleitet, ob das nicht für die Waffentechnik brauchbar wäre.

Für den Laien eine schwer verständliche Theorie. Doch sie ist hieb- und stichfest. Einstein wird damit berühmt: 1909 Universitätsprofessor in Zürich, 1914 Direktor des Kaiser-Wilhelm-Instituts für Physik in Berlin, 1921 Nobelpreisträger.

Der Krieg ist an ihm vorbeigegangen. Er wurde Vater, ließ sich scheiden, heiratete wieder – und legte zwischendurch ein neues Ei ins Nest der Physik, seine »Allgemeine Relativitätstheorie«.

Sie mutet wie eine Revolte gegen das althergebrachte Naturbild an. Der »Raum«,

Das wissenschaftliche Buch

Ludwig Klages:
Der Geist als Widersacher der Seele
Ein neues, dreibändiges Werk des deutschen Philosophen und Psychologen, dessen Verdienst es ist, die Graphologie zu einer wissenschaftlichen Disziplin erhoben zu haben (»Handschrift und Charakter«, 1917). Für Klages, der die Vorherrschaft des begrifflichen Denkens ablehnt, stehen die aus unbewußten Quellen strömenden Kräfte im Mittelpunkt seines Weltbilds.

der uns umgibt – behauptet sie –, sei nicht gleichförmig und, in geradlinigen Himmelsrichtungen, unendlich, sondern eine Wechselwirkung bewegter Schwerkraftfelder – an seinen Schwerpunkten »gekrümmt« wie eine Gummiplatte, über die eine Bleikugel rollt.

Das klingt geradezu lästerlich. Einstein ist Jude, weshalb schon 1920 eine »Arbeitsgemeinschaft deutscher Naturforscher« öffentlich gegen seine Theorien protestierte. Die Nationalsozialisten toben. In der Sowjetunion setzt sich die Meinung Stalins durch, die Lehre Einsteins sei »imperialistisches« Gedankengut.

Und im Mai dieses Jahres erklärt der amerikanische Kardinal Henry O'Connell, daß sich hinter den Formeln des Nobelpreisträgers die »häßliche Fratze der Gottlosigkeit« verberge.

ALBERT EINSTEIN mit dem Violinvirtuosen Bronislav Hubermann

Pilze gegen Bakterien?

Außenseiterchance für »Penicillin« und »Herzsonde«

Zwei Novitäten sind bei den Medizin-Päpsten auf arrogante Nichtbeachtung beziehungsweise eisige Ablehnung gestoßen. Dennoch räumen einige wenige Ärzte dem von Dr. Alexander Fleming, 48, entdeckten »Penicillin« und der von Dr. Werner Forßmann, 25, konstruierten »Herzsonde« gewisse Außenseiterchancen ein.

In erster Linie einem Zufall zu verdanken ist die Erkenntnis, daß ein bestimmter Schimmelpilz, »Penicilium notatum«, Bakterien vernichtet. Wie es auch Zufall ist, daß Dr. Fleming überhaupt dazu kam, sich mit diesem speziellen Fachgebiet zu beschäftigen.

Er ist nämlich Chirurg, dazu aber begeisterter Wasserballsportler. Weil er unbedingt in die berühmte Mannschaft des Londoner

DOKTOR ALEXANDER FLEMING

St. Mary's Hospital kommen wollte, an dem Krankenhaus aber keine Chirurgenstelle frei war, nahm er eben den vakanten Posten eines Bakteriologen.

Fleming, ein gebürtiger Schotte, setzt eines Tages im vergangenen September eine Kultur mit Staphylokokken in flachen Schälchen an, um grippale Infekte zu studieren.

Das Fenster in dem notorisch unordentlichen Labor steht offen. Irgendein noch unbekannter Stoff wird hereingeweht, fällt auf eine Bakterienkultur – und vernichtet sie. Fleming untersucht das »Etwas«, erkennt es als Schimmelpilz und beginnt weiter zu experimentieren. Kein Zweifel: »Penicillin«, wie Fleming den Stoff nennt, ist imstande, Krankheitskeime zu töten.

Sehr aufgeregt und stolz berichtet Fleming am 13. Februar dieses Jahres vor dem Medical Research Club (Medizinischer Forschungsklub) von seiner, wie er meint, epochalen Entdeckung. Doch mehr als routiniert-höfliche Aufmerksamkeit erregt er nicht. Sein Bericht wird nicht einmal zum Diskussionsthema.

Fleming ist wütend, enttäuscht, verbittert. Er will sich nur noch anderen Aufgaben widmen, vorsichtshalber aber einige Kulturen des seltsamen Schimmelpilzes aufbewahren. Wer weiß. Vielleicht kann er sie noch einmal brauchen ...

Wenn überhaupt möglich, dann hat der junge deutsche Chirug Werner Forßmann, Assistent am Auguste-Viktoria-Krankenhaus in Eberswalde bei Berlin, noch weniger Chancen, mit der von ihm ersonnenen »Herzsonde« Furore zu machen. Und das nach einer Serie todesmutiger Eigenversuche im Dienst vieler Herzkranker.

Bekanntlich ist es noch immer außerordentlich schwer, Herzfehler exakt zu erkennen, weil es an den entsprechenden Untersuchungsmöglichkeiten fehlt.

Forßmann geht nun von der Überlegung aus, das Herz ebenso zu röntgen wie andere Organe. Man muß nur, wie etwa bei einer Blasenuntersuchung, einen Katheter einführen und durch diesen ein Kontrastmittel spritzen, so daß alle Details des Herzens auf dem Röntgenschirm genau erkennbar werden. Im Tierversuch ist das bereits gelungen.

Nachdem der Chirurg an Leichen lange genug experimentiert hat, unternimmt er – ge-

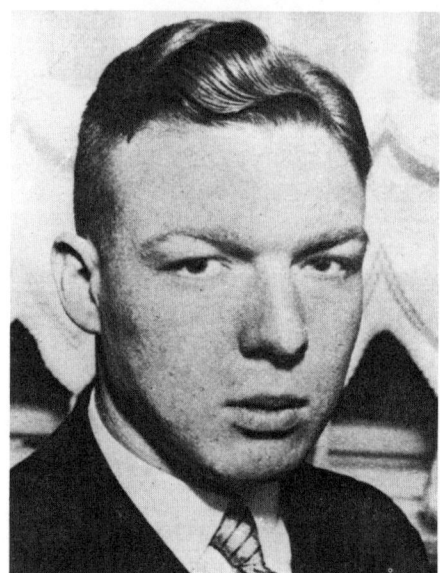

DOKTOR WERNER FORSSMANN

gen den ausdrücklichen Willen seines Chefs – heimlich den ersten Selbstversuch. Durch eine Vene in der Ellenbeuge führt er einen 65 Zentimeter langen, hauchdünnen Gummischlauch bis ins Herzinnere und spritzt eine Kontrastlösung ein.

Nichts Dramatisches passiert, abgesehen von einem leichten Wärmegefühl in der Herzgegend. Forßmann marschiert dann, noch immer den Schlauch im Herzen, ins Labor und fertigt eine Röntgenaufnahme an.

Nach sieben weiteren, gelungenen Tests veröffentlicht Dr. Forßmann am 5. November dieses Jahres einen knapp zwei Seiten langen Bericht in der *Klinischen Wochenschau:* »Die Sondierung des rechten Herzens.«

Doch statt Lob und Anerkennung erntet der Arzt von seinen Kollegen, eingeschlossen Deutschlands Mediziner Nummer eins, Ferdinand Sauerbruch, wütende Vorwürfe: ein Sensationsartikel über die Selbstversuche ist fast zugleich in der Boulevardzeitung *Berliner Nachtausgabe* erschienen. Forßmann wird verdächtigt, unstandesgemäße Eigenreklame betrieben zu haben.

Seiner Unschuldsbeteuerung wird nicht geglaubt, die Herzsonde ebenso totgeschwiegen wie ihr Erfinder. Forßmann hat bereits das Handtuch geworfen. Er will sich nun auf Urologie konzentrieren.

Die Kontinente als »schwimmende Schollen«

Phantastische Theorie des Prof. Alfred Wegener

Professor Alfred Wegener hält unsere Erdteile für driftende Flöße. Seit Jahren versucht er, einer ungläubigen Welt einzureden, daß die Kontinente sich horizontal über die Erde bewegen. Was sowohl Geophysiker wie ungebildete Laien erregt hat, die hofften, festen Boden unter den Füßen zu haben.

Der neunundvierzigjährige Geologe aus Berlin, der an der Universität Graz lehrt, hat in den Jahren 1906 bis 1908 an einer Grönland-Expedition teilgenommen und eine weitere in den Jahren 1912/13 geleitet. Nun ist er noch einmal aufgebrochen, um die unendlichen Eisflächen Innergrönlands zu erforschen. Bei dieser Gelegenheit hofft er weitere Beweise für seine phantastische Theorie zu finden.

Ausgehend davon, daß beispielsweise die Westküste Afrikas und die Ostküste Südamerikas wie Puzzlesteine ineinanderpassen, behauptet der Gelehrte, daß der Atlantik nichts weiter sei als eine Wasserflut, die sich zwischen eine auseinanderstrebende, doch einst geschlossene Landmasse ergossen hat.

Südamerika sei einfach in westlicher Richtung von Afrika abgetrieben, mit dem es einst am Südpol vereinigt war.

Für Wegener sind die Kontinente nichts als riesige Schollen leichteren Materials, die auf einer schweren, zähen Grundmasse schwimmen. Durch ihr geringes Gewicht tauchen diese »kontinentalen Platten« aus der Erdkruste heraus und treiben mehrere

Kilometer über dem Normalniveau der Erdkruste, das durch die Tiefseeböden gebildet wird.

Die gesamten großen Ozeane der Erde sind von »Mittelrücken« durchzogen, von langgestreckten, untermeerischen Gebirgen, deren Vulkanismus möglicherweise das Antriebszentrum für die Drift der Kontinente sein könnte.

Wegener sieht einen weiteren Beweis seiner Theorie in der erdgeschichtlichen Entwicklung der Tier- und Pflanzenwelt sowie in der frühen Klimaentwicklung auf beiden Seiten des Atlantiks, die viele Ähnlichkeiten aufweisen.

Gegen den teils leidenschaftlichen Widerstand vieler Geologen behauptet Wegener, daß diese Wanderung der Kontinente auch durch ein genaues Studium der magnetischen Bestandteile unter den Mineralien der Erde nachgewiesen werden kann: Die Mineralien müßten so ausgerichtet bleiben, wie es dem irdischen Magnetfeld zur Zeit ihrer Bildung entsprach. Wo immer man Mineralien findet, die schief oder gar quer zum Magnetfeld der Erde liegen, muß man, laut Wegener, eine Drehung der betreffenden Landmassen zumindest erwägen.

Der Gedanke, daß unsere Erde noch immer keine Ruhe gefunden hat, beunruhigt Wissenschaftler und Laien, die sich mit Wegeners Theorien auseinandersetzen, zutiefst.

Seine eben angetretene Forschungsreise wird vielleicht etwas mehr Klarheit schaffen.

PROFESSOR ALFRED WEGENER

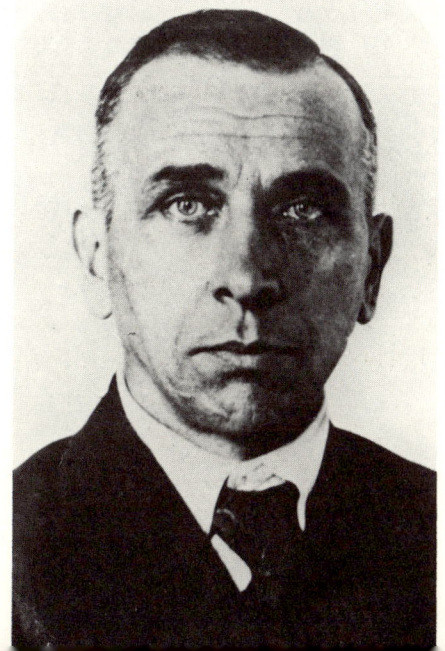

Raketen zum Mond? Totaler Unsinn!

»Die Frau im Mond«, ein neuer Film des bekannten UFA-Regisseurs Fritz Lang, hat am 15. Oktober in Berlin Weltpremiere. Das Publikum ist dabei freilich um eine Sensation geprellt worden, auf die sich fortschrittsgläubige Feinschmecker besonders gefreut hatten: den Start der ersten echten »Weltraum«-Rakete.

Dies Meisterstück menschlichen Höhenflugs war Lang von einem Gymnasialprofessor aus Siebenbürgen versprochen worden. Der Mann heißt Hermann Oberth, ist jetzt 35 Jahre alt und wird von Fachleuten als »Spinner« bezeichnet. Er schwört darauf, daß Menschen mit Röhren, die von flüssigem Brennstoff angetrieben werden, ins All fliegen können!

Die Idee dürfte ihm erstmals mit zwölf Jahren gekommen sein, als er voll kindlicher Begeisterung den Jules-Verne-Roman »Von der Erde zum Mond« verschlang.

Der junge Mann hatte allerdings Talent. Denn noch in seiner Schulzeit berechnete er, daß es unmöglich sei, was sich der französische Schriftsteller ausgedacht hatte – mit einer riesigen Kanone Menschen zum Mond zu schießen.

Die dazu nötige Anfangsgeschwindigkeit nämlich wäre so groß, daß Geschoß und Passagier schon in der Atmosphäre verglühen müßten.

Seither »konstruiert« er Mondraketen. Auf dem Papier. Unter anderem in einer Dissertation, mit der er 1922 in München den Doktorgrad erwerben wollte. Das unseriöse Thema wurde abgelehnt, was zugleich auch Oberths Studiengang (Medizin, Mathematik, Chemie, Physik, Theologie) beendete. Vom Münchner Verleger Rudolf Oldenbourg ist die verschmähte Doktorarbeit dann 1923 doch als Buch herausgegeben worden. Auch der reißerische Titel »Die Rakete zu den Planetenräumen« hat es nicht zum Bestseller machen können. Es war zu sehr mit Mathematik überfrachtet und fand nur bei Phantasten Anklang.

Zu ihnen gehörte auch Regisseur Lang, dem Oberth einen Filmvertrag ablockte – mit dem Versprechen, er könne eine eigens für die »Frau im Mond« gefertigte Raum-Rakete siebzig Kilometer in die Höhe jagen. Der Plan schlug fehl, der Flugkörper blieb unvollendet, die Kosten waren verpulvert, der »Konstrukteur« blamiert. Aber Oberth werkelt starrsinnig weiter.

Er muß einen amerikanischen Konkurrenten einholen, der schon vor drei Jahren eine ganz ähnliche Rakete abschoß: Professor Robert H. Goddard von der Clark University. Doch dessen Super-Ding flog damals nur zweieinhalb Sekunden lang, zwölf Meter hoch und fünfundfünfzig Meter weit.

Mit Pfeil und Bogen kommt man weiter, höhnt die seriöse Wissenschaft.

Raketenstart bei Null

Märkischer Sand aus der Umgebung Berlins, in großen Fuhren herangeschafft und durch langes Kochen in braukesselartigen Behältern gebleicht, bedeckte als dichte lockere Schicht den Boden der Atelierhalle. Damit wurde die Oberfläche des Mondes simuliert, auf dem Oberths Rakete landen sollte.

Etwas Merkwürdiges ließ sich Lang für die Trickaufnahmen des Startes zum Weltraumflug einfallen. Zwischentexte zeigen an, daß der Moment des Abhebens der Rakete ausgezählt wird. Und zwar nach rückwärts, von zehn bis null! Der Filmemacher erläutert dazu: »Beginnt man mit eins, dann weiß das Publikum nicht, bei welcher Zahl das Ding wirklich hochgeht. Macht man's aber umgekehrt, dann wächst die Spannung, je näher der Nullpunkt kommt.«

Unerwarteter Gag: Wissenschaftler finden diesen Regieeinfall durchaus vernünftig und bei Experimenten anwendbar! Ein amerikanischer Fachmann nennt den Langschen Krebsgang durch die Zahlenreihe einfach »countdown«.

Oben: KANN SIE WIRKLICH FLIEGEN? Fahrt zum Mond – derzeit nur im Film möglich. Unten: GLAUBT FEST AN DIE ZUKUNFT DER RAKETEN: Konstrukteur Hermann Oberth bei einem seiner zahllosen Experimente

Börsenkrach in USA: Weltwirtschaftskrise

**Katastrophale Folgen für Europa –
Selbstmord- und Arbeitslosenraten schnellen empor –
Ende des Wirtschaftswunders
und der »goldenen zwanziger Jahre«?**

Nach mehr als fünf Jahren der Normalisierung und der Hoffnung auf dauernden Frieden in Wohlstand steht die Welt an der Jahreswende 1929/30 vor dem wirtschaftlichen Abgrund. Der New Yorker Börsenkrach zwischen dem 24. Oktober (»Schwarzer Donnerstag«) und dem 29. Oktober ist der Anfang vom Ende eines nur scheinbar soliden Wirtschaftswundergebäudes, in dem es nun an allen Ecken und Enden zu knistern und krachen beginnt.

Dabei hatte alles recht positiv ausgesehen: Nach dem Sieg über die Inflation in Mitteleuropa (siehe ZEIT-BILD 1923) gab es zwar nationale Stabilisierungskrisen, die sich bis 1925 hinzogen, aber die letzten Jahre waren – politisch und wirtschaftlich – von Optimismus getragen.

Spitzenreiter des Weltwirtschaftswunders der nun zu Ende gehenden »goldenen zwanziger Jahre« waren die Vereinigten Staaten. In den sechs Jahren von 1923 bis jetzt ist das amerikanische Nationalprodukt um 23 Prozent gewachsen. Die Produktion von elektrischen Kühlschränken, die als Wohlstandsindikator gilt, ist von 5.000 auf 900.000 gestiegen. Bei Ford in Detroit verläßt alle 17 Sekunden ein Auto das Fließband. Und jeder sechste Amerikaner ist bereits motorisiert (siehe auch ZEIT-BILD 1927).

Firmenkonzentration, Marketing, Werbung und Ratenkauf sind die Schlagworte des Erfolgs, der steigenden Umsätze und Gewinne im »Jazz Age« Amerikas. Allerdings steigt auch die Kriminalität, vor allem seit der Einführung der Prohibition 1920 (siehe den Beitrag »Prohibition – das Heilige Experiment« in diesem Heft).

TUMULT AN DER NEW YORKER BÖRSE: die Aktienkurse stürzen ins Bodenlose

Alles schien in bester Ordnung

Bis zum New Yorker Börsenkrach im Oktober gab es – trotz mancher Sorgen- und Krisenzeichen – doch auch Gründe für eine optimistische Betrachtung Kontinentaleuropas:

● Das Siegerland Frankreich hat den Wiederaufbau der nordöstlichen Grenzgebiete vollendet. Die Währung ist stabilisiert, es gibt Budgetüberschüsse und seit dem Vorjahr Vollbeschäftigung. (Im Siegerland England hingegen geht es aufgrund altmodischer Produktionsmethoden, zu hoher Löhne und wohl auch wegen der Rückkehr zum Goldstandard nicht so gut voran.)

● Deutschland hat es trotz eines beachtlichen Sockels an Arbeitslosen und hoher Auslandsverschuldung wieder zur führenden Industriemacht Europas gebracht. (Österreich tut sich wegen der Abtrennung von traditionellen Märkten der alten Monarchie schwerer und dürfte überhaupt der labilste Stein im europäischen Wirtschaftsdomino sein.)

● In Italien hat Mussolini die Lebensmittelproduktion endlich ankurbeln können.

Auf der diplomatischen Bühne sorgten der Locarno-Pakt (Oktober 1925) mit der wechselseitigen Anerkennung des Status quo in Europa und der Eintritt Deutschlands in den Völkerbund für Beruhigung.

1926 folgte zur Beruhigung der Sowjets noch ein Neutralitätsabkommen zwischen Deutschland und Rußland und im August des Vorjahrs schließlich der Pariser Vertrag, in dem 62 Signatarstaaten inklusive der USA und der – später hinzugekommenen – Sowjetunion dem Krieg als Fortsetzung der Politik mit anderen Mitteln feierlich abschwören.

Der friedliche Rahmen für eine gedeihliche wirtschaftliche Weiterentwicklung der Welt schien damit gezimmert zu sein. Bis der Börsenkrach vom Oktober und die durch ihn ausgelöste internationale Wirtschaftskrise alles wieder in Frage stellt.

VON DER POLIZEI GEJAGT: Arbeitslose beginnen sich zusammenzurotten

Die amerikanischen Wachstumsraten (z. B. beim Wohnungsbau) gingen zwar schon seit 1925 zurück, aber der Optimismus blieb – insbesondere an der Börse – bis zum 24. Oktober erhalten. Noch Anfang Oktober erklärte der Generaldirektor der National City Bank in New York: »Die Lage der amerikanischen Industrie ist durch und durch solide.« Und die Wirtschaftspropheten sagten eine Fortsetzung der seit März des Vorjahres anhaltenden Börsenhausse voraus, die immer mehr Amerikaner dazu verleitete, mit geborgtem Geld Aktien zu kaufen, in der Hoffnung, sie nach ein paar Wochen oder Monaten mit Gewinn verkaufen zu können.

Diese Spekulation ging zwischen März des Vorjahrs und September dieses Jahrs auch fast immer auf: der Kurs einer American-Telephone-Aktie stieg z. B. von 179 auf 335 Dollar, bei General Electric von 128 auf 396, oder bei United Steel von 138 auf 279 Dollar.

Nach einem leichten Kursrückgang im September gibt es am Mittwoch, dem 23. Oktober, plötzlich einen Überhang an Verkaufsangeboten und einen Kurssturz von durchschnittlich 18 Dollar pro Aktie. Am nächsten Tag, dem »Schwarzen Donnerstag«, kommt es zur Verkaufspanik. Am späteren Vormittag laufen die Fernschreiber heiß: sie schaffen die Durchgabe der Kursrückgänge nicht mehr.

Nach einer Krisenkonferenz zur Mittagszeit werfen sechs Großbanken demonstrativ 240 Millionen Dollar in die Schlacht, um Aktien zu kaufen und damit ein Beispiel der Zuversicht zu geben. Tatsächlich stoppt diese Aktion den Kursverfall – aber nur eine knappe Woche lang. Am 29. Oktober werden 16 Millionen Aktien zum Kauf angeboten. Der durchschnittliche Verlust pro Aktie: 40 Dollar.

Und als ein Botenjunge am 29. Oktober zum Spaß einen Dollar für eine Aktie der White Nähmaschinen AG bietet, die noch vor wenigen Tagen mit 48 Dollar gehandelt wurde, bekommt er sie tatsächlich zu diesem Preis.

Der Gesamtwertverlust der amerikanischen Aktien wird auf 50 Milliarden Dollar geschätzt.

Die Selbstmordrate unter den Spekulanten, die ihre Aktien auf Kredit gekauft hatten, ist entsprechend hoch. Und der schwarze

Humor entsprechend gefärbt: In New Yorker Wolkenkratzerhotels wurden neu ankommende Gäste gefragt, ob sie ihr Zimmer zum Übernachten oder zum Hinunterspringen brauchen.

Die Ursachen

Die Ursachen der amerikanischen Wirtschaftsschwäche, die an der Börse zu spät und daher so erdbebenartig registriert wurde, dürfte in folgenden Aspekten zu suchen sein:

● Die Löhne waren hinter den durch neue Produktionsmethoden und reichlich Kapital erzielten Produktionssteigerungen zurückgeblieben. Ebenso die Einkommen der im Schatten der Konjunktur (über)produzierenden Farmer. Dadurch blieb die Kaufkraft hinter der Produktion zurück.

● Die nur noch zu 80 Prozent ausgelastete Industrie hörte auf zu investieren.

● Die Börsenspekulation brachte die Aktienkurse trotz dieser Situation in unrealistische Höhen, von denen sie jetzt so dramatisch abstürzten.

Auswirkung auf Europa

Die Auswirkungen der amerikanischen Malaise auf Europa sind unübersehbar.

Schon seit einigen Monaten merkte man in Europa, insbesondere in Deutschland, daß es nicht mehr so leicht ist, amerikanische Kredite zu bekommen (weil das Kapital dort in die Börsenspekulation floß).

Die wirtschaftliche Lage in Deutschland und Österreich hängt jedoch total von (noch dazu meist nur kurzfristigen) ausländischen Krediten ab.

Einer der wenigen Politiker, die frühzeitig den Mut hatten, darauf hinzuweisen und dadurch unpopulär zu werden, war der deutsche Außenminister Gustav Stresemann, der schon im November des Vorjahrs erklärte: »Wir haben in den letzten Jahren von gepumptem Geld gelebt. Wenn einmal eine Krise kommt und die Amerikaner ihre kurzfristigen Kredite abrufen, ist der Bankrott da ... Ich weiß nicht, woher neue Steuern geholt werden können ... Wir sind auch finanziell entwaffnet, wir haben keine Mittel mehr.«

Stresemann hat nicht mehr erleben müssen, wie sich seine Prophezeiung bewahrheitet hat: Er ist am 3. Oktober gestorben.

Deutschland braucht das amerikanische

Oben: WIRBEL AUCH IN LONDON: aufgeregte Makler vor der Börse. Unten: EIN TRAURIGES LIED: Arbeitslosigkeit in Deutschland

Geld unter anderem, um damit seine Reparationen an Frankreich und England zu zahlen, die damit ihre Kriegsschulden an Amerika abstottern. Das ist ein eher unglücklicher Geldkreislauf, der die Kriegsverlierer wirtschaftlich auslaugt, auch wenn verschiedene Zahlungserleichterungen für die Reparationsleistungen gewährt wurden (Dawes-Plan).

Die Rückzahlung der amerikanischen Kredite muß überdies meist in Gold erfolgen, da die USA zum Schutz ihrer Wirtschaft hohe Zölle einheben und Importe (mit denen die Schuldenländer Dollars verdienen könnten) dadurch erschweren.

Die Weltwirtschaftskonferenz des Völkerbunds (1927) hat zwar empfohlen, alle Schutzzölle zu senken, aber dennoch behindert ein immer dichter werdendes protektionistisches Netz den internationalen Handel, wodurch die jetzige Krise noch verschärft wird.

In Deutschland und Österreich hat es außerdem trotz der Währungsreformen und einer gewissen Normalisierung laufend hohe Arbeitslosenzahlen gegeben (in Deutschland im kalten Winter 1928/29: 1,3 Millionen).

Bankenzusammenbrüche

Die wirtschaftliche Rekonstruktion Europas erweist sich angesichts des amerikanischen Börsenkrachs als äußerst zerbrechlich. Es häufen sich Firmenpleiten und Bankzusammenbrüche.

Als im Sommer dieses Jahres die österreichische »Bodenkreditanstalt« wackelte, wurde eine andere Großbank, die Credit-Anstalt, von der Regierung unter sanftem Druck dazu bewogen, das sinkende Schiff bei sich aufzunehmen. Kommentar des Schweizer Bankiers Felix Somary: »Das ist der sicherste Weg zum raschesten Ruin der Credit-Anstalt.«

Falls Somary recht behält und die CA in weiterer Folge der Krise tatsächlich zusammenbricht, könnte dies eine Kettenreaktion von Finanzkatastrophen auslösen. Das Ende einer gesamteuropäischen Depression wäre unabsehbar und könnte alle Friedensbemühungen des letzten Jahrzehnts zunichte machen.

DAS UNGLÜCK KOMMT AUS AMERIKA: die Skyline von New York

»AUS« FÜR DIE KLEINEN SPEKULANTEN: Verzweiflungsszenen an der Börse

Opel wird amerikanisch

Das Wetterleuchten einer großen Krise beginnt sich in der Autoindustrie abzuzeichnen. Zählte man vor zwei Jahren in Deutschland noch 244 Autofabriken, so sind es heute nur noch 140. Eine renommierte Firma wie Adam Opel hat ebenfalls das Handtuch geworfen: 80 Prozent der Aktien mußten an die amerikanische General Motors Corporation verkauft werden.

Damit schließt die 67 Jahre dauernde Erfolgsgeschichte eines Familienunternehmens, das 1862 mit der Erzeugung von Nähmaschinen begann. Auf Betreiben seiner fünf sportbegeisterten Söhne nahm der Gründer, Adam Opel, in Rüsselsheim die

Produktion von Fahrrädern auf. Nach dem Tod des Vaters, 1895, begannen die Söhne mit dem Autobau.

Obwohl dem »Laubfrosch« »P 4« (siehe ZEIT-BILD 1927) ein großer Erfolg beschieden war, ließ sich die Talfahrt nicht mehr aufhalten. Um die Produktion billig zu halten, konnten die Fließbänder nicht gestoppt werden – und die produzierten mehr, als der Markt aufzunehmen vermochte: bis zum Vorjahr exakt 42.741 Stück. Die Wagen blieben zuletzt auf den Halden, und die »Opel-Jungen« waren froh, als im März die Amerikaner die Verantwortung übernahmen.

Mafia-Massaker am Valentinstag

»Schlacht um Chikago« fordert schon 500 Tote – Das organisierte Verbrechen in den USA – Al Capone: »Capo Mafioso«

Ein blutiger Krieg tobt in den USA: Mafiabanden kämpfen gegeneinander und gegen die Polizei. Die Unterweltsfehde hat allein in Chikago 500 Tote gefordert. Und sieben dazu – am Valentinstag dieses Jahres.

Am 14. Februar, gegen halb zehn Uhr, sitzen sieben gutgekleidete Herren in einer Garage in der North Clark Street in Chikago, die den klangvollen Namen »S.M.C. Cartage Company« trägt und tatsächlich mit Transporten zu tun hat. Die sieben schweren Burschen gehören zu Dion O'Banions Gang und warten auf eine Fuhre illegal aufgebrachter alkoholischer Getränke. Draußen bleibt plötzlich ein großer Cadillac quietschend am Randstein stehen. Drei Polizisten und zwei Männer in Zivil springen aus dem Fond, öffnen die Garagentür, nehmen den sieben Gangstern die Waffen ab und fordern sie auf, sich mit erhobenen Händen, Gesichter zur Wand gewendet, in einer Reihe aufzustellen.

Die Gangster folgen dieser Aufforderung bereitwillig. Eine Polizeirazzia ist nichts Neues für sie, und da die Fuhre noch nicht angekommen ist, könnte man ihnen außer unerlaubtem Waffenbesitz – eine wahre Bagatelle – weiter nichts nachweisen.

277

KEINER WILL GESEHEN WERDEN: Mafia-Mitglieder im Polizeirevier

Aber während sie noch nach guten Ausreden für die Polizeirichter suchen, knallen Schüsse: die falschen Polizisten und die beiden Zivilisten haben plötzlich Maschinenpistolen gezogen und die an der Wand stehenden Gangster einfach niedergemäht. Das Ganze ist in wenigen Augenblicken vorbei.

Die drei falschen Polizisten stecken die Pistolen weg, nehmen die beiden Zivilisten in die Mitte, als hätten sie sie eben verhaftet, und marschieren zum Garagentor hinaus.

Kein Mensch wundert sich über die Schüsse, welche die friedliche Stille des Valentinstags zerreißen. Die Polizei hat eben wieder einmal ein paar Gangster verhaftet. Das ist in Chikago nichts Neues. Als die echte Polizei die sieben Leichen findet und die Presse von der Sache Wind bekommt, wird die Geschichte zum »Sankt-Valentinstag-Massaker« und brutalsten Gangsterstreich des Jahrhunderts hochstilisiert. Aber eigentlich ist das alles ein alter sizilianischer Hut. So genial, ganz neue Methoden zu erfinden, wie jemand vom Leben zum Tod befördert wird, sind die O'Banions, Torrios, Buys Morans, Al Capones und wie sie alle heißen, nun auch wieder nicht.

Die »Schlacht um Chikago« zwischen verschiedenen Mafiagruppen, die in fünf Jahren mehr als fünfhundert Gangstern das Leben gekostet hat, ist nach alten sizilianischen Methoden geführt worden, nach Methoden, welche die Mafiakiller schon längst unter südlicher Sonne zu hoher Reife gebracht haben.

Der berühmte »Handschlag-Mord«, eigentlich eine Art Judaskuß, gehört zu den klassischen sizilianischen Techniken, obwohl er erst vor kurzem im »O'Banion-Mord« wieder Aufsehen erregt hat:

Don O'Banion war einer der schärfsten Rivalen Al Capones, der schließlich als Sieger aus dem Chikagoer Machtkampf hervorgegangen ist. Obwohl O'Banion nachts Alkohol schmuggelte, war er bei Tag ein sanfter Blumenhändler.

Eines Morgens hielt ein elegantes Auto vor O'Banions Laden, drei soignierte Herren entstiegen dem Prachtschlitten, und während einer von ihnen O'Banions Hand herzlich schüttelte, ohne sie wieder loszulassen, schossen ihm die beiden anderen rasch ein paar Kugeln in den Kopf. O'Banion sank in seinen Blumenschmuck. Die drei Herren entkamen in dem großen, übrigens gestohlenen Wagen.

Auch das vielbesprochene Sankt-Valentinstag-Massaker war nicht so neu: Generationen von Mafiosi haben in Sizilien mit Carabinieriuniformen denselben Trick angewandt, dessen genialer Höhepunkt das Abführen der Mörder durch die falschen Polizisten ist.

In Chikago verwendet die Mafia heute oft Mills-Handgranaten aus dem Krieg, um Läden widerspenstiger Geschäftsleute oder die Bars feindlicher Alkoholschmuggler in die Luft zu jagen. Capones Leute haben neuerdings eine Art Stolpermine erfunden, die sich in wenigen Sekunden an die Zündung eines Wagens anschließen läßt, um beim ersten Druck auf den Starter zu explodieren: auch das ist nicht neu. In Sizilien ist so mancher Gegner mit einem ähnlichen Mechanismus hochgegangen, sobald sich die Räder seines Pferdefuhrwerks zu drehen begannen.

Wie ist nun diese vielberedete Mafia in ihrer Urheimat Sizilien entstanden? Darüber scheiden sich noch immer die Geister. Die Mafiosi selbst berufen sich (wenn sie reden) auf eine alte sizilianische Ballade, in der ein verhaßter französischer Besatzer aus dem Heer Karls VIII. eine junge Frau aus Palermo auf dem Weg zu ihrer Trauung

AL CAPONE

überfällt, vergewaltigt und ermordet. Ganz Sizilien steht auf, um diesen scheußlichen Mord zu rächen. Mit dem Ruf »Morte alla Francia« sind immerhin die ersten drei Buchstaben des Namens »Mafia« erklärt.

Historiker nehmen dieses Rührstück nicht ernst. Der achte Karl zog 1494 in Italien ein, die Mafia macht aber erst um die Mitte des 18. Jahrhunderts von sich reden, das allerdings als Untergrundbewegung gegen die bourbonischen Herrscher, was wieder nur beweist, wie gefährlich der Versuch ist, politisch motivierte Terroristen von »gemeinen« Verbrechern trennen zu wollen.

Die Mafia jedenfalls, die als enger Zusammenschluß von Familien und Sippen entstand, die unmenschlicher Unterdrückung trotzen wollten, hat sich sehr bald dem nicht einmal mehr politisch garnierten Verbrechen zugewandt.

Romantisch verbrämt ist allerdings noch immer der Sittenkodex dieser seltsamen Gentlemen:

● Der Mafioso muß seinem Mafia-Bruder in Not auf jeden Fall, mit jedem Mittel und ohne Rücksicht auf eigene Gefahr zu Hilfe kommen.

● Er hat dem Befehl ranghöherer Brüder widerspruchslos zu folgen.

● Die Beleidigung eines Bruders durch einen Außenstehenden ist als Beleidigung der eigenen Person anzusehen und sofort zu rächen.

● Ein Mafioso darf nie, unter keinen Umständen, die Hilfe der Polizei, eines Gerichts oder einer anderen Behörde in Anspruch nehmen.

● Verrat von Mitbrüdern oder der Bruderschaft als Ganzes wird mit dem Tod bestraft.

● Oberstes Gesetz aber ist die »omertà«, die Verschwörung des Schweigens, die nicht nur die Mafiosi selbst, sondern auch ihre Frauen und Kinder bindet.

Polizeipräfekt Cesare Mori, der unmittelbar nach dem Krieg den Versuch unternommen hat, die sizilianische Mafia zu zerschlagen, hat ZEIT-BILD einige Erfahrungen mitgeteilt:

»Die Mafia beherrscht die gesamte sizilianische Gesellschaft. Durch Terror erzwingt sie unbedingten Gehorsam. Deshalb halten es auch Grundbesitzer und Geschäftsleute für ratsam, regelmäßig bestimmte Abgaben an die Mafia zu zahlen.«

Der hohe italienische Polizeibeamte hat auch die Psychologie der Brüder gründlich studiert: »Der verblüffendste Zug an den Mafiosi ist ihre felsenfeste Überzeugung, daß sie kein Unrecht tun. Ein Mafioso mag erpressen, stehlen oder morden – solang er dem Gesetz der ›omertà‹ genügt, ist er vor sich und seinen Mitbrüdern ein ehrenwerter Mann mit reinem Gewissen!«

In Italien haben sich jetzt allerdings die Verhältnisse einschneidend verändert: das faschistische Regime geht gerade in diesen Monaten offenbar derart wirksam gegen die Mafia vor, daß diese ihr Hauptbetätigungsfeld über den Ozean verlegt.

Die Vereinigten Staaten, heute ein wahres

TOD IN DER GARAGE: die Opfer des Massakers vom St.-Valentinstag

TRAUER UM DEN »PATEN«: Begräbnis eines Mafia-Bosses

Prohibition – das Heilige Experiment

Alkoholverbot macht USA zu einem Land der kleinen Gesetzlosen und großen Verbrecher

»Ab dem Zeitpunkt, an dem der 18. Zusatz zur Verfassung der Vereinigten Staaten in Kraft tritt, ist die Herstellung, der Verkauf, der Tausch, der Transport, der Import, der Export, die Auslieferung, jegliche Zurverfügungstellung sowie der Besitz von irgendwelchen berauschenden Getränken, mit Ausnahme der in diesem Gesetz für erlaubt erklärten, verboten.«

National Prohibition Act, § 2, Abs. 3

Verbrecherparadies, wurden schon um 1880 von der Mafia »entdeckt«. Unter den vielen italienischen Einwanderern der achtziger und neunziger Jahre befanden sich auch einige Mafiosi, deren Organisationstalent sie zu natürlichen Führern der verwirrten, hilflosen Neueinwanderer machte.

Kurz nach 1890 beherrschten sie schon die Docks von New Orleans. Kein Bananenfrachter konnte entladen werden, solang der Importeur nicht einen gewissen Betrag an eine Firma Antonio und Carlo Matranga gezahlt hatte.

Von da an war der Siegeszug der Mafia nicht mehr aufzuhalten.

Die Prohibition, das gesetzliche Alkoholverbot, im Januar 1920 mit dem »Volstead Act« verkündet, öffnete den Mafiosi neue Dimensionen. Hatten bis dahin ehrenwerte Brüder wie Diamanten-Jim Colosimo, Johnny Torrio oder Dion O'Banion Spielhöllen, Bordelle und Gewerkschaften beherrscht, so witterten sie im illegalen Alkoholhandel das ganz große Geschäft.

Torrio und Colosimo waren die ersten, die in Chikago ein paar tausend Sizilianer zu Schnapsbrennern machten und deren Produkte an die durstigen Staatsbürger verscheuerten. Mit einem Schlag, wenngleich etwas zu spät, erkannten dann auch die an-

deren Chikagoer Gangs, daß das Glück im Alkohol lag, was die berühmte »Schlacht um Chikago« (siehe den Bericht »Prohibition – das Heilige Experiment«) mit ihren 500 Gangsterleichen auslöste.

Colosimo, der »capo mafioso« (Mafiachef), wurde in seinem eigenen kleinen Café von Kugeln durchsiebt. Sein vorsichtiger Adjutant und Nachfolger, Torrio, holte sich gleich einen hoffnungsvollen jungen Mann als Helfer: Al Capone, einziger Neapolitaner und daher zunächst unter den Sizilianern nicht sehr beliebt, hat in der Welt des Verbrechens einen kometenhaften Aufstieg hinter sich.

Seine letzten Feinde, Giovanni Scalice und Alberto Anselmi, soll Al Capone bei einem feierlichen Gastmahl eigenhändig mit einem Baseballschläger umgebracht haben. Die Leichen wurden wenige Stunden später in einem Straßengraben jenseits der Staatsgrenze, in Indiana, gefunden. Niemand hat Capone belangt. Warum auch? Er hat seine Verteidigung ja schon lange vorbereitet:

»Alle Leute sagen, ich sei ein Gangster. Ich bin ein Geschäftsmann. Wenn ich Whisky verkaufe, bin ich ein Alkoholschmuggler. Wenn die Herrschaften denselben Whisky in ihren Prachtvillen am Lake Shore Drive servieren, ist das Gastfreundschaft.«

Die zwanziger Jahre waren kaum zwei Wochen alt, als die Vereinigten Staaten sich in eines der verrücktesten Abenteuer eines verrückten Jahrzehnts stürzten: in ein fast totales, landesweites Alkoholverbot. Am 18. Januar 1920 hatten die Guten gesiegt, die bösen Säufer verloren; das puritanische Land siegte über die unmoralische Stadt, der Frauenverein über die männliche Wirtshausrunde.

Die Verfasser dieses Gesetzes, Abgeordneter Andrew J. Volstead (Minnesota) und Genossen, hatten in ihrem heiligen Eifer nicht nur vor, den Alkoholgenuß einzuschränken, sondern schworen sich, den Teufel Alkohol ein für allemal auszurotten.

Wie aber Menschen nun einmal sind, ist das Fazit nach neun Jahren »Prohibition« ganz anders, als die Kreuzfahrer sich dies vorgestellt hatten: selten ist ein Gesetz so ständig und offen gebrochen worden. Frauen, die früher kaum in Gaststätten und Bars alkoholische Getränke konsumierten, stürzen sich in die »speak-easies«, die unkonzessionierten Kneipen, und saufen, als gälte es die ewige Seligkeit.

Das Schnapsbrennen im eigenen Haus, früher eine rührend folkloristische Unternehmung weltfremder Hinterwäldler in mittelwestlichen Staaten, ist heute das größte Geschäft der Gangsterbanden.

Der Segelsport hat überraschend viele neue Anhänger gewonnen: hinter der Sperrzone, drei Meilen vor der amerikanischen Küste, warten die großen Schiffe mit ihrer verbotenen alkoholischen Fracht. Jeder, der sich ein Segel- oder gar ein Motorboot leisten kann, fährt direkt zum Lieferanten und vermeidet bei der Rückfahrt tunlichst die Boote der Küstenwache und des Zolls.

Da die amerikanischen Moralapostel das Unmögliche wollten, da sie an die absolute Besserungsfähigkeit des Menschen glaubten, haben sie heute ein Land, in dem mehr getrunken wird als je zuvor. Ein Land, in dem der Respekt vor den Gesetzen jeden Tag durch die Mißachtung eines ganz bestimmten untergraben wird. Ein Land, in dem Gangstertum und Korruption überhandnehmen und die Schere zwischen moralischem Anspruch und tatsächlicher Durchsetzbarkeit immer weiter wird. Schon mehren sich die Stimmen, die den »Repeal«, die Aufhebung der Prohibition, fordern, um die Vereinigten Staaten aus dem Sumpf der Korruption zu ziehen, in das die »Guten« sie gestürzt haben.

Noch aber treibt das Alkoholverbot seine seltsamen Blüten: Abgeordneter Fiorella La Guardia nörgelte, daß in New York wohl 250.000 Polizisten benötigt werden, um das Gesetz lückenlos durchzusetzen, daß man dann aber sicher weitere 200.000 brauche, um die 250.000 zu bewachen...

In Philadelphia verdienen die Schmuggler jährlich etwa 20 Millionen Dollar; Chikago ist eine Gangsterstadt geworden. In San Francisco haben die Geschworenen, die einen Alkoholschmuggler zu verurteilen hatten, im stillen Beratungskämmerlein den beschlagnahmten Alkohol ausgetrunken; in Texas hat die Polizei wenige Wochen nach Inkrafttreten des 18. Verfassungszusatzes eine illegale Whiskybrennerei ausgehoben, die täglich 130 Gallonen Whisky produzierte. Sie befand sich auf dem Gut des Senators Morris Sheppard, der einer der Autoren des Prohibitiongesetzes ist.

Solang man schlimmstenfalls im nächsten, einige Meilen entfernten Wirtshaus alkoholische Getränke genießen konnte, brauchte man keinen Vorrat. In der heutigen, »trokkenen« Zeit hat der berühmte amerikanische Erfindergeist eine Unzahl von diskreten Verstecken ersonnen. Damen und Herren tragen den nötigen Vorrat in hohlen, höchst eleganten Spazierstöcken, zwischen Buchdeckeln, in Kokosnußschalen, in Wärmflaschen um den Hals, in Gartenschläuchen um die Hüften, Damen tragen Blechbüchsen unter den weiten Röcken oder schmale Fläschchen in den Strumpfbändern; weite Russenstiefel sind groß in Mode, und so manches Baby liegt erstaunlich hoch in seinem Kinderwagen: das Mäträtzlein ist mit vollen Flaschen unterlegt, damit das liebe Kleine schön schaukelt.

KONTERBANDE IM STRUMPFBANDGÜRTEL: Alkohol-Not macht erfinderisch

281

Auch die Zahl der Kranken ist beängstigend gestiegen, darf doch heilender Wein auf ärztliche Verschreibung erworben werden. Wirklich krank waren allerdings die, denen der »Bootlegger«, der Hauslieferant, Spiritus statt Alkohol verkauft. (»Bei Abnahme von zehn Flaschen wird ein weißer Stock, bei Abnahme einer ganzen Kiste ein Blindenhund mitgeliefert.«)

Gewiß haben es viele der Propagandisten und Autoren des Anti-Alkoholgesetzes gut mit der Menschheit gemeint, sicher ist Alkohol eine Gefahr für Körper und Geist – dennoch hat die »Prohibition« die Vereinigten Staaten in eine moralische Krise gestürzt, die aus der selbstverständlichen und allgemeinen Mißachtung eines einzigen Gesetzes herrührt. Der Damm ist gebrochen, die Exekutive ist hilflos: Man kann das Paradies auf Erden nicht verordnen.

SCHMUGGELZENTRALE IM LETZTEN STOCK: mit Maschinengewehr und Funkstation ausgestattet

Skandal in der Scala
Stardirigent Toscanini legt sich mit Faschisten an

Arturo Toscanini, 62, Italiens weltweit gefeiertes Dirigentengenie, hat die künstlerische Leitung der Mailänder Scala zurückgelegt. Weil er sich schon zu alt fühlt, meinen die einen. Weil er mit dem faschistischen Regime nicht mehr kann, mutmaßen andere. Und spielen damit auf einen spektakulären Zwischenfall an, der sich während einer Aufführung der Oper »Debora e Jael« von Ildebrando Pizetti zugetragen hat.

Eine Horde jugendlicher Schwarzhemden trampelt während der Vorstellung in den Zuschauerraum. In der Stille einer Schrecksekunde verlangen sie grölend, man möge die Faschisten-Hymne »Giovinezza« spielen. Atemlose Spannung im Auditorium. Dann Toscanini, schneidend: »Das geht nicht. Ich dirigiere eine Oper.«

Die uniformierten Rowdys bestehen auf ihrem Wunsch. Das Publikum beginnt zu schreien und zu pfeifen. Musiker blicken ratlos, Sängerinnen ringen die Hände. Kopfschüttelnd verläßt Toscanini das Dirigentenpult und stellt indigniert fest: »Was für gräßliche Manieren.« Die Vorstellung muß abgebrochen werden.

Toscanini, der unmittelbar nach dem Krieg einmal sogar für die Faschisten kandidierte, hat sich längst mit dem diktatorischen Regime überworfen. Er lebt ausschließlich seiner Kunst; als vergötterter, verehrter, verhaßter Fanatiker der Werktreue, der aus seinen Mitarbeitern das Allerletzte herauspreßt.

Eigentlich war der Schneidersohn aus Parma Cellist und wollte es auch bleiben. Bis er – knapp einundzwanzig Jahre alt – während eines Gastspiels in Brasilien als Dirigent einspringen mußte, eine ganze lange »Aida« auswendig dirigierte und sich auf Anhieb als genialer Nachschöpfer eines genialen Werkes erwies.

Der Aufstieg zum größten Dirigenten der Gegenwart begann. Von 1908 bis zum Kriegseintritt Italiens lebte Arturo Toscanini in New York, als Chefdirigent der »Met«. Von 1920 bis jetzt war er damit be-

ARTURO TOSCANINI

schäftigt, das ramponierte Image der Mailänder Scala aufzupolieren, vor allem mit Verdi und Wagner. Als Dirigent, als Regisseur, als Schöpfer des unnachahmlichen »Toscanini«-Stils.

Insider wissen, was den Maestro letzten Endes bewogen hat, die Scala-Leitung zurückzulegen: sein Drang, in Zukunft weniger Oper, dafür mehr Sinfonien zu dirigieren. Nächstes Jahr wird er sich überdies einen speziellen Herzenswunsch erfüllen: zum ersten Mal bei den Bayreuther Festspielen mitzuwirken.

Philosoph verschenkt Millionen-Vermögen

Ludwig Wittgenstein geht nach Cambridge

Sehr viele halten ihn für den größten Spinner, sehr wenige für den größten Philosophen aller Zeiten: Ludwig Wittgenstein, 40, hat sich der Diskussion um seine Person soeben entzogen und von Wien abgesetzt. Der Ex-Volksschullehrer kehrt nach Cambridge und zur Philosophie zurück.

Wittgenstein ist der Sohn eines altösterreichischen Krösus. Vater Carl besaß das Monopol auf die Erzeugung von Eisenbahnschienen und hat im Lauf eines langen Lebens unvorstellbare Reichtümer angehäuft. Daneben war er ein Mäzen von hohen

Graden, Johannes Brahms zählte zu seinen besten Freunden.

Sohn Ludwig studierte an der Technischen Hochschule in Berlin-Charlottenburg, später an der Universität Manchester und am berühmten Trinity College in Cambridge.

Die Begegnung mit dem englischen Philosophen Bertrand Russell wird bestimmend für sein Leben. Wittgenstein wendet sich der Philosophie zu. Um mit seinen Gedanken allein sein zu können, zieht er sich für zwei Jahre in die Einsamkeit Nordnorwegens zurück.

Bei Kriegsausbruch meldet er sich freiwillig, dient bei der Artillerie, zuerst als Gemeiner, später als Offizier. Aber auch im Feld läßt ihn die Philosophie nicht los: wann immer er Zeit findet, arbeitet er an seiner »Logisch-philosophischen Abhandlung«, deren Manuskript er auch bei sich führt, als er bei Kriegsende in italienische Gefangenschaft gerät.

Und jetzt schaltet sich John Maynard Keynes ein, der Wirtschaftsberater der englischen Regierung (siehe ZEIT-BILD 1923), der Wittgenstein aus seiner Zeit in Cambridge kennt. Ein Kurier überbringt das Manuskript der englischen Friedensdelega-

LUDWIG WITTGENSTEIN

Genie mit der linken Hand

Während Ludwig Wittgenstein als Wissenschaftler nur einem kleinen Kreis von Eingeweihten ein Begriff ist, kennt die Musikwelt sehr wohl den Namen seines ein Jahr älteren Bruders: Paul Wittgenstein, 41, ist Konzertpianist. Aber er hat nur eine Hand – die linke.

Boshafte Leute sagen, Richard Strauss habe die Symphonischen Etüden für Klavier, linke Hand solo und Orchester, eben auch nur mit der linken Hand komponiert. Aber die Wiener Erstaufführung dieses Werkes mit dem Titel »Panathänzug« lenkte die Aufmerksamkeit erneut auf einen Künstler, der im gesamten Musikleben nicht seinesgleichen hat: Paul Wittgenstein.

Der Fronteinsatz als Reserveoffizier endete für ihn mit einer gräßlichen Verwundung: der rechte Arm mußte ihm amputiert werden. Jeden anderen Pianisten hätte diese Katastrophe zum Berufswechsel gezwungen. Nicht so Wittgenstein, der immerhin noch Glück im Unglück hatte: seine materielle Existenz war nicht bedroht.

So konnte er sich auch als Einarmiger eine neue Karriere schaffen. Natürlich nicht mit dem bisherigen Repertoire.

Aber seine Finanzen erlauben ihm, als sein eigener Mäzen bei führenden zeitgenössischen Komponisten Orchesterwerke mit Klavierpart für die linke Hand allein in Auftrag zu geben und entsprechend großzügig zu honorieren. Was er dafür fordert, ist die virtuose Anlage dieses »halben« Klaviersatzes.

● Richard Strauss schrieb ihm bereits ein reizvolles »Parergon«, also ein Nebenwerk, nach Motiven der »Sinfonia Domestica«.

● Der österreichische Spätromantiker Franz Schmidt wählte ein Beethoven-Thema für eine Folge von Variationen und schuf eigens für Wittgenstein ein Klavierquintett.

● Aus der jungen Generation ist es Erich Wolfgang Korngold (»Die tote Stadt«), der das Programm des einhändigen Pianisten um ein Klavierkonzert bereicherte.

Paul Wittgenstein verabscheut alles Sensationsgetue um seine bewältigte Behinderung ebenso wie nachsichtiges Mitleid. Durch sein hohes Können hat er bewiesen, daß sogar ein Pianist »mit der Amputation leben« kann.

tion, und diese leitet es an Wittgenstein-Freund Bertrand Russell weiter.

Im August 1919 wird Wittgenstein aus der Gefangenschaft entlassen und geht daran, die Herausgabe seines Buches vorzubereiten. Nach längeren Querelen erscheint es, durch Vermittlung Russells, 1921 auf deutsch; 1922, unter dem lateinischen Titel »Tractatus Logico-Philosophicus«, auf englisch. Seither beschäftigt es unablässig die Denker der reinen Philosophie.

Nicht so Wittgenstein: der stets salopp gekleidete junge Mann liest auch gern Wildwestgeschichten, sieht sich im Kino Filme mit Happy-End an und unterhält sich lieber mit einfachen Leuten als mit hochnäsigen Eggheads. Und tut eine Reihe merkwürdiger Dinge.

● Er verschenkt sein Riesenvermögen an Künstler (Loos, Kokoschka, Trakl, Rilke) und an seine Geschwister (siehe dazu den Kasten »Genie mit der linken Hand«);
● verfaßt ein Wörterbuch für Elementarschulen;
● arbeitet einige Jahre als Lehrer an niederösterreichischen Volksschulen, nachdem er als Dreißigjähriger die Lehramtsprüfung abgelegt hat;
● verdingt sich in den Ferien als Gärtnergehilfe im Stift Klosterneuburg;
● entwirft und baut für seine Schwester Margarete (verehelichte Stonborough) ein supermodernes Haus in Wien 3, Kundmanngasse, das selbst Profis in Staunen versetzt.

Wittgensteins Theorien zu erklären ist in diesem Rahmen praktisch unmöglich: weil er mathematische Elemente in die Sprache einbezieht und ihr damit einen völlig neuen Sinn gibt. Dadurch wird alles in der Philosophie bisher Gedachte und Geschriebene in Frage gestellt.

Der einzige, dem Nichteingeweihten halbwegs verständliche Wittgenstein-Satz lautet: »Worüber man nicht sprechen kann, darüber muß man schweigen.«

Was die Wittgenstein-Bewunderer im sogenannten »Wiener Kreis« nicht hindert, fleißig zu diskutieren und Folgerungen aus seinen Thesen zu ziehen. Die behagen dem Meister überhaupt nicht. Es gab schon mehrfach handfesten Krach mit seinen Wiener Nach-Denkern. Jetzt geht er nach Cambridge. Dort scheint man ihn besser zu verstehen. Zumindest glaubt er das.

·

Die zehnte Muse heiratet

Alma Mahler-Gropius wird Frau Werfel

Ihr erster Schwarm war Gustav Klimt. Damals war Alma, die schöne Tochter des Malers Emil Schindler, gerade siebzehn. Die hoffnungslose Liebe zu dem um achtzehn Jahre älteren Klimt, »die von meiner Mutter grausam zerstört wurde«, wie Alma Freunden gegenüber erwähnte, legte die Sprunglatte endgültig fest. Unter einem Genie tat sie's seither nicht mehr.

FRANZ WERFEL

ALMA MAHLER-WERFEL

Nach einem Jugendflirt mit dem Komponisten Alexander von Zemlinsky wurde sie, zwanzigjährig, die Frau des um neunzehn Jahre älteren Operndirektors und Komponisten Gustav Mahler. Als die Ehe nicht so recht glücklich wurde, besuchte der Ehemann den Psychiater Sigmund Freud, um ihn um Rat und Hilfe zu bitten. Er erfuhr, vielleicht nicht zu seinem Erstaunen, daß er in allen Frauen seine leidgeprüfte Mutter, seine junge Frau Alma hingegen in allen Männern den frühverstorbenen Vater suche. Ob die Erklärung des Analytikers Mahler geholfen hat, sei dahingestellt.

Alma jedenfalls litt während dieser zehnjährigen Ehe immer wieder an dem Zwiespalt, eine junge, lebenshungrige Frau zu sein, und doch ihre Bestimmung zur »Muse« des Älteren interessanter zu finden als Gelegenheitsflirts mit jungen Schülern des Meisters. »Gustav war eigentlich ein Zölibatär und fürchtete das Weib ... seine Angst, heruntergezogen zu werden, war grenzenlos, und so mied er das Leben, also das Weibliche!« erklärte Alma einer Freundin.

Auch ihre beiden Töchter schienen die begabte Alma, die ihr nicht unbedeutendes musikalisches Talent auf dem Altar des großen Mannes geopfert hatte (ihn das aber immer wieder wissen ließ), nicht genügend zu beschäftigen. Nach dem frühen Tod Gustav Mahlers – er starb 1911, erst 51 Jahre alt – begann das eigentliche Leben der zehnten Muse, die zahllosen Künstlern ihres Bekanntenkreises als »schöpferische Hebamme« diente, selbst aber weit seltener entbrannte.

»Alma braucht nur einen begabten jungen Menschen zu sehen, und schon will sie ihm händchenhaltend zum magnum opus verhelfen«, wie eine Wiener »Freundin« spöttisch sagt.

Nach Mahlers Tod wurde der Komponist Franz Schreker ihr dienender Knappe. Dann aber kam die große, in allen Wiener Salons genüßlich beklatschte Leidenschaft zwischen Alma und dem Maler Oskar Kokoschka, deren lautstarke Kapitel von einem schadenfrohen Publikum wie ein Fortsetzungsroman genossen wurden; vor allem wenn der eifersüchtige Kokoschka bis vier Uhr früh vor Almas Fenster hin und her wanderte, um sicherzugehen, daß »nicht irgendein Kerl zu ihr kommt«.

Dazwischen entwickelten sich Tändeleien mit dem ältlichen Hans Pfitzner und – Almas Erzählungen zufolge – mit jedem begabten Mann, den die Muse in ihren Kreis zog. Allerdings besitzt man darüber nur die Aussagen der Dame, die sich Bekannten gegenüber immer wieder über ihre eigene fatale Anziehungskraft wundert.

Den großen Architekten Walter Gropius hat sie allerdings nicht nur inspiriert, sondern geheiratet, und über diese, inzwischen längst auseinandergegangene Ehe schweigt Frau Schindler-Mahler-Gropius. Aus Ach-

Oben: ALMA ALS »WINDSBRAUT«: gemalt von ihrem Ex-Freund Oskar Kokoschka. Unten: MAHLERS MUSE: Alma Werfel mit ihrem früheren Mann, Gustav Mahler

tung vor dem strengen Künstler, aus Bedauern, daß ihre Liebe zu ihm eben doch nicht dauerhaft war, aus Rücksicht auf die gemeinsame, heißgeliebte Tochter Manon – wer weiß es, wenn Frau Alma einmal nicht plaudert?

Nun also ist sie auf einigen Umwegen beim Dichter Franz Werfel gelandet, wobei »nun« vielleicht übertrieben ist, da die stadtbekannte Affäre sich schon seit zehn Jahren hinzieht. Die jetzt Fünfzigjährige wird also den um elf Jahre jüngeren Dichter ehelichen, der schon auf ein beachtliches Œuvre von Gedichten (die »Gesammelten Gedichte« erschienen vor zwei Jahren), Dramen (»Juarez und Maximilian«, »Paulus unter den Juden«) und Romanen (»Nicht der Mörder, der Ermordete ist schuldig«, »Verdi«, »Der Abituriententag«) zurückblicken kann.

Warum sie die langjährige Verbindung plötzlich legalisieren möchte, verrät Alma nicht, sondern besteht darauf, daß Werfel schon immer auf Eheschließung gedrängt hätte. Bis zuletzt hat sie ihren Freunden ihre Absicht verschwiegen, von ihrer »Freiheitssucht« gesprochen und geschworen, »wegen des Herrn Nachbarn« und seiner Meinung würde sie gewiß nicht heiraten.

Am 8. Juli hat sie dann im Gemeindeamt auf dem Semmering dem Dichter ihr Jawort gegeben, voll Sorgen, wie Freunde behaupten. Ihre Gesundheit sei nicht mehr die beste, der Zwang, des jüngeren Gefährten wegen Jugend heucheln zu müssen, laste schwer auf ihr. »Den ungeheuren Reiz des Alterns, des Sich-in-sich-selber-Zurückziehens, des Weniger-Mitspielens glaubt sie sich jetzt nicht leisten zu können«, wie ein guter Bekannter ZEIT-BILD gegenüber meinte.

In den nächsten Wochen wollen Werfel und seine Frau Palästina und Syrien bereisen. Der Dichter sucht nach einem neuen Stoff für einen Roman und hofft, ihn im Heiligen Land oder aber unter den armenischen Flüchtlingen zu finden, die von den Türken aus ihrer Heimat vertrieben worden sind (siehe ZEIT-BILD 1923). Falls die politischen Verhältnisse es erlauben, möchte Werfel seine Reise bis zum »Musa Dagh«, dem heiligen Berg der Armenier, fortsetzen.

Seine Muse Alma wird ihm, wie bisher, auf Schritt und Tritt folgen.

Bauhaus: die Idee vom neuen Wohnen

Totaler Umsturz, Handwerkerromantik oder »Kulturbolschewismus«?

WOHNEN IM GLASHAUS: Entwurf von Mies van der Rohe

Walter Gropius, 46, hat sein berühmtes »Bauhaus« verlassen – angeblich, weil er sich wieder ganz seinem eigenen Architektenbüro widmen möchte, weil er eine Berufung nach Amerika erhalten hat, vielleicht aber doch wegen tiefer Zerwürfnisse innerhalb einer Künstlergruppe, die jahrelang in tiefer Freundschaft verbunden schien.

Der Schweizer Hannes Meyer hat die Leitung des Bauhauses übernommen, und wenn diese Brutstätte neuer Architektur damit auch künstlerisch in guten Händen ist, muß man sich doch fragen, ob der prononciert linke Meyer gegen die immer stärker werdenden nationalsozialistischen Strömungen in Deutschland bestehen können wird.

Schließlich ist das Bauhaus schon einmal aus einer Stadt vertrieben worden, aus dem »musischen« Weimar, das die Erinnerung an seine teutschen Dichter durch die Umtriebe der Bauhaus-Künstler gefährdet sah.

Zu revolutionär war ja auch, was eine

Gruppe von Begeisterten da versuchte: eine Synthese aus Kunst und Handwerk, eine neue Sauberkeit der Materialwahl, ein Entwickeln neuer Formen aus neuen Baustoffen, das alles war unheimlich, mußte im verzopften Weimar als »Kulturbolschewismus« beschimpft werden, der sich an den heiligsten Werten der Nation vergriff.

Dabei hätte Hans Sachs selig am Lehrplan des Bauhauses seine helle Freude gehabt: Durch den Zusammenschluß der Weimaraner Hochschule für bildende Kunst und der Kunstgewerbeschule zum »Bauhaus« hatte der Leiter des neuen Schulkomplexes, Architekt Walter Gropius, seit 1919 versucht, die übliche Unterscheidung zwischen dem

»einfachen« Handwerker und dem angesehenen Künstler aufzuheben.

»Architekten, Bildhauer, Maler, wir alle müssen zum Handwerk zurück«, hatte Gropius in einer ersten programmatischen Erklärung verlangt. »Es gibt keinen Wesensunterschied zwischen dem Künstler und dem Handwerker. Die Gnade des Himmels läßt in seltenen Lichtmomenten, die jenseits seines Wollens stehen, unbewußte Kunst aus der Hand des Künstlers erblühen, die Grundlage des Werkmäßigen aber ist unerläßlich für jeden Künstler.«

Also mußten die jungen Bauhäusler denn auch zunächst eine fast ausschließlich materialbezogene »Vorlehre« absolvieren, dann drei Jahre handwerkliche Ausbildung nach Wahl – Weben, Metallverarbeitung, Töpferei, Möbeltischlerei, Graphik, Bühnenbildnerei oder Druckerei – durchmachen, um einen Gesellenbrief zu erhalten.

Der dritte Abschnitt, die »Baulehre«, mit der Arbeit am Bau (»Das Endziel aller bildnerischen Tätigkeit ist der Bau«, so Gropius), führt dann zum Meisterbrief der Handwerkskammer oder des Bauhauses.

Oben: WALTER GROPIUS. Unten: NEUE HEIMAT IN BERLIN: das Bauhaus, geplant von Walter Gropius

Die Integration aller handwerklichen Künste vom Beginn der Bauplanung an scheint den Neuerern das Wesentliche. Aber gerade der Kampf gegen die aufgeklebte Ornamentik, gegen sinnlosen Protz und Prunk der Fassaden und für Formen, die der industriellen Fertigung angepaßt sind, schockte die braven Weimaraner. 1925 mußte das Bauhaus ausziehen und in Dessau eine neue Heimstätte gründen. Gropius baute dafür ein Lehr- und Werkstättengebäude sowie ein Studentenwohnhaus.

Inzwischen machen viele illustre Namen den Lehrkörper des Bauhauses zu einem »Who's Who« bester Avantgardekunst. Unter Gropius' Leitung unterrichten die Künstler Mies van der Rohe, Wassily Kandinsky, Paul Klee, Lyonel Feininger, Oskar Schlemmer, László Moholy-Nagy und Marcel Breuer – allerdings nicht »Malen«, sondern Komposition, Farbtheorie, Tischlerei, Werbung und Ausstellungstechnik, Materialkunde und andere revolutionäre Lehrstoffe.

Schon die Bauhausausstellung in Weimar 1923 hatte international Aufsehen erregt

und bedeutende Impulse geliefert. Aus Dessau ist aber nun wirklich ein Mekka geworden, zu dem jeder pilgern muß, der den Muff des Historismus ablegen und das Bauen des Industrie-, Gußbeton- und Aluminiumzeitalters erlernen möchte.

Manche Neubauten sind schon entstanden, an denen sich Wollen und Durchführung der Bauhaus-Leute vergleichen lassen: Walter Gropius' Arbeitersiedlung in Dessau-Törten, eine Ansammlung von ornamentlosen Bauklötzen, sein schneckenhausartiges Arbeitsamt, ebenfalls in Dessau, mit seinen wohltuend breiten und hellen Gängen, Hannes Meyers Gewerkschaftsschule in Bernau. Sie alle zeigen, in welche kompromißlos ehrliche Richtung das Neue Bauen gehen soll und für wen es primär gedacht ist.

Gerade die Tatsache, daß das Bauhaus unter einer sozialistischen Regierung Sachsen-Weimars entstand, macht es, obwohl Leiter Gropius seinen Mitarbeitern und Schülern jede politische Betätigung innerhalb des Bauhauses ausdrücklich untersagt hat, zu einem Lieblingsziel »völkischer« Angriffe. Las man doch zur Zeit des Auszugs aus Weimar unter den kleinen Anzeigen einer Weimaraner Tageszeitung: »BRAVO, Schlossermeister Arno Müller, für die trefflichen Worte contra Bauhaus! Quousque tandem???«

Das Bauhaus hat bis heute wohl einige hundert Meister herangebildet. Walter Gropius hat in den USA einen Freund und Bewunderer gefunden: Frank Lloyd Wright, 60. In Paris bereitet Charles-Edouard Jeanneret (»Le Corbusier«), 42, den Boden der öffentlichen Meinung theoretisch auf; einige seiner neuen Städtesiedlungen sollen bald in Marseille und anderen französischen Städten den arbeitenden Bürger der neuen Industriegesellschaft glücklicher wohnen lassen.

Ein Anfang ist gemacht, eine Ausstrahlung hat begonnen, auch wenn Gropius geht, auch wenn das Bauhaus wieder, wie schon einmal, aus politischen Gründen verjagt werden sollte.

Einer der Meister des Bauhauses, Architekt Ludwig Mies van der Rohe, 43, meint, »der große Einfluß, den das Bauhaus schon jetzt in der Welt hat und noch haben wird, kommt aus der Tatsache, daß das Bauhaus eine Idee war«.

Der Dichter mit dem Opernglas

Nobelpreis für Thomas Mann – und seine »Buddenbrooks«

Was in den letzten Jahren als Mutmaßung durch die Weltpresse geisterte, ist nun eingetroffen: Thomas Mann, 54, Schriftsteller, begab sich vom Bahnhof Stockholm schnurstracks ins Grand Hotel, um dort im Festsaal den Nobelpreis für Literatur entgegenzunehmen.

Obwohl er im Lauf der Jahre eine Reihe von Prosatexten an die Öffentlichkeit gebracht hat – so etwa die Novellensammlung »Tristan«, »Königliche Hoheit«, »Der Tod in Venedig«, »Der Zauberberg« oder die »Bekenntnisse des Hochstaplers Felix Krull« –, ist es ein offenes Geheimnis, daß er die internationale Ehrung vornehmlich für sein Erstlingswerk »Die Buddenbrooks« erhält, jenem zweibändigen Familienroman aus dem Jahr 1901, in dem er die Lübecker Großbürgergesellschaft, aus der Mann selbst stammt, exakt beschreibt. Und mit dem er sich schon damals eine Reihe von Gegnern verschaffte.

Thomas Mann, der mit großer Disziplin an jedem Vormittag schreibt, bringt seine Umwelt ziemlich genau wiedererkennbar in die Literatur ein. So wie den »Buddenbrooks« sogar eine Identifikationsliste aus der Lübecker Gesellschaft folgte (die übrigens in den Buchhandlungen auflag und beachtlichen Absatz fand), so kommt praktisch niemand ins Mannsche Haus, ohne bis ins kleinste Detail beobachtet zu werden. Der Schriftsteller verfolge, kursiert Anekdotisches, sogar den Abgang seiner Gäste durchs Opernglas.

Oder er sammelte, als Gattin Katia, geborene Pringsheim aus München, in einem Lungensanatorium zu Davos daniederlag, drei Wochen lang fleißig »verwunderliche Milieueindrücke« (Mann), die er zum Entwicklungsroman »Der Zauberberg« verarbeitete: Die Darstellung einer morbiden, gebrochenen Welt, in die sich der naive Held Hans Castorp zusehends verstrickt und – abgesondert von der Flachlandwirklichkeit – in Todes- und Krankheitsnähe einen Läuterungsprozeß durchmacht.

Im »Zauberberg« läßt sich etwa auch der Schriftstellerkollege Gerhart Hauptmann in der Figur des Mijnheer Peeperkorn erkennen: Mann hatte einen gemeinsamen Hotelaufenthalt in Bozen benutzt, um Mimik und Gestik des Naturalismus-Dramatikers zu studieren. Eine Arbeitstechnik, die ihm von Bruder Heinrich den Vorwurf einbrachte: »Du hältst dich zu lange bei der Kritik der Wirklichkeit auf.«

Heinrich Mann, vier Jahre älter als Thomas, ist übrigens ein kaum weniger begabter Schriftsteller – nur bislang noch nicht nobiliert. Heinrich Mann ist ein eminent politischer Kopf, der vor allem durch seine scharfe Kritik am Wilhelminischen Deutschland berühmt – und verhaßt – wurde (»Professor Unrat«, »Der Untertan«).

Der Vollständigkeit halber sei auch noch ein dritter Mann erwähnt, der eben beginnt, sich die ersten schriftstellerischen Sporen zu verdienen: Klaus Mann, 23, Sohn von Thomas.

Während die Fachwelt Klaus Manns Entwicklung mit Aufmerksamkeit verfolgt, steht sein Vater oft im Kreuzfeuer der Kritik von Berufskollegen. Er produziere »Breitbürgerliches«, so Stefan Zweig, »das die deutsche Kunst zu verfilzen droht«.

Umgekehrt kann sich der Dichter eines stetig wachsenden Fan-Kreises rühmen, zu dem übrigens auch Franz Kafka zählte.

Die Liste der Ehrungen, die Thomas Mann zuteil wurden, ist beachtlich. So wurde er 1919 Ehrendoktor der philosophischen Fakultät in Bonn. Vor drei Jahren berief ihn der preußische Kultusminister Carl Heinrich Becker als eines der ersten Mitglieder in die neu gegründete Sektion »Dichtkunst der Preußischen Akademie der Künste«; die Vaterstadt Lübeck, vor einem Vierteljahrhundert noch stocksauer auf ihren Sohn, verlieh den Professortitel.

THOMAS MANN mit Ehefrau Katia

Kriegstrauma einer ganzen Generation

Überall brutale Verwüstung, Zerstörung und Tod: bei den plötzlichen Gasangriffen, beim Stellungskrieg, beim nächtlichen Streifzug durch zerschossene Wälder. Das einzig Positive zwischen »Trommelfeuer und Verzweiflung« ist die scheinbare Kameradschaft unter den Männern. Paul Bäumer ist einer von ihnen, ein kleiner Soldat, der anfangs begeistert mit seinen Klassenkameraden aufs Schlachtfeld zieht. Er ist zugleich zentrale Figur in dem soeben erschienenen Roman »Im Westen nichts Neues« von Erich Maria Remarque, 31.

Frontsoldat Bäumer berichtet im Report-Chargon, unreflektiert und mit dem Unterton bitterer Resignation, aus seinem Leben: von seiner Ausbildung und den Schikanen, die er in der Kaserne erträgt; vom Brutalo-Drill des Unteroffiziers Stoß, einem verrohten Uniform-Tyrannen, und immer wieder vom Krieg, dem er zum Opfer wird.

Denn am Ende des Ich-Romans steht der kurze Vermerk, daß Bäumer im Oktober 1918 als letzter seiner Schulkameraden fällt. Wobei sich der Heeresbericht an diesem Tag nur auf den einen Satz beschränkt: Im Westen sei nichts Neues zu vermelden.

Obwohl Autor Remarque im Vorwort betont, der Roman solle lediglich »über eine Generation berichten, die vom Krieg zerstört wurde – auch wenn sie den Granaten entkam«, so ist der Kriegsbericht aus der Sicht eines einfachen Soldaten natürlich eine Anklage gegen den Krieg und gegen jene Eltern und Lehrer, die ihre Kinder durch brennende Reden und falsche (Helden-)Ideale aufs Schlachtfeld (ver)führen. Der aus Osnabrück gebürtige Remarque (eigentlich Kramer), ursprünglich Lehrer, dann Sportjournalist, hat sich mit dem Buch offensichtlich das eigene und das Kriegs-

Totentanz einer großen Stadt
Alfred Döblins »Berlin-Alexanderplatz«

Vormals war er Transportarbeiter gewesen. Nach seiner Zuchthauszeit beschloß er, anständig zu bleiben, und versuchte sein Glück als Kolporteur. Der kleine Mann, gutwillig, aber schwach, heißt Franz Biberkopf und ist der Antiheld des schriftstellernden Berliner Armenarztes Alfred Döblin, 51, der jetzt mit einem dicken Großstadtroman an die Öffentlichkeit tritt: »Berlin Alexanderplatz«.

ERICH MARIA REMARQUE

Das bedeutet: Häusergewirr und Lichtreklamen, Menschenmassen und Geschrei der Zeitungsverkäufer, schummrige Unterweltskneipen, heiße Jazzrhythmen und coole Zuhälter.

Das ist auch die Szene, in die Franz Biberkopf gerät. Obwohl er wirklich »ehrlich bleiben« will, schlittert er zwischen Bierschwemmen und dunklen Straßen zusehends ins Verbrechermilieu. Er begreift es erst, als Freund Reinhold seine Geliebte erwürgt, aber Biberkopf der Tat verdächtigt, verhaftet wird und im Irrenhaus landet.

Franz Biberkopf ist nur eine kümmerliche Kreatur, herausgegriffen aus der Menschenmasse. Ein Mitläufer, welcher der Faszination der Stärke erliegt, die ihn zum willenlosen Werkzeug von Verbrechen und zum Opfer macht.

Was Armenarzt Döblin darüber hinaus mit seiner Stadtbeschreibung erreicht, ist expressionistische Vielstimmigkeit: den ständigen Wechsel der Schauplätze streicht er mit verschiedenen sprachlichen Mitteln heraus. Der morbide Tenor bleibt: Hektik und Untergangsstimmung einer Stadt, deren Menschen sich in einer Art Totentanz aufs Ende vorbereiten.

trauma einer ganzen Generation von der Seele geschrieben.

Sein Kriegstrauma schreibend zu bewältigen, hat auch Ernest Hemingway, der junge Amerikaner in Paris, versucht (siehe ZEIT-BILD 1925). Der dreißigjährige Arztsohn aus Illinois, der in seiner Jugend seinen Vater so gern zu Jagd und Fischfang begleitete, war Reporter beim *Kansas City Star* und ging 1918 als Ambulanzfahrer an die italienische Kriegsfront, wo er eine schwere Verwundung davontrug. In seinem eben erschienenen Roman »A Farewell to Arms« versucht er mit seinen Erfahrungen während des Kriegs fertig zu werden. »A Farewell to Arms« ist die Geschichte des jungen amerikanischen Leutnants Frederic Henry, der an der österreichisch-italienischen Front schwer verwundet wird und im Lazarett Catherine Barkley, eine englische Krankenschwester, kennenlernt. An die Front zurückgekehrt, gerät er in den italienischen Rückzug und fühlt sich moralisch berechtigt zu desertieren. Er flüchtet mit Catherine, die schwanger ist, in die Schweiz, wo die Geliebte den Tod findet.

Hemingways Roman hat sofort nach Erscheinen großes Aufsehen erregt und entwickelt sich ganz offensichtlich zu einem Kultbuch der »verlorenen Generation«. Die deutsche Übersetzung ist in Vorbereitung. Geplanter Titel: »In einem anderen Land.«

Traum- und Todesschatten
Jean Cocteau schrieb Roman in drei Wochen

Bühnenautor Jean Cocteau (siehe ZEIT-BILD 1927) hat sich neuerdings aufs Romanschreiben verlegt. Der extravagante Franzose produzierte innerhalb von drei Wochen Druckreifes: »Les enfants terribles« (Die schrecklichen Kinder), die Geschichte eines Geschwisterpaares, Paul und Elisabeth. Die beiden schaffen sich ein Traumreich in ihrem Zimmer, voller Rituale und geheimnisvoller Zauber, und entgleiten zusehends der Wirklichkeit. Ihre Welt gleicht jener der Droge und des Unterbewußtseins, und das Spiel, in das sie zwei Freunde hineinziehen, endet für die Geschwister tödlich. Selbst als Paul auf dem Sterbebett liegt, kann Elisabeth von ihm nicht lassen und erschießt sich. Dem Roman voller Traum- und Todesschatten bescheinigen Kritiker jetzt schon großen Erfolg.

23 Jahre lang »Forsyte«-Saga

Neue Folge von Galsworthys Familiengeschichte

Die Dichter der Gegenwart berauschen sich am Verfall der großen Bürgerfamilien des neunzehnten Jahrhunderts. Eben hat Thomas Mann den Nobelpreis für seine »Buddenbrooks« erhalten, die im Jahr 1901 den Reigen der untergehenden Familien eröffneten; vor kurzem hat der Franzose Roger Martin du Gard, 48, mit dem »Tod des Vaters« den sechsten Band seiner monumentalen »Thibaults« abgeschlossen; und unverwüstlich verblühen die Forsytes, deren Autor, der nun zweiundsechzigjährige John Galsworthy, sich offensichtlich nicht von der Familie trennen kann, deren Schicksal er nun schon seit 1906 beschreibt.

Zum Glück gibt man uns zur soeben auf deutsch erschienenen letzten Trilogie, der »Modernen Komödie«, einen ausführlichen Stammbaum mit, der vom Stammvater Jolyon (geb. 1741 in Dencombe, Dorset, gest. 1812) über den Baumeister Jolyon zum »alten Jolyon« führt; über ihn kommen wir endlich zum »jungen Jolyon«, der, wenn wir uns noch recht entsinnen, bändelang in Liebe zur Frau seines Vetters Soames entbrannt war.

Geduld – nun trennt uns nur noch eine Generation von den Protagonisten des vorliegenden Bandes: Jolyon der Fünfte, Sohn des vierten Jolyon und der schönen Irene, die eigentlich Soames' Frau war, seine Cousine Fleur, Tochter des verlassenen Soames, und zahlreiche andere Forsyte-Vettern haben den Krieg überstanden und versuchen, ihrem ältlichen Autor und seinen Lesern die neue Generation näherzubringen.

Es ist wieder eine schöne und rührende Geschichte geworden. Da Galsworthy seine jungen Leute aber bis ins Jahr 1926 verfolgt, bleibt dem Leser wenig Hoffnung, auch noch die Geschicke ihrer Kinder zu erfahren.

Sensationserfolg für Vicki Baum

»Menschen im Hotel«: Spitzenreiter des Jahres

Eine Wienerin schrieb in Berlin einen Roman, der zum Spitzenreiter des Jahres wurde. Autorin und Verlag freuen sich dieses Sensationserfolgs, und zu all dem »schreit« »Menschen im Hotel« nach einer Verfilmung.

VICKI BAUM

Ähnlich wie die großen Expreßzüge, in denen man nie weiß, ob im Nebenabteil ein Nabob oder ein Hochstapler sitzt, wird das Luxushotel zum Kreuzungspunkt von Schicksalen: Geldmagnaten und Schwindler, Prominenz, raffiniert getarnte Halbwelt und gescheiterte Existenzen wohnen für einige Tage Tür an Tür. Schon das Milieu einer eleganten Halle mit breiter Treppe, Mahagonitäfelung, Spiegeln und Palmen ist der ideale Schauplatz stetig wechselnder Auftritte und Abgänge, wo jeder Moment Überraschendes bringen kann.

Vicki Baum, 41, verstand, worauf es ankam: auf die richtige Mischung aus Spannung, Sentiment und Atmosphäre. Mit »Menschen im Hotel« gelang der Wahlberlinerin, die vor einigen Jahren den aktuellen Stoff der Polit-Morde an Walter Rathenau und Matthias Erzberger fiktiv aufbereitete, der sensationelle Durchbruch.

Die Autorin, ursprünglich Harfenistin in Darmstadt, dann Lektorin im Berliner Verlagsimperium Ullstein, nennt ihr Buch einen »Kolportageroman mit Hintergründen«, um durch solche Selbsteinstufung zu zeigen, daß sie weiß: sie produziert keine Literatur, aber griffige, effektvolle Lektüre – für ungezählte Menschen, welche die mondäne Welt der Globetrotter nur aus Wunschträumen kennen.

Die Leser begreifen, was den armen, immer benachteiligten und todkranken Provinz-Buchhalter Kringelein bewegt, der alle Ersparnisse dranwendet, um seine letzten Lebenswochen im Luxushotel zu verbringen. Ebenso ist einer gefeierten, aber unglücklichen russischen Primaballerina und dem österreichischen Baron und Gentleman-Dieb das Mitgefühl der Leser sicher. Wogegen ein skrupelloser Generaldirektor nur Abscheu erregt: jeder gönnt ihm die Handschellen als logisches Requisit des letzten Kapitels.

Der Roman erschien als Serienabdruck in der *Berliner Illustrirten* und als Ullstein-Taschenbuch. Gerade zur rechten Zeit. Denn da der Film jetzt die Dimension des Tons und des Dialogs dazugewonnen hat, werden die Menschen im Hotel gewiß bald auch auf der Leinwand Glanz und Melodramatik verbreiten.

Neuer Detektiv aus Paris

Georges Simenon stellt seinen »Kommissar Maigret« vor

ERICH KÄSTNER

Er ist ein alltäglich und durchaus bürgerlich wirkender Mann gesetzten Alters in Trenchcoat und verwittertem Hut; die bei einem Franzosen eher seltene Pfeife hat er stets im Mund; er ist häufiger Gast in bescheidenen Kneipen, liebt Weißwein und Calvados; der still beobachtende Spaziergänger in heruntergekommenen Stadtvierteln ist Gesprächspartner der kleinen Leute, Kleinbürger wie sie: das ist Kommissar Maigret, Beamter der Pariser Sûreté; bemerkenswerter Neuankömmling in der langen Reihe markanter Detektive der bisher von den Engländern dominierten Gattung des Kriminalromans.

Kein Supergehirn, keinerlei Extravaganzen. »Maigret ist nicht unfehlbar, er ist weder jung noch verführerisch«, betont der Pariser Verleger »Père« Fayard. Zugleich mit dem Romanhelden stellt er auch den jungen Autor vor, der ihm eines Tages gleich mehrere Manuskripte auf den Tisch stapelte. Georges Simenon, 26, gebürtiger Belgier, sechzehnjährig bereits Journalist im heimatlichen Lüttich, dann Sekretär eines die Weltkriegs-Glorie pflegenden schwerreichen Grafen. Schließlich Bohèmien in Paris, Akkordschreiber für Kolportage.

Der junge Simenon soll ein beachtliches Schreibphänomen sein: unter übermenschlichen Qualen ringt er sich täglich bis zu 80 Seiten ab, wobei er sich mitunter sogar übergeben muß. Dennoch kann der wie unter Zwang stehende Autor nicht mit dem Schreiben aufhören. Seine bislang 250 Romane und 1.000 Kurzgeschichen, die vorwiegend in Groschenheften feilgeboten werden, hat er unter nicht weniger als 17 Pseudonymen verfaßt. Monsieur Simenon ist heute bereits ein wohlhabender Mann.

Madame Colette, die prominente Schriftstellerin, die ihn voll mütterlicher Zärtlichkeit »Mein kleiner Sim« nannte, nahm sich seiner mit praktischen Ratschlägen an.

Der Pfeifenraucher und Calvadostrinker Simenon tippte auf einem Hausboot, mit dem er die Binnengewässer Frankreichs, Belgiens und Hollands befuhr, seine ersten umfangreicheren, anspruchsvolleren Texte. »Nicht mehr für eine billige Reihe gedacht, sondern für eine ›halbliterarische‹, wie ich das nennen möchte.«

Die Bände »Pietre, le Letton« (Maigret und Pietr der Letzte), »Les demoiselles de Concarneau« (Die Mädchen von Concarneau) und »Le pendu de Saint-Pholien« (Maigret und der Gehenkte) werden im nächsten Jahr erscheinen. In den Vorankündigungen verheißt der Verlag Spannung, überraschende psychologische und kausale Verflechtungen und plastisches Pariser Kolorit. Kommissar Maigret kann also vor den Lesern die Spurensicherung beginnen und wird, wenn es nach dem spontan produzierenden Autor geht, auf seine unsensationelle Art noch viele rätselhafte Mordfälle aufklären.

»Nicht in die Knie gehen . . .«

Journalist schrieb Kinderbuch-Bestseller

»Der echte Kleist-Preis wäre mir lieber gewesen«, gibt sich Dr. Erich Kästner, 29, enttäuscht; bei ihm hat es in diesem Jahr nur zu einer »ehrenden Erwähnung« gereicht. Dennoch bedeutet es eine große Auszeichnung, wenn ein Autor am Rand des begehrtesten deutschen Literaturpreises beim Namen genannt wird. Ein Autor noch dazu, der den großen Durchbruch mit einem Kinderbuch geschafft hat: »Emil und die Detektive«.

Der quicke Sachse mit den lustigen Augen hat sich bislang in Berlin – »der einzige Boden, wo was los ist« – recht und schlecht durchgeschlagen. Der gelernte Theaterwissenschaftler arbeitete als Journalist, schrieb Kritiken, Essays für Deutschlands führende Blätter. Hier ein Hörspiel, da einen Sketch. Regelmäßig kleine, schnoddrig-sachliche Gedichte voll verstecktem Gefühl.

Täglich saß Dr. Kästner an seinem Stammplatz im Café Carlton, schrieb Stunde um Stunde. Die finanzielle Ausbeute war eher mager. Genau: Dr. Kästner hatte eine Menge Schulden.

Das ist nun mit einem Schlag anders geworden. »Emil und die Detektive« wurde über Nacht zum Hit. Vielleicht, weil es ganz anders ist als andere Kinderbücher, bei denen »die Schreiber immer in die Knie gehen, um sich verständlich zu machen« (Kästner).

Die Geschichte von dem kleinen Jungen, der mit seinen Freunden auszieht, einen Dieb zu fangen, ist spannend, lustig und zutiefst moralisch. Die Kinder sind hingerissen, die Erwachsenen auch. Es regnet Angebote: für neue Bücher, für Hörspiele, für Filme.

Dr. Kästner ist hochbefriedigt, wenn er auch ein bißchen jammert: »So viele Anrufe und Besuche, bald brauche ich einen Privatsekretär!«

Am stolzesten wird wohl seine Mutter sein, Ida Kästner: mit ihrer Hände Arbeit hat die Friseuse dem einzigen Sohn Schule und Studium ermöglicht. Er hat es ihr gedankt, indem er niemals auch nur einen Hauch schlechter war als brillant . . .

Bücherspiegel

André Gide:
Die Schule der Frauen, Erzählung
Eine Frau erzählt in Tagebuchform die Geschichte ihrer Ehe. Sie erkennt ihren nach außen katholischen, edlen, rechtlich denkenden, idealistisch gesinnten Mann als habgierigen Heuchler und wird zu seiner Widersacherin. Eigentlich eine Polemik gegen den angepaßten Katholizismus.

Mirko Jelusich: Caesar, Roman
Der bisher mit Balladen und Dramen hervorgetretene Autor scheint mit diesem dramatisch gestalteten biographischen Roman die ihm gemäße Gattung gefunden zu haben.

Axel Munthe:
Das Buch von San Michele, Roman
In diesem romanhaften Memoirenwerk schildert der schwedische Arzt sein Leben. Der in Paris als Modearzt Erfolgreiche kann sich den Wanderjahre, die ihn auch ins Choleragebiet von Neapel und ins vom Erdbeben zerstörte Messina führen, seinen langgehegten Traum erfüllen, auf der Insel Capri seßhaft zu werden, wo er das einstige Kloster San Michele erwirbt.

Theodor Plivier:
Des Kaisers Kuli, Roman
Plivier, der im Krieg als Matrose diente, nennt sein Buch den »Roman der deutschen Kriegsflotte«. Er beschreibt den Seekrieg aus der Sicht der »Kulis«, der einfachen Matrosen, und findet zu einem neuartigen sachlichen Erzählstil auf dem Gebiet des politisch-historischen Tatsachenromans. Ohne kontinuierlichen Handlungsablauf werden authentische Ereignisse des Seekrieges fast reportagehaft geschildert.

Thomas Wolfe:
Schau heimwärts, Engel. Eine Geschichte vom begrabenen Leben, Roman
Dieser Erstlingsroman erzählt am Schicksal des Helden Eugene Gant das Leben des Autors von seiner Geburt in Asheville/Carolina bis zum Abschluß seiner Studien an der Universität von Chapel Hill. Gant muß aus Isolation und Illusion finden, um zum Künstler zu werden. Ein vielschichtiges Werk. Das *Times Literary Supplement* bezeichnet Thomas Wolfe als »großes Talent«.

Stefan Zweig: Joseph Fouché, Roman
Daß die Geschichte »die größte Dichterin und Darstellerin aller Zeiten ist«, wie Zweig sagt, hat ihn wohl nicht nur zur Abfassung seiner »Sternstunden«, sondern auch dieser kulturhistorisch bedeutsamen Biographie veranlaßt.

Franz Werfel:
Barbara oder die Frömmigkeit, Roman
Ein Schlüsselroman des in Wien lebenden Prager Autors. Zentrales Thema ist die Beziehung zwischen einem jungen Mann, dem späteren Schiffsarzt Ferdinand R., und seiner Wahlmutter, der Magd Barbara. Umfeld: das Wien der Nachkriegszeit.

Sinclair Lewis: Sam Dodsworth, Roman
Ein neuer Roman des durch »Main Street« (Die Hauptstraße) bekannt gewordenen amerikanischen sozialkritischen Autors, der vor drei Jahren den Pulitzerpreis für seinen Roman »Dr. med. Arrowsmith« – eine Kritik am Medizinwesen der USA – abgelehnt hat. »Sam Dodsworth« ist die Geschichte der Europareise eines amerikanischen Millionärs, die mit der Scheidung von seiner oberflächlichen Frau endet.

Kurt Tucholsky:
Deutschland, Deutschland über alles
Der auch unter den Pseudonymen Peter Panter, Theobald Tiger und Kaspar Hauser schreibende Autor kultur- und zeitkritischer Glossen, dessen bevorzugtes Forum die *Weltbühne*, das Kampfblatt der deutschen Linksintellektuellen ist, legt hier einen neuen Band vor. Tucholsky gilt als einer der schärfsten publizistischen Gegner der Nationalsozialisten.

Ideale Helden und erhabene Streiter

»Science Fiction« und Tarzan in neuen Zeichen-Serien

Seit Anfang dieses Jahres sind die amerikanischen »Comics«, die (bisher lustigen) Bilderstreifen in amerikanischen Zeitungen oder Groschenheftchen, nicht mehr oder nur noch in Ausnahmefällen komisch.

Genau am 7. Januar nämlich haben, voneinander unabhängig, zwei Verleger zwei neue Heftreihen herausgebracht, deren Helden »Buck Rogers« und »Tarzan« heißen. Die geben sich nicht mehr mit Slapstick-Späßen und Bubenstreichen ab. Sie sind Männer ohne Furcht und Tadel, heroische Kraftprotze und unsterbliche Übermenschen, die gar schaurige Abenteuer erleben müssen.
Supermann Buck Rogers ist Leutnant der amerikanischen Luftwaffe, der abstürzt und sich in ein stillgelegtes Kohlenbergwerk flüchtet. Dortselbst, von giftigen Gasen betäubt, verliert er das Bewußtsein und wird erst 2419 nach Christus von einer edlen Dame namens Wilma Deering wiedererweckt; in einem Amerika, das inzwischen von grausamen, gelben und schlitzäugigen Eroberern drangsaliert wird.
Die hat Rogers nun in endlos wiederkehrenden Folgen zu bekämpfen – natürlich siegreich. Wobei ihm die schöne Wilma und ein genialer Wissenschaftler selbstlos zur Seite stehen.
Rogers-Herausgeber Hugo Gernsback gab

HELDEN AUS DEM ALL: ein neues Lesevergnügen

Leute von heute auf der Bühne

Ein neues Talent: Ödön von Horváth

Es war zwar nur eine Vormittagsveranstaltung im Berliner Lessingtheater, aber Deutschlands Nummer eins unter den Theaterkritikern, Alfred Kerr, wurde gleich hellhörig: »Propagandastück«, fragte er, »mit Kunst? Manchmal zwischendurch Spuren eines Dichters.«

Der Beinahedichter, der in Berlin geteiltes Interesse fand, heißt Ödön von Horváth, 28, stammt aus einer österreichisch-ungarischen Beamtenfamilie, gilt als Aristo-Kommunist und hat sich an ein heißes Eisen gewagt: in seinem Politstück »Sladek, der schwarze Reichswehrmann« deckt Horváth, Mitglied der Liga für Menschenrechte, die Machenschaften der »Schwarzen Reichswehr« auf. (Einzelheiten über die »Schwarze Reichswehr« siehe ZEIT-BILD 1923).

Konkret handelt die Geschichte von einem entwurzelten Typ, der zum Mitläufer wird, einen Mord begeht, ohne selbst der Mörder zu sein: Er verrät seine ältliche Geliebte Anna, die unter dem Verdacht steht, über Methoden der »Schwarzen Reichswehr« geplaudert zu haben. Sie wird liquidiert.

Was Horváth hier betreibt, ist Politpropaganda vor einem realen Hintergrund, den Major Ernst Buchrucker 1923 in einem Rechenschaftsbericht selbst preisgegeben hatte: »Um Verrat zu verhindern«, schrieb er, »töteten die Freiwilligen eine Anzahl von Leuten außerhalb der Kämpfe, ohne jegliches Gerichtsverfahren; . . . denn die vorgesetzten Behörden hatten kein Mittel, um die Verräter unschädlich zu machen . . . Man übte also Selbstjustiz, die man grundsätzlich vor den eigenen Vorgesetzten geheimhielt.« Buchrucker ist Horváth übri-

dieser (jetzt auch gezeichneten) neuen Abenteuer-»Literatur« einen originellen Namen. Er nennt sie »Science Fiction«, Wissenschaftsdichtung – vor allem wegen einer – vielleicht zukünftigen – Waffentechnik, die Rogers gegen die häßlichen fremden Teufel einsetzt: Raumschiffe, Raumraketen, Todesstrahlen.

Wobei Gernsback seine Zukunftsvisionen mit einem knalligen Motto versieht: »Heute noch Phantasie, morgen schon harte Tatsachen!«

Rogers-Konkurrent Tarzan, in Afrikas Urwald verschlagen, hat solche Bewaffnung nicht zur Hand. Er muß sich (schon der Keuschheit wegen) mit einem Lendenschurz begnügen, an Lianen von Baum zu Baum schwingen und unter wilden Tieren Hilfstruppen suchen.

Den Rest schafft seine Muskelkraft. Er beschützt brave und bestraft böse Negerstämme – mit Weißen verfährt er ebenso. Er stiftet Frieden, verbreitet Gerechtigkeit und soll mit Vorliebe Jungfrauen retten –

ein Spätling vom Stamm der fahrenden Ritter aus König Artus' Tafelrunde.

Weshalb ihn ein begeisterter Kritiker als »den idealen Helden« und als »erhabenen Streiter« bezeichnet – als »eine große lebende Gestalt der Ahnenwelt, den modernen Moses, Solon, Salomon, Samson und Franz von Assisi«.

Die beiden Figuren sind übrigens schon vorher erschienen, aber nicht als Bildstreifen, sondern in Buchstabenzeilen: Rogers im August 1928 in der Groschenheftserie »Amazing Stories« (Erstaunliche Geschichten), wo er mit Vornamen freilich nicht Buck, sondern Anthony hieß, und Tarzan noch früher, 1914, in der Geschichte »Tarzan bei den Affen, eine Dschungelromanze« von Edgar Rice Burroughs.

Die beiden neuen Strips haben ungeheuer eingeschlagen. Sie dürften die bisher so beliebten »Comics«, deren Themen Familienkomödien und Lausbubenstücke à la Wilhelm Busch waren, von den Zeitungsseiten und vom Buchmarkt verdrängen.

gens -Modell gestanden für einen wahnwitzigen rechtsradikalen Hauptmann im »Sladek«.

Obwohl die Berliner Matineevorstellung gleichermaßen oberflächlich inszeniert wie dargestellt worden ist, läßt Horváth alle Anlagen für einen vielversprechenden, eigenwilligen Bühnendramatiker erkennen.

Er hat immerhin von Jugend an sein Sprachgefühl trainieren können. In frühen Kindertagen lernte der Sohn eines Diplomaten die mehrsprachige Vielfalt der Donaumonarchie kennen.

Geboren in Susak bei Fiume (heute Rijeka), verschlägt es ihn mit den Eltern schließlich nach München.

Da er ein Kind der Nachkriegsgeneration ist und sich als solches auch fühlt, kommentiert Horváth mit dem Zynismus des zutiefst Verletzlichen: »Wir waren verroht, fühlten weder Mitleid noch Ehrfurcht. Wir

ÖDÖN VON HORVÁTH

ZEITGESCHICHTE AUF DER BÜHNE: Berliner Uraufführung des Polit-Stückes »Sladek, der schwarze Reichswehrmann« von Ödön von Horváth

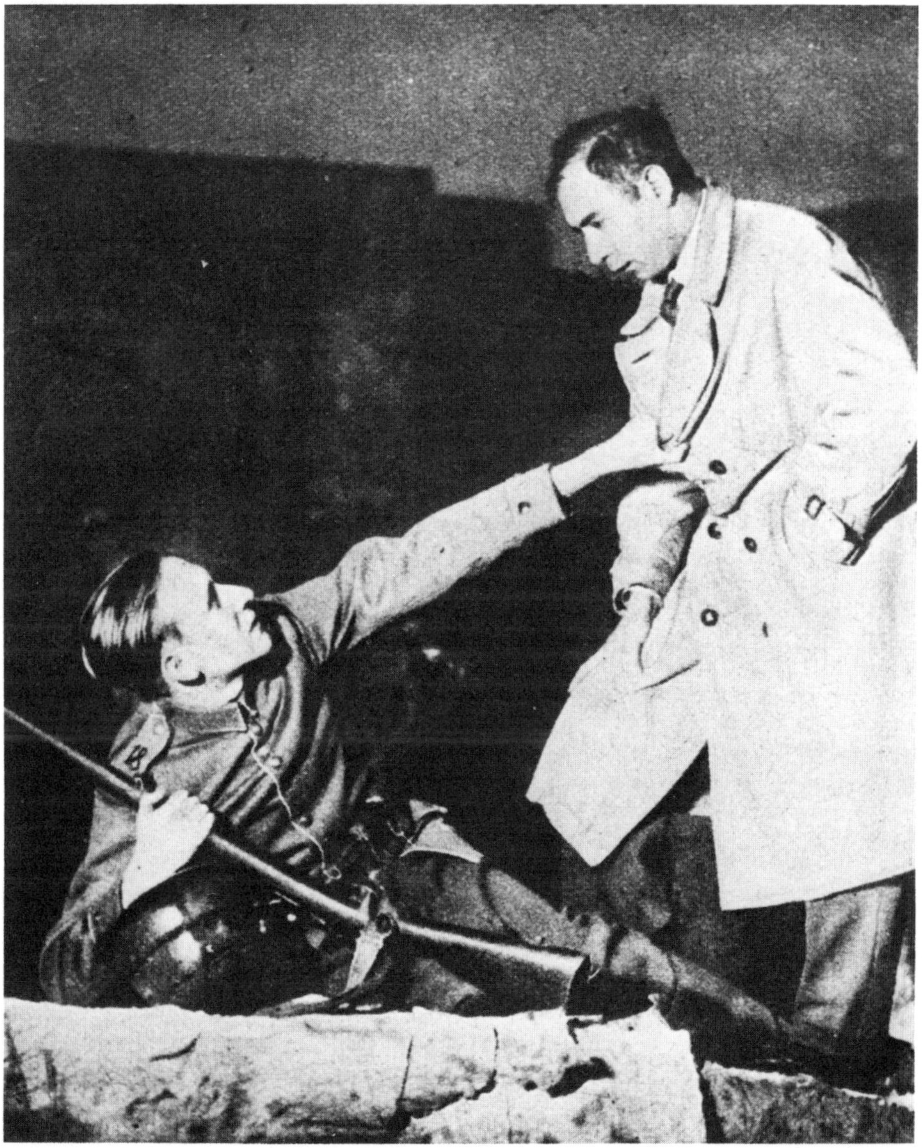

hatten weder Sinn für Museen noch für die Unsterblichkeit der Seele – und als die Erwachsenen zusammenbrachen, blieben wir unversehrt. In uns ist nichts zusammengebrochen, denn wir hatten nichts.«

Zu einer Zeit, da sich der von Horváth bewunderte Bertolt Brecht in München erste Bühnensporen verdient, bringt es der Österreicher gerade zu einer szenischen Matinee seines »Buchs der Tänze« in Wiesbaden. Dann wandert er nach Berlin weiter.

Hier, wissen Horváth-Freunde, beschäftigte er sich vornehmlich damit, bei Tag Gesehenes und Erlebtes oder Gelesenes abends in szenische Dialoge zu verarbeiten. So fand etwa das Unglück, das kurz vor der Einweihung der Zugspitzbahn (1926) mehrere Tote forderte, auch in seiner Schreibe statt. Horváth bastelte sein erstes Volksstück aus den Vorfällen und nannte es »Die Bergbahn«.

»Das Stück«, erklärt er, »hat zum Inhalt den Kampf zwischen Kapital und Arbeitskraft, mit besonderer Berücksichtigung der sogenannten Intelligenz im Produktionsprozeß.« Und stellt weiter fest, er wolle immer nur »heutige Menschen aus dem Volke auf die Bühne bringen – also Kleinbürger und Proletarier«.

Dichter, Nachschöpfer und genialer Librettist

Tragisch endete das Leben des großen Allroundgenies aus Wien, Hugo von Hofmannsthal: er brach am 15. Juli plötzlich tot zusammen – auf dem Weg zum Begräbnis seines Sohnes Franz, der durch Selbstmord aus dem Leben geschieden ist. Diesem Schmerz war das Herz des sensiblen Fünfundfünfzigjährigen nicht gewachsen.

MEISTER DES KAMMERSPIELS: Hofmannsthals »Der Schwierige« in der Inszenierung von Max Reinhardt am Wiener »Theater in der Josefstadt« (mit Gustav Waldau und Helene Thimig)

HUGO VON HOFMANNSTHAL

Hofmannsthals letztes großes Œuvre war eine kongeniale Nachdichtung von Calderons Trauerspiel »Der Turm«. Mit Calderon verband den österreichischen Dichter und Symbolismusverfechter viel: Nicht nur, daß er sein Lustspiel »Dame Kobold« ziemlich frei übersetzte. Er hat vom gottgläubigen barocken Spanier auch alle wichtigen Metaphern für das Mysterienspiel »Das Salzburger Große Welttheater« übernommen, dem zufolge die Welt nichts anderes ist als ein aufwendiges Schaugericht. Die Menschen spielen darin die von Gott zugeteilten Rollen.

Als besonderer Glücksfall unter den Nachdichtungen galt für den Lustspieldichter (»Der Schwierige«, »Der Unbestechliche«) das Spiel vom Sterben eines reichen Mannes. »Jedermann«, ein ehemals altenglisches allegorisches Stück, das inzwischen fester Bestandteil der Salzburger Festspiele geworden ist: Massenspektakelregisseur Max Reinhardt hat es optimal für den Salzburger Domplatz aufbereitet.

Anerkennung fand Hofmannsthal auch durch seine Zusammenarbeit mit dem Komponisten Richard Strauss: Er war der Librettist der »Elektra«, der »Frau ohne Schatten«, des »Rosenkavalier«, der »Ariadne auf Naxos«, der »Ägyptischen Helena«. Noch knapp vor seinem Tod brachte er das Libretto zur Strauss-Oper »Arabella« heraus.

Plötzlich kennt ihn keiner mehr

Franz Molnár schrieb neue Gesellschaftssatire

Er hat sich wieder einen bissigen Spaß erlaubt: Der ungarische Lustspielautor Ferenc (Franz) Molnár, 51, veräppelt die Society diesmal mit einer lockeren Gesellschaftssatire zum Thema Geld und Geier. »Souper« heißt die Boulevardkomödie, die soeben in deutscher Sprache erschienen ist.

SPIEL IM SCHLOSS: der Dichter Franz Molnár (dritter von rechts) mit dem Ensemble des Wiener Akademietheaters

Die Story handelt von einem Bankdirektor, der immer eine Riege von Schmeichlern um sich versammelt hat. Als er plötzlich verhaftet wird, will ihn keiner mehr gekannt haben. Aber nachdem sich die Verhaftung als übler Scherz herausgestellt hat, sind die Schmarotzer wieder da.

Molnár, der als ungarischer Exportdramatiker gilt und als einer, der in seine sogenannte leichte Bühnenware sehr wohl soziale Gedanken und Gesellschaftskritik verpackt, läßt seine Bühnenstücke entweder in Salons oder Vorstadtbereichen spielen. Neben seinen beliebten Komödien wie »Spiel im Schloß«, »Der Schwan« und »Olympia« schrieb der Arztsohn, der in Wien, Prag und Genf Jura studierte und als Kriegsberichterstatter tätig war, ein Stück Welttheater: »Liliom« ist die tragikomische Geschichte eines kleinen Vorstadtganoven, der in der bürgerlichen Welt Fuß fassen will. Aber er scheitert und endet im Fegefeuer, weil er selbst im Himmel nicht einsichtig sein will.

Diese Mischung aus Volksnähe, Realismus und Irrationalität mit einer Traumrolle für einen großen Volksschauspieler ist, seit das Stück 1922 zum ersten Mal in Alfred Polgars kongenialer Übersetzung aufgeführt wurde, noch immer ein Dauerbrenner auf den deutschsprachigen Bühnen.

Durchbruch für Bruckner

Ferdinand Bruckner (eigentlich Theodor Tagger), 38, mit Wohnsitz Berlin, wo er Direktor des Renaissance-Theaters ist, kann sich freuen: Im April dieses Jahres konnte er mit seinem sozialkritisch-systemanalytischen Theaterstück »Krankheit der Jugend« seinen Durchbruch als Autor feiern. Jetzt hat sich der deutsche Prominentregisseur Heinz Hilpert des Brucknerschen Nachfolgestückes angenommen: »Die Verbrecher«, eine Auseinandersetzung mit Paragraphen, Justiz und Gerechtigkeit, kommen am Berliner »Deutschen Theater« demnächst zur Uraufführung.

DER SCHIEBER UND DAS MÄDCHEN: Szenenbild aus Bruckners »Die Verbrecher«

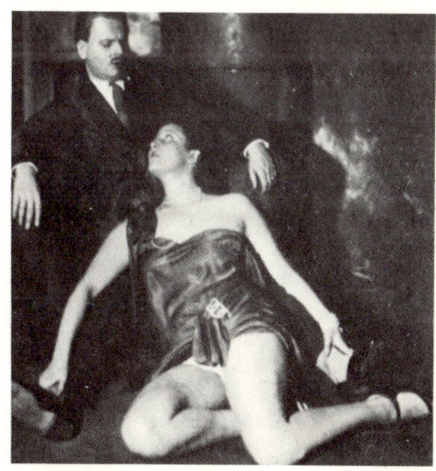

Schockierende Wirklichkeit

Lampels literarische Plädoyers für die Jugend rütteln die Behörden auf

Sie sind fast alle Proletarierkinder. Ihre Familien, sofern sie überhaupt welche haben, sind demoliert. Die Jugendlichen haben gestohlen, betrogen oder das Gesetz in irgendeiner anderen Form übertreten. Sie wurden deshalb kaserniert und in unmenschlichen Verhältnissen erzogen. Im vergangenen Jahr haben sie erstmals geschlossen revoltiert.

Der Schlesier Peter Martin Lampel, 35, ehemals aktiver Offizier, jetzt Dichter und Maler, war schon vor dem Krieg auf die Jugend in Not aufmerksam geworden. Er hatte als Hospitant deutsche Erziehungsheime besucht und Erlebnisberichte aus den Kasernen zusammengetragen.

Nach seiner Reportage »Jungen in Not« produzierte Lampel das Schauspiel »Revolte im Erziehungshaus« und somit ein Theaterstück mit Enthüllungscharakter. Wenig später schockiert er mit dem Drama: »Verratene Jungen«.

Weil die dargestellte Welt der Erziehungsheime hautnahe Wirklichkeit ist, sind politische Nachwirkungen jetzt schon absehbar: Das Berliner Stadtparlament und der Reichstag beschäftigen sich neuerdings mit den brutalen Methoden, die kasernierte Zöglinge über sich ergehen lassen müssen.

PETER MARTIN LAMPEL (oben) schrieb ein Stück, das unter die Haut geht. Unten: Szene aus der Erstaufführung von »Revolte im Erziehungshaus«

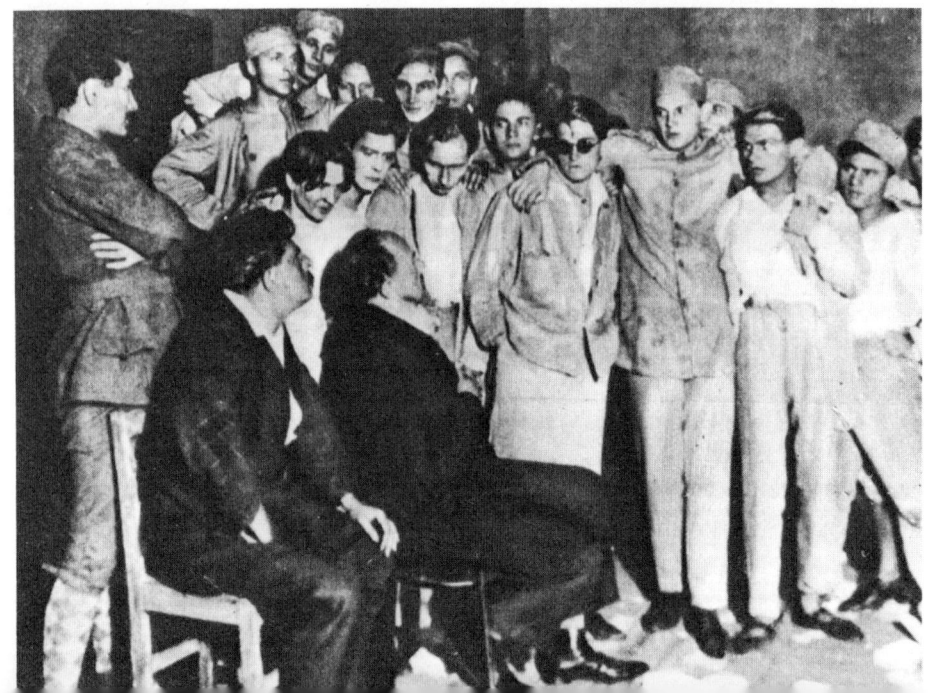

DRAMA AUS DER ZIRKUSWELT: Albert Bassermann und Elisabeth Lennartz in Zuckmayers »Katharina Knie«

Zirkuspflicht geht vor Liebe

Neues Stück von Carl Zuckmayer

Das Lessingtheater in Berlin meinte es mit seinem Publikum gut und belieferte es noch schnell zum Jahresende mit einer Uraufführung: Carl Zuckmayers Seiltänzerstück »Katharina Knie« fand jedoch geteilte Aufnahme.

Zwar zeigte Schauspieler Alfred Bassermann als Zirkusdirektor Knie eine sensationelle Leistung, aber das Bühnenstück selbst, ärgerte sich Alfred Kerr, sei nicht mehr als »ein etwas gemütvolles Genrebild aus der Heimat«.

Im Mittelpunkt der folkloristischen Story aus dem Zirkusmilieu steht Katharina, die Direktorstochter, die nicht mehr vagabundieren, sondern bei jenem Jungbauern, den sie liebt, für immer bleiben will. Erst der Tod des Vaters, der während eines Hochseilakts verunglückt, bringt Katharina zur Räson: sie übernimmt den verschuldeten Familienbetrieb und zieht mit den Artisten weiter.

Goldene Stimme für Silberne Operetten

»Land des Lächelns«:
neuer Hit des Erfolgsduos Franz Lehár – Richard Tauber

RICHARD TAUBER

FRANZ LEHÁR

Wenn er auf Tournee ist, stapeln sich in seinem Hotelzimmer – am liebsten lebt er zwischen Perserteppichen, Samtportieren und Kristallüstern – die riesigen Überseekoffer. Er selbst ist eher klein und rundlich, hat in seinem rosigen, etwas aufgedunsenen Gesicht – weil auf einem Auge blind – ein Monokel, das gar nicht hineinpaßt. Trotzdem hat dieser unscheinbare Mann etwas Besonderes: die schönste Stimme der Welt. Wenn Richard Tauber, 38, singt, dann fließen die Tränen, schmelzen die Frauenherzen. Erst kürzlich bewies er wieder seine Popularität: Als er vor ein paar Tagen »Dein ist mein ganzes Herz« von der Bühne des Berliner Metropol-Theaters schmetterte, raste das Publikum. Viermal mußte der »deutsche Caruso«, der »Mann mit dem Gold in der Stimme«, das Lied wiederholen.

Die Metropol-Premiere war überhaupt ein rauschender Erfolg. Franz Lehár, 59, ungekrönter König der »Silbernen Operette«, stand selbst am Dirigentenpult, als sein jüngstes Werk »Das Land des Lächelns« uraufgeführt wurde.

Wobei es sich allerdings keineswegs um ein neues Opus handelt: die Urfassung von »Das Land des Lächelns« hieß »Die gelbe Jacke« und erblickte vor sechs Jahren in Wien das Licht der Theaterwelt. Lehár, von Dauerbrennern verwöhnt, war mit den lumpigen 98 Vorstellungen, welche »Die gelbe Jacke« en suite erlebte, nicht zufrieden und arbeitete die Operette um.

Dabei kam auch *der* Schlager »Dein ist mein ganzes Herz« in die Partitur. Richard Tauber, der mit seinem Freund »Franzi« in dessen schönbrunnergelber Villa in der ehemals kaiserlichen Sommerfrische Bad Ischl häufig zusammenarbeitet, fand die Melodie zwischen alten, nicht verwerteten Lehár-Kompositionen. Der Tenor war so begeistert, daß er »Franzi« überredete, die Melodie doch zu verwenden. Der Erfolg gab Richard Tauber recht.

»Er singt«, jubelt die Berliner Presse, »mit dem bezaubernden Schmelz einer Stimme, die heute einzig ist auf der Welt, mit höchstem Geschmack und mit virtuoser Beherrschung aller Kunstmittel.« »Der einzige auf der Welt« hat auch seinen Preis: Taubers Abendgage beträgt das Zehnfache eines mittleren monatlichen Beamtengehalts.

Was für den weltberühmten Berliner und Wiener Staatsopernsänger bemerkenswert ist: daß er Mozart-Opern mit derselben Begeisterung singt wie Operetten, auf die Sänger sonst eher verächtlich herabschauen.

In dieser Silber-Ära, in der die Operette wieder fröhliche Urständ feiert und in der neue Namen wie Paul Abraham, Leo Fall (siehe ZEIT-BILD 1925), Robert Stolz, Edmund Eysler auftauchen, gibt es natürlich auch eine Menge Kitsch.

Die Aristokratie hat zwar in Mitteleuropa ziemlich abgewirtschaftet – in der Operette jedoch feiert sie überall und jeden Abend glanzvolle Auferstehung. Es wimmelt von Prinzen und Grafen in prächtigen Uniformen, die zum Happy-End schöne arme Waisenmädchen in die Arme schließen. Das Publikum ist wild auf Operette – manche von ihnen werden Hunderte Male en suite gespielt.

In Wien, zum Beispiel, steht seit vier Jahren (!) Bruno Granichstaedtens »Der Orlow« ohne Unterbrechung auf dem Spielplan. Das läßt sich nicht nur mit den einschmeichelnden Melodien, sondern wohl auch durch den Inhalt erklären: ein abgehalfterter russischer Großfürst bringt sich als Mechaniker durch und gelangt wieder zu Liebe, Wohlstand und Glück. Welch optimistischer Lichtblick in Zeiten wie diesen! Tauber allerdings hält sich praktisch nur an Lehár, der ja bekanntlich fast alle Operetten seinem Freund auf den Leib schreibt. Auch »Paganini« wurde direkt auf Tauber zugeschnitten. Er konnte aber die Uraufführung nicht selbst singen. Die Kritik pfiff Lehár richtiggehend aus, weil er es gewagt hatte, aus dem Geiger Paganini einen Operettenhelden zu machen.

Der Direktor des Deutschen Künsterthea-

299

ters, Berlin, weigerte sich daraufhin, die geplanten fünfzig Vorstellungen zu übernehmen. Erst als das Berliner Bühnenschiedsgericht zugunsten Lehárs eingriff, konnte Tauber die Titelpartie doch noch singen. Fazit: »Paganini« wurde das erfolgreichste Bühnenspiel des Jahres 1926.

Den größten Hit, der einen richtiggehenden Operettentaumel nach sich zog, hatte Franz Lehár allerdings schon 1905 in Wien abgeliefert: »Die lustige Witwe« wurde in zehn Sprachen übersetzt. Und schon fünf Jahre später konnte der Sohn eines Militärkapellmeisters, der selbst als Militärmusiker begonnen hatte, insgesamt 18.000 Aufführungen zählen.

Richard Tauber half auch später bei den Lehár-Erfolgen mit: beispielsweise wenn er, wie im vergangenen Jahr, in Berlin den »Zarewitsch« *dirigierte.*

Tenor Tauber, lediger Sohn einer Linzer Soubrette und eines deutschen Theatermanagers, ist überhaupt ein Unikum unter den Tenören – nicht nur, weil er dirigiert.

Er studierte zunächst am Frankfurter Konservatorium – Klavier, obwohl es ihn von Anfang an zum Gesang hingezogen hatte. Aber Wiens vergötterter Heldentenor, Kammersänger Demuth, hatte den Jüngling geprüft und gefunden, er habe »eine Stimme wie ein Zwirnsfaden«. Neben Klavier befaßte sich Jung Tauber mit Komposition und komponierte eine kleine Oper, »Die Sühne«.

Weil er überdurchschnittliches Interesse für eine Balletteuse entdeckte, schickte ihn der Vater nach Freiburg. Dort begegnete er dem Gesangspädagogen Carl Beines, der seine Stimme entdeckte und ihm jene Atemtechnik beibrachte, die ihn zum besten Mozartsänger machen sollte.

Aber auch als Richard-Strauss-Interpret kommt er mit seiner Technik an. Als Strauss »Ariadne auf Naxos« 1915 selbst dirigierte, sprang Tauber kurzfristig als Bacchus ein. Strauss war von der Leistung des jungen, damals kaum bekannten Sängers angetan und fragte ihn, wie oft er diese Rolle schon gesungen habe: »Herr Doktor«, antwortete Tauber, »heute hier zum ersten Mal.« Darauf Strauss, ziemlich zornig: »Ja, wenn i dös gwußt hätt', dann hätt' i net dirigiert.« Sieben Jahre später holte der Komponist Richard Tauber zu den Salzburger Festspielen . . .

Hollywoods Goldmänner

Emil Jannings als bester Filmschauspieler der USA ausgezeichnet

Stars, Regie-Asse, Ideenbringer und Produktions-Moguln im kalifornischen Filmdorado Hollywood haben einen neuen Anreiz, ihr Bestes zu geben: in diesem Jahr verlieh die »Academy of Motion Picture Arts and Sciences« erstmals Preise für hervorragende Leistungen vor und hinter der Kamera: die Goldstatuette einer stilisierten Männergestalt.

Bewertet wurden die amerikanischen Filme der Saison 1927/28, ins Finish kamen noch lauter »Stumme«. Zum besten Darsteller erklärte die Jury den seit 1925 in den USA wirkenden, längst schon weltberühmten gebürtigen Schweizer mit deutschem Paß Emil Jannings, 45. Ihm brachten seine Hauptrollen in »The Way of All Flesh« (Der Weg allen Fleisches) und »The Last Command« (Sein letzter Befehl) die begehrte Auszeichnung ein. Partnerin Janet Gaynor aus »The Last Command« durfte auch bei der Preisverleihung an Jannings' Seite treten. Sie hatte zudem durch ihre schauspielerischen Erfolge in »Street Angel« (Engel der Straße), »Sunrise« (Sonnenaufgang) und »Seventh Heaven« (Im Siebenten Himmel) überzeugt.

Mit »Seventh Heaven« machte Frank Borzage das Rennen auf dem Gebiet der Regie. Preisträger des besten Filmlustspiels ist Lewis Milestone, der »Two Arabian Knights« (Zwei Streiter aus dem Morgenland) inszenierte.

Von nun an sollen die »Academy Awards« alljährlich vergeben werden. Der Tonfilm fügt eine Dimension hinzu: die Juroren haben den Dialog subtil zu beurteilen, und es

ERFOLG IN HOLLYWOOD: Emil Jannings hier in seinem deutschen Film »Der letzte Mann«

»Kintopp mit Quatschen«

Der Tonfilm macht doch seinen Weg – zwei neue Stars: Willi Forst und Hans Albers

Wenn vom Tonfilm die Rede war, dann nahm der Hollywooder Starregisseur Ernst Lubitsch bis vor kurzem die ewige Zigarre mit einem ärgerlichen Ruck aus dem Mund, um in seinem noch immer berlinerisch gefärbten Englisch gegen diese Neuerung zu wettern. Der Ton zerstöre den Zauber des Films, verballhorne die reine Bildsprache. »Kintopp mit Quatschen? Ach wat denn?!«

Mittlerweile hat er sich freilich anders besonnen und gewann der Erweiterung des Mediums viele Reize ab. So gab er auch seinem tönenden Erstling »Love Parade« (Liebesparade) was man in Hollywood den speziellen »Lubitsch touch« nennt, jene niemals erlernbare Leichtigkeit des geborenen Komödienregisseurs. Er entschied sich für einen Operettenstoff mit ironischen Glanzlichtern; eine Vorlage, die nach dem witzigen Dialog und eingängiger Musik »schreit«.

Im Mittelpunkt stehen die Königin eines Phantasielandes in »good old Europe« und Hochdero unebenbürtiger Gemahl, ein Pariser Bonvivant. Die beiden führen einen amüsanten Ehekrieg um die Frage, wer den Ton angeben darf. Den Ton, der hier wahrhaftig die Musik macht.

Wie in der Bühnenoperette verwendet Lu-

TRAUMPAAR DES JAHRES: Jeanette MacDonald und Maurice Chevalier in »Love Parade«

HAT NOCH KEINEN NAMEN: Hollywoods höchste Auszeichnung

empfiehlt sich bereits, jeweils eine Statuette für Preiskandidaten einer neuen Sparte in Reserve zu halten: die Komponisten von Originalmusik zu Hollywoods künftigen Zelluloid-Meisterwerken.

Emil Jannings, mit Angeboten überhäuft, macht sich dennoch auf den Weg zurück nach Deutschland. In Berlin lockt ein interessanter Stoff: die Verfilmung von Heinrich Manns Drama einer unglückseligen Leidenschaft, »Professor Unrat«; die Liebe eines pingeligen alternden Paukers zu einem Tingeltangelmädchen. Jannings Partnerin in der Rolle der verführerischen Lola wird der neue deutsche Star Marlene Dietrich, 25, sein.

HANS ALBERS

HERZENSBRECHER NR. 1: Willy Fritsch in »Melodie des Herzens«

bitsch den Gesang als Handlungselement – dem leiht die amerikanische Sopranistin Jeanette MacDonald ihre strahlendsten Koloraturen. Ihr Partner muß gar nichts erspielen, um seinen echt pariserischen Charme zu versprühen. Es ist Maurice Chevalier, der in seiner unnachahmlichen Mischung aus Kavalierseleganz und köstlichem Komödiantentum alle Kinobesucherinnen der USA bezaubert. Ein richtiger Frackträger, noch dazu mit einer idealen Chansonstimme!

Durch den Film kann ein Song nun faktisch über Nacht zum Schlager werden, den Millionen kennen. Deshalb setzte die Metro Goldwyn Mayer, kurz MGM genannt, auf die Publikumswirkung großer Ausstattungsrevuen, den Glanz einer Flitterwelt der Girls und der Playboys, die locker verbindende Spielhandlung ist eher Nebensache.

Daraus wurde die »Broadway Melody«. Wer genau hinhört, merkt, daß die Tonqualität der einzelnen Szenen wechselt: während der Dreharbeiten wurden die Apparaturen noch laufend technisch verbessert. Man erwog sogar, einzelne Passagen nochmals aufzunehmen, aber das hätte ein Riesenloch in die Finanzen der MGM gerissen. Auch in dieser akustisch ungleichmäßigen Fassung errang der Streifen immerhin

einen der begehrten neuen »Akademiepreise« Hollywoods. Es ist sogar geplant, eine »Broadway Melody 1930« folgen zu lassen.

In Deutschland tat man sich anfangs mit dem Tonfilm schwer. Jede Aufnahme wurde zur Nervenprobe und zum Hasard, denn die Atelierhallen sind nicht schalldicht: in Neubabelsberg hört man die S-Bahn vorbeidonnern. Darum konnte zunächst nur während der Nacht gedreht werden. Manche Stimmen »kommen« einfach nicht, dafür registriert das Mikrophon zufällige Geräusche überlaut. Regisseur Carl Froehlich, ein alter Filmhase, verbrauchte ein rundes kleineres Produktionsbudget nur für Bild- und Tonproben.

Der allererste deutsche Tonfilm entstand denn auch – unter der Regie von E. A. Dupont – größtenteils in London: »Atlantic«, ein aktionsgeladener Reißer über den Untergang des Luxusdampfers »Titanic«. Unter den Mitwirkenden fällt ein junger Wiener auf: Willi Forst, den noch der 1927 verstorbene Graf Sascha Kolowrat entdeckt hat.

In »Atlantic« hat Forst eine Szene, die beklemmend im Gedächtnis haftet. Als Pianist der Schiffskapelle setzt er sich mitten im Chaos des Untergangs noch einmal ans Klavier und singt mit seiner weichen Hal-

lodri-Stimme das Wienerlied »Es wird ein Wein sein, und wir wer'n nimmer sein...« So sterbensfidel. Bis ihn die Todesangst jäh über die Tasten wirft. Man merke sich den Namen Forst!

Viel weniger dramatisch geht es im ersten Tonfilm zu, der zur Gänze in Deutschland gedreht wurde. »Die Nacht gehört uns«, ein Kammerspiel, auf unpathetische Zwischentöne abgestimmt – so weit dies technisch schon möglich ist.

Herrn Froehlichs teure Experimente haben sich doch gelohnt. Er holte aus den neuen Mitteln heraus, was sie hergeben. Noch dazu hatte er für die männliche Hauptrolle der Liebesgeschichte einen Darsteller, dem man jetzt »beim Bau« eine tolle Zukunft prophezeit: Hans Albers. Er spricht, wie man in Berlin sagt, »mit unfrisierter Schnauze«, und gerade solche Natürlichkeit braucht der Tonfilm. Außerdem sieht er blendend aus, sieghaft, kühn. Und dabei wirkt der Hamburger Metzgerssohn mit den durchsichtig hellen Augen wie ein guter Kumpel. In Neubabelsberg heißt es: »Der blonde Hans wird *der* deutsche Star!«

Alle Chancen, über die gefährlichen Runden zu kommen, hat auch der junge Willy Fritsch, bei Fritz Lang abgehärtet, ansonst aber ideal für das Rollenfach des kultivierten Liebhabers und Traumprinzen.

Seine ersten Tonaufnahmen erlebte er bei »Melodie des Herzens«: eine bittersüße Kolportagestory, durch den Schauplatz Ungarn etwas papriziert und zum Teil an Originalschauplätzen gedreht. Wie seinen Kollegen blieben Fritsch die »Geburtswehen« des Tonfilms nicht erspart. Er schwitzte Blut, sobald das Mikrophon eingeschaltet wurde, weil er nie wußte, ob er die richtige Lautstärke anschlug. Nun, inzwischen durfte er aufatmen. Fraglos gehörte er zu den Glücklichen, die den Sprung ins neue Kinozeitalter schaffen.

Als Einzelgänger der Branche gilt Arnold Franck, akademisch gebildet – schon das ist selten im Metier der Regisseure, die ihre Laufbahnen in der Praxis begannen, als Schauspieler oder Kameramänner. Wenn Dr. Franck dreht, dann garantiert mindestens an der Baumgrenze, zumeist aber in den Firnregionen. Damit hat er eine ganz neue Form geschaffen: den deutschen Bergfilm. Die Natur spielt bei ihm fast die wichtigste Rolle, er zeigt die Majestät und Gewalt des Gebirges in ungemein eindrucksvollen Bildern.

Sein neuer Film »Die weiße Hölle am Piz Palü«, ein Bergsteigerdrama um Liebe, Todesgefahr und edlen Verzicht, geriet zwischen die Zeiten: der Film ist noch stumm produziert, aber die Techniker tüfteln bereits an Methoden, die Aufnahmen nachträglich mit Ton zu unterlegen.

Francks Stil ist nichts für Stars im üblichen Sinn. Er braucht gute Schauspieler, die noch dazu klettern und stundenlang in Kälte und Schneegestöber ausharren können. So einer ist der herb-maskuline Gustav Dießl, ein Österreicher, der den Krieg an der Alpenfront mitgemacht hat. Die weibliche Hauptrolle spielt die ebenso attraktive wie sportliche junge Tänzerin Leni Riefenstahl. Ihre Ambitionen sind nicht gering. Eines Tages will sie selber Regie führen. Das hat noch keine Frau versucht.

Reichlich gewagt, aber erfolgreich war das Unterfangen zweier junger Leute, die mit von einem gütigen Schicksal geschenkten 5.000 Mark einen Film drehten. Zum Schluß mußten sie schon die Pfennigbeträge zusammenkratzen: Robert Siodmak und Wilhelm (Billy) Wilder. Ihr Thema und Titel: »Menschen am Sonntag.«

Was sie filmten, ist eigentlich eine Reportage über das Volk von Berlin in seiner Freizeit. Das kleine, nur nach Stunden bemessene Glück des kleinen Mannes. Vor der Kamera agierten lauter Laien, einfache Leute, dadurch gewann der Streifen dokumentarische Echtheit. Wer viel später einmal erfahren will, wie Großstädter der Jahre 1928/29 ihre Sonntage verbrachten, muß nur ins Archiv gehen und diesen ausgezeichnet gemachten Film ausheben.

FILM UM NUR 5.000 MARK: »Menschen am Sonntag« von Robert Siodmak und Wilhelm (»Billy«) Wilder

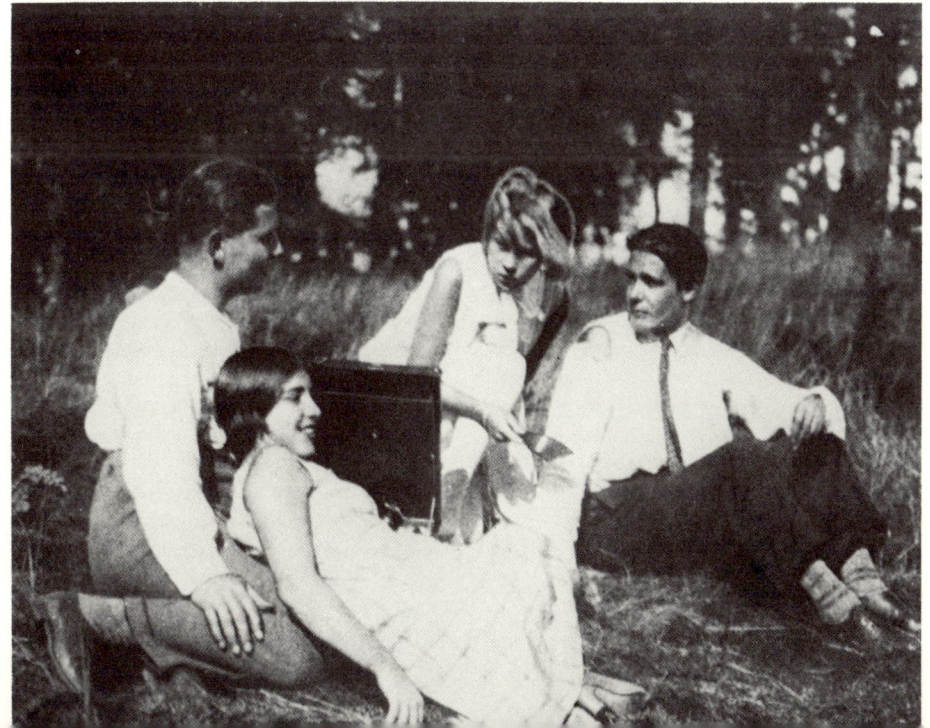

Das Abenteuer des Jahrzehnts:

Junge Frau fährt mit dem Auto um die Welt

Einen triumphalen Empfang bereiten am 28. Mai die Berliner einer kleinen, zierlichen Frau, die ein zweijähriges Abenteuer erfolgreich beendet hat. Nur in Begleitung eines Kameramanns ist Clärenore Stinnes, 28, mit einem Pkw durch 23 Länder genau 49.244 Kilometer rund um die Welt gereist.

Der Name Stinnes allein bürgt für Zähigkeit und Durchsetzungsvermögen: Clärenore ist die einzige Tochter des legendären Ruhrbarons Hugo Stinnes, der 1924 verstorben ist (siehe ZEIT-BILD 1923 und 1924). Zum Entsetzen ihrer vornehmen Familie versuchte sich Clärenore bereits mit 23 Jahren als – Rennfahrerin.

Natürlich nahm niemand die verwöhnte junge Dame aus gutem Haus wirklich ernst. Bis sie 1925 bei einer Wertungsfahrt durch Rußland alle 52 Konkurrenten weit hinter sich ließ. Lauter Männer übrigens.

Ihr großes Abenteuer, im Auto um die Welt, startete sie am 25. Mai 1927 in einem Adler-Standard 6, Serienproduktion, 40 PS, Höchstgeschwindigkeit 80 km/h, ausgestattet mit Liegesitzen.

Mit von der Partie waren zwei Werksmechaniker in einem eigenen Lastwagen voller Ersatzteile und Benzinkanister sowie der Schwede Carl Axel Söderström, bislang Leibkameramann der Garbo.

Die deutsche Automobilindustrie finanzierte das waghalsige Unternehmen mit 100.000 Reichsmark. Der Stinnes-Konzern ließ vorsorglich längs der geplanten Reise-

CLAIRENORE STINNES

route Depots mit Autozubehör, Sprit und Öl anlegen.

Außerdem riet jeder einzelne Mensch, mit dem Clärenore vor der Reise Kontakt hatte, von diesem Wahnsinnstrip ab. Aber sogar Reichsaußenminister Stresemann scheiterte am Dickkopf der Stinnes-Tochter.

Sie startet also – und schon nach wenigen Kilometern gibt es die erste Reifenpanne. Der noch viele, viele folgen. Bis Moskau bleiben die beiden Mechaniker bei der Stange. Dann verläßt sie der Mut, und sie kehren nach Deutschland zurück. Clärenore und Carl Axel geben nicht auf.

Es wird eine mörderische Fahrt, in deren Verlauf buchstäblich jeder einzelne Bestandteil des Wagens irgendwann einmal ausgewechselt werden muß.

Schlimmste Stationen: die Überquerung des zugefrorenen Baikalsees bei minus 53 Grad; ein Überfall durch wilde Hunghutzen in der Mongolei; die Überwindung der Kordilleren – auf Wegen, die keine sind. Die beiden Fahrer müssen den Wagen an Seilen über Felswände und durch Schluchten zerren – manchmal schaffen sie nur wenige Meter in einem Tag.

Die Reise führt über Rußland und die Mongolei nach China. Von dort per Schiff nach Japan. Über den Stillen Ozean nach Peru. Durch Südamerika nordwärts in die Vereinigten Staaten (tosender Empfang in Washington, Besuch bei Präsident Hoover). Wieder ein Sprung übers Meer und quer durch Europa heim nach Berlin.

Ende gut, alles gut. Der Film »Mit dem Auto durch zwei Welten«, den Söderström gedreht hat, wird demnächst uraufgeführt. Und Clärenore wird bald heiraten. Carl Axel Söderström – wen sonst?

Frau wird Skilehrer!

Zum ersten Mal in der Geschichte des jungen Skisportes tritt im steirischen Mitterndorf eine Frau zur staatlichen Skilehrerprüfung an – und besteht glänzend. Es ist die aus Wien stammende Sensationssiegerin des vorjährigen ersten Kandaharrennens von St. Anton am Arlberg, Lisl Polland, 34.

14 der 39 konkurrierenden Männer fallen durch. Soweit ZEIT-BILD eruieren konnte, ist Polland die einzige Skilehrerin der Welt! Abgesehen davon, daß Lisl Polland als Flachländerin den Kandaharsieg erringen und die Skilehrerprüfung bestehen konnte, ist ja auch noch die Tatsache zu berücksichtigen, daß sie bereits mehr als dreißig Jahre alt, verheiratet und Mutter zweier Söhne ist.

Das Phänomen ist wohl nur erklärbar, wenn man weiß, daß Polland schon von Kindheit auf eine Sportkanone im wahrsten Sinn des Wortes gewesen ist: Lisl Jordan, wie sie mit Mädchennamen hieß, war schon als kleiner Floh auf dem Eislaufplatz zu finden.

1910 gewinnt sie die Jugendkonkurrenz im Kunstlaufen, zwei Jahre später das Neulingslaufen, 1913 steigt sie in die Erste Klasse auf.

Im Sommer spielt das große, kräftige Mädchen Tennis (gewinnt Preise), schwimmt (gewinnt Preise), spielt Hockey und – erraten – gewinnt mit ihrer Mannschaft zahlreiche Preise.

Als sie schließlich ihre Liebe zu den Bergen und zum Skilauf entdeckt, steckt sie alle anderen Sportarten zurück. Nun, nach bestandener Skilehrerprüfung, wird sie wohl dabei bleiben.

LISL POLLAND

Sport-Telegramm

GEWALTIGEN AUFSCHWUNG nimmt derzeit der Frauensport. In Deutschland, zum Beispiel, sind bereits 800.000 weibliche Mitglieder im Turn- und Sportverband registriert.

OHNE STRÜMPFE spielen bereits auf den meisten europäischen Plätzen die Frauen Tennis. Nur die ehrwürdigen Gentlemen von Wimbledon haben auch in diesem Jahr Platzverbot für strumpflose Damen verfügt.

JOHNNY WEISSMÜLLER, amerikanischer Superschwimmer, soll den Amateurstatus verlieren: seine »Spesenabrechnungen« sind verdächtig hoch.

EINE HINTERTÜR hat der bayrische Fußballverband gefunden, um die fatale Bestimmung zu umgehen, wonach Amateure nicht gegen Profis spielen dürfen. Bekanntlich hat Österreich bereits 1924 den Professionalismus eingeführt. Die Begegnungen mit den Österreichern werden als »Lehrspiele« deklariert. Wie jedermann weiß, stellt Bayern die besten Fußballer Deutschlands (Nürnberg, Fürth). Sie sind darum auch häufig den Profis aus Österreich überlegen.

PERSONALIA

Mahatma (die »große Seele«) **Gandhi,** 60, hat am 31. Dezember dieses Jahres pünktlich zur Mitternachtsstunde den Briten den Kampf um die vollständige Befreiung Indiens von der englischen Herrschaft angesagt.

Seine Neujahrsbotschaft kennt keine Kompromisse mehr. Der indische Subkontinent soll sich danach nicht mit dem Status eines Dominions im Britischen Weltreich zufriedengeben. Die ganze Unabhängigkeit (»Purna Swaraj«) wird angestrebt, wenngleich mit friedlichen Mitteln – durch zivilen Ungehorsam, durch den Boykott englischer Waren, durch gewaltlose Revolution.

Mit dieser Silvesterrede unterwirft sich Gandhi, nicht ganz ohne Widerstreben, dem Willen der Mehrheit des Indischen Nationalkongresses und dessen jungen Generalsekretärs **Jawaharlal Nehru,** der künftig keine Halbheiten dulden will.

Die friedliche »Kriegs«-Erklärung gegen England ist dennoch ein konsequenter Schritt, eine Sache der Glaubwürdigkeit.

Derselbe Gandhi nämlich hat zu Beginn dieses Jahres den Briten ein Ultimatum gestellt: Wenn sie Indien bis zu Jahresende nicht den Dominion-Status gewähren, die Rechte etwa der Kanadier oder Australier – dann fordern wir die ganze Freiheit . . .

Nun ist es soweit. Die Rede Gandhis hat übrigens historische Vorbilder: einige Stellen darin sind aus der amerikanischen Unabhängigkeitserklärung und einer Ansprache Abraham Lincolns zumindest sinngemäß übernommen.

Frank B. Kellogg, 73, US-Außenminister, ist soeben in den Ruhestand getreten. Nicht ohne daß ihm dieser Schritt versüßt worden wäre: Zum Abschluß und zur Krönung seiner jahrzehntelangen Berufslaufbahn im Dienst der Vereinigten Staaten erhält er den diesjährigen Friedensnobelpreis, und zwar in Anerkennung für den »Kellogg-Pakt« (siehe ZEIT-BILD 1928), der den Krieg als Mittel der Politik für rechtlos erklärt. (Wobei nicht ganz uninteressant ist, daß die Idee ursprünglich im Jahr 1922 von einer Gruppe junger Pazifisten in Chikago geboren wurde.) Dem Koautor des Kellogg-Pakts, Aristide Briand, kann der Friedensnobelpreis nicht verliehen werden. Er hat ihn nämlich schon (siehe ZEIT-BILD 1926).

Prälat Dr. Ignaz Seipel, 53, legte zu Ostern sein Amt als österreichischer Bundeskanzler zurück. Er ist der ewigen politischen Querelen müde, außerdem steht es mit seiner Gesundheit nicht zum besten. Dr. Seipel, der an schwerer Diabetes leidet, laboriert noch immer an den Folgen der bei einem Attentat erlittenen Schußverletzung (siehe ZEIT-BILD 1924).

Dr. Johann Schober, 55, Wiener Polizeipräsident mit Regierungserfahrung (er war von 1921 bis 1922 elf Monate lang Bundeskanzler), hat die Nachfolge von Dr. Seipel angetreten. Eine Zwischenregierung unter dem Sudetendeutschen Ernst Streer-Streeruwitz hatte sich nur fünf Monate lang halten können. Bundeskanzler Schober zeigt sich den Sozialdemokraten gegenüber gesprächsbereit und handelte mit ihnen eine Verfassungsreform aus. Diese räumt dem Bundespräsidenten wesentlich mehr Rechte ein. Auf wirtschaftlichem Gebiet plant Schober Großes: er will eine Hochalpenstraße über den Großglockner bauen und in Kaprun ein gigantisches Wasserkraftwerk errichten lassen.

Charles Augustus Lindbergh, 27, US-Flieger-As (siehe ZEIT-BILD 1927), ist mit seiner frisch angetrauten jungen Frau Anne Spencer-Morrow, deren beiden Schwestern Elizabeth und Constance sowie seiner Schwiegermutter zum Sommerhaus der Morrows im Staat Maine geflogen. Es war keine Vergnügungsreise. Constance, 15,

CHARLES A. LINDBERGH

Schülerin in der Milton Academy in Milton, Massachusetts, hat Drohbriefe erhalten, die ihre Entführung ankündigen, sollte ihr Vater, Bankier Dwight Whitney-Morrow aus dem Bankhaus J. P. Morgan, nicht 50.000 Dollar flüssigmachen und Constance selbst das Geld an einer bestimmten Stelle hinterlegen.

Lindbergh hat seine Schwägerin in aller Stille aus Milton fortgebracht. Eine Mitschülerin übernahm Constances Rolle bei der Deponierung des Geldes. Aber die Falle schnappte nicht zu. Trotz großem Polizeiaufgebot konnten die Kidnapper nicht gestellt werden; das Geld blieb unangetastet. Mehrere andere bedeutende Persönlichkeiten haben in den letzten Wochen ähnliche Drohbriefe erhalten.

MAHATMA GANDHI

IGNAZ SEIPEL

Heinrich Himmler, 29, Diplomlandwirt aus München, darf sich seit kurzem »Reichsführer« der paramilitärischen Nazi-Schutzstaffel SS nennen. Die SS war 1925 von der SA (Sturmabteilung) abgesondert und mit einer speziellen Aufgabe betraut worden: dem »persönlichen Schutz des Führers«. Lehrersohn Himmler (Vater: Erzieher der Wittelsbacher Prinzen), alter Kämpfer (Freikorps Oberland und »Reichskriegsflagge«, Teilnehmer am Münchner Putsch 1923) und seit 1925 Mitglied der NSDAP, hat mit der SS Großes vor: er will sie zu einer Sonderformation mit besonderer politischer Zielsetzung trimmen. Und wer Brillenträger Himmler kennt, weiß, daß ihm das auch gelingen wird.

Sven Hedin, 64, befindet sich seit drei Jahren auf seiner bisher größten Asienexpedition (siehe auch ZEIT-BILD 1924). Außer Wissenschaftlern begleiten ihn Luftfahrtexperten; sie erkunden die Möglichkeiten re-

SVEN HEDIN

gulärer Flugverbindungen zwischen Mitteleuropa und dem Fernen Osten. Ein triftiger Grund für die Deutsche Lufthansa, sich an der Gesamtfinanzierung zu beteiligen. Nun legte die Republik China zu Ehren des weltberühmten Forschers sogar eine Sondermarke auf, eine ganz ausgefallene Rarität für Sammler. Aber welcher europäische Philatelist darf schon Post aus Schanghai oder Paiping erwarten?

Umberto Nobile, 44, im vorigen Jahr Führer der so katastrophal gescheiterten italienischen Nordpolexpedition (ZEIT-BILD 1928), wurde auf Befehl des Königs und

UMBERTO NOBILE

des Duce von einem Offiziersgericht wegen Feigheit zur Verantwortung gezogen und verlor seinen Rang als Generalmajor der Luftwaffe. Da Nobile kaum auf baldige Rehabilitierung hoffen kann, will er die Brücken hinter sich abbrechen und irgendwo im Ausland als Experte für Flugtechnik neu beginnen.

Hermann Knaus, 37, österreichischer Gynäkologe aus St. Veit an der Glan in Kärnten, hat eine Theorie über die »fruchtbaren Tage der Frau« veröffentlicht, die zugleich aber auch Auskunft über deren unfruchtbare Tage und damit über Möglichkeiten der Empfängnisverhütung gibt.
Die Fruchtbarkeit der Frau beschränkt sich danach auf wenige Tage vor und nach dem Eisprung, der normalerweise zwischen dem zwölften und vierzehnten Tag nach Beginn der Menstruation eintritt. Weil jedoch auch die männlichen Samenzellen eine gewisse (begrenzte) Lebensfähigkeit haben, dehnt sich die weibliche Empfängnisbereitschaft praktisch auf die Zeit vom 10. bis zum 17. Tag nach Beginn der Monatsregel aus. Die übrigen Tage sind unfruchtbar. Ganz sicher ist das freilich nicht, weil der Eisprung verfrüht oder verspätet erfolgen kann.
Dieselbe Entdeckung ist, beinahe zugleich und unabhängig von Knaus, auch dem japanischen Frauenarzt Kiusako Ogino, 47, gelungen. Die Chance (mehr ist es nicht), mit Hilfe dieser Erkenntnisse Geburten gezielt herbeizuführen oder zu vermeiden, wird deshalb schon jetzt als Knaus-Ogino-Methode bezeichnet.

Paula Wessely, 21, Jungschauspielerin aus Wien, hat mit ihrer ersten großen Rolle einen Sensationserfolg errungen. Das nicht ausgesprochen schöne, aber in seiner Frische reizvolle Mädchen mit der unverwechselbaren Cello-Stimme hatte bislang am Deutschen Volkstheater sogenannte »Bäume« gespielt: Kammerzofen und Passantinnen. Seit ihrem Engagement an Max Reinhardts »Theater in der Josefstadt«, wo sie eben die Maria Ebeseder in »Der Gemeine« – von Bambi-Dichter Felix Salten – spielt, liegen ihr Publikum und Kritik geschlossen zu Füßen. Der jungen Dame aus bescheidenen Verhältnissen – der Vater betreibt eine Fleischhauerei – wird eine ganz große Karriere vorausgesagt.

PAULA WESSELY

Karl Farkas, 36, Hans-Dampf-auf-allen-Bühnen, hat soeben einen sensationellen Erfolg errungen: seine im Wiener Stadttheater seit Monaten ausverkaufte Revue »Wunderbar« kommt noch in diesem Jahr am Broadway heraus und soll anschließend mit Al Jolson in der Hauptrolle verfilmt werden. Das ist der absolute Höhepunkt in der Karriere des Ex-Honvedleutnants, der nach dem Willen seines Vaters Jura studieren sollte. Doch der Sohn des biederen ungarischen Schuhfabrikanten wollte Schauspieler und Regisseur werden. Er spielte den »Franz Moor« in Olmütz, den »Mephisto« in Linz, wo er auch Opern (»Meistersinger«, »Aida«) inszenierte. Seit 1923 in Wien, vervielfachte Farkas unter dem Druck der Geldentwertung sein Talent: er arbeitete *zugleich* als Charakterdarsteller, als Komiker, als Conferencier, als Direktor, als

KARL FARKAS

Autor und als Regisseur an verschiedenen Wiener Theatern und Kabaretts. Manchmal trat er am selben Abend an fünf Bühnen hintereinander auf. Farkas hat die Absicht, mit seiner »Wunderbar« selbst nach New York zu gehen. Seine Fans fragen sich besorgt, ob das flexible Multitalent je wieder nach Wien zurückkehren wird.

Professor Dr. Oskar Vogt, 59, Leiter des Kaiser-Wilhelm-Instituts in Berlin, hat nach fast fünfjähriger Forschungsarbeit die Geheimnisse von Lenins Gehirn entschlüsselt (siehe auch ZEIT-BILD 1924). Die im Auftrag des Politbüros durchgeführte Arbeit an mehr als 32.000 Gehirnschnitten legte Vogt am 10. November im Moskauer »Staatsinstitut für Gehirnforschung« vor: »Die nicht von der schweren Erkrankung betroffenen Hirngebiete Lenins enthalten in der Dritten Rindenschichte Pyramidenzellen von einer sonst nie beobachteten Größe und Zahl ... Unser hirnanatomischer Befund (läßt) Lenin als einen Assoziationsriesen erkennen.« Im Klartext: Lenin war ein überdurchschnittlich intelligenter Mensch. Eine Tatsache, die auch schon vor den 32.000 Hirnschnitten nicht ganz unbekannt war ...

Gestorben:
Günther von Hünefeld, 37, Initiator und Teilnehmer an der ersten Atlantiküberquerung im Flugzeug von Ost nach West (siehe ZEIT-BILD 1928). Wie erst jetzt bekannt wird, hat Hünefeld das waghalsige, anstrengende Abenteuer unternommen, obwohl er ein schwerkranker Mann war und noch immer an zahlreichen Kriegsverletzungen laborierte. Einen Asienfernflug, den er wenige Wochen vor seinem Tod durchführte, soll er nur mit großen Mengen schwerster Medikamente durchgestanden haben. Hünefeld starb am 5. Februar im Berliner Westsanatorium an den Folgen der dreizehnten (!) Operation seit Kriegsende.

José de Leon Toral, 21, an den Kugeln eines Erschießungskommandos. Toral hatte im Juli des Vorjahrs den mexikanischen Präsidenten Alvaro Obregón ermordet (siehe ZEIT-BILD 1928). Während seines Prozesses gab er als Grund die kirchenfeindliche Politik des Präsidenten an. Selbst seine Richter und Hinrichter zollten ihm Achtung: nachdem der Körper des jungen Mannes, von den Kugeln des Pelotons durchsiebt, an der Mauer zusammengebrochen war, erteilte der kommandierende Offizier den Gnadenschuß – mit einer Pistole, die Präsident Obregón gehört hatte. Hunderttausende säumten in den Straßen von Mexiko City den Leichenzug auf dem drei Kilometer langen Weg zum Friedhof. »Lang lebe Toral!« riefen sie. »Lang lebe Christus, unser König!« Der gefeierte Toral hat einen Menschen erschossen. Der Ermordete hat Kirchen geschlossen und Schu-

JOSÉ DE LEON TORAL

len eröffnet; Land verteilt und Großgrundbesitzer enteignet. Aber das Himmelreich lassen sich die Menschen nicht nehmen.

HEINRICH ZILLE

Heinrich Zille, 71, aus Radeburg in Sachsen gebürtiger Zeichner, am 9. August in Berlin. Der Mitarbeiter der politisch-satirischen Wochenzeitschrift »Simplicissimus« und der satirischen Wochenschrift »Jugend« (Schwerpunkt Kunst und Literatur) hatte ein zentrales Thema: das Berliner Proletariat (»Zille sein Milljöh«). Seine Zeichnungen, scheinbar volkstümlich humoristisch, waren voll beißender Anklage der herrschenden Zustände.

Frederick Demuth, 65, Sohn des Kommunismus-Erzvaters Karl Marx aus dessen Verbindung mit seiner Haushälterin Helene (»Lenchen«) Demuth. Kein Abglanz des väterlichen Ruhms ist jemals auf den Sohn gefallen. Als rechter Patriarch war Marx zwar ziemlich unglücklich, daß er in seiner Ehe mit Jenny Westphal »nur« drei Töchter hatte; aber bürgerlicher Snob, der er war, hat er sich auch nie zum Sohn der Haushälterin bekannt. Friedrich Engels, Marx-Freund und Nothelfer in tausend fatalen Lebenslagen, hat selbst diese Bürde auf sich genommen. Er schwindelte aller Welt vor, der Vater des Proletarierkindes zu sein, und brachte es bei einfachen Zieheltern unter. Damit war das Schicksal des Marx-Sohnes besiegelt: er vegetierte am untersten Rand der englischen Gesellschaft dahin. Von allen offiziellen Marx-Biographen geflissentlich zur Unperson degradiert, starb er jetzt in ärmlichen Verhältnissen in London.

Personenregister

Quellennachweis

(der wichtigsten Bücher)

A

Abegg, Lily, Neue Herren in Mittelost, Stuttgart 1954
Adler-Rudel, S., Ostjuden in Deutschland 1880–1940, Tübingen 1959
Amann, Jürg J., Das Symbol Kafka, Bern 1974
Andics, Hellmut, Der große Terror, Wien 1967
–, 50 Jahre unseres Lebens, Wien 1968
Ariès, Philippe, Un historien du Dimanche, Paris 1980
Ardrey, Robert, Adam kam aus Afrika, Wien 1967

B

Baker, Josephine, Ich tu was mir paßt, Frankfurt 1980
Barbash, Jack, Trade Unions and National Economic Policy, London 1972
Bawden, Liz-Anne, Buchers Enzyklopädie des Films, Luzern 1977
Beach, Joseph Warren, American Fiction 1920–1940, New York 1942
Beard, Miriam, A history of business, Ann Arbor 1932
Beaumont, Germaine, Colette, Paris 1951
Becker, Hans, Kaffee aus Arabien, Wiesbaden 1979
Behr, Hermann, »Die Goldenen Zwanziger Jahre – Das fesselnde Panorama einer entfesselten Zeit«, Hamburg 1964
Benedikt, Heinrich (Hg.), Geschichte der Republik Österreich, Wien 1952 u. München 1954
Benoist-Mechin, Jacques, Le Roi Saud, Paris 1960
–, Mustafa Kemal, Düsseldorf 1955
Berger, Barbara, Ernst Rüdiger Fürst Starhemberg, Wien 1967
Bernhard, Marianne, Es gibt nur ein Berlin, München 1980
Binswanger, L., Sigmund Freud, New York 1957
Bisbee, Eleanor, The new Turks, Philadelphia 1951
Bitterli, Urs, Die Entdeckung und Eroberung der Welt, München 1980/81
Bloch, Charles, Die 3. französische Republik, Stuttgart 1972
Bloedorn, Manfred, Der olympische Meineid, Hamburg 1980
Blond, Georges und Germaine, Der Mensch war immer schon genüßlich, Wien 1965
Bocca, Geoffrey, Könige mit und ohne Thron, München 1961
Boschke, F. L., Die Schöpfung ist noch nicht zu Ende, Düsseldorf 1962
Bourgeois, Jeanne, Mein ganzes Leben, Zürich 1954
Brahm, Heinz, Trotzkis Kampf um die Nachfolge Lenins, Köln 1964
Braun, Otto, Von Weimar zu Hitler, New York 1940

Bravo, Ugarte, Mexico independiente, Barcelona 1959
Brincourt, André, Les crivains du XX. siècle, Paris 1980
Brooke, Jocelyn, Aldous Huxley, London 1954
Buchrucker, Ernst, Im Schatten Seeckts, Berlin 1928
Bugge, Günther, Das Buch der großen Chemiker, Berlin 1929

C

Campell, Charles, Modern Fiction Studies, New York 1978
Carter, Howard, Das Grab des Tut-ench Amun, Wiesbaden 1975
Cazamian, Louis, Geschichte der französischen Literatur, München 1963
Charles-Roux, Edmonde, Coco Chanel, Paris 1947
Chevalier, Maurice, Mein Weg und meine Lieder, Wien 1948
Christen, Norbert, Giacomo Puccini, Hamburg 1978
Churchill, Winston, Weltabenteuer im Dienst, Leipzig 1931
Clapham, Christopher, Haile Selassies Government, London 1969
Claudel, Paul, Journal, Paris 1968/69
Collection littéraire la garde et michard XX. siécle, Paris 1980
Cohn, Arthur, Unruheherd Mittlerer Osten, Basel 1953
Collier, Richard, Il duce, London 1971
Conrad-Martius, Hedwig, Utopien der Menschenzüchtung – Der Sozialdarwinismus und seine Folgen, München 1955
Conze, Werner, Das deutsch-russische Verhältnis im Wandel der modernen Welt, Göttingen 1967
Coogan, Thimothy P., Irland since the rising, London 1966
Cooke, Alistair, Geschichte Amerikas, Stuttgart 1975
Corti, Egon Caesar Conte, Die Rothschilds, Frankfurt 1962
Czeike, Felix, Wirtschafts- und Sozialpolitik der Gemeinde Wien, Wien 1959

D

Darrow, C. und Weinberg, A., Anwalt der Verdammten, 1963
Deppisch, Walter, »Richard Strauss in Selbstzeugnissen und Bilddokumenten«, Reinbek bei Hamburg 1968
Deschner, Karlheinz, Abermals krähte der Hahn, Stuttgart 1971
Deuerlein, Ernst, Der Aufstieg der NSDAP, Düsseldorf 1968
–, Deutsche Kanzler von Bismarck bis Hitler, München 1968
Deutscher, Isaac, Stalin, Zürich 1951
Djakonow, Michael, Skizzen zur Gesellschaftsordnung, Berlin 1931
Dollinger, Hans, Die totale Autogesellschaft, München 1972

Drews, Wolfgang, Die großen Zauberer, Wien 1958

Duncan, Isadora, Memoiren, Wien 1969

Duroselle, J. B., Histoire diplomatique de 1919 a nos jours, Paris 1962

Eckener, Hugo, Im Zeppelin über Land und Meer, Flensburg 1949

Edmondson, Clifton E., The Heimwehr and Austrian Politics, Ann Arbor 1967

Eelking, Hermann, Das Bildnis des eleganten Mannes, Berlin 1962

Engelmann, Bernt, Krupp, München 1969

Erdmann, Karl Dietrich, Die Weimarer Republik, München 1980

Estang, Luc, Antoine de Saint-Exupéry, Hamburg

Ewen, David, George Gershwin, Zürich 1954

Eyck, Erich, Geschichte der Weimarer Republik, Zürich 1956

F

Faulkner, Harold U., Geschichte der amerikanischen Wirtschaft, Düsseldorf 1957

Felger, Friedrich, Femegericht, München 1930

Fest, Joachim C., Hitler, Frankfurt - Berlin - Wien 1978

Fischer, Lothar, George Grosz, Hamburg 1976

Fite-Reese, An Economic History of the United States

Fishman, Jack und Hutton, Bernard, Das Privatleben des Josef Stalin, Wien - Hamburg 1964

Fitzgibbon, Constantine, Out of the lion's paw, London 1969

Foltin, Lore B., Franz Werfel, Stuttgart 1972

Foster, William, Abriß der Geschichte der Weltgewerkschaftsbewegung von den Anfängen bis 1955, Berlin 1960

Ford, Henry, Erfolg im Leben, München 1952

»Fragen an die deutsche Geschichte«, Katalog der Historischen Ausstellung im Reichstagsgebäude Berlin, 1977

Frei, Bruno, Carl v. Ossietzky, Berlin 1978

–, Der Hellseher, Köln 1980

Freud, Sigmund, Selbstdarstellung, Frankfurt 1971

Fürst, Herbert, Rilke in seiner Zeit, Frankfurt 1976

Fuhrmann, Horst, Von Petrus zu Johannes Paul II., München 1980

G

Gaettens, Richard, Die Inflation, München 1955

Galbraith, J. K., The Great Crash 1929, London 1954

Gay, Peter, Die Republik der Außenseiter, Frankfurt 1970

George, Henry, Fortschritt und Armut, Düsseldorf 1959

Gesek, Ludwig, Filmzauber aus Wien, Wien 1966

Golish, Vitold, Forschungsreisen in unserer Zeit, Stuttgart 1975

Grappe, Georges, Monet, Paris 1941

Glaser, Ernst, Im Umfeld des Austromarxismus, Wien 1981

Gorkin, Julian, L'assassinat de Trotzky, Paris 1970

Gosztony, Peter, Miklos v. Horthy, Göttingen 1973

Graml, Hermann, Europa zwischen den Kriegen, München 1969

Grun, Bernard, Aller Spaß dieser Welt, Wien 1966

Gumpert, Martin, Das Leben für die Idee, Berlin 1935

H

Habe, Hans, Ich stelle mich, München 1955

Haffner, Sebastian, Anmerkungen zu Hitler, München 1978

–, Churchill, Hamburg 1967

Hagelstange, Rudolf, Fünf Ringe, München 1972

Halecki, Oscar, A History of Poland, New York 1976

Hand, Iver, Pawlows Beitrag zur Psychiatrie, Stuttgart 1972

Hannak, Jacques, Der Fürst der sein Land verkaufte, Wien 1949

–, Im Sturm eines Jahrhunderts, Wien 1952

Hartl, Hans, Hermann Oberth, Hannover 1958

Hartmann, Rudolf, Richard Strauss, München 1980

Heidemann, Gerd, Postlagernd Tampico, München 1977

Heller, Joseph, Geschichte des Zionismus, Berlin 1935

Hermann, Arnim, Die Jahrhundertwissenschaft, Stuttgart 1977

Hertwig, Paula, Anpassung, Vererbung und Evolution, Berlin 1959

Hibbert, Christopher, Mussolini, Frankfurt 1963

Hildebrandt, Dieter, Ödön von Horváth, Hamburg 1980

Hildenbrandt, Fred, ... ich soll dich grüßen von Berlin, München 1977

–, Die Tragödie im Polareis, Wien 1968

Hirsch, Felix, Stresemann, Zürich 1978

Hitti, Philip K., The Near East in History, Princeton 1961

Hofstätter, Hans H., Geschichte der europäischen Jugendstilmalerei, Köln 1963

Holldack, Felix A., Die Lateranverträge, Frankfurt 1937

Honolka, K., Die Großen der Kunst, Literatur und Musik in Rußland, Stuttgart 1964

Hsu Long-hsuen, History of the sino-japanese war, Taipeh 1974

Huenninghaus, Kurt, Geliebt von Millionen, Düsseldorf 1961

Hurewitz, Jacob C., The Struggle for Palestine, New York 1950

I

Isaacs, Harold R., The Tragedy of the Chinese Revolution, Stanford 1951

J

Jarschel, Friedrich, Abd el Krim, Limburg 1961

Jones, Ernest, The Life and Work of Sigmund Freud, New York 1957

Jones, Max, Die Louis Armstrong Story, Freiburg 1972

Jouvenel, Bertrand de, Un voyageur dans le siécle, Paris 1979

K

Kaes, Anton, Literatur und Film 1909–1929, Tübingen 1978

Kepner, Charles D., Social Aspects of the banana industry, New York 1936

Kernshaw, Ian, Der Hitler-Mythos, Stuttgart 1980

Kennan, George, American Diplomacy 1900–1950, Chicago 1951

Kesting, Marianne, Bertolt Brecht, Hamburg

Kindermann, Heinz, Theatergeschichte Europas, Salzburg

Kirkpatrick, Ivone, Mussolini, London 1964

Kleindel, Walter, Österreich: Daten zur Geschichte und Kultur, Wien 1978

Kober, August H., Zwischen Donau und Bosporus, Frankfurt 1938

Kralik, Heinrich, Richard Strauss, Weltbürger der Musik, Wien 1963

Kraus, Karl, Die dritte Walpurgisnacht, München 1967

Krekeler, Norbert, Revisionsansprüche und geheime Ostpolitik der Weimarer Republik, Stuttgart 1973

Krug v. Nidda, Roland, Ich, Anastasia, Frankfurt 1957

Kuehn, Dieter, Josephine, Frankfurt 1976

L

Lacqueur, Walter, Die deutsche Jugendbewegung, Köln 1962

Landau, Jacob M., Middle Eastern Themes, London 1973

Latourette, K. S., Geschichte des Fernen Ostens, Frankfurt 1959

Leithäuser, Joachim, Die zweite Schöpfung der Welt, Berlin 1957

–, Reportagen, Stuttgart 1964

Leitner, Thea, Körner aus der Nähe, Wien 1952

Lekachman, Robert, John Maynard Keynes, München 1970

Leopold, John A., Alfred Hugenberg, London 1977

Leppmann, Wolfgang, Rilke, Leben und Werk, Bern 1981

Leuczowski, George, Russia and the West in Iran, Ithaca 1949

Lewinsohn, Richard, Weltgeschichte des Herzens, Hamburg 1959

Lezwo-Pandolfi, Amina, Toscanini, Zürich 1957

Lindbergh, Charles A., Mein Flug über den Ozean, Frankfurt 1956

–, The Spirit of St. Louis, New York 1953

Lützeler, Felix, Hinter den Kulissen der Weltgeschichte, Leipzig 1937

Ludz, Peter C., Spengler heute, München 1980

Lutz, Emil, Penicillin, Wörishofen 1954

M

März, Eduard, Österreichische Bankpolitik in der Zeit der großen Wende 1913–1923

Mahler-Werfel, Alma, Mein Leben, Hamburg 1979

Maibohm, Ludwig, »Fritz Lang – Seine Filme, sein Leben«, München 1981

Manchester, William, Krupp, München 1968

Mann, Golo, Deutsche Geschichte des 19. und 20. Jahrhunderts, Frankfurt 1958

–, Geschichte und Geschichten, Frankfurt 1961

Mann, Thomas, Tagebücher 1918–1922, Frankfurt 1979

Mann, W., Das Opernwerk R. Strauss', München 1967

Mannoni, Octave, Sigmund Freud, Hamburg 1971

Marlowe, John, Anglo-Egyptian Relations, London 1965

Maser, Werner, Der Sturm auf die Republik, Düsseldorf 1979

–, Hitler, Düsseldorf 1980

Meier-Obrist, Edmund, Kulturgeschichte des Wohnens, Hamburg 1956

Meißner, Otto, Staatssekretär unter Ebert, Hindenburg, Hitler, Hamburg 1950

Melzig, Herbert, Resa Schah, Stuttgart 1936

Meyer, Willi, Kampf um Nobile, Leipzig 1931

Monaco, James, Film verstehen, Hamburg 1980

Mondey, David, Geschichte der Luftfahrt, München 1980

Morozow, Michael, Der Georgier, München - Wien 1980

Mosely, Philip E., The Soviet Union, New York 1963

Mowat, Charles L., Britain between the wars, London 1955

Muche, Georg, Blickpunkt, München 1961

Mühr, Alfred, Das Kabinett Gottes, Düsseldorf 1971

Müller, Arthur, Gespräche zur Weltgeschichte, Stuttgart 1965

N

Nansen, Fridtjof, Auf Schneeschuhen durch Grönland, Berlin 1981

Nehru, Jawaharlal, Indiens Weg zur Freiheit, Hamburg 1949

Nettl, John P., Der Aufstieg der Sowjetunion, Wien 1972

Nicolas, Ilse, Berlin zwischen gestern und heute, Berlin 1976

O

O'Connor, John F., The Sokolow Investigation, New York 1971

Öhler, Wilhelm, Aufstand in China, Hamburg 1958

Oehlmann, W., Die Musik des 20. Jahrhunderts, Berlin 1961

P

Pavlovič, Stephan K., Yugoslavia, London 1971

Peters, Max, Friedrich Ebert, 1. Präsident der deutschen Republik, Berlin 1950

Polk, William R., Backdrop to Tragedy, Boston 1957

Preller, Hugo, Geschichte Englands, Berlin 1953

R

Raming, Walter, Von Marx bis Kreisky, Wien 1979

Ramming, Martin, Die wirtschaftliche Lage der Samurai, Yokohama 1929

Ratcliff, Dillwyn F., Prelude to France, New York 1957

Raupach, Hans, Wirtschaft und Gesellschaft Sowjetrußlands, Wiesbaden 1979

Reich, W., Alban Berg, Wien 1937

Riess, Curt, »Das gab's nur einmal – Die große Zeit des deutschen Films«, Wien 1977

Roberts, Gail, Atlas der Entdeckungen, München 1976

Roosevelt, Eleanor, The Autobiography, Paris 1965

Roux, Edmonde, Coco Chanel, München 1978

Ruland, Bernd, Das war Berlin, Bayreuth 1972

S

Sander, Ronald, The Day grows short, London 1980

Sands, Frederick, Die Göttliche, München 1979

Sansom, George B., Japan, München 1967

Schacht, Hjalmar, 76 Jahre meines Lebens, Bad Wörishofen 1953

Scherer, James A., Japan's Advance, Tokio 1934

Scheible, Hartmut, Arthur Schnitzler, Hamburg 1976

Schick, Paul, Karl Kraus, Hamburg 1965

Schmeling, Max, Erinnerungen, Wien 1979

Schmidt, Paul, Statist auf diplomatischer Bühne, Wien 1950

Schnitzer, Günther, Zur Philosophie des Wiener Kreises, München 1980

Schüddekopf, Otto-Ernst, Das Heer und die Republik, Hannover 1955

Schweitzer, Albert, Aus meinem Leben, Hamburg 1980

Sekanpy, Walter, Angeklagt, Frankfurt 1976

Senger, Max, Irland, die seltsame Insel, München 1961

Sethe, Paul, Das machte Geschichte, Frankfurt 1969

Severing, Carl, Mein Lebensweg, Köln 1956

Sheean, Vincent, Mahatma Gandhi, Wien 1950

Sieburg, Friedrich, Französische Geschichte, Frankfurt 1964

Shub, David, Lenin, München 1978

Simon, Linda, Gertrude Stein, New York 1975

–, The Biography of Alice Toklas, New York 1977

Sinclair, Andrew, Prohibition, Boston 1962

Solschenizyn, Alexander, Der Archipel Gulag, Bern 1974

Sondern, Frederik, Bruderschaft des Bösen, Hagen/Westfalen 1962

Steiner, Johannes, Theresa Neumann von Konnersreuth, München 1964

Stern, Philip van Doren, A pictorial history of the automobile, New York 1953

Stravinsky, Igor, »Mein Leben«, München 1958

Strayer, J. R., The Mainstream of Civilization

Streit, Kurt W., Geschichte der Luftfahrt, München 1975

Stuckenschmidt, H. H., Musik zwischen den beiden Kriegen, Berlin 1951

(continued)

Sullivan, Walter, Warum die Erde bebt, Frankfurt 1977

Sulzbach, Walter, Die zwei Wurzeln des Judenhasses, Stuttgart 1959

T

Tenschert, Roland, »Richard Strauss und Wien«, Wien 1949

Thönnessen, Werner, Frauenemanzipation, Frankfurt 1969

Thomas, Georg, Geschichte der deutschen Wehr- und Rüstungswirtschaft, Boppard 1966

Thorwald, Jürgen, Das Jahrhundert der Chirurgen, Stuttgart 1956

Time-Capsules 1923–1929, New York 1962

Treue, Wilhelm, Deutschland in der Weltwirtschaftskrise, Düsseldorf 1967

Trotzki, Leo, Mein Leben, Hellerau 1961

U

Umminger, Walter, Helden, Götter, Übermenschen, Wien 1968

Ulam, Karl, Stalin, Koloß der Macht, Esslingen 1977

Ulanov, B., Jazz in Amerika, Berlin 1958

V

Vajda, Stephan, Felix Austria, Wien 1980

Vallentin, Antonina, Das Drama Albert Einsteins, Stuttgart 1955

Vanry, Frank (Franz Weinreb), Der Zaungast, Locham 1981

Vicek, Christine, Der republikanische Schutzbund, Wien 1971

Voslensky, Michael S., Nomenklatura, Wien 1980

W

Wagner, Friedelind, The Royal Family of Bayreuth, London 1948

Wagner, Josef, Was Einstein wirklich sagte, München 1970

Wagner, Renate, Arthur Schnitzler, Wien 1981

Wandruszka, Adam, Das Haus Habsburg, Wien 1978

Wehr, Gerhard, Carl Gustav Jung, Hamburg 1969

Weltgeschichte des Theaters, Stuttgart 1968

White, Stephen, Britain and the bolshevic Revolution, London 1979

Wolff, Günther, Zucker, Zuckerkrankheit und Insulin, Remscheid 1955

Wolgina, Lydia, Die Welt des Tanzes in Selbstzeugnissen, Wilhelmshaven 1979

Y

Yale, William, The Near East, Ann Arbor 1958

Z

Zeller, Bernhard, Hermann Hesse, Hamburg

Zierer, Otto, Dunkle Schwester Afrika, München 1959

Zweig, Stefan, Leben und Werk, Frankfurt 1981

Gesamtinhalt

Bildnachweis